대한민국 교육트렌드 2025

대한민국 교육트렌드 2025

초판 1쇄 발행 2024년 10월 10일
2쇄 발행 2024년 10월 20일

지은이 교육트렌드2025 집필팀

발행인 김병주
기획위원회 이광호 홍창남 최지윤 김용 유재 이혜진
편집위원회 김춘성 한민호
디자인 정진주　**마케팅** 진영숙
에듀니티교육연구소 이문주 백헌탁

펴낸 곳 (주)에듀니티
도서문의 1644-5798
일원화 구입처 031-407-6368 (주)태양서적
등록 2009년 1월 6일 제300-2011-51호
주소 서울특별시 중구 남대문로 117, 동아빌딩 11층
출판 이메일 book@eduniety.net
홈페이지 www.eduniety.net
페이스북 www.facebook.com/eduniety
인스타그램 www.instagram.com/eduniety/
　　　　　www.instagram.com/eduniety_books/
포스트 post.naver.com/eduniety

ISBN 979-11-6425-167-4

문의하기

투고안내

값은 뒤표지에 있습니다.

대한민국
교육
트렌드
2025

교육트렌드2025 집필팀

에듀니티

혼돈 속에서 교육의 길을 찾다

박종훈
경상남도교육감

트렌드는 특정 시점에 사람들이 관심을 가지고 따르는 경향이나 흐름을 의미합니다. 지속적이고 사회 전반에 영향을 미치는 경우도 많습니다. 교육에서 트렌드에 대한 이해와 분석은 미래 사회를 이끌어갈 인재를 양성하고 교육의 방향성을 설정하는 데 중요한 역할을 합니다. 당면한 문제에 대한 깊이 있는 분석과 교육 재정 및 제도에 관한 『대한민국 교육트렌드 2025』의 접근은 다층적으로 교육을 바라볼 수 있는 시각을 제공해 줍니다.

현재 우리 사회는 변화가 가속화되면서 복합적인 문제가 드러나고 있습니다. 저출생에 따른 인구 절벽과 지역소멸, 기후 위기의 심화와 좁혀지지 않는 사회·경제적 양극화는 우리 사회의 화두이며 삶의 자리마다 깊이 영향을 미치고 있습니다. 교육적으로도 올해는 2022 개정 교육과정의 본격적인 학교 적용과 고교학점제의 전면 시행, 유보통합과 사회적 돌봄 강화 등 새로운 방향 전환이 필요한 시점입니다. 아울러, 인공지능과 빅데이터 기술을 교육적으로 활용하는 것은 교육의 디지털 전환이라는 중요한 과제로 부상하고 있습니다.

'교육트렌드'는 지난 2022년부터 우리 교육의 현안에 대한 통찰을 제공해 왔으며, 올해 더욱 풍성해진 20개의 주제로 우리를 찾아왔습니다. 교육 정책가와 교사들은 이 책을 통해 당면 과제의 이해를 높이고, 안정적인 교육 환경을 위한 실질적인 아이디어를 얻을 수 있을 것입니다. 교육에 대한 사회적 합의의 중요성을 강조하고, 나아가 22대 국회에서 다루어야 할 교육과제까지 제시하는 날카로운 시각은 우리 교육의 미래를 고민하는 모두에게 훌륭한 길잡이가 되어 줄 것입니다.

하나하나의 주제를 꼼꼼히 살펴나가는 것은 단순히 책을 읽는 것이 아니라, 우리 교육을 성찰하고 미래를 모색하는 일입니다. 미래는 아직 오지 않은 시간을 의미하지만, 현재를 출발점으로 삼습니다. 우리가 선택하는 것이 미래가 되고 우리가 배제하는 것은 과거로 남을 것입니다. 새로운 100년을 내다보면서 지금부터 우리 교육을 재구조화하는 것이 필요한 이유입니다.

이제 '지속가능성'과 '상호의존성'은 우리 교육이 담아내야 할 중요한 가치입니다. 우리는 '생태적 존재'로 미래 시민을 길러내야 합니다. 학교도 산업화 시대의 획일적인 조직 모델에서 벗어나 시간과 공간을 넘어 지식과 배움을 공유하고, 언제, 어디서나 열려 있는 참여와 협력의 공동체로 탈바꿈해야 합니다. 아울러, 지역과 더 깊이 교감하여 지역이 길러낸 아이들이 다시 지역을 지키는 선순환 구조를 학교에서부터 시작해야 합니다. 모든 곳에서 모든 이가 누리는 공동의 학교로 새롭게 변해야 합니다.

높은 수준의 보편교육과 개개인의 특성을 고려한 맞춤형 교육을 실현하는 것은 우리 사회가 반드시 달성해야 할 목표입니다. 어떤 조건에 있는 아이라도 사회 공동선을 이루는데 부족함 없이 참여할 수 있는 포용적 교육으로 폭넓은 공공성과 학습복지를 실현해야 합니다. 이런 고민을 감당해야 할 우리에게 『대한민국 교육트렌드 2025』가 교육의 미래를 여는 열쇠가 되기를 기원합니다. 이 책이 우리 곁으로 오기까지 수고한 모든 노동의 손길에 깊은 감사를 드립니다.

교육생태계의 변화와 혁신을 꿈꾸며

이혁규
청주교육대학교 교수 · 제19대 청주교육대학교 총장

2021년에『대한민국 교육트렌드 2022』라는 책을 처음 접했을 때 무척 신선하다고 생각했다. '트렌드'라는 제목이 '교육'과 결합하여 책으로 탄생할 수 있다니 하고 말이다. 사실 트렌드를 읽는 책은 다른 분야에는 일찍부터 존재했다. 그중 일부는 베스트셀러의 자리를 매년 차지하곤 한다. 이것은 급격하게 변화하는 세상에 대해 불안감을 느끼고 이를 제대로 읽어내고자 하는 대중의 욕망을 반영한다. 오늘날 정치, 경제, 사회 등 거의 모든 삶의 영역은 관련 분야 전문가조차 잠시 한눈을 팔면 따라가기 어려울 만큼 무섭게 변화하고 있다. 따라서 시대의 트렌드를 제대로 통찰하여 대중과 소통하는 책은 이런 시대의 불안을 잠재우면서 사람들의 갈 길을 안내하는 등대 역할을 한다.

2021년 첫 출간된『대한민국 교육트렌드』도 그런 시대를 읽는 역할을 해 주었다. 당당히 교육학 베스트셀러 목록에 올랐으며, 내용의 폭과 깊이로 볼 때도 명망 있는 다른 분야의 트렌드 서적과 같은 역할을 교육 분야에서 감당해 주었다.

그렇지만 나는 "교육트렌드"라는 제목의 책이 매년 출간될 수 있을지 의문이 있었다. 교육 현상이란 상대적으로 변화가 느린 영역이 아니던가? 교육 분야에서 트렌드 관련 서적이 드물었던 것도 이 때문이 아니던가? 그런데 2023년에도 2024년에도 "교육트렌드"라는 제목의 책이 계속 출간되어 많은 독자의 사랑을 받는 것이 아닌가? 이런 현상을 보면서 나는 중요한 깨달음을 하나 얻게 되었다. 오늘날 변화의 물결이라는 거대한 흐름에서 교육도 예외가 아니라는 다소 평범한 깨달음 말이다. 그리고 좋은 수업, 좋은 학교, 좋은 교육정책을 만들고 가꾸는 일이 시대 변화에 대한 예민한 지각력과 매우 밀접한 관계를 지닌다는 점 또한 자각하게 되었다. 남들은 다 아는 일을 나만 늦게 깨달은 것인지도 모른다!!

특정한 분야의 트렌드를 읽어내는 일은 쉬운 일이 아니다. 모든 사람의 눈에 보이는 명료한 변화가 있는가 하면, 적지 않은 변화들이 현실에 언뜻언뜻 흔적을 남기며 이면에 숨어서 작동하기 때문이다. 따라서 트렌드를 포착하는 것은 고도의 전문성이 필요한 작업이다. 시간이 축적되어야 전문적 식견은 성장한다. 2025년 교육트렌드의 구성을 보면서 트렌드를 포착하고 서술하는 집필진의 촉수와 감식안도 계속 성장한다는 느낌이 들었다. 그리고 이런 작업이 매년 계속된다면 이 시리즈는 우리 교육 현실을 진단하고 담론을 정리하고 미래를 전망하는 훌륭한 보물창고가 되리라 확신한다.

나는 지난 몇 년 동안 한국의 교육정책이 수립되고 집행되는 과정을 비교적 가까이 접하면서 우리 교육정책 생태계가 매우 열악함을 발견하였다. 양극화된 정치 지형, 현안 대응에 지친 관료 집단, 가볍고 자극적인 언론, 적대하는 시민 사회, 불신하는 사람들로 인해 교육 현장과 정책은 방향을 잃고 오작동을 거듭했다. 이런 문제를 치유하고 개선하는 일은 단순한 여야 정권 교체 정도로 해결되기 어려운 문화생태계의 문제로 보인다. 따라서 지금과는 다른 사유와 성찰과 행동으로의 전환에 대한 더 깊은 고민이 필요하지 않을까?!

　그런데 애써서 트렌드를 읽고 엮는 작업이 이런 문제해결과 무슨 관계가 있을까? 앞에서 언급했듯이 트렌드를 읽는 일은 단순하지 않다. 현상을 객관적으로 드러내는 것을 넘어선다. 그것은 은닉된 징후를 포착하고 도래할 미래를 적극적으로 구상해 내는 창조적 활동이다. 그 점에서 교육트렌드 구성 작업은 새로운 미래를 예비하는 일이다. 그래서 책 출간에 즈음하여 희망 하나 걸고 싶다. 출간이 거듭되면 될수록 우리 교육생태계가 아름답게 변모되는 미래를 향한 희망 말이다. 근거와 과학이 선동과 대립을 제압하고, 이성과 상식에 기반하여 신뢰가 자라나고 협력과 연대가 꽃피는 교육정책 생태계의 출현을 꿈꾼다. 책 하나에 거는 기대가 너무 많은지 모르겠다. 그만큼 절실하다. 척박한 환경에서 옥고를 쓰신 모든 저자와 편집진에 감사드린다.

교육트렌드 2025와 함께 하는
대한민국 교육개혁 상상

함영기
전 서울특별시교육청 교육정책국장 · 교컴 대표

　해방 직후 혼란기를 거친 우리나라는 국가 체제를 완비하기도 전에 전쟁을 맞아 경제가 파괴되고, 산업 기반이 무너졌다. 미국의 원조로 전후 복구에 힘썼으나 여전히 1960년대 초까지 한국은 가난한 국가였다. 1960년대 중반부터 정부 주도의 산업화 정책을 강력하게 추진하여 제조업과 수출이 급성장하기 시작하였다. 중화학 공업 육성과 대기업 중심의 경제 구조는 가파른 성장의 원동력이었다. 1987년 6월항쟁 이후 사회 각 부문에 민주화의 바람이 불었고, 문민정부와 국민의 정부는 세계화의 흐름 속에서 IT 및 서비스 산업의 발전을 도모했다. 1997년 IMF 구제금융의 여파로 한때 출렁였던 한국 경제는 2000년대 글로벌 금융위기 등의 외부 충격에도 불구하고 효율성의 추구와 기술 혁신, 산업 다각화를 통해 경제 성장을 중단 없이 이어갔다. 현재 한국은 세계적인 경제 강국으로 불리기에 전혀 어색하지 않다.

　세계사에 유례를 찾기 힘든 압축 성장 과정에서 이룬 산업화는 한국을 중견 국가 반열에 올렸지만 이로 인해 사회 각 부문의 그늘을 만들었다. 앞만 보고 달리는 기관차처럼 질주했던 한국은 지금 고도성장의 부작용을 겪고 있다. 그 부작용은 특히 교육 부문에서 두드러졌다. IMF 구제금융을 경험했던 정부와 기업은 최소의 자본으로 최대의 효과를 가져오는 '효율성 추구의 논리'를 최우선 가치로 받아들였다. 효율성을 추구하면서 이룬 경제적 성공을 경험했던 정부는 교육에서도 똑같이 효율성 추구의 유혹을 받았다.

미래 사회를 이끌어 갈 시민으로서 모든 학생의 전인적 성장을 목적으로 해야 할 교육은 '경쟁을 견디는 인적 자원을 양성하는 훈련 과정'으로 자리 잡았다. 그 결과 국제학업성취도에서는 높은 성취를 보이지만 현재가 불행한 학생들을 양산하기에 이른다. 과잉 경쟁 논리를 깊이 체화한 학부모와 학생들은 경쟁의 해악을 알면서도 '공정한 경쟁을 위한 룰'을 요구하는 악순환에 빠져들었다. 예컨대 대학 입시는 보통교육을 제대로 이수했는지, 대학에서 수학할 능력이 되는지를 평가해야 함에도 줄 세우기를 위한 절차로 전락해버렸다. 어떤 대학입시 개선책도 수시, 정시의 비율 정하기로 환원되는 기현상이 벌어지고 있는 것은 그 방증이다.

이 모순을 사교육이 파고들었다. 혹자는 학교가 제 역할을 제대로 하지 못하여 사교육이 득세한다고 말한다. 이런 논리라면 조기 영어교육도 학교에서, 수능 특강도 학교에서, 초등학교 고학년 대상의 의대 준비 공부도 학교에서 감당해야 할 판국이다. 과잉 경쟁은 과잉 학습을 부르고 과잉 학습은 필연적으로 격차를 만들어낸다. 이러한 교육 과잉을 완화할 방도를 고민하지 않는 것은 학생들의 현재적 행복을 완전하게 무시하는 처사이다. 이로 인해 종종 불행한 사태가 벌어지는 데도 내 자식만 상위권 대학에 보내면 된다는 교육 이기주의를 양산하고 있다.

교육 이기주의는 필연적으로 사교육에 대한 의존도를 높인다. 당연히 사회경제적 여건에 따라 교육 기회가 불평등하게 분배되는 현상이 발생한다. 그래서 우리는 학령 인구가 급감하는 데도 총 사교육비 지출은 증가하고 있는 기현상을 보고 있다. 길 하나를 사이에 두고 고소득층과 저소득층 시민이 수백 킬로미터 거리에 있는 듯 살아가고 있다. 부모의 격차를 대물림하고 있는 자녀들은 서로 어울리지 않는다.

정부가 바뀜에 따라 널 뛰는 교육정책도 지탄의 대상이다. 교육과정은 고유의 역할을 벗어나 정부 성격에 따라 변화를 거듭하고 있다. 정치로부터 독립한 교육을 상상하면서 국가교육위원회를 설립했지만 그 역할을 제대로 하고 있다고 보는 국민은 없다. 국가교육위원회는 문재인 정부에서 발의하고 법안을 통과시켰다. 그러나 정부가 바뀌고 보니 위원 구성에 있어 균형을 잡지 못하고, 교육부의 정책을 대부분 수용하는 방식으로 역할 전도가 일어나고 있다.

교육부나 교육청도 마찬가지다. 목적이 정당하다고 모든 절차가 용인될 수 없음에도 유보통합, 늘봄학교, AI·디지털 교과서 정책을 급하게 추진하면서 현장의 우려가 증폭하고 있다. 숙성과 안착의 시간을 가볍게 무시하고 단기적 성과만 노리다 보니 여기저기서 부작용과 저항이 생겨난다. 선거로 뽑혀 시·도의 유·초·중등교육을 관장하는 교육감 역시 마찬가지이다. 임기 안에 무엇인가를 드러내야 한다는 성과 압박은 무리한 정책 추진, 과도한 목적 사업 등으로 이어진다. 교육 활동에 집중해야 할 교사들은 수업과 학생지도를 벗어나 많은 행정업무를 감당한다.

2023년 우리는 어느 해보다 뜨거운 여름을 경험하였다. 스스로 생을 마감했던 한 젊은 교사는 우리에게 아프고도 묵직한 과제를 남겼다. 조금의 불이익도 용납하지 않는 학부모의 내 자식 제일주의가 도를 넘고 있다. 전국의 많은 교사들이 아동학대의 잠재적 가해자 취급을 받으며 자존감을 잃고 있다. 의회는 교사들의 들끓는 요구에 여러 법령을 제·개정하였다. 그러나 교사와 학생이 안전한 환경에서 서로 신뢰하며 학교생활을 하고 싶다는 소망은 과잉 사법화 앞에서 무력하기만 하다. 학생과 학생, 학생과 교사의 다툼이 벌어졌을 때 법조인의 지원에 기대 소송에서 이겨야 한다는 퇴행적 문화는 교육적 해결을 점점 밀어내고 있다. 교사들은 직업적 효능감을 잃어가고 있으며 학생들은 행복하지 않다. 학부모는 학교를 충분히 신뢰하지 않는다. 우리 교육은 도대체 어디를 향하고 있는 것일까.

이렇듯 교육이 어려운 때에 현장 교사를 포함한 교육전문가 집단이 참여한 『대한민국 교육트렌드 시리즈』는 해를 거듭하면서 더 좋은 내용과 실천적인 대안을 다루고 있다. 벌써 4년째 접어드는 이 작업은 그동안 교육 문제를 정책 대상의 입장에서 진단하고, 모두를 위한 대안을 모색하는 데 집중해 왔다. 새롭게 선보이는 『대한민국 교육트렌드 2025』에서는 서두에서 통계와 정책 분석으로 한국 교육을 개괄하고, 교사의 교육권과 학생인권, 학교문화, 학부모 문화와 다문화교육 등 문화적 측면에 초점을 두어 문제를 진단하고 대안을 제시한다.

한편 유보통합, 늘봄학교, AI·디지털 교과서, 고교학점제, 의대 입학정원 확대, 교육재정, 교육감 선거제도를 포함하는 교육자치, 의정활동 성찰과 전망 등은 2024년을 달군 뜨거운 교육 쟁점이었다. 각 분야 전문가인 저자들의 쟁점을 바라보는 시각과 분석, 그리고 전망을 엿볼 수 있다. 한편 지방시대 교육과 대학 체제의 변화, 국가교육위원회, 해외교육 사례, 저출산 정책 등에 대한 논찬은 독자들을 논쟁과 담론의 세계로 초대한다. 특별 아카이브로 제공되는 5·31 교육개혁 이야기는 당시 실무자로 참여했던 전문가의 회고를 통해 교육개혁의 전망을 모색하는 꼭지이다.

교육을 고민하는 사람들의 한결같은 바람은 '학교를 학교답게' 만드는 것이다. 신명 나게 가르치고 배우는 과정에서 민주시민으로 성장하는 장이 바로 학교여야 한다. 이를 위해 학교를 둘러싼 제도와 기관, 교사와 학생, 학부모와 시민의 역할은 무엇일까. 나와 내 자녀의 욕구를 앞세우는 것은 물론 중요하다. 그러나 잠시 상대의 입장에서 생각하고, 대안을 제시하면서 공동체 전체의 이익을 앞세우는 것이 궁극적으로는 내 자녀의 전인적 성장을 위한 길이다. 학교 교육력의 회복도 이런 바탕 위에서만 이뤄진다. 『대한민국 교육트렌드 2025』를 통해 많은 독자들이 함께 고민하고, 토론하는 계기가 되기를 기대한다.

교육을 교육답게, 학교를 학교답게

김용서

교사노동조합연맹 위원장

서이초 1주기를 맞아 열린 순직교사 추모행사에서 소리 없이 흐느끼는 후배들을 보면서, 선배교사로서 너무 미안하고 가슴이 아팠습니다. 교사의 교육할 권리 확보를 위한 그동안의 분투에도 불구하고, 교권회복 5법이 개정되었음에도 학교 현장은 크게 바뀌지 않았음을 확인하였습니다. 교사들이 갈구하는 '교사는 가르칠 수 있고, 학생은 배울 수 있는 학교'를 만드는 데는 입법만으로는 한계가 있음을 느꼈습니다. 법은 많은 부분을 시행령을 정부에 위임하고, 정부는 또 많은 부분을 교육청(교육감)에게 떠넘기기 때문입니다.

"교육을 교육답게", "학교를 학교답게" 만들어가기 위한 현장의 목소리가 더 필요한 이유입니다. 그러나 교사들이 교육 정책 및 교육 입법에 참여하기에 현실의 벽은 너무나 견고하고 높습니다. 교사는 시·도교육을 총괄하는 교육감 선거에 출마하려면 교직을 내던져야 할 뿐만 아니라 선거운동은커녕 교육 공약에 대해 '좋아요'를 누르거나 기사를 공유하는 일도 어렵습니다. 교육을 둘러싸고 서로 상충되는 이해관계로 인해 정치적인 입장과 불가피하게 연결되는 사안들이 많은데,

정치 기본권이 없는 교사들은 교육 정책에 대한 의견 피력이 위법이 되지는 않을지 걱정하며 교육 정책에서 점차 소외되고 있는 상황입니다.

그런 의미에서 『대한민국 교육트렌드 2025』가 참으로 반갑습니다. 우리 교육 현장의 고민을 전해주고 여러 교육전문가의 논의를 집약적으로 전달해 주고 있습니다. 교육 관련 다양한 영역에 도전하고자 하는 더 많은 교사들에게 좋은 질문을 던져주는 길잡이가 되어줄 것으로 기대합니다. 교사노동조합연맹은 항상 합리적인 대안을 제시하며 전진해 왔습니다. 교육 현장을 실질적으로 바꾸고자 하는 교사들의 목소리를 현실로 구현하는 일, 교사의 목소리를 대변하고 교육을 바꾸는 일에 앞으로도 전심전력하겠습니다. 이 책이 나오기까지 애써주신 모든 분들께 감사드리며, 이 책을 읽게 될 많은 분들이 오늘의 교육 현장을 직시하고 공교육 정상화를 위해 힘을 보태주시리라 믿습니다. 감사합니다.

『대한민국 교육트렌드 2025』가
대한민국 교육의 위기를 극복할 답을 찾는
길잡이가 되길 바랍니다

전희영 | 전국교직원노동조합 위원장

지금 대한민국은 기후위기, 저출생, 사회양극화, 지역소멸, 민주주의 퇴행, 불평등 심화 등 심각한 위기에 직면했습니다. 그러나 위기를 극복하기 위한 토론은 자취를 감췄고, 우리 사회의 담론들은 갈등과 대결로 치닫고 있습니다.

교육 현장의 상황도 녹록지 않습니다. 학교는 갈수록 사법화되어 교육이 불가능한 지경까지 이르렀고, 정부의 교육 정책은 그저 입시 경쟁과 사교육비 증가만 부추길 뿐, 인간다운 삶을 만들기 위한 노력은 보이지 않습니다. 한 치 앞도 보이지 않는 암울한 상황이지만, 이런 시기일수록 우리는 참된 교육이 무엇일지 성찰하고, 교육을 통해 희망을 찾아가야 합니다. 아무도 가지 않은 길을 가고, 꿈을 꾸며 희망을 만드는 것이 바로 교육이기 때문입니다.

2023년 역사상 유례없던 50만 교사들의 단결된 행동은 학교가 처한 위기를 세상에 드러냈습니다. 그리고 우리는 2024년에도 교육 현실을 바꾸기 위한 행동을 이어왔습니다.

다가오는 2025년은 유보통합, AI 디지털교과서, 고교학점제, 교육발전특구, 의대 정원 확대 등 대한민국 교육의 전반을 뒤흔들 굵직한 사안들이 본격화되는 시기입니다. 그리고 이 격변의 시기 속에서 위기를 제대로 극복하려면, 우리는 현재의 교육을 제대로 진단하고 지향점을 찾아야 합니다. 그 답을 찾아 나가는 길에 『대한민국 교육트렌드 2025』가 의미 있는 길잡이가 될 것이라 생각합니다.

광장으로 나온 교사들이 국회와 정부의 교육 정책 전환을 이끌어냈던 것처럼, 이 책이 대한민국 교육 대전환을 이끌어 낼 마중물이 되길 바랍니다. 고맙습니다.

미래 끝의 온실을 찾는 여정을 멈추지 않음에 감사합니다.

이만주
새로운학교네트워크 이사장

『대한민국 교육트렌드 2025』는 2022년 학교와 교실 현장 진단, 2024년 교육정책의 변화와 미래의 교육에 이어 네 번째다. 해마다 '교육트렌드'에 대한 책을 내놓는다는 것은 지속적인 문제 제기와 교육혁신에 대한 고민의 끈을 놓지 말자는 의미도 있을 테지만, 한편으로는 무수한 담론의 재생산은 아닌가 하는 시크함도 있다. 그럼에도 '대한민국 교육트렌드'의 특장점은 각 영역의 전문적인 집필진들의 실증적인 연구와 통계를 바탕으로 서술해서 깊이가 있고, 그 내용 또한 학교 현장에 기반을 두고 있다는 것이다.

『교육트렌드 2025』는 허장성세(虛張聲勢-근자감)로 있는 자들만의 자유, 불평등을 심화시키는 자유를 외치지 말고, 교육할 자유, 교육받을 자유를 주어야 한다고 말한다. 전환이라는 용어를 가져다 붙이면 다 되는 줄 착각하면서 관료적이고 중앙집권적인 행정시스템에 기대는 정부와 주객전도의 교육정책에 대한 묵직한 메시지를 던진다. 견강부회(牽强附會)식의 카르텔이 아니라 정부와 정치, 정책, 학교가 미래 끝의 온실을 만드는 희망의 카르텔을 만들어야 한다고 말한다. 학생은 학원으로, 학부모는 민원 게시판으로, 스스로 살길을 찾아 나서는 교사들의 현실에 아파하며, 제발, 모두가 함께 살아야 한다고 말한다.

> "해답이란 문제로부터 필연적으로 도출되는 결과이다.
> 해결해야만 하는 문제가 해답의 범위와 성격을 결정하는 것이다."
>
> - 서동욱, "철학은 날씨를 바꾼다"에서 -

우리는 문제의 상실, 방향의 상실, 기본적으로는 철학이 상실되고 있는 시간 속에 살고 있다. 물론 그 시간은 빠르게, 더디게도 아닌 순리대로 지나가겠지만 우리는 문제를 묻게 하지 말고, 묵혀두지도 말아야 한다는 과제를 던지면서 방법에 대한 시시비비를 가리는 것도 필요하지만, 문제와 방향을 바꾸는 것에 집중해야 함을 말하고 있다.

'교육트렌드'의 진단은 과학적이고 논리적이다. 비판은 넘치고 신랄하다. 각자의 이해와 입장에 따른 대안도 제시했다. 그럼 이제는? 무엇을 할 것인가. 미래는 불확실하지 않다. 미래는 불확실하다며 쏟아내는 담론으로 방향성을 헷갈리게 하는 사람들의 이야기에 현혹되지 않기 위해서는 이 책을 꼭 읽어야 하지 않을까? 진영 간의 차이는 콘크리트화 되어 있지만, 진영 내, 특히 진보 진영 내의 다양한 견해와 이해와 요구를 어떻게 통합해내고 올바른 방향으로의 전환의 큰 바람을 만들 것인가에 대한 과제를 곱씹으며 읽어야 하는 책이라고 감히 생각한다.

'방향을 잘못 잡으면 빠르게 달려갈수록 빠르게 이탈해 간다'고 한다. 아, 쫌~ 그들(?)도 이 책을 읽으면서 요즘 트렌드가 뭔지 알았으면 좋겠다.

과거는 현재의 거울, 교육은 사회의 미래

천경호
실천교육교사모임 회장

대한민국의 교육열은 세계적입니다. 하지만 뜨거운 교육열의 목적은 하나. 바로 대학 입학입니다. 아동·청소년의 사망원인 1위가 질병이나 사고가 아니라 자살임에도 아이들이 마음에 맞는 친구를 사귈 시간을 주지도, 기회를 주지도 않습니다. 아이들이 친구를 만나기 위해 가야 할 곳은 학원이고, 학원에서 마주해야 할 얼굴은 친구가 아니라 학원 선생님입니다. 수면 시간이 해가 갈수록 줄어들어도 늦은 밤까지 학원에 다니는 걸 장려하는 사회입니다. 청소년기 카페인 섭취가 전두엽 발달에 해로워도 고 카페인 음료를 마시며 학업에 열중하는 걸 반기는 사회입니다. 고른 영양소 섭취가 중요해도 걸어 다니며 컵라면을 먹을 만큼 바쁘게 학원을 오가는 아이를 칭찬합니다. 친구보다 공부, 수면보다 성적, 건강보다 대학이 우선이라고 말하는 사회에서 아이들은 자신보다 학업 성적이 낮은 친구를 어떤 시선으로 바라보게 될까요?

지난 8월 27일 교육부 보도자료에 따르면 2025년 교육부 예산은 약 105조 원에 달합니다. 보도자료에 언급된 중점 투자 과제는 크게 4가지인데 그중 3가지는 고등교육 즉, 대학교육과 관련이 있습니다. 유·초·중·고·특의 여러 학교급에는 수많은 교육 이슈가 있고, 이들은 서로 깊은 상관이 있어서 어느 섣불리 손을 대기가 어렵습니다. 따라서 교육계의 여러 이슈에 대해 깊은 이해를 돕는 책이 필요합니다.

『대한민국 교육 트렌드』가 발간된 지 어느새 4년의 시간이 흘렀습니다. 학교 현장을 둘러싼 많은 분들의 깊은 관심과 오랜 연구를 통해 우리나라 교육의 지난 과거를 살피고 현재의 나아갈 길을 모색하는 데 도움이 되리라 확신합니다. '대한민국 교육트렌드'를 통해서 결과보다 과정에 관심을 갖고 계신 우리 사회 많은 분들이 아이들의 건강한 성장과 발달을 지원하는 교육 환경을 함께 만들어 가주시길 기원합니다. 함께 노력하는 교사가 되겠습니다.

길을 잃은 한국 교육에 든든한 길잡이가 있다면…

한성준
좋은교사운동 공동대표

길눈이 어두운 저에게 차량 네비게이션은 신과 같은 존재입니다. 전적으로 믿습니다. 속도를 줄이라 하면 줄이고, 새 길로 들어서라 하면 들어섭니다. 한국 교육계에는 매해 나오는 '대한민국 교육트렌드 시리즈'가 믿음직한 네비게이션이 아닌가 싶습니다. 그해 그해 우리 교육계가 걸어온 길과 걸어갈 길에 대해 이렇게 정확하게 짚어 주는 책이 있었나 싶습니다. 더구나 지도 업데이트를 하지 않은 네비게이션은 욕받이가 되는데, '대한민국 교육트렌드 시리즈'는 매해 업데이트 해서 나오니 교육을 고민하는 이들에게 신실한 길잡이가 되어 주곤 합니다.

이번에 나오는 『대한민국 교육트렌드 2025』 역시 기대를 저버리지 않았습니다. 서이초 이후 2024년 교육 현장에 어떤 일이 있었는지 통계로, 정책으로, 문화로 현실을 짚어 줍니다. 그리고 유보통합, 늘봄학교, AI 디지털교과서, 고교학점제, 의대 정원 확대, 교육재정, 교육감 선거, 22대 국회 교육 과제까지 의제를 따라 2025년 교육 현장에 막대한 영향을 미칠 변화들을 전망합니다. 피해 가는 이슈가 없습니다. 놓치는 이슈도 없습니다. 우리 교육이 마주할 내일에 대해 정면으로 직면합니다. 그러니 건너뛸 글은 한 편도 없습니다.

안타깝게도 한국 교육은 갈수록 길을 잃고 있습니다. 교육주체 사이의 신뢰와 협력은 갈등과 분열로 얼룩지고 있습니다. 의대 증원 열풍 속에 사교육 시장에는 초등학교 5학년에 고3 수학을 끝내는 '초등 의대반' 상품이 성행하고 있습니다. 학령인구 급감은 한국 교육의 오랜 숙제들을 더 이상 미룰 수 없게 만들고 있습니다. 그러나 교육당국은 풀어야 할 숙제는 풀지 않으면서 표가 될 정책만큼은 현장의 경고음에도 불구하고 과속을 하고 있습니다.

네비게이션을 더욱 믿을 때는 낯선 길을 가야 할 때입니다. 도무지 길을 알 수 없기 때문입니다. 길을 잃은 한국 교육에, 안갯속을 헤집고 있는 한국 교육에 『대한민국 교육트렌드 2025』가 든든한 길잡이가 되었으면 좋겠습니다. 교육 고통을 교육 희망으로 바꾸어내려는 저자들의 목소리가 이 땅 교육을 고민하는 모든 이들에게 널리 들려지길 염원합니다.

{ 차 례 }

권하는 글

1부.
2024년 한국 교육을 되돌아보다

2부.
오늘의 대한민국 교육 현장

01.

2024년 한국 교육을
되돌아보다

전체적으로 1부는 이 책의 '서론'에 해당합니다. 2024년 한국 교육을 되돌아보고 2025년의 트렌드를 예측하기 위한 출발점이라고 할 수 있습니다.

「통계로 본 2024년 한국 교육」은 2024년 한국 교육 관련한 다양한 통계를 제시하고 있습니다. 유아교육부터 초·중등교육, 고등교육에 이르기까지 2024년 한국 교육을 이해하는데 필요한 주요 통계가 모두 포함되어 있습니다. 그러한 통계가 무엇을 의미하는지, 앞으로 우리 교육이 어떤 방향으로 변화해야 하는지 언급하고 있습니다. 특히 학생 수 감소와 다문화 학생의 증가, 그리고 교육격차의 심화 등에 대비하여 '다양한 학생 구성에 따른 교수학습의 변화'와 '형평성과 평등성을 갖춘 교육과정'을 제시하고 있습니다.

이밖에 학업중단 학생의 증가, 지방대의 위기, 명예퇴직 교원의 증가 등 현재 우리가 경험하는 문제들은 '개별적인 현상'이 아닌, 현재의 '한국교육 시스템에서 파생된 것'들입니다. 따라서 개별적인 현상에 대한 대응보다는 교육시스템의 근본적인 전환이 필요한 것입니다. 이 글을 통해 우리 교육의 근본적인 시스템 전환, 혹은 총체적인 교육개혁에 대해 상상하는 계기가 되었으면 합니다.

「정책으로 본 2024년 한국 교육」에서는 윤석열 정부 집권 3년 차인 '2024년 교육정책의 배경과 추진과정'을 다루고 있습니다. 윤석열 정부의 교육정책에 담긴 국정운영 철학과 가치, 그리고 정책 추진의 특징 등을 서술합니다. 이 글을 통해 지난 새 정부 출범 이후 추진된 교육정책의 배경을 이해할 수 있을 것입니다.

한편, 윤석열 정부 교육개혁의 시계는 2025년을 정조준하고 있습니다. 방과후돌봄(늘봄학교), 유보통합, 고교학점제, 대학의 무전공 입학, 의대 정원 확대, 교육발전특구와 글로컬대학 등 교육개혁의 성과들이 2025년부터 본격적으로 추진될 것입니다. '세계 최초의 AI 디지털 교과서' 역시 2025년에 도입됩니다. 이러한 윤석열 정부 교육개혁의 시계가 제대로 작동할지 독자 여러분도 자신의 관점으로 2025년을 예측해 보시기 바랍니다.

1부. 2024년 한국 교육을 되돌아보다

통계로 본
2024년 한국 교육

김 성 식
서울교육대학교 교수

한국 교육은 그동안 지속적으로 발전을 이루어왔다. 초·중학교 의무교육, 고등학교 무상교육 등을 통하여 거의 모든 학령인구가 취학할 수 있게 함으로써 외형적으로 학교교육을 중심으로 교육의 대중화와 보편화를 실현하였다. 그렇지만 2024년 한국 교육은 안팎으로 해결해야 할 과제를 안고 있고 다양한 선택의 기로에 서 있음을 보여주고 있다. 여기에서는 전환기에 있는 한국교육의 모습을 여러 통계를 통해 살펴보고 앞으로 한국 교육이 나아갈 방향과 관련된 시사점을 이야기해 보고자 한다.

저출생과 다문화 사회, 학교교육 환경의 변화

학교교육의 보편화 실현

한국 교육은 양적으로 급속히 팽창하여 2023년 현재 초·중·고 취학적령인구의 97.4%가 취학하고 있는 것으로 나타나고 있다. 초등학교는 이미 1980년에 97.7%의 취학률을 보였고, 중학교는 1990년도에 90%를 넘어섰으며, 고등학교는 2000년에 89.4%로 90%에 근접하였다. 이는 학교교육의 기회가 모든 사람들에게 제공되고 있으며 학교를 중심으로 교육의 보편화가 실현되었다는 것을 의미한다.

▨ 취학률 및 취학적령 학생 수

(단위 : %, 명)

연도	취학률					취학적령의 학생 수				
	전체	유치원	초등학교	중학교	고등학교	계	유치원	초등학교	중학교	고등학교
2023	91.0	54.8	99.8	96.9	93.3	5,709,680	521,546	2,599,673	1,320,099	1,268,362
2020	86.8	48.7	98.2	95.3	90.8	5,849,047	612,201	2,675,176	1,299,125	1,262,545
2010	87.7	40.3	99.1	96.5	91.7	7,613,777	537,577	3,249,423	1,915,189	1,911,588
2000	80.7	26.2	97.2	95.0	89.4	8,219,021	545,263	3,960,143	1,776,245	1,937,370
1990	80.8	21.3	100.5	91.6	79.4	9,406,352	414,532	4,809,214	2,123,214	2,059,392
1980	65.8	2.8	97.7	73.3	48.8	8,645,565	66,433	5,370,766	1,905,200	1,303,166
1970	51.0	0.8	92.0	36.6	20.3	6,642,139	22,271	5,251,306	941,169	427,393

* 취학률(%) = 취학적령의 학생 수 / 취학적령인구 * 100
* 취학적령: 유치원(만3~5세), 초등학교(만6~11세), 중학교(만12~14세), 고등학교(만15~17세)
* 2020년까지는 확정 인구이고, 2021년 이후는 잠정 추계이므로 다음 추계 시 통계치가 달라질 수 있음
* 학생 수는 기타학교(특수학교, 고등공민학교, 고등기술학교, 각종학교, 방송통신중·고등학교)를 제외한 해당 학제별 취학적령의 학생 수임

출처 : 2023년 교육기본통계조사 결과 발표, 교육부. 보도자료. 2023.8.31.

　　모든 학령인구가 학교교육 기회를 누릴 수 있도록 다양한 정책적 노력을 하고 실제 이를 실현하는 것은 그렇게 쉬운 일이 아니다. 「경제협력개발기구^{OECD} 교육지표 2023」에 따르면, 2021년 만 6~14세, 만 15~19세 취학률이 우리나라의 경우 98.7%, 85.8%로 OECD 평균인 98.4%, 83.9%보다 높게 나타나고 있다. 이런 점에서 한국 교육이 보여주고 있는 이런 결과는 중요한 성과로 간주할 수 있을 것이다.

▨ 한국과 OECD 국가의 연령대별 취학률

(단위 : %)

기준 연도	구분	만 3세	만 4세	만 5세	만 6~14세	만 15~19세	만 20~24세	만 25~29세
2021	한국	96.1	97.5	93.3	98.7	85.8	50.7	7.9
	OECD 평균	73.7	88.0	95.1	98.4	83.9	42.4	16.2

* 연령대별 취학률: (연령대별 학생 수 / 연령대별 인구수) ×100
* 만 3세는 영유아교육·보육단계, 만 4세와 만 5세는 영유아교육·보육단계 및 초등교육단계, 만 6세 ~ 만 29세 연령 구간은 전체교육단계에 해당함.

출처: 경제협력개발기구(OECD) 교육지표 2023 결과 발표, 교육부. 보도자료. 2023.9.12.

다만, 유치원 취학률의 경우 아직 54.8%의 취학률에 머물고 있다. 이는 취학 선 보육과 교육이 어린이집과 유치원으로 이원화되어 있기 때문이기도 하다. 실제로 위 〈표〉의 보육기관 취학을 포함하여 발표한 OECD 자료에서는 만 3세에서 만 5세까지의 취학률이 90% 이상 나타난다. 이런 문제점을 해소하고자 유치원과 어린이집의 통합 논의가 최근에 활발하게 진행되고 있다. 이는 앞으로 한국 교육이 유아 단계의 교육을 어떻게 이끌어가야 할 것인지 진지한 논의가 필요함을 시사한다.

감소하는 인구, 줄어드는 학생 수

그동안 한국 교육은 학교교육의 완성이라는 외형적 성과를 거두었지만, 내부적으로는 미래에 새롭게 제기되는 다양한 문제에 직면해 있다. 이런 문제들에 어떻게 대응하는가에 따라서 미래의 교육이 달려있다고 해도 과언이 아닐 것이다.

앞으로 적극적으로 대응해야 할 것은 인구감소에 따라 발생하게 되는 환경의 변화이다. 최근 우리나라는 극심한 저출생 현상으로 인구가 감소하는 시대로 접어들고 있다. 통계청의 장래인구통계 추계에 따르면, 2020년을 기점으로 감소하기 시작하여 2050년에는 4천710만7천 명으로 감소하고 2070년에는 3천718만2천 명까지 감소할 것으로 예측되고 있다.[1]

---

1) 다만, 통계청이 발표한 '2023년 인구주택총조사 결과(등록센서스 방식)'에 따르면, 2023년 총인구는 5,177만5천 명으로 2022년보다 8만2천 명(0.2%) 증가하였다. 이는 지난 2021년 이후 2년 연속 감소했던 총인구가 3년 만에 증가세로 전환하였다는 것을 의미한다. 그렇지만 이런 전환은 내국인은 감소하였지만 외국인이 크게 늘었기 때문이다.

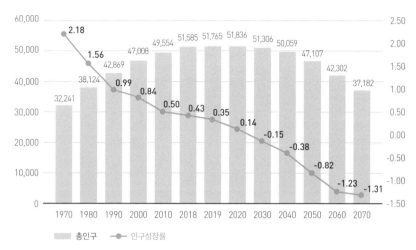

▨ 총인구 및 인구성장률

출처: 장래인구추계 2022~2072년, 중위추계. 통계청. 2023.

저출생 및 인구감소와 직접적으로 관련되는 것은 학령인구의 감소와 그로 인한 학생 수 감소이다. 이런 현상은 이미 현실로 나타나고 있다. 유·초·중등 전체 학생 수는 2023년 현재 5,783,612명으로 전년 대비 96,156명(1.6%) 감소하였다. 학교급별로 보면, 유치원생 수는 521,794명으로 전년 대비 31,018명(5.6%) 감소하였고, 초등학생 수는 2,603,929명으로 60,349명(2.3%) 감소하였으며, 중학생 수는 1,326,831명으로 21,597명(1.6%) 감소하였다. 다만, 고등학생 수는 1,278,269명으로 15,921명(1.3%) 증가한 것으로 나타나고 있다.

(단위 : 명)

연도	전체	유치원	초등학교	중학교	고등학교							기타
					전체	일반	특성화	특목	자율	일반계	전문계	
2023	5,783,612	521,794	2,603,929	1,326,831	1,278,269	993,933	175,327	60,480	48,529	-	-	52,789
2022	5,879,768	552,812	2,664,278	1,348,428	1,262,348	961,714	182,801	61,424	56,409	-	-	51,902
2021	5,957,118	582,572	2,672,340	1,350,770	1,299,965	961,275	198,663	63,181	76,846	-	-	51,471
2020	6,010,006	612,538	2,693,716	1,315,846	1,337,312	958,108	212,294	64,493	102,417	-	-	50,594
2019	6,136,794	633,913	2,747,219	1,294,559	1,411,027	1,001,756	230,098	65,244	113,929	-	-	50,076
2018	6,309,723	675,998	2,711,385	1,334,288	1,538,576	1,096,331	252,260	66,693	123,292	-	-	49,476
2017	6,468,629	694,631	2,674,227	1,381,334	1,669,699	1,193,562	274,281	67,960	133,896	-	-	48,738
2016	6,635,784	704,138	2,672,843	1,457,490	1,752,457	1,256,108	290,632	67,607	138,110	-	-	48,856
2015	6,819,927	682,553	2,714,610	1,585,951	1,788,266	1,278,008	302,021	67,529	140,708	-	-	48,547
2014	6,986,116	652,546	2,728,509	1,717,911	1,839,372	1,314,073	313,449	66,928	144,922	-	-	47,778
2013	7,187,384	658,188	2,784,000	1,804,189	1,893,303	1,356,070	320,374	67,099	149,760	-	-	47,704
2012	7,384,788	613,749	2,951,995	1,849,094	1,920,087	1,381,130	330,797	64,468	143,692	-	-	49,863
2011	7,601,338	564,834	3,132,477	1,910,572	1,943,798	1,425,882	340,227	63,727	113,962	-	-	49,657
2010	7,822,882	538,587	3,299,094	1,974,798	1,962,356	-	-	-	-	1,496,227	466,129	48,047
2000	8,549,865	545,263	4,019,991	1,860,539	2,071,468	-	-	-	-	1,324,482	746,986	52,604
1990	9,965,954	414,532	4,868,520	2,275,751	2,283,806	-	-	-	-	1,473,155	810,651	123,345
1980	10,044,891	66,433	5,658,002	2,471,997	1,696,792	-	-	-	-	932,605	764,187	151,667
1970	7,793,585	22,271	5,749,301	1,318,808	590,382	-	-	-	-	315,367	275,015	112,823

* 기타에는 특수학교, 고등공민학교, 고등기술학교, 각종학교, 방송통신중·고등학교가 포함됨
* 2011년부터 고등학교 유형이 2가지 유형(일반계고, 전문계고)에서 4가지 유형(일반고, 특성화고, 특목고, 자율고)으로 변경됨

출처: 2023년 교육기본통계 조사 결과 발표. 교육부. 보도자료. 2023.8.31.

인구와 학생 수 감소 영향으로 인한 교육 변화는 학교 규모의 양극화이다. 신도시와 같은 인구가 밀집하는 지역은 과밀학급과 교원 부족 문제가 생기는 반면, 인구가 감소하는 지역은 소인수학급이 발생하는 문제가 있다는 것이다. 실제로 최근 3년간 시·도별 통폐합 학교 현황을 보면 대도시 지역보다는 강원, 전남, 경북 등 농어촌이 존재하는 지역에서 학교 통폐합이 많이 나타났음을 알 수 있다.

■ 최근 3년간 시도별 통폐합 학교 수

(단위: 교)

시도	2021	2022	2023
서울	0	0	1(초1)
부산	1(초1)	3(초1, 중2)	0
대구	0	0	2(초1, 중1)
인천	0	0	0
광주	0	0	0
대전	0	0	0
울산	0	0	0
세종	0	0	0
경기	5(초4, 중1)	5(초3, 중1, 고1)	2(초2)
강원	5(초4, 중1)	6(초6)	5(초4, 중1)
충북	1(초1)	2(고2)	1(초1)
충남	1(초1)	3(초2, 중1)	4(초4)
전북	1(초1)	0	2(초2)
전남	5(초4, 중1)	5(초4, 중1)	0
경북	3(초2, 중1)	3(초3)	2(초2)
경남	2(초2)	0	2(초2)
제주	0	0	0
합계	24	27	21

출처: 전국 17개 시도교육청, 강득구 의원실 재가공 자료.
최근 3년간 통폐합한 학교 72개교… 그 중 초등학교 58개교. 메트로신문. 2024.3.19. 재인용.

아이러니하게도 전체적으로 새롭게 폐교되는 학교 수는 감소하고 있다. 최근 10년간 전국에서 폐교된 초·중·고교 수는 2013년 50개, 2016년 43개, 2020년 31개, 2023년 21개로 해마다 감소 추세다. 학령인구감소는 가속화하는데 오히려 폐교 수는 줄고 있는 것이다.[2] 이는 농어촌의 경우 이미 1개 면에 1개 학교만 있는 경우가 많아 학생 수가 감소하여도 더 이상 학교를 폐교하기 어려운 부분도 있기 때문이다.

---

2) 초·중·고교 폐교, 지방에선 줄지만… 대도시 구도심선 늘어날 듯. 조선일보. 2023.5.10.

학생 수 감소로 인한 폐교는 인구 밀집 지역인 수도권도 예외가 아니다. 예를 들어 서울의 초·중·고 학생 수는 2008년 136만 명에서 지난해 78만 명으로 15년 만에 약 43%가 감소했으며, 이로 인해 2015년 이후 2023년까지 5개교가 폐교되었고 2024년에는 3개교가 폐교할 예정이며, 지난 3월에는 도봉고가 서울 시내 일반고 최초로 문을 닫기도 하였다.[3] 이런 추세는 학생 수 감소에 따른 학교 운영 문제가 앞으로는 비단 농어촌만의 문제가 아니고 대도시에서도 심각하게 제기될 것이라는 것을 의미한다.

학생 수 감소로 인한 소규모 학교의 발생은 효율성과 교육기회 보장이라는 두 개의 가치의 갈등을 일으킨다. 학교교육의 기회는 경제적 효율성으로만 접근할 수 없고 한 사람이라도 충분한 교육 기회를 제공할 필요가 있다는 점에서 학생 수가 적다고 무조건 폐교를 하거나 통폐합을 하는 것은 교육적으로 볼 때 신중할 필요가 있다. 이런 점은 학생 수가 감소하는 시기에 학교의 교육적 운영을 위한 또 다른 차원의 고민이 필요하다는 것을 시사한다.

다문화 사회와 이주배경 학생의 증가

저출생으로 인한 인구감소와 학생 수 감소가 학교교육에 영향을 주는 가운데 이주배경 인구의 증가로 인한 다문화 학생 수의 증가는 눈여겨볼 만한 현상이다. 최근의 통계 추이를 보면 국내 인구는 감소하면서 이주 인구가 증가하기 때문에 그 비중은 급격히 증가하는 경향을 보인다.

다음 〈표〉는 연도별 다문화 학생 현황을 제시한 것이다. 초·중등학교(각종학교 포함)의 다문화 학생 수는 181,178명으로 전체 학생 중 다문화 학생의 비율은 3.5%로 나타나고 있다. 학교급별 다문화 학생 수를 보면, 초등학교 115,639명, 중학교 43,698명, 고등학교 21,190명으로 나타났고, 이를 비율로 환산하면 초등

---

3) 줄어드는 학령인구…학교가 사라진다, 문 닫는 학교들, 저출산의 그늘〈1〉, 파이낸셜뉴스, 2024.5.20.

학교 4.4%, 중학교 3.3%, 고등학교 1.7%인 것으로 나타났다.

다문화 학생 수는 지속적인 증가추세를 보인다. 전년 대비 초등학교는 3,999명(3.6%) 증가하였고, 중학교는 3,984명(10.0%) 증가하였으며, 고등학교는 4,446명(26.6%) 증가하였다. 증가율은 초등학교보다는 중·고등학교에서 높다는 것을 알 수 있다. 이는 초등학교에 유입된 다문화 학생이 점차 중·고등학교로 진입하고 있다는 것을 의미한다.

▨ 다문화 학생 현황

(단위 : 명)

연도	전체					국제결혼가정										외국인 가정				
						국내 출생					중도 입국									
	소계	초등학교	중학교	고등학교	각종학교	소계	초등학교	중학교	고등학교	각종학교	소계	초등학교	중학교	고등학교	각종학교	소계	초등학교	중학교	고등학교	각종학교
2023	181,178	115,639	43,698	21,190	651	129,910	82,491	32,210	15,063	146	10,896	5,617	3,108	1,928	243	40,372	27,531	8,380	4,199	262
2022	168,645	111,640	39,714	16,744	547	126,029	84,241	29,940	11,614	234	9,938	5,087	2,874	1,784	193	32,678	22,312	6,900	3,346	120
2021	160,058	111,371	33,950	14,308	429	122,095	86,399	25,368	10,183	145	9,427	4,953	2,773	1,519	182	28,536	20,019	5,809	2,606	102
2020	147,378	107,694	26,773	12,478	433	113,774	85,089	19,532	9,049	104	9,151	5,073	2,459	1,415	204	24,453	17,532	4,782	2,014	125
2019	137,225	103,881	21,693	11,234	417	108,069	83,602	15,891	8,464	112	8,697	5,148	2,131	1,220	198	20,459	15,131	3,671	1,550	107
2018	122,212	93,027	18,068	10,688	429	98,263	76,181	13,599	8,361	122	8,320	5,023	1,907	1,185	205	15,629	11,823	2,562	1,142	102
2017	109,387	82,733	15,945	10,334	375	89,314	68,610	12,265	8,335	104	7,792	4,843	1,722	1,063	164	12,281	9,280	1,958	936	107
2016	99,186	73,972	15,080	9,816	318	79,134	59,970	11,475	7,589	100	7,418	4,577	1,624	1,075	142	12,634	9,425	1,981	1,152	76
2015	82,536	60,162	13,827	8,146	401	68,099	50,191	11,054	6,688	166	6,261	3,965	1,389	723	184	8,176	6,006	1,384	735	51
2014	67,806	48,225	12,506	6,734	341	57,498	41,546	10,316	5,562	74	5,602	3,262	1,386	750	204	4,706	3,417	804	422	63
2013	55,780	39,360	11,280	4,858	282	45,814	32,823	9,162	3,793	36	4,922	3,006	1,143	565	208	5,044	3,531	975	500	38
2012	46,954	33,740	9,627	3,409	178	40,040	29,282	8,194	2,536	28	4,288	2,669	985	547	87	2,626	1,789	448	326	63

주 1) 다문화 학생 수 = 국제결혼가정 자녀 + 외국인 가정 자녀
2) 국제결혼가정 자녀: 한국인 부(모)와 외국인 모(부) 사이에 태어난 자녀로 국내 출생과 중도 입국으로 분류됨
- 국내 출생 자녀: 국제결혼가정 자녀 중 국내에서 출생한 자녀
- 중도입국자녀: 국제결혼가정 자녀 중 외국에서 태어나 부모와 함께 중도에 국내로 입국한 자녀
3) 외국인 가정 자녀: 외국인 사이에서 출생한 자녀

출처: 2023년 교육기본통계 조사 결과 발표, 교육부. 보도자료. 2023.8.31.

이는 우리 사회가 점차 다문화 사회로 이행하고 있으며, 한 교실의 학생 구성이 문화적으로 언어적으로 다른 집단이 점점 많아져서 다양성이 증가한다는 것을 뜻한다. 이는 한국어가 익숙하지 않은 이주배경 학생의 공교육 유입에 따른 교육 지원이 필요하다는 것을 의미한다.

현재 다문화 교육의 방향은 이주배경 학생의 한국어 습득이 되어야 학교에서 학습이 가능하다는 관점에 초점을 두고 있는 경향이 있다. 다양성이 증가한 교실에서 효과적으로 교육이 이루어지기 위해서는 이주배경 학생에 대한 교육지원과 함께 다양한 학생 구성에 따른 교수학습의 변화가 이루어지는 것이 필요하다. 학생 구성의 변화에 따른 종합적인 학교 지원 정책이 요구된다는 것이다.

교실 내 언어적, 문화적 이질 집단의 구성은 전통적으로 알려진 교수학습방법에서 탈피하여 새로운 교수학습을 고민할 필요성을 제기한다. 또한 이주배경 학생에 대한 지원 방향이 단순히 언어, 문화의 적응을 위한 지원이 아니라 학교교육과정과 학습에 자긍심을 갖고 주체적으로 참여할 수 있도록 지원하는 방향으로 전환할 시점이 도래하였음을 시사한다.

풍요 속 빈곤:
높은 학력 속 기초학력 부진 심화

우리나라 학생들의 높은 학력 수준은 이미 널리 알려져 있다. OECD가 시행하는 국제학업성취도평가[PISA] 결과에서도 우리나라 고등학교 1학년 학생들의 학업성취 수준은 다른 나라에 비교하여 높은 수준을 보이고 있다. 가장 최근에

시행된 결과인 2022 국제학업성취도평가 결과를 보면 OECD 회원국을 기준으로 우리나라 고등학생의 학업성취 수준은 수학 1~2위, 읽기 1~7위, 과학 2~5위로 매우 높은 수준을 보이고 있다.[4] 특히 이런 결과는 비단 최근의 현상만은 아니고 이미 오래전부터 지속되고 있는 현상이다.

구분	수학			읽기			과학		
	평균 점수	순위		평균 점수	순위		평균 점수	순위	
		OECD (37개국)	전체 (81개국)		OECD (37개국)	전체 (80개국)		OECD (37개국)	전체 (81개국)
대한민국	527	1~2	3~7	515	1~7	2~12	528	2~5	2~9
OECD 평균	472			476			485		

출처: OECD 국제학업성취도평가(PISA) 2022 결과 발표. 교육부. 보도자료. 2023.12.5.

이러한 국가 차원의 교육 성과에도 불구하고, 2000년 이후 장기적인 변화 추이를 보면 1수준 이하 비율이 증가하였음을 알 수 있다. 구체적으로 다음 〈표〉를 보면 수학 영역의 경우 1수준 이하가 2009년 8.1%인 반면 2022년에는 16.2%로 2배 증가하였고, 읽기 영역의 경우에는 2009년 5.8%에서 2022년 14.7%로 2.5배 이상 증가하였다. 수학 영역과 읽기 영역에서 상위 성취수준을 의미하는 5수준 이상이 변동이 없거나 약간 증가하는 수준에 머무르고 있다는 점과 비교해볼 때 하위 성취수준을 의미하는 2수준 이하 비율은 뚜렷이 증가하는 현상이 나타나고 있다.

구체적으로 보면, 수학 영역에서 5수준 이상의 비율은 2002년 24.8%에서 2022년 22.9%로 약간 감소한 반면, 2수준 이하의 비율은 26.1%에서 32.9%로 6.8% 포인트 증가하였다. 읽기 영역은 5수준 이상과 2수준 이하 비율이 동시에 증가하였다. 5수준 이상의 비율은 5.7%에서 13.3%로 7.6% 포인트 증가하였고,

---

4) 경제협력개발기구(OECD), 국제학업성취도평가(PISA) 2022 결과 발표, 교육부, 보도자료, 2023.12.5.

2수준 이하의 비율은 24.3%에서 34.1%로 9.8% 포인트 증가하였다.

　수학 영역이나 읽기 영역 모두 하위 성취수준의 증가가 더 크게 나타나고 있다. 특히, 1수준 이하의 증가 현상이 두드러지고 있음을 확인할 수 있다. 이는 지난 20년 동안 우리나라 고등학교 1학년 학생들의 성취수준이 중간 수준은 감소하면서 하위 수준은 증가하였다는 것을 의미한다. 우리나라 학생들의 성취수준과 관련하여 나타나는 독특한 현상이며 높은 성취수준을 보이면서도 중위권 감소와 하위권 증가로 인한 학력 격차의 양극화 현상이 긴 시간 동안 진행되고 있다고 할 수 있다.

▨ 우리나라 학생들의 OECD 국제학업성취도평가 수학 영역 성취수준 추이

	2003	2006	2009	2012	2015	2018	2022
6수준	8.1	9.1	7.8	12.1	6.6	6.9	8.5
5수준	16.7	18.0	17.7	18.8	14.3	14.4	14.4
4수준	25.0	25.5	26.3	23.9	22.7	22.9	22.2
3수준	24.1	23.5	24.4	21.4	23.7	23.4	22.0
2수준	16.6	15.2	15.6	14.7	17.2	17.3	16.7
1수준 이하	9.5	8.9	8.1	9.1	15.0	15.0	16.2

출처: OECD 국제학업성취도평가(PISA) 2022 결과 발표. 교육부. 보도자료. 2023.12.5.

▨ 우리나라 학생들의 OECE 국제학업성취도평가 읽기 영역 성취수준 추이

	2003	2006	2009	2012	2015	2018	2022
6수준				1.0	1.6	1.9	2.5
5수준	5.7	12.2	21.7	11.9	12.6	10.8	10.8
4수준	31.1	30.8	32.7	32.9	31.0	25.5	24.7
3수준	38.8	33.5	27.2	33.0	30.8	28.9	28.0
2수준	18.6	16.8	12.5	15.4	16.4	19.3	19.4
1수준 이하	5.7	6.8	5.8	5.8	7.6	13.7	14.7

출처: OECD 국제학업성취도평가(PISA) 2022 결과 발표. 교육부. 보도자료. 2023.12.5.

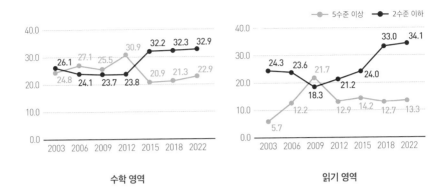

수학 영역   읽기 영역

기초학력 부진 학생의 증가 현상은 국내 학업성취도 평가인 국가수준 학업성취도 평가 결과에서도 유사하게 나타나고 있다. 매년 중·고등학생을 대상으로 시행되는 국가수준 학업성취도 평가 결과, 해당 학년의 학생들이 도달하기를 기대하는 교육과정 성취기준을 이해하고 수행하기 위해서 많은 노력이 필요한 수준으로 정의되는 1수준의 비율이 2019년 이후 점차 증가하고 있는 것으로 나타나고 있다.

최근의 기초학력 부진 증가에서 좀 더 눈여겨볼 부분 가운데 하나는 학생 수 감소에 따른 대입 경쟁 양상의 변화이다. 상위권 대학 진학을 위한 경쟁은 좀 더 치열해졌으나 나머지 그룹에서는 학생을 모두 충원하지 못하는 상황이다. 이에 따라서 상위권 대학에 입학할 정도의 성취수준이 되는 학생들은 공부에 집중하지만 그렇지 않은 학생들은 학업성취에 대한 관심이나 학습 동기가 하락하였을 수 있다는 것이다.

실제 우리나라 학생들의 교과 학습에 대한 흥미는 높은 학업성취도를 보이는 것과 대비하여 볼 때 이례적으로 낮다. 실제 2023 국가수준학업성취도평가와 함께 실시된 조사에서 나타난 교과학습 관련 정의적 특성을 살펴보면, 교과 공부에 대한 자신감과 흥미 수준이 높지 않게 나타나고 있음을 확인할 수 있다. 구체적으로 보면 국어, 수학, 영어 교과에 대한 '흥미 높음' 비율은 2023년 중학교 3학년 학생의 경우 42.6%~44.9%, 고등학교 2학년 학생의 경우 40.7%~45.8%로 교과 학습에 흥미가 높은 학생이 절반 이하로 나타나고 있다. '가치'나 '학습의욕'이 높은 학생이 60%~70%를 차지한다는 것과 비교해보면, 상대적으로 교과학습에 대한 '자신감'과 '흥미'가 높은 학생이 많지 않다는 것을 알 수 있다.

교과 학습에 대한 자신감과 흥미도가 낮은 데에는 대학 진학 경쟁을 위해 공부를 하기 때문일 수 있다. 다른 사람들과의 경쟁 상황에서 공부를 해야 하기 때문에 필요 이상의 시간과 에너지를 투입할 수밖에 없게 함으로써 평소 모르는 것을 새롭게 이해하는 배움의 즐거움을 느끼기 힘들기 때문이라는 것이다. 이와 같은 과열된 경쟁에 따른 흥미도 저하 현상은 분명 존재하지만 모든 학생에게 해당되지는 않을 것이다. 오히려 경쟁에 참여하지 않음으로써 관심 자체가 없는 학생들도 학교와 교실에는 존재하고 있음을 유의할 필요가 있다. 이에 따라서 학교와 교사들도 하위권 학생에 대한 관심이 부족해지고 이런 경향이 기초학력 부진 심화에 영향을 미치고 있지는 않은지 생각해 볼 필요가 있다는 것이다.

▨ 교과기반 정의적 특성 비율

(단위: %)

구분	교과	자신감		가치		흥미		학습의욕	
		높음	낮음	높음	낮음	높음	낮음	높음	낮음
중3	국어	43.5 (0.78)	11.1 (0.36)	67.2 (0.57)	5.7 (0.25)	42.6 (0.78)	14.6 (0.41)	64.1 (0.63)	5.0 (0.23)
	수학	38.9 (0.70)	23.4 (0.52)	48.6 (0.69)	13.6 (0.38)	43.8 (0.67)	22.3 (0.46)	56.6 (0.61)	10.8 (0.35)
	영어	45.3 (0.76)	18.3 (0.50)	73.1 (0.48)	5.7 (0.24)	44.9 (0.71)	17.5 (0.45)	63.8 (0.56)	8.4 (0.30)
고2	국어	39.1 (0.76)	13.5 (0.44)	68.4 (0.67)	6.2 (0.32)	45.8 (0.71)	14.3 (0.46)	68.0 (0.72)	5.2 (0.32)
	수학	32.3 (1.00)	28.4 (0.81)	46.8 (1.06)	16.7 (0.63)	42.9 (1.02)	23.8 (0.75)	53.5 (0.97)	14.0 (0.57)
	영어	36.7 (0.85)	19.8 (0.52)	73.0 (0.63)	5.5 (0.31)	40.7 (0.78)	18.5 (0.48)	62.7 (0.69)	8.8 (0.41)

출처: 2023년 국가수준학업성취도평가 결과 발표, 교육부. 보도자료, 2024.6.18.

사회 양극화와 교육격차의 심화

사교육의 확대

사교육에 대한 사회적 우려와 비판은 오랜 과제이었다. 사교육 문제는 공교육과 밀접한 관련을 갖는다는 점에서 소홀히 할 수 없는 현상이다. 사교육 대책이 지속적으로 추진됨에도 불구하고 최근 사교육비가 증가하는 경향을 보이고 있다. 지난해 통계청의 초·중·고 사교육비 조사에 따르면 사교육비 총액은 2023년 약 27조1천억 원으로 전년 대비 1조2천억 원(4.5%) 증가한 것으로 나타났다. 학교급별로 보면 초등학교 12조4천억 원, 중학교 7조2천억 원, 고등학교 7조5천억 원 등으로 나타났고, 이는 전년 대비 초등학교 4.3%, 중학교 1.0%, 고등학교 8.2% 증가한 것이다.

▨ 사교육비 총액 연도별 추이

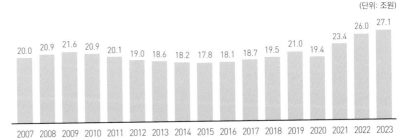

(단위: 조원)

출처: 2023년 초중고 사교육비 조사 결과. 교육부. 합동 보도자료. 2023.3.15.

사교육비 조사가 시행된 2007년 이후로 살펴보면 2010년대 중반 다소 감소하던 사교육비 총액 규모가 2016년부터 다시 증가하기 시작하였고 2020년 이후에 급격히 증가 폭이 커지고 있는 것으로 나타나고 있다. 최근 학생 수가 감소하고 있는데 사교육비가 큰 폭으로 증가하는 것에 대해서 사회적 우려가 높아질 수밖에 없는 부분이다. 학생 수 감소 현상과 함께 생각해보면 학생들의 사교육 참여는 이전보다 양적으로나 질적으로 심화되었다고 할 수 있다.

이는 학교 외적인 방법을 통해 유리함을 얻고자 하는 교육 경쟁이 여전히 지속되고 심화되고 있음을 의미한다. 뿐만 아니라 초등학교의 사교육비 증가율이 높다는 점은 사교육이 단순히 학력 경쟁이 아닌 돌봄 등 다양한 목적에서 활용되고 다양화되고 있음을 시사한다. 이는 교육 경쟁을 완화하는 국가적 노력이 필요하며, 또한 학교교육과 방과후학교가 점차 다양해지는 사교육 수요에 대하여 유연하게 대응할 수 있도록 변화를 모색할 필요가 있음을 보여준다.

계층 간 교육격차의 심화

사교육비 증가의 문제는 가정의 교육비 부담 측면도 있지만 사교육비가 부모의 경제력에 크게 좌우될 수밖에 없다는 점 때문에 교육 불평등의 측면에서 그 심각성이 있다. 실제 가구소득별 사교육비와 사교육 참여율을 살펴보면 가구소득에 따라서 사교육 참여율과 지출 비용이 차이가 나타난다.

아래 [그림]의 2023년 통계청의 사교육비 조사 결과를 보면 월평균 소득이 800만 원 이상 가구의 학생 1인당 월평균 사교육비는 67만1천 원이고, 소득이 300만 원 미만 가구의 학생 1인당 월평균 사교육비는 18만3천 원으로 나타나고 있다. 학생들의 사교육 참여율은 가구의 월평균 소득이 800만 원 이상인 경우 87.9%, 소득이 300만 원 미만인 경우 57.2%로 나타나고 있어 상당한 격차가 있음을 보여주고 있다.

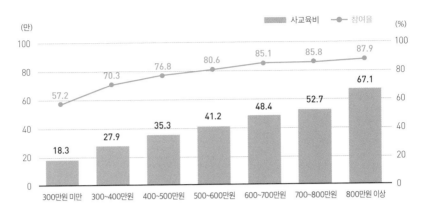

▨ 가구 소득수준별 1인당 월평균 사교육비 및 참여율 (전체 학생)

출처: 2023년 초중고 사교육비 조사 결과. 교육부. 합동 보도자료. 2023.3.15. 재구성.

　　물론 학생들의 학업성취를 올리는 데 사교육이 실제 효과가 있는가 하는 점은 논쟁적이기는 하지만, 사교육을 하나의 추가적 교육 기회로 본다면 부모의 경제력에 의한 차이 발생은 바람직한 현상은 아니라고 할 수 있다.

　　계층 간 교육격차 현상에서 좀 더 직접적으로 사회적 문제가 되는 것은 학업성취도 격차이다. 부모의 가정 배경에 따른 학생들의 학업성취도 격차가 존재한다는 것은 이미 널리 알려진 사실이다.[5] 더 나아가 이와 같은 계층 간 교육격차는 최근으로 올수록 심화되고 있다. 고등학교 진학과 성취에 대해서 학생 배경 요인이 미치는 영향이 지난 10년간 어떻게 변화했는가를 탐색한 연구는 중학교와 고등학교 단계에서 학생들의 학업성취 및 진학에 대한 성별(여학생), 지역(읍면지역), 가구소득, 사교육비, 부모 학력과 같은 학생 배경의 영향력이 확대되어 온

5) 「한국사회 교육격차의 실태 및 결정요인」. 김경근. 교육사회학 연구. 15권 3호. 한국교육사회학회. 2005. 1~27쪽.

것으로 나타났다고 보고하였다.[6]

계층 간 교육격차는 교육 결과에 해당하는 학업성취도만 차이가 나타나는 것이 아니라 학업성취를 가능하게 하는 중간 단계의 요인들, 학습동기나 수업참여 등에서도 나타난다. 이는 사회경제적 취약 계층의 교육과 학습에 대해 다각적인 측면에서 정책적 지원이 필요하다는 것을 의미한다.

교육격차 해소를 위한 방법 가운데 하나는 사회경제적 취약 계층 학생에 대해 교육지원을 제공하는 것이다. 취약 계층에 대한 교육 지원은 가정에서 부족한 것을 보충해 준다는 보상교육의 성격을 지니고 있다. 대표적으로 저소득층 가정에 지급되는 교육 급여나 교육비 지원이 있다. 그동안 취약 계층 학생을 대상으로 학습, 문화, 심리정서 등을 지원하였던 교육복지우선지원사업 등과 같은 교육복지 지원도 해당된다. 또한 저소득층 학생에게 지급되는 장학금이나 학비를 보조해 주는 것도 포함될 수 있다.

이러한 노력에도 불구하고 계층 간 교육격차 현상이 해소되지 않고 심화되고 있다는 것은 또 다른 과제를 제기하는 것이다. 단순히 보상적 성격의 추가 지원으로는 충분하지 않으며 교육적 취약 계층이 학교 내 다양한 교육기회 접근 과정에서 소외되지 않도록 학교 교육과정이 형평성과 평등함을 갖출 수 있도록 개혁할 필요성을 시사한다. 또한 교육복지 지원의 대상이 사회경제적 취약 계층에 한정할 것이 아니라 학교교육에 적응, 참여하지 못하는 모든 학생을 지원하는 방향으로 전환되어야 함을 시사한다고 할 수 있다.

---

6) 「학생 배경에 따른 교육격차 양상의 변화: 2005~2009년과 2015~2019년의 비교」, 김성식, 교육연구논총. 43권 1호. 충남대학교 교육연구소, 2022, 167~192쪽.

상위권 대학 진학을 위한 경쟁

지방 대학의 위기와 수도권 대학 쏠림 현상

우리나라의 대학 진학을 위한 경쟁은 오래전부터 과열 양상을 보여 왔다. 학령인구감소에 따라서 이와 같은 현상도 다른 양상을 보이기 시작하고 있다. 모든 대학을 위한 경쟁이라기보다는 좀 더 상위권 대학이나 인기가 있는 대학을 중심으로 경쟁이 집중되고 있다. 수도권 대학의 입시 경쟁률은 지방 소재 대학들보다 높은 경향을 보이고 있다. 학령인구감소에도 불구하고 이처럼 수도권 대학입시 경쟁률이 최근 몇 년간 증가하고 있다는 점은 상위권 대학 중심의 입시 경쟁 현상을 잘 보여준다고 할 수 있다.

▨ 수도권-비수도권 대학의 입시 경쟁률

	2021학년도	2022학년도	2023학년도
수도권	12.91:1	13.95:1	14.33:1
비수도권	5.67:1	6.04:1	5.72:1

출처: 종로학원. [지방대학 몰락 가속화] 경북·부산·충남대 신입생 10명 중 1명 이탈, 지역거점대학 교수도 학생도 서울로 대탈출. 중앙선데이. 2022.10.8. 재인용

이러한 현상의 결과 중 하나가 신입생 모집과 충원에 어려움을 겪는 지방 소재 대학의 위기이다. 아래 [그림]은 지역별 일반대학 신입생 충원율을 2013년과 2023년을 비교하여 나타낸 것이다. 2013년에는 제주를 제외한 16개 시·도 소재 대학의 신입생 충원율은 모두 95%를 상회하였으나, 10년 후인 2023년에는 수도권, 광역시, 세종, 충남, 전북 지역의 신입생 충원율은 유지된 반면, 그 외 지역에

서는 95% 이하로 하락하였다. 또한 광역시 중에서도 부산과 광주는 비록 2023년에도 95% 이상의 충원율을 보이기는 하지만 2013년에 비해 신입생 충원율이 크게 하락하는 경향을 보였다.

▨ 고등교육기관 시도별 신입생 충원율(2013년, 2023년)

지역	2013	2023
서울	99.6	99.7
부산	100.0	95.8
대구	99.3	99.9
인천	99.5	99.6
광주	99.7	96.4
대전	98.9	99.4
울산	99.9	99.3
세종	97.8	98.6
경기	99.4	99.1
강원	98.0	91.7
충북	99.3	94.1
충남	97.6	98.8
전북	95.7	95.3
전남	95.3	92.9
경북	95.8	94.8
경남	98.8	94.9
제주	87.7	86.7
전국	98.5	97.3

출처: 고등교육기관 시도별 신입생 충원율 2013-2023. 한국교육개발원 교육통계서비스.

입시 전략으로서 고등학교 학업중단 학생의 증가

최근 학업중단 학생 수 및 학업중단율이 증가하고 있다. 초·중·고등학교 단계의 학업중단은 어떤 학생이 기본적인 교육을 받지 못한다는 의미에서 중요한 문제이다. 최근 학업중단 학생의 증가는 이와 같은 본래의 문제 외에도 대학 진학과 관련되어 있다는 점이 이전과 다른 성격을 갖고 있다고 할 수 있다.

우리나라의 학업중단율은 2010년 이후 1.0% 내외로 나타나고 있으며 이런 추이는 2022년에도 비슷하게 나타나서 2022년 초·중·고 전체 학업중단율은 1.0% 수준을 보였다. 학교급별로 보면 고등학생의 학업중단율이 높다. 2022년의 경우, 초등학생과 중학생은 모두 0.7%인데 반해, 고등학생은 1.9%로 나타났다.

우리나라의 학업중단율은 낮은 수준이기는 하지만 코로나 확산으로 학업중단율이 급격히 감소하였던 2020년 이후로 보면 학교급별 증가율에서 이전과는 다른 경향이 나타나고 있음을 확인할 수 있다. 2020년에 비교해볼 때 초등학교는 0.4%에서 0.7%로, 중학교는 0.5%에서 0.7%로, 고등학교는 1.1%에서 1.9%로 상승하였다. 고등학교에서의 학업 중단율과 증가 폭이 크게 나타나고 있다는 점이 특징적이라고 할 수 있다. 이에 따라서 고등학교 학업중단율은 2011년 이후 최고치를 보이고 있다. 이런 점들은 최근 들어 고등학생의 학업중단과 증가율이 두드러지게 나타났다는 것을 말해준다.

▧ 학업중단 학생 수 및 학업중단율

(단위 : 명, %)

연도	전체			초등학교			중학교			고등학교		
	학생 수	학업중단자	학업중단율	학생 수	학업중단자	학업중단율	학생 수	학업중단자	학업중단율	학생 수	학업중단자	학업중단율
2022	5,275,054	52,981	1.0	2,664,278	19,415	0.7	1,348,428	9,585	0.7	1,262,348	23,981	1.9
2021	5,323,075	42,755	0.8	2,672,340	15,389	0.6	1,350,770	7,235	0.5	1,299,965	20,131	1.5
2020	5,346,874	32,027	0.6	2,693,716	11,612	0.4	1,315,846	5,976	0.5	1,337,312	14,439	1.1
2019	5,452,805	52,261	1.0	2,747,219	18,366	0.7	1,294,559	10,001	0.8	1,411,027	23,894	1.7
2018	5,584,249	52,539	0.9	2,711,385	17,797	0.7	1,334,288	9,764	0.7	1,538,576	24,978	1.6
2017	5,725,260	50,057	0.9	2,674,227	16,422	0.6	1,381,334	9,129	0.7	1,669,699	24,506	1.5
2016	5,882,790	47,663	0.8	2,672,843	14,998	0.6	1,457,490	8,924	0.6	1,752,457	23,741	1.4
2015	6,088,827	47,070	0.8	2,714,610	14,555	0.5	1,585,951	9,961	0.6	1,788,266	22,554	1.3
2014	6,285,792	51,906	0.8	2,728,509	14,886	0.5	1,717,911	11,702	0.7	1,839,372	25,318	1.4
2013	6,481,492	60,568	0.9	2,784,000	15,908	0.6	1,804,189	14,278	0.8	1,893,303	30,382	1.6
2012	6,721,176	68,188	1.0	2,951,995	16,828	0.6	1,849,094	16,426	0.9	1,920,087	34,934	1.8
2011	6,986,847	74,365	1.1	3,132,477	19,163	0.6	1,910,572	17,811	0.9	1,943,798	37,391	1.9
2010	7,236,248	76,589	1.1	3,299,094	18,836	0.6	1,974,798	18,866	1.0	1,962,356	38,887	2.0

* 학업 중단율(%) = 학업 중단자 수 / 학생 수 × 100
* 구분의 연도는 학년도임
* 초등학교와 중학교는 유예 및 면제자를 학업 중단자로 봄
* 고등학교의 학업 중단 사유는 자퇴(질병, 가사, 부적응, 해외 출국, 기타), 퇴학(품행), 유예, 면제, 제적임
* 학업 중단자에 사망자는 포함되지 않음

출처: 2023년 교육기본통계 조사 결과 발표, 교육부. 보도자료. 2023.8.31.

학생들의 학업중단에는 여러 요인이 개입되어 있다. 학업을 그만두는 데에는 학교와 학입에 내한 부적응이 주요 원인으로 작용하고, 이 때문에 학업중단을 예방하고 학업지속을 지원하는 이유이기도 하다. 그렇지만 최근의 고등학교에서 학업중단 학생의 증가에는 또 다른 요인이 반영되었을 수 있다.

고등학교 학업중단율을 지역과 학교 유형으로 나누어보면 이런 점이 부분적으로 드러난다. 고등학교 학업중단율이 서울 강남 3구에서 가장 높은 비율을 보였고(강남 2.68%, 서초 2.68%, 송파 2.17%), 고등학교 학업중단율의 증가 폭이 자사고, 외고, 국제고에서 일반고보다 높다는 것이다.[7] 이는 고등학교 단계에서 학업중단이 학교부적응 요인만으로 나타나는 것은 아니며 상위권 학생들의 대학입시 전략의 하나로 활용되고 있다는 것을 보여준다.

이와 같은 지방 소재 대학의 위기와 학업중단 문제를 해결하는 것은 중요하지만, 다양한 자원과 기회가 집중되어 있는 수도권 대학과 상위권 대학으로 진학하기 위해서 노력하는 개인에 대해서 그 책임을 물을 수는 없다. 국가 전체적인 차원에서는 풍요로운 삶을 위한 다양한 기회와 자원이 지역적으로 균등하게 배분되도록 하는 정책을 추진해야 할 부분이 있을 것이다. 교육 영역에서는 지방 소재 대학의 경쟁력과 매력도를 높일 수 있도록 하는 것이 필요하다. 이를 위해서는 대학들의 역할과 기능을 중심으로 전반적인 고등교육 체제 개편과 재구조화에 대한 고민이 필요하다는 것을 시사한다.

---

7) 지난해 고교생 2만5,000명 학교 그만둬…5년 새 최고치. 세계일보. 2024.7.22.

점점 힘들어지는 교육 현장

2024년 현재 한국 교육의 특징 가운데 특별히 언급해야 할 주제는 교사의 교직 이탈 현상 심화이다. 2015년 이후 학교급별 명예퇴직 교원 수와 비율 추이를 보면 정년 전에 명예퇴직을 신청하는 규모가 증가하고 있음을 알 수 있다. 초등학교를 예로 들면, 2016년 1,374명이었던 명예퇴직 교원 수는 2022년 2,290명으로 증가하였다. 이는 전체 교원의 1.2%에 해당되는 것으로 2016년 0.8%에서 증가한 것이다.

▨ 학교급별 명예퇴직 교원 수 및 비율(2015-2022)

	명예퇴직 교원의 수(명)			비율(%)		
	초등학교	중학교	고등학교	초등학교	중학교	고등학교
2015	1,595	1,864	1,675	0.9	2.0	1.5
2016	1,374	1,472	1,467	0.8	1.6	1.3
2017	1,484	1,563	1,684	0.8	1.7	1.5
2018	1,885	2,167	2,216	1.1	2.3	1.9
2019	2,019	2,204	2,291	1.1	2.4	2.1
2020	1,841	2,160	2,163	1.0	2.3	2.0
2021	1,984	2,343	2,267	1.1	2.5	2.1
2022	2,290	2,252	2,108	1.2	2.4	2.0

출처: 교육통계분석자료집-유·초·중등 교육통계편. 한국교육개발원. 2023. 자료를 재구성함

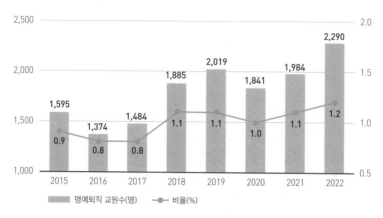

▨ 초등학교 명예퇴직 교원 수 및 비율 추이(2015-2022)

출처: 교육통계분석자료집-유·초·중등 교육통계편. 한국교육개발원. 2023. 122쪽

교원들이 명예퇴직을 신청하는 이유는 다양하지만 이런 퇴직의 증가에는 학교 현장에서 교사로서 직무 수행에 어려움을 느끼는 경우가 많다는 최근 교육 현장의 현실이 반영되어 있다.

2023년 서이초 사건을 비롯한 학부모 민원의 증가, 교권이 하락하고 있다는 인식 등이 적지 않은 영향을 미치고 있을 것이다. 이에 대한 대응책으로 교육부는 교권 보호를 위해서 교육기본법, 초·중등교육법, 유아교육법, 교원의 지위 향상 및 교육활동 보호를 위한 특별법(교원지위법) 등에 관련 조항을 신설 또는 개정하였다.[8] 그렇지만 교사들은 현장에서 실제 변화한 것이 별로 없다고 느끼며 좀 더 체감할 수 있는 근본적인 제도 개선과 정책변화가 필요하다고 느끼고 있다.

교사들이 어려움을 느끼는 것에는 반드시 직접적인 학부모의 민원과 갈등만 있는 것은 아니다. 그 외에도 주의력결핍과잉행동장애[ADHD]나 경계성 지능 등 지도하기 어려운 학생들의 증가와도 관련되어 있다고 할 수 있다. 물론 이런 학

---

8) 교권 보호 4법, 국회 본회의 1호 안건으로 통과. 교육부. 보도자료. 2023.9.21.

생들일수록 부모와 교사의 갈등이 많을 수밖에 없기도 하지만, 부모와 교사가 상호 이해하고 협력적이라고 하더라도 이들 학생은 좀 더 관심을 두고 신경을 써야 하기 때문에 교사에게는 교실 수업이나 교육활동을 수행하는 데 어려움을 가중시킬 수밖에 없다.

교사들의 교권 보호와 직무 만족 증대를 위해서 이런 학생들을 엄밀히 진단해서 일반 교실로부터 분리하는 것은 정확한 해결 방향이 아니다. 오히려 이런 학생들을 더 잘 지도하고 가르칠 수 있는 전문성과 지원이 필요하다고 할 수 있다. 또한 한 교사가 여러 명의 학생을 가르치는 구조에서 벗어나 다양한 교사가 협력하여 가르치는 교수학습 방식에 대한 연구·개발도 필요하다. 좀 더 나아가서 학령인구감소에 따른 교원 수 감축에 집중되어 있는 교사 양성과 수급 정책의 방향을 재검토해 볼 필요가 있다는 것을 시사한다.

교육개혁의 새로운 패러다임을 기대하며

한국 교육은 그동안 초·중학교 의무교육, 고등학교 무상교육 등을 통하여 양적으로 급속히 팽창하였고 학교 중심의 교육 대중화와 보편화를 이루었다. 2024년 한국 교육은 완성되어 이제 더 이상 개선이 필요 없다기보다는 오히려 새로운 변화로 인해 다양한 문제를 새롭게 직면하고 있다고 할 수 있다.

학령인구의 감소로 인한 학생 수 감소는 학교 규모의 양극화를 가져오고 특정 지역에 소인수 학교를 발생시킴으로써 효율성과 교육기회의 권리적 보장을 균형 있게 달성할 수 있는 학교 체제로의 변화를 요구하고 있다. 또한 이주민의 증가로 인한 다문화 사회로의 이행은 이주배경 학생들이 학교 교육과정과 수업에 대한 참여를 보장할 필요를 제기하며, 이는 단순히 한국어 능력 습득을 위한 지원을 넘어서는 근본적인 학교교육의 시스템 변화를 필요로 한다.

앞으로 해결해야 할 또 다른 과제는 높은 학업성취 속에 기초학력 부진 현상이 심화되는 문제이다. 이는 우리나라 학생들이 평균적으로는 높은 성취수준을 보이면서도 중위권 감소로 하위권이 증가하여 학력 격차의 양극화 현상이 진행되고 있음을 의미한다. 이는 인구 증가와 학교 팽창의 시기에 형성되어온 엘리트와 상위권 학생 위주의 학교교육 관행을 중하위권 학생의 교육과 학습 기회를 보장하는 책임교육의 시스템으로 전환해야 할 필요성을 제기한다.

또한 사교육비 증가와 교육격차 심화 현상도 관심을 두고 해결해야 할 과제이다. 그동안 많은 정책적 노력에도 불구하고 교육격차 현상이 오히려 심화되고 있는 점은 새로운 접근을 요구한다고 볼 수 있다. 이는 교육복지 정책과 지원이 보상적 성격에서 더 나아가서 모든 학생들이 학교 내 다양한 교육기회 획득 과정에서 소외되지 않도록 학교 교육과정을 좀 더 형평성 있고 평등하게 만드는 것과 관련되어야 함을 시사한다.

저출생으로 인해 학령인구가 감소함에 따라서 발생하는 가장 직접적인 영향은 지방 소재의 대학이 경험하는 위기이다. 이에 대응해 나가기 위해서는 국가 전체적인 차원에서 풍요로운 삶을 위한 다양한 기회와 자원이 지역적으로 균등하게 배분되도록 하는 정책을 추진하는 것과 함께 교육 부문에서 지방 소재 대학의 경쟁력과 매력도를 높일 수 있도록 하는 것이 필요하다. 대학의 통폐합이 유일한 길은 아니며 대학의 역할과 기능을 중심으로 전반적인 고등교육 재구조화가 필요할 수 있을 것이다.

2024년 현재 한국 교육이 직면하고 있는 가장 중요한 이슈 가운데 하나는 교사들의 교육에 대한 의욕 감소와 이탈 현상이다. 교사들의 요구와 같이 안정감을 갖고 학생들을 가르치고 지도할 수 있는 근본적 제도 개선과 보호 장치의 마런이 시급하다. 그와 같은 제도와 장치가 마련되더라도 앞으로의 학생 구성의 다양화라는 사회적, 시대적 흐름은 교사에게 예전과 같은 지위나 '교권'을 보장해주기 힘들 수 있다. 이는 앞으로의 시대는 학생 수 감소로 교사가 덜 필요한 것이 아니라 다양한 역량을 갖춘 교사가 더 많이 필요하다는 것을 의미한다. 한 교실에 있는 다양한 학생들을 잘 지도하고 가르칠 수 있도록 하기 위해서는 한 교사가 동질적인 여러 명의 학생을 가르치는 방식에서 여러 명의 교사가 협력하여 다양한 학생들을 가르치는 방식으로 이동해갈 필요가 있다는 것이다. 이는 교사 양성과 수급 정책의 방향을 미래 관점에서 재검토해 볼 필요성을 제기한다고 할 수 있다.

이와 같은 과제들은 2024년 갑자기 등장한 문제는 아니다. 오랫동안 한국 교육이 알고 있기는 하지만 적극적으로 해결하고자 하지 못했거나 오히려 현재의 교육체제와 관행들이 강화해 온 것일 수 있다. 한국 교육은 수요자 중심 교육을 표방하며 시장원리를 교육에 도입하고자 했던 5·31 교육개혁 방안 이후 전체적이고 종합적인 시각에서 제시한 교육개혁 방안을 제시하지 못하고 있다. 세부적인 사항에 대해서 개혁 조치나 혁신 노력이 이루어지기는 하였지만, 한국 교육의 도약을 가능하게 하는 청사진을 제시하지는 못하였다는 것이다. 현재 한국 교육은 그간의 과제들을 해결하고 한 단계 더 도약하기 위해서 교육자-학습자 간 협력적 공동체를 지향하는 교육개혁의 새로운 패러다임을 찾는 것이 필요한 시점에 있다.

1부. 2024년 한국 교육을 되돌아보다

정책으로 본
2024년 한국 교육

이 광 호
전 국가교육회의 기획단장

2022년 5월 출범한 윤석열 정부는 2024년 집권 3년 차를 맞이했다. '5년 단임 대통령제' 국가에서 통상 집권 3년 차는 대통령과 정부가 추진하는 '개혁'의 피크 타임^{peak time}이다. 사회 전 영역에서 윤석열 정부가 추진하는 개혁을 둘러싼 논란이 뜨거울 수밖에 없다.

2024년 1월 교육부가 발표한 「2024년 주요정책 추진계획」에는 '교육개혁으로 사회 난제 해결'이라는 부제가 붙었다. 이명박 정부에 이어 두 번째 교육부 장관을 맡은 이주호 장관의 강한 의지와 자신감이 들어있는 표현이라고 할 수 있다.

2023년 7월, 기존 '국가균형발전위원회'와 '자치분권위원회'가 통합한 '지방시대위원회(위원장 우동기)'가 출범했다.[1] 통상 새롭게 출범하는 조직은 의욕적으로 정책을 추진하게 된다. 지방시대위원회는 '교육발전특구', '글로컬대학' 등 윤석열 정부의 핵심적인 교육정책 추진에서 중요한 역할을 담당한다고 알려져 있다.

여러 조건이 중첩되면서 2024년은 윤석열 정부가 지향하는 교육개혁이 '강력하게' 추진된 해이다. 그만큼 개혁의 방향, 속도, 추진 절차 등을 둘러싼 논쟁이 치열했다. 2024년에 추진된 정책들이 어떤 결과를 낳을지 알 수 없다. 급변하는 사회와 교육 현장의 요구에 맞춰 '진정한 개혁'으로 귀결될지, 아니면 갈등과 혼란을 야기하고 오히려 교육 현장을 '후퇴'시킬지 그 윤곽은 2025년부터 드러나기 시작할 것이다.

---

1) 지방시대위원회는 대통령 소속의 자문위원회로, 두 명의 부총리(경제·사회)를 포함한 10여 명의 장관이 위원으로 참여한다. 참여자 명단을 보면 거의 국무회의 수준이다. 또한 국무조정실장과 지방자치단체대표(기초와 광역단체의 협의회장 및 의회 의장)도 포함된다.

지난 2년 반,
윤석열 정부 정책을 되돌아보다

윤석열 정부가 출범한 지 2년 반이 지났다. 지난 2년 반 동안 교육정책은 물론 정치·경제·사회 등 전 영역에서 커다란 변화를 경험했다. 국내뿐 아니라 외교와 안보 전략의 변화도 컸다. 그 변화를 긍정적으로 보는 집단과 부정적으로 보는 집단 간의 대립과 갈등의 골도 깊어졌다.

지난 2년 반을 되돌아보는 것은, 남은 2년 반의 교육정책을 가늠하기 위한 것이다. 특히 교육정책의 변화를 관통하는 윤석열 정부의 국정운영 철학과 가치를 이해하는 것이 필요하다. 대상의 근원(根源)에 대한 이해가 없으면, 현상에 대한 분석과 미래 예측이 불가능하기 때문이다.

또한 개인의 삶은 물론 국정운영도 자신의 철학과 가치대로만 진행되지 않는다. 자신의 의지와 독립된 객관세계와의 치열한 관계에서 성공과 실패를 경험하게 된다.

자유민주주의 가치와 신자유주의 경제 이론에 근거한 교육개혁

윤석열 대통령은 취임사에서 '자유'를 총 35차례 언급했다.[2] 또한 2022년 12월, 국가교육위원회는 논란 끝에 '민주주의'를 '자유민주주의'로 수정한 '2022 개정 교육과정'을 심의·의결했다.[3] 그만큼 자유와 자유민주주의 가치를 강조한다.

---

2) 尹 대통령 취임사, 처음부터 끝까지 '자유'…35번 언급했다, 중앙일보, 2022.5.10.
3) '자유민주주의' 넣고 '성평등' 빠진 새 교육과정 사실상 확정, 연합뉴스, 2022.12.14.

윤 대통령은 가장 영향을 많이 받은 책으로 밀턴 프리드먼^{Milton Friedman}의 『선택할 자유^{Free To Choose}』를 꼽았다.[4] 프리드먼은 정부 역할의 축소(규제 완화와 낮은 세율)와 시장의 자율성(경쟁)을 강조한 대표적인 신자유주의 경제학자이다.

뿐만 아니라 프리드먼은 '교육개혁의 전도사'를 자처했다. 1955년 발표한 논문 「교육에서 정부의 역할^{The Role of Government in Education}」에서는 교육에 있어서 국가의 역할을 줄이고 학부모의 선택권을 중시해야 한다고 강조했다. 그 핵심 원리는 수업료 쿠폰제(Voucher, 바우처)이다. 즉, 정부의 교육재정을 교육기관(학교)이 아닌 학부모들에게 나누어주고 학교를 선택하도록 하는 것이다. 그러면 학교 간 경쟁을 통해 교육의 질이 높아진다는 것이 그의 주장이다.[5] 바우처에 기반한 차터스쿨^{Charter School}이 신자유주의 교육정책의 상징으로 이해되는 이유이다.[6]

1980년 발간한 『선택할 자유』에서는 수업료 쿠폰제의 구체적인 시행 방안을 제시했다. 그는 "학교교육에서 부모와 자녀는 소비자이며 교사와 학교 관리자는 생산자이다"라고 규정한다. 그런데 "공립학교 제도의 관료화와 중앙집권화가 강화"되면서, "소비자(학부모)의 선택할 자유를 감소시키고 생산자의 힘을 키웠다"고 말한다. 이제 그 상황을 되돌려, 시장경제의 원리를 학교교육에 적용하자는 것이다.[7]

윤석열 정부는 '감세(減稅)를 통한 경제 활성화'를 일관되게 추진했다. 프리드먼이 주장한 낙수효과^{trickle-down effect} 이론의 충실한 이행이다. 법인세와 부동산세 인하에 이어 최근에는 상속세 감세를 추진하고 있다. 윤석열 정부 출범 이후

---

4) 27년간 끼고 다닌 윤석열의 인생책…프리드먼 '선택할 자유', 매일경제, 2022.5.13.

5) 김성훈, 「밀턴 프리드먼의 신자유주의 교육개혁론 고찰」, 인문학 논총, 2016, Vol.41

6) 한국에서도 신자유주의 경제이론을 신봉하는 집단에서는 오래전부터 '바우처에 기반한 차터스쿨' 도입을 주장했다(뒤틀린 공교육 '교육바우처제'로 바로잡자, 자유경제원, 2014.12.29.). 윤석열 정부 대통령직인수위원회 지역균형발전특별위원회에서 맨 처음 발표했던 '교육자유특구'는 바우처에 기반한 차터스쿨 도입을 의도한 것으로 보인다. "교육수요자의 선택권 확대, 과감한 규제 완화를 통한 학생선발·교육과정 등의 대폭적 특례 적용, 간섭 없는 재정지원" 등이 교육자유특구의 핵심으로 제시되었다(대통령직인수위원회 보도자료, 2022.4.28.). 현재에도 그 가능성은 열려 있다.

7) 밀턴·로즈 프리드먼 著, 민병균·서재명·한흥순 譯 『선택할 자유』, p.310-311, 자유기업원, 2022.

3년 동안 감세를 통해 81조 원의 세금이 줄었다고 한다. [8)]

또한 윤석열 대통령은 취임 직후인 2022년 6월 7일 국무회의에서 "교육부는 스스로 경제부처라고 생각해야 한다"며 "교육부의 첫 번째 의무는 산업발전에 필요한 인재 공급"이라고 말했다. [9)] 교육을 경제·산업정책의 하위개념으로 인식한 것이다.

현재 한국의 교육정책을 책임지는 이주호 장관은 경제학자이다. 그는 '수요자 중심 교육'과 신자유주의 교육개혁이 본격화된 '5·31 교육개혁(1995년)'을 주도한 교육개혁위원회 연구위원으로 활동했다. 또한 이명박 정부에서 청와대 교육과학문화수석, 교육과학기술부 차관과 장관을 역임하며 교육정책을 주도했다. 이명박 정부의 교육정책이 신자유주의에 경도되었다는 건 널리 알려진 사실이다. 여러모로 '신자유주의 경제이론에 근거한 교육개혁'의 가능성이 확대된 것이다.

이런 배경에서 외국어고등학교와 자율형사립고의 일반고 전환 정책이 폐기된 것은 '자연스러운' 정책 결정이다. '학교 다양화'로 '소비자의 선택권'과 '학교 간 경쟁'이 필요하기 때문이다. 최근에는 첨단분야 인재 양성의 필요성이 강조되면서, 과학·영재고 추가 설립이 추진되고 있다. 또한 교육의 디지털 전환과 함께 민간 에듀테크 기업의 공교육 진입이 확대되고 시장 규모도 증가했다. [10)] 앞으로 공교육 내에서 민간 기업 간의 경쟁이 치열해질 것이다. 그 경쟁이 어떤 형태로 확대될지는 아직 모른다.

대학 관련한 각종 규제 완화[11)], 무전공 입학(전공자율선택제) 확대[12)] 등도 '정부 역할 축소'와 '소비자 선택권 확대', '자유로운 경쟁' 원리의 실현으로 볼 수 있다.

8) 세수 결손에도 또다시 대규모 감세…계층 이동 사다리 복원 정책에도 배치, 세계일보, 2024.7.25.

9) 반도체 인재 강조한 윤 대통령 "교육부도 이젠 경제부처라 생각해야", 한국경제, 2022.6.7.

10) 교실도 AI 바람…수조 원 에듀테크 시장 열려, 한국경제, 2024.5.28.

11) 이에 대해서는 이 책의 「대학 체제는 어떻게 바뀌고 있는가?」(홍창남)에서 확인할 수 있다.

12) 2024학년도의 무전공 모집인원은 9,894명이었다. 2025년에는 37,270명으로 대폭 확대된다(AI로 수업하고 강의 잘 하는 교수 전진 배치…학교 벽 허문다, 중앙일보, 2024.7.30.). 이주호 교육부 장관은 무전공 입학을 점차 늘려 신입생의 30%인 10만 명 이상으로 확대하겠다고 한다(신입생 30% 무전공 선발, 동아일보, 2023.10.7.).

무전공 입학에 대해 학생의 전공 쏠림을 우려하는 목소리(주로 인문·사회계열 교수들의 입장)는 "학생(소비자)에게는 좋은 정책이다"는 주장에 가로막힌다. [13] 재정난에 시달리는 대학은 교육부 예산을 받기 위해서 무전공 입학을 수용할 수밖에 없는 상황이다. [14]

자유민주주의 가치는 대외(對外) 전략에도 분명하게 나타난다. '전략적 모호성'을 폐기하고 '자유민주주의 가치 중심의 외교' 노선을 분명히 했다. [15] 노태우 정부의 북방정책(러시아·중국 수교 등) 이후 역대 정부는 외교에 있어 전략적 모호성 전략을 유지했다. 미국과의 정치·군사적 동맹관계를 강화하면서도 중국·러시아 등과의 경제적 관계를 지속적으로 확대한 것이다.

윤석열 정부는 전략적 모호성이 아닌 자유민주주의 진영 중심의 외교·국방전략과 미국 주도의 글로벌 공급망 Global Supply Chain 에 깊숙이 편입되는 전략을 선택했다. 그 이유를 국정과제에서는 이렇게 설명한다. [16]

◎ 2022년 세계는 탈냉전 후 수십 년간 형성된 국제질서가 깨지는 상황을 목격하고 있음
 - 미·중 패권 경쟁 격화, 3년째 이어지는 팬데믹, 러시아의 우크라이나 침공 등 여러 현상과 사건이 지속됨

 ➡ 기존의 다자간 협력체제에서 자국 우선주의와 이익 블록화 시대로 전환 + 어느 블록에 편입되는가에 따라 글로벌기업도 한순간에 위기에 처할 수 있는 불확실성 증대

13) 무전공 선발 추진에…"인문대 사라질라" "학생엔 좋은 정책", 중앙일보, 2024.1.3.
14) 무전공 모집 늘린 대학에 가산점, 지원금 수십억 차등 둔다, 중앙일보, 2024.1.31.
15) 외신이 본 윤석열 정부 1년…"전략적 모호성에서 가치 외교로", 문화체육관광부, 2023.5.17.
16) 제20대 대통령직인수위원회, 「윤석열 정부 110대 국정과제」, p.3, 2022.5.

탈냉전 후 수십 년간 형성된 '다자간 협력체제'에서 전략적 모호성이 가능했다면, '자국 이기주의와 이익 블록화 시대'에는 미국이 주도하는 자유민주주의 진영 블록으로의 편입이 불가피하다는 것이다. 미국의 주도 아래 일본과의 관계도 새롭게 구축되었다. 일본의 2023년 '핵 오염수 방류'와 2024년 '사도광산 유네스코 등재' 과정에서 윤석열 정부가 보인 태도는 그 편입의 '부산물'이라고 할 수 있다.

이러한 과정에서 2023년 중국과의 무역수지가 30년 만에 적자를 기록했다.[17] 국내 1위 기업인 삼성전자도 2023년 영업 적자를 기록했다. 한국에서 법인세를 가장 많이 내온 삼성전자는 2024년 '법인세 0원'이 되었다.[18] 52년 만에 처음이라고 한다. D램 가격 하락 등 반도체 영업 부진 외에 중국 수출이 절반 가깝게 줄어든 탓이다.

지속적인 감세(減稅)와 중국 무역수지 적자, 낮은 기업 실적 등은 곧바로 세수(稅收) 감소로 이어졌다. 2023년의 경우 56조 4,000억 원의 세금이 덜 걷혔다. '세수(稅收) 펑크'가 발생한 것이다.[19] 내국세(內國稅)의 20.79%로 편성되는 지방교육재정교부금 역시 11조 원 감액되었다.

2024년 이후의 상황은 어떨까? 2024년 5월까지 세수 펑크는 9조 원이라고 한다.[20] 이런 상황에서도 윤석열 대통령은 '국가 재정 건전성'을 지속적으로 강조[21] 한다(이 또한 밀턴 프리드먼의 경제이론과 무관하지 않다). 지속적인 감세와 재정 건전성 유지, 거기에 국정과제 추진에 필요한 예산 확보를 위해서는 '높은 경제성장' 외에 해법이 없다. 과연 그것이 가능할까?

---

17) 지난해 대중국 무역수지 30여 년 만에 첫 적자. 적자 규모 무려 180억3,600만 달러, 한국무역협회, 2024.2.16

18) '법인세 1등' 삼성전자, 52년 만에 '0원'인 이유, 조선일보, 2024.4.23.

19) 2023년 세수 펑크 56조4,000억 원 '역대 최대'…법인세 2022년보다 23조 원 이상↓, 세계일보, 2024.1.31.

20) 5월까지 세수 펑크 9조인데…못 걷은 세금은 2년 새 4.3조, 서울경제, 2024.7.28.

21) 윤석열 대통령은 "재정 건전성 강화는 우리 사회의 지속가능성과 미래 세대를 위해 반드시 해내야 한다"고 강조했다.… 국가채무 증가로 인한 부담은 고스란히 미래 세대가 떠안게 될 것"이라며 "방만한 지출로 감내할 수 없는 고통을 미래 세대에 떠넘기는 것은 미래 세대에 대한 착취"라는 것이다. (윤 대통령 "재정 건전성 강화, 사회의 지속가능성과 미래 세대 위해 반드시 해내야", 대통령실 국정브리핑, 2023.4.18.)

단선적 리더십과 포퓰리즘 개혁

윤석열 정부의 교육정책을 신자유주의만으로 설명할 수는 없다. 예컨대 윤석열 정부가 추진하는 유보통합의 경우, 주로 유럽 복지국가에서 실현된 정책이다. 신자유주의 종주국이라 할 수 있는 미국에서는 유보통합 논의가 없는 걸로 알려져 있다. 과거 박근혜 정부에서도 국정과제로 유보통합을 추진했지만 실패한 경험도 있다.

또한 윤석열 정부가 '늘봄학교'라는 명칭으로 추진 중인 방과후 돌봄 정책도 독일 사회민주당에서 시작한 전일제학교 Ganstagsschule 를 모델로 한다. 문재인 정부 시절, 전일제학교는 저출산고령화위원회[22] 뿐 아니라 당시 야당이었던 국민의힘에서도 도입의 필요성을 주장했다.[23] 저출산 시대에 반드시 필요하다는 사회적 공감대가 형성되고 국민들의 높은 지지를 받았다. 현재 늘봄학교에 대해서도 학부모들은 높은 만족도를 표시하고 있다.[24]

2024년 우리 사회를 뜨겁게 달군 '의대 정원 확대'도 유사한 맥락으로 이해된다. 의대 정원 확대는 역대 정부의 오랜 과제였고 국민의 지지도 높았다. 문재인 정부에서도 연간 400명씩 늘리는 계획을 추진하다가 코로나 팬데믹과 의사 파업 등으로 논의를 '유보'한 적이 있다. 국민의 지지를 받는 오랜 숙원사업이 윤석열 대통령에 의해 '과감하게' 추진된 것이다.

2024년 4월 1일, 윤석열 대통령은 대국민 담화에서 이렇게 말했다. "국민의 90%가 찬성하는 의사 증원과 의료개혁을 그 어떤 정권도 해내지 못했습니다. 역대 정부들이 9번 싸워 9번 모두 졌고, 의사들의 직역 카르텔은 갈수록 더욱 공고해졌습니다. 이제는 결코 그러한 실패를 반복할 여유가 없습니다."[25] 윤 대통

22) 정재훈 외, 「교육·가족·사회적 관점에서의 독일 전일제학교 실태 분석 연구」, 대통령 직속 저출산고령화위원회 정책연구, 2018
23) 국민의힘 "초등 전일제 학교·한국형 부모보험 도입하자", 뉴스1, 2020.9.9.
24) 전국 시행 앞둔 늘봄학교 "학부모·학생 80%대 만족도", KBS 뉴스, 2024.7.16.
25) 尹 "의사 카르텔 더 공고…개혁 실패 반복할 수 없어", 뉴스1, 2024.4.1.

령은 '카르텔'이라는 용어를 자주 사용한다. 소비자의 선택할 자유와 권리를 가로막는 소수 생산자의 기득권쯤으로 이해하는 듯하다.

어떻게 보면 윤석열 정부 교육정책은 신자유주의 이념 지향뿐 아니라 학부모와 국민들의 지지가 높은 정책을 '과감하게' 추진하는 것이 핵심이라고 할 수 있다. 이른바 '포퓰리즘populism'[26)]의 전형적인 모습이다.

포퓰리즘은 진보와 보수, 좌파와 우파 모두에게 다양한 형태로 나타난다. 그리고 현대 정치에서 포퓰리즘이 꼭 부정적인 것은 아니다. 대중의 정치 참여를 증대시키고, 기득권층에 대한 견제 기능을 발휘하기도 한다.[27)] 정치인의 입장에서 보면, 자신의 지지율을 끌어올리고 국정운영의 동력을 형성할 수도 있다. 즉, 포퓰리즘의 적절한 활용은 안정적인 국정운영의 한 요소가 되는 것이다.

윤석열 정부 교육정책의 포퓰리즘은 역대 대통령들과 구분되는 대통령 자신의 특징과도 연관된다. 윤 대통령은 민주화 이후 선거를 통해 선출된 역대 대통령들과 다른 특징이 있다. 국회의원이나 장관(국무위원) 등의 국정운영 경험이 없이, 오직 검찰에서만 27년을 근무했다. 그 특징은 국정운영 전반에 나타난다.

한국교육개발원장을 지낸 전북대학교 반상진 교수의 분석에 의하면 윤석열 정부는 대통령 선거 당시의 47개 교육공약 중에서 7개(14.9%)만이 국정과제로 전환됐다고 한다. 문재인 대통령의 교육공약 중 약 78%가 국정과제로 확정된 것과 비교된다. 또한 교육 관련한 31개 국정과제 중에서 실제 교육부의 과제로 전환된 것은 7개(22.6%)뿐이라고 한다.[28)]

이는 대통령 선거공약이 대통령직인수위원회를 거쳐 국정과제로 확정되고

---

26) 포퓰리즘은 정치적 용어로, 일반 대중의 입장을 대변하면서 전문가와 엘리트의 기득권에 반대하는 전략을 의미한다. ChatGPT는 포퓰리즘의 특징을 1) 대중 중심주의(대중의 요구와 관심 강조), 2) 엘리트(전문가)에 대한 반대, 3) 카리스마적 리더십, 4) 직접 민주주의 강조, 5) 민족주의와 배타성(외국인, 소수 집단에 대한 배타적 태도, 6) 정치적 단순화(명확하고 직설적인 메시지), 7) 적대적 이분법('선한 대중'과 '부패한 엘리트'의 이분법적 대립 구도) 등으로 설명한다.

27) 김주호, 「포퓰리즘과 민주주의 : 양가적 관계 이해하기」, 시민과 세계, 2019년 하반기호(통권 35호)

28) 윤석열 정부 교육정책 "고교서열화·지역 경쟁 키우는 정책 다수"…이명박·박근혜 정부의 신자유주의로 복원 비판, 한국대학신문, 2023.4.26.

국정과제에 기반하여 각 부처(교육부)의 업무계획이 수립되는, 일반적인 국정운영 시스넴에서 벗어난 것이라 할 수 있다. 충분한 사회적 합의와 준비 없이 추진되는 정책에 대한 교육 현장의 비판도 이와 무관하지 않을 것이다.

때로 대통령의 발언 한마디로 정책이 결정되기도 한다. 앞에서 언급한 국무회의(2022.6.7.)에서 윤석열 대통령은 "반도체는 국가 안보 자산이자 전체 수출액의 20%를 차지하는 우리 경제의 근간"이라며 반도체 인재 양성을 위한 특단의 조치를 요구했다. 그 이후 교육부를 비롯한 정부 각 부처는 반도체 인재 양성을 위한 정책들을 쏟아냈다. 그리고 23년간 묶여 있던 수도권 대학 정원 규제를 풀었다.[29] 2024년 입시에서 수도권 대학 입학정원은 817명 증원되었다.(서울대 218명, 고려대 56명, 연세대 24명 포함) 2025년의 경우 569명이 증원되었다.(서울대 25명, 고려대 57명, 연세대 60명 포함) 수도권 대학 입학정원 확대는 대통령 선거공약은 물론 국정과제에도 없었다.

학생 수 감소로 존폐 위기에 놓인 지방대는 당연히 강력하게 반발했다. 대통령 선거 당시 "이제는 지방대학시대"를 천명했던 윤석열 정부에 대한 배신감을 토로했다. 하지만 정부는 "경제안보, 국가경쟁력과 직결되는 첨단산업을 미래전략산업으로 육성"하고 "반도체, AI, 배터리 등 미래전략산업의 超 격차 확보 및 新 격차 창출"[30]을 위해 불가피하다는 입장을 보였다. 또한 소비자 선택권 확대를 주장하는 입장에서 보면 수도권 대학의 입학정원 제한은 '낡은 규제'가 된다. 무엇보다 수도권 대학, 특히 SKY 대학의 정원 확대는 학부모 절대다수의 지지를 받았다. 교육계(특히 지방대)의 반대에도 불구하고 포퓰리즘 정책으로서 효과가 충분한 것이다,

유사한 사례는 많다. 예컨대 2023년 6월 15일의 '수능 킬러 문항 배제와 사교육 카르텔' 발언은 '전혀 예상치 못한' 대통령의 발언으로 정책이 추진된 사례이

---

29) 수도권大 반도체 정원 황급히 확대⋯교육부 그동안 뭐 하다, 동아일보, 2022.6.9.
30) 제20대 대통령직인수위원회, 「윤석열 정부 110대 국정과제」, p.56, 2022.5.

다. 관련 정책이 추진되는 일련의 과정은 윤석열 대통령 리더십의 특징을 엿볼 수 있게 한다. 통상 대통령의 중요한 정책 관련 발언, 혹은 지시 사항 등은 사전에 해당 부처(교육부) 정책 담당자와 소통을 거친다. 주로 대통령실(과거의 청와대) 참모진(비서관)이 그 역할을 담당하고, 필요한 경우 대통령이 직접 장관과 소통하기도 한다. 특히 외부에 공개되는 대통령의 발언은 문구 하나까지 세심하게 검토된다.

그런데 대통령의 발언이 공개된 직후, 난데없이 이주호 교육부 장관 문책론이 흘러나왔다.[31] 교육부 장관이 윤 대통령 발언의 진의(眞意)를 국민들에게 잘못 전달했다는 것이다. 구체적인 내막은 알 수 없다. 다만, 정책 관련한 대통령의 발언이 정책 담당자들과 충분히 소통을 거치는가에 대한 의문이 생길 수밖에 없다. 윤석열 대통령이 '단선적(單線的) 리더십'이라는 평가를 받는 것도 같은 이유이다.[32] 때로 검찰은 예고 없이 압수수색을 단행하여, 세상의 이목을 집중시키고 수사의 성과를 내기도 한다. 혹시 윤석열 정부의 정책 추진 과정에 그런 요소가 없는지 따져 볼 필요가 있다.

---

31) "사교육 개혁이 핵심"… 尹, 이주호 장관에 경고, 조선일보, 2023.6.19.
32) 단선적 리더십…'정치가 사라졌다', 경향신문, 2023.5.7.

2024년,
개혁의 속도를 내다

2024년 정책을 예고한 「2023년 주요 업무 추진계획」

통상 교육부를 포함한 중앙부처의 연간 업무계획은 매년 1월 대통령보고 형식으로 발표된다. 윤석열 정부 출범 후 교육부 최초 업무보고는 2022년 7월 29일 진행되었다.[33] 보고서의 핵심 추진과제 1번은 "국민 눈높이에 맞는 교육부로 전면 혁신"이었다. 대통령 선거와 인수위 과정에서 '교육부 해체'가 논의된 상황을 반영한 탓인지 구체적인 정책이 드러나지 않았다.

「2023년 주요업무 추진계획」[34]은 이주호 장관 취임 후 첫 '공식적인' 대통령보고이다. "교육개혁, 대한민국 재도약의 시작"이라는 부제가 붙었다. 2023년 추진계획의 10대 과제 중 눈에 띄는 단어는 '디지털'이다. ① 〈디지털 기반 교육혁신〉에서는 "기존 서책형 교과서를 바탕으로 AI 기반 코스웨어(디지털 교과서)를 운영"하는 방안을 제시했다. 이른바 디지털 교과서를 2025년부터 단계적으로 도입하겠다는 것이다. ② 〈학교교육력 제고〉에도 "AI·에듀테크 활용 수업 등 수업 방식의 혁신"이 포함되었다. ③ 〈교사혁신 지원체제 마련〉에는 "디지털 전환에 대응해 수업이 변화할 수 있도록 교육청 및 에듀테크 기업 등과 협업하여 생애주기별 체계적 맞춤형 교원 역량 함양 추진"과 "디지털 교육 기회 및 디지털 튜터 배치 확대", "기초학력 보장을 위한 에듀테크 활용 개별 학습 지원" 등이 들어 있다.

---

33) 교육부, 「교육부 업무보고」, 2022.7.29.
34) 교육부, 「2023년 주요업무 추진계획」, 2023.1.5.

※ 2023년 교육부 주요 업무 추진과제 및 추진체계

비전	교육개혁, 대한민국 재도약의 시작	

| 목표 | 성장 | 국가 발전의 원동력이 되는 교육 |
| | 복지 | 자유·창의에 기반해 모두를 키워주는 교육 |

국정과제	4대 개혁분야	10대 핵심정책	달라지는 모습
82. 모두를 인재로 양성하는 학습혁명	① **학생맞춤** **단 한 명도 놓치지 않는** **개별 맞춤형 교육**	① 디지털기반 교육혁신 ② 학교교육력 제고 ③ 교사혁신 지원체제 마련	교육의 본질에 집중해 깨어나는 교실
84. 국가교육책임제 강화로 교육격차 해소	② **가정맞춤** **출발선부터 공정하게** **국가가 책임지는 교육·돌봄**	④ 유보통합 추진 ⑤ 늘봄학교 추진	교육으로 모든 아이의 출 발선 평등 보장
83. 더 큰 대학자율로 역동적 혁신허브 구축 85. 이제는 지방대학 시대	③ **지역맞춤** **규제 없는 과감한 지원으로** **지역을 살리는 교육**	⑥ 과감한 규제혁신·권한 이양 및 대학 구조개혁 ⑦ 지역혁신중심 대학지원 체계(RISE) 구축 ⑧ 학교시설 복합화 지원	교육으로 활력을 되찾는 지역
81. 100만 디지털 인재 양성	④ **산업·사회 맞춤** **사회에 필요한 인재양성에** **신속히 대응하는 교육**	⑨ 핵심 첨단분야 인재 육성 및 인재양성 전략회의 출 범	급변하는 환경에 서 세계를 이끌 인재양성

⑤ 추진체계	교육개혁 입법	⑩ 러닝메이트법, 교육자유특구법, 고등교육법, 사립학교법 등 4대 교육개혁 입법 추진
	수평적 협력 파트 너십	• 전략적 사회관계 장관회의 운영 • 국민 소통 활성화

② 〈학교교육력 제고〉와 ③ 〈교사혁신 지원체제 마련〉은 사실상 ① 〈디지털기반 교육혁신〉의 하위개념으로 보인다. 윤석열 정부 인수위 보고서(국정과제)에서는 "AI 등 신기술을 활용한 교육혁신으로 미래 핵심역량을 갖춘 인재 양성", "AI 기반 학력 진단 시스템으로 맞춤형 진단·학습을 지원하고, 학생의 특성에 맞게 기초학력을 밀착지원" 등 일반적인 수준으로 제시되어 있다.[35] 별로 새로울 게 없는 내용이다. '디지털 기반 교육혁신'은 이주호 장관 취임 이후 구체적인 사업으로 제시되고, 정책 범위도 대폭 확장된 것이다.

교육뿐 아니라 사회 전 영역에서 '디지털 전환'은 역대 정부가 지속적으로 추진해왔다, 특히 코로나 19로 온라인 수업을 경험하면서 그 속도가 빨라졌는데, 〈디지털 기반 교육혁신〉은 그 연장선으로 이해할 수 있다. 더구나 이주호 장관은 역대 교육부 장관 중 디지털 기술과 인공지능에 대해 가장 깊은 관심을 가진 것으로 알려져 있다. 디지털 기술을 활용해 아시아 지역에서 교육격차를 줄일 방법을 연구하고자 '아시아교육협회'를 설립하고 이사장을 역임했다. '하이터치 하이테크' 교육[36]을 강조하며, 민간 에듀테크 기업과의 교류도 깊은 것으로 알려져 있다.[37]

그런데 자세히 들여다보면, 기존 정책과의 연계성보다는 차별성이 두드러진다. 문재인 정부에서는 2020년 「코로나 이후, 미래교육 10대 정책과제」[38]를 발표했는데, 9번 과제로 "디지털 전환에 대응한 교육 기반 마련"을 설정했다. 교육청별로 분산된 학습관리시스템[LMS]과 학습 도구, 학습 콘텐츠 등을 통합한 'K-에듀통합플랫폼' 구축도 그중의 하나이다.

또한 1번 과제인 "미래형 교육과정 마련"에는 '교과서 패러다임 전환'의 한 영역으로 '온라인 교과서' 도입 추진을 밝힌 바 있다. 그런데 당시의 온라인 교과서

---

35) 제20대 대통령직인수위원회, 「윤석열 정부 110 국정과제」, p.140, 2022.5.

36) 하이터치 하이테크 교육이란? 이주호 전 장관 인터뷰, TV조선 뉴스9, 2021.7.2.

37) 이주호 후보자, 이사장 맡았던 협회도 에듀테크 업체서 고액 후원금, 연합뉴스, 2022.10.24.

38) 교육부, 「코로나 이후, 미래교육 전환을 위한 10대 정책과제(안)」, 2020.10.5.

는 출판사가 아닌 교사가 직접 제작한 콘텐츠를 활용하는 방식이었다. 즉, 교사의 전문성에 기반하여 교과서 개발·제공 형식을 다양화하고, 학교 여건에 따라 자율 선택하도록 제도를 개선한다는 것이다. 장기적으로 '교과서 자유발행제'를 지향한다고 볼 수 있다. [39]

▨ 온라인 교과서 도입 전·후 비교 [40]

기준	현재	개선
형태	고정된 지식을 담은 교과서	변화하는 지식을 실시간 반영 가능한 교과서
개발 주체	출판사가 만든 교과서를 수동적으로 사용	교사가 최신 콘텐츠를 활용하여 교과서 제작
사용 방식	서책교과서 의무 사용	서책·온라인 교과서 자율 선택 사용

윤석열 정부에서는 'K-에듀통합플랫폼'의 명칭을 '디지털교수·학습통합플랫폼'으로 변경했다. 그런데 이주호 장관 취임 후 그 사업은 돌연 중단되었다. [41] 또한 '교사가 직접 제작하는' 온라인 교과서 대신에 '출판사들이 제작하는 검정 교과서'로서의 디지털 교과서가 등장했다. [42] 교사는 '제작 주체'에서 '활용 주체'로 전환된 것이다.

'디지털 교과서'는 원래 이명박 정부에서 '스마트 교육'을 추진하면서 도입된 바 있다. [43] 당시에도 "막대한 예산에 비해 효과가 불투명하다.", "인터넷중독 등 각종 위험에도 불구하고 검증되지 않은 실험이 계속될 경우 아이들이 피해를 볼 수 있다"는 지적이 많았다. [44] 윤석열 정부에서는 '디지털 교과서'에 'AI(인공지능)'

---

39) 이에 대해서는 이광호, 「역대 정부 디지털 교육혁신 흐름과 성찰」(국회 『AI 디지털 교과서 집중진단』 토론회 자료집, 2024.9.6.)을 참조할 수 있다.

40) 교육부, 앞의 자료, p.3

41) '디지털 교수·학습통합플랫폼' 사업 전면 중단, 전자신문, 2022.12.23.

42) 대한민국 정책브리핑, 「2025년 도입 AI 디지털교과서, 초중고 모두 검정도서로 발간」, 2023.7.21.

43) 국가정보화전략위원회·교육과학기술부,「인재대국으로 가는 길 스마트교육 추진 전략」, 2011.6.29.

44) "효과 검증 안된 스마트교육 확대는 예산 낭비", 경향신문, 2013.3.25.

와 '코스웨어[45]'라는 수식어를 추가한 것이다.

또한 언제부터인지 디지털 기반 교육혁신은 '세계 최초 AI 디지털 교과서 도입'으로 알려지기 시작했다.[46] '세계 최초'라는 수식어는 늘 한국인들의 가슴을 뛰게 한다. '가슴이 웅장해진다.'는 표현이 생긴 이유이다. 선진국 추격·모방형 국가에서 벗어나 글로벌 중추국가(선도국가)를 지향하는 상황에서 디지털 교과서는 꼭 필요한 '국가적 의제'로 떠오른 것이다.

③ 〈교사혁신 지원체제 마련〉에는 '교육전문대학원' 도입이 들어 있다. 교육전문대학원은 5·31 교육개혁안에 포함된 정책이었다. 5·31 교육개혁안 작성에 주도적으로 참여했던 입장에서는 '30년이 지연된' 개혁과제인 셈이다. 하지만 교육전문대학원은 제대로 추진을 못 하고 교원들의 반대에 부딪혔다. 특히 교대생들의 반발이 거셌다. 학생 수 감소로 졸업 후 교원 임용이 불투명한 조건에서 양성 기간(재학 기간)을 늘리는 것에 대한 반감이 강했다. 결국 정책은 무기한 연기되었다.[47]

④ 〈유보통합〉과 ⑤ 〈늘봄학교〉는 대선공약과 국정과제에 포함된 내용이다. 다만, 국정과제의 "단계적으로 유보통합 추진"이 "2025년부터 본격 시행"으로 구체화되었다. 국정과제의 "초등 전일제 학교를 운영, 돌봄교실 운영시간을 20시까지 단계적 확대"는 '늘봄학교'로 명칭이 변경되어 "2025년부터 전국 확대"를 천명했다. 교육분야 핵심적인 국정과제의 시행 시기를 2025년으로 못박은 것이다.

⑦ 〈지역혁신 중심 대학지원 체계 Regional Innovation System & Education, RISE 구축〉은 문재인 정부에서 추진한 '지자체-대학 협력 기반 지역혁신 사업 Regional

---

45) 코스웨어란 교육과정을 뜻하는 'course'와 'software'의 합성어로 교육 내용과 절차, 방법 등을 포괄하는 교육 목적의 소프트웨어를 의미한다. 기존의 디지털 교과서는 서책형 교과서를 디지털 형태로 바꾼 것으로 사진, 동영상 등 풍부한 콘텐츠를 통해 몰입감 있게 학습할 수 있는 장점을 가졌는데, AI 코스웨어는 디지털 교과서에 인공지능 기술을 접목하여 개별 학생을 위한 맞춤형 학습까지 구현한다는 것이다. 이러한 코스웨어는 이미 사교육 시장에서 널리 활용되는 방식이라고 한다.(에듀테크 분석학자, "현 AI 코스웨어는 사교육 학습용", 오마이뉴스, 2023.3.5.)
46) 한국, 2025년 세계 첫 'AI 디지털 교과서'도입한다, 조선일보, 2023.9.22.
47) 내년 도입 예고한 교육전문대학원…교육계 반대에 '무기한 연기', 중앙일보, 2023.4.21.

Innovation Strategy, RIS'과 유사한 정책이라 할 수 있다. 다만, "지역발전전략과 연계한 대학 특성화를 통해 지역과 동반 성장하며 세계적 수준의 경쟁력을 갖춘 글로컬 Glocal 대학 육성 지원"이라는 표현이 포함되었다. '글로컬 대학' 용어가 사용된 것이다. ⑧ 〈학교시설 복합화 지원〉 역시 문재인 정부에서 학교시설복합화법을 제정할 당시의 문제의식을 더욱 확장시킨 것으로 보인다.

가장 실현 가능성이 낮았던 과제는 ⑩ 〈4대 교육개혁 입법 추진〉이다. 야당인 더불어민주당이 압도적 다수를 차지하는 국회 상황에서 윤석열 정부가 추진하는 입법과제는 실현되지 않았다.

2024년, 본격적인 개혁의 추진

윤석열 대통령은 취임 직후 첫 국회 시정 연설(2022.5.17.)에서 연금·노동·교육을 3대 개혁과제로 제시했다. "3대 개혁은 우리나라의 지속가능성을 위해 아주 필수적인 것이고 미래 세대를 위한 것"이라며 "인기 없는 일이지만 회피하지 않고 반드시 우리가 해내야 한다"고 강조했다.[48]

2023년 12월, 한국일보는 3대 개혁에 대한 전문가 중간평가를 진행했다. 전문가들은 '노사 법치주의 확립'에 가장 높은 점수(3.9)를 부여했다. 교육 분야에서는 '국가책임 돌봄·교육'이 높은 점수를 받았고(3.8점), '사교육 카르텔 혁파'는 매우 낮은 점수(1.8점)를 받았다. 연금개혁은 2.2점에 그쳤다.[49]

이 같은 배경에서 교육부는 "교육개혁으로 사회 난제 해결"이라는 부제가 붙은 「2024년 주요정책 추진계획」[50]을 발표하였다. 이주호 장관의 강한 의지와 자신감, 3대 개혁에서의 선도적 역할을 자임한 것이라 할 수 있다.

---

48) 尹 "3대 개혁은 필수…인기 없어도 반드시 하겠다", 한국경제, 2022.12.15.
49) 3대 개혁 'A 학점'은 없다…교육 '국가돌봄' 노동 '노사법치' 성과, 한국일보, 2023.12.18.
50) 교육부, 「2024년 주요정책 추진계획」, 2024.1.24.

비전	교육개혁으로 사회 난제 해결

목표	모두를 위한 맞춤교육

추진방향	중점과제	난제 해결
① **세계 최고의 교육·돌봄을 국가가 책임집니다!**	① 초등학교 방과후와 돌봄을 통합·개선한 **늘봄학교** 전국 도입 ② 0세부터 국가책임 교육·보육 체제 구축을 위해 **유보통합** 추진	저출생 위기 대응
② **새학기 교육현장이 전면 바뀝니다!**	③ **교권을 강화**해 교사가 주도하는 **교실혁명** 실현 ④ **학교폭력**을 체계적으로 대응하고 **예방** ⑤ **학생**의 **마음건강**을 최우선 지원 ⑥ 아이들의 미래를 위한 **디지털 활용 능력** 향상 지원	교육의 과도한 경쟁 완화
③ **대학 개혁으로 역동적 지방시대를 견인합니다!**	⑦ **지역**과 **대학** 간의 벽을 과감히 허물어 **동반성장 혁신생태계** 구축 ⑧ **청년**들의 **성장**을 위한 기회와 투자 확대	지역 성장동력 창출
현안 과제	⑨ 교육의 힘으로 지역을 살리는 **교육발전특구** 전국 도입 ⑩ **사교육 카르텔 혁파** 및 **사교육비 경감** 총력 대응	사교육 부담 대폭 경감

지원체계	정책 소통 활성화 및 데이터 개방·연계

「2024년 주요정책 추진계획」은 2023년 계획을 한층 구체화했다. ① 〈초등학교 방과후와 돌봄을 통합·개선한 늘봄학교 전국 도입〉에서는 "기존 교원에게 새로운 업무 부담이 되지 않도록, 전담 인력을 지원하고 늘봄지원실을 설치한다."고 밝혔다. 애초에 교육전문직, 혹은 일반직 공무원을 늘봄지원실장으로 임명하는 방안이 검토되었으나, 최종적으로 초등교사를 '임기제 교육연구사'를 전

환하여 배치하기로 결정되었다.[51] 2025년 1,400명, 2026년 1,100명의 초등교사가 늘봄지원실장으로 전환될 예정이다. 이에 따라 교육부는 2024년 8월, 2025년 초등 교원 신규 임용 규모를 4,325명으로 집계했다. 2024년 선발 인원(3,157명)보다 1,088명 늘어난 것이다.[52]

이 정책에 대한 학교 현장의 찬반 논란과 무관하게, 초등 신규 임용 규모 확대를 둘러싼 정부 부처 내부의 논의는 '치열하게' 전개되었을 것으로 추측된다. 윤석열 대통령은 공무원 정원의 감축, 혹은 동결을 주장해 왔다.[53] 신자유주의 경제 이론에서는 당연한 것이다. 2023년 4월에 발표한 중장기 교원 수급 계획에서도 신규 교사 임용 규모를 지속적으로 줄이기로 했다.[54]

▨ 2024~2027년 공립 교원 신규 채용 규모(안)

학교급	학년도	2023	2024	2025	2026	2027
초등	학생 수(천 명)	2,539	2,423	2,268	2,131	1,976
	신규 채용 교원 수	3,561	3,200~2,900명 내외		2,900~2,600명 내외	
	교사 1인당 학생 수 (2020년 기준 OECD 평균 14.4명)	15.4	14.8	13.9	13.2	12.4
	학급당 학생 수 (2020년 기준 OECD 평균 20.3명)	21.1	20.0	18.6	17.3	15.9

인사혁신처를 포함한 타 부처에서는 이 계획을 근거로 초등 신규 임용 확대에 반대했을 가능성이 높다. 대통령이 지속적으로 3대 개혁을 강조하고 특히 늘봄학교에 대한 높은 관심을 보인 것이 변화를 가능하게 했을 것이다. 어찌 되었든 초등교사 임용 규모 확대는 교대생들에게 환영받을 일이다. 이주호 장관과

---

51) 시도교육감협 "늘봄지원실장에 '임기제 교육연구사' 배치, 학교 부담 커질 수 있어", 이투데이, 2024.5.28.

52) 내년 공립 초등교사 1,088명 늘린다, 서울경제, 2024.8.8.

53) 尹, 공무원 정원 동결한다…'철밥통' 조직 대수술, 이데일리, 2022.4.20.

54) 교육부, 「미래교육 수요를 반영한 중장기(2024~2027년) 교원 수급 계획」, 2023.4.25.

교육부 입장에서는 2023년 교원전문대학원 설치를 둘러싸고 발생했던 교육대학(생)과의 갈등을 조금은 해소한 셈이다.

② <0세부터 국가책임 교육·보육 체제 구축을 위해 유보통합 추진>은 이주호 장관 취임 후 '2025년 도입'을 천명했지만, 가장 실행하기 어려운 정책으로 꼽힌다. 행정 통합, 교원 자격, 막대한 예산 확보 등 산적한 과제를 해결해야 하는 것이다. 결국 유보통합 실행은 유예되었다.[55]

③ <교권을 강화해 교사가 주도하는 교실혁명 실현>에서는 서이초 사태로 촉발된 교권 강화방안을 제시하고 있다. 교권보호 5대 입법을 기반으로 하는 교권 보호 방안과 함께 교사의 수업혁신 지원, 수업 전념 여건 조성 방안을 제시한다. 또한 교원 수당 인상이 포함되었다.

수당 인상은 교원들의 오랜 요구였지만 공무원 전체의 형평성을 고려하는 인사혁신처 등 타 부처의 반대에 부딪혀왔다. 서이초 사태 이후 무너진 교권에 대한 교사들의 분노가 전국적으로 분출되면서 해묵은 과제가 실현된 셈이다. 교사들의 분노가 들끓던 2023년 10월 6일, 윤석열 대통령은 교사 간담회에서 교원 수당 인상을 약속했고,[56] 2024년 추진계획에 그 내용이 담긴 것이다.

④ <학교폭력을 체계적으로 대응하고 예방>에는 학교전담경찰관(SPO) 확대(2023년 1,022명 → 2024년 1,127명) 외에 별반 새로운 게 없어 보인다. 코로나 종식 후 등교수업 재개로 인한 학교폭력의 증가[57], 연예계·스포츠계의 잇따른 학폭 미투 등이 복합적으로 작용한 것으로 보인다. 뉴스 빅데이터 분석시스템인 BIG KINDS에 의하면 학교폭력 관련 기사는 2022년 5,924건에서 2023년 19,106건으로 급증했다. ④는 학교폭력에 대한 국민적 관심과 학부모들의 불안감을 반영한

---

55) "이르면 2026년부터 전국의 어린이집과 유치원이 '유아학교'(가칭)로 통합된다.…정부는 연내 유보통합(유아교육·보육 관리체계 통합) 모델학교 100곳을 지정해 시범 운영하고 2026년부터 본격 도입·확산해 10년 안에 유보통합을 완성하겠다는 계획이다."(어린이집·유치원, 이르면 2026년 통합, 매일경제, 2024.6.27.)

56) 尹 "담임 수당 50%, 보직 수당 2배 이상 인상", 조선일보, 2023.10.7.

57) "코로나로 줄었던 학교폭력 다시 증가…신고자 절반은 초등생", 연합뉴스, 2022.5.27.

중점과제 선정으로 이해된다.

가장 눈길을 끄는 건 ⑥ 〈아이들의 미래를 위한 디지털 활용 능력 향상 지원〉이다. 이는 2023년 '디지털 기반 교육혁신' 과제와 가장 연관성이 많다. 그런데 '아이들의 미래를 위한'이라는 수식어를 넣다 보니, 마치 학생들의 디지털 활용 능력 향상에 초점은 둔 것처럼 보인다. ⑥에는 다음의 하위 과제들이 제시되어 있다.

✓ 학교 내 디지털교육 확대
✓ 2025년 AI 디지털 교과서^{AIDT} 도입의 차질 없는 준비(교과서, 인프라)
✓ AI 교수학습 역량 강화(디지털 교사 연수, 선도학교)
✓ 공교육과 에듀테크의 선순환 생태계 구축(소프트랩, 플랫폼, 해외 진출, 안전한 사용)

즉, 아이들의 디지털 활용 능력보다는 디지털 교과서 개발과 교사들의 역량 강화, 인프라 구축에 초점을 맞추고 있다. 특히 2024년에 AI 디지털교과서 적용 교원 15만 명 대상의 연수를 실시하고, 선도교사그룹 11,500명을 양성한다는 '대규모' 연수계획을 제시했다. 선도교사는 최종 1만2천 명으로 확정되어 8월 초까지 총 42차시 연수를 진행했다.[58]

이토록 단기간에 많은 교사들이 참여한 연수는 한국은 물론 세계 교육사에서도 유례를 찾아보기 어려울 것이다. 그만큼 '디지털 기반 교육혁신'에 대한 이주호 장관과 교육부의 강한 정책 의지가 엿보인다.

정책의 추진은 의지만으로 어렵다. 필요한 예산 확보와 행정적 지원, 그리고 현장 교사들의 참여가 필수적이다. 2024년 디지털 교육혁신을 위한 교사 연수에 3,818억 원이 투입된다. 그리고 코로나 시기에 특유의 성실함으로 '온라인 개학'을 성공시켰던 한국의 교사들은 '세계 최초 AI 디지털 교과서 도입'이라는 국가

---

58) 수업 혁신 주도하는 '교실혁명 선도 교사' 1만2천 명 선정, 연합뉴스, 2024.5.23.

적 의제를 외면하지 않았다.

이처럼 '거침없이' 추진되는 이주호 장관 주도의 '디지털 기반 교육혁신'에 대해서는 여전히 찬반 논란이 뜨겁다. 더불어민주당 고민정 의원실의 조사에 의하면, 학부모의 82.8%가 디지털교과서에 대한 사회적 공론화가 필요하다고 답변했다. 교원의 73.6%는 도입에 동의하지 않는다고 한다.[59] '세계 최초 AI 디지털교과서 도입'을 기사화했던 조선일보도 냉담한 반응의 기사를 내보냈다.[60] 이 밖에도 교육의 디지털 전환, AI 교과서에 대해 근본적인 교육학적 질문도 제기된다. 아마도 윤석열 정부 내내, 적어도 이주호 장관 재임 기간 그 논란은 지속될 것이다.[61]

⑦〈지역과 대학 간의 벽을 과감히 허물어 동반성장 혁신생태계 구축〉의 '글로컬대학', ⑨〈교육의 힘으로 지역을 살리는 교육발전특구 전국 도입〉의 '교육발전특구'는 2023년 7월에 출범한 지방시대위원회 정책[62]과 연계되면서 시너지를 얻고 있다. 대학들은 글로컬대학에 선정되기 위해 치열하게 경쟁하고 지방자치단체도 그 경쟁에 힘을 보태고 있다. 국립대 간 통합 뿐 아니라. 사립대 간, 국립대-사립대 간 통합도 추진된다.[63] 엄청난 변화라고 하지 않을 수 없다.

또한 지방자치단체의 상당수가 교육발전특구 선정 경쟁에 뛰어들었다. 특구에 선정된 지방자치단체장(시장·군수)들은 당장에라도 지역소멸을 막고 활성화될

---

59) 학부모 10명 중 8명 "AI 교과서 공론화 필요"…절반 이상 "잘 몰라", 경향신문, 2024.8.8.

60) AI 교과서 써본 교사들 "뭐가 새 기능인지 잘 모르겠다", 조선일보, 2024.8.8.

61) 이에 대한 자세한 설명은 이 책의 「AI 디지털교과서란 선택, 교실을 혁명시킬 것인가?」(김차명)을 참조할 수 있다.

62) 지방시대위원회는 2023년 9월 14일 '지방시대 선포식'에서 「윤석열 정부 지방시대 비전과 전략」을 발표했다. 지방시대 9대 정책 중 하나로 '(가칭)교육자유특구 도입 및 지역-대학 동반성장'을 제시했고, 여기에 글로컬대학도 포함되었다. 이후 지방시대위원회의 심의·의결과 국무회의 심의를 거쳐 2023년 11월 1일 「제1차 지방시대 종합계획(2023~2027」을 발표했다. 심의과정에서 교육자유특구는 교육발전특구로 명칭이 변경되었다.(교육자유특구, '교육발전특구'로 명칭 변경, 한국교육신문, 2023.11.1.)

63) "3개대 뭉친 사립연합대학", 지역과 대학 살릴 혁신 모델, 중앙일보, 2024.7.26.
    "글로컬大로 도약을" 지방 국립대 통합 속도, 매일경제, 2024.7.22.
    금오공대(국립)-영남대(사립) "글로컬대 지정 총력", 동아일보, 2024.7.18.

듯한 장밋빛 메시지를 주민들에게 보내고 있다.[64]

교육부는 교육발전특구를 지역균형 관련한 정책뿐 아니라, 늘봄학교와 유보통합, 자율형 공립고 2.0, 협약형 특성화고, 디지털 교육혁신 등 초·중등 교육뿐 아니라, 고등교육 혁신과 유학생 유치까지 포함한 정책으로 제시하고 있다. 일종의 '개혁 종합세트'인 셈이다.

▨ 교육발전특구를 중심으로 한 연계 모형(예시)

출처 : 2024년 교육부 주요정책 추진계획

⑩ 〈사교육 카르텔 혁파 및 사교육비 경감 총력 대응〉은 대통령 발언에서 촉발된 정책이다. 2023년 6월 15일, 윤석열 대통령은 교육부 장관의 업무보고를 받고 "과도한 배경지식을 요구하거나 대학 전공 수준의 비문학 문항 등 공교육에서 다루지 않는 부분의 문제를 수능에서 출제하면 이런 것은 무조건 사교육에 의존하라는 것 아닌가. 교육 당국과 사교육 산업이 한편(카르텔)이란 말인가"라고 언급했다.[65] 바로 그다음 날 교육부의 대학입시 담당 국장은 경질되고, 며칠 뒤 한국교육과정평가원장이 사임했다. 교육현장은 물론 수험생들도 혼란에 휩싸였

---

64) 파주·강릉 41개 지자체, 교육발전특구 2차 선정, 뉴스1, 2024.7.30.

65) "교육 당국·사교육 이권 카르텔"…尹 교육개혁의 신호탄, 조선일보, 2023.6.16.

다. [66]

윤 대통령의 발언 이후 교육부는 서둘러 수학능력시험 시스템 개편과 사교육 경감을 정책과제로 설정했고, 2024년 주요정책 10대 과제에 포함시켰다. 이 과제에는 교육부 외에도 경찰, 국세청, 공정거래위원회, 감사원 등이 '사교육 카르텔'을 뿌리뽑기 위해 나섰다. 그 결과 3개의 대형학원에 100억 원대의 세금을 추징하고,[67] 현직 교사 24명을 포함한 69명을 검찰에 송치했다.[68]

그런데 1년이 지난 현재, 과연 킬러 문항이 사라지고 적정 수준의 난이도를 갖춘 문항이 개발되어 입시가 정상화되었는지에 대해서는 의문이 제기된다. 2024년 6월 한국교육과정평가원 모의고사에서 절대평가 과목인 영어의 1등급이 1.47%에 그쳤다고 한다. 2023년 6월의 7.62%보다 훨씬 줄어든 것이다.[69] 그만큼 출제 난이도 조정이 어려운 것이다. 킬러 문항 대신에 '불수능'이라는 단어가 등장했다.[70]

사교육은 감소되었을까? 아직까지 사교육 규모가 줄었다는 기록은 없다. 의대 정원 확대에 따른 '역대급 반수생'과 '불수능'의 여파로 오히려 사교육이 늘어났다고 보는 의견이 많다.[71] 교육부의 '초·중·고 사교육비 조사' 결과는 매년 3월에 발표된다. 2025년 3월에 2024년 사교육비 조사 결과가 발표되면, 대통령의 '수능 킬러 문항과 카르텔' 발언에 대한 평가가 가능할 것이다.

윤석열 정부 집권 3년 차, 교육개혁 정책이 본격화된 「2024년 주요정책 추진계획」은 「2023년 주요업무 추진계획」과 몇 가지 측면에서 비교된다. 첫째, 교육부가 2024년도에 '해야 할 일'과 '하고자 하는(하고 싶은) 일'이 구체적으로 제시되

---

66) 수능 5개월 앞두고 '시험 난이도' 혼란, 동아일보, 2023.6.17.
67) '사교육 카르텔' 제대로 손 본 국세청, 대형학원 3사에 100억대 '철퇴', 아주경제, 2024.2.23.
68) 4년간 2.5억 받고 수능 모의문제 수천 개 학원에…교사들 적발, 연합뉴스, 2024.7.22.
69) 6월 모의평가 영어 1등급 '1.47%' 불과…역대 최고 난이도, 조선일보, 2024.7.1.
70) 수능 11월 14일…올해도 '킬러 없는 불수능' 가능성, 중앙일보, 2024.7.1.
71) 정부 '사교육 카르텔과 전쟁' 1년 대형 입시학원 매출만 더 늘었다, 중앙일보, 2024.7.24.

어 있다. 개인이든 집단이든 자신의 과제를 분명하게 인식하는 것에서 강한 추진력을 얻는다. '해야 할 일'에는 국정과제(①~②, ⑦~⑨), 대통령 지시 사항(⑩), 국민과 학부모의 요구(④~⑤) 등이 있다. 2023년 서이초 사태로 인한 교권 강화를 담은 ③도 '해야 할 일'에 포함된다.

⑥의 경우, 이주호 장관과 교육부가 진심으로 '하고자(하고 싶은) 하는 일'로 보인다. 2023년의 ① 〈디지털 기반 교육혁신〉이 2024년 ⑥ 〈아이들의 미래를 위한 디지털 활용 능력 향상 지원〉으로 과제명이 바뀌었다. 그리고 2023년의 ④ 〈유보통합 추진〉과 ⑤ 〈늘봄학교 추진〉을 2024년에는 맨 앞으로 옮겨 ① 〈초등학교 방과후와 돌봄을 통합·개선한 늘봄학교 전국 도입〉과 ② 〈0세부터 국가책임 교육·보육 체제 구축을 위해 유보통합 추진〉으로 제시했다. 대통령 공약과 국정과제를 우선 순위에 둔 것이다.

'해야 할 일'과 '하고자 하는 일'에 집중하기 위해서는 '할 수 없는(불가능한) 일'에 매달리지 말아야 한다. 2023년의 ⑩ 〈4대 교육개혁 입법 추진〉 같은 중점과제가 2024년에는 없다. 야당인 더불어민주당이 압도적 다수인 국회 의석 상황에서 법 개정이 어렵다고 판단한 것이다. 다만, '교육발전특구 법안', '사립대학 구조개선법' 등을 중점과제의 하위 과제로 제시했다. 교육발전특구는 법안 제정 없이 시범사업으로 추진 중이고, 사립대학 관련 법안은 22대 국회에서도 논의가 지속될 것으로 보인다.

또한 교원전문대학원과 같이 교육계의 적극적인 반대로 당장 폐기될 만한 정책도 없다. 그만큼 2023년에 비해 '잘 구성된' 추진계획이라고 할 수 있다.

두 번째로 정책 추진의 조건 확보를 꼽을 수 있다. 교원 수당 인상, 디지털 기반 교육혁신 예산 확보,[72] 지방시대위원회 정책과의 연계(교육발전특구·글로컬대학)

---

72) 2023년 12월 21일, 국회는 지방교육재정교부금법 개정을 통해 특별교부금의 비율을 3%에서 3.8%로 조정했다. 그만큼 교육청의 예산이 줄어든다. 교육감들의 반대에도 불구하고 개정안은 통과되었다. 이렇게 확보된 5,333억은 교사 연수 등 초·중·고 디지털 교육에 배정된다. (내년 초중고 '디지털 교육' 5,333억…3년간 교부금 0.8% 배정, 뉴시스, 2023.12.21.)

등은 교육부 정책 추진의 활력을 불어넣은 게 분명하다. 초등 교원 신규 임용 확대도 마찬가지이다. 교육부 정책에 대한 대통령실과 타 부처의 공감과 협력이 확인된 것이다.

여기에 두 번째 교육부 장관의 역할을 수행하는 이주호 장관의 취임 2년 차 강한 의지와 자신감이 결합되었다. 이상의 요인들이 결합하여, 2024년 본격적인 교육개혁이 추진된 것이다.

2024년의 정책들은 성공할 것인가?

집권 3년 차, 한국의 정치·경제적 현실

5년 단임 대통령제에서 집권 3년 차를 개혁의 피크 타임이라고 보는 이유는 4년 차(2025년)부터 레임덕이 본격화되기 때문이다.[73] 즉, 대통령의 국정운영 철학과 가치에 기초한 개혁의 동력이 떨어진다는 것이다. 게다가 현재에도 윤석열 대통령의 국정운영 지지율은 낮은 편이다.[74]

2024년 4월에 치러진 제22대 국회의원 총선거에서도 여당인 국민의힘은 108석을 확보하는 데 그쳤다. 윤석열 정부의 개혁에 필요한 법률의 제·개정이 어렵게 된 것이다. 뿐만 아니라, 윤석열 정부가 추진하는 각종 정책에 대한 야당의 날카로운 견제가 이루어질 것이다.

더욱이 제4차 국민의힘 전당대회(2024.7.23.)에서는 집권 여당에 대한 대통령의

---

73) 역대 대통령 되돌아보니⋯집권 4년 차 레임덕 징크스 못 벗어나, 주간한국, 2020.8.18.
74) 윤 대통령 2년 차 지지율, 1987년 민주화 이후 대통령 중 최저, 부산일보, 2024.5.10.

리더십도 한계를 드러냈다. 여러모로 윤석열 대통령의 리더십은 위기를 맞고 있다. 레임덕이 빠르게, 더 폭넓게 발생할 수 있는 것이다.

정치적 리더십의 위기 외에도, 윤석열 대통령과 정부가 마주한 가장 큰 위험은 '경제'이다. 2021년 4.3%를 기록한 경제성장률은 2022년 2.6%, 2023년 1.4%로 2년 연속 하락했다.[75] 무역수지는 2021년 293억 달러 흑자를 기록했으나, 2022년과 2023년에는 각각 478억 달러와 103억 달러의 적자를 기록했다.[76] 윤석열 정부 출범 이후 연속 적자를 경험한 셈이다. 이 외에도 긍정적인 경제 지표가 거의 없다.

그럼에도 여전히 윤석열 대통령은 국가채무를 안정적으로 관리하고, 감세(減稅)와 규제 완화로 기업활동의 역동성을 높이겠다고 한다. "경제 회복의 청신호가 들어오고 있다"며 "민간이 주도하는 경제성장의 추세를 잘 유지한다면 1인당 국민소득 5만 달러도 꿈이 아니다"라고 강조했다.[77] 거의 같은 말을 3년째 반복하는 중이다.

최근 정부는 "물가 안정 흐름이 이어지는 가운데, 제조업·수출 호조세에 내수 회복 조짐이 가세하며 경기 회복 흐름이 점차 확대되는 모습"이라고 밝혔다.[78] 2023년 영업적자를 기록했던 삼성전자는 2024년 2분기 영업이익 10.44조 원의 실적을 발표했다.[79]

그런데 윤석열 정부의 국정운영 기조를 고려할 때, '회복' 수준이 아니라 '높은 성장'을 유지해야 한다. 그렇지 않으면 어떤 일이 벌어질까? 간단하게 말해 세수(稅收)가 감소된다. 낮은 경제성장과 함께 지속적인 감세(減稅)로 '세수 펑크'가 반복되는 것이다. 이럴 경우, 흔히 국채(國債) 발행 등으로 부족한 세수를 메꾸기도

---

75) "한국 경제성장률, 일본에 25년 만에 밀릴 듯", 한겨레신문, 2024.1.26.

76) https://www.focus-economics.com/country-indicator/korea/trade-balance/

77) [대통령 2주년 회견] 감세·규제 완화 "성과" 자평…금투세 폐지 확고, 경향신문, 2024.5.9.

78) 기획재정부, 「최근 경제 동향」, 2024.7.

79) 삼성전자, 2분기 영업이익 10조 원 넘어서…전년 比 1천462%↑, 파이낸셜신문, 2024.7.31.

한다. 그런데 국가 재정 건전성을 강조하는 윤석열 정부는 그럴 가능성이 거의 없다.

세수 감소로 교육 예산이 줄어들면, 윤석열 정부의 '교육개혁' 추진의 동력이 급격하게 약화될 수 있다. 2023년 지방교육재정교부금이 11조 감액되면서, 각 교육청은 예산과 사업을 줄여야 했다. 그나마 2023년에는 그동안 비축해 놓은 재정안정화기금으로 버틸 수 있었지만, 2024년에 또다시 지방교육재정교부금이 감액되면 그 여파는 심각할 것이다.[80] 당장 2025년부터 전면 도입되거나 정책(사업)이 확대되는 늘봄교실, 유보통합, 디지털 교과서 도입 등에 차질을 빚을 것이다.

2025년, 윤석열 정부 교육정책의 '엘도라도'가 될 것인가?

윤석열 정부 교육개혁의 시계는 대부분 2025년에 맞춰져 있다. 우선, 2025년 늘봄학교가 전면 도입되고 유보통합이 실현된다고 약속했다. 인수위 보고서(국정과제)의 "단계적~"이라는 수식어는 이주호 장관 취임 후 "2025년 본격 시행"으로 바뀌었다. 「2024년 주요정책 추진계획」에서는 이 둘을 합쳐 "세계 최고의 교육·돌봄을 국가가 책임집니다!"라고 선언했다.

또한 2025년에는 '세계 최초의 디지털 AI 교과서'가 도입된다. 문재인 정부 때 확정된 '고교학점제'도 2025년 전면 도입된다. 이뿐인가? 의대 입학정원이 1,509명 늘어나고, 무전공 입학도 대폭 확대된다. 교육발전특구와 글로컬대학으로 지정된 학교와 지역에서는 새로운 교육개혁의 가능성이 시작될 것이다. 이처럼 2025년은 윤석열 정부 교육개혁의 '엘도라도 El Dorado'[81]가 약속된 해이다.

---

80) 이 밖에도 지방교육재정교부금의 '위기'는 여러 국면에서 확인된다. 이에 대해서는 이 책의 「위기의 지방교육재정교부금, 사회적 조정이 필요한 때」(이혜진)을 참조할 수 있다.

81) 대항해시대 남아메리카의 스페인 정복자들 사이에서 전해져 내려오던 전설의 장소. 도시 전체가 금으로 도배된 거대한 도시이며, 황금이 넘쳐나는 '전설의 이상향'으로 여겨져 왔다. (나무위키)

그 '엘도라도'에서는 소수 공급자(교사와 교수, 의사 등)의 '카르텔'이 무너지고 학생(소비자)들의 '선택할 자유'는 확대될 것이다. '자유인'들은 자기 지역과 대학의 활성화를 위해 노력할 것이다. 자유인들의 경쟁을 통해 교육은 더욱 발전할 것이다. 거기에 '세계 최고의 교육·돌봄국가'에서 '세계 최초의 AI 디지털교과서'로 인류를 깜짝 놀라게 하고 글로벌 중추국가로 우뚝 설 것이다.

그런데 과연 그럴까? 늘봄학교를 둘러싼 학교 현장의 논란은 여전히 지속되고 있다.[82] 유보통합은 슬그머니 유보되었다. "모델학교 100곳을 지정해 시범 운영하고 2026년부터 본격 도입·확산해 10년 안에 유보통합을 완성하겠다"는 것이다.[83] 또한 대학의 무전공 입학 대폭 확대로 고교학점제의 취지는 크게 반감되었다. 고등학교 단계에서 학생들의 진로와 적성에 맞는 교과 선택이 굳이 필요하지 않게 된 것이다.

교육발전특구와 글로컬대학이 구체적인 성과를 보이려면 많은 시간이 필요할 것이다. 한 편으로는 교육발전특구와 글로컬대학이 지역과 대학 간의 격차만 더 키운다는 지적도 제기된다. 무엇보다 안정적인 재정지원의 가능성에 대한 의문이 끊이지 않는다.

가장 극적인 반전은 의대 정원 확대에서 드러나고 있다. 의대 정원 확대에 대한 국민들의 지지가 높은 만큼, 윤석열 대통령의 지지율은 급상승했다. 덩달아 국민의힘 지지율도 올라갔다.[84] 제22대 국회의원 선거를 불과 한 달 반 앞둔 상황이었다.

그런데 의료계의 반발을 막지 못했다. 수련병원의 전공의 56.5%가 사직했다.[85] 국립대병원에서만 교수 223명이 사직했다.[86] 당연히 진료가 축소되고, 피

---

82) 이에 대해서는 이 책의 「2025년 늘봄학교 진단」(정성식)을 참조할 수 있다.

83) 어린이집·유치원, 이르면 2026년 통합, 매일경제, 2024.6.27.

84) 의대 정원 늘린 尹 지지율 급상승…국민의힘도 민주당 제쳤다, 서울경제, 2024.2.16.

85) 전공의 7,648명 사직 처리…"병원들 7,707명 충원 신청", 동아일보, 2024.7.19.

86) 국립대병원 교수 상반기 223명 그만뒀다, 한겨레, 2024.8.2.

해는 고스란히 환자들 몫이 되었다. 병원 적자도 눈덩이처럼 불어났다.[87] 의대생들은 수업 거부 등 집단행동으로 출석률이 2.7%에 그쳤다.[88] 유급이 불가피한 상황이다. 또한 올해 졸업 예정인 의대생의 11%만 의사 국가고시에 응시했다.[89] 결국 2025년 오히려 의사가 줄어드는 것이다.

의대생 대부분의 유급이 불가피한 상황에서, 2025년에 대폭 늘어난 의대 신입생이 입학하면 정상적인 교육과정 운영이 불가능하다. 그래서 일각에서는 아예 2025학년도에 의대 신입생을 뽑지 말아야 한다는 주장도 제기된다. "1968년 한 해 동안 점거 시위에 시달렸던 도쿄대는 전교생을 유급시키고 1969년도 입시를 하지 않았던 선례도 있다."는 것이다.[90]

2025년, 윤석열 정부가 약속한 '교육개혁의 엘도라도'는 발견되지 않을 가능성이 높다. 오히려 또 다른 갈등과 혼란의 한 해로 기록될 가능성이 높다.

그 책임을 누가 질 것인가?

---

87) 대형병원들 경영난 커지고, 환자 불편 내년까지 갈 듯, 조선일보, 2024.8.1.
88) 돌아오지 않는 의대생…출석률 2.7%에 그쳐, 한국일보, 2024.8.5.
89) 의대생 11%만 국시 응시…의사 배출 비상, 동아일보, 2024.7.29.
90) [이상돈 칼럼] 무리한 의대 증원이 초래한 의료 대란, 한국일보, 2024.7.22.

02.

오늘의
대한민국 교육 현장

2부에서는 한국 교육 현장의 실제 모습을 다루고 있습니다. 현재 교육 현장에서 어떤 일이 벌어지고 어떻게 변화되고 있는지 4개의 주제를 다루고 있습니다.

「복잡해진 교육생태계, 학교문화의 현주소」에서는 갈수록 교육활동이 어려워지는 현장 상황을 서술하고 있습니다. 이 글에서는 현재 학교 현장의 '불안과 두려움'이 어디로부터 오는지, 그리고 그 불안과 두려움이 낳은 '교육활동의 위축'과 '학교 공동체의 붕괴' 현상을 매우 구체적으로 묘사하고 있습니다. 또한 '학교는 대한민국의 미래를 길러내는 온실'이라는 점을 강조합니다. 학교가 다양한 구성원들의 민주적 소통과 협력의 공동체로 거듭나지 않는다면 대한민국의 미래는 암울할 수밖에 없습니다. 따라서 학교 공동체의 복원은 단지 교사들만의 과제가 아닙니다. 교육부와 교육청은 물론 사회 전체가 학교 공동체의 복원을 위해 노력해야 하는 것입니다.

「교육공동체 회복의 실마리, 학부모」는 학부모의 학교교육 참여와 관련된 다양한 측면을 서술하고 있습니다. 교사와 학부모는 학생들의 성장을 위해 노력하는 존재입니다. 즉, 공동의 목표를 공유하는 존재입니다. 하지만 현실에서 교사와 학부모의 관계는 상호 소통과 협력보다는 갈등의 양상으로 나타나는 경우가 많습니다.

이 글에서는 그 이유를 조목조목 분석하면서, 그 갈등으로 인한 학교 공동체의 붕괴 현상을 묘사하고 있습니다. 동시에 교육공동체의 회복 방안을 언급합니다. 우선 학부모와 교사가 '학생성장을 위한 교육동반자'라는 인식을 다시 한번 공유할 필요가 있다고 말합니다. 또한 다양한 수평적·민주적 소통 경험을 축적하고, 관리자의 역할과 시스템이 뒷받침되어야 합니다. 그러면서 학부모 참여가 '제도'를 넘어 '문화'로 자리 잡아야 한다고 결론을 맺습니다.

「공존의 교실을 위한 다문화교육의 오늘과 내일」에서는 늘어나는 다문화 학생들을 우리 교육이 어떻게 수용해야 할지 서술하고 있습니다. 특히 다문화 정책이 어떻게 변화해왔고, 여전히 어떤 문제점(제도적 공백)을 지니고 있는지 구체적인 사례와 통계를 들어 설명하고 있습니다.

다문화 학생, 혹은 이주배경 학생에 대한 지원은 현재는 물론 미래에도 우리 교육의 가장 중요한 과제가 될 것입니다. 인구절벽에 대응한 이민청 설립이 논의되는 과정에서, 교육계는 물론 우리 사회 전체가 다문화 학생을 어떻게 지원할 것인지 머리를 맞대야 합니다. 다문화 학생의 문제는 그 부모와 가족이 연관되기 때문입니다. 비자 발급과 등록, 진학과 취업, 주거 문제, 의료보험과 복지 등 국가정책의 모든 요소가 포함될 수밖에 없습니다. 이제 우리 국민 모두 다문화·다인종 사회에 대한 인식의 지평을 넓혀야 합니다.

「교육계의 화두, 교사 교(육)권과 학생 인권 논란」에서는 '서이초 사태' 이후 본격적으로 논의되어온 교사 교육권 관련한 쟁점을 정리하고 있습니다. 이 글에서는 교사의 교육할 권리가 '5·31 교육개혁' 이후 지속적으로 무력화되어 왔고, 특히 '교육 사법화'로 인해 가속화되었다고 서술합니다. 또한 교육할 권리를 확보하기 위한 교사들의 다양한 노력, 특히 서이초 사태 이후 진행된 입법화 과정을 상세하게 설명하고 있습니다. 그럼에도 여전히 교육권에 대한 쟁점과 논란은 남아있습니다. 특히 '아동복지법' 개정을 둘러싼 쟁점은 현재에도 '뜨거운 감자'입니다. 독자 여러분도 이 뜨거운 논란에 동참해 보시기 바랍니다.

2부에 실린 4개의 글은 서로 연관되어 있고, 교육주체의 입장에 따라 다른 관점이 서술되어 있기도 합니다. 이 점을 고려하여 독자의 입장에서 읽어주시기 바랍니다.

2부. 오늘의 대한민국 교육 현장

01

복잡해진 교육생태계,
학교문화의 현주소

최 지 윤
군산월명중학교 교장

불안과 두려움,
움츠러드는 교단

아픈 교사

5년 차 초등학교 교사 장모(28) 씨는 지난해 내내 한 학부모의 악성 민원에 시달렸다. 주말에도 그 학부모에게서 전화가 올까 봐 휴대전화를 손에 꼭 쥐고 다녔고, 부재중 기록이 남아있기라도 하면 심장이 뛰어 5분간 심호흡을 해야 했다. 최근 교사들의 잇단 극단적 선택을 보며 그때 기억이 떠오른다. 장씨는 "살고 싶어, 위로를 받고 싶어 집회에 나간다"며 울먹였다. (한국일보, 2023.9.8.)

대한민국 교사의 정신건강이 위태롭다. 최근 4년간 교사 우울증이 두 배 가까이 늘었고 많은 교사가 번아웃 증후군으로 일상이 무너졌다. 건강보험공단의 '보육시설 및 교육기관 직장 가입자의 우울증·불안장애 진료 현황'[1]에 따르면 2023년 교사의 우울증 진료 건수는 2018년보다 1.8배, 불안장애는 1.6배 증가했다. 보육시설과 초등학교가 각각 1.9배로 가장 높게 증가했고, 유치원, 중학교, 고등학교도 1.7배 증가율을 보인다(한겨레, 2023.9.15.).

교원단체의 설문[2]도 교사들의 정신건강 상태가 심각한 위기에 처해 있음을 보여준다. 설문 결과, 우울 증상을 보이는 교사는 응답자의 63.2%에 이르고 심한 우울 증상도 38.3%에 이르는데 이는 일반 성인(8~10%)의 4배 수준이다. 또한

---

1) 국회 신현영(더불어민주당) 의원실 분석 자료(2023.9.15.)
2) 전교조, 녹색병원, 「교사 직무 관련 마음건강 실태조사」유·초·중·고교 및 특수교사 등 6,024명 (3,505명 답변 변별) (2023.8)

극단적 선택을 생각한 교사는 16%로, 전체 인구(3~7%)보다 5배 가까이 높은 수치이다. 극단적 선택을 고민한 경험은 유치원 교사(22.6%), 특수교사(15.8%), 초등교사(15.4%), 중등교사(14.9%) 순이다. 설문 결과를 분석한 전문의는 주관식 답변 중 가장 많이 등장한 단어는 '딱 한 단어… 살려주세요'라며 그만큼 심각한 상황임을 경고하고 있다.

다른 설문[3]에서도 교사 응답자의 99.9%가 스스로를 감정노동자로 인식하는 것으로 나타났다(한겨레, 2023.7.27.). 교사들은 과중한 감정노동[4]을 호소해왔지만, 이를 이해하고 체계적으로 대응하려는 정부의 노력은 부족했던 것으로 보인다. 교사는 '난 교사니까 문제를 드러내면 안 된다'는 강박 때문에 스스로 '가면'을 쓰고 사는 경우가 많아[5] 소진 현상을 자주 겪을 수 있다. 특히 유·초(저학년)·특수교사는 학급에서 학생들과 종일 같이 생활해야 하고, 신체적 정신적으로 미숙한 학생들을 돌봐야 하는 부담감이 커서 스트레스에 더 취약한 것으로 알려져 있다.[6]

서이초 교사 사건을 계기로, 교사의 정신건강 지원이 시급하다는 여론이 확산되자 정부의 대처도 빨라졌다. 교육부는 '교원 마음건강 회복지원 방안'(2023.9.15.)을 발표하고 심리검사 및 상담 치유 지원, 전문심리 상담 및 치료 방안을 제시했다. 그 밖에 '교권 회복 및 보호 강화 종합방안'(2023.8.23.)을 통해, 민원 대응팀 구성·운영 등의 교권 보호 정책[7]을 발표했다. 하지만 현장은 교권 보호와 업무 경감 등 근본적 원인 해결을 촉구하고 있다. 전교조는 교육부 정책이 사후약방문 수준에 그치고 있고 장관이나 교육감의 의지에 따라 폐지될 수 있다는 이유를 들

---

3) 한국교총, 「교권침해 인식 및 대책 마련 교원 긴급 설문조사」 전국 유초중고 교원 3만2천951명 대상(2023.6)

4) 우리나라 감정노동은 산업안전법에 의해 보호받고 있고 산업안전법 제41조 '고객 응대 근로자'에 유치원 교사, 보육교사가 포함된다. '학부모 대면 업무를 상시적으로 수행하는 담임교사, 학폭 담당 교사는 고객 응대 근로자로 볼 수 있다는 제안이 있다(https://blog.naver.com/nearbylawyer/223161885475).

5) 김현수, 「교사 상처」 에듀니티. 2014

6) 조아인, 홍상황, 「초등교사의 스트레스 취약성과 스트레스 반응」, 교육혁신연구, 2022

7) 민원대응팀 운영, 교육감 의견 제출, 교권보호위원회 이관, 교권침해 직통번호 개통(24.3.4 시작) 등

어 '교사 마음건강 지원법'을 제정하여 체계적인 관리를 할 것을 요구한다.

> **Q. 타 직종이나 해외에서는 마음건강 지원을 어떻게 하고 있나?**
> - 경찰과 소방관은 2012년부터 '경찰공무원 보건 안전 및 복지 기본법', '소방공무원 보건 안전 및 복지 기본법'이 제정되어 지원을 받고 있음.
> - **영국** : 스트레스와 과로, 저임금으로 교단을 떠나는 교사가 늘자 매해 'Teacher Wellbeing Index(교사복지 지수)'를 발간하여 교사의 근무환경과 정신건강 수준을 분석하여 교육정책 권고사항을 발표하고 있음
> - **일본** : 2021년, 정신건강 때문에 퇴직한 교사들이 2009년 집계 이후 최대치를 기록하자, '전체교사 조사'를 통해 휴직자, 병가의 경향과 요인을 분석하고 정신건강 대책의 효과적인 사례를 발굴함.

출처: 전교조 교육희망, 2024.6.6

학교 현장은 오래전부터 통제 불능 교실, 과도한 민원, 가중되는 업무로 인해 교사 소진 증상이 심각한 수준으로 치닫고 있음을 경고해 왔다. 학교나 교육청 단위로 교사 치유나 관계 회복 연수를 진행해 왔지만, 교사의 마음 치유만으로는 교사 소진을 막아내기에 역부족이었던 것으로 보인다. 서이초 사건 이후 학교 안팎에서 교사들이 아픔을 서로 공감하고 지지할 수 있는 따뜻한 공동체 구축을 요청하고 있다. 교사의 심리적 어려움에 대한 연구 결과, 교사를 다시 일으켜 세우고 학생에게 돌아오는 데 큰 힘이 된 것은 동료 교사, 관리자의 공감과 조언, 교사 편이 되어준 학생들이었다.[8] 교사들의 정신건강을 지키기 위해서는 제도 개선 이외에도 학교공동체 안에서 신뢰를 기반으로 정서적 지지와 연대를 통해 교사들의 두려움과 불안을 극복할 수 있는 시스템과 문화가 어느 때보다도 절실하게 요청된다.

---

8) 김희정 외, 「학생, 학부모로부터 폭력을 경험한 교사의 심리적 어려움과 상담에 대한 기대에 관한 질적 연구」, 교사교육연구 제60권 제4호, 2021

선 긋는 교실과 셀프방어 [9)]

> 세종의 한 초등학교에선 여름마다 하던 물총놀이를 그만뒀다. '아이가 다쳤다'
> 는 등 민원을 사전에 차단하기 위해 내린 결정이다. 체육 수업도 소극적으로 변
> 한다. 농구를 가르칠 때 크고 딱딱한 농구공 대신 스펀지 공을 사용하는 식이다
> (경향신문, 2024.7.17.).

> 수업의 질도 떨어지고 학생들과 친밀한 관계를 맺으려는 시도 자체를 하지 않
> 기 시작한 거죠. (중략) 엎드려 있는 애를 깨우거나 수업에 참여 안 하는 애를 참
> 여시키려는 노력 자체를 아예 안 하게 된 거 같아요(연구 참여교사). [10)]

교사의 불안이 커지자, 교육활동은 위축되기 시작했다. 2022 개정 교육과정
은 학생의 자기주도성을 키워주기 위한 교육과정의 다양성과 자율성을 주문하
고 있지만, 학교교육활동은 법적 책임과 소송 앞에서 움츠러들었다. 교사들이
선택한 것은 보험과 교사단체 가입이다.

최근 전국의 많은 초등학교가 체험학습을 축소하거나고 폐지하자는 요구가
확산되고 있다. 2022년 강원도에서 초등학생이 체험학습 중 교통사고로 사망한
사건이 있었는데, 인솔 교사 2명이 업무상 과실치사 혐의로 기소되어 2024년 현
재 법정 공방이 진행 중이다. 사고 발생 시 교사가 업무상 과실치사로 기소될 수
있음을 알게 되자, 강원 지역을 포함한 전국 많은 학교가 작년과 올해 체험학습
을 취소하거나 연기했다(KBS. 2024.5.3.). 이에 더해 '노란 버스' 사건 역시 체험학습
축소를 확산시켰다. 법제처는 2022년 10월 초등학생들의 현장체험학습과 수학
여행을 위한 이동도 '어린이의 통학 등'으로 해석해야 한다는 판단을 내렸고, 경

---

9) '서로 선 긋는 교실, 모두가 무기력해졌다' 경향신문(2024.7.17)/ '무너진 교권, 교사들 보험 들어 '셀프방어''. 중앙일보
   (2023.7.29)
10) 김희정 외,「학생, 학부모로부터 폭력을 경험한 교사의 심리적 어려움과 상담에 대한 기대에 관한 질적 연구」, 교사교
   육연구 제60권 제4호, 2021

찰청은 법제처의 법령 해석을 근거로 수학여행 등 비정기적인 운행 차량도 어린이 통학버스로 신고하도록 요청했다. 이어서 교육부는 2023년 '체험학습에 전세 버스가 아닌 어린이 통학버스를 이용해야 한다'는 공문을 발송했는데, 당시 이미 전세 버스를 예약한 학교는 어린이 통학버스, 즉 노란 버스를 구하지 못하거나 기존 예약 변경이 힘들어 혼란에 빠졌고, 결국 학교들이 체험학습을 잇달아 취소, 연기하는 일이 발생했다. 같은 해 서이초 교사 사건이 터지자, 체험활동을 거부하는 움직임은 더 확산되었고 체험학습은 예년보다 줄어들게 되었다(서울신문. 2024.5.24.).

학생이나 학부모로부터 폭력을 경험한 교사는 방어적인 태도를 취하며 수업이나 관계에서 '선'을 긋는다. 교사는 수업 시간에 잠재적인 소송 대상으로서 아동학대 신고를 의식하고 자기검열을 일상화하는 경향이 생겼다.[11] 연구에 의하면, 수업 시간에 학생의 폭력을 경험한 교사는 심리적으로 큰 타격을 입고 자신감이 떨어지면서 수업 자체에 회의를 느낀다. 또한 교사로서 쌓아온 정체성이 한꺼번에 무너져 내리면서 주변에서 나를 어떻게 볼지 걱정되고, 수치스러움과 사건에 대한 자책 등으로 고통을 받는다. 그러는 사이 수업은 위축되고, 유대감은 약해진다.[12]

교육활동으로 인한 법적 분쟁과 교권 침해로부터 자신을 보호해야 할 절박함은 사설 보험증가로 나타난다.[13] 2023년 9월까지 교권침해 보험 가입자 수는 8,093명으로 2018년의 1,477명에서 5년 만에 5배 넘게 증가했다. 국회 등은 교사들의 사보험 의존 문제를 지적하며 공적 보호장치를 강화할 것을 요청하고 있다.[14]

자신을 보호해야 할 절박함은 최근 노조에 가입하는 젊은 세대 교사 비율 급

---

11) 한희정, 「법화 사회에서 얽히고 얽힌 교사들의 이야기」, 한국교육연구네트워크 2023년 2차 월례포럼 자료집, 2023
12) 앞의 자료, 김희정 외, 2021
13) H 손해보험의 '교직원 안심 보험' 상품 특약, 약 월 1만 원을 납부하고, 교권침해 발생 시 교권보호위원회가 교권침해 사실을 인정하면 100~300만 원가량의 보험금을 받을 수 있다.
14) 교육부는 교원 배상 책임보험 표준 모델(안)을 발표하고(2023.9.25) 변호사 비용을 1인당 최대 500만 원 지급, 신체적·정신적 치료 비용과 전문심리 상담비 등을 지원할 계획이다.

증으로도 확인된다. 서이초 교사 사망 사건 이후 두 달 만에 새로운 교원단체가 조합원 수 43% 증가로 제1의 교원단체로 급성장하기도 했다. 이 단체는 2023년 기준 조합원의 73%가 20~30대 교사이며 여성 조합원의 비율이 높다. 이 밖에도 교사들은 학교나 교육청보다는 교직단체나 네트워크를 통해 교권 침해나 민원, 소송 같은 문제 해결에 도움을 받는 경향이 증가했다. 실제로 기존의 교직단체였던 전교조, 한국교총 외에도 실천교육교사모임, 좋은교사운동, 새로운학교네트워크, 전국교사노조연맹 등 다양한 교사단체와 네트워크가 등장하여 교사의 의견을 대변하며 활발하게 활동하고 있다. 이 단체들은 최근 교권 보호 및 교직 상담 활동, 정책 제안, 입법 요구 등 다양한 교권 이슈에 대해 공동 대응하는 등 교사를 대변하는 주요 정책 당사자로 부상하고 있다.

교육을 '관계와 연결'의 관점에서 보면 교사가 학생에게 '선'을 긋는다는 것은 교육의 단절을 의미한다. 교사와 학생은 사회적 존재이기 때문에, 수업은 교사와 학생과의 만남, 교류, 관계를 전제로 일어나는 현상으로 볼 수 있다.[15] 학생은 수업에서 자신이 '안전'하다는 것이 보장될 때만 '배움'의 과정에 참여한다. 학습자는 수업 중 자신이 어떤 존재로 받아들여지는지 타인이 자신을 어떻게 평가하는지를 가늠하는 '안녕감 well-being 의 경로 Boaekarts, 1993'를 먼저 작동시키기 때문에, 학생들은 교사나 친구가 자신을 긍정적으로 평가하고 인정한다고 느껴야 안녕감의 경로 작동을 멈추고 비로소 학습을 안정적으로 시작한다. 교사도 학생과의 단절(즉, 학생들이 교사의 수업을 듣지 않을 때)을 자신의 존재를 위협하는 큰 고통으로 느끼며 이런 경우에는 온전한 가르침을 실행할 수 없다. 결국 수업은 교사의 가르침이나 학생의 학습만으로는 완결될 수 없고, 서로가 서로에게 영향을 미치는 상호보완적 관계 안에서만 가능해 진다. 교사들의 불안과 자기방어가 교육과정 축소와 교육의 단절로 이어지지 않도록 교사들의 안전을 보장하고 신뢰를 회복하는 일이 시급하다.

---

15) 김민성, 「교육, '관계'와 '연결'의 관점에서 바라보기」, 서울교육 제246호, 2022

법적 분쟁이 일상이 된 교실

교육적인 의미가 점점 빠져나가는 느낌이 듭니다. 절차대로, 법대로 할 것 같으면 그것을 왜 교사들이 해야 하는지, 문제가 발생하면 바로 경찰에 신고해서 사법기관에 맡기면 될 일을…(연구 참여교사). [16]

학교에서 법적 분쟁이 일상화되면서 학교 안의 관계는 잠재적인 소송을 염두에 둔 사법적 관계로 변질되고 서로의 유대관계는 점점 약해진다. 학교 안의 갈등은 교육적 고민보다는 정해진 매뉴얼에 따라 처리하는 '일'이 되고 사법적 판단에 의존하게 된다. 교사는 사안에 개입하지 않아도 된다. 중요한 것은 '법대로, 매뉴얼대로 절차를 밟았는가'이다. 그렇지 않을 경우 소송이나 심의에서 불리한 입장이 되기 때문이다.

2024년 3월부터 학교폭력전담조사관 제도가 시행되면서 학교에서 담당하던 사안 조사도 교사가 아닌 외부 전담조사관이 맡게 되었다. 전담조사관은 학교폭력 업무나 생활지도, 수사·조사 경력이 있는 퇴직 경찰 또는 퇴직 교원들로 구성된다. [17] 학교교권보호위원회도 지역교육청으로 이관되어(2024.3.28.부터 시행) 관리자(교장), 업무담당자, 피해 교원은 각각 교육활동 보호 매뉴얼에 따라 대응하게 된다. 학부모가 교사에게 목적이 정당하지 않은 민원을 반복적으로 제기하는 행위도 교육활동 침해행위에 포함되어 교권침해로 신고할 수 있게 되었다.

학교폭력[18]과 불복 소송[19], 교권보호위원회(교보위) 개최 건수는 지속적으로 증가하고 있다. 교육부 발표에 의하면, 교보위는 올해 지역 이관일 기준

---

16) 김용, 「법화사회의 진전과 학교생활세계의 변용」, 한국교육연구네트워크 2023년 2차 월례포럼 자료집, 2023
17) 교육부, '학교폭력 사안처리 제도 개선 및 학교전담경찰관 역할 강화 방안'(2023.12.7.)
18) 교육부, '2023년 1차 학폭 실태조사'(2023.12.14), *학폭 피해 경험은 1.9%(5만9,000명)로 2013년(2.2%) 이후 10년 만에 최고치를 기록함. 2024년 7.31일 발표 예정이던 2023년 2차 조사 결과는 교육부가 발표를 취소하고 9월 2024, 1차 발표와 동시 발표 예정으로 현재 결과가 부정적일 가능성을 키움, 경향신문(2024.7.30.)
19) 교육부, '최근 3년간(2020~2022학년도) 전국 학교폭력 조치사항 불복절차 현황'(2023.3.26.), 국회(이은주(정의당)) 제출자료 *가해 학생의 불복 청구는 2020년도 587건, 2021학년도 932건, 2023년도에는 1천133건으로 증가

(2024. 3. 28.)부터 6월 30일까지 석 달간 1,364건에 이르고, 2023년 학교 교보위 개최 건수도 5,050건으로 2022년(3,035건)보다 66%p 급증해서 2019학년도 이후 최고치를 기록했다.[20] 서이초 사건을 계기로 교원들이 교권보호에 보다 민감해지고, 교권침해에 적극적으로 대응하고 있어 교보위 건수는 계속 증가할 것으로 예상된다(한국일보, 2024. 7. 18.).[21]

　　교육을 비롯한 사회 전 영역에 법률이 깊숙이 침투하는 법화 Verrechtlichung 현상이 심화되고 있다.[22] 이 연구에 따르면 교육의 법화 현상은 양가성을 지니는데, 한편으로는 구성원을 보호하면서 공정하고 신속하게 사안을 처리하도록 도와주지만, 다른 한편으로는 교육의 사법 기관화, 교육 관계의 왜곡 등을 초래한다. 사례 관찰 결과 교사들은 법적 절차를 따르면서 편리함을 느끼지만, 동시에 교육자로서의 역할에 회의를 느끼고 있고, 교사의 자율성이 줄어드는 현상이 발견되었다. 교사들은 '학폭위 회부'라는 학생지도 수단을 확보했고, '매뉴얼'이라는 신속하고 안전한 처리 방법을 얻었지만, 판단이 어려운 법적 절차나 판단은 외부 전문가(경찰, 전문상담가 등)와 사법적 판단에 의존하게 되었고(수직적 의존성), 학교 내부의 관계는 단절(수평적 단절)이 심화되고 있다. 그 결과 교사의 자율성과 전문성에 기반한 판단과 해결보다는 법적 매뉴얼에 의존한 사안 처리가 중심이 되어 학교의 교육력이 약화되는 결과를 초래하고 있다는 주장이다.

　　교육부가 이제까지 가해자 엄벌주의로 대응해 왔다면, 이제 교육적 해결을 동시에 고려하는 '정책의 균형잡기'가 필요하다는 주장이 제기된다. 현재 학교가 겪는 어려움은 "교사의 지도 재량권을 보장하는 섬세한 정치와 정책, 그로 인한 공동체 구성원들 간의 신뢰를 회복하려는 노력 없이, 처벌 범위와 강도만 높여

---

20) 교육부, '초중고 교권보호위원회 개최 건수'(2024. 7. 17.). 유형별로는 모욕·명예훼손(27.3%), 교육활동방해(26.2%), 상해폭행(14.9.%), 대상별로는 학생이 89.3%, 학부모 10.7%임.

21) 한국교총의 2022년 설문조사 결과에 따르면 교육활동 침해 시 교사의 51.7%는 '모르는 체하거나 참고 넘기고, 혼자 해결한다'로 답했고, '교권보호위원회를 개최했다'는 응답은 2.2%에 그쳤다.

22) 앞의 자료, 김용, 2023

왔던 사법화, 처벌 만능주의에서 기인한다".[23] 이에 따르면 (정부가) 학교에서는 사법적인 규범 및 절차와는 다른 복적의 공동체 규범 및 설차가 중요함을 이해하지 못해서 학부모, 학생, 교사 간의 갈등이 심화되었다고 본다. 공동체의 갈등이 공동체 고유의 규범(지식)과 절차에 따라 해결되지 않고 수사와 재판이라는 사법적 절차를 통해 결론 내는 방식은 공동체의 규범과 절차를 약화하고, 교사와 학생은 처벌을 피하려고 각자도생할 수밖에 없다는 주장이다. 그래서 학교가 본래의 교육적 기능을 다 할 수 있도록 학교공동체의 규범 및 절차를 복원하는 '균형잡기'가 필요하다는 것이다. 또한 법화 사회가 초래한 '법 제정에만 에너지와 시간을 투자'하는 것을 경계해야 하고, 법률 제정은 좀 더 신중하게 진행하고 이미 제정된 법의 실효성도 검토하여 폐지·개정하는 노력도 필요하다는 주장이 제기된다.[24]

학교에서 가르치고 배우는 모든 행동은 관계 속에서 일어난다.[25] 인간은 특히 아이들은 '관계를 맺는 동물'이다. 인간의 뇌에는 '거울 뉴런'이라는 신경세포 시스템이 무의식적으로 작동하고 있어 마치 거울처럼 타인의 행동을 관찰하고 흉내 내게 만든다. 아직 정체성이 확립되지 않은 학생들은 선생님이라는 거울에서 자신의 모습을 찾아 조용히 모방하며 자신의 정체성을 확립해 나간다. 교사의 직업적 특수성은 여기에서 출발한다고 볼 수 있다. 교사의 정서, 심리, 태도는 그대로 학생들에게 무의식적으로 복제되기 때문이다. 교사들의 불안과 '선긋기', '거리두기'로 인해 학생의 '거울 반응'이 원천적으로 차단되거나 학생들의 내면이 무기력과 무관심으로 잠식당하지 않도록 학교 내 관계 회복을 지원하는 일이 시급한 과제로 남는다.

23) 임재성, 「교육의 사법화 범죄화 이대로 둘 것인가?」, 한겨레(2023.8.8.)
24) 앞의 자료, 김용, 2023
25) 요하임 바우어, 『학교를 칭찬하라』, 2013

각자도생과 탈출,
흔들리는 교사 조직

부장, 담임 기피와 각자도생

"갈수록 생활지도가 어려워지고 교사들도 교권 침해에 고소·고발 대상까지 되다 보니 책임이 더 무거운 부장이나 담임교사를 누가 하고 싶겠냐"

(조선일보, 2023. 2. 8.)

전국의 대부분 학교가 해마다 1, 2월이 되면 새 학기 준비를 앞두고 부장, 담임을 배정하는데 몸살을 앓는다. 서로 부장, 담임을 피하다 보니 순번을 정하거나 추첨하는 일까지 생기고, 힘든 업무, 어려운 학급이 저 경력 교사, 기간제교사, 신규 전입교사에게 떠넘겨질 가능성이 커진다. 2022년 기준 전국 초·중·고교 부장 교사 중 20~30대가 차지하는 비중은 22.9%(2만1,523명/9만3,832명)에 이른다. 2018년 21.9%(2만324명)에서 계속 증가하는 추세이다. 이 중 20대 '부장 교사'도 2018년 1.7%(1,572명)에서 2.4%(2,228명)로 급증했다.[26] 담임 기피 현상으로 인해 기간제 교사가 담임을 맡는 비율은 60%에 이르고 그 비율도 계속 증가하고 있다.[27] 교육부는 2020년 기간제 교원에게 책임이 무거운 보직이나 담임을 맡기지 말고 정규 교원과 비교해 불리하게 업무를 배정하지 말 것[28]을 17개 시·도교

---

26) '너도나도 부장 보직 기피… 막내 교사들이 떠밀려 맡는다, 담임 구하기도 어려워', 조선일보(2023.2.8.)
27) 교육부 '최근 10년간(2013~2022년) 지역별 기간제 교원 담임교사 현황', 국회(이태규(국민의힘) 제출자료
   *기간제 교원 중 담임 비율은 2013년 53.5%에서 2022년 60.2%로 6.7%p 상승
28) 교육공무원법 제32조(기간제 교원) ② '책임이 무거운 감독 직위에 임용할 수 없다'가 규정되어 있음.

육청에 당부했으나 뚜렷한 변화는 없었다(연합뉴스, 2023. 10. 6.).

담임 기피의 원인은 과도한 업무, 학생 생활지도, 학부모 민원에 대한 스트레스와 학부모 소통에 대한 부담이 높아진 탓이다. 교원단체 설문[29]에 의하면, 담임 기피의 주된 원인은 '학부모 민원(상담)을 감당하기 부담스러워서'(32.98%)와 '학교폭력 및 무고성 아동학대 고소의 위험에 더 많이 노출되기 때문에'(32.41%), '과도한 업무와 책임에 비해 담임수당이 너무 낮아서'(27.55%) 등이다. 그 외 '학급당 학생 수가 많아 업무가 과중해서'(5.06%), '생활기록부 기재 등 학생 진로에 대한 책무가 부담스러워서'(2.00%) 등이 포함된다. 부장 기피는 담임보다 기피 정도가 더 심하다. 교사들은 담임을 교사 본연의 업무로 인식하는 반면, 부장 업무는 교육활동과 직접적으로 연결되지 않는 업무로 인식하고 있다.

2024년 연초에 교육부는 교권 회복 종합방안과 교권보호법 개정의 후속 조치로 '교사 처우개선 대책'을 발표했다. 지난 20여 년 동안 동결됐던 보직 수당은 7만 원에서 15만 원으로, 담임수당도 13만 원에서 20만 원으로 인상되었다. 정부는 이번 인상으로 담임·보직 기피 현상이 해소될 것이라 기대하고 있지만 현장은 기대에 못 미친다는 반응이다(중앙신문, 2024. 12. 3.). 오히려 사기 저하 등 내적 동인 부족으로 보직·담임 기피 현상은 쉽사리 개선되기 어렵다는 예상이 지배적이다.

승진 포기를 넘어 승진 거부의 분위기는 교사의 직무를 승진가산점과 근무평정 점수로만 관리해오던 시스템이 효용을 다했음을 시사한다. 과거에는 경력순으로 혹은 학교 전입 순으로 부장, 담임을 맡는 것이 암묵적인 규칙이었다. 승진을 희망하는 교사들은 부장이나 담임 등 어려운 직무를 통해 승진가산점과 근무평정 점수를 획득했다. 하지만 승진 경쟁이 치열해지면서 교사 조직은 분열과 갈등 속에 빠졌고, 승진 경쟁에 합류하는 대신 개인의 삶으로 도피하는 현상이 나타났다.

---

29) 전국교사노동조합 연맹(2023), 제42회 스승의 날 기념 '교육현장 인식 조사' 요약 보고서

부장과 담임 기피는 일부 학교의 사례에 그칠 수도 있지만, 합리적인 이유 없이 학교에서 상대적으로 발언권이 약한 저 경력, 기간제, 신규 교사에게 업무를 '몰아주는' 현상은 교사공동체 내부의 규율과 원칙이 무너졌거나, 승진가산점을 대신할 동인이나 내부 규율이 부재함을 시사한다.

낭만 조퇴와 을질 논란

최근 교사들의 금요일 오후 조퇴 증가나 상사의 정당한 업무지시 거부 등을 두고 사회적 논란이 지속되고 있다. 모 교육청 교육감은 '낭만 조퇴' 발언으로 학교 현장의 반발과 논란의 중심에 섰다. 보도에 따르면 교육감은 교사들의 금요일 조퇴로 인한 학교 공동화를 우려하며 '낭만 조퇴'라는 표현을 사용했다. 교원단체들은 강하게 반발하며 사과를 요구하고 나섰고, 도내 교사의 64.1%가 원하는 시기에 자유롭게 휴가를 사용하지 못하고 있다며 '낭만 조퇴' 발언에 대한 사과를 요구했다(한겨레, 2023.2.23.). 이전에도 교사 복무 태도에 대한 사회적 우려와 논란은 지속되었다. 경기도교육청은 3년 6개월간(2018.1.~2020.2.6.) 교사의 병가, 조퇴, 연가 복무자료를 요구하는 공문을 지역교육청에 발송했으나(2021.6.29.), 교원단체들은 휴가 사용에 대한 부정적 인식을 초래할 수 있다며 반발했고, 논란이 지속되자 조사를 '잠정 취소'한 바 있다(에듀플러스, 2021.7.5.). 또한 경기도 행정감사에서는 교사가 연간 20회 이상 조퇴하는 사례가 있고, 유사한 조퇴사례가 2021년 2,072회, 2022년 9월 30일까지 1,802회에 이른다며 교육청에 대책 마련을 요구했다(2022.11.10.). 교원단체는 도의회 진정 민원 게시판에 항의 글을 올리고 사과를 요구하였고, 관련 의원은 노조와의 면담에서 특정 요일에 몰리는 교사들의 조퇴로 인해 학교 운영의 어려움을 호소하는 교장 선생님들의 민원이 있어 조사를 했다며, 교사들이 교육자로서 아이들과 더 같이 있어 주길 바라는 마음으로 발언했다고 해명했다(경기신문, 2022.11.13.). 교원단체의 주장대로 금요일 조퇴나 연가 사용은 일부 학교와 교사의 문제일 수 있으나 교사의 인식과 태도는 이전과 분명한 차이를 보인다.[30] 예전에는 동료나 상사의 눈치를 보며 조심스럽게 이용하던 연가나 조퇴를 이제는 자신에게 주어진 당연한 권리로 받아들이는 분위기이다. 교원의 복무 관리를 두고 관리자와의 갈등이나 기존 관료문화와의 충돌은 점점 증가할 것이라 예상된다.

오래된 관행과의 마찰은 '을질 논란'을 통해서도 엿볼 수 있다. 2024년 지역도의회 교육상임위가 '○○교육청 갑질, 을질 및 직장 내 괴롭힘 예방에 관한 조례안(을질 조례안)' 상정으로 논란의 중심에 섰다. 이 조례안은 지역교육청 감사관실에서 추진했는데, 교직원들의 '을질(역 갑질)' 유형으로 '칼퇴(정시 퇴근)'와 '직원 간 배려부족', '반복적 초과 근무(초근)'를 조례안에 명시하여 현장의 반발을 불러일으켰다. 교원단체 등은 '갑질 조장 조례안'이라며 강하게 반발했고, 이에 따라 '을질 조례안'은 본회의에 상정되지 않았으며, 교육청 감사관실도 관련 계획서를 사실상 폐기하였다(교육언론[창]. 2024.6.13.).

▨ 을질조례안 중 을질 유형

생각해 보기 (乙의 甲질?)

- **출근은 내맘, 퇴근은 칼** : 출근은 여러 가지 이유로 늦지만, 퇴근은 퇴근시간 전부터 미리 준비하여 정시에 퇴근하려는 행동
- **상사는 직원을 귀찮게 해!** : 상급자의 정당한 업무지시임에도 자기 생각과 다른 이유로 상급자의 조언을 잔소리로 여기거나 업무에 소극적인 행동
- **내일은 남일, 남일은 남일** : 자신의 업무임에도 여러 가지 가벼운 사유를 들어 다른 사람에게 미루는 행동
- **기한은 있으나 마나** : 공문 제출, 사업 진행 등의 기한이 임박했음에도 정상 근무 시간이 지났다고 퇴근하여 직장동료나 상급자가 업무를 늦게까지 대신 업무처리 하게 하는 행동

출처: 교육언론[창]. 2024.6.13.

---

30) 홍섭근, 「교직과 승진에 냉소적인 MZ 교사들」, 교육을 바꾸는 사람들 칼럼, 2022.11.15.

이제 교사 문화는 또 하나의 변곡점을 지나고 있는 듯 보인다. 젊은 세대를 중심으로 형성되는 새로운 문화는 기성세대의 관행이나 행정적 통제와 충돌할 가능성이 크다. 젊은 세대가 수용할 수 있는 합리적 근거 없이 기존의 행정적 제재나 관행 등으로 교사를 통제하는 방식은 이제 효용을 다해가고 있음을 짐작할 수 있다.

일반적으로 우리나라의 세대 갈등은 민주화 이전과 이후 세대가 개인주의를 대하는 태도에서 발생한다고 한다('대한민국의 세대 갈등'. 나무위키). 군사독재 시기를 살아온 기성세대에게는 개인주의는 곧 이기주의로 여겨진다. 기성세대의 시각으로 보면 MZ세대는 직장과 일에 헌신하고 몰입하지 않는 점에서 이기적일 수 있지만, MZ세대 입장에서는 '나다움'을 실현하는 일이 된다.[31] 이들은 승진보다는 '교직과 관련성 여부를 떠나 폭넓게 자기 계발을 하는 것'이 중요하고, 특정 분야에 전문성을 쌓아서 집필이나 외부 강의를 더 선호한다. 'MZ세대 교사의 특성 연구'에 의하면 교직 선택 동기 면에서 MZ세대 교사는 다른 세대에 비해 '방학이 있어서'와 '일과 삶의 균형을 맞추기 좋은 직업이어서'가 주를 이룬다.[32]

MZ세대에게는 사명감과 헌신이 낯선 단어일 수 있다. 학생의 배움과 성장, 안전을 지키기 위한 교사의 사명감과 헌신은 여전히 유효하나 행정적 통제나 기성세대의 훈계로 견인하기에는 어려워 보인다. 오히려 기성세대가 기대하는 사명감과 헌신은 학교에서 학생들과 생활하면서 자연스럽게 터득하고 성장시키는 전문적인 자질과 역량에 가깝다고 볼 수 있다. '낭만 조퇴'나 '을질' 논란은 이제 교사를 복무기준으로 통제하거나 사명감과 헌신을 강요하기보다는 교사로서 정체성을 세우고 전문성을 키워갈 수 있는 새로운 문화와 성장 시스템이 필요함을 시사한다. 새로운 세대의 요구와 감성을 수용하고, 교사들이 스스로 전문성과

---

31) 『대한민국 교육트랜드 2022』. 「나다움과 교사다움, 그 사이에서」, 김차명. 에듀니티
32) '학생들의 성장과 발달을 돕고 싶어서', '가르치는 일에 대한 사명 의식이 있어서', '사회적인 존경을 받는 직업이어서', '전문직으로 인식되는 직업이어서' 등 나머지 6개 보기는 모두 X세대와 베이비붐 세대가 MZ세대보다 많이 선택했다.

정체성을 세우고 발현할 수 있도록 교직 문화와 시스템을 바꾸는 일이 교육공동체의 숙제로 남는다.

이직과 명퇴, 떠나는 교사

"오랜 꿈이었는데…. 제가 생각했던 것과는 많이 다르네요"(세계일보. 2023. 7. 11.)

"교사가 되려고 노력한 시간이 아깝지만, 더 늦기 전에 다른 길을 알아보는 게 나을 것 같아요"(한겨레, 2023.7.22.).

교사 조직이 흔들리는 징후는 학교를 떠나는 교사의 증가로도 확인된다. 한때 선호 직업 1, 2위에 오르던 교사가 이제 기피 직업이 되어간다. 임용고시를 통과한 교사들이 얼마 되지 않아 새로운 직업을 찾아 떠났고, 현재 이직을 준비하거나 이직하고 싶은 교사도 많다. 언론에서는 이를 '엑소더스Exodus(대탈출)', '이직·창업 컨설팅 업체의 등장', '탈출 성공기를 담은 브이로그의 인기' 등으로 보도했다.[33]

5년 차 미만 퇴직 교사는 2022년 3월~2023년 4월까지 589명으로, 이전(2021년 3월~2022년 2월) 303명에 비해 두 배 가까이 증가했다.[34] 이는 2017~2023년 동안 가장 높은 수치였는데, 이중 초등교사가 311명으로 가장 많고, 중학교 교사 176명, 고등학교 교사 102명 순이다(한겨레. 2023.5.24). 또한 임용 후 1년 이내 퇴직하는 교원도 증가하고 있다. 2023년 중간인 8월 말에 벌써 72명이 넘었는데 이는 2019년(65명), 2020년(96명), 2021년(65명), 2022년(72명)에 비해 매우 많은 수

---

33) '담임 일당 9,000원, 수능 봐 의대 갈래. 대치동 가는 MZ 교사', 중앙일보(2024.1.15.)
34) 교육부, '전국 국공립 초중고 퇴직 교원 현황'(2023.7.25.), 국회 권은희(국민의힘) 의원실 제출 자료.

이다.[35] 고경력 교사의 명퇴 러쉬 현상도 두드러진다. 명퇴 교원은 2017학년도 3,934명에서 2022학년도 6,525명으로 65.9%p 증가했다.[36] 전체 퇴직 교원 중 명퇴 교원이 차지하는 비율도 2017년 퇴직자의 47.0%에서 2022년 55.5%로 늘었다. 교사들의 이직 의사도 높다. 교원단체 조사[37]에서는 최근 1년간 이직이나 사직을 고민했다는 교사가 87.0%에 달하며, 이유는 '낮은 임금과 악성 민원', '학생 생활지도에 대한 어려움', '사회적 인식' 등이었다.

이직 의사는 저 경력 교사일수록 높다. '서울교원종단연구 2020'[38]은 M세대(1980~1989년생(35~44살))의 54.8%, Z세대(1990년생 이후(34살 이하))의 66.6%가 '이직을 현재 준비하거나 의향이 있다'는 결과를 보여준다. 저 경력 교사의 이직은 낮은 임금과 관련이 크다. 서울 청년교사 설문[39]에 의하면 주원인은 '대도시에서 한 달 살기 빠듯한 임금'(34%)과 '악성 민원'(34%)이고, 그 외 '학생 생활지도 어려움'(18%), '부정적 사회인식'(8%)이 뒤를 이었다. 청년 교사가 가장 바라는 지원은 '임금인상'(80%)과 '주거지원'(83%)이며, 그 외 '교육 전문가로서 받아야 할 정당한 대우', '교육 정책의 중심에서 교육 전문가로 존중' 등이 포함된다. 경제적 안정과 전문가로서의 효능감 및 성장 욕구를 채워줄 시스템을 요구하지만 정책과 제도가 쉽사리 개선될 희망이 보이지 않을 때 그들의 이직은 피할 수 없는 선택으로 보인다.

이를 반영하듯 2024년 교직 만족도는 역대 최저를 기록했다. 한국교총에 의하면, 제43회 스승의 날을 맞아 실시한 설문에서, 같은 설문을 시작한 2006년 이래 역대 최저의 교직 선택률과 교직 생활 만족도를 기록했다.[40] 한국교육개발원 KEDI의 '2022 교육 여론조사'에서 '자녀가 장래에 교사가 되겠다고 한다면 긍정적

---

35) 교육부 '임용 후 1년 이내 중도 퇴직 교원 현황'(2023.10.16.) 국회 문정복(더불어민주당) 의원실 제출 자료
36) 교육부 '전국 국공립 초·중·고교 사유·근속연수별 퇴직교원 현황'(2023.7.25.) 국회 권은희(국민의힘) 의원실 제출 자료
37) 전국교사노조, 조합원 1만1,377명을 대상 설문(2024.5.20~28.)
38) 서울특별시교육청, 「서울교원종단연구 2020 3차년도 시행 결과 및 분석」, 2023
39) 전교조, '서울지역 청년 교사 지원 방안' 설문 (2024.4.16~5.12), 서울지역 교사 1천 44명 대상
40) 전국 교원 1만 1,320명 대상(2024.4.16.~5.6.) 설문에서 '다시 태어나면 교직을 선택하겠다'는 질문에 '그렇다'고 답한 비율은 19.7%로 역대 최저이고, '현재 교직생활에 만족한다'는 답변도 21.0%로 역대 최저 기록이다.

으로 받아들이겠다'고 답변한 성인의 비율도 8년 만에 가장 낮게 나타났다(한겨레, 2023.7.22.). 교직 만족도 추락은 최근 교육내학 합격선에도 영향을 미쳤다. 2024 학년도 정시모집에서 교육대와 초등교육과의 합격선이 전반적으로 하락하였으며, 일부 교대에서는 수능 4등급, 6등급이 합격했다는 뉴스가 국민의 관심을 끌었다(노컷뉴스, 2024.4.28.).

현재 명퇴 교사는 정년퇴직 교사의 2배에 이른다. 현장에서는 경력 교사들이 명퇴를 선택하는 이유로 교권 추락, 업무 부담, 경제적 요인 이외에도 교육환경의 변화와 정체성과 자존감 상실 등을 꼽는다. 교직 사회는 교장·교감을 제외하고는 모두 평교사라는 단일 직급으로 구성된 조직인데, 경력 교사 입장에서 보면 승진을 하지 않을 경우 저 경력 교사와 동등한 입장에서 성과급이나 업무 분장 등으로 다투어야 하는 상황에 부닥치게 된다. 코로나19를 겪으면서 젊은 세대처럼 원격수업 등에 기민하게 대응하지 못하는 어려움도 크다. 자존감은 떨어지고 '학교 일에 나서고 싶어도 꼰대로 불리는 것이 싫어서 뒤로 물러서게' 된다.[41]

교사가 수행하는 업무는 오랜 시간의 숙련된 경험과 전문성을 요구한다. 학교 현장에서는 학급운영이나 업무 면에서 전문가적인 역량을 갖추려면 최소 5년 이상의 경험이 필요하며, 교사로서의 정점에 달하는 시기는 10년에서 20년 사이라는 것이 일반론이다. 갈수록 학교가 해결해야 할 문제가 복잡, 다양하고 어려워지기 때문에 경험 있는 교사의 역할이 점점 중요해진다. 경력과 함께 누적된 전문성은 새로운 구성원이 보이지 않는 교직 문화를 익히고, 교사로서의 정체성을 형성하는 데 중요한 역할을 한다. 연구[42]에 의하면 신규교사는 입직과 동시에 학생에서 교사로의 이러한 급격한 역할 전환을 하는데, 이는 '현실충격 reality shock'(Veenman, 1984) 또는 '전환 충격 transition shock'(Cocoran, 1981)이라 표현

---

41) 홍섭근, 「고경력 교사들은 왜 학교를 떠나려고 할까?」, 교육을 바꾸는 사람들 칼럼, 2022.12.14.
42) 서울특별시교육청, 「코로나19 시기 신규 교사의 교직 적응 유형과 경험에 대한 분석」, 정책연구 제250호, 교육정책연구소, 2023

될 만큼 어려운 과정을 겪는다. 신규교사는 교직 적응 시기에 교사로서 역할과 정체성을 형성하기 때문에 이 시기의 경험은 이후 교직 생활과 전문성에 영향을 미칠 수 있으며 학생의 성장과 학교혁신에도 큰 영향을 미친다고 한다. 경력자의 명퇴는 10~20년 동안 쌓은 경험과 전문성이 손실되는 것이고, 저 경력 교사가 교직에 적응하고 교사 정체성을 세워나가는 데 도움을 받을 수 있는 멘토가 부재함을 의미한다고 볼 수 있다.

이제까지 관료성에 의해 관리·통제되었던 교사 조직은 사회와 교육환경의 변화에 적절하게 대응하는 데 한계를 보이고 있다. 여기에 더해 새로운 세대의 등장과 서이초 사건은 관료적 통제의 붕괴를 가속할 것이라 예상된다. 이제 전문성과 관료성의 균형잡기가 필요한 시점이다. 한국교육행정론(2012)에 의하면 학교조직은 관료성과 전문성을 둘 다 갖춘 이중 구조로, 행정상 위계적 구조이나 교사는 독자적 전문성을 가지며(Hoy & Mikkel. 2008), 전문적 자율성과 관료적 통제 사이에 갈등이 발생할 수 있다. 관료직은 규칙, 규정, 지시로 통제되는 반면, 전문직은 윤리강령을 내면화하고 스스로 직무에 책임을 지며 동료의 평가와 검열로 통제된다. 현재 교사 조직의 문제 해결을 위해서는 교사가 전문직으로서의 윤리성, 책무성을 내면화하고 동료의 인정과 지지를 통해 전문성을 강화해 나가는 문화와 시스템 구축이 필요하다. 이는 자격제도 개선 수준을 넘어서서, 이제까지 교사 조직을 끌고 온 행정 시스템을 뛰어넘어 새로운 세대의 요구와 감성을 반영한 새로운 시스템과 문화의 구축을 의미할 것이다. 새로운 교사 조직문화와 시스템 모색에 '어떤 교육개혁이든 그 진지한 노력의 중심에는 교사들의 불만족과 불참의 흐름을 바꾸려는 시도가 필요하고 거기에 초점을 두어야 한다'는 주장과 '궁극적인 해결책은 교사의 전문성 자본과 집단적 유능감의 개발이다'라는 제안[43]을 숙고할 필요가 있다.

---

43) 마이클 풀란, 『학교개혁은 왜 실패하는가?』, 교육을 바꾸는 사람들, 2017

복잡해진 교육생태계,
안정성을 위협받는 학교

복잡해진 학교조직, 충돌하는 권리

교육공무직을 선생님으로 불러달라는 공문을 받고 당혹스러웠다. 실무사님이
라 부를 때 무시하거나 차별을 두려고 한 의도로 부른 적 없는데, '실무사'라는
말이 교육공무직의 자존감을 해치는 언행에 속한다는 공문을 보고 안타까웠다
(에듀프레스, 2021.6.28.).

학교의 기능 확대 및 전문화로 인해 학교조직은 갈수록 복잡해진다. 기성세
대가 기억하는 학교는 수업과 학급운영을 담당하는 교사와 예산 집행을 하는 행
정직(일반직)이 근무하는 단순한 조직이었다. 하지만 요즘 학교는 학교급식, 돌봄
교실, 방과후 학교, 상담, 도서관, 복지 등 다양한 영역의 직종이 학생들의 학교
생활을 지원하며 함께 생활하고 있다. 각각의 직종은 정규직과 비정규직을 포함
한다. 교육부 '비정규직원 운용 규칙'에 의하면 비정규 직종은 1) 기간제 교사, 2)
교육공무직[44], 3) 상용직[45], 4) 일용직[46], 5) 전문직[47]으로 나눌 수 있다. 현재 학
교 비정규직은 전체 90여만 명의 학교 교직원 중 41%를 차지하는 36만여 명이

---

44) 시도교육청 채용, 교원과 공무원 외에 학교 운영에 필요한 다양한 업무를 수행, 주로 행정업무, 급식, 시설 관리 등을
담당.
45) 도서관 사서나 실험실 조교처럼 상시적으로 필요한 업무를 수행
46) 특정 기간이나 일시적인 업무를 위해 고용된 직원들로, 행사 준비, 청소 등의 업무를 담당
47) 특정 전문 분야의 업무를 담당하는 비정규직으로, 예를 들어 상담사, 치료사, IT 지원 인력 등

며 이중 약 17만 명이 교육공무직원으로 직종이 100여 개에 이른다.[48] 기간제 교원은 2023년 기준 76,634명으로 전체 교원 총 508,850명의 15%이고, 정규 교원은 432,216명이다(한국교육개발원 2023년 교육기본통계조사. 2023. 8. 30.).

학교 교직원 분류(2022)

구 분	직급 또는 직종
교원	교(원)장, 교(원)감, 수석교사, 교사, 보건교사, 특수교사, 영양교사, 사서교사, 진로 전담교사, 전문상담교사, 실기교사, 원로교사, 산학겸임교사, 기간제 교사 등
일반직 공무원	행정직 공무원, 기술직 공무원
교육공무직	교육실무사(교무, 과학, 전산, 사서),교육행정지원서, 특수교육실무사, 돌봄전담사, 에듀케어강사, 영양사, 조리사, 조리실무사, 전문상담사, 지역사회교육전문가, 체육부 코치, 당직 실무원, 청소원, 기숙사 사감 등
기타	스포츠 강사, 영어회화전문강사, 학교 보안관, 방과후 코디네이터, 다문화언어강사, 학습자료 보조원 등

출처: 교육정책네트워크(KEDI), 교육현안 보고서 1호 브리프(2022.5.11.)[49]

학교 교직원 직종의 복합화·다양화는 학교의 또 다른 갈등 요소로 작용한다. 올해 교육부가 교권침해 대책으로 학교장 책임 아래 행정실장, 공무직 등이 참여하는 '민원 대응팀' 구성 방침을 발표하자 교육행정직과 공무직들이 강하게 반발했다.[50] 또한 2024년 초등학교 1학년을 대상으로 시작한 늘봄학교가 2학기부터 늘봄실무사를 본격적으로 배치하게 되는데, 기존의 돌봄(늘봄)전담사와의 행정업무 경계가 모호하여 직무 혼란으로 인한 갈등이 예상되는 상황이다. 늘봄지원실장도 교감이나 행정실장과 같은 '관리직'으로 2년 임기제 교육연구사를 배치할 계획인데, '교원 늘봄 업무 분리'원칙에 어긋난다며 교원단체가 반발하고 있다(아시아경제, 2024. 7. 30.).

---

48) 전국학교비정규직노동조합 https://www.hakbi.org/about/labors
49) 김장균, 「인력구조 다양화에 따른 갈등과 과제」, 교육정책네트워크 교육현안 보고서 2022년 제1호.
50) '민원 욕받이' 폭탄 돌리기 학교 구성원 간 갈등 확산, 서울신문, 2023.9.7.

매년 학교의 정규 교원과 일반직 공무원은 줄어들고 비정규 교원과 교육공무직원이 증가함에 따라 직종 간 갈등이 증가하고 있다. 학교 내 갈등 및 신난을 주제로 한 포럼 발제[51]에 의하면 학교 구성원 갈등과 관련된 언론 기사의 수는 2000~2004년 사이에는 143건에 불과했지만, 2020~2023년 사이에는 494건으로 폭발적으로 증가했다. 조직 내 갈등이 발생하는 이유는 업무량, 업무 분담, 업무 절차, 성과와 책임, 주기적으로 바뀌는 업무 분장에 따른 연수, 인계·인수의 부족함 등이며, 학교 업무로 인한 갈등은 한 직종에서 업무를 가져가면 다른 직종 업무가 가벼워지는 '경쟁과 위계 관계'에 놓여있다. 갈등 당사자들은 갈등이 반복되고 갈등을 긍정적으로 해결한 경험이 쌓이지 않다 보니 모두가 자신을 피해자로 인식하는 경향이 있었다.

학교조직 갈등 구조는 '학교 내 사람 간의 문제'와, '학교조직 및 운영시스템 등 구조적 문제'로 파악할 수 있다. 학교 갈등 분석보고서[52]에 의하면 학교 갈등을 '사람 간의 문제'에 한정시켜 볼 때 주된 원인은 업무 분장(61.8%), 복무 조건(17.2%) 등이었고, 갈등 유형은 개인 이해관계(14.5%), 욕구 갈등(13.2%), 가치관의 차이(10.5%) 등으로 파악할 수 있다. 이 보고서는 갈등 예방을 위해 직종 간 불분명한 업무 분장을 해결할 직종별 표준업무분장표(안), 업무 분장에서 구성원의 의견을 수렴할 수 있는 '학교업무정상화협의회' 및 모든 구성원을 포괄하는 학교업무재구조화를 제안한다.

교원단체는 이제까지 교사의 본질적 업무는 '수업'이며 업무 감축이 아닌 업무 분리를 주장해 왔다. 사회의 요구는 계속 증가할 것이라 예상되며, 따라서 학교 업무는 영원히 줄어들기 어렵다는 진단과 함께 업무 경감이 아닌 분리를 주장하는 것이다. 한편에서는 교사의 직무 범위를 넓히고 합당한 보상과 다양한 자격체제를 마련할 것을 주장한다. 행정직과 공무직을 아무리 늘려도 수업과 교

---

51) 김혜진, 「학교 내 갈등 진단과 해법 모색」, 굿모닝충청 '학교 내 갈등 진단과 해법 모색' 토론회, 2024.7.19.
52) 김장균, 「인력구조 다양화에 따른 갈등과 과제」, 2022

육과정에 대한 이해도가 낮아서 결국은 업무가 다시 교사에게 돌아올 수밖에 없으니, 교사 정원을 늘리고 행정교사(교무학사 전담교사제)를 다시 고민해 볼 것을 제안하기도 한다.[53]

학교 업무 부담을 덜기 위해 비정규직을 양산해 온 결과, 학교공동체는 업무를 둘러싼 직종 간 갈등으로 몸살을 앓고 있다. 이제 학교공동체는 교사, 학부모, 학생 이외에도 비정규직 등을 포함한 모든 구성원의 이해와 요구를 고려하고 조정해야 할 과제를 추가로 떠안게 되었다. 각자 다른 배경과 이해관계를 가진 다양한 구성원이 각자의 권리를 요구하는 가운데 '학생의 배움과 성장'이라는 공동의 목표를 달성해야 하는 상황이다. 학교 현장은 이 문제를 개인 간, 직종 간의 갈등으로만 접근해서 '학교가 자체적으로 알아서 해결'하도록 방치하면 안된다는 의견이다. 교권침해 등 기존의 문제 감당만으로도 한계 상황에 이른 학교가 이 파고를 헤쳐 나갈 수 있을지 현장의 우려가 깊어지고 있다.

밀려드는 사업 쓰나미, 교육보다는 사업

"2023년을 교육개혁의 원년으로 삼고 역량을 집중, 윤석열 정부 내 교육개혁을 완성하겠다"(교육부 연두 업무보고, 2023. 1. 5.)

교육부는 미래교육 대전환을 선포했다. 잠자는 교실을 깨우기 위해 "디지털 기반 교육혁신 방안을 수립하고 2025년부터 디지털 교과서 플랫폼, 인공지능[AI] 튜터 등 지능정보 기술을 교실에서 활용할 수 있도록 차근차근 준비하겠다"는 계획이다.

교육부나 교육청이 새로운 정책을 시작하면 학교는 다시 도전에 직면한다.

---

53) 홍섭근, 「교사의 본질적 업무 법제화는 가능할까?」, 교육을 바꾸는 사람들 칼럼, 2024. 8. 14.

쓰나미처럼 밀려오는 업무를 감당할 수 없기 때문이다. 디지털 전환도 좋지만, 현장에서 실행하기 쉽도록 인프라 구축, 교사 역량 신장, 학생의 학습과 숙달이 순서대로 차분하게 진행되기를 희망하지만 언제나 그렇듯이 이 모든 과정이 한꺼번에 학교로 밀려 들어온다. 별도의 인력이나 지원시스템 없이 담당 교사 한 명이 이 모든 일을 해내야 하고, 학생들에게 사용법도 가르쳐야 해서 힘들다. 담당 교사는 "학생들의 디지털 격차가 커서, 어떤 학생은 스마트폰 이외에 디지털 기기를 써본 적이 없고 학습사이트 로그인만 30분이 걸린다"고 호소한다. 새 정부에서 교육부가 야심 차게 추진 중인 정책[54]들은 학교 입장에서 보면 모두 업무 폭탄으로 보일 가능성이 크다. 현장 적합성도 일관성도 확보되지 않은 정책 홍수를 두고 학교의 우려와 불신도 크다. 오래전부터 현장에서는 과도한 업무가 학교교육과정을 침해하지 않을 것을 요구해 왔다. "어느 날은 사교육비를 줄여야 한다며 방과후 업무가, 어느 날은 인성교육이 중요하다며 인성교육 관련 업무가 '폭탄'처럼 떨어진다", "행정업무가 기존 교육과정 속으로 차분하게 들어오지 않으면 교사들은 정작 수업에 집중을 못 해 그야말로 '멘붕'이 옵니다"(한겨레, 2015.1.2.). 결국 새로운 정책들은 현장의 불신만 키우고 실질적인 성과 없이 공회전할 위험이 커진다.

교육부 사업은 왜 불어나기만 하는 것일까? 그 원인 중 하나는 법과 시행령을 근거로 시행 중인 기존 사업은 좀처럼 폐기되지 않는 상황에서 신규 사업은 계속 양산되는 데에 있다(한국일보, 2021.12.3.). 실제로 서울시특별시교육청[55], 충북교육청[56] 보고서 등은 학교의 업무 총량은 지속적으로 증가하고 있음을 보여준다. 충북교육청 보고서에 따르면 각 정부마다 행정업무 경감을 추진했으나 현장 체감도는 낮았고, 정부도 업무 경감 정책을 제대로 끝까지 밀고 나간 적이 없었다.

---

54) 2024년 주요정책은 디지털 전환, 다문화 교육 강화, 유보통합 추진, 늘봄학교 및 아동돌봄정책, 학습강화 등이다.
55) 서울특별시교육청, 「학교 행정업무 경감 및 교육활동 중심 학교업무 재구조화 방안 연구」, 한국행정학회, 2023
56) 충북교육청, 「교육 전념 여건 조성을 위한 학교 행정업무 경감 및 효율화 방안에 대한 연구」, 한국교육정책연구소, 2024

그 외 학교 기능의 확대, 교원업무표준안의 부재, 교육부가 학교를 말단 행정기관으로 보는 시각 등도 문제를 키웠다. 한편으로는 교육부 사업 증가 원인은 '교육의 일관성과 안정성을 보장하지 못하는 정치 풍토'에서도 찾을 수 있다. 이제까지 우리나라 교육정책은 대통령의 정치 성향에 많이 좌우되고, 특히 정권교체기에 새 정부는 '바꾸는 것'으로 이전 정부와 차별화를 삼는 경향을 보여 교육의 안정성, 일관성이 부족한 측면이 있다.[57] 시·도교육청도 비슷한 상황에 처해 있다. 교육정책의 잦은 변화와 성과 창출을 위한 신규사업 양산은 수업과 학생지도에 집중해야 할 교직원의 시간과 에너지를 분산시키고 학교공동체의 갈등과 혼란을 촉발할 우려가 크다.

교육부는 '학교 행정업무 경감 및 효율화 방안'을 통해 '행정업무 효율화 체제를 구축하고, 교권보호 차원에서 교사 반발이 큰 업무 일부를 교육청(지원청)으로 이관하고, 온라인 출결 관리 시스템을 구축한다'고 발표했다(2024.5.24.). 또한 2024년부터 교육정책 발표 시, 학교 행정업무 증가 여부를 의무적으로 확인하는 '행정업무 영향평가'를 도입할 예정이다. 현장의 반응은 엇갈린다. 학교지원전담기구의 법제화 등을 환영하는 한편, 단기적인 효과보다는 교육시스템 전체의 구조적 문제를 해결할 것을 촉구했다(뉴시스, 2023.5.23.). 교육부의 대응은 업무시스템과 보상체계 개선 등에 집중되어 있고 학교 행정업무가 폭증하는 구조적 원인을 해결하는 데는 한계가 있다는 이유이다. 결국 교육부, 교육청이 업무 총량을 줄이고 정책사업이 양산되는 구조를 개선하는 근본적인 해결책이 필요한 시점이다.

학교 안팎의 다양한 변화와 요구에 몰려 학교는 한계 상황으로 몰리고 있다. 업무는 갈수록 복잡화, 고도화되고 업무 총량은 끝없이 증가하면서 가뜩이나 복잡한 학교공동체에 새로운 갈등의 불씨를 더하는 상황이다. 정상적인 학교교육과정 운영이 어려울 정도로 비대해진 학교 업무 이면에는 교육부, 교육청의 업

---

57) 김혜숙, 「대통령의 통치행위가 교육에 미치는 영향」, 한국교육신문, 2022.04.07.

무 구조와 방식, 그리고 우리나라 정치 풍토와 관행이 자리 잡고 있다. 이 구조적인 문제를 해결하지 않는 한, 정부의 다양한 노력에도 불구하고 학교 현장의 혼란과 '근본적인 해결책' 요구는 무한히 반복될 것이라 예상된다.

미래의 온실, 학교 공동체의 회복을 위하여

　서이초 사건을 계기로 그동안 눌려있던 학교 안팎의 모순과 갈등이 한꺼번에 폭발한 지 일 년이 지났다. 아직도 학교는 후유증을 앓고 있고 불신과 갈등은 쉽사리 치유되지 못하고 있다. 산적한 문제들은 해결되지 못한 채, 교단은 불안과 두려움으로 더욱 움츠러들었고, 교사는 살아남기 위해 개인주의 아니면 탈출을 시도하고 있으며 학교공동체는 업무와 직종 간 갈등으로 언제 터질지 모르는 화약고를 방불케 한다.

　학교공동체가 처한 붕괴 위기의 징후를 '관계 단절의 위기', '교사 조직의 위기', '업무증가와 직종 간 갈등의 위기'로 나누어 짚어 보았다. 현시점에서 필요한 학교공동체의 구체적인 모습은 첫째, 신뢰를 기반으로 공동체의 갈등과 문제를 해결하는 따뜻한 공동체, 둘째, 교사가 전문가로서 집단적 효능감을 발현할 수 있는 전문적 학습공동체, 셋째, 다양한 구성원의 권리를 존중하되 '학생'을 중심으로 협력하여 공동의 목표를 달성하는 민주적 공동체라고 할 수 있다. 이는 기능상의 구분일 뿐 실제로는 단일한 학교조직에서 구성원 간 상호작용의 내용과 수준이 각기 다르게 발현되는 모습일 것이다. 전국의 모든 학교가 직면한 문제가 다르고 해결 방법이 다르듯이, 학교공동체가 구축되고 성장하는 모습도 고유의 방향과 속도가 있어 일괄적으로 적용될 수 있는 모델이 있는 것은 아니다. 하지만 어떤 형태의 공동체이든지 그 첫 단추는 구성원 간의 관계와 신뢰 형성이고, 학교장의 리더십이 결정적인 역할을 한다는 점에는 이견이 없어 보인다.

우리 사회는 현재 학교가 처한 위기를 극복하기 위해 학교공동체의 구축 혹은 복원을 이구동성으로 주문하고 있다. 하지만 사회가 학교공동체에 기대하는 역할은 매우 총체적인 데 비해 학교는 누적된 문제들로 인해 아직 일어설 힘을 얻지 못하고 있다. 현재 학교가 처한 현실을 고려한다면, 우선 건네야 할 질문은 '학교는 어떻게 변해야 하는가?'가 아니라 '학교는 어디까지 견딜 수 있는가?'일 것이다. 무엇을 더하는 정책보다는 먼저 학교가 떠받칠 수 있는 고정하중을 점검하고, 그다음에 무엇을 적재하고 무엇을 덜어낼지 결정하고 실행하는 노력이 전제되어야 학교가 다시 일어설 수 있을 것이다. 종전과 같이 학교 안의 인간관계에만 초점을 맞추거나 교장의 리더십이나 역량 탓으로만 돌려서는 당면한 위기를 극복할 수 없다. 이제 정부와 정치권이 나서서 학교가 처한 문제의 근원을 되짚어 보고 근본적인 해결책을 모색할 때이다. 학교의 교육적 기능을 강화하는 섬세한 정책과 더불어, 학교를 한계 상황으로 몰아가는 구조적 문제를 해결해야 한다. 이를 위해 교사를 포함한 학생, 학부모 등 교육 주체와 교육학자, 행정가 등 교육계 전체가 참여하는 토론과 숙의를 통해 근본적이고 종합적인 대안을 만들려는 노력이 필요하다.

이 글에서는 교직원을 중심으로 학교문화를 진단했으며, 지면의 한계로 인해 학생, 학부모를 포함하지 못했다. 요즘은 한 교실에서 생활하는 아이들은 배경, 특성, 요구가 감당할 수 없을 만큼 폭넓은 스펙트럼을 보인다. 불안, 우울, 자살 자해 등 정서 위기 학생, 경계성 지능, 특수교육 대상 등 교사의 특별한 관심과 배려가 필요한 학생도 점점 늘어난다. 코로나19 이후 학력 격차는 더 벌어졌고, 관계 능력은 더 떨어졌다. 학교폭력, 온라인 왕따, 디지털 성범죄, 마약에 도

밖까지 아이들이 빠져들기 쉬운 유혹은 끝없이 펼쳐져 있다. 학부모의 불안감과 위기의식도 커져만 간다. 교사가 이들과 평범한 일상을 평화롭게 영위하며, 모두가 배우고 성장할 수 있게 만드는 일은 이전과는 비교할 수 없을 만큼 많은 에너지와 시간이 필요하며, 개인 역량으로 감당할 수준을 넘어선 지 오래되었다. 이런 상황에서 학교의 한정된 시간과 인력으로 무엇인가를 해야 한다면 어떤 일을 우위에 두어야 할 것인가? 라는 질문을 던져 보면 지금 학교공동체의 복원과 교육력 회복이 얼마나 시급한 과제인지 짐작할 수 있을 것이다.

학교는 대한민국의 미래를 길러내는 온실[58]이다. 학교공동체 내부의 모든 관계와 경험은 학생들이 안전하게 자랄 수 있는 적절한 온도, 습도, 햇빛과 같은 역할을 한다. 학교라는 미래의 온실을 안전하게 보호하는 것은 사회 전체의 의무이다. 학교공동체가 무너지면 대한민국의 미래가 무너지기 때문이다. 지금도 대다수 교사는 여전히 학생들 곁을 지키고, 수많은 학교 구성원들이 학생의 배움과 성장을 위해 개인과 집단의 이해관계를 내려놓고 서로 기꺼이 협력하고 헌신하고 있다. 2025년에는 대한민국 모든 학교에서 국민 모두가 희망하는 학교 공동체의 복원이 시작되기를 소망한다.

---

58) 요하임 바우어, 『학교를 칭찬하라』 2장 학교는 끔찍한 장소인가? '미래의 온실'인가에서 차용함.

02

교육공동체 회복의 실마리, 학부모

채 송 화
부평공업고등학교 교사

교사와 학부모의 엇갈린 시선

교사-학부모, '을' 대 '을'의 갈등

과거 교원의 권위가 절대적이고 학생과 학부모의 의견 제시는 거의 불가능했던 시기가 있었다. 체벌, 촌지, 0교시, 강제 야자 등이 존재하던 시절이었다. 그러나 법과 규정으로 학교에서 위의 것들이 사라지고도 꽤 오래 뉴스, 드라마, 영화 등에서 학교와 교사는 부정적인 이미지로 다루어졌다.

2023년 3월 MBC에서 방영된 '나는 어떻게 아동학대 교사가 되었나'[1]라는 제목의 시사 프로그램은 사람들에게 충격을 안겨 주었다. 학부모의 악성민원과 아동학대 신고 사례들이 알려지기 시작했다. 그러다 서이초 교사 사망 사건이 발생하고 대규모 교사 집회가 이어지면서, 현재 학교 현장의 민낯을 수면 위로 끌어올렸다. 이 일은 과거 자신이 알고 있던 학교와 교사에 대한 인식을 바꾸는 계기가 되었다.

그러나 학교는 달라지지 않았다. 학부모는 학교가 제공하는 제한된 정보로는 학교교육에 대해 제대로 알기가 어려우며, 자녀를 맡겨둔 입장에서 늘 '을'이 될 수밖에 없다고 호소한다. 교사는 교사대로 수업량과 행정업무로 이미 포화 상태인데 돌봄과 보육의 영역까지 요구받고 있으며, 언제 아동학대 신고를 받을지 몰라 정당한 교육활동마저 위축되고 있다고 한다.

'갑질'이란 자신이 가진 지위를 가지고 '을'에게 벌이는 부당한 행위를 말한다 (최태섭, 2018). 협력적이고 수평적인 관계가 아니라 수직적이고 불공평한 관계를

---

1) 〈나는 어떻게 아동학대 교사가 되었나〉, MBC PD수첩, 2023.3.7.

전제한다. 그런 점에서 학부모와 교사의 갈등은 결국 '을들의 싸움'으로 끝날 수밖에 없다. 그러나 학교의 진짜 문제들은 '을과 을의 연대'로만 바꿀 수 있다.

학부모의 학교참여에 대한 부담

교사와 학부모는 모두 학부모의 학교참여에 부담을 느낀다. 이러한 부담은 학부모의 학교교육 참여의 목적이나 학부모의 역할을 바라보는 시선의 차이에서 발생한다. 학부모는 학교참여를 통해 자녀교육이 향상되기를 바라고, 교사는 학부모가 학교참여를 통해 학교교육을 지원해주기를 바란다. 3월이면 학교는 '누구도 원하지 않는' 학부모회 임원단을 규정에 따라 구성해야 한다(김명희, 2023). 담임교사는 참석한 학부모에게 학년의 교육과정 및 학급운영방식 등을 안내하고 질의응답을 받은 후, 학급 대표와 도서도우미, 급식도우미 등 학부모회 참여를 부탁한다. 학년이 올라갈수록 학부모들은 무언가 부탁받고 거절해야 하는 학부모총회에 부담을 느끼고 불참이 많아진다.

'학부모회 운영 및 인식'에 대한 설문조사[2] 결과에 따르면 대다수 학교 구성원들이 학교 학부모회가 '학부모 의견수렴 소통 창구의 일원화(학부모 34.87%, 교사 20.23%, 교장·교감 22.33%)', '학부모 참여로 학교교육 활성화(학부모 21.57%, 교사 23.88%, 교장·교감 28.23%)'에 기여한다고 인식하고 있었다. 그럼에도 학교 학부모회 운영의 어려운 점에 대해 학부모는 '학부모회 활동에 학부모의 참여 저조(21.67%)', '학부모 간 소통의 어려움(13.74%)'을, 교원은 '학부모회 임원선출 과정(교사 24.44%, 교장·교감 29.28%)'을 답했다. 학부모들의 학부모회에 대한 관심과 참여가 낮다 보니 학부모회에 참여하는 임원들은 다른 학부모들이 참여하지 않아 어려움이 많다고 하고, 대다수 학부모는 학부모회가 무엇을 하는지 모르거나 다수 학부모의 의견

---

2) 「학부모회 운영 및 인식 설문조사 결과」, 경기도교육청 행정역량정책과, 2024.8.7

이 반영되고 있는지 알기 어렵다고 한다.

일부 학부모회나 학교운영위원회의 의견이 때로 혹은 자주 교육과정에 대한 간섭이나 무리한 요구로 변질되어 돌아오는 경험 때문에, 교사들은 학부모의 학교참여를 장려하는 맥락을 이해하면서도 적극 동조하기 어렵다[3]고 말하기도 하는데, 인헌고 김현 교장의 말을 빌리자면 '학부모의 참여가 위축될수록 소수의 의견이 과잉 대표 되는 문제가 생겨'날 확률이 높다.[4] 학부모회 구성에 대한 학부모들의 낮은 참여도는 소수 학부모 위주로 학부모회가 운영될 수밖에 없도록 함으로써 학부모회의 대표성 부족과 폐쇄적 운영 등의 구조적인 문제를 일으킨다. 단순히 학부모회가 전체 학부모를 대표하지 못한다는 표면적인 문제가 아니라, 소수 학부모 임원 위주의 폐쇄적인 운영으로 인하여 다수의 일반 학부모의 학교참여가 저해되고, 이는 다시 학부모의 낮은 학교참여율로 이어지는 악순환을 계속한다는 사실이다(김명희, 2023).

현재 학부모의 학교교육 참여는 학부모회, 학교운영위원회 등이 법으로 보장되어 과거와 비교해 대폭 확대되었다. 그러나 학부모의 학교교육 참여가 질적으로 확대되고 있다고 보기는 어렵다. 학부모와 교사 모두 학교 운영과 관련한 의사결정에 학부모 참여의 중요성을 인식하고 있었음에도 실제 학부모들이 의사결정과정에 참여할 기회는 평가나 설문조사 참여 수준으로 제한적이었고, 일부 학부모들은 학교 의사결정과정 참여의 중요성에 대해서도 크게 체감하지 못하고 있었다(김명희 2023). 학부모로서는 학교교육에 참여하고 싶어도 자원봉사나 행사 등에만 학부모를 동원한다는 부담과 함께, 학부모회는 특정한 사람 혹은 소수의 임원만 참여하는 것이라는 오해가 쌓였다.

---

3) 실제는 응원, 체감은 민원, 학부모 관계 왜 다를까?. 교육언론 창. 2024.7.15
4) 서울 인헌고 교장 "학부모 민원? 약점 보완할 기회". 교육언론 창. 2024.3.7

학부모 소통에 대한 입장 차이

학생의 학교생활 적응·학습·성장을 위해 교사와 학부모의 협력은 필수적이다. 학부모와의 소통은 교사가 학부모와 정보를 공유하고 래포를 형성하는 가장 중요한 수단이 되어왔다. 서울특별시교육청교육연구정보원의 학부모-교사 관계 인식 조사 발표(안영은, 2023)에 따르면, '학부모의 정당한 의견을 제시하는 것이 바람직하다'에 동의 정도는 학부모 4.14점, 교사 3.64점으로 학부모와 교사 모두 학부모의 정당한 의견 제시에는 동의했다.

그러나 민원에 대한 인식에는 차이가 크게 나타나 '정당한 민원'에 대한 기준 마련이 필요함을 알 수 있다. 교사는 학부모 민원 대응 경험(2023년 한해 기준)에 대해 '1~2건(31.4%)'이라는 응답이 가장 많았다. 학교급별로 '1건 이상 민원을 받았다'라는 교사의 비율은 초등학교(89.6%), 중학교(76.3%), 고등학교(67.1%) 순이었다. 하지만 학부모 88.8%는 '한 건의 민원을 제기한 적이 없다'라고 답했으며, 53.7%는 '학교에 민원을 제기하고 싶었던 적도 없다'라고 답했다. 교사에게 학부모의 민원이 '정당한 의견'이었는지에 대한 질문에 교사 67.6%는 부정적으로 응답했고, 학교급별로 부정적인 응답은 초등학교(74.5%), 고등학교(61.0%), 중학교(59.0%) 순으로 많았다.[5] '상호존중'과 '이해'가 없는 의견 제시는 자칫 교사와 학부모의 관계를 악화시킬 수 있다. 자녀를 위한 학부모의 의견 제시가 교사에게는 악성 민원으로 받아들여지기도 한다.

구체적인 운영방식에서 학부모는 '학교 내 민원전담기구(32.0%)'를, 교사는 '교육지원청 내 민원전담기구(36.9%)'를 설치해야 한다는 입장의 차이가 존재했지만, 학부모와 교사 모두 '학교의 민원 시스템'을 바꾸어야 한다는 의견이 많았다. 학교에서는 학부모의 민원이 학부모 개인과 교사 개인의 방식으로 처리되다 보니 학부모와 교사 모두에게 부담이 되고 있다.

---

5) 교사-학부모 인식차 존재…하지만 '교권보호'엔 학부모도 동의. 교육언론 창. 2023.12.15.

여전히 대다수 교사는 학부모의 민원을 전화, 메시지 등을 통해 직접 받고 있다. 때로 격앙된 학부모와의 통화는 서로의 갈등을 심화시키기도 한다. 전화, 카톡, 문자메시지, 앱 등을 통해 소통이 즉각적이고 빈번한 방식으로 이루어질 경우 정제되지 않은 상태로 개인의 의사가 전달되는 과정에서 오해와 왜곡된 해석이 갈등으로 이어질 수 있다. 현재 학부모 악성 민원에 대한 명확한 기준과 관련 대응책이 부재하고 미흡하다. 학부모의 민원 처리 및 대응을 위한 공적 시스템 역시 부재하다. 학부모를 위한 공론의 장이 부족하고, 학부모의 교육 불안을 공적으로 해소할 수 있는 장이 매우 제한적이라는 것도 문제이다(김명희, 2023). 인터넷에 학부모 악성민원 관련 기사의 댓글을 보면 시민 대부분이나 학부모들은 그 내용을 보고 매우 놀랐다는 반응이 대다수이다. 학부모 또한 악성민원이 될까 봐 조심하느라 진짜 상담해야 할 내용조차 묻기 어렵다고 하소연한다. 민원 적합 여부에 대한 판단 기준부터 토론과 소통을 통해 사회적 합의를 만들어야 한다.

왜 갈등하는가:
교육공동체 회복의 걸림돌

교육정책의 잦은 변화 및 교육 시장화

정권이 바뀔 때마다 교육개혁안이 나왔고 입시제도가 바뀌었다. 1995년 발표된 5·31 교육개혁안은 다양성과 자율성을 중시하겠다는 취지로 기획되어, 학교와 교사 등 교육 '공급자' 중심에서 학부모와 학생 등 '소비자'의 선택 주권을 존중하겠다며 고등학교 유형을 다양화하고 사립대학에 학생 선발 자율권을 부여했다.[6] 학부모를 교육 소비자로 보고, 학교와 교사의 경쟁을 유도하는 고교 다양화, 특목고 확대 등의 정책이 시행되었다. 획일적인 선발에서 탈피하여 고입과 대입 선발전형을 다양화한 결과 수험생들의 선택폭은 넓어졌으나, 수험생, 학부모, 교사들의 진학지도는 더욱 어려워졌다. 고교 유형과 지역에 따른 격차가 심화되고 '공정'이 사회적 화두가 되기도 했다. 그럴수록 사교육비는 꾸준히 상승 곡선을 그리고 있다.

서울대학교 대학생활문화원이 매년 조사하여 공표하고 있는 각 연도의 '신입생 특성 조사'에서도 나타나고 있는 것처럼 서울대학교 입학자 중 특수목적고나 자율고 출신이 점점 많아지고 있다.[7] 교사는 교육전문가가 아니라 교육 서비스를 생산하는 노동자이고, 학부모는 교육의 공동책임자가 아닌 교육을 구입하는 구매자, 수요자가 된다. 교사의 전문성과 교육의 공공성을 말할 여지가 사라진다.[8] 학부모와 학생의 소비자 주권을 존중한 정책이 강화될수록, 교육의 공공성에 대한 확보는 점점 어려워진다. 교육의 공공성 확보를 위해서는 학부모를 교육 수요자가 아닌 교육주체의 자리에 세우고 교육정책의 목표와 방향에 대해 함께 고민할 필요가 있다.

코로나19 비대면의 시간
- 학교의 역할 재인식 vs 학교 불신 강화

코로나19 팬데믹 상황은 가정과 학교 모두의 위기였다. 가정은 자녀의 양육 외에도 학습과 생활습관에 대한 지도·관리 역할에 어려움을 겪었고, 학교는 학생 건강과 방역, 학교 수업 정상화를 위해 고군분투했다. 코로나19로 모든 학교

---

6) 'YS 교육시장화' 뒤 학벌사회 더 단단해졌다. 한겨레. 2010.11.15.

7) 교육은 상품일까?. M이코노미 뉴스. 2015.4.26.

8) 『학교라는 괴물 다시, 무엇을 가르칠 것인가』. 권재원. 북멘토. 2014

가 온라인으로 개학을 했을 때 '학부모의 자녀 원격수업 경험'은 학교의 역할과 학부모의 역할에 대해 재인식하는 계기가 되었다. 학교가 자녀의 전인적 성장에 중요한 교육의 장이었음을 깨닫거나, 초등학교 학령기 자녀의 사회성 발달을 위해 학교의 공동체 교육에 대한 필요성을 재발견했다. 자녀의 학교생활 및 학업 성취에 대한 학부모 역할에 대해서도 반성적 숙고의 시간을 가졌다고 밝혔다(남미주, 2023). 학교가 학습 외에도 인성 및 사회성 등 정서적 발달과 생활습관 형성, 돌봄의 기능 등 복합적이고 중요한 역할을 하고 있었다는 것이다.

그러나 학교 폐쇄나 등교 수업 연기로 학생들의 학력은 물론 건강에서도 가정 배경에 따른 양극화가 심화되었고, 학부모와 교사 사이에 상대방의 역할에 대한 신뢰가 낮아지는 상황 역시 발생하였다. 코로나19 확산 시기, 교육부가 발표하는 학교 운영과 관련한 지침이 학교보다 언론보도를 통해 먼저 알려졌다. 학교는 잦은 학사일정 변경으로 인한 교육과정 운영에 대한 어려움, 처음 시도해보는 원격수업 준비와 등교수업·원격수업의 병행 등으로 어려움을 겪었는데 학교마다 그 대응 방식 및 속도에 차이가 날 수밖에 없었다. 이는 자녀의 원격수업 지원 및 관리, 학습격차 및 진학에 대한 불안을 느끼던 학부모의 불신을 더욱 높이는 요인이 되었다. 또한 코로나19의 장기화로 학습결손과 학력 격차의 불안이 높아지면서, 학부모의 사교육 의존도 역시 높아졌다. '코로나19 장기화로 학생 개인에게는 생활습관 붕괴, 정서적 고립, 학력 저하, 진로 준비 지연이 일어났고, 상호작용 면에서 부모 스트레스 증가, 또래 간 학습촉진 기회 부족, 온라인 지원 환경(기기 등), 교사와 접촉 부족 등의 문제가 드러났다.'[9] 그리고 이러한 후유증은 코로나19 팬데믹이 종료된 현재까지도 해결되지 않고 교사와 학부모의 과제로 남아있다.

---

9) 「코로나19 확산 시기, 불리한 학생들의 경험에 대한 질적 연구」, 김경애 외. 한국교육개발원 연구보고RR2020-23. 2020

학부모와 교사의 세대 교체
- 80년대생 학부모의 등장

학부모 세대교체가 일어났다. 현재 초등학교 자녀의 주요 학부모 세대는 1980~1990년대 출생한 30·40대이다. 연구 결과에 따르면 80년대생 학부모들은 학교에 거는 기대나 자녀교육에 대한 인식, 일반적 소통 방식이 기성세대의 학부모들과는 다른 것으로 나타났다. 이들은 한국의 밀레니얼 세대로서 개인과 조직을 '거래적 계약' 관계로 보는 특징이 있어 즉각적이고 구체적인 보상을 요구하는 경향이 있고, 디지털 문화에 익숙하고 다양한 커뮤니케이션 수단을 사용하며, 동시에 두 개 이상의 미디어를 사용하는 등 멀티태스킹에 능하다. 또한 타인과 공유하고 이야기하기를 좋아하여 끊임없이 소통하기를 원하는 특성을 보인다. 개인주의 성향이 강하나 조직참여와 협력의 욕구도 높은 편이다. 연구에 나타난 주요 특징 중 눈에 띄는 점은 기성세대에 비해 아버지의 자녀교육 참여가 높아졌지만, 여전히 어머니의 참여가 압도적이라는 점과 80년대생 엄마들이 대체로 고학력이며, 부모의 절대적인 지원을 받으며 성장한 세대라는 점이다(김기수, 2020). 80년대생 엄마들은 부모의 지원을 받으며 성장한 만큼 자녀에 대한 지원을 아끼지 않는 면모를 보이는데, 자녀 보육과 교육에 대한 요구도 매우 높은 편이다. 이러한 요구를 반영하여, 교육부의 주요 업무과제와 대선 공약, 총선 공약 등에는 '교육과 보육의 국가책임'이라는 말이 빠지지 않고 쓰여 왔다. 학부모는 교육 당국이 약속해왔던 국가책임 돌봄과 교육을 학교와 교사에게 요구하기 시작했다.

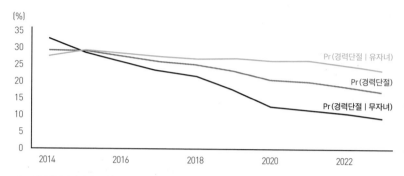

▨ 30대 여성의 평균적인 경력단절 확률과 자녀 유무에 따른 조건부 경력단절 확률[10]

주: 조건부 확률의 계산 방법과 자료의 특성으로 인해, 실제 유자녀 여성의 조건부 경력단절 확률은 추정치보다 높고, 실제 무자녀 여성의 조건부 경력단절 확률은 추정지보다 낮을 가능성이 큼.

출처: 통계청. 지역별 고용조사, 각년도 장래가구추계, 각년도

통계청 「지역별 고용조사」와 「장래가구추계」 자료, 그리고 베이즈 정리 Bayes' theorem를 통해 계산한 30대 여성의 평균적인 경력단절 확률과 자녀 유무에 따른 조건부 경력단절 확률을 살펴보면, 평균적인 여성의 경력단절 확률은 2014년 이후 지속적으로 감소하였지만, 자녀가 있는 여성의 경력단절 확률은 2014년 이후 2023년까지 4%가량 감소하는 데 그치고 있음을 알 수 있다(조덕상, 2024). 문제는 여성들이 일과 육아를 병행하기 어려운 사회 환경 자체이다. 부모가 일과 육아를 병행할 수 있도록 이들의 시간 제약을 완화할 수 있는 재택·단축 근무 등 적극적인 육아 지원정책이 함께 제공되어야 한다.

학부모들의 돌봄 공백에 대한 걱정은 방학이 다가오면 더욱 커진다. "저출산 시대라고 난리인데 이런 돌봄이라도 신경 써야 하는 것 아닌가", "여름방학에 이른 아침부터 수영·태권도·피아노·미술·영어학원을 코스로 짜서 보내고 있다", "월 100만 원이 넘게 사교육비가 들지만, 주변에 맡길 곳이 없어 어쩔 수 없는 선

10) 「여성의 경력단절 우려와 출산율 감소」, 조덕상 외. KDI FOCUS(통권 제132호), 2024

택"이라고 설명한다. 온라인 커뮤니티에서는 방학 중 돌봄교실 도시락에 대한 문의가 이어지기도 한다.[11] 육아와 자녀교육, 돌봄에 대한 학부모들의 부담과 고충이 커질수록 학교와 교사에 대한 불만으로 이어질 가능성이 크다. 자녀가 초등학교에 입학한 이후에도 교육기관으로서의 기능이 아닌, 어린이집과 같은 돌봄서비스를 더 크게 요구하는 것도 결국 우리 사회가 학부모들에게 충분히 자녀를 돌볼 수 있는 환경을 제공하지 못한 탓이 크다.

학부모와 교사의 세대교체
- MZ 세대 교사와 교직 이탈률

학교에도 'MZ세대' 교사가 등장했다. 이들은 학교 공동체에 대한 관심보다는 개인에 대한 관심이 높고, 사명감·존경심보다는 일과 삶의 균형을 추구하는 경향이 있다. 교직 안팎에서 전문성을 계발하고 성장하기를 추구하며, 직업인인 교사로서 자신이 공정한 대우를 받고 있는가를 매우 중요하게 여기고 자신에게 주어진 권리를 최대한 누리는 방식의 심리를 보인다(구하라, 2022). 그러나 최근 MZ 교사들은 교육전문가로서도 직장인으로서도 정당한 대우를 받지 못하고 있다고 느낀다. 그로 인해 MZ 교사의 교직이탈률이 점점 높아지고 있다.

국회 교육위원회 정성국 의원이 교육부에서 받은 자료를 보면, 지난 학년(2023년 3월~2024년 2월)에 퇴직한 10년 차 미만 초·중·고 교사는 576명에 달했다. 2023학년도 교사 신규 채용 규모(약 8,500명)의 6.8% 수준이다. 학교를 떠나는 젊은 교사 숫자는 2020년 448명에서 2022년 531명으로 꾸준히 늘고 있다. 이처럼 젊은 교사들의 이탈이 이어지면서, 지난해 전체 초등교사 가운데 20~30대 비율은 43%로, 10년 전보다 10%p 넘게 낮아진 것으로 조사됐다. 열악한 처우와 교권 추락에 대한 무력감이 번지면서 최근 5년 새 교육대학의 중도 탈락 학생의 비율은

---

11) "방학이 두려워"…돌봄 공백에 사교육 향하는 학부모들. 이데일리. 2023.07.19.

3배 넘게 늘었다.

교사노동조합연맹이 2023년 실시한 '제42회 스승의 날 기념 교육현상 인식 조사' 요약 보고서(11,377명 응답)에 따르면 '교사들이 생각하는 바람직한 교사상'을 묻는 질문에 86%의 교사가 '교육전문성을 가지고 자율성을 발휘하며 학생을 교육하는 교육전문가'를 꼽았다. 그다음으로는 12%의 교사가 '급여를 받고 주어진 업무를 충실히 수행하는 직장인'을 꼽았다. 그러나 교육 당국이 교사를 교육전문가로 보고 있다는 대답은 0.8%에 그쳤으며, '학생을 위해 희생을 감수하고 봉사하는 성직자'로 보고 있다는 자조 섞인 응답이 74%에 이른다.

학교의 기능이 다양하고 복잡해질수록 교사들의 업무와 부담 역시 늘어나면서, 교사가 각자의 교실에 고립되는 것도 문제다. 교사들은 자신의 학급 문제는 자신이 책임지고 해결해야 한다는 부담을 느낀다. 고립된 교실에서 문제를 해결하지 못한 교사는 능력이 부족하다고 여겨지거나 문제의 원인이 자기 자신에게 있다고 자책하기 쉽다(이규빈 외, 2023). 학교 내 고립은 교사의 소진을 더욱 가중시킨다.

교육공동체 회복의 실마리

학부모와 교사, 학생성장을 위한 '교육동반자'

교사와 학부모의 관계는 학생의 학교생활 적응과 학습 등에 많은 영향을 끼친다는 점을 경험해 왔다. 교사와 학부모가 신뢰를 바탕으로 소통하고 학생성장이라는 공동의 목표를 위해 협력할 때, 학생에게서 긍정적인 변화를 끌어낼 수 있다. 학부모 대부분은 교사를 신뢰하고, 보이지 않는 곳에서 교사를 지지하고 협력해왔다. 교사가 안내하는 과제와 준비물을 챙겨주고, 학교의 봉사활동에 참여하고, 자녀가 학교와 교사에 대해 긍정적인 마음을 갖도록 다독거렸다. 지금도 기대감을 가지고 교사를 응원한다.[12] 소수 불만이나 민원의 목소리가 더 크게 들리는 것은 어쩔 수 없지만, 평범한 다수 학부모들의 연대와 지지에도 귀 기울여야 한다. 학부모를 교육의 동반자이자 협력자로 보기보다는 민원인으로만 취급하여 대다수 학부모와의 필요한 소통까지 막고 있지는 않은지도 점검해볼 필요가 있다.

교사 권리의 회복과 권위의 변화가 이루어져야 한다는 의견도 있다. 이를 바탕으로 우리 시대에 맞는 권한의 범위와 영향력을 제도화하자는 것이다. 전종옥 양서중 교장은 교육 칼럼 '어느 교사의 교권 연대기'라는 글 속에서 다음과 같이 말했다.

"먼저, 헌법에서 보장하고 있는 교사 노동자의 권리에 대한 협소한 해석부터 바로잡아야 한다. (중략) 다음으로, 새로운 권위가 필요하다. 교사는 더 이상 더 많이 알고, 더 잘하는 사람일 수 없다. 그리고 내가 해마다 교실에서 만나는 이들이 하나같이 나보다 더 모르고, 못하는 아이들로만 채워진다는 것 역시 가능하지도 않고, 교사 자신을 위해서도 몹시 불행한 일이다. 지식 폭발의 시대인 현재에 자신이 지닌 지식의 양과 질로 교사의 권위가 설 수는 없는 노릇이다. OECD 2030 학습나침반에 따르면, 지금은 배움을 통해 성공 success 이 아니라, 좋은 삶 Well-being 을 추구하는 시대다. 학생들은 교사만이 아니라 동료학습자, 지역사회의 지원과 협력 아래 각자의 학습나침반을 들고 행위주체성 student agency 을 길러나갈 것이다. 이제 교사는 'teacher'보다는 'coach' 또는 'guide', 'planner'의 역할을 잘 해내는 게 중요하다. 교사의 권위에도 변화가 있어야 하고, 그렇지 않으면 억지와 무리를 범할 수밖에 없다."

---

12) 실제는 응원, 체감은 민원, 학부모 관계 왜 다를까?. 교육언론 창. 2024.7.15.

학부모가 교사를 신뢰하는 이유로 '자녀와의 대화에서 느껴지는 교사에 대한 만족도'(37.9%)와 '자녀에 대해 관심을 가지는 교사의 모습'(32.3%)을 꼽았다. 교사가 학부모를 신뢰하는 이유로 '자녀에 대한 관심과 사랑'(38.5%)과 '교사의 의견을 존중하는 태도'(24.2%)라고 응답했다. 학부모와 교사의 신뢰 관계 강화 방안에 대해 학부모는 '학부모-교사 간 상호존중을 위한 문화 조성'(22.7%), '학부모와의 의사소통 창구 마련'(19.8%), '교권 강화 및 보호를 위한 사회적 분위기 조성'(17.1%) 순으로 꼽았다. 교사는 '교권 강화 및 보호를 위한 사회적 분위기 조성'(28.5%), '교권 강화 및 보호를 위한 법률 규정 마련'(26.6%), '학부모-교사 간 상호존중을 위한 문화 조성'(25.3%) 순으로 응답했다(김도영, 2023). 학부모와 교사의 신뢰를 위해서는 먼저 학생과 교사의 신뢰를 높이는 것이 중요하다. 학생과 교사의 신뢰를 바탕으로 교육공동체 회복의 실마리를 풀어나갈 수 있기를 기대한다.

교육공동체 내 수평적·민주적 소통의 경험

혁신학교 학부모가 다른 학부모에 비해 교사에 대한 신뢰가 높았다.[13] 혁신학교를 운영하는 과정에서 증가된 학부모와 교사 간 사회적 경험과 소통의 기회가 교사에 대한 신뢰를 높인다는 결과와 맥을 같이 한다. 연구의 결과는 민주적 의사결정에 따라 학교공동체 구성원들의 적극적인 참여를 유도하는 학교운영 방식이 구성원 간 신뢰 형성을 높일 가능성을 보여준다는 점에서 의의가 있다.

경기도 A 중학교 학부모회 사례[14]를 살펴보면, 학부모회 구성원들이 협의를 통해 '공의를 위해 일해야 한다'로 활동 목표를 정하고 수평적이고 민주적인 조직문화를 만들기 위해 노력하는 과정에서 학부모회가 시민 교육을 실현하는 교육실천공동체로 성장했음을 확인할 수 있다.

---

13) 「학교급과 혁신학교 여부에 따른 학부모의 교사 신뢰 차이」, 박화춘 등. 열린교육연구VOL.27. 2019
14) 「학부모회 교육실천공동체의 성장 과정과 학습의 의미 연구」, 옥정선. 서강대교육대학원. 2020

학부모의 학교교육 참여가 '내 아이를 위한 민원'의 해결 수단이 아닌 '우리 아이들을 위한 교육적 참여'가 될 수 있도록, 학부모와 교사 모두 학교문화와 학부모 문화를 만들기에 함께 해야 한다. 교육부와 교육청의 학부모회 지원 사업 역시 예산과 사업을 하달하는 방식이 아닌, 학부모회가 자발적이고 자율적으로 운영될 수 있도록 해야 한다.

서울 인헌고 김현 교장은 웬만한 민원은 학부모가 자체적으로 해결할 수 있는 학부모밴드 운영, 단체 카톡(교장, 교감, 담당부장과 교사, 학부모 임원 5인이 모두 있는 소통방), 간담회, 온라인 협의 등 다양한 소통 과정을 소개하며, "학부모가 많이 참여할수록 집단지성이 발휘되어 학교 운영에 큰 도움이 됩니다."라고 말한다. 김 교장은 수행평가와 관련된 민원에 대해서도 "학생과 학부모는 평가자인 교사에게 물을 권리가 있고, 교사는 설명하고 이해를 구할 의무가 있습니다. 만약 당사자 간 소통이 어려우면 위원회를 통해 교사들이 함께 협의하여 결정합니다."[15]라고 전하며, 학생, 학부모의 권리를 보장하고 갈등이 해소될 때까지 협의하는 과정의 중요성을 설명한다. 교육공동체 내에서 수평적이고 민주적인 소통의 경험이 쌓일수록 교육주체 간의 신뢰는 더욱 단단해질 수 있다. 학교 내 민주적 의사결정 및 서로의 신뢰를 형성하는 경험이 가능한 학교문화와 시스템의 안착이 필요하다.

독일정치문화연구소장 이진 박사는 "생산적인 논쟁의 경험이 쌓이면 궁극적으로 합의의 문화가 만들어진다."[16]라고 말한다. 교육공동체 간의 차이를 인정하고 갈등을 생산적 논쟁으로 해결하려는 소통의 과정들이 건강한 학교문화 형성에 이바지할 것이다.

---

15) 서울 인헌고 교장 "학부모 민원? 약점 보완할 기회". 교육언론창. 24.3.7
16) 『힙 베를린, 갈등의 역설』. 이광빈·이진. 이은북. 2021

관리자의 역할과 시스템의 보호

교사들은 학부모와의 신뢰 회복을 위해서 관리자의 역할도 매우 중요하다고 말한다. 악성민원 등 문제가 생기면 학교 운영을 책임진 교장과 교감은 조용히 넘어가는 게 좋지 않겠냐며 무조건 학부모에게 사과부터 하라고 하거나 뒤로 나앉으며 나 몰라라 한다는 게 일선 교사들의 호소다.[17] 그에 비해 관리자가 학부모와 교사의 이야기를 듣고 문제 해결을 위해 함께 노력하겠다는 의지를 표명하는 것만으로도 교사들이 민원의 공포에서 벗어나는 데에 도움이 된다.

전직 교감 조성범 군포공익상담소장은 민원 공포에 시달리는 교사들에게 "규정과 지침을 너무 보수적으로 해석하지 말라, 만약 민원이 생겨도 선생님께 책임을 묻지 않고 교감과 교장이 모든 책임을 지겠다, 선생님 개인이 민원을 받으면 혼자 고민하지 말고 교감에게 알려 함께 해결하자, 간단한 문의 전화는 직접 응대하되 답변이 곤란한 내용은 교감에게 전화를 돌려달라"라고 전달하고, 학부모의 민원도, 지역 주민의 민원도 창구를 교감으로 일원화했다. "억지 주장을 하는 경우나 자세한 안내를 했음에도 수용하지 않는 경우는 내교를 정중히 요청했다. 내교를 허락하면 일정을 잡아 면담을 했고, 자세한 설명을 듣고 나면 대부분 수긍하고 돌아갔다. 억지 주장을 하는 경우는 단호한 입장을 취했다. 학교가 그동안 어떤 노력을 기울였는지도 자세하게 알려주었다"라며, "학부모의 건강한 참여가 학부모 민원을 줄일 수 있다는 확신을 갖고, 학부모회와 대화모임을 정례화하고 학부모 건의 내용은 교직원회의를 통해 수용 여부를 결정한 후 반드시 피드백을 해 주었다. 수용이 불가한 내용은 그 이유와 근거를 자세하게 설명했다. 왜곡된 정보가 유통되는 경우에는 소문의 근원을 밝혀 오해를 풀어주는 노력도 병행했다"[18]라고 말했다.

그러나 교감, 교장 역시 학부모의 악성민원과 고소·고발에서 자유롭지는 못

---

17) 내 새끼만을 위한, 내 새끼만의 교사를 바라는 교육현장의 악성민원들. 시빅뉴스. 2023.8.13.
18) [남태령에서] 민원포비아, 이렇게 이겨냈다. 교육언론 창. 2023.8.11.

하다. 때로 관리자는 아무리 학부모라도 규정과 규칙에 어긋나는 과도한 주장에 대해서는 단호한 태도를 취할 수 있어야 하는데, 이러한 관리자의 역할과 책임 역시 관리자 개인 역량에 기댈 것이 아니라, 사회의 동의를 받아 학교의 위기 상황별 체계적인 시스템으로 보호되고 지켜져야 한다.

지지하고 연대하는 학부모의 목소리

학교와 교사에 대한 불만이나 교권 침해에 가까운 글을 대하는 맘카페의 문화에도 변화가 나타나고 있다. 최근에는 "요즘 교사들 너무 불친절하다"라는 글을 올렸다가 역풍을 맞은 학부모에 대한 기사가 나기도 했다.[19] 직장인 익명 온라인 커뮤니티인 블라인드에 올라온 사연이었는데, 글을 본 다른 이들이 "근무 시간이 아닌데 왜 다시 가야 하나", "선생님은 아이를 가르치는 게 의무"라는 댓글이 달린 것이다. 그동안 침묵하던 다수의 평범한 학부모들이 목소리를 내고 있다. '무조건 편들기'에서 벗어나 교육공동체를 응원하고 '현실 조언'을 건네는 목소리가 커지고 있다.

교사와 학교에 대한 오해로 잘못된 정보가 퍼지려고 하자, 여러 맘카페 회원들이 선배 학부모의 입장으로 "아무 문제가 없다"라거나 "불안감을 더 키우지 말라"며 댓글을 달고, 글쓴이에게 "무엇보다 담임교사에게 여쭤보는 게 가장 정확하다", "아이가 고칠 부분이 있으면 협력하겠다는 태도로 상담에 임하라"라는 조언을 달기도 했다. 학부모 단톡방과 맘카페에는 "익명을 기반으로 한 댓글은 걸러서 들으세요"라는 선배 학부모들의 조언도 이어졌다.

서이초 사건 이후 '진상 엄마'가 아니었는지 반성하자는 글이 많은 맘카페에 올라왔다. 학부모 스스로 '내 아이를 위한 학교'가 아닌 '우리 아이를 위한 학교'

---

19) "요즘 교사들 너무 불친절" 글 올렸다가 '역풍' 맞은 공무원 학부모. 머니투데이. 2024.7.23.

가 되어야 한다고 말하기 시작했다. 학부모 스스로 공교육의 목적을 재정립하려는 노력도 이어졌다.

9월 4일 공교육 정상화의 날을 지지한다는 학부모의 글도 수많은 맘카페에 올라왔다. 학부모들은 '체험학습 신청'으로 교사 집회에 연대하기도 했다.[20] 이른바 공교육 정상화의 날과 관련해 학부모·학생들이 시작한 지지 선언이 하루 만에 1만5천여 명을 넘어섰다. 교육부의 강경 대응 방침에 대한 학부모회 차원의 행동도 잇따른다. 세종 해밀초 학부모회장이 재량휴업 관련 입장문을 공개해 관심을 모았고, 부산에서는 구포초와 가람중 학부모회가 대열에 동참했다. 이들 학부모는 "학교를 바로 세우고자 하는 선생님들의 결단을 지지 응원한다"라고 입을 모았다.[21] 평범한 학부모들이 학교와 교사에 대한 지지와 연대의 목소리를 내기 시작한 것이다.

많은 교사들이 지역 맘카페에 올라온 응원 글을 보며 교육공동체 회복의 실마리를 찾았다고 말한다. 그동안 교직에서 만난 따뜻하고 훌륭한 학부모와의 만남도 떠올렸다. 그리고 소수 폭력적인 학생이나 과도한 민원을 넣는 학부모로 인해 반 전체가 피해를 보거나 자신의 자녀가 학교에서 어려움을 겪고 있는 지금 현재의 공교육 교실을 긍정적으로 회복시키고 싶어하는 학부모들이 많다는 것에 힘을 얻었다. 교사와 학부모가 한 팀이 될 수 있다는 신뢰의 경험이 쌓였다.

---

20) '공교육 멈춤의 날' 학부모들 체험학습 신청 인증 릴레이. 경향신문. 2023.9.3.
21) "공교육 멈춤의 날 지지합니다" 하루 만에 학부모·학생 1만5천 명 참여. 오마이뉴스. 2023.9.1.

학부모는 교육 소비자에서
교육 주체로 성장할 수 있는가?

학부모 참여, '제도'를 넘어 '문화'로

정신의학전문의 김현수 박사는 일본의 사례를 통해 "학부모들이 자녀 양육법에 대해 각성할 필요가 있는 사회적 여론이 조성되면서 교사와 학부모 사이에 정기적 만남이 이루어졌고, 그와 더불어 건강한 학부모 그룹을 조성하려는 활동이 늘어났다. 무엇보다 학부모들 사이에 '내 자녀 이기주의'로는 자신의 자녀에게도 학교의 다른 아이들에게도 도움이 되는 교육환경이 조성되지 않는다는 인식이 퍼졌다. 특권 문화를 만드는 일부 괴물 부모 혹은 학부모 집단에 대처하는 건강한 학부모의 대응력을 강화하는 방향에 대해서도 많은 논의가 있었다"[22]라며 우리 사회에도 "새로운 학부모 운동의 출현을 기대한다"라고 전한다.

대부분의 학교에서 학부모회나 학교운영위원회는 간접민주주의제이다. 규모가 클수록 직접민주주의가 어려울 수밖에 없다. 그러나 코로나19를 지나며 온라인을 활용한 회의가 가능한 환경이 되었다. 교육적 지향과 실천 내용에 동의하고 함께 논의하고 숙의하는 학부모 문화의 정착이 필요하다.

여러 해 학부모회장을 역임하며 활동해온 한 학부모지원 활동가는 혁신학교인 남한산초 사례를 통해 다음과 같이 말한다. "그들은 직접 민주주의를 학교에서 실천하고 있었다. 하나의 안건이 각 주체별 회의로 논의되고, 아래에서 위로 전달되어 결정되고, 다시 단위별로 실행되고 실천하는 체계이다. 무엇보다 하나의 교육 목표를 정하기 위해 모든 구성원이 끊임없이 토론과 교육을 반복하고

---

22) 『괴물부모의 탄생(공동체를 해치는 독이 든 사랑)』 김현수. 우리학교. 2023

정해진 목표를 향해 다 같이 실천하고 되돌아보는 숙의제를 당연시하고 있었다. 과거의 교육운동이 저항에 주목했다면 지금의 교육운동은 새로운 가능성을 함께 만들어가는 데 힘을 기울이고 있다. 그 시작은 학부모가 먼저 학교와 협업하는 모습을 보여주는 것이다. 서로 다른 주체들과의 논의 과정은 분명 학교 질서를 어지럽히고 추진력은 느려질 것이다. 그러나 우리가 아이들에게 전하고자 하는 교육적 가치는 속도가 아니다."[23]

한국인들은 갈등 해결 방식으로 '지배'와 '양보'를 주로 사용한다는 연구 결과가 있다. 이러한 방식은 개인주의와 집단주의의 틀로 설명되지 않는 한국의 '권위주의적' 행위 양식이 반영된 결과라고 한다. 문화심리학자 한민 교수는 "이러한 행위 양식이 공고해질수록 사람들의 목표는 누군가보다 높은 지위에 서는 것에 치중될 수밖에 없다"[24]라고 경고한다. 우리 사회에서 유독 '갈등'이라는 단어가 부정적으로 인식되는 것도 이 때문일 것이다. 그러나 갈등은 우리가 서로의 다름을 인식하고 이해의 폭을 넓히며 궁극적으로는 더 깊은 연결과 관계의 발전을 이루어낼 수 있게 한다.

갈등이 부정적인 것만은 아니라는 것이 이론에만 그치지 않도록 학교와 학교 내 교육공동체에서부터 직면하고 해결을 위해 현명하게 소통하는 연습을 시작해야 한다. 갈등 해결 과정에서의 적극적인 경청, 공감 그리고 상호존중의 태도는 관계를 돈독히 하고, 교육공동체를 더욱 성장시킬 것이다.

---

23) 『어서와 학부모회는 처음이지?』, 조용미. 맘에드림. 2017
24) 갑질이 사라지지 않는 이유. 교수신문. 2022.5.6.

고립을 넘어 공유와 연대로

'교육'이 공공재가 아닌 상품으로 취급될수록, 비교와 경쟁, 불안은 높아진다. 학생, 학부모의 교육 선택권 강화의 전제조건은 다양한 선택의 결과가 다양한 교육적 성공으로 이어져야 한다는 것이다. 그러나 현재 교육 현장에서는 선택에 따른 유·불리의 격차가 더욱 커지고 있다. 자녀의 학교급이 올라갈수록 학부모 사이에 정보를 공유받기도, 공유하기도 어렵다고 한다.

미국에서는 학부모의 고립을 막기 위해, 학교와 지역사회에서 멘토링을 조직하여 실생활을 돕는 '작은 지식'들을 공유하기 시작했다고 한다.[25] 우리나라에도 아이 교육을 위해 '필리핀, 베트남, 중국 학부모회를 만들었다'라는 다문화 학부모 교육공동체 사례가 소개되기도 했다.[26]

학부모 스스로가 학교교육과 교육정책에 대해 관심을 갖고, 정확한 정보를 공유하며 교육에 대해 고민을 나누는 과정이 활성화되고, 학부모의 학교교육 참여가 학교공동체 내에 소외되거나 배제되는 아동이 없도록 함께 지원하는 방식으로 이루어지는 것이 중요하다. 또한 교육정책이나 제도가 추진될 때마다 교사와 학부모의 의견이 제대로 수렴되고 반영되고 있는지 따져보아야 한다. 학부모와 교사가 스스로 목소리를 내지 못하고 중요한 결정에서 소외된 결과, 각자가 짊어져야 할 책임과 부담은 늘어나고 학부모와 교사 사이의 불신이 커져 왔다.

『고립의 시대』의 저자 노리나 허츠는 지금 이 사회가 "우리 자신을 협력자가 아닌 경쟁자로, 시민이 아닌 소비자로, 공유하는 사람이 아닌 축적하는 사람으로, 돕는 사람이 아닌 투쟁하는 사람으로 여기게 했다"[27]라고 말한다. 우리 사회에 교육공동체 회복 및 안전한 학교 시스템의 중요성이 강조되고 있는 만큼, 학부모와 교사가 서로를 교육 협력자로, 시민으로, 공유하는 사람으로, 돕는 사람으로 여기게 해야 한다.

---

25) 미국의 멘토링(2편) 고립된 학부모를 구하다. EBS뉴스. 2021.10.11
26) 아이 교육 위해…"필리핀, 베트남, 중국 학부모회 만들었죠". 한겨레. 2022.3.21
27) 『고립의 시대』. 노리나 허츠. 웅진지식하우스. 2021

2부. 오늘의 대한민국 교육 현장

03

공존의 교실을 위한 다문화교육의 오늘과 내일

박 에 스 더
서울다문화교육지원센터 장학사

2023년 7월, 통계청의 '2023년 인구주택총조사' 결과가 발표되었다. 우리나라 총 인구 수는 5,177만 명(2023.11.1. 기준)으로 2022년보다 0.2% 증가했다. 2021년 이후 2년 연속 감소세를 보이다가 3년 만에 증가세로 전환할 수 있었던 원인은 외국인 인구[1] 증가였다. 외국인은 우리나라 전체 인구의 3.7%인 194만 명으로 전년 대비 18만 명(10.4%) 증가했다. 내국인은 4,984만 명으로 10만 명(0.2%)이 감소했으나 외국인은 증가하며 역대 최대의 증가폭을 보였다. 또한 다문화 가구[2]는 귀화자와 결혼이민자 증가로 1년 전보다 4.1% 증가해 41만6천 가구가 되었다.

　이러한 추세를 반영하여 우리나라는 저출산·고령화·지방소멸의 대안으로 외국인 유입을 적극적으로 고려하는 방향으로 국가정책 기조를 바꿨다. 2023년 7월 기획재정부는 「2023년 하반기 경제정책 방향」을 통해 생산연령인구의 감소세가 심화되며 우리 경제의 잠재성장률에 부정적 영향이 예상되므로 인구구조 변화에 대응·적응을 위한 주요 대책을 순차적으로 마련하기로 하였다. 이에 따라 인구정책 추진체계를 「저출산고령사회위원회」 및 「인구정책기획단」으로 통합[3]하고 범정부 대응을 추진하기로 하였다. 앞으로 대한민국의 인구정책은 '저출산 대응, 경제활동인구 확충, 축소사회 대응, 고령사회 대비'를 중심으로 순차적으로 펼쳐질 예정이며, 2024년부터 추진되고 있는 외국인 가사도우미 시범사업[4] 등이 이러한 배경에서 등장했다. 교육부 역시 이러한 국가 기조 변화와 맞물려 기존의 다문화 교육 정책 패러다임의 전환을 가져올 중장기 계획을 발표했다.

---

1) 외국인 상주인구 통계로 외국인 등록인구+출입국자료 상 3개월 이상 국내체류 인구
2) 2015년 29.9만 인구가 2024.41.6만으로 증가. 통계 유형에는 귀화자가구 43.1%, 결혼이민자 가구 37%, 다문화자녀 가구11.3%, 기타 8.6%. 다문화대상자는 귀화자(내국인)과 결혼한 외국인을 의미하며 중국(한국계), 베트남, 중국 순으로 많음.
3) 기존 '인구위기대응TF(기재부 주관)' 및 '백세사회정책기획단(복지부·저고위 주관)'을 통합
4) 서울 외국인 가사관리사 9월부터…"월 206만 원". MBC뉴스. 2024.5.20.

「이주배경 학생 인재양성 지원방안 (2023~2027)」의 등장

2023년 9월, 교육부는 「이주배경 학생 인재양성 지원방안(2023~2027)」에서 다문화 교육 정책은 사회통합, 인적 자원의 질 제고, 글로벌 중추국가로서의 위상 제고를 위한 미래 국가전략임을 선언했다. 우리 사회의 다양성을 높이기 위해 학교교육에서 다양한 문화에 대한 포용적 인식 형성이 필요하며, 생산연령인구 급감 상황에서 이주배경 인구의 비중이 늘어날 것을 고려하여, 이주배경 학생에 대한 양질의 교육을 제공해 국가 인적자원의 질을 제고하는 것을 목적으로 한다. 또한 수출시장 점유율이 세계 6위(2022년 기준) 등 글로벌 중추 국가로서, 다문화 교육정책은 한국의 위상을 국제사회에 널리 알릴 수 있는 수단이자 우리 교육의 글로벌화 및 한국이 동아시아 교육허브로 자리매김할 수 있는 전략이라고 밝혔다.

2023년 6월 대통령 직속 국민통합위원회 산하 '이주민과의 동행 특별위원회'에서는 포용과 통합을 위해 한국으로 이주한 외국인 또는 귀화자와 부모 세대가 한국으로 이주한 경험이 있는 사람을 '이주배경 주민'으로 명명할 것을 권고하였다. 이에 따라 교육부 역시 '다문화'[5], '다문화 학생'이라는 명칭보다는 '이주배경', '이주배경 학생'이라는 용어로 점차 통일해 나갈 예정이다.

---

5) '다문화'라는 용어는 본래 특정 집단에 대한 편견을 극복하기 위한 대체어였기 때문에, 해당 집단에 대한 편견이 존재하는 한 대체어 역시 오염될 가능성이 높다.

문화다양성을 뜻하는 '다문화'라는 말은 어떻게 이주민과 그 가족을 지칭하는 '다문화 가족'이라는 용어로 변하게 되었을까? 건강가정시민연대는 가정 용어 개선을 위해 우리와 다른 민족·문화적 배경을 가진 사람들로 구성된 가정을 통칭하는 말로써 '다문화 가정'이라는 용어 사용을 권장하였고(2003.12), 정부는 「여성 결혼이민자 가족의 사회통합지원대책」과 「혼혈인 및 이주자의 사회통합지원방안」을 발표(2006.4)하며 이주배경을 가진 가정을 사회에 어떻게 통합시켜야 할 것인지에 대한 정책적 고민이 가시화되었다.

2006년 당시 교육인적자원부에서는 「다문화가정 자녀교육지원 대책」을 마련하고, 한국사회의 교육 소외계층으로 '다문화 가정'에 '국제결혼가정 자녀', '외국인 근로자 자녀', '새터민 청소년'이 포함된다고 규정하였다. 당시 혼혈, 코시안 등으로 불리던 특정 이주민 집단을 비하하지 않도록 '국제결혼가정'이라는 중립적 용어를 선택했다. '외국인 근로자 자녀'의 경우라도 '이주노동자와 그 가족의 권리 보호에 관한 국제 협약(UN, 1991)'에 의거하여 교육기본권을 보장해주었고, 체류 기간이 도과한 미등록 외국인 자녀라고 해도 「아동의 권리에 대한 국제협약」(1991 비준), 'UN 아동권리위원회 권고(2003.1)'에 따라 합법적으로 체류하는 근로자의 자녀와 동등한 권리를 부여했다. 또한 한국에서 출생한 북한 이탈주민 자녀 또한 우리나라에 입국한 탈북 청소년으로 보고, '새터민 청소년'의 교육권을 보장하게 되었다.

특히, 「초·중등교육법 시행령」이 부분적으로 개정(2008.2)되며, 외국인 학생에 대한 학교 교육기회가 제도적으로 보장받게 되면서 입학·전학·편입학의 허용(제19조, 제75조)이 가시화되었다. 또한 2012년에는 가족 간의 결합이 다양화되면서 본국에서 중도에 입국하는 중도입국 학생[6]이 교육정책 대상으로 명문화되었고, 국내 출생 국제결혼가정 자녀, 중도입국 국제결혼가정 자녀, 외국인 가정 자녀로 구성된 '다문화 학생 분류틀'이 완성되었다. 이후 현재 학력심의위원회를 통해 학력 증명이 곤란한 무국적, 난민 아동까지 대한민국의 학교에 '다문화 학생'이라는 이름으로 존재하고 있다.

그러나 한국의 「다문화가족지원법」에서 '다문화 가족'은 결혼이민자와 대한민국 국민으로 이루어진 가족, 「국적법」에 따라 인지 또는 귀화로 대한민국 국적을 취득한 사람과 대한민국 국민으로 이루어진 가족을 말하는 용어로, 동포, 외국인 가정의 경우는 '다문화 가족'에 해당되지 않는다. 또한 통계청에서 발표하는 '외국인 주민 자녀'라는 용어 또한 '한국 국적을 취득한 자(귀화자)'의 자녀 및 한국인과 결혼한 '한국 국적을 가지지 않은 자(결혼이민자)'의 자녀를 의미하며, 외국인 가정 자녀는 배제되는 상황이다. 이처럼 이주배경을 가진 학생 모두를 '다문화 학생'으로 인식하는 학교와 학교 밖에서 통용되는 '다문화' 정책 대상 간에는 차이가 분명하다.

2023년 8월 국민통합위원회는 포용과 통합을 위해, 특히 교육 분야에서는 외국 국적 학생에게 교육 기회를 제공하고 있기에 적확한 용어 사용이 필요하다고 판단하여, 한국으로 이주한 외국인 또는 귀화자와 부모 세대가 한국으로 이주한 경험이 있는 사람을 '이주배경 주민'으로 명명할 것을 권고하였다. 이에 교육부는 한국인과의 가족 결합을 전제로 집단화되고 규정되는 것으로 오인되는 '다문화'라는 용어를 확장하여 모든 이주배경 학생을 포괄하여 가정(부모) 또는 본인이 이주를 경험한 바가 있는 대상을 '이주배경 학생'이라고 규정하였다.[7]

---

6) 결혼이민자가 한국인과 재혼한 이후에 본국에서 데려온 자녀, 국제 결혼가정 자녀 중 외국인 부모의 본국에서 성장하다가 청소년기에 입국한 자녀 등, 국내 입국시에는 외국 국적이나 특별 귀화를 통해 한국 국적으로 전환 가능하며, 2012년 당시 90%이상이 중국인과 조선족이었음. (출처: 2012 다문화 학생 교육선진화 방안, 교육부, 2012) p.2

7) 그러나 현장에서의 혼란을 줄이기 위해 당분간은 다문화란 용어와 이주배경이라는 용어를 병용할 예정이다 (출처: 이주배경 학생 인재양성 중장기 발전계획, 교육부)

이주배경 학생 현황

현재 이주배경 학생은 지난 10년간 꾸준히 증가해 약 2.7배 증가했다. 2014년 전체 약 6.8만 명으로 전체 학생 대비 1.1%를 차지했으나, 2023년 기준 약 18.1만 명으로 전체 학생 대비 3.5%를 차지한다. 우리나라 국가 전체 이주배경 인구는 2020년 218만 명(총인구 대비 4.2%), 2030년 264만 명(5.2%), 2040년에는 323만 명(6.4%)에 육박할 것으로 추산된다. 이에 따라 이주배경 학생 수도 급격하게 증가할 것으로 전망된다.

이주배경 학생의 지역별 분포를 살펴보면 경기도 4.9만 명(전체 이주배경 학생의 27%), 서울 2만 명(11%), 경남 1.3만 명(7%), 충남 1.3만 명(7%)에 몰려있다. 그러나 전남, 충남지역의 경우 지역 내 전체 학생 대비 이주배경 학생 비율이 5% 이상이며, 지역 내 초등학생 중 이주배경 학생이 전체의 10% 이상을 차지하는 지자체는 전체 229개 시·군·구 중 56곳(전체 지자체 수의 24.5%)[8]이나 된다. 또한 인천, 충남, 경기는 외국인·중도입국 학생의 비율이 높고, 전남, 충북, 경북은 국내 출생 국제결혼가정 학생의 비율이 높다. 어떤 지역에서의 '다문화'는 '국제결혼가정'의 모습이며, 어떤 지역은 '공단에서 집단적으로 근무하는 외국인 근로자'의 모습이다. 어떤 지역은 '특정 국가 배경의 이주민이 집성촌을 이루고 있는 모습'이다.

따라서 지역의 이주배경 학생 특성에 맞춰 차별화된 교육정책이 수립될 필요가 있으며, 교육 현장 역시 이주배경 학생을 하나의 군집이 아닌 개별화된 특성으로 바라보고 맞춤형으로 교육할 필요가 있다.

---

8) 출처: 56개 시군구 다문화 초등생 10% 넘었다. 중앙일보. 2023.11.7

(단위: 명) (%는 연도별 구성 비율임)

연도	전체	내국인		외국인
		국내출생	중도입국	
2023	181,178	129,910(71.7%)	10,896(6.0%)	40,372(22.3%)
2022	168,645	126,029(74.7%)	9,938(5.9%)	32,678(19.4%)
2021	160,058	122,095(76.3%)	9,427(5.9%)	28,536(17.8%)
2020	147,378	113,774(77.2%)	9,151(6.2%)	24,453(16.6%)
2019	137,225	108,069(78.8%)	8,697(6.3%)	20,459(14.9%)
2018	122,212	98,263(80.4%)	8,320(6.8%)	15,629(12.8%)
2017	109,387	89,314(81.6%)	7,792(7.1%)	12,281(11.2%)
2016	99,186	79,134(79.8%)	7,418(7.5%)	12,634(12.7%)
2015	82,536	68,099(82.5%)	6,261(7.6%)	8,176(9.9%)
2014	67,806	57,498(84.8%)	5,602(8.3%)	4,706(6.9%)

출처: 교육부, 이주배경 학생 인재양성 지원방안(2023~2027년), 2023.9.

위의 〈표〉에서 보듯이 2014년부터 2023년까지 지난 10년간 이주배경 학생 증가 추세를 자세히 살펴보면 범주별로 차이가 나타난다. '외국인' 학생은 약 8.6배, '국내 출생' 학생은 2.3배, '중도입국' 학생이 1.9배 증가해 '외국인' 학생의 증가세가 두드러짐을 알 수 있다. 특히 외국인 가정 자녀의 증가는 시기별 국가의 외국인 정책변화를 반영한다. 외국인 학생은 정부가 외국인과 재외동포[9]에게 허가하는 체류자격의 종류가 다양화되고, 사회통합을 강조하여 가족이 함께 거주할 수 있는 가족결합권에 대한 인정을 확대할수록 자연스레 증가할 수밖에 없다.

---

9) 「재외동포의 출입국과 법적 지위에 관한 법」(이하 "재외동포법") 시행 후 거주국 동포 간 차별을 최소화하기 위해 방문취업제(H-2) 도입 및 재외동포(F-4) 체류자격의 점진적 확대를 통해 국내 체류 재외동포들이 계속 증가해 전체 체류 외국인 중 40%에 이른다. (출처: 출입국 외국인정책본부 갈무리)

다양한 스펙트럼의 이주배경 학생

우리나라의 고용허가제에서 비전문취업비자(E-9)를 받고 입국한 외국인 근로자는 가족 동반 입국이 허용되지 않으나, 해당 외국인 가정 자녀가 국내에서 출생한 경우는 외국인 부모의 비자 기간이 남아있는 만큼 방문동거비자(F-1)를 받아 한국에서 체류가 가능하고, 사실상 체류 기간이 만료된 후에도 국내에서 취업 활동을 하는 외국인 근로자를 부모로 둔 외국인 학생은 미등록 상태로 학교 안에 존재하게 된다. 또한 한국에서 유학을 하고 있는 외국인 유학생의 자녀, 전문 인력 계열의 비자를 갖고 있는 외국인의 미성년 자녀 또한 동반비자(F-3)를 받을 수 있다.

반드시 일정 수준 이상의 후견인이 있어야 하는 고등학교 이하 교육기관에 재학 중인 외국인 유학생이 받는 비자(D-4-3)를 가진 학생, 최근에는 K-pop의 영향으로 예술흥행비자(E-6)를 가진 학생, 일반적으로 난민 관련 비자라고 알고 있는 G계열의 비자를 갖는 학생까지 외국인 학생에 속한다. 특히 G계열 비자는 난민뿐만 아니라 임시로 한국에 체류가 필요한 경우에도 발급하다 보니 외국인 가정 중에 소송 중인 사람, 질병 사고로 치료 중인 사람과 가족, 임신과 출산 등으로 인도적 배려가 필요한 사람, 성폭력 피해자 등 인도적 고려가 필요한 상황의 학생까지 너무나 다양한 외국인 학생들이 학교 안에 존재한다.

또한 「북한이탈주민의 보호 및 정착지원에 관한 법률」에서의 '북한이탈주민'이란 군사분계선 이북 지역(이하 '북한')에 주소, 직계가족, 배우자, 직장 등을 두고 있는 사람으로서 북한을 벗어난 후 외국 국적을 취득하지 아니한 사람을 말한다. 따라서 북한에서 태어나고, 외국 국적을 취득하지 않아야 북한이탈주민으로 인정된다. 그러나, 최근 탈북민의 상당수는 중국, 베트남 등 제3국에서 은신하다가 입국하게 되는데 그 과정에서 제3국에서 출생한 자녀는 외국 국적을 가진 '외국인 학생'으로도 분류될 수 있다.

위와 같이 체류조건에 따라 다양한 상황에 놓인 '외국인 가정' 자녀들과 한국인과 외국인의 결혼으로 이루어진 '국제 결혼가정' 자녀들이 출생지에 따라 '국내 출생'과 '중도입국'으로 분류되어 학교 안에 존재하게 된다.

초·중등교육법 제28조의2 신설의 의미

대한민국 정부는 범부처 합동[10]으로 이주배경 학생에 대한 섬세한 지원을 추진하기 위해 「초·중등교육법」 제28조의 2를 신설[11]하였다. 지금까지 학교 안 이주배경 학생은 교육부가 아닌 「다문화가족 지원법」과 같은 관계 법령 시행에 따르거나 지역에 따라 조례를 만들어 교육권을 보장하고 있는 상황이라 안정적이고 체계적인 교육지원이 어려웠다.

이번 초·중등교육법이라는 상위법에 모든 범주의 이주배경 학생의 교육권에 대한 내용이 명시된 점은 2006년 다문화 가정 자녀 교육지원 대책이 등장한 이후 교육 현장에 존재해 온 다양한 배경의 '다문화 학생(이주배경 학생)'의 교육권에 대한 18년 만의 정식적인 인정이자, 이주배경에 상관없이 누구나 능력껏 성장할 수 있는 교육환경을 구축하겠다는 국가의 선언[12]이라고 볼 수 있다.

---

10) 현재 우리나라의 외국인 관련 부처는 10곳이 넘는다. 외국인 정책 위원회의 간사는 법무부가 맡고 있으며, 이민자의 정착지원(행안부, 지자체), 고용허가제 및 취업지원(고용부), 우수인재 유치지원(과기정통부, 교육부), 범죄 등 국익위해방지(경찰성, 해경청), 이민자와 2세의 복지(복지부), 재외동포 교류지원(외교부), 다문화가족 지원(여가부), 문화다양성 제고(문화부) 등 주무부처별로 비슷하면서도 각기 다른 정책을 실시해왔다.

11) 초중등교육법 제 28조의 2 (2023. 10.24 신설, 2024.4.25. 시행)

12) 이러한 흐름은 한국의 이주민에게 중요한 영향을 주었던 중요 법적 근거의 계보를 잇는다. 1963년 출입국관리법 제정 이후 산업연수생 제도 도입(1991), 재외 동포법 제정(1999), 영주 자격 신설(2002), 재한 외국인 처우 기본법 제정(2007), 다문화가족지원법 시행(2008), 난민법 시행(2013) 등으로 인해 한국 내 체류하는 이주민의 범주는 다각화되고, 지원 근거 또한 확장되었다.

신설된 초·중등교육법 제28조의2에 의거해 국가와 지자체는 모든 이주배경 학생의 동등한 교육 기회 보장을 위한 시책을 마련해야 한다. 이를 위해 그동안 담임교사의 눈썰미와 주민등록번호, 외국 이름 등으로 파악하던 이주배경 학생의 실태를 정확하게 조사할 근거를 갖게 되었다. 또한 학교 내 리더십의 큰 부분을 차지하는 학교장의 역할을 명확하게 부여하여, 다문화 교육이 단순히 다문화학생을 지원하는 것뿐만 아니라 모든 학생의 다양성을 존중하는 다문화친화적 학교가 되도록 하였다. 더불어 이주배경 학생이 밀집되는 지역에 한국어 특별학급 및 다문화교육지원센터가 설치될 수 있는 지원체계를 마련했다.

다문화 밀집 학교의 증가와
학생 맞춤 통합지원

신설된 초·중등교육법 제28조의2는 '국내 거주하는 외국인이면서 학교에 입학할 예정인 학생도 동등한 교육 기회를 가져야 하며, 이를 위해 필요한 시책을 마련할 것'을 명시하고 있다. 학교에 입학 예정인 외국인 학생을 위한 새로운 교육정책이 필요한 이유는, 학교 안에 이주배경 학생이 30% 이상 재학 중인 새로운 유형의 학교들이 전국적으로 나타나고 있으며, 이러한 학교들은 증가추세에 있고, 한국어 의사소통이 쉽지 않은 이주배경 학생이 다수 밀집된 학교의 경우는 기존 교육과정상의 표준화된 교육활동을 수행하는 것이 매우 어렵기 때문이다.

부모 국적에 따른 이주배경 학생들의 배경은 매우 다양하다. 2023년 교육부 통계를 기준으로 한국에 거주하는 이주민은 베트남, 중국, 필리핀, 중국(한국계), 캄보디아, 러시아 및 중앙아시아(한국계), 중앙아시아, 몽골, 러시아, 태국, 미국, 중동, 대만, 인도네시아, 유럽, 아프리카 순으로 나타난다. 언어권별로 묶어서 보면 중국계(33.75%), 베트남(32.09%), 필리핀(9.14%), 러시아 및 CIS[13](9.11%) 배경이 대다수를 차지한다. 특정 언어권을 중심으로 이주민이 밀집되는 곳도 있으나 이주민이 밀집되는 지역에 제공되는 다양한 인프라 등의 영향으로 다양한 국적의 이주민이 집중되는 지역도 있어 밀집 지역도 지역마다 상황이 다 다르다.

따라서 국가는 각각의 상황에 맞는 교육정책을 다양하게 추진할 필요가 있

---

13) CIS(Commonwealth of Independent States, 독립국가연합) : 1991년 소련이 소멸하면서 전 공화국간 분리 충격을 완화하고 무역, 여행, 안보 같은 문제에 협력하기 위해 느슨한 동맹관계로 결성되었다. 러시아, 우크라이나, 벨라루시, 몰도바, 아제르바이잔, 아르메니아, 우즈베키스탄, 키르기스스탄, 타지키스탄, 카자흐스탄을 의미하며, 투르크메니스탄은 2005년 회원국 탈퇴 후 준회원국으로 존재하고 있다. (출처: 외교부 누리집)

다. 중요한 점은 과거 「다문화 학생 교육지원계획(2013~2016)」이 「다문화 교육 지원 기본계획(2017~)」으로 변화하던 시기, '다문화 학생'에 대한 집중지원의 동화주의[14]적 한계가 문제점으로 지적되었던 부분을 기억해야 된다는 것이다. 지금까지의 이주배경 학생을 지원하는 교육이 특정 부분의 '결핍'을 강조하거나 '취약성'만을 강조하고, 이를 '문제'로 보고 보완하는 정책을 시행할 때, 특정 집단 집중지원에 대한 역효과가 발생하곤 했다. 특히 일부 기사[15]처럼 특정 지역·학교·학생 전체가 문제라고 확대해석하는 상황이 발생할 수 있기 때문이다.

점점 더 다양한 배경의 학생들이 나타나고, 전 지역에 고루 이주배경 학생이 존재하고 있다. 이주배경 학생들이 밀집되는 현상 또한 주변으로 계속 확대되거나 다른 지역으로의 재이주와 재밀집의 형태로 확산하는 등 이주민 밀집은 점차 '자연스러운 현상'이 될 것이다. 이주배경 학생이 밀집된 지역과 밀집된 학교는 '문제' 지역이나 학교가 아니며, 문제 상황 속에 놓인 학생의 경우 또한 개인이 아닌 '사회 구조'의 영향 아래 있는 경우가 많다. 기존의 체계와 다른 접근이 필요한 '상황'인 것이기에 그 '상황'에 맞는 지역사회 모든 구성원 간의 상호존중과 모든 학생의 조화로운 성장을 끌어내는 교육체계가 필요하다.

이주배경 학생 밀집 학교의 주요 이슈

교육부는 이주배경 학생 밀집 학교(다문화 학생 밀집 학교, 이하 밀집학교)를 '재학생 100명 이상 학교 중 이주배경 학생 비율이 전교생의 30% 이상'인 경우라고 정의한다. [16] 한국교육개발원의 '이주민 밀집지역 소재 학교 혁신 방안' 보고서(2024.8)

---

14) 동화주의란 한쪽이 다른 한쪽과 동일하게 변해갈 것을 기대하는 일방적인 통합정책으로, 〈다문화가족이 국민됨을 전제〉로 동화를 지원하고 제도적으로나 정책적으로 내국인과 평등하게 대우하려는 것으로 정의할 수 있다 (출처: 한국 다문화가족정책의 정향성 분석:동화주의와 다문화주의, 「지방정부연구」 제17권 제4호(2014 겨울): 121-142)

15) "다문화가정 학생들하고 학교 다니기 싫어요"…갈등 심화, 분리정책도 고민할 때" 데일리안. 2023.10.19

16) 상대적으로 소규모 학교에서도 이주배경 학생 비율이 높은 곳이 있기 때문에 한국교육개발원에서는 '전교생의 30% 이상' 기준 만으로 밀집학교 통계를 내보니, 전국 263개 학교가 존재한다고 밝혔다.

에 따르면 2023년 기준 전국 12개 지역, 87개 학교가 이주배경 학생 밀집학교에 해당한다. 이러한 밀집학교는 2018년(23개교)과 견주면 278.26%나 늘어 가파른 증가세를 나타냈다.[17]

이 가운데 이주배경 학생 비율이 가장 높은 학교는 경기 안산의 A 초등학교로, 이주배경 학생 비율이 97.4%에 달했다. A 초등학교를 포함해 이주배경 학생 비율이 80% 이상인 학교는 경기 안산 A 중학교(87.7%), 안산 B 초등학교(85.7%), 경기 안성 C 초등학교(80.2%) 등 4개교로 집계됐다. 이주배경 학생 비율이 70% 이상인 학교는 서울 영등포구 D 초등학교(71.7%), 경기 안산 E 초등학교(70.9%), 경기 시흥 F 초등학교(78%)를 포함해 7개교로 나타났다.

이에 교육부는 밀집 학교를 대상으로 한국어 학급, 지원인력, 방과후과정 등을 통해 집중적으로 인프라를 제공하겠다고 한다. 한국어 학급 부족시 지역거점 한국어 예비과정을 설치하는 것을 추진하며, 다문화사회 전문가, 결혼이민자 강사, 퇴직 교원 등을 연계한 지원인력 확충, 방과후과정에 한국어 교육 프로그램 등을 운영·지원하겠다는 안을 제시했다.

한국어 교육

현재 다문화 교육 정책학교에서는 한국어가 서투른 외국인·중도입국 학생 대상으로, 한국어 집중교육을 위한 한국어 학급(다문화 특별학급)이 운영되고 있다. 한국어 교육이 필요한 외국인·중도입국 학생이 5명 이상일 때, 설치를 권장하고 있으며, 전국의 한국어 학급은 326개(2019년)에서 527개(2022년)로 증가하였다. 그러나 한국어 학급 수용률은 전체 외국인·중도입국 학생 대비 10.3%에 불과하다.

교육부는 한국어 능력이 교과수업을 따라가기 어려운 학생 대상으로, '지역거점 한국어 예비과정(3개월~1년)'을 운영하도록 하고 있다. 위탁교육 형태로 원적교가 있는 상태에서 학교 밖 기관에서 교육받고 출석 인정을 받는 형태로 진행하

---

17) 다문화 학생 97% 학교 등장…"비이주 '역차별' 우려, 대책 시급". 매일경제 2024.8.2.

되, 교육지원청 산하에 한국어 예비과정 운영기관을 설치하고, 밀집 학교가 있는 시역(2022년, 33개 시·군·구)부터 우선 추진 중이다.

현재 경기(12기관), 경남(1기관), 충남(2개 대학 위탁), 인천(2기관), 부산(3기관) 등에서 예비과정으로 민간에 위탁하여 운영 중이며, 경북의 경우 폐교를 활용한 한국어 교육센터를 통해 3개월간 한국어 교육을 받도록 하고 있다. 서울의 경우는 학적 생성 전에 예비한국어 교육과정[18]을 운영(5기관)하고 있다. 그런 데도 적응이 힘든 이주배경 학생들의 학업 중단 비율[19]은 학교급이 올라갈수록 높아지며 고등학교의 경우는 전체 학생 대비 이주배경 학생이 2배 높다.

이런 상황에서 이주배경 학생을 위한 한국어교육과정 KSL:Korean as a second language은 생활한국어에 초점을 두고 있어, 교과학습을 위한 한국어 능력은 부족하기 때문에 학업에 어려움이 발생한다. 생활한국어가 가능해 의사소통에는 문제가 없는 학생이라도 교과서에 나오는 학습에 필요한 용어나 개념 자체에 대해 어려움을 호소한다. 나라별 교육과정 차이에 따른 선수학습의 부재, 모국에서부터 누적된 학습결손을 가진 상태로 한국 학교에 입학하는 경우가 있기 때문이다. 최근에 문해력 관련하여 더욱 강조되는 '분류, 구별, 분석' 등과 같은 학습도구어의 의미를 이해하기 어려워하기도 한다.

특히 서툰 한국어로 인해 표준화된 국가 교육과정에서 제시하는 성취수준에 도달하기 어려운 점, 의사소통 수준이 다른 학생들이 '함께' 수업하는 상황에서 '동일'하게 적용되는 평가는 교수학습-평가 전 과정에 걸쳐 교사와 학생 모두에게 부담을 준다. 표준화된 정책은 진로지도가 강조되는 중등교육과정에서 더욱 적용이 어렵다. 예를 들어 2025년 이후 전면 시행되는 고교학점제의 경우 최소 성취수준인 40%에 도달하지 못하면, 미이수 처리가 되어 이주배경 학생 중 일부

---

18) 학력미인정 한국어교육 프로그램
19) '21학년도 학업중단률 비교: 〈전체학생〉 (초)0.58 (중)0.54 (고)1.55 / 〈이주배경〉 (초)0.68 (중)0.78 (고)2.05 (출처: 교육부)

는 졸업 자체가 어려울 수 있기 때문이다.

학생 맞춤 통합지원

교육부의 '학생 맞춤 통합지원' 체계는 복합적 어려움이 있는 학생에 대한 맞춤형 통합지원을 강조한다. 교육부는 복지, 경제, 학업·진로, 심리·정서, 다문화·특수교육, 안전 등 6가지 영역에서의 학생 맞춤 통합지원 체계를 갖출 것을 요구하고 있으나, 다문화 영역은 적용이 어려울 때가 많다. '학생 맞춤 통합지원 가이드북'(2023)에서 정의하는 다문화 학생은 '다문화 가족' 학생이다. 공적 지원체계 아래에서 지역 기관과 연계하여 충분히 지원할 근거를 찾을 수 있는 '다문화 가족'이 아닌, 외국 국적 학생이 다중위기 상황에 처한 경우, 해당 학생이 다수인 경우, 학교는 어떤 상황에 처하게 될까?

'학생 맞춤 통합지원'의 체계가 밀집 학교에 적용될 경우, 업무 담당 교사 1인이 감당해야 하는 수업 외의 업무의 양은 절대적으로 많아진다. 특히 외국 국적 학생들의 경우는 원칙적으로 교육복지대상자[20]가 아니기 때문에, 방과후학교 바우처 지원 대상에도 속하지 않는다. 따라서 학교장 재량으로 어려운 상황의 학생을 선정하여 가용범위 안에서 학교 예산을 사용해 지원한다. 지원 대상학생이 소수일 경우는 학교의 지원을 받을수 있지만 특히 밀집 지역의 교육복지 거점학교처럼 해당 지역 자체에 경제적 여건이 좋지 않은 학생들이 다수 존재하는 곳에서는 사례관리 대상이 되는 학생의 수가 많아 학교의 부담이 커진다. 또한 지역사회와의 연계가 핵심인 학생 맞춤 통합지원체계에서 '외국 국적' 학생의 경우 각 부처 간 사업 대상 지침 등이 달라 사각지대에 놓이는 경우가 많다.

예를 들어, 현재 지역아동센터는 전국에 4,253개가 운영 중(2022년 말 기준)으로 이러한 시설 이용 아동 수는 총 10만5,210명에 달한다. 이 가운데 이주배경 아동

---

20) 교육급여 수급권자, 차상위계층자녀, 한부모가족의 자녀, 북한이탈학생, 다문화가족의 자녀, 특수교육대상자, 기타 교육감이 정하는 학생

은 24,088명으로 전체의 22.89%에 달하는 등 매년 느는 추세다. 이주배경 아동이 이용하는 지역아동센터 수는 총 3,630개로 전체의 85%를 차지[21]했다. 이 중 5명 이상 이주배경 아동을 보살피고 있는 지역아동센터는 전체의 59%로 지역아동센터의 다문화화(化)가 가속화되고 있다.

그러나 지역아동센터를 이용하려면 '다문화 가족'만 우선 대상[22]이라 보호자 중 1인이 한국인이어야 하며, 외국 국적 학생 중 경제적 어려움, 조손가족, 보호자가 일용직 노동자 등 다수의 어려움이 중복된 경우라도 이용을 위해 오랜 시간 대기를 해야 하는 경우가 많다. 또한 체류자격에 따라 장애 등록을 할 수 있는 자격이 주어지므로, 장애 등록이 안되는 '외국국적 특수교육대상자' 학생 역시 우선돌봄 대상이 될 수 없고 학교에서 제공하는 '특수교육'만이 유일한 교육적 지원인 상황도 빈번하게 발생한다.

지역 다문화교육지원센터의 확대

교육부는 시·도교육청을 통해 다문화 교육 정책학교와 중앙과 지역 차원의 다문화교육지원센터에서 다문화 교육 사업을 진행하고 있다. 다문화 교육 정책을 추진하고 있는 전담 조직인 중앙다문화교육지원센터는 2012년부터 국가평생교육진흥원을 통해 운영되며, '다문화 학생 맞춤형 지원, 학교 구성원의 다문화 이해 제고, 다문화 교육 활성화' 등 사업들을 운영하고 있다. 지역 상황에 맞는 다문화 교육 정책을 추진하기 위해 17개 시·도교육청에 다문화교육지원센터가 운영되고 있다. 다문화교육지원센터 중 별도의 독립된 광역 센터를 운영하고 있는 지역은 서울, 충남, 충북, 광주, 대구, 제주 등 6개 지역이다.

---

21) [이주아동 그늘](상) 지역아동센터 이용자 85% 다문화 아동, 교육 인프라 부족 (2024.5.12.) 뉴스핌
22) 국민기초생활보장법에 따른 생계, 의료, 주거, 교육급여 대상자, 차상위 가구 아동, 의료수급권자, 장애인등록 아동, 다문화 가족의 아동, 한부모 가족의 아동, 조손가족 아동, 초·중·고 교육비 지원대상 아동, 자녀가 2명 이상인 가구의 아동

교육부는 다문화 학생 밀집 학교가 있는 교육지원청에 다문화교육지원센터를 추가 설치하여 운영할 계획이다. 2024년에는 시범적으로 경기(안산상호문화센터, 동두천경기북부다문화센터), 충남(당진지역다문화교육지원센터), 전남(영암다문화교육센터) 등 전국적으로 5개소에서 운영하고 있으며, 2025년에는 전체 다문화 학생 밀집 학교 지역으로 확산할 예정이다. 각 교육지원청 단위의 다문화교육지원센터는 다문화 교육정책의 허브로 지역의 다양한 교육자원(프로그램, 인력 등)과 학교 간 매칭 지원, 학부모 교육, 수업콘텐츠, 학습자료 등을 개발해 지원하는 역할을 수행한다. 아래 [그림]과 같이 지역의 다문화교육지원센터는 부처별 정책정보, 프로그램을 공유하고, 각각의 전달체계를 통해 지역으로 확산하는 모델을 갖고 있다.

▨ 지역의 다문화 교육정책 허브로서 다문화교육지원센터 구상(안)

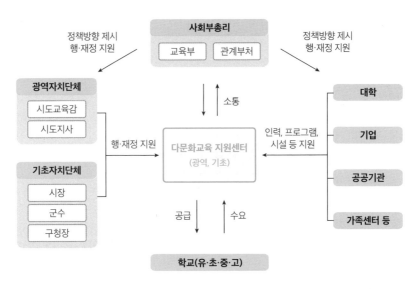

출처: 교육부. 이주배경 학생 인재양성 지원방안(2023~2027년), 2023.9

이민청 시대의 도래,
다문화 교육은 어디로 가야 하는가

정부는 700만 재외동포의 종합지원을 위한 재외동포청을 출범시켰다 (2023.6.5.). 뿐만 아니라 「4차 외국인 정책 기본계획(2023-2027)」에 출입국·이민관리 청(가칭)을 신설하여 '글로벌 스탠더드에 부합한 이민행정 기반구축'을 하겠다고 선언했다. 법무부는 2022년에 이민관리청 설립계획을 발표하고 실제 추진단도 꾸렸다. 부산, 인천, 충남, 경북, 경기, 충북 6개 광역자치단체에서는 이민청을 유치하겠다고 나섰다. 이제 정말로 외국인은 '떠나갈 사람'이라고 생각하던 것을 '함께 살아갈 사람'으로, '단일 민족 사회'를 '다문화 사회'로, 다양성을 기반으로 한 공존의 사회로 패러다임 전환을 해야 하는 시기가 된 것이다.

학교 현장의 변화:
해외 고교유학생, 대안형 고등학교 등장

경상북도교육청은 2024년 국내 최초로 해외 고교 유학생을 선발했다. 학령인 구 감소와 지방 소멸 위기, 산업기술인력 수급 부족에 대응하기 위한 것으로, 고 등학교 이하 학교에서 외국인 유학생을 유치하는 건 이번이 처음이다. 이번에 선발된 몽골, 태국, 베트남, 인도네시아 4개국 출신 48명의 학생들은 경북에 위 치한 8개의 직업계 고등학교로 배치됐다.

부산광역시교육청은 2028년 3월 개교를 목표로 '(가칭)부산국제K-POP고등학 교'를 설립할 예정이라고 밝혔다. 부산광역시교육청은 학생 대상 K-POP 관련

실용예술교육 전문기관이 부족하고 K-POP 인재 양성을 위한 실용예술 교육 전문학교와 관련한 교육과정을 운영할 계획이다.

경기도교육청과 안산시는 전국 첫 공립형 국제학교인 '경기안산국제학교' 설립을 추진하여 2028년 개교할 예정이다. 경기안산국제학교를 통해 다문화 학생 증가에 따른 체계적 지원 교육, 다문화 학생과 일반학생의 강점을 신장하는 글로벌 인재 양성 교육을 하겠다는 구상이다. 경기안산국제학교는 통합 형태로 교과수업은 영어로 진행하며, 중국어, 러시아어 등 제 2외국어 교육도 강화할 계획이다.

새로운 시도가 잘 정착되기 위한 선행조건 1.
다문화 친화적 학교 풍토 조성

다문화 교육이 이주배경 학생만을 위한 한국어 교육이라고 오해하는 경우가 많다. 그러나 다문화 교육 정책은 이주배경 학생의 교육권 보장을 위한 맞춤형 지원과 더불어 이주배경 학생이 아닌 일반학생들도 대상으로 하는 교육을 지향한다. 다문화 교육은 특정한 사람을 위한 교육이 아닌, 모든 학생이 남을 배려하는 한 사람의 시민으로 성장하도록 돕는 교육이며, 이를 위해 학교 구성원 모두가 협력하여 '다문화 친화적 학교'[23]를 조성할 필요가 있다. 다문화 친화적인 학교의 특징은 ① 모든 학생에 대한 교직원의 높은 기대와 관심, ② 다양하고 균형 잡힌 관점에 기초한 교육과정, ③ 학생들의 다양한 경험과 문화적 자산이 존중되는 교수·학습과정, ④ 문화적으로 공정한 평가 기법과 절차, ⑤ 문화적으로 다양성을 포용하는 학교 문화와 풍토 등이다.

교육부 역시 이주배경 학생이 학교 문화에 적응할 수 있도록 다문화 중점학교를 통해 상호존중 문화를 만드는 예체능 프로그램을 활성화하고, 학교 자율시

---

23) 「글로벌시대의 다문화 교육」, (한국학중앙연구원출판부, 2018:408)에서 발췌

간 및 창의적 체험활동, 방과후 과정을 통해 영화, 연극 동아리 등을 지원할 것을 밝혔다. 또한 다문화 학생 밀집 학교에서 시행되고 있는 우수한 사례를 바탕으로 다문화 이해증진 프로그램을 개발해 전국에 확산할 계획이며, 이주배경 학생, 학부모 모두가 함께 참여하는 프로그램을 통해 가족 단위의 교육기회를 제공하고, 정서, 진로 상담 등을 지원할 계획이다. 이때, 교육과정에서 다문화에 대한 편견과 고정관념이 재생산되지 않도록 주의할 필요가 있다.

새로운 시도가 잘 정착되기 위한 선행조건 2.
생애주기에 맞춘 제도 보완

제도적 보완이 이뤄지지 않은 상태에서 이주배경 학생의 유입이 단순히 학령인구를 충원하기 위한 수단으로 활용되어서는 안된다. 단순히 학령인구를 충원하는 수단이 아니라 이주배경 학생들을 일반 학생과 같이 평등하게 대우하며 이들에게 맞춤형 지원을 하기 위해서는 몇 가지 제도적 보완이 필요하다. 첫째, 교육복지 대상자에 포함되어야 하는 사각지대의 외국 국적 학생들에 대한 지원을 통해 학업 중단 없이 교육 기회를 끝까지 보장받을 수 있도록 해야 한다. 둘째, 학교급별로 필요한 교육과정과 평가체계의 혁신적 보완이 필요하다. 셋째, 국내 체류 기간이 길고 일정 수준의 한국어 능력과 전문기술을 보유한 직업계고등학교 졸업 학생에게는 관련한 체류자격도 열어주어야 한다. 특히 우리나라에서 출생한 이주민 2세대 학생들에게는 생애주기에 맞춰 사회통합을 위한 장벽 개선 (체류자격 신설)은 매우 필요하다.

일례로 중학교에서 진로지도를 할 때 이주배경 학생들을 일반계 고등학교보다는 취업을 목적으로 하는 특성화고등학교 진학을 주로 권한다. 그러나 특성화고등학교에서 외국 국적 학생들은 학교의 정규과정인 도제실습에 참여할 수 없다. 취업비자의 조건 자체가 '학위'를 취득한 사람에게 열려있기 때문에 특성화고 졸업 외국인 학생을 받아줄 수 있는 직장도 없다. 결국 한국 체류를 위해서는 외국인 전형으로 대학 진학을 할 수밖에 없지만, 외국인 전형은 해외에서 유학하는 학생들을 기준으로 만들어졌기 때문에 어려운 형편의 학생들은 2천만 원이 넘는 돈을 마련할 수가 없어 통장잔고 증빙에 어려움을 겪고 있다. 가족동반 비자로 체류중인 학생들은 구직행위가 불법이기 때문에 아르바이트도 할 수가 없다. 학생들을 지원하는 장학금 역시 부모 중 한 사람은 한국 국적자여야 한다는 조건이 붙는 경우가 많기에 사면초가 상황이 된다.

한국에서 나고 자라 의사소통에도 문제가 없고, 한국문화를 잘 이해하고 있는 이주민 2세 이주배경 학생들은 체류 자격이 없어 성년이 되면 출국해야 된다. 그러나 한편에서는 부족한 노동력 수급을 위해 한국을 전혀 모르는 외국인을 불러 한국어교육, 한국문화교육 등 사회통합을 위한 교육을 하는 것이 현실이다. 따라서 학교가 애정으로 교육한 이주배경 학생들에게도 사회진출의 기회를 주어 중복되는 사회적 비용을 줄이는 것이 모두에게 유익하다.

새로운 시도가 잘 정착되기 위한 선행조건 3.
시스템의 사각지대 보완

이주배경 학생들에게 가장 중요한 지원 중 하나는 정서적 지지이다. 그러나 지금 우리나라의 정신건강 체계에는 외국인의 우울증에 대한 고민은 매우 부족하다. 실제 지난 5월 전남대에서 외국인 유학생이 정신 질환으로 상담을 하였으나, 내부 매뉴얼조차 부재한 상황임이 밝혀졌다. 국내 체류 외국인 유학생 수가 10년 만에 10배가 느는 동안 시스템은 바뀌지 않았다.

정신건강 시스템상에서 위센터가 청소년을 맡고 있고, 학교에는 위클래스와 전문상담교사가 존재한다. 보통 위클래스에서는 의사소통이 어렵고 문화적 배경 차이가 있는 이주배경 학생은 여가부에서 운영하는 가족센터로 연계해 상담

받을 것을 권유한다. 그러나 서울시의 경우 각각 구별로 운영되는 가족센터 중 영어를 지원하는 곳은 두 곳밖에 없으며, 타 지역(구) 학생은 이용이 어렵다. 또한 가족센터는 대부분 가족상담을 하거나 초등학교 저학년 연령의 학생 지원, 진로멘토링 등을 하는 경우가 많아서 청소년 지원에 한계가 있다.[24]

또한 학교의 모든 시스템 안에 이주배경 학생이 존재한다는 사실을 기억해야 한다. 학교폭력의 가해학생이나 피해학생이 이주배경 학생일 때, 조사할 수 있는 통역 인력이 필요하다. 낯선 언어로 소통하는 학생이라도 자신의 상황에 대해 충분히 설명할 수 있어야 하는데, 소수의 특수 언어 통역사를 구하는 것이 매우 어렵다. 또한 아동학대 등의 사안으로 보호자와 분리해야 하는 학생이 생길 경우, 분리한 뒤 돌볼 수 있는 곳이 없다. 또한, 쉼터는 기본적으로 입소 조건에 맞는 체류자격이 확보되어야 하기 때문에 조건에 해당되지 않는 학생들은 갈 곳이 없다.

새로운 시도가 잘 정착되기 위한 선행조건 4.
정확한 실태 파악

교육부는 매년 4월 1일 기준, 초·중·고등학교 재학 중인 이주배경 학생 통계를 발표한다. 매년 초등학교에 재학 중인 이주배경 학생이 이주배경 중고등학교 학생 수보다 많다. 그런데 이상하게도 초등학생에 비해 중학생의 경우 이주배경 학생 수가 급격하게 줄어든다. 상식적으로 초등학교에서의 이주배경 학생 비중이 일정 시간이 흐르면 중·고등학교도 비슷한 비중으로 늘어야 하는 것이 맞지만, 2024년 현재 중학교에 재학 중인 이주배경 학생 수는 여전히 10년 전 초등학교 재학 중인 이주배경 학생수보다 적다.

---

24) 이중언어 순회상담을 지원하는 서울다문화교육지원센터의 경우, 상반기에 14개 언어 60명의 학생의 상담신청이 있었다.

(단위: 명)

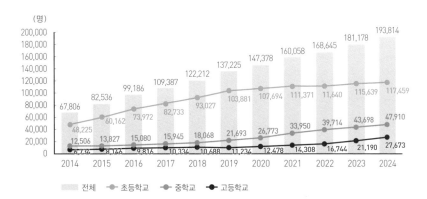

출처: 2024 교육기본통계조사 발표자료

    정확한 파악이 어려운 이유는 대부분의 교육부 통계가 담임교사의 재량으로 측정되기 때문이다. 외모나 언어 수준, 이름 등에서 차이가 분명하게 드러나는 학생들에 대해서는 파악이 쉽지만, 그렇지 않은 경우는 개인정보 보호 등을 이유로 정확한 실태조사를 하는 것이 쉽지 않다. 또한 초등학교에서 파악된 정보가 중학교, 고등학교로 이관되는 것이 아니기 때문에 학교의 업무담당자 혹은 담임교사의 의지에 따라 조사 결과가 달라질 수 있다. 특정 학교에서는 이주민 사이에서 해당 학교에 대한 인지도가 높아지다 보면 이주배경 학생이 증가할 것을 우려하여 적극적인 조사를 하지 않기도 한다.

    또한 법무부의 이주배경 학생 통계와 행정안전부의 통계가 외국인 범주, 통계 측정 시기 등이 달라 정확한 실태 파악이 힘들기 때문에 이를 개선하기 위해서는, 통합적인 시스템으로 관리할 필요가 있다. 법무부가 파악하고 있는 미취학 이주배경 학생 통계를 교육부와 교육청에 제공하여 신·입학할 학생들을 파악하고 대비할 수 있게 한다거나, 상호 교차 점검하여 교육권을 누리지 못하고 있는 상황의 아동들도 조기 발굴할 수 있다. 또한 시스템상에서 권한을 가진 담당자만 해당 학생들을 파악하는 형식으로 개인정보를 보호할 수도 있고, 진학 과정에서 누락되지 않고 정확한 정보가 상급학교로 전달될 수도 있다.

지역 내 이주배경 학생에 대한 정확한 정보는 부처 간, 지자체 간 중복된 프로그램 시행을 막아 현장의 피로감도 줄여줄 수 있다. 획일화된 다문화이해 교육이 아니라 국내 출생 학생들이 많은 지역에서는 이중정체성을 가진 학생의 상황에 맞는 교육, 재외 동포가 많은 지역에서는 재외 동포 관련 이해도를 높이는 교육 등 지역마다 이주배경학생 상황에 맞는 정체성에 대한 교육도 함께 이뤄질수 있다. 이중언어 교육이나 통역 및 체류 조건에 맞는 지원 체계를 갖추는 데에도 도움이 된다.

함께 만들어가야 하는 다양성의 시대

현재 대한민국의 학생들은 국가교육과정 체계 아래에서 '민주시민'으로 양성된다. 우리나라는 자유롭고, 평등한 나라이고, 정의로운 나라라는 것을 교육받는다. 또한 「2021년 국민 다문화수용성 조사 결과」에서 보면 다문화 교육에 참여한 청소년은 참여하지 않은 청소년보다 다문화 수용성이 더 높았다. 다문화 교육을 통해 이주민의 문화를 존중하게 되어 이주민과의 친교 관계를 맺으려는 의지가 강화된 것으로 해석된다. 그러나 학교의 교육과 현실이 일치되지 않는다는 것을 깨닫는 아이들은 인지부조화를 겪을 수 있다. 유럽의 이민 2세대가 그랬던 것처럼 때로 일탈행동을 할 수도 있다. 소수의 일탈 학생들을 바라보는 일반 시민들은 이주민에 대한 편견을 고착화시키며, 이주민에 대한 혐오와 차별을 강화할 수도 있다. 우리는 '교육'을 통해 무엇을 꿈꿔야 할까?

1968년 4월 15일. 마틴 루터 킹 목사가 암살당한 후 11일이 지난 날, 〈피너츠〉의 작가 슐츠는 편지 한 통을 받는다. '흑인 아이 하나를 그려달라'는 내용의 편지였고, 편지를 쓴 사람은 미국 캘리포니아에서 학생들을 가르치는 교사이자 엄마였던 글릭먼이었다. 그는 흑인과 백인 아이들이 평화롭게 공존하기 위한 일로, 당시 모든 미국인의 사랑을 받는 〈피너츠〉에 흑인이 등장하는 것만으로도 백인과 흑인 사이에 우정과 관용이 생길 것이라고 믿었다. 작가인 슐츠는 고민 끝에 찰리 브라운이 해변에서 잃어버린 비치볼을 찾아주는 흑인 아이를 탄생시켰다.[25] 한 사람의 편지는 슐츠가 만나보지 못한 흑인 독자를 위해 용기를 내도록 이끌었다. 큰 변화의 시작은 더 나은 미래를 꿈꾸는 작은 개인들의 용기에서부터 시작된다.

위와 같은 다양성이 존중받는 사회를 위한 개인들의 노력과 더불어 제도적 보완은 반드시 이뤄져야 한다. 다양한 상황의 이주배경학생을 적절하게 지원하기 위한 전문성을 갖춘 교원 및 관리자 양성, 안정적인 예산 확보, 지속적인 교육정책 실행을 위한 전문성을 갖춘 다문화담당 교육전문직 규모를 확대하는 것이 선행되어야 한다. 더불어 '선택적 지원이 아닌 보편적 지원'으로 '국민만을 대상으로 하는 것이 아닌, 시민을 대상으로 하는 지원'으로, 그 모든 것이 안 된다면 학교 안에 존재하는 학생들이 학교의 정해져 있는 교육활동을 이수하는 과정에서 장벽 없이 민주시민으로 성장하도록 더 많은 제도적 개선이 이뤄져야 한다. 사회가 제도적으로 차별을 용인하는데, 학교에서만 상호존중, 문화이해, 권력관계 타파 교육을 한다고 해도 사회변화를 이끌어 내기는 어렵다. 모두를 위한 다문화 교육이 아름다운 구호에 그치지 않고 본질적인 변혁으로 나아가기 위해 실질적인 고민이 필요할 때이다.

---

25) 『친애하는 슐츠씨』, 박상현, 어크로스, 2024

2부. 오늘의 대한민국 교육 현장

04

교육계의 화두,
교사 교(육)권과 학생 인권 논란

이 장 원
교사노동조합연맹 사무총장

교육계의 화두
'교사의 교육할 권리'

교권에 대한 개념에 논란이 있지만, 서이초 교사 사망 사건이 발생한 2023년 이후 지금까지 교육계의 주요 화두는 교권의 개념 중 '교사의 교육할 권리' 문제이다. 일부 학부모들의 악성 민원과 교육활동에 대한 무분별한 아동학대 신고, 그리고 수업방해 학생에 대해 교사가 아무런 조치도 취할 수 없는 상황이 핵심적 문제였다.

30여만 명이 여의도에 결집하는 사상 최대의 교사 대투쟁이 전개되자, 교사의 교권을 강화해야 한다는 데 사회정치적 공감대가 형성되며, 2023년 9월 여야 합의로, '정상적인 학생생활지도는 아동학대로 보지 않는다'는 내용을 핵심으로 교사의 교육활동이 아동학대로 신고 되었을 때 교육감 의견 제출을 의무화하고, 학부모의 악성 민원을 규제하는 등의 내용을 담은 교권 4법(교육기본법, 초·중등교육법, 유아교육법, 교원지위법)이 개정되었다. 연말에는 아동학대처벌법도 추가 개정되어 통칭 '교권 5법' 개정이라 한다.

그러나 교권 5법 개정 이후 2024년 7월 현재 학교 현장에서는 큰 변화가 없다며, 추가 법 개정을 요구하는 목소리가 높다. 교사 출신 백승아 더불어민주당 국회의원은 '서이초 특별법'이라 하여 정서적 아동학대의 구성요건을 명확히 하는 아동복지법 개정안과 '수업방해 학생 분리 지도' 및 '위험 행동 학생에 대한 물리적 제재 허용' 등을 추가한 초·중등교육법 개정안 등 6개 법 개정안을 발의하였고, 정성국 국민의힘 국회의원도 교육활동을 정서적 아동학대에서 제외하는 등의 아동복지법 개정안과 교권 확대 관련 법 개정안을 발의하고 있다.

교사의 교육할 권리 확대 문제는 여전히 진행 중이고, 2024년에도 유·초·중등 교육계의 주요 화두이다. 이 글에서는 여전히 중요한 교육계의 화두가 된 '교사의 교육할 권리 = 교육권' 문제가 대두된 과정과 향후 과제를 짚어보고자 한다.

교사의 교육할 권리,
어떻게 무력화되어 왔나

5·31 교육개혁과 교사의 교육할 권리

교권 침해 가속화의 계기 - 5·31 교육개혁

1990년대에 들어 교권침해 사건이 급증한다. 한국교원단체총연합회의 연도별 교권침해 현황 자료에 따르면 1970년대는 연평균 10건에 그쳤던 교권침해 건수가 1990년대 들어 연평균 50건 이상으로 5배 늘고, 2000년대는 연평균 160건, 2010년대는 430건으로 증가했다.

학계에서는 이 같은 교권침해 사건의 증가와 교권의 추락이 '수요자 중심의 교육'을 기치로 내건 김영삼 정부의 '5·31 교육개혁'을 계기로 가속화된 것으로 보는 시각이 많다. 1995년 5월 31일 발표된 이 교육개혁 방안은 국가 중심의 권위주의적인 기존 공교육에 경쟁 위주의 시장 원리를 도입한 것이 골자다. 기존의 '교육법'을 지금의 '교육기본법', '초·중등교육법', '고등교육법' 체제로 개편하면서 학생과 학부모를 교사와 동등한 교육당사자로 규정해 학교운영에 참여할수 있는 길을 열었다. 이에 따라 학생과 학부모는 교육수요자로 거듭나고, 교사는 수요자의 필요와 요구에 맞는 교육서비스를 제공해야 하는 공급자로 자리매김했다.

학생인권 보장 맥락의 체벌 금지 입법화 - 학생 지도 대안 입법은 부재

학생의 권리는 확대하면서, 교사의 교육할 권리 보호는 방치한 대표적인 사례로 학생체벌금지 입법을 들 수 있다. 많은 사람이 학생인권조례 때문에 체벌이 금지된 것으로 알고 있는데 이는 사실이 아니다.

> "학생인권조례가 제정된 건 2010년대이지만, 학생인권 보호에 대한 사회적 관심이 표면화된 건 이보다 훨씬 앞서 1991년 우리 정부가 18세 미만 아동(어린이·청소년)의 기본권 보호를 목적으로 하는 국제법인 '유엔 아동권리협약'에 서명하면서다. … 학생인권의 핵심인 체벌 금지 문제도 일찍 부각됐다. 정부는 1996년 체벌 금지 방침을 밝혔다가 반발이 일자 1999년 제한적인 체벌 허용으로 물러서면서 논란이 지속됐다. 그러다 2010년 초등학교 담임교사가 학생을 가혹하게 폭행한 '오장풍 교사 사건'으로 체벌 문제가 공론화되면서 그해 11월 서울시교육청 주도로 서울의 모든 초·중·고교에서 체벌이 금지됐다. 뒤이어 2011년 3월 정부가 초·중등교육법 시행령(제31조)을 개정해 도구나 신체 등을 이용한 체벌을 전면 금지함으로써 체벌 금지가 전국적으로 시행됐다."[1]

2011년 3월 18일 이명박 정부는 교육활동 침해행위를 한 경우에는 해당 학생을 지도할 때, "학칙으로 정하는 바에 따라 훈육·훈계 등의 방법으로 하되, 도구, 신체 등을 이용하여 학생의 신체에 고통을 가하는 방법을 사용해서는 아니 된다"고 초·중등교육법 시행령(제31조제1항)을 개정해, 체벌을 완전히 금지시킨다.

학생 인권 보호 강화와 그에 따른 체벌 금지는 불가피한 시대적 흐름이라 할 수 있다. 그러나 당시까지 체벌은 수업방해-교권침해 학생을 제재하는 수단이

---

1) 「[팩트체크] 학생인권조례 때문에 교권침해가 늘어났다?」, 연합뉴스, 2023.8.1

돼 왔기 때문에 체벌 금지 대안 마련이 필요했다. 그러나 대안은 마련되지 않고 책임을 교사에게 떠넘긴 게 교권 약화를 불러오게 된 것이다.

교육의 사법화와 교사의 교육할 권리

수요자 중심의 5·31 교육개혁은 학교 구성원 간의 갈등을 사법적으로 처리하는 '교육의 사법화'를 급속히 진행시켰다. 교육의 사법화는 교육적으로 다뤄져야 할 문제가 사법적으로 다뤄지는 것, 교육이 그 자체적인 논리가 아니라 사법적 논리에 의해 지배받는 현상을 말한다.[2]

교육활동은 교사와 학생, 학생과 학생 간의 교감과 소통 속에서 이루어지는데 학생과 학생 간의 갈등이 법정으로 갈 때 교사가 교육적으로 할 수 있는 일은 없다. 교사의 교육활동이나 생활지도 중의 언행이 법정의 심판 대상이 될 때, 당연히 교사의 교육활동의 수단과 방법은 위축될 수밖에 없다.

학교폭력예방법과 학생 - 학생 관계의 사법화

2024년 7월 9일 대통령직속기구 국민통합위원회는 최근 5년간 학교폭력과 교육활동 침해가 크게 증가했다며, 현재 학교 상황이 또래 간 경미한 다툼마저도 처벌과 불이익에 대한 우려로 인해 법적 분쟁으로 해결하는 '사법 의존'이 심화되고 있다는 우려를 표명했다.[3] 국민통합위원회가 우려를 표명한 학생 간 사소한 다툼마저 법적 분쟁으로 해결하게 된 '교육의 사법 의존'이 심화되는 과정을 살펴보자.

---

2) 「'아동 관련 법'은 어떻게 교육문제로 구성되었는가: 교육의 사법화를 중심으로」, 조현기/손승중, 『교육사회학연구 제33권 제4호』, 한국교육사회학회, 2023. p.54(「학부모의 고소를 경험한 교사의 비판적 자문화기술지」, 김기홍, 『교육사회학연구, 29(2)』, 2019, p.33-66 재인용)

3) 「사회문화분과 정책제안_교육공동체 신뢰회복 방안」, 국민통합위원회, 2024.7.09.

교육 사법화의 시작 - 학교폭력예방법의 제정

교육의 사법화는 2004년 학교폭력예방법의 제정에서부터 시작되었다. '학교폭력'이라는 말은 1995년 고교 1년생 김대현 군이 집단따돌림과 학교폭력으로 자살한 사건을 계기로 정부가 가해 학생 사회봉사명령제, 청소년보호법 제정 등의 대책을 담은 '학교폭력 근절 종합대책'을 발표하면서 정부 공식 용어가 되었다.

학교폭력예방법은 학교폭력을 '학교 내외에서 학생 간에 발생한 폭행·협박·따돌림 등에 의하여 신체·정신 또는 재산상의 피해를 수반하는 행위로서 대통령령이 정하는 행위'로 규정하고(제2조제1호), 학교의 장을 위원장으로 하고 교사, 학부모, 법조인, 경찰 등을 위원으로 하는 학교폭력대책자치위원회를 두어 피해 학생의 보호 및 가해 학생에 대한 선도·징계에 관한 사항 등을 심의하도록 하고(법제10조), 자치위원회가 가해 학생에 대해 취할 수 있는 조치를 명시했다(법 제15조).

이로써 학교는 학생 간의 갈등을 학교폭력예방법에 따라 준 사법적 절차를 밟아 처리할 수밖에 없게 되었다.

학교폭력예방법 - 학생과 학생의 거의 모든 관계를 사법화

학교폭력예방법은 30차례 개정(타법 개정 12회, 일부개정 17회, 전부개정 1회)[4]을 거치면서 학교폭력의 개념과 적용 범위가 크게 확대되었다.

사소한 갈등도 학교폭력예방법에 호소하는 것이 갈등 해결의 유일한 길이 됨에 따라 학교폭력은 줄어들지 않고 해마다 늘고 있다. 학교폭력 전수조사가 실시된 2013년 17,749건이던 학교폭력 건수는 해마다 증가하여 2019년 42,706건으로 2.4배 늘었다. 2020년 코로나 휴업으로 25,903건까지 줄었던 학교폭력 건수는 전면 등교가 이루어진 2022년 62,052건으로 급증했다.

학교폭력 사건의 급증으로 정상적인 교육이 불가하다는 교사들의 민원이 심각해지자, 2019년 8월 20일 학교에 설치되었던 '학교폭력대책자치위원회'를 폐

---

4) 국가법령정보센터 - 학교폭력예방법-연혁

지하고, 교육지원청에 '학교폭력대책심의위원회'를 설치해 학교폭력 사건을 심의하도록 학교폭력예방법이 개정되었다. 대신, 피해 학생 및 그 보호자가 '학교폭력대책심의위원회' 개최를 원하지 아니한 경미한 학교폭력의 경우 학교장 자체 처리를 허용했다. 이에 따라 학교폭력대책심의위원회가 심의한 학교폭력 사건은 대폭 줄었다. 그러나 학교장 자체해결 사안도 법률상 학교폭력 사안이라서 학교나 교사가 교육적으로 개입할 수 있는 여지는 여전히 없었다.

2012년 학교폭력 사건 학생부 기재 - 가속화 된 교육의 사법화

2011년 말 대구의 한 중학생이 집단 괴롭힘 끝에 투신자살하는 사건이 발생하자 2012년 2월 이명박 정부는 학교폭력대책자치위원회 조치 사항을 학생생활기록부에 기재해 대학입시에 반영하고 학교폭력을 은폐·축소하는 교사를 징계하는 방안을 도입하며, 매년 두 차례 '학교폭력 실태조사'를 의무적으로 실시하도록 하는 '학교폭력 근절 종합대책'을 발표하였다.

조치사항을 학생생활기록부에 기록해 대학입시에 반영하도록 한 조치는 불복 소송을 유발하여, 교육의 사법화를 더욱 촉진하는 촉매가 되었다. 불복 소송과 관련하여 2012년 3월 21일 피해 학생이 학교폭력자치위원회의 결정에 대하여 재심을 거쳐 이에 불복하는 행정심판을 허용한 데 이어, 2019년 8월 20일 가해 학생 또는 그 보호자도 행정심판을 허용하도록 법이 개정됨에 따라 2020년부터 가해자의 행정심판 신청이 해마다 증가하고 있다.

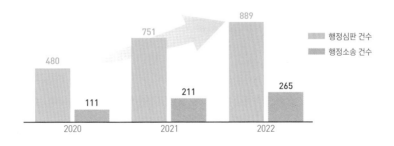

아동복지법 - 아동학대처벌법과 교사 - 학생 관계의 사법화

급증하는 교직원에 대한 아동학대 신고

2012년 아동학대 가해 초·중·고 교직원 수는 16명에 불과했다. 그러나 해마다 급증하여 2022년에는 100배나 증가한 1,602명이었다.

▨ 연도별 아동학대 사건 수[5]

연도	2012	2013	2014	2015	2016	2017	2018	2019	2020	2021	2022
학교가 장소인 건수	25	40	171	258	609	1,344	2,086	2,277	893	1,152	1,654
교직원이 가해자인 건수	16	31	145	234	576	1,345	2,060	2,154	882	1,089	1,602

출처: 세계일보, 2023.9.17.

2022년 아동학대 판단 건수 중 고소·고발 등으로 검경의 수사 등이 진행된 사건은 1만2,483건(44.6%)이다. 이 중 아동학대 혐의가 입증돼 형사처벌을 받은 경우는 1.2%인 147건이다. 교사들이 주로 피소된다는 정서학대는 판단 건수가 2018년 5,862건에서 2022년 1만632건으로 81.4%나 급증했지만, 유죄율은 기소된 건(3,696건)의 1.3%인 46건에 불과하다.[6]

▨ 연도별 아동학대사례 추이

(단위: 건, 괄호 안은 전체 아동학대 중 정서학대 비중 %)

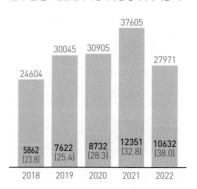

자료: 보건복지부, 출처: 세계일보, 2023.9.17.

---

5) 국가통계포털(KOSIS) : 보건복지부, 「학대피해아동보호현황」 중 아동학대 발생장소, 학대행위자와 피해아동과의 관계 검색 정리

6) 「교원 상대 아동학대 고소 늘지만… 실제 처벌 1.2%대」, 세계일보, 2023.9.17

2022년 1,700여 교사가 아동학대로 신고 돼

지자체가 아동학대로 판단한 유·초·중·고 교직원 1,602명 중 교사가 몇 명인지도 정확히 알 수 없다.[7] 다만, 2024년 7월 17일 교육부가 발표한 2023년 9월 25일에서 2024년 6월 30일까지의 '교육감 의견 제출 현황' 자료에 따르면 2022년 아동학대로 신고 된 교사가 월평균 142명이라고 하는 바, 2022년 신고 된 교사는 1,704명 내외이다.

아동학대로 신고 된 교사의 불이익

아동학대로 신고 되면, 각종 조사를 받아야 함은 물론, 학교 내에서 피해 학생과의 분리조치로 담임 교체 등의 조치가 잇달아 정상적인 수업을 할 수 없는 상황에 놓이게 된다. 그리고 경찰이 수사에 들어가면 직위해제도 뒤따르는 경우가 많다.

연간 1,700여 명이나 아동학대로 신고 되지만, 기소율이 3.76%에 불과하다면, 95% 이상의 교사들은 정당한 이유 없이 이런 권리 침해를 감수해야 하는 상황이다. 그러면서 어떤 항변도 하기 힘든 상황이다. 그래서 교사들은 아동학대 신고가 무서워 "아무것도 할 수 없다"고 무력감을 토로하게 된 것이고, 이런 무기력함에 대한 분노가 2023년 교사 대투쟁으로 폭발한 것이다.

왜 어떻게 이렇게 되었는지 아동학대 신고가 교사의 교육권을 무력화하게 만드는 과정을 짚어보자.

2000년 개정 아동복지법-교사의 교육활동과 관련 시작

2000년 전면 개정된 아동복지법은 "아동의 건강·복지를 해치거나 정상적 발달을 저해할 수 있는 신체적·정신적·성적 폭력 또는 가혹행위 및 아동의 보호자에 의하여 이루어지는 유기와 방임"을 아동학대라 정의하고(제2조제4호), 신체적

---

7) 다만, 2022년 아동학대 교사에 대한 검경의 수사건수가 434명이고, 지자체 아동학대 판단건수 중 검경 수사건수 비율이 44.6%인바, 434÷0.446=973인바, 1,602명중 교사 수는 950~1,000 내외가 되지 않을까라는 짐작할 수 있다.

학대, 성적 학대, 정서적 학대, 유기·방임을 금지행위로 명시하였다(제29조). 그리고 초·중·고 교원이 직무상 아동학대를 알게 된 때는 즉시 아동보호전문기관 또는 수사기관에 신고하도록 하는 의무 규정을 두게 되었다(제26조 제2항 제1호).

2014년 아동학대처벌법 제정 - 교사 교육활동 아동학대 신고 급증 계기

2014년 1월 28일 「아동학대범죄의 처벌 등에 관한 특례법(아동학대처벌법)」이 제정되었다. 이 법은 보호자(교사도 해당)에 의한 아동학대(아동복지법 제17조 금지사항 위반 등을 포함)를 아동학대 범죄로 규정하고 이를 가중처벌 하도록 하였으며, 아동복지법의 '아동학대 신고 의무와 절차'에 관한 규정을 '아동학대 범죄 신고 의무와 절차'(제10조)로 명칭을 바꾸어 옮겨 이 법에 규정하였다.[8]

그리고 아동학대 범죄 등으로 유죄판결을 받은 경우, 유치원, 초·중·고등학교 등의 취업을 10년까지 제한하도록 아동복지법이 개정(아동복지법 제29조의3 신설)되어, 교사가 아동학대 범죄로 유죄판결을 받으면 면직될 수밖에 없게 되었다.

2016년 아동학대 의심 신고자 보호 조치 강화법 개정 - 의심 신고 급증

교육부는 2016년 2월 22일 '미취학 및 무단결석 등 관리 대응 매뉴얼'을 발표해 학생이 3일 이상 장기 결석하면 학교장이나 교사가 사회복지 전담공무원과 함께 가정 방문을 통해 학생을 직접 대면하여 안전 여부를 확인하도록 하고, 이 과정에서 학대가 의심되는 경우 학교장이 즉시 경찰에 수사를 의뢰하도록 하는 대책을 발표했다.[9] 그리고 2016년 5월 29일 아동학대처벌법을 개정(제10조의2, 제10조의3 신설)해 아동학대 범죄 신고자에 대한 불이익 조치를 금지하고, 「특정범죄 신고자 등 보호법」을 준용해 보호하도록 하였다.

이로써 교사의 공공연한 교육활동에 대해서도 학부모가 '아동학대인지 의심

---

8) 아동복지법에서 '아동학대 신고 의무와 절차'에 관한 규정(당시 25조)은 삭제됨
9) 「신체학대 /인천 연수구 아동 학대 사건(장기결석아동, 취학의무)」, 네이버블로거, 아동학대추적

스럽다'는 이유로 신고하면, 피신고 된 교사는 조사를 받고 많은 경우 분리조치 등 불이익을 받아야하지만, 신고자는 어떤 불이익도 받지 않게 되었다. 이로 인해 이 법조항을 악용하는 학부모들이 급속히 늘어나게 된다. 지자체 아동학대 가해자 판단 초·중·고 교직원 수가 2015년 234명에 비해 2016년 2.46배(576명), 2017년 5.75배(1,345명), 2018년 8.8배(2,060명)로 급증한 것은 이 때문일 것이다.

게다가 2021년 9월 24일 아동학대로 신고 되어 수사 중인 교육공무원은 임용권자가 직위해제를 할 수 있도록 교육공무원법이 개정(제44조의2 제4항'마'목 신설, 2021. 12. 25 시행)되었다. 일부 교육감은 아동학대로 신고 되면 유무죄를 떠나 우선 직위해제를 함으로써 아동학대 신고는 교사들의 최대 공포 대상이 되어 갔다.

교육할 권리 확보를 위한
교사의 노력과 투쟁

교사의 교육할 권리 입법 - 생활지도권의 입법

교육의 사법화가 급속히 진행된 지난 20년 동안, 교사의 교육활동에 대해 사법적으로 대응하는 학부모와 학생들이 늘어갔지만, 교사들은 이에 맞설 교육권 보호를 위한 법적 장치가 부족했다.

1997년까지 교사의 지위에 관한 법령은 교육법 제75조제1항제1호의 '교사는 교장의 명을 받아 학생을 교육한다'는 규정 한 줄뿐이었다. 이 조항은 1997년 말 교육법이 교육기본법, 초·중등교육법, 고등교육법으로 분리 제정하면서, '교사는 법령이 정하는 바에 따라 학생 또는 원아를 교육한다'(초·중등교육법 제20조제3항)라고 바뀌었다.

그러나 이후, 교사가 따라야 할 '법령'은 정해지지 않았다. 이에 따라 교육활동이나 생활지도 사안이 법적으로 쟁송이 되면 학교장이 책임을 회피하고, 그 책임은 교사가 지는 불합리한 상황이 발생하여 교사들의 불만이 급증하게 된다. 이는 교사의 교육할 권리를 입법하라는 요구로 발전한다.

2019년 교원지위법 개정 - 실효성 있는 첫 법 개정

교권침해 사건이 급증함에 따라 정부는 2000년부터 교권침해를 막기 위한 '교사 안전망' 구축에 나섰다. 2006년 안전망 강화 대책에 이어 2012년 '교권보호 종합대책'을 내놨다. '교원지위 향상을 위한 특별법'(1991년 제정, 교원지위법)을 2016년 대대적으로 개정해 각종 교권보호방안을 마련했으나 여전히 강제할 수단이 없어 실효성이 떨어진다는 지적을 받았다.[10]

교사의 교육권을 강화하는 실효성 있는 입법의 첫 사례는 교권침해 학생에 대한 징계 대책을 담은 2019년 '교원지위법'의 개정일 것이다.

2017년 서울교사노조는 실효성 있는 교권침해 대책 마련을 교섭안으로 요구하여 2018년 3월 "교육청은 학생의 학습권과 교육권 보호를 위하여 교사의 교육활동을 심각히 침해한 학생에 대한 실질적 조치를 취하고 실효성 있는 내용이 입법화되도록 노력한다"는 단체협약을 체결했다.[11] 이어 교사노동조합연맹은 2018년 단체교섭에서 '교육부는 교권침해 행위에 대한 교육감의 고발 조치 의무화, 특별교육 미이수 학부모에 대한 과태료 부과, 교원침해 학생 강제 전학 허용 등을 내용을 담은 교원지위법 개정을 위해 노력한다'는 교섭안을 요구하여 2019년 1월 교육부와 합의하였다.[12]

---

10) 「[팩트체크] 학생인권조례 때문에 교권침해가 늘어났다?」(연합뉴스)
11) 『새로운 길』, 교사노동조합연맹사 편찬위원, 교사동조합연맹, 2022, p.223
12) 『새로운 길』, p. 224~5

이미 발의되어 있던 교원지위법에 교육부가 동의함으로써 2019년 4월 16일 위와 같은 내용을 담은 교원지위법이 개정되었다. 이로써 교권침해 학생에게 봉사, 특별교육·심리치료, 출석정지, 학급교체, 전학, 퇴학 등의 조치를 취할 수 있게 되었고, 특별교육·심리치료 불참 학부모에게도 과태료가 부과될 수 있게 되었다.

2022년 학생지도권 입법 - 교사의 교육할 권리 첫 입법

2022년 5월 전북 초등학생의 교권침해 사건[13]을 계기로 교사노동조합연맹은 교사에게 생활지도권을 부여하는 초·중등교육법 개정안을 마련하여 입법 활동에 나섰다. 한국교총도 유사한 법 개정안을 마련하여 입법 활동에 나섰다.

이 입법안은 여야 의원들이 발의하여 2022년 12월에 교사의 생활지도권한이 초·중등교육법에 명기되는 의미 있는 법 개정이 이루어졌다. 1997년 "교사는 법령이 정하는 바에 따라 학생 또는 원아를 교육한다"고 초·중등교육법이 개정된 후 25년 만에 교사의 교육할 권리가 처음으로 법제화된 것이다. 교사 교육권의 첫 입법이란 역사적 의미를 갖는 법 개정이었다. 여야 합의로 2022년 12월 27일 법 개정이 이뤄져 2023년 6월 28일 시행되게 된다. [14]

현 행	개 정 안
제18조(학생의 징계) ① 학교의 장은 교육을 위하여 필요한 경우에는 법령과 학칙으로 정하는 바에 따라 학생을 징계하거나 그 밖의 방법으로 지도할 수 있다. 다만, 의무교육을 받고 있는 학생은 퇴학시킬 수 없다.	제18조(학생의 징계) ① --------------------- -------------- 징계할 수 있다. ---------
\<신 설\>	제20조의2(학교의 장 및 교원의 학생생활지도) 학교의 장과 교원은 학생의 인권을 보호하고 교원의 교육활동을 위하여 필요한 경우에는 법령과 학칙으로 정하는 바에 따라 학생을 지도할 수 있다.

---

13) 흉기 들고 "교사 찌르겠다"…초등 학폭 전학생에 학생·학부모 '벌벌'. 동아일보. 2022.6.22
14) 『선생님, 나는 당신입니다』, 박석균 외, 교사노동조합연맹, 2024, p.481~484

이 초·중등교육법의 개정 후, 같은 내용으로 2023년 9월 27일 유아교육법 개정(제21조의3 신설), 2024년 2월 6일 영유아보육법 개정(제18조의5 신설)이 이어져 유치원교사와 보육교사에게도 생활지도권이 부여된다.

초·중등교육법 시행령 개정과 학생생활지도 고시

교사에게 생활지도권을 부여한 초·중등교육법 개정에 따라 교사의 생활지도권은 초·중등교육법 시행령(2023.6.27. 개정, 28일 시행)에 다음과 같이 구체화된다.

> **시행령 제40조의3(학생생활지도)**
>
> ① 학교의 장과 교원은 법 제20조의2에 따라 다음 각 호의 어느 하나에 해당하는 분야와 관련하여 조언, 상담, 주의, 훈육·훈계 등의 방법으로 학생을 지도할 수 있다. 이 경우 도구, 신체 등을 이용하여 학생의 신체에 고통을 가하는 방법을 사용해서는 안 된다.
> 1. 학업 및 진로
> 2. 보건 및 안전
> 3. 인성 및 대인관계
> 4. 그 밖에 학생생활과 관련되는 분야
>
> ② 교육부장관은 제1항에 따른 지도의 범위, 방식 등에 관한 기준을 정하여 고시한다.

이어 시행령 제40조의3 제2항에 따라 2023년 9월 1일 '교원의 학생생활지도에 관한 고시'가 제정 시행되어, 생활지도 영역에 한정되긴 하였지만, 교사의 교육권은 완결적 체계를 갖는 법적 권한으로 입법되었다.

정당한 생활지도를 아동학대로 보지 않는다는 법 개정안 제안

교사의 교육활동에 대한 아동학대 의심 신고가 급증하면서 아동학대 신고로부터 교사의 교육권을 보호하라는 요구는 교원단체 공통의 요구로 부상하였다.

2023년 3월 교사노동조합연맹은 개정된 초·중등교육법의 교사 생활지도권을 근거로 하여, '초·중등교육법상의 학생생활지도는 아동학대로 보지 않는다'는 초·중등교육법 개정안 등을 마련해 2022년 법 개정을 이끌던 더불어민주당 강득구 의원(2023.3.15.), 국민의힘 이태규 의원(2023.3.20.)에 입법 발의를 요청하고, 4월부터 아동학대 신고 피해 예방을 위한 교육활동 보호 법률 제정을 요구하는 교사 서명을 시작했다. 그리고 더불어민주당 노동존중실천단을 통해, 법제사법위와 보건복지위 의원들에도 아동학대처벌법과 아동학대처벌법에 같은 내용의 법 개정을 추진해줄 것을 요청하였다.

여야 합의로 정당한 생활지도 아동학대로 보지 않도록 법 개정

이 입법안은 여야 의원들에 의해 입법 발의되고, 2023년 교사 대투쟁 과정에서 여야 합의로 초·중등교육법, 유아교육법, 그리고 아동학대처벌법 개정에 반영되었다. 초·중등교육법과 유아교육법에는 '교원의 정당한 생활지도는 「아동복지법」 제17조제3호, 제5호 및 제6호의 금지행위 위반으로 보지 아니한다'는 내용이, 아동학대처벌법에는 「유아교육법」과 「초·중등교육법」에 따른 교원의 정당한 교육활동과 학생생활지도는 아동학대로 보지 아니한다'는 내용이 담겼다. 아동복지법 개정은 이루어지지 않았다.

남은 과제 - 교사의 교육권 추가 보호 입법 과제

2023 대투쟁 1년 - '변한 것이 없다'는 교사들

교육의 사법화 심화 속에서 2022~2023년 교사들의 교육권 입법은 앞에서 본 바와 같이 괄목할만한 진전을 이루었다. 그러나 교사들은 2024년 교육현장이 크게 달라진 게 없다고들 한다.[15]

수업방해 학생 분리제도 법제화, 정서적 아동학대 관련 아동복지법 개정 등 2023년 교사들의 절실한 요구가 입법화되지 못해 실효성 있게 교사의 교육권이 보호되지 못하고 있는 현실의 반영이다.

교사 교육권 강화 추가 입법 - "서이초 특별법"

더불어민주당 백승아 의원은 '2023 교사 대투쟁' 이후 '변한 것이 없다'는 교사들의 요구를 받아 '서이초 특별법' 제정을 추진하고 있고, 다른 의원들도 교사의 교육할 권리 관련 각종 추가 입법을 추진 중이다. 백승아 의원의 서이초 특별법의 주요 내용은 다음 다섯 가지이다.

첫째, 교사의 본질 업무 법제화. 여러 기관에서 맡아 처리해야 할 일들이 교사 개인의 업무와 책임으로 넘어오면서 학습지도, 생활지도 등 교사의 가장 본질적인 업무는 뒷전으로 밀리고 있어 교사의 본질 업무를 법으로 규정해 교사의 본질 업무에 대한 교육 당국의 지원을 의무화하자는 것이다.

둘째, 학생 분리 지도 법제화. 2023년 미완의 입법 과제인 분리지도 법제화를 통해 분리제도 시행을 확고히 하고 이로 인한 분쟁의 소지를 없애고, 제도 운용에 대한 당국의 지원을 의무화하자는 것이다.

셋째, 학교 민원응대 시스템 법제화. 법상 학교장에게 민원응대 책무가 부여되었으나 업무 펑퐁으로 제도 운용이 제대로 되고 있지 아니한바, 교사를 위한

---

15) 「교권침해 신고 늘고 아동학대 기소 줄었지만…현장에선 "변화 없어"」, 아시아투데이, 2024.7.17.

별도의 민원 대응 관련법을 제정해 그에 기반한 매뉴얼을 만들어 교사들이 악성 민원에 시달리지 않고 교육활동에 전념할 수 있게 하자는 것이다.

넷째, 정서적 아동학대 구성요건 명확화. 아동복지법상 정서적 아동학대 구성요건을 명확화하는 방향으로 개정해서 교권 4법 개정 이후에도 여전한 아동학대 고소·고발의 남발을 줄여 나가자는 것이다.

다섯째, 학교폭력 업무 전문기관 법제화. 학교폭력예방법을 개정해 일상의 갈등 상황이나 교육적 범위를 넘어서는 학교폭력 사안에 대해서는 학교전담경찰관 SPO 등 외부의 전문기관으로 업무를 완전히 이관하도록 하자는 것이다. [16] 여기에 법령을 준수한 생활안전지도와 관련해서는 다른 직종처럼 교사에게 면책권을 부여하는 학교안전법 개정안이 추가되어 추진되고 있다.

정서적 아동학대 관련 아동복지법 개정에 대한 이견

백승아 의원 등 46인은 2024년 7월 5일 정서적 아동학대의 정의를 "아동의 정신건강 및 발달에 해를 끼치는 정서적 학대 행위로서 반복적·지속적이거나 일시적·일회적이라고 하더라도 그 정도가 심한 것으로 판단되는 행위"로 그 구성요건을 명확히 하고, "「유아교육법」 제21조의3제1항 및 「초·중등교육법」 제20조의2제1항에 따른 정당한 학생생활지도를 포함하여 대통령령으로 정하는 사회통념에 반하지 않는 교육·지도 등 행위는 제외한다"는 단서를 신설하는 아동복지법 개정안을 발의하였다.

이 법 개정안에 대해 민주사회를 위한 변호사모임 아동청소년인권위원회, 참교육학부모회 등은 7월 19일 "아동복지법은 아동의 권리와 복지 증진을 목적으로 하는 법률이다. 그러나 이번 아동복지법 개정안은 교육 현장의 문제를 해결

---

16) 『선생님, 나는 당신입니다』(2024), p.504

한다는 명목하에 이 법의 근본 취지를 훼손하고 있다. 특히 이 법에서 정서적 학대의 정의를 축소하는 것은 전반적인 아동보호 체계를 약화시키는 결과를 초래할 여지가 있다"고 반대 입장을 표명하였다.[17] 반면 7월 22일 교사노조연맹, 전교조, 한국교총, 실천교사모임 등은 적극지지 입장을 표명하였다.

교사들의 경우 정서적 아동학대의 구성요건을 명확히 하는 아동복지법 개정에 대해 절대적으로 지지하는 입장이지만, 일부 법조계와 학부모 등의 반대 입장이 있어 이 법 개정안이 여야 합의로 법 개정까지 이룰 수 있을지는 불투명하다.

교사의 교육권과 학생인권 논란

학생인권조례와 교권침해 논란

보수교육계 - 학생인권조례가 교권 추락의 주요 원인이라 주장

서이초 교사 사망 사건으로 교사들의 분노가 치솟던 2023년 7월 24일 이주호 교육부 장관이 교원 간담회에서 "학생인권조례 제정 이후 학생의 인권이 지나치게 강조되면서 교사들의 교권은 급격하게 추락했으며 공교육이 붕괴되고 있다"고 말한 이후 보수교육계 쪽에서는 학생인권조례가 교권 추락의 주요 원인이라 주장하며 학생인권조례 폐지를 교권 회복 방안의 대안으로 제시해왔다.

---

17) 「아동복지법 및 초·중등교육법 개정안에 대한 심각한 우려를 표명한다」, 민주화를 위한 변호사모임 홈페이지, 2024.7.19

학생인권조례와 교권침해 상관관계 "별로 없음"

그러나 학생인권조례가 교권 추락의 주요 원인이라는 주장은 객관적 사실과 부합하지 않는다. 2023년 7월 현재 학생인권조례는, 2010년대 제정 시행된 4개 시·도(경기: 2010년 10월, 광주: 2012년 1월, 서울: 2012년 1월, 전북: 2013년 7월), 2020년대 제정 시행된 3곳(충남: 2020년 7월, 제주: 2021년 1월, 인천: 2021년 9월) 등 17개 시도 가운데 7개 시도에서만 시행 중이다. 그런데 학생인권조례가 제정 시행된 곳과 인권조례가 없는 지역 간의 교권침해 발생 현황이 크게 차이가 없다는 것이 확인되고 있기 때문이다.

> "교육부 통계로 보면 인구 비중이 큰 경기와 서울에서 학생인권조례가 시행된 2010~2012년 전체 교권침해 건수가 눈에 띄게 늘어났지만, 시도별 추이를 살펴 보면 학생인권조례와 직접 연관 짓기는 어려워 보인다. 학생인권조례가 제정되 지 않았던 부산, 대구, 인천, 대전, 울산, 강원, 충북, 전남, 경북, 경남, 제주에서 도 2011~2012년 교권침해가 크게 늘었다 감소하는 등 전국적으로 유사한 흐름 이 나타났다. 전북은 학생인권조례가 제정·시행된 2013년부터 교권침해 건수 가 오히려 감소했다."[18]

학생인권법 제정론과 교권의 교육권 무력화 우려

야당, 학생인권조례 대신 학생인권법 제정 추진

서울, 충남 등 국민의힘 의원들이 과반이 넘는 시·도 의회에서 학생인권조례 폐지를 추진하자, 더불어민주당은 2024년 3월 12일 청소년 공약을 발표하면서, "서울, 충남 등 학생인권조례 폐지 움직임에 대응한 법률체계를 마련하고 차별 받지 않을 권리 및 참여권, 자유권, 휴식권 등 학생기본권과 보호 방안을 명시하

---

18) 「[팩트체크] 학생인권조례 때문에 교권침해가 늘어났다?」, 연합뉴스, 2023.8.1.

고 학생인권센터 설치 및 인권침해 구제 방법, 교직원 존중 및 교육 활동 방해 금지 등을 포함하는 학생인권법 제정을 추진하겠다"고 밝혔다. [19]

2024년 6월 20일 사회민주당 한창민 의원 등 10인이 21대 국회에서 발의되었다가 폐기되었던 강민정 의원안과 똑같은 내용의 '학생인권 보장을 위한 특별법'을 발의하였다. 그리고 7월 15일 더불어민주당 김문수 의원과 문정복 의원이 '학생인권 보장을 위한 특별법안 입법 토론회'를 개최하였다.

교원단체 학생인권특별법 "교육활동 생활지도 무력화 우려" 반대

학생인권특별법 제정에 대해 3대 교원단체는 모두 교육활동과 생활지도의 무력화를 우려하며 반대 입장을 밝혔다. 한국교원단체총연합회는 '서울특별시교육감-더불어민주당 등의 학생인권특별법 제정 추진에 대한 입장'이라는 보도자료를 통해 "교실 붕괴, 교권 추락 외면하는 학생인권특별법 제정 반대한다"는 입장을 밝혔다. [20]

전국교직원노동조합은 7월 10일 '최근 국회에서 논의 중인 학생 인권 관련 법안에 대한 전국교직원노동조합 입장'이란 보도자료를 통해 "기존 학생생활지도 고시와 상충하는 내용을 담고 있어 학교 현장에 큰 혼란과 분쟁을 발생시킬 여지가 있다"고 우려를 표명했다. [21]

교사노동조합연맹은 7월 8일 국회의원실에 법안에 대한 반대의견을 공식 전달하였다. [22] 그리고 7월 15일 김문수 의원실이 개최한 토론회에 대한 논평을 통해 "학교교육의 무력화·사법화 촉진하고 학생의 자발성·주체성 저해할 것"이라 우려하고 입법 발의를 전면 재고하라고 요구하였다. [23]

---

19) 「"기대와 우려 동시에"... 총선공약으로 등장한 민주당 '학생인권법'」, 오마이뉴스, 2024. 3. 17.
20) 「서울교육감-더불어민주당 등의 학생인권법 제정 추진에 대한 입장」, 한국교원단체총연합회, 2024.4.30
21) 「전국교직원노동조합, 최근 논의되는 '학생인권법'에 관한 입장 표명」, 교육희망, 2024.7.10
22) 「학생인권법 발의 입법 중단 촉구」, 교사노동조합연맹 홈페이지 주요활동, 2024.7.8
23) 「학생인권보장을 위한 특별법안 입법 토론회에 대한 교사노동조합연맹의 논평」, 교사노동조합연맹, 2024.7.15

학생만을 위한 별도 입법이 필요한 합리적인 이유가 있는가?

흔히 학생인권특별법은 2006년 17대 국회에서 최순영 민주노동당 의원이 최초로 발의한 것으로 알려져 있지만, 별도 입법안이 아니라 초·중등교육법 개정안이었다(초·중등교육법에 학생인권 관련조항 신설, 의안법호 4042, 2006. 3. 13.). 이후 2013년 4월 5일 김상희 의원 등 22인이 '아동·청소년 인권법안'을 발의한 바 있지만, '학생인권법안'은 발의된 바 없다.[24] 2024년 3월 6일 강민정 의원이 발의한 학생인권특별법이 처음이다.

2013년 「아동·청소년 인권법안 검토 보고」에 따르면, 아동·청소년 인권 사항은 헌법이나 아동·청소년 관련법으로 규정하는 나라가 대부분이고, 아동·청소년 인권법안처럼 「아동인권법」을 명시적으로 제정한 나라는 라트비아[25]뿐이라고 한다.[26] 당연히 학생만의 인권법을 제정한 나라도 없을 것이다. 세계 각 나라에 학생인권법 제정 사례가 없는 것은 별도 입법의 필요가 없기 때문이라 해석할 수 있는 바, 학생인권특별법을 제정하려면 별도 입법이 필요한 합리적인 이유가 충분히 설명되어야 할 것이다.

수업방해학생 분리제도 법제화와 학생인권 침해 논란

2024년 7월 5일 백승아 의원 등 50인은 학생의 학습권과 교사의 교육권 보호를 위해, 수업방해 학생의 분리제도를 법제화하고, 폭력을 행사하는 학생에 대해 물리적 제재를 허용하는 다음과 같은 내용을 담은 초·중등교육법 개정안을 입법 발의하였다.

---

24) 국회 의안정보시스템을 통해 확인
25) 유럽 북동부 발트해(海)의 동해안에 있는 나라. 1991년 소련에서 완전 독립을 이룬 공화국.
26) 「아동·청소년인권법안【김상희의원 대표발의】검토보고」, p. 10~11

"학생이 교육활동을 방해하여 다른 학생들의 학습권 보호가 필요하다고 판단되는 경우 대통령령으로 정하는 방법에 따라 해당 학생을 분리할 수 있다."
(개정안 제20조의4 제1항)

"학교의 장은 분리 조치된 학생을 위하여 별도의 공간 및 전담 인력을 두고, 해당 학생에 대한 별도의 교육방법을 마련하여야 한다."(동조 제4항)

"교육활동 중 자신 또는 타인의 생명·신체에 위해를 끼치거나 재산에 중대한 손해를 끼칠 우려가 있는 긴급한 경우에는 학생의 행위를 물리적으로 제지할 수 있다. 이 경우 물리적 제지의 방법 등 필요한 사항은 대통령령으로 정한다"
(개정안 제20조의2 제2항)

수업방해 학생 분리제 입법은 학생인권 침해라는 주장 등장

그런데 학생인권조례 폐지, 학생인권특별법 제정 추진 과정에서의 학생인권과 교사 교육권 관계 논란이 수업방해 학생 분리제 입법 문제에서도 다시 재연되고 있다.

민주사회를 위한 변호사모임 아동청소년인권위원회, 참교육학부모회 등은 2024년 7월 19일 아동복지법 개정에 반대하는 성명서에서 "학생 행위에 대한 물리적 제지를 합법화하는 조항의 경우에는 교사의 권한을 과도하게 확대하여 학생의 신체의 자유와 인격권을 심각하게 침해할 수 있다", "필요한 경우 학생을 분리할 수 있다는 조항도 학생의 기본적인 교육받을 권리를 침해한다"는 등의 이유로 수업방해 학생 분리제도 법제화와 폭력행사 학생 물리적 제제 허용 법제화에 반대하고 나섰다.[27]

---

27)「아동복지법 및 초·중등교육법 개정안에 대한 심각한 우려를 표명한다」(2024.7.19.)

수업방해 학생 분리제도는
교육권과 학습권 보호 위한 세계 보편적인 제도

수업방해 학생의 분리와 폭력 행사 학생에 대한 물리적 제제 허용은 교사의 교육할 권리를 보호하고 다른 학생의 학습할 권리를 보장하기 위해 세계 대부분의 나라에서 보편적으로 허용하는 제도이다.

미국 루이지애나주의 경우 「교사 권리장전」을 마련하여 가르칠 권리, 학생을 훈육할 권리, 수업을 방해하는 학생을 교실에서 퇴장시킬 권리 등을 규정하였다. 영국의 경우 교사에게 학습자를 훈육할 수 있는 권한이 부여되어 있다. 학습자를 별도의 장소로 이동 조치, 부적절한 물품 압수, 제재를 위해 합당한 물리력 사용 등의 권한을 명시하였다. 일본의 경우 학교의 질서유지와 다른 학생의 교육권 보장을 위해 '출석정지' 제도를 운용하고 있다. 품행 불량으로 교육에 방해가 되면 학생의 출석정지를 명할 수 있다. 핀란드의 경우 「기초교육법」은 "수업방해, 학교 질서 침해 등을 행한 학생에게 2시간 이내에서 방과 후에 남게 하거나 서면경고, 중대한 경우 최대 3개월의 기간 동안 정학처분을 할 수 있도록" 규정하였다. 또한 "교장 및 교사가 교실 등의 공간이나 학교가 주최하는 행사에서 중대한 문제행동을 한 학생에 대해 떠나라는 명령을 내릴 수 있도록" 규정하였다.[28]

---

28) 「'교권보호4법'의 의미와 외국의 관련 사례」, 이덕난, 『행복한교육 2023년 11월호』, 교육부, 2023

사회적 합의로 교사 교육권과 학생 학습권 함께 보장되길 바란다

'2023 교사 대투쟁'이 남긴 과제로 교육계는 교사의 정상적 교육활동을 아동학대 신고부터 보호할 수 있는 실질적인 제도 개선책으로 정서적 아동학대 구성요건을 명확히 하는 아동복지법 개정과 교사에게 수업방해 학생을 분리할 권한을 부여하는 초·중등교육법 개정을 가장 중요한 과제로 꼽고 있다.

그런데, 일부 인권단체와 학부모 단체들이 '아동 인권'과 '학생 인권'이 침해될 수 있다는 이유로 법 개정 반대에 나서, 법 개정을 지지하는 교원단체와 대립하고 있다.

헌법재판소가 법원의 정서적 아동학대 판단기준이라 명시한 '아동에 가해진 유형력의 정도', '지속성', '반복성'을 정서적 아동학대의 구성요건으로 명기한 것이다, 이를 명기하는 것은 아동학대의 범위를 좁히는 것이 아니라, 법원의 판단기준을 명확히 하는 것으로 급증하는 정서적 아동학대 신고의 오남용으로 인한 사회적 낭비를 줄이는 효과가 있다.

교육부에 따르면, 교권 4법 시행 이후 7개월간 수사기관이 '정당한 교육활동'이란 교육감 의견을 받고 처리한 사건 110건 중 95건(86.3%)이 불기소 또는 불입건으로 종결되었고, 교원이 기소된 사건은 3건(2.7%)에 그쳤다. 따라서 정서적 아동학대의 구성요건을 위와 같이 법원의 판단기준으로만 명확히 하여도 무분별한 아동학대 신고와 그 신고에 따른 수사로 인한 사회적 낭비를 대폭 줄일 수 있을 것이다.

헌법 제31조는 제1항과 제4항에서 국민의 교육권(=교육을 받을 권리)과 교육의 자주성과 전문성을 동시에 규정하고 있다. 여기에서 국민의 교육권은 학생의 학습권으로 해석되어 학습권과 교사 교육권 간의 관계 문제가 사회적 논제의 주요 쟁점이 되어 왔다. 이와 관련하여 대법원은 2023년 9월 14일 "부모 등 보호자는 보호하는 자녀 또는 아동이 바른 인성을 가지고 건강하게 성장하도록 교육할 권리와 책임을 가지며, 보호하는 자녀 또는 아동의 교육에 관하여 학교에 의견을 제시할 수 있고, 학교는 그 의견을 존중하여야 한다(교육기본법 제13조). 이처럼 부모 등 보호자는 보호하는 자녀 또는 아동의 교육에 관하여 의견을 제시할 수 있으나, 이러한 의견 제시도 교원의 전문성과 교권을 존중하는 방식으로 이루어져야 하며, 교원의 정당한 교육활동에 대하여 반복적으로 부당하게 간섭하는 행위는 허용되지 않는다"고 판시한 바 있다.[29]

이 판결은 아직 쟁점이 되고 있는 교사 교육권과 학생 학습권 간의 관계에 대한 사회적 합의의 기준이 되지 않을까 한다, 이러한 인식을 바탕으로 교사의 교육권과 학생의 학습권을 함께 보장하는 사회적 기준이 정립되어, 교육현장의 혼란이 하루빨리 정돈되길 바란다.

---

29) 판례, 대법원 2023.9.14 선고, 2023두37858 판결

03.

2025년 한국 교육의

변화와 전망

3부에서는 2025년에 크게 바뀌거나 새롭게 시작될 정책을 분석하고, 향후 전개 상황을 예측하는 내용으로 구성되어 있습니다. 『대한민국 교육트렌드 2025』라는 제목에 가장 부합하는 내용들입니다.

「2025년 유보통합은 실현 가능한가?」에서는 유보통합 관련한 추진과정을 설명하고, 그 과정에서 발생한 쟁점, 그리고 해결 방안까지 폭넓게 서술하고 있습니다. 교육부는 '세계 최고 수준의 영·유아 교육·보육 체계 구축'을 목표로 유보통합을 추진하고 있지만, 그 과정에는 수많은 장애물이 존재합니다. 지난 수십 년 동안 유보통합이 좌절된 것도 그 장애물을 제대로 극복하지 못했기 때문입니다.

유보통합뿐 아니라, 모든 '개혁'이 성공하기 위해서는 필요한 조건을 갖춰야 합니다. 법령과 제도개혁은 물론 재정이 안정적으로 확보되어야 합니다. 무엇보다 개혁에 대한 교육주체의 신뢰와 사회적 합의가 필요합니다. 그러한 관점에서 윤석열 정부의 핵심적인 교육개혁 과제인 유보통합이 어떻게 전개될 것인지 예측해 보시기 바랍니다.

「2025년 '늘봄학교' 진단」은 윤석열 정부가 교육개혁의 주요 성과로 꼽는 늘봄학교의 추진과정과 전망을 담은 글입니다. 돌봄 공백과 경력단절, 사교육비 증가 등의 문제 해결을 위한 '사회적 돌봄'은 오래전부터 강조되어 왔습니다. 특히 출생률이 0.78에 머물면서 그 필요성은 더욱 커졌습니다. 윤석열 정부에서는 이러한 배경에서 늘봄학교를 추진하고 있고 학생과 학부모들은 높은 만족도를 보입니다.

그런데 늘봄학교 추진과정에서는 많은 쟁점과 논란이 존재합니다. 특히 교육과 돌봄의 개념은 무엇인지, 학교와 교사의 역할과 임무는 무엇인지 등이 분명하게 규명되지 않은 채 사업과 예산이 학교에 밀려오는 상황입니다. 이에 대한 진지한 성찰이 필요한 때입니다.

「AI 디지털 교과서란 선택, 교실을 혁명시킬 것인가?」는 2025년 도입되는 AI 디지털 교과서를 둘러싼 쟁점을 '차분하게' 설명하고 있습니다. AI 디지털 교과서는 현재 초·중등 교육현장에서 가장 '뜨거운 주제' 중 하나입니다. 디지털 교과서의 교육적 효과에 대한 찬반은 물론 정책 추진 방식, 민간 사교육 서비스의 공교육 진입, 막대한 예산 등 수많은 쟁점과 논란이 포함되어 있습니다.

AI 디지털 교과서는 교육 현장에 '돌이킬 수 없는' 결과를 남길 것입니다. 만약 교육부의 주장대로 '교실혁명'이 실현된다면, 교수·학습 전반의 변화는 물론 교사의 역할과 양성체제에 대한 인식의 전환을 요구할 것입니다. 그 반대의 경우에도 엄청난 후폭풍이 예상됩니다. 디지털 중독은 물론 교사와 학생 간의 관계를 통한 전통적인 학습문화가 붕괴될 수도 있습니다. 무엇보다 디지털 교과서 도입으로 교육청은 심각한 예산 부족에 직면할 수 있습니다. 우리가 AI 디지털 교과서에 대해 촉각을 곤두세워야 하는 이유입니다.

「2025년 고교학점제 전면 도입, 무엇이 달라지는가?」에서는 2025년 고교학점제 본격 시행을 앞두고 고교학점제 관련한 쟁점과 정책의 추진과정 등을 설명하고 있습니다. 또한, 실제 고등학교 현장에서 준비해야 할 점을 제시하고 있습니다.

원래 고교학점제는 외고·자사고의 일반고 전환, 평가 방식의 변화(내신 성취평가제 도입)와 맞물린 정책입니다. 그런데 윤석열 정부는 외고·자사고를 유지하고, 상대평가를 병행하기로 결정했습니다. 또한 대학 무전공입학(전공자율선택제)이 대폭 확대되었습니다. 이 같은 상황에서 고교학점제를 안착시키고 고등학교 혁신을 실현할 수 있는 방안을 함께 고민해 보시기 바랍니다.

「의대 정원 확대와 무전공 입학이 가져올 2025학년도 입시 변화」는 의대 정원과 무전공 입학 확대가 대학입시에 미칠 영향을 분석하는 글입니다. 특히 의대 정원 확대는 2024년 우리 사회를 뜨겁게 달군 주제였습니다. 의대 진학 가능성이 높아진 일부 수험생과 학부모들은 환호했습니다. 의대 진학을 위한 지방 유학도 화제가 되었습니다. 하지만 의료계의 반발로 인한 의료 체계의 심각한 혼란이 발생했습니다.

의대 정원과 무전공 입학 확대가 고등학교 교육 현장을 어떻게 변화시킬지, 또한 사회 전체적으로 볼 때 지속 가능한지 예측하면서 이 글을 읽어보시기 바랍니다.

「위기의 지방교육재정교부금, 사회적 조정이 필요한 때」에서는 역대 정부의 교육재정 정책의 흐름을 되돌아보고, 교육재정 관련한 언론 보도를 분석하고 있습니다. 또한 지방교육재정교부금의 감축을 지속적으로 주장하는 기획재정부 논리를 날카롭게 비판하고, 실제 교육청의 재정 상태를 구체적으로 설명하고 있습니다.

나아가 각종 특별회계가 종료되고, 지방자치단체의 교육비특별회계 전출 축소 요구가 확대되는 현재의 시점에서 지방교육재정교부금을 비롯한 교육재정 전반의 사회적 합의를 제안하고 있습니다. 이제 더 이상 교육재정을 둘러싼 논란에서 벗어나 새로운 교육개혁은 준비할 때입니다. 필자의 주장에 귀를 기울여야 하는 이유입니다.

「교육자치제도와 교육감 선거는 어떻게 변화할 것인가?」는 교육자치와 교육감 직선제를 둘러싼 그간의 논의를 정리하고, 향후 논의와 법령개정 가능성을 서술하고 있습니다. 특히 교육감 직선제 이후 교육자치의 성과와 한계를 매우 폭넓게 다루고 있습니다.

22대 국회에서는 교육감 선거제도와 관련된 논의가 더욱 확대될 것으로 예상됩니다. 특히, '시·도지사 러닝메이트' 등의 제도 개선 요구가 거세질 것으로 보입니다. 과연 어떤 제도를 선택하는 게 가장 '교육적'인지 진지하게 고민해야 할 때입니다. 관련하여 청소년 선거 연령 조정(만 18→16세), 교사의 정치 참여 보장 등의 문제도 중요하게 고민해야 할 때입니다.

「21대 국회 성찰과 22대 국회 교육 관련 과제」는 21대 국회를 되돌아보고 22대 국회의 과제를 제시하는 글입니다. 이 글에서는 한국의 정치체제와 교육개혁의 과제가 왜 어긋날 수밖에 없는지, 그리고 문재인 정부 교육정책의 성과와 한계는 무엇인지, 윤석열 정부가 추진하는 정책들은 어떤 문제점을 지니는지, 22대 국회에서 반드시 해결해야 하는 과제는 무엇인지 서술하고 있습니다.

학교혁신을 위해 노력했던 교사 출신 국회의원으로서, 필자는 4년의 의정활동 경험을 바탕으로 '호소하듯이' 서술합니다. 우리 교육에 대한 깊은 애정과 안타까움을 느낄 수 있습니다. 필자의 주장에 대한 동의 여부를 떠나서 독자들은 '깊은 울림'을 경험할 것입니다.

3부. 2025년 한국 교육의 변화와 전망

01

2025년 유보통합은 실현 가능한가?

박 창 현
육아정책연구소 연구위원

유보통합 정책 개관 및 추진 경과

정부는 2024년 6월 '세계 최고 영유아 교육·보육을 위한 유보통합 실행 계획 (안)'(이하 2024 실행 계획)을 발표하였다. 정부는 이 시안에서 유보통합을 통해 '아이가 행복하고 아이 키우기 좋은 나라'를 비전으로, '세계 최고 수준의 영·유아 교육·보육 체계 구축'이라는 목표를 제시하였다. 이 같은 유보통합은 교육계의 20여 년에 걸친 숙원 정책과제로 과거 정부에서 여러 차례 추진이 되었으나 결실을 거두지 못하였다. 현 정부에서는 2023년 12월 영유아교육·보육을 교육부로의 부처통합을 완성하여, 중앙부처 수준의 행정 통합을 이룬 상태이며, 현재는 제반의 제도 통합을 추진 중이다.

현재 정부는 쟁점이 되는 통합기관의 명칭, 교사 자격 및 재원 문제 등에 대해서는 답을 정하지 못하고 논의 중이다. 중앙 단위의 행정부처 통합을 이루었으나, 시·도교육청/교육지원청 – 시·도청/시·군·구 지방 단위의 행정 통합은 재원 및 인력 통합에 대해 아직 권고 수준에서 논의되고 있다.

정부는 2024년 말까지 통합된 기관의 명칭을 결정하고자 하고 있으며, (가칭) 영·유아학교 모델 시범사업을 시·도교육청에서 신청하도록 하여 이를 보다 확장해나갈 것으로 예상된다. 아울러 2024년 하반기 지방 단위의 행정 통합을 위해 지방교육자치법, 지방교육재정교부금법 등의 법률 개정이 이루어질 것으로 예상되고 있다. 정부의 계획대로라면, 2025년에는 교육부의 주도로 유아교육과 보육, 돌봄을 포괄하는 한국형 에듀케어educare 시스템이 구축될 가능성이 높다.

그러나 해방 이후 지금까지 이원화되어 운영해왔던 유아교육과 보육의 통합은 쉬운 과제가 아니다. 특히 교사 자격 제도의 통합과 재원 문제, 학교 체제 내에서의 공공성의 문제 등 갈등과 충돌의 과제들이 산적해 있고, 모든 과제들의 종료 시점이 다르며, 종료를 보장할 수 있을지도 여전히 장담하기 어렵다. 과연 유보통합 정책은 언제 마무리가 되는 것인지, 다음 정부에서 정책이 유지될지에 대해서도 의구심이 높은 상태이다.

유보통합 정책은 김영삼 정부 시절 유아학교로의 통합 정책에서 거의 30년이 되어가고 있다. 애초 이 정책은 만3~5세의 유아를 교육부(유치원), 보건복지부(어린이집)에서 중복 관리하면서 이로 인해 발생하는 행·재정적 지원의 격차와 갈등을 줄이고자 시작되었고, 김대중, 노무현, 이명박, 박근혜, 문재인 정부까지 유아학교 정책, 누리과정 정책, 유보격차 완화 정책 등 다양한 이름으로 시행되어왔다. 지금껏 논의된 유보통합의 목적은 3~5세 유아가 어느 기관을 이용하든지 양질의 교육과 보육을 격차 없이 지원하자는 것이었다. 전 세계적으로도 유아에게 교육과 보육이 통합적으로 제공되어야 한다는 정책이 지지받아왔으며, 스웨덴, 뉴질랜드, 영국, 타이완 등의 국가들이 교육부로 통합되어 운영되고 있다. 유보통합 정책은 교육 불평등을 해소하고 유아교육과 보육의 제도 정비를 통해 미래 유아교육과 돌봄의 기반을 마련할 수 있는 의미 있는 정책인 것이다.

현 정부도 동일한 맥락 아래 모든 영·유아가 차별 없이 질 높은 보육·교육 서비스를 받을 수 있도록 하기 위해 국정과제로 유보통합을 추진해왔다. 정부는 만 5세 입학 연령 하향화 정책 철회 후, 국정과제였던 유보통합 정책에 다시 집중하였다.[1] 당시 모든 아이의 성장 첫걸음을 국가가 책임지고 뒷받침하며, 출발선 단계 국가책임교육을 확대하여 조기에 양질의 교육을 제공하고, 아이들의 안전한 성장을 도모하여 학부모의 부담을 경감할 수 있도록 국가가 책임지고 지원하겠다는 것이었다.

이러한 흐름은 「2023년 교육부 주요 업무 추진계획」(2023.1.5)에 반영되어, 교육개혁의 일환으로 국가교육책임제를 강화하고, 유보통합 정책을 실행하겠다고

---

1) '폐기 수순' 만5세 입학 대안은…"유보통합·무상교육 먼저". 2022.8.10. 연합뉴스.

하였다. 당시 '영·유아단계 국가책임교육'은 정부의 핵심 추진과제 중 '가정맞춤'의 영역에 담겨져 출발선부터 공정하게 국가가 책임지는 교육·돌봄을 추진하며, 모든 영·유아에게 양질의 교육기관을 재설계하고, 어린이집과 유치원 간의 격차를 완화하겠다는 계획을 세웠다. 그리고 단계적 로드맵을 제시하여 2023~2024년에 격차 해소와 기반 마련, 2025년 이후 통합 본격 시행으로 계획하였다.

그러나 2024년 6월 유보통합 시안을 살펴보면, 교육개혁 정책에서 저출산 정책으로 큰 축이 이동하였다. 2023년 12월 정부조직법 국회 통과 이후, 정책의 우선순위는 인구소멸, 저출생·고령화 정책으로 변화되었고, '교육개혁' 유보통합 정책은 '저출생 난제 해결' 정책으로 바뀌어 가며, 지자체는 이제 돌봄과 고령화 대책으로 태세를 전환하고 있다.

정책 발표 초기의 유보통합 정책은 '출생부터 국민안심 책임교육 및 돌봄'의 차원(교육부, 복지부 보도자료, 2023.1.30.)에서 논의되었다. 그러나 2024년 실행계획에서 유보통합은 '아이 키우기 좋은 나라 건설을 위한, 세계 최고 수준의 영·유아교육·보육 체계 구축'으로 정책의 목표와 비전이 바뀌었다(교육부 보도자료, 2024.6.30). 저출생 문제는 늘 정책의 배경으로 제시되어 비슷한 듯 하지만, 유보통합 정책의 목표와 비전의 변동은 유아교육의 기조를 바꾸는 중요한 요인으로 작용할 수 있다. 특히 동일한 정부 내에서 유보통합 정책의 목표와 비전이 1년 반 정도 사이에 바뀌게 된다면, 국민들은 혼란을 겪을 수밖에 없다.

앞으로 정책의 핵심은 유보통합 정책의 세부 과제들의 안착과 영·유아가 행복한 학교를 교육부 체제하에서 어떻게 마련하고 실행할 것인지에 달려있다. 2024년 하반기를 달굴 뜨거운 논제들은 통합기관의 명칭을 '영·유아학교'로 할 것인지, '유아학교'로 할 것인지, 교사 자격을 0~5세를 묶어서 가르칠 수 있는 '영·유아정교사'로 통합할 것인지, 0~2세와 3~5세를 나누어 가르칠 수 있는 '영아교사', '유아교사' 체제로 할지에 대한 논쟁이다.[2]

---

2) 「영·유아 교육·보육 통합기관 명칭, 어떻게 할 것인가?」 공청회 자료집. 교육부, 육아정책연구소. 2024.3.23.

이와 더불어 재정확보에 대한 논쟁이 지속되고 있으며 뾰족한 해결 방안은 아직 제시되지 않고 있다. 부족한 지방교육재정교부금의 문제와 지자체로부터 지원받았던 보육 재정을 그대로 교육부나 교육청으로 이관하는 문제는 여전히 논의 중이다.

▨ 2023년과 2024년 유보통합의 비전과 목표의 변화

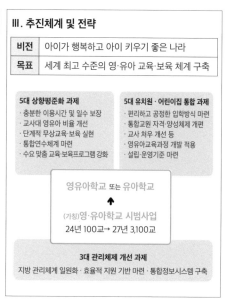

III. 유보통합 추진 방향(안)
□ 유보통합 정책 개념(안)
0~5세 모든 영·유아가 이용 기관에 관계없이 양질의 교육·돌봄 서비스를 차별 없이 받을 수 있도록 뒷받침해 나가는 정책

□ 추진 방향(안)	
비전	출생부터 국민안심 책임교육·돌봄
목표	수요자 중심의 서비스 질 제고를 통해 유아교육과 영·유아보육을 단계적으로 통합, 모든 영·유아의 격차 없는 발달을 지원
전략	[1단계] 유보통합추진위원회 및 추진단을 중심으로 기관 간 격차해소 및 행·재정 통합 기반 마련
	[2단계] 교육부·교육청이 중심이 되어 유보통합 본격 시행

III. 추진체계 및 전략

비전	아이가 행복하고 아이 키우기 좋은 나라
목표	세계 최고 수준의 영·유아 교육·보육 체계 구축

5대 상향평준화 과제
· 충분한 이용시간 및 일수 보장
· 교사대 영유아 비율 개선
· 단계적 무상교육·보육 실현
· 통합연수체계 마련
· 수요 맞춤 교육·보육프로그램 강화

5대 유치원·어린이집 통합 과제
· 편리하고 공정한 입학방식 마련
· 통합교원 자격·양성체제 개편
· 교사 처우 개선 등
· 영유아교육과정 개발 적용
· 설립·운영기준 마련

영유아학교 또는 유아학교
↑
(가칭)영·유아학교 시범사업
24년 100교→ 27년 3,100교

3대 관리체제 개선 과제
지방 관리체제 일원화 · 효율적 지원 기반 마련 · 통합정보시스템 구축

출처: (좌) 교육부, 보건복지부. 2023.1.30, (우) 교육부, 2024.6.30

2023년 1월 '유보통합 추진 방안'이 나온 이후 1년 6개월 만에 나온 '2024 실행 계획'은 그간의 정책연구, 여론 등을 반영한 안들로 구성되어 있다고 볼 수 있다.

이 계획안들을 살펴보면, 정부는 유보통합 정책 중 가장 우선순위로 관리체계 일원화 정책을 두고 있다. 정부는 교육부 및 시·도교육청으로 일원화하면서, 0~5세까지 일관되고 연속적으로 교육과 보육 정책을 수립하기 위해 「유보통합 관리체계 일원화 방안」(2023. 7. 28.)을 발표했다. 이후 2023년 12월 8일 정부조직

법 일부개정법률안(법률 제19840호)의 본회의 통과로 관리체계 일원화는 빠르게 진행되었고, 법률안은 부대의견 충족을 조건으로 국회를 통과하였다. 이는 국회와 양당, 그리고 보육시민단체들의 강력한 요청으로 중앙수준의 행정 통합은 이루었다고 볼 수 있다.

▨ 정부조직법 일부개정법률안에 포함된 부대의견

> 정부는 안정적인 유보통합 추진을 위해 다음 사항들을 포함한 계획을 마련하여 3개월 이내에 국회에 보고한다.
>
> 가. 유보통합의 안정적 실현을 위한 국가재정투자계획
> 나. 지방자치단체 영·유아보육 사무(조직, 정원 포함), 예산의 이관 방안
> 다. 통합기관의 교원 자격기준·양성계획·처우개선 및 시설개선 방안 등을 포함한 통합모델 시안
> 라. 영·유아 보육·교육에 대한 무상 지원 확대 등 학부모 부담 경감 방안

그러나 중앙수준의 행정 통합을 하던 시기에도 여전히 유보통합의 세부 내용들은 구체화되지 않았고, 재정지원 계획도 확정되지 않은 상태였다. 당시 3개월 이내 국회에 보고되어야 할 정부조직법에 포함된 부대의견 4가지는 유보통합의 안정적 실현을 위한 '국가재정투자계획', '지방자치단체 영·유아보육 사무(조직, 정원 포함)', '예산의 이관 방안', '통합기관의 교원 자격기준·양성계획·처우개선 및 시설개선 방안' 등을 포함한 통합모델 시안, 영·유아 보육·교육에 대한 무상 지원 확대 등 학부모 부담 경감 방안이었다.

이상의 4가지 부대의견에 대한 정부의 계획도 총선을 앞둔 2024년 3월 27일, 간략한 형태로 국회에 보고되었으며, 구체적인 방향과 내용을 파악하기 어려운 상태였다. 여러 시민단체와 국회의 요구에 정부는 2024년 6월이 되어서야 그나마 구체안이라고 할 수 있는 2024 실행 계획을 발표한 바 있다(아래 〈표〉 참조). 정

리해보면, 유보통합 정책은 '유보통합 추진방안'이 처음 발표된 이후, 중앙정부 수준의 관리체계 일원화는 이루었으나, 지방 단위의 재정, 인력 등의 통합은 여전히 법 개정 작업 중이다. 또한 영·유아교육의 목표와 비전에 알맞은 실질적인 유보통합 모델이 제대로 제시되지 않은 채, 단기 사업 중심의 '(가칭)영·유아학교 시범사업' 수준에서 이루어지고 있다고 볼 수 있다. 가장 핵심적인 통합기관의 정체성, 교사 자격 및 양성체계 등에 대한 통합도 여전히 논의 중이다.

▨ 윤석열 정부 유보통합 정책 경과(2022~2024)

◎ **2022년**

- 윤석열 정부 110대 국정과제 제안, 제20대 대통령직인수위원회(2022.5.3.)
- 만 5세 초등입학연령 하향화 정책 철회 이후, 교육부 학제 개편 및 유보통합 관련 국가교육책임 확대 방안 발표(2022.8.9.)

◎ **2023년**

- <u>교육부·복지부, '유보통합 추진방안' 발표(2023.1.30.)</u>
- 유보통합 추진을 위한 업무 추진체계 구축: 아이행복연구자문단/ 유보통합추진단(교육부) / 유보통합추진위원회(심의)
- 교원 자격 및 양성, 교육과정 개선, 통합모델 마련 등에 대한 정책연구 실시
- 유보통합 실현을 위한 '4자 공동선언' 발표(2023.7.14.): 교육부, 보건복지부, 대한민국시도지사협의회, 전국시도교육감협의회
- <u>유보통합 관리체계 일원화 방안 발표(2023.7.28.)</u>: 교육부 및 시·도교육청으로 일원화, 0~5세까지 일관/연속적 교·보정책수립
- <u>유보통합 우선이행과제와 실천 방안 발표(2023.9.13.)</u>: 유보통합 모델도입에 앞서 체감도가 높고 현장 요구가 높은 과제 우선 추진
- 국민의힘 이태규 의원 정부조직법 개정안(2023.9.8.) 국회 제출, 민주당 강병원 의원 정부조직법 개정안(2023.11.7) 국회 제출
- 국회 행정안전위원회 전체회의(2023.11.23.) 통과 – 대안 법률안 부의(부대의견 포함), 법사위 진행
- 정부조직법 일부개정법률안(대안)(2023.12.8.): 제410회 국회(정기회) 제14차 본회의 통과, 관리체계 일원화 추진
- 대한민국시도지사협의회-전국 시도실무자회의(2023.11.30., 2024.3.21.)

> ◎ **2024년**
> • 전국시도교육감협의회, 유보통합 2년 유예 의견 발표(2024.2.22)
> • 교육부 (가칭) 영·유아학교 모델 시범사업 시도교육청 공모 추진(2024.4.)
> • 저출산 반전을 위한 대책 발표(2024.6.19)
> • <u>2024 실행 계획 발표(2024.6.27.)</u>
> • 정부조직 통합
> - 중앙정부조직: 교육부로 통합(2024.7.1.)
> - 지방조직: 지자체-교육청 우선 협의(법 개정 추진, 2024년 하반기 예정)

유보통합 현황 및 2024 추진계획 분석

유보통합 현황

관리체계 일원화

정부는 가장 먼저 관리체계 일원화를 통해 행정 통합을 추진하고자 하였다. 일단 중앙 단위의 행정 통합은 이루었다. 정부조직법이 2023년 12월에 개정되어 2024년 7월 1일 자로 복지부 관련 인력이 교육부 영유아정책국으로 이동하였다. 교육부 영유아정책국 공무원은 52명으로 이 중 복지부 인력이 33명, 기재부와 행안부 인력 2명이 이동해 왔으며, 교육부 인력 17명 등이다. 국장과 보좌기관인 영유아지원관 하에, 영유아정책과, 영유아재정과, 영유아안전정보과, 영유아기준정책과, 영유아교원지원과, 교육보육과정지원과를 두었다.

지방 단위의 이관은 2024년 하반기 「지방교육자치법」, 「지방교육재정교부금법」 등의 개정을 통해 추진할 예정이다. 이를 위해서는 지방 추진단을 중심으로 이관 대상 업무 등을 협의하고, 사무 이관 범위(안)를 포함한 가이드라인을 일선에 배포해야 한다. 이에 올해 안에 관련 법률들이 통과되어도 시행은 적어도 2년 뒤로 예상된다.

▨ 관리체계 일원화 정책의 핵심 내용

- 2025년부터 유보통합 본격 시행을 위해 교육부, 시·도교육청으로 관리체계 일원화 우선 추진(중앙→지방)
- 1단계(중앙부처 통합, 지자체와 교육청은 분리 운영) → 2단계(교육청으로 통합, 어린이집과 유치원은 각각 유지) → 3단계(유치원-어린이집 완전 통합모델 적용)
- 정원 이관: 복지부·지자체 전입 우선, 업무 공백 최소화를 위해 파견·교류 적극 활용
- 지방 관리체제 일원화 방안 : 선 사전 협의 후 법률 개정 예정

◎ 선 사전 협의
 - 시도별 이관업무 협의하여 가이드라인 마련
 - 법률 개정 추진 전까지 지방 추진단을 중심으로 이관 대상 업무 등을 협의, 협의 결과를 고려하여 사무 이관 범위(안) 마련
 - 정부, '23년 하반기 맞춤형 매뉴얼 제작·배포하지 못하고 지연

◎ 후 법률 개정
 - 「지방교육자치법」,「지방교육교부금법」 등 2024년 하반기 개정 추진 예정
 - 「지방교육자치법」, 교육감의 사무에 '영·유아보육' 추가 예정
 - 「지방교육재정교부금법」, 교부금 지원 대상에 '영·유아보육' 추가 예정

재원 마련

유보통합 정책에서 재원 마련의 문제는 지속적으로 제기된 바 있다. 현재 악화된 지방교육재정 여건, 지자체 예산 5조 원('국고 대응 지원' 3.1조 원 및 '자체 지원' 1.9조 원) 이관 대책에 대한 해법이 명확하게 제시되어 있지 않다. 향후 교육청이 복지부에서 이관된 국고지원을 받게 될 경우, 지자체에서 교육청에 '국고 대응 지원'을 종전처럼 해줄지 논란이 빚어질 수 있고, 지자체별로 지원 내역과 규모가 각각 다른 '자체 지원' 예산을 교육청으로 이관하는 방식에 대한 협의도 난항을 겪게 될 가능성이 높다.

교육청은 지자체의 보육사무에 관련된 재원을 모두 이관할 것을 주장하고, 지자체는 대체적으로 '자체 사업 재원'은 물론 '국고 대응 지원' 재원도 이관하기 힘들다는 입장이다. 예컨대 교육청의 경우, 중앙정부는 국고지원을 늘리지 않고, 지자체는 관련 재원을 이관하지 않는다면 결국 지방교육재정교부금으로 해결해야 하는데 이럴 경우, 초·중등교육은 각종 사업 중단 및 축소, 학교 운영비 감축 등이 예상되어 제2의 누리과정 사태가 벌어질 것을 우려하고 있다. 반면 지자체의 경우 관리체계 일원화의 세부적 내용을 중앙정부가 정해주지 않으면 결국 지자체는 재정부담만 하고 실제 재정을 집행하는 기관은 교육청이 되어 행정의 불합리가 발생한다고 문제제기를 하고 있다.

이에 정부는 행안부-교육부 간 이관 사무에 대한 세부 범위 및 기준, 유보통합을 위한 지방교육재정교부금 확보방안, 자체 사업에 대한 전국 공통기준, 교육비 특별회계 신설 등의 대안들을 놓고 충분히 논의해야 할 것이다. 이상의 문제점들이 근본적으로 해결이 되지 않는다면 2025년이 지나서도 계속해서 재원 문제는 여전히 중요한 이슈로 논의될 가능성이 높다.

유보통합은 중앙정부가 추진하는 새로운 사업으로서 성격상 중앙사무이며, 따라서 유보통합에 따른 추가 소요 비용도 중앙정부가 부담해야 한다. 즉, 정부의 충분한 국고지원으로 불안을 줄이고 정책을 안정적으로 추진할 수 있도록 해야 한다.

특히 2024 실행 계획에서 5대 상향평준화 과제들과 유보통합 과제들을 모두 추진하려면 재원 마련이 큰 과제가 될 것이다. 5세, 4세, 3세 단계적 무상교육비용 마련만 고려해도 현재 유아교육과 보육 재정의 2배 또는 2.5배 이상 들어갈 것으로 예상되고 있다. 정부는 유보통합 정책의 안착을 위해서라도 재원 마련의 원칙과 지자체 협력 방안에 대해 권고 수준이 아닌, 제반 비용에 대한 비용추계를 제시하고 충분한 국고지원을 추진할 필요가 있다. 아울러 교부금 보전제도 등과 같은 다양한 교부금 안정화 정책도 법제화할 수 있도록 제도 개선이 필요할 것이다.

▨ 정부의 재원확보 정책의 핵심 내용

◎ **원칙**
- 재원확보 : 현행 보육예산 이관을 전제로 하되, 유보통합에 따른 추가 소요 예산은 지방교육재정교부금 등 활용 검토
- 지방이관 지원 : 이관 대비 협의체(교육청·지자체 참여) 운영 지원, 4자 실무협의회 등 추진 등

◎ **주요 쟁점**
- 17개 시도별 재정이관 협의 부족, 가이드라인 부재로 교육청과 실질적 협의 난항
- 법률 개정 전에는 지자체-교육청 수준 추진 어려움
  - 법률 개정 전에는 교육청으로 보육업무 이관이 불가능하므로, 시도·시군구 보육 업무 지속 수행
  - 중앙/지방수준 재원확보 및 이관 방법
- 특별회계 신설(2025년)

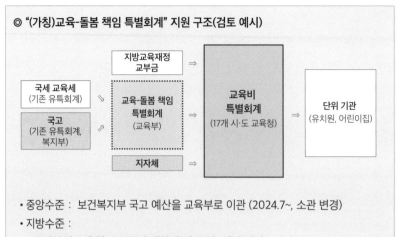

◎ "(가칭)교육-돌봄 책임 특별회계" 지원 구조(검토 예시)

- 중앙수준 : 보건복지부 국고 예산을 교육부로 이관 (2024.7~, 소관 변경)
- 지방수준 :
  - 국비사업 : 교육청으로 국비 매칭비(시·구비) 재정 이관
  - 시책사업 : 교육청 이관사업으로 결정될 경우, 자치단체의 재정 지속 부담
  → 시도 및 시군구 예산 이관 방안 예시
    · 1안 : 보육예산(국비사업+시책사업) 중 일정비율을 교육청으로 이관
      예시) 고교 무상교육 : 시·도 고교 무상교육에 필요한 비용의 5% 교육비특별
      회계로 전출
    · 2안 : 교육청-시·자치구와 예산 이관 협의, 합의 결과 바탕으로 예산 전출

격차 완화 및 통합모델 구상

'격차 완화'라는 용어는 유보통합 전반을 꿰뚫는 용어로 교사, 기관, 운영 차
원에서의 유아교육과 보육의 격차를 줄여나가겠다는 것이다. 이에 격차 완화 정
책은 통합모델과도 밀접하게 연결된다. 그러나 정부의 격차 완화 및 통합모델은
선도교육청을 통한 어린이집 지원, (가칭)영·유아학교 시범사업 등을 통한 교육력
제고 정도로 진행되고 있다.

그간 정부는 격차 완화 정책의 일환으로 2023년 내에 '선도교육청'이란 이름
의 사업을 통해 지역 중심으로, 지역의 자원을 활용하여 교육·보육격차를 완화
하고, 질을 높이는 과제를 선제적으로 시행하고자 하였다. 이에 관한 주요 정책
들은 어린이집 급·간식비 지원, 유치원-어린이집 공동 교육과정 운영, 유치원-어

린이집 현황 통계 제공 등이었다.[3] 이후, 선도교육청의 주요 사업들은 (가칭)영·유아학교 시범사업의 형태로 2024년도 4월 이후 진행되고 있고, 교육과정 운영 및 제반의 재정지원 등의 내용들은 2024 실행 계획에 녹아들어 있다.

그러나 격차 완화를 위한 통합모델의 경우에도 원칙만 제시되어 있을 뿐 구체안이 부재하다. 그간 정부는 「유보통합 비전 실현 10대 정책 방향」을 토대로 교사 자격·양성체제 개편, 교육과정 개정, 시설·설립기준 개선안을 마련하고자 하였다. 교사의 경우, 전문성과 역량 강화, 처우와 근무 여건 개선 방향을 논의하고, 시설·설립기준의 경우 기관 운영의 다양성·자율성을 확보하고, 학부모의 선택권을 보장하며, 교육과정의 경우 영·유아의 특성과 발달의 연속성을 고려한 교육과정 보장에 중점을 두는 방향으로 통합모델을 구상하겠다고 하였다.

▨ 격차 완화 및 통합모델 구상 핵심 내용

◎ **격차 완화**
- 선도교육청: 지역 중심으로 지역의 자원을 활용하여 교육·보육격차를 완화하고, 질을 높이는 과제를 선제적 시행(어린이집 급간식비 지원, 유치원 - 어린이집 공동 교육과정 운영 등)
- 유보통합 우선 이행과제와 실천 방안 마련: 선도교육청 과제 등을 중심으로 성공적 유보통합을 위한 선제적 조치 제시
- 통합정보체계 마련: 지역별 영·유아 및 유치원 - 어린이집 현황 통계 제공

◎ **통합모델 구상**
- 유보통합 비전 실현 10대 정책 방향을 토대로 교사 자격·양성체제 개편, 교육과정 개정, 시설·설립기준 개선안 마련 추진
- 교사: 교사의 전문성과 역량 강화, 처우와 근무 여건 개선 방향 논의
- 시설·설립기준: 기관 운영의 다양성·자율성 확보, 학부모 선택권 보장
- 교육과정: 영·유아의 특성과 발달의 연속성을 고려한 교육과정 보장
- 추진 상황: 연구자문단 논의, 정책연구, 공개포럼 개최 등 추진 중
- 향후 계획: 2023년 말 시안 마련 → 2024년 의견수렴 및 통합모델 확정 → 2025년 통합모델 현장 적용

출처: 교육부 2023.9.13.

---

3) 교육부 2023.9.13.

2024 실행 계획

정부가 2024년 6월 발표한 2024 실행 계획은 크게 5대 상향평준화 과세(이용 시간과 일수, 교사 대 영·유아 비율, 교사 연수, 프로그램, 무상교육), 5대 유치원-어린이집 통합 과제(입학방식, 통합교원 자격·양성, 처우개선, 교육과정, 설립·운영기준), 3대 관리체계 개선과제(관리체계일원화, 효율적 지원 기반 마련, 통합정보시스템)와 (가칭)영·유아학교 시범사업 운영 및 확대 정책으로 이루어져 있다.

5대 상향평준화 과제

우선 5대 상향평준화 과제는 이용 시간과 일수, 교사 대 영·유아 비율, 교사 연수, 프로그램, 무상교육 정책 등이다. 이 과제들은 교육의 구조적 질을 충족할 재원 마련이 보장된다면 그나마 가능하고, 크게 논쟁거리가 되지 않는 정책들이다. 군이 유보통합 정책이 아니더라도 교육력 제고 차원에서 추진할 수 있는 정책들이라고도 볼 수 있기 때문이다.

그러나 이 정책들이 추진되려면 재정확보가 필수다. 재정이 뒷받침되지 않은 상태로 이용 시간을 늘리거나, 교사 대 영·유아 비율을 줄이거나, 교사연수 정책을 추진하거나, 무상교육 정책을 무리하게 추진한다면 현장은 혼란에 빠진다. 특히 '교사 대 영·유아 비율을 줄이는 문제'에 대해 사립유치원들이 민감할 수밖에 없는 이유는 운영비 보존 없는 교사 대 영·유아 비율 감소는 사립유치원의 운영 자체를 어렵게 하기 때문이다. 아울러 단계별 무상교육정책과 관련해서도 재원 마련에 대한 보다 섬세한 접근과 서울과 지방의 원비 격차 등을 충분히 고려하여, 학부모가 체감할 수 있으면서도 교육의 질과 연결될 수 있는 정책으로 만들어가야 할 것이다.

특히 운영시간과 일수에 관해서는 유치원과 어린이집을 동일하게 12시간 보육시스템으로 구축하고, 유치원의 방과후과정의 개념을 없애고 연장보육과 돌봄 시스템으로 운영할 것을 주요 모델로 잡고 있다. 학교와 같은 '방과후과정'의

개념을 그간 어린이집이 해왔던 '연장보육'으로 바꾸는 것이라서 이 또한 논란이 되고 있다. 초등학교와 연계의 관점, '학교' 정체성의 차원에서 반론이 제기되고 있다.

주요 선진국들은 기관에서 오래 돌보기보다는 유아의 발달과 학습, 삶, 행복을 우선시한다. 0~5세 단계에서 영·유아들은 발달격차가 크기 때문에, 어린 영아일수록 부모의 안정적인 양육을 지원하는 정책과 함께 운영되어야 한다. 어릴수록 부모가 키우되, 기관보육을 선택한 영아들을 위해서는 영아교육의 전문성을 보다 높이는 정책을 병행하는 것이 필요하다. 0~1세, 적어도 2세까지는 부모가 행복하게 아이를 양육할 수 있도록 주거, 일자리, 성평등, 교육 구조를 만들어주고 부모를 영·유아교육과 보육의 한 주체로, 교육공동체의 한 주체로 참여하게 해야 한다.

유치원·어린이집 5대 통합과제

유치원·어린이집 5대 통합과제는 통합교원자격 및 양성, 처우개선, 교육과정 및 설립·운영 기준, 입학방식에 관한 과제들로 진짜 유보통합 정책들이다. 기관의 질을 높이기 위한 5대 상향평준화정책과는 다르다. 이 정책들의 뼈대가 나와야 진짜 유보통합이 이루어진다. 통합기관의 설립·운영기준, 교원 자격·양성체계, 처우개선, 교육과정, 입학방식 등은 핵심 정책들이나, 갈등 가능성이 높은 세부 정책들로 논의가 필요한 상황이다.

특히 영·유아학교, 유아학교(영아학급)/영·유아교육학과/영·유아정교사정책 등은 가장 갈등이 높은 세부 정책들이다. 정부는 영·유아정교사(0~5세) 단일자격과 영아정교사(0~2세)와 유아정교사(3~5세)로 구분하는 두 가지 안에 대해서 검토하여 결정할 것으로 제시하고 있다. 이 정책이 합리적으로 진행되기 위해서는 우선 0~2세의 영아교육을 어떻게 할 것인지에 대한 논의가 필요하다.

정부는 영·유아정교사(0~5세) 단일자격을 선호하고 있는 것으로 보이고, 국책

기관의 연구들도 이에 중점을 두고 있다. 단일자격은 효율적이고, 통합의 취지에 맞고, 교사양성 과정에서도 하나의 자격증만 이수하면 0~5세 영·유아를 모두 담당할 수 있는 기회가 주어진다. 반면, 영·유아교육학과가 비인기학과로 전락할 수도 있다. 예비교사들이 0~1세 보육의 고단함을 예상하여 학과 선택을 기피할 수도 있고, 0~1세 아기를 교육의 단계에 포함하게 될 때, 영·유아교사를 교원으로 인식하지 않는 사회적 시각이 우려된다는 주장들도 있다. 아울러 영·유아 정교사 단일자격은 오히려 영아교사(0~2세), 유아교사(3~5세)로 자격을 전문화한 것보다 비전문적으로 이해될 수 있다. 국가 자격을 분리할 때 연령에 따른 전문성은 더 높아질 가능성도 있고, 그렇게 된다면 예비교사는 힘들겠지만 영·유아에게는 도움이 될 수 있다.

한편, 3~5세 아이를 맡을 '유아교사', 0~2세 아이를 맡을 '영아교사'의 자격·양성체제를 분리할 경우는 어떨까? 보육과 교육의 기능적 중점을 달리하며 연령별 전문성을 강화할 수는 있다. '0~5세 통합교사' 제도는 발달격차가 크고, 교육과 돌봄의 욕구가 다양하여 교사 전문성 개발에 적합하지 않다는 것이다. 인공지능의 시대를 살아가게 될 창의적인 미래세대의 교육과 돌봄을 위해 영아와 유아를 구분하여 교사 전문성을 세분화, 세련화하는 것이 필요하다는 것이다. 오히려부모들도 0~2세는 따뜻한 보육과 애착을 높이는 양질의 영아보육을, 3~5세는 발달과 학습, 놀이와 쉼이 있는 전문화된 유아교육을 원할 가능성이 높다는 것이다.

영아학교-유아학교를 구분하고, 교사도 구분하자는 주장이 교육과 보육을 이분화하는 것이라는 보육계의 강력한 비난도 강했는데, 이상의 논의를 볼 때 그렇게 단순화시킬 문제는 아니다. 그간 유치원이나 어린이집은 모두 아이들에게 교육과 보육을 통합적으로 제공해왔고, 제도적으로도 이제는 교육과 보육이 유사해졌다. 누구도 교육과 보육을 이분화하거나 분리하고 있지 않다. '에듀케어 educare'를 이미 실현하고 있는 것이다.

한편, 유치원과 어린이집 설립·운영 기준의 경우에도 2025년이 넘어서면 통합법 제정을 통해 5개 유형으로 정리될 가능성이 높다. 국·공립, 사립(지정형, 일반형, 가정형, 직장형) 이렇게 5개 유형으로 통합기관이 정리될 예정이다. 그런데 최근 '사립 지정형'에 속하게 될 가능성이 높은 국·공립어린이집들의 '국·공립' 논쟁이 뜨겁다. 지자체장이 설립한 어린이집이 건물과 토지의 경우 공공기관에 속하지만, 민간 위탁으로 운영된 국·공립어린이집들이 기존 국·공립유치원과 위상이 같아져야 하는지, 사립으로 분류되어야 하는지가 논란이다.

그러나 학교 체제에서 민간위탁운영은 일부 대안학교들을 제외하고는 일반적으로는 허용하지 않는다. 이는 유아의 학습권을 안정적으로 보장하기 위해서이다. 유아학교는 대안학교가 아니다. 지자체 및 공공기관이 설립하였으나 민간이 운영하게 된다면, '공공성 높은 사립'이라고 볼 수 있다. 이에 기존의 국공립어린이집은 비영리 사립학교, 공영형 유치원 시스템에 더 가깝다.

여기서 중요한 점은 공립과 사립의 유형 구분보다 학교 공공성의 정도와 수준이다. 유아학교 체제에서는 유아의 학습권을 보장하고, 유아의 최선의 이익이 되도록 기관이 존재해야 하는 것이 원칙이다. 정부가 통합기관의 설립과 운영을 보다 공공성이 높게 운영하는 정책을 펴면서도 민간과 사립과 공존하는 정책을 추진해야 공사립 기관에 있는 유아들에게 보다 이익이 될 것이다. 사립 지정형 기관들을 (가칭)준공영형 체제로 운영하게 된다면, 공공성 강화의 차원에서 더 좋은 성과를 나타낼 가능성이 높다.

(가칭)영·유아학교 시범사업 운영 및 확대 정책

'(가칭)영·유아학교 시범사업' 운영은 교육발전특구 사업과 연결되면서 교육부의 주요 정책으로 추진되고 있다. 기관 유형에 따라 운영 일수, 학급당 유아 수, 교사 배치기준, 교육·보육 시간, 교사 연구·연수 여건을 동일하게 유지하도록 하는 것이 목표이다. 12시간 운영, 0~5세 반 평균 교사 대 아동 비율을 1:12에서

1:8로 감소, 교육·보육의 질 강화(교육 연구 시간 확보, 이음교육 확대, 정서심리 및 특수지원) 등이 주요 정책들이다. 이를 위해 시·도교육청에서 이상적인 유보통합 모델을 유형별로 모색하고, 시·도교육청별 특색사업을 추진하겠다는 것이며, 2024년도 100교 내외의 기관을 개교하고 2027년까지 총 3,100교 내외로 확대하겠다고 하였다.

이상의 정책들은 대부분 두 기관의 구조적 질을 동일하게 맞추는 것에만 중점을 두고 있다. 아직 관련 법 개정이 이루어지지 않았으므로, 기관의 구조를 바꾸는 실질적인 통합모델을 운영하기 어렵기 때문이다. 이에 유보통합의 실험적 모델과는 거리가 멀다. 예컨대 0~2세 영아를 공립단설, 병설, 사립유치원이 12시간 보육할 때 필요한 정책적 지원 등에 대해 농·산·어촌 중심으로 실험적으로 사업을 운영해보는 것이 진정 시범사업의 취지에 맞다.

아울러 이상의 정책들은 교육청별로 이미 운영되고 있으므로 새로울 것도 없어서 시범사업이라고 명명하기도 어렵다. 가장 큰 문제는 재정지원과 공모에 참여하지 않는 기관 간의 형평성 문제다. 모델학교 정책을 지속하게 되면 재정지원을 받는 기관과 안 받는 기관의 교육격차는 벌어진다. 다른 차원에서 애초 격차를 완화하겠다는 유보통합의 목표에서 벗어난다. 모델학교 정책은 실험학교의 성격이어야 하고, 새로운 형태를 발굴할 수 있는 기관을 선정하는 것이 취지에 맞다.

현장에서는 이러한 문제점이 발생할 수 있는 가능성을 우려하며 예상되는 부작용을 최소화해야 할 것을 주문하고 있다. 특히 교사 대 아동 비율만을 급격히 낮추는 것이 아닌 교원 증원에 따른 인건비 지원 및 처우개선 대책 등 유보통합에 따른 기관별 격차가 발생하지 않도록 구체적인 재원확보 및 예산 배정 방안을 마련하면서 추진해야 한다는 것이다. 유보통합이 대한민국 미래세대의 교육·보육에 대한 상향평준화가 아닌 새로운 격차를 유발하는 제도가 되지 않도록 해야 한다는 것이다.

2025년 유보통합 추진 전망 및 과제

추진 전망

유보통합, 앞으로의 추진 전망은 어떠한가? 유보통합은 현재 함께 만들어가는 과정이므로 변수가 너무나 많다. 국정과제인 유보통합이 2022년부터 기획된 정부의 계획하에 추진되고 있으나 재원 마련, 법 개정, 정치적 변동 등의 변수들은 유보통합 정책 추진을 어렵게 할 수도 있고, 의외의 성과를 도출할 수도 있다.

정부가 제시한 유보통합 로드맵을 살펴보면 현 정부의 임기 말까지 각 정책 과제들의 추진 일정이 자세히 설명되어 있다. 그러나 로드맵은 큰 그림일 뿐, 재원 마련 방안, 법 개정, 통합기관의 명칭과 교사 자격 및 양성과정 구축 등의 주요 유보통합 세부 과제들은 모두 아직 계획일 뿐이고, 미완으로 남아있다.[4] 2024년 8월 현재 시점에서 확실한 성과는 중앙행정의 통합뿐이다.

유보통합 로드맵만 보고 정책을 전망해본다면, 다음과 같은 변화들이 예상된다. 정부는 관련 법들을 제·개정해나가면서 2025년에는 5대 상향평준화 과제에서 이용 시간 12시간 제도를 더 확대하고, 0세의 경우에는 교사 대 아동 비율 1:2를 목표로 점진적으로 조정해나갈 것이다. 0~2세의 경우 보조교사 2학급당 1명 지원정책을 추진할 것이다. 또한 과밀학급을 해소하고, 교사연수 시간을 30시간으로 통일하여 지원하고, 소규모 기관의 교육 내실화, 정서심리지원 강화, 특수교육 통합지원을 강화할 것이다. 아울러 만 5세 무상교육이 2025년도부터 우선 시작될 것이다.

---

4) "유보통합에 최소 3.5조 더 필요한데...계획만 있고 재원 방안 빠져". 한겨레. 2024.8.24.

5대 유치원-어린이집 통합과제의 경우, 입학방식에 있어 유치원-어린이집 입학·입소 창구를 일원화하고, 상시 입학제를 도입힐 예정이다. 통합교원자격 양성체계에서는 관련 법령을 개정할 예정이고, 2026년부터 통합교사 자격을 도입할 예정이다. 또한 교사의 처우를 개선하고 개정 표준보육과정을 시행하기 위한 관련 법령을 개정할 예정이다. 설립·운영기준의 경우, 통합법 제정을 추진하여 시행할 예정이다. 3대 관리체계 개선을 위해 사무 이관을 준비하고 자치 규정을 정비하여 이관을 추진할 예정이다. 또한 재정 이슈 해결을 위해 표준비용기초연구를 진행하여 통합비용 결정을 위한 토대를 마련하고 비용 지원구조를 설계할 예정이다. 즉, 2024년 내에 의견수렴을 통해 방향을 확정하고, 2025년부터는 관련 법률 개정을 추진할 것으로 예상된다.

이상의 정책들이 제대로 시행되면, 과연 정부가 강조하는 세계 최고, 영·유아 교육과 보육이 실현될 것인지는 어느 누구도 장담할 수 없다. 물론 환경과 구조적 질을 높이고 시간과 정책지원의 질을 동일하게 맞추는 것만으로도 의미는 있을 수 있다. 그러나 인간의 교육은 이것만으로는 부족하다.

향후 과제

차이를 적대적 분열과 대립이 아니라 건설적 협동이 되게 하는 것은
전체에 대한 믿음이다. 〈영성 없는 진보, 김상봉〉

유보통합을 위한 향후 과제로 우선, 정부의 정책에 대한 신뢰 회복과 갈등 조정을 위한 소통 강화가 필요하다. 해방 이후, 유치원과 어린이집이 이원화되어 분리 운영되어온 긴 역사를 고려할 때 유보통합은 갈등 수준이 매우 높은 난제에 속한다. 이에 우리가 함께하는 전체에 대한 믿음, 그리고 정부의 유보통합 정

책 계획과 방향, 추진과정에 대한 신뢰가 무엇보다 중요하다. 교육부로 유보통합을 했을 때 그려지는 비전과 전망에 대한 믿음이 무엇보다도 중요함에도 여전히 현장의 교원들에게는 신뢰를 주지 못하는 중요한 이유는 바로 소통의 방식 때문이다.

현장은 여전히 유아교육과 보육의 적대적 분열과 대립이 강하고, 유아교육과 보육계 내부에서 교사, 학부모, 관리자 등이 서로를 신뢰하지 못하고 있다. 이는 유보통합의 주요 쟁점 사항들이 해결되지 않고 현장과의 소통이 부재한 채로 정책이 시행되고 있기 때문이다.[5] 유보통합을 통해 지금보다 더 나아질 것이라는 희망과 기대감보다는 유보통합 정책의 기대효과와 미래 전망에 대해서 부정적인 의견들이 여전히 팽배해있다. 이러한 불신은 정책 결정 과정에서 해소되지 못하고 있고, 다시 정부와 정부가 주도하는 정책에 대한 불신으로 이어지고 있다.[6] 2024년 말, 2025년에 통합기관의 명칭과 교사 자격 및 양성체계에 관한 주요 의사결정이 이루어지고 법 개정이 주로 이루어질 것을 감안할 때 갈등 수위가 매우 높게 될 가능성이 높다.

서로 차이를 인정하고, 함께 영·유아를 중심으로 건설적으로 협동해나가도록 하려면, 이를 추진하는 정부가 우선 유보통합 정책의 방향과 정체성을 분명히 하고, 이해관계가 대립할 때 균형을 잡아주고 조정하는 역할을 잘할 수 있어야 한다. 우선 교육부에 의해 영·유아를 위한 학교제도로 통합되면, 유아교육과 보육을 모두 상향평준화할 수 있고, 부모의 요구도 만족시켜 저출산 정책에도 부응할 수 있다는 정책적 신뢰가 필요하다.

이를 위해 정부는 우선 교육부 체제 내에서 유아교육과 보육, 돌봄이 통합된 교육복지형, 한국형 유아학교 모델을 구축하는 것에 중점을 두어야 한다. 이를

---

5) 유보통합 시범학교 9월 시행인데…교사들 "겉모습만 맞춰" 비판. 뉴스핌, 2024.8.22.
　유보통합 시범운영 곳곳에서 '진통'…"인력·예산 계획부터". EBS, 2024.8.14.
6) 전교조, '영·유아학교 시범사업 전면 거부' 선포... "원점에서 재검토하라". 베이비뉴스, 2024.7.22.
　전북교사노조, "비정상적 유보통합 추진 규탄". 뉴스클레임, 2024.8.21.

위한 재원 마련과 교사의 전문성 강화, 기관의 공공성 상향화를 핵심에 두고, 지속가능한 모델을 만들고 현장의 교원, 부모, 국민들의 지지를 얻어내야 할 것이다. 여기서의 유아학교 모델이란, 명칭의 문제가 아니라 통합기관의 성격을 말하는 것이다. '모든 영·유아를 위한 학교'를 만들겠다는 공통된 목표를 세우고 함께 조율하고 조정하는 과정이 무엇보다도 필요하다.

유아교육과 보육의 시스템을 하나로 만들면서 0~5세 영·유아의 교육과 보육을 어떻게 재편할 것인지에 대한 심도 있는 논의가 여전히 부족하다. 미래세대의 영·유아에게 현재 어떤 교육과 보육이 제공되어야 하는지, 몇 시간을 기관에서 돌봐야 하는지, 누가 돌보고, 어떤 교육을 해야 하는지, 교육부 내에서 0~2세/3~5세 학제를 구분하거나 통합하는 것이 누구에게 이익이 되는 것인지, 충분한 논의를 해야 한다(박창현, 2024). 일방적인 추진은 현장의 반발을 가져오고, 정책의 실질적 추진을 어렵게 한다.

그 밖의 누구의 이익을 위해서가 아니라, 유보통합 정책을 통해 미래세대의 행복한 유아기를 보장하고, 국가가 책임지는 기초교육제도를 만드는 생산적인 논의가 필요한 시점이다. 미래세대인 영·유아가 발달에 적합한 질 높은 유아학교에서 즐겁게 놀이하면서 배우며 부드럽게 학령기 초등교육으로 전이할 수 있도록 영·유아 기관을 만들어 주는 것이 유보통합의 궁극적 목적이라는 점을 되새김해야 할 것이다.

02

2025년 '늘봄학교'
진단

정 성 식
이리고현초등학교 교사

'늘봄학교'
전면 시행을 앞두고

"돌봄은 알겠는데 '늘봄'은 뭐예요?"

교육부가 안내한 돌봄학교에 대한 안내장을 가정으로 보냈더니 어느 학부모로부터 들었던 질문이다. 학부모뿐만 아니라 교사들 중에도 초등 1~2학년을 맡고 있는 교사가 아니라면 '늘봄'이 무엇인지 잘 모른다. 그럴 만도 하다. 우리 학교에서 나간 가정통신문만 보더라도 '2024학년도 돌봄교실 운영 안내 및 신청서 접수', '2024학년도 2학기 늘봄학교 운영 안내'와 같이 '돌봄'과 '늘봄'이라는 말을 같이 쓰고 있으니 말이다. 교육부에서 보내는 늘봄학교에 대한 공문도 늘어간다. 교육부 방침에 따라 학교에서는 늘봄학교와 관련된 교원연수를 실시하고, 가정통신문 등을 통해 학부모에게 늘봄학교에 대해 안내하고 있다.

이렇듯 교육부는 늘봄학교 홍보에 열을 올리고 있지만 교육 현장의 반응은 교육부의 기대와 다르게 나타나고 있다. 교장과 교감, 초등 저학년 담임교사, 돌봄 관련 업무담당자, 자녀가 돌봄교실을 이용하고 있는 학부모 정도가 관심을 보일 뿐이다. 이들도 '돌봄교실의 하나' 정도로 늘봄학교를 이해하고 있는 이들이 많다. 아직 구체화하지 않은 정책이라서 체감도가 떨어지는 것이다. 그러나 교원단체들은 앞다투어 우려를 표명하고 있다. '학생의 정서 발달에 해를 끼친다', '시행해야 할 법적인 근거가 없다', '정상적인 학교교육과정 운영을 방해한다', '교원의 업무를 가중시킨다'는 말을 덧붙여 늘봄학교 정책의 철회를 주장하고 있다.

2025년은 상황이 달라질 것으로 보인다. 교육부는 그동안 일부 교육청에 한하여 시범학교로 추진하던 늘봄학교를 2026년에 전국으로 확대하여 전면 시행하겠다는 입장을 밝혔다. 교육 현장의 반응도 이에 따라 달라질 수밖에 없다. 늘봄학교 전면 시행이 다가올수록 교육부의 요구는 구체적으로 늘어날 것이고, 늘봄학교에 대한 부담을 실감하게 된 교사들은 지금보다 훨씬 강하게 불만과 우려의 목소리를 쏟아낼 것이다. 결국 2026년 늘봄학교 전면 시행을 앞두고 교육계는 기대와 우려가 부딪히며 갈등을 양산할 가능성이 크다. 늘봄학교에 대한 갈등은 어떤 기대와 우려에서 나타나게 되는지 간단히 살펴보자.

교육부의 기대와 강력한 추진 의지

교육부는 2023년 1월 9일, 「교육·돌봄 국가책임 강화를 위한 늘봄학교 추진 방안」을 발표했다. "2025년부터 전국에서 '늘봄학교' 운영… 교육·돌봄 국가책임 강화"라는 제목으로 발표된 보도자료는 "모든 초등학생은 '방과후 교육·돌봄'을 원할 때 이용할 수 있게 하겠다"는 내용이었고, 이를 실현하기 위하여 늘봄학교를 추진하는데 2023년에 시범운영을 거쳐 2024년에 단계적으로 확산하여 2025년에 전국으로 확대하겠다는 실행 계획을 담고 있었다.

교육부는 시범교육청 공모 기간(2023. 1. 11.~2023. 1. 18.)을 거쳐 17개 시·도교육청 가운데 신청한 인천, 대전, 경기, 전남, 경북 등 5개 시·도교육청을 선정하여 특별교부금 약 600억 원을 지원하였다. 5개 시·도교육청 관내 학교 200개교를 대상으로 초등 1학년 입학 초기 '에듀케어 집중 지원 프로그램'을 운영하고, 수요에 따라 20시까지 돌봄 운영시간을 확대하였다. 토요방과후(경기·경북), 찾아가는 마을방과후(인천), 과학·문화·AI·SW 체험버스(대전), 농어촌 특화 문화예술 프로그램(전남) 등 방과후 프로그램도 확대하였다. '아침돌봄' 도입(인천, 대전, 경기, 경북), 필요한 날 이용 가능한 '일시돌봄' 서비스(경기·대전·경북·전남) 및 입·출입 학부모 안내 서비스(인천·대전)를 제공하였다. 시범운영을 신청하지 않은 시·도교육청에도 저녁돌봄 석·간식비, 프로그램비 등 늘봄학교 확산 기반 마련을 위한 특별교부금 약 100억 원을 지원하였고, 거점형 돌봄 모델 5개소 내외를 신규 선정하여 약 100억 원을 지원하였다.

이듬해인 2024년 2월 5일, 교육부는 「2024년 늘봄학교 추진방안」을 구체화하여 발표하였다. 1학기에 2,000개교 이상, 2학기에 전국 모든 초등학교에 늘봄학교를 도입하여 희망하는 초등 1학년 학생 누구나 맞춤형 프로그램을 연중 매일 2시간을 무료 제공하고, 2026년까지 모든 학년으로 확대하겠다는 입장이었다. 교사의 늘봄학교 행정업무 부담을 해소하기 위해 늘봄지원실을 설치하여 운영하겠다는 내용도 담고 있었다. 교육부는 2024년 2월 8일, 「2024 늘봄학교 운영 가이드라인」을 제작하여 발표하였다. 가이드라인에는 늘봄학교의 이해, 늘봄학교 운영체제, 운영 프로그램, 늘봄지원센터 관리 및 평가 등이 담겨있었다.

2024년 5월 29일, 교육부는 '정부 출범 2년 교육개혁 주요 성과'를 발표하였다. 교육부는 교육개혁 주요 성과를 세 가지로 정리하여 발표하였는데 주요 성과의 첫 번째로 내세운 것이 늘봄학교였다.

교육부가 밝힌 교육개혁 주요성과

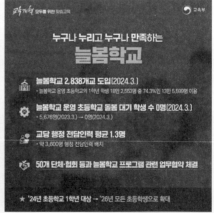

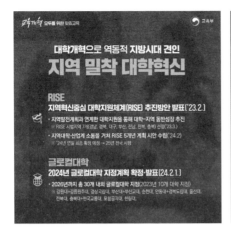
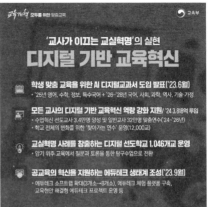

출처: 교육부. 정부 출범 2년 교육개혁 주요성과. 2024.5.29

교육부의 늘봄학교 정책은 학교에만 국한된 것이 아니라 지역과의 연계도 밝히고 있었다. 교육부는 2023년 1차에 이어 2024년에도 2차 학교복합시설 공모계획을 밝혔다. 지방자치단체와 연계하여 교육·문화 시설이 부족한 지역에 학생과 지역 주민이 함께 활용할 수 있도록 체육관, 수영장, 도서관 등의 교육·문화·체육·복지시설을 지원하겠다는 내용이었다.

지금까지 살펴본 바와 같이 교육부는 교육개혁의 주요성과 가운데 첫 번째를 늘봄학교로 밝히며 교육과 돌봄에 대한 국가책임을 목적으로 늘봄학교 정책을 야심 차게 추진하고 있다. 교육부의 입장이 달라진 것이 있다면 '초등전일제 학교'라는 명칭을 '늘봄학교'로 바꾸고, 2025년 전면 시행으로 잡았던 목표를 2026년으로 한 해 뒤로 미룬 것뿐이다.

교원단체의 심각한 우려

교육부가 야심 찬 기대를 갖고 늘봄학교를 추진할수록 교원단체들은 우려의 목소리를 내고 있다. 교원단체들은 성명, 논평 등을 발표하며 아이가 학교에 오래 머무는 것이 아이의 행복을 위해서 결코 바람직하지 않다는 원론적인 주장을 밝히고 있다. 나아가 시범학교 모집 과정에서의 권위적이고 비민주적인 행태, 한시적 기간제 교사에게 담당 업무를 맡기겠다는 발상의 무책임함, 선행 시범학교에서 나타난 참여율 저조와 이로 인한 예산과 인력의 낭비 문제 등과 같이 교육부가 추진하는 구체적인 세부 과제에 대해서도 조목조목 반박하며 늘봄학교를 전면 폐지하라고 주장하고 있다.

교원단체의 입장 가운데 언론이 크게 주목했던 것은 2024년 3월 12일, 전국교직원노동조합(이하 '전교조')이 기자회견을 열고 발표한 〈1학기 늘봄학교 실태조사 결과 발표〉(이하 '실태조사 결과') 보도자료였다. 전교조는 2024년 1학기 늘봄학교를 운영하고 있는 2,741개교 대상으로 온라인 실태조사를 진행하여 교육부의 입장에 대해 조목조목 반박하는 내용의 기자회견문을 발표했다.

전교조는 실태조사 결과 1학기 전체 늘봄학교 중 22%에 달하는 611개교에서 피해 사례가 접수되었으며, 현장 교원들은 교육부의 무리한 늘봄 도입으로 발생한 여러 문제점을 성토했다고 밝혔다. 나아가 교사를 늘봄 강사로 투입하여 수업 준비에 차질을 빚고, 공간 부족으로 교육과정 운영에 악영향을 받고, 무분별한 기간제 교사 채용으로 혼란이 발생하고, 늘봄 수요조사와 실제 참여 인원의 격차가 발생하고, 늘봄학교 시행으로 민원이 증가하는 등의 구체적인 파행 사례까지 밝혔다.

전교조의 보도자료 발표가 있고 여러 언론에서 이를 보도하자 교육부는 곧바로 "전교조의 늘봄학교 실태조사 결과, 사실과 달라"라는 제목으로 설명자료를 배포하여 전교조의 실태조사 결과를 반박하였다. 이에 대해 전교조도 곧바로 "늘봄 실태조사 관련, 교육부 설명자료는 사실과 다릅니다"라는 제목으로 반박·

설명자료를 발표하였다. 교육부와 전교조는 늘봄학교 운영 실태를 두고도 해석을 달리하며 진실게임을 이어갔다.

교육 주체별 늘봄학교에 대한 입장

교육부와 교원단체는 보도자료 등을 통해 늘봄학교에 대한 구체적인 입장을 시시각각 밝히고 있고 언론은 구체적인 상황을 잘 보도하고 있다. 반면에 학부모, 교육청, 방과후·돌봄 노조, 학계의 입장은 언론에 잘 보도되지 않고 있다. 이들은 상대적으로 입장 표명이 덜하기 때문이다. 그러나 늘봄학교를 온전하게 이해하기 위해서는 교육부와 교사들 입장 못지않게 이들의 입장을 살피는 것도 아주 중요하다. 늘봄학교는 물론이고 어떤 교육정책이든지 안정적으로 정착되어 실행되기 위해서는 교육 주체별 이해와 협조가 필수적이기 때문이다.

▨ 교육부가 수렴한 늘봄학교에 대한 주체별 주요 입장

주체	주요 입장(요약)
학부모	• 방과후·돌봄의 양적 확대 및 프로그램 다양화 요구 • 안전·신뢰성 등 학교를 통한 방과후 활동(방과후+돌봄) 선호
시·도교육청	• 교육(지원)청 중심의 운영체제 전환을 위한 인력 지원 요구 • 지역별 특색에 따라 적용 가능한 다양한 운영 모델 제시 필요
교원단체(노조)	• 방과후·돌봄 관련 교원의 업무 경감 필요 • 방과후 활동의 단계적 지자체 이관 및 운영 모델 제시 요구
방과후·돌봄 노조	• 양질의 서비스 제공을 위해 처우개선 및 고용안정 방안 마련 필요
학계·현장 전문가	• 교육(지원)청 중심 운영체제로 단위 학교 지원 • 다양한 교육청-지자체 협력·연계 모델 제시 필요

교육부는 이러한 노력의 일환으로 2023년 돌봄학교 추진방안을 발표할 때 교육 주체별 의견을 수렴하여 위와 같이 정리하여 함께 발표하였다. 아이를 잘 돌보아야 한다는 데에는 누구도 이견이 없다. 그러나 교육부가 역점적으로 추진하

고 있는 늘봄학교를 두고는 주체별로 입장이 다르다. 여기서 공통분모를 찾아내기란 쉽지 않다. 최근 수년간 돌봄 갈등이 풀리지 않고 되풀이되는 근본적인 이유는 여기에 있다.

늘봄학교의 이해와 갈등 요인

늘봄학교 시행을 둘러싸고 벌어지는 갈등은 여러 요인이 있다. 이를 구조적으로 이해해야만 갈등의 해법을 찾을 수 있다. 따라서 교육부가 시행하고 있는 늘봄학교의 추진 배경과 추진 과제를 면밀히 살펴보고, 이 내용들이 얼마나 현장 적합성을 띠고 있는지 따져보아야 한다. 그런 다음 늘봄학교를 두고 벌어지는 갈등의 요인과 양상은 무엇인지 살펴보고, 이를 줄이기 위해 어떤 노력을 해야 하는지 순차적으로 따져가며 사회적 합의를 해나가야 한다.

늘봄학교의 추진 배경

교육부는 2023년에 발표한 「늘봄학교 추진방안(안)」에서 "국정과제로 추진했던 '전일제학교'에 대하여 강제적 활동으로 오해하는 등 현장의 부정적 인식이 있으므로 정책 명칭을 '늘봄학교'로 수정한다"고 밝혔다. 그러면서 "학교 안팎의 다양한 교육자원을 활용하여 희망하는 초등학생에게 정규수업 전후로 제공하는 양질의 교육·돌봄Educare 통합 서비스를 제공하겠다"는 입장을 밝혔다.

이후 발표한 「2024년 늘봄학교 추진방안」에서 "정규수업 외에 학교와 지역사회의 다양한 교육자원을 연계하여 학생 성장·발달을 위해 제공하는 종합 교육프로그램"으로 늘봄학교의 개념을 구체화하였다. 기존의 초등학교 방과후와 돌봄을 통합·개선한 단일체제로 운영하여 앞으로 초등학교 방과후와 돌봄은 없어지고, 늘봄학교 하나의 체제로 운영하겠다는 내용이었다. 희망하는 초등학생은 누구나 이용할 수 있고, 초 1~2학년에게는 맞춤형 프로그램을 매일 2시간 무료로 제공하고, 초 3~6학년을 대상으로는 양질의 프로그램을 운영하고, 시·도교육청·학교별 특성에 맞는 다양한 모델을 확산하고, 교사의 늘봄학교 행정부담을 해소하겠다는 내용이었다.

교육부는 보육에 대한 국가책임, 돌봄 공백 해소, 사교육비 절감, 방과후·돌봄 체제의 혁신 등을 이유로 늘봄학교의 필요성을 강조했다. 그 이유를 구체적으로 살펴보면 다음과 같다.

첫째, 합계출산율 0.78명인 상황에 아이 한명 한명에 대한 국가책임이 절실하다. 초등학생 수는 2023년 261만 명에서 2030년에는 161만 명까지 38.3% 감소할 전망이다. 국가는 심각한 저출생 현상에 따른 학생 수 급감에 대응하여 정규수업 외에도 양질의 교육프로그램을 제공하여 아이 한명 한명이 미래역량을 갖춘 인재로 건강하게 성장·발달할 수 있도록 지원할 필요가 있다.

둘째, 초등학교 입학 후 저학년 시기에 돌봄 공백이 심각하다. 유치원·어린이집(3~5세)의 오후 이용률은 90.3%인데, 초등 방과후학교 이용률은 50.3%, 돌봄교실 이용률은 11.5%에 불과하다. 이에 많은 학부모가 초등학교 하교(초 1학년, 오후 1시) 이후 '돌봄 공백'을 경험하고 있고, 이는 경력단절, 사교육비 증가로 연결되고 있다. 아울러 2023년 교육부에서 수요조사를 실시한 결과를 보면 학부모는 지역돌봄기관(14~16%)보다 학교돌봄(81.4%)을 선호하고 있다.

셋째, 학부모의 양육 부담완화를 위한 사교육비 절감 정책이 시급하다. 저출생 현상의 주요 원인으로 '양육비 부담'을 꼽는데 지난 10년간 초등 사교육비는 꾸준히 증가하고 있다. 반면에 사교육비 절감에 기여하는 방과후학교 참여율은 하락하고 있다.

넷째, 분리된 방과후·돌봄 체제로 인한 중복, 사각지대가 발생한다. 초등 방과후와 돌봄은 오랫동안 공간, 인력, 비용, 이용 방식 등을 서로 다른 별개로 분리되어 운영하고 있다. 공간이 달라 같은 시간에 방과후와 돌봄 중 하나밖에 이용할 수 없음에도, 둘 다 신청하는 중복 비효율이 발생하고 있다. 학교라는 물리적 공간은 한정되어 있어서 돌봄만을 위한 별도의 공간(돌봄교실)을 지속적으로 확충하는 데 한계가 있다. 돌봄교실의 비효율적 운영과 인프라 부족으로 신청 제한 (저소득층, 맞벌이가정 등) 및 추첨 탈락 대기자까지 발생하고 있다.

다섯째, 초등 방과후·돌봄 체제는 혁신이 필요하다. 일부만 누리는 방과후·돌봄이 아니라 희망하는 학생, 학부모 모두가 참여할 수 있는 새로운 체제가 필요하다. 공간, 인력 등 인프라 부족 문제 해결을 위해 학교 안 자원을 효율적으로 활용하고, 학교 밖 지역 인프라 활용을 확대해야 한다. 지자체, 공공기관, 대학, 기업 등과 연계·협력하여 학생, 학부모가 원하는 양질의 프로그램을 확대하고 다양화해야 한다.

늘봄학교의 추진 과제

"늘봄학교 전담 운영체제를 구축하여, 누구나 누리고, 누구나 만족하는
세계 최고 수준의 늘봄학교를 만들겠다."

여러 가지 정책들이 나열되어 복잡하게 보이지만 정부가 추진하는 늘봄학교 정책은 이렇게 한 문장으로 정리할 수 있다. 국가책임의 측면으로 본다면 민주공화국에서 살아가는 시민이 행복한 삶을 추구하도록 한다는 면에서 이 방향은 옳다. 그러나 이상과 현실은 거리가 있듯이 누구나 누리고, 누구나 만족하는 정책이 과연 가능할지에 대해서는 여전히 의문을 제기하는 이들이 있다. 먼저 늘

봄학교 정책의 세부 과제들을 살펴보고, 이어서 문제점들을 따져보도록 한다.

늘봄학교 전담 운영체제 구축

학교에 '늘봄지원실'을 만들어 늘봄학교 업무를 전담하게 함으로써 교사의 늘봄학교 행정업무 부담을 해소하겠다는 목적으로 추진하는 과제이다. '2025년 최종 완성: 전담 조직인 늘봄지원실 기반 운영', '2024~2025년 추진 로드맵'을 주요 내용으로 하고 있다.

'2025년 최종 완성: 전담 조직인 늘봄지원실 기반 운영'을 위하여 학교에 늘봄지원실을 설치하여 학교의 늘봄 업무를 전담하도록 하고, 교육청에 설치된 늘봄지원센터에서 이를 지원한다. 교육부가 밝힌 늘봄지원실이 설치된 학교의 모습은 [그림]과 같다.

▨ 교육부가 밝힌 늘봄지원실 구조도

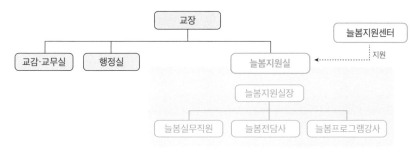

＊ 출처: 교육부. 2024년 늘봄학교 추진방안. 2024.2.5

교육부는 2025년까지 초등학교에 전담 조직인 늘봄지원실을 설치·운영하고, 전담 행정인력을 배치하여 그동안 교원이 부담해왔던 방과후와 돌봄 행정업무를 전담하도록 하겠다는 입장이다. 늘봄지원실장은 큰 학교의 경우 지방공무원 (전문직 또는 교육행정직)이 담당하고, 그 외의 경우에는 늘봄지원센터의 공무원 또는 교감이 담당한다. 늘봄실무직원은 시·도교육청별 여건에 따라 공무원, 공무직, 단기계약직, 퇴직교원 등으로 채용·배치한다. 늘봄전담사 및 늘봄프로그램강사는 기존의 돌봄전담사와 방과후강사의 명칭을 변경하여 운영하고 필요에 따라 기존업무를 추가·변경할 수 있다. 이렇게 구성된 늘봄지원실은 늘봄학교 운영계획 수립, 프로그램 편성, 강사 선정 및 관리, 민원 처리, 수요조사 등의 행정업무 일체를 전담한다.

'2024~2025년 추진 로드맵'은 2026년 늘봄학교 전면 시행을 목표로 2024년 1학기에는 시·도교육청에 기간제 교원 2,250명 등을 배정하여 늘봄학교 업무를 맡도록 하고 늘봄학교 신규업무에서 교사의 업무 부담을 해소한다. 2024년 2학기에는 늘봄지원실 설치를 완료하고, 늘봄실무직원으로 공무원, 공무직, 단기계약직, 퇴직교원 등을 학교별 여건에 맞게 배치하여 교사가 기존에 담당하고 있던 방과후·돌봄 업무를 늘봄지원실로 이관한다. 2025년에는 큰 학교 위주로 늘봄지원실장 전임 발령을 단계적으로 추진하여 늘봄지원실 기반의 늘봄학교 전담 운영체제를 완성한다.

누구나 누리는 늘봄학교

학생, 학부모 누구나 원한다면 늘봄학교를 누릴 수 있도록 하겠다는 목적으로 추진하는 과제이다. '희망하는 누구나 이용할 수 있도록 지원', '장애 학생 등 대상별 맞춤형 지원 강화', '학교 안팎의 다양한 자원 연계'를 주요 내용으로 하고 있다.

'희망하는 누구나 이용할 수 있도록 지원'하기 위하여 2024년부터 기존에 이원화된 초등 방과후·돌봄을 늘봄학교 하나의 체제로 통합하여 희망하는 초등학생 누구나 이용하도록 추진한다. 학생과 학부모는 기존 방과후 또는 돌봄 중에서 선택하는 방식이 아니라 원하는 시간대에 맞추어 자유롭게 신청하고 이용한다. 2024년에는 초등 1학년 누구나 이용할 수 있게 지원하고, 지원 대상을 연차적으로 확대하여 2026년에는 모든 초등학생이 지원을 받을 수 있도록 한다. 운영시간은 기존 방과후·돌봄(오후 1시~5시 중심)보다 연장하여 아침 또는 정규수업 후 희망 시간까지(최장 오후 8시) 확대한다.

'장애 학생 등 대상별 맞춤형 지원 강화'를 위하여 장애 학생, 이주배경 학생, 저소득층 등 학생이 가진 배경에 상관없이 누구나 늘봄학교에 참여할 수 있도록 정책 대상별 맞춤형 지원도 강화한다. 이주배경 학생의 참여 기회를 확대하기 위해서 늘봄학교에서 이주배경 학생 맞춤형 한국어교육을 제공하고 기초학습 지원 등을 위한 대학생 멘토링을 제공한다. 저소득층 등 취약계층을 중심으로는 현행 자유수강권 지원 대상 및 사용처를 확대·개편하여 '늘봄 바우처'를 도입한다.

'학교 안팎의 다양한 자원 연계'를 위하여 학교 공간 확충 및 수요에 맞는 탄력적 활용을 추진하고, 지자체, 지역사회와 연계·협력하여 학교 밖 다양한 교육자원을 적극 활용한다. 학교 안에서는 기존 공간을 탄력적으로 활용하고, 늘봄교실 확충, 학교 공간 리모델링, 모듈러교실 설치 등으로 공간을 확충하고 개선한다. 학교 밖에서는 인근 과대·과밀학교의 늘봄학교 수요를 흡수하기 위한 거점형 늘봄센터를 신축 또는 지정하여 운영한다. 대학 내 유휴공간 등을 활용한 늘봄 프로그램을 위탁한다. 아파트단지 내 공간, 체육 공간, 도서관, 복지 공간 등 지자체의 다양한 공간을 늘봄학교와 연계하여 활용한다. 지역사회 연계형 늘봄학교 확산을 위해, 기존의 초등돌봄협의체를 교육청, 지자체, 교원단체 등이 참여하는 '(가칭)지역늘봄협의체'로 전환·운영한다. 교육발전특구를 활용하여 학교-지역사회 간 연계형 늘봄학교 모델을 발굴하고 확산한다. 공간, 인력 확보 및 지자체, 지역사회 연계·협력 등의 내용을 담은 「(가칭)늘봄학교지원특별법」을 제정하여 관련 법적근거를 마련한다.

누구나 만족하는 늘봄학교

학생·학부모가 원하는 양질의 좋은 프로그램을 제공한다는 목적으로 추진하는 과제이다. '초 1~2 맞춤형 프로그램 2시간 무료 제공', '늘봄 프로그램(초 1~6) 질 제고 및 다양화', '저녁늘봄 지원 및 안전관리 강화'를 주요 내용으로 하고 있다. '초 1~2 맞춤형 프로그램 2시간 무료 제공'을 위하여 초 1학년(2024년~) 및 초 2학년(2025년~) 맞춤형 프로그램을 2시간 이내 무료로 제공하고, 교육부·교육청 중심으로 강사를 섭외하여 학교에 지원한다.

'늘봄 프로그램(초 1~6) 질 제고 및 다양화'를 위하여 프로그램 우수공급처를 확대한다. 지자체는 도서관, 박물관, 역사관, 유적지, 문화·예술 및 체육시설 등과 연계·협력하여 다양한 교육 경험을 지원한다. 지역대학은 대학의 우수 인적·물적 인프라를 활용하여 전문성 있는 양질의 프로그램(예·체능, AI·디지털 등)을 제공한다. 학교가 직접 전국의 우수프로그램을 탐색·연결할 수 있게 지원하는 온라인 플랫폼으로 '(가칭)늘봄허브'를 구축한다(2024년 하반기 개통).

'저녁늘봄 지원 및 안전관리 강화'를 위하여 학기 중 불가피하게 저녁 시간에 늘봄학교를 이용하는 학생에게 저녁 식비를 전액 지원한다. 학교 안팎으로의 이동이 있는 늘봄학교 운영방식에 맞게 늘봄학교 안전관리를 강화한다. 거점형 늘봄학교, 지역의 늘봄 프로그램 운영 공간 등은 어린이 보호구역으로 지정하고 통학버스 등을 지원한다. 교육청, 학교별 여건에 따라 늘봄 안전 인력을 채용하여 배치하고, 다양한 지역사회 인력 등을 활용한다. 학생의 이동 동선 등을 고려하여 CCTV, 비상벨, 인터폰 등을 설치하고, 필요한 안전장치 등을 보강한다.

2025 늘봄학교의 전망

정부는 그동안 '저출생과 학생 수 감소에 대응하겠다'며 2018학년도 임용시험 이후 초등교사 정원과 신규 채용 규모를 해마다 줄여왔다. 그러나 2025학년도에는 늘어날 전망이다. 2024년 8월 7일, 교육부는 전국 17개 시·도교육청이 이날 각각 공고한 '2025학년도 공립 신규교사 임용후보자 선정 경쟁시험 선발 규모 사전 예고 현황'을 취합한 결과 유치원 377명, 초등 4,245명, 중등 4,814명을 예고했다. 2024학년도 최종 공고 인원이 유치원 304명, 초등 3,157명, 중등 4,518명이었던 것과 비교해 보면, 2025년에는 유치원, 초등, 중등 모두 늘어난 편이다. 이 가운데 눈에 띄게 큰 폭으로 늘어난 것은 초등이다. 무려 1,088명이 늘었기 때문이다. 교육부는 초등 선발 예정 인원이 큰 폭으로 증가한 것에 대하여 "교사들 가운데 늘봄지원실장으로 전직하게 될 수요를 감안하여 1~2년에 걸쳐 한시적으로 반영한 결과"라고 설명했다.

이렇듯 교사가 늘봄전담실장으로 전직할 것을 감안하여 신규교사 채용 규모를 늘리는 것만 보더라도 교육부는 「늘봄학교 추진방안」에서 밝힌 과제들을 하나씩 추진하고 있다. 교육부는 2026년 늘봄학교 전면 시행을 목표로 고삐를 당기고 있으므로 2025년에 학교는 준비 태세를 갖추느라 분주할 것이다. 늘봄교실 마련을 위해 공사와 건물 재배치가 이루어질 것이고, 늘봄학교 운영계획 수립, 프로그램 편성, 강사 선정 및 관리, 수요조사, 민원 처리 등으로 행정업무도 대폭 늘어날 것이다. 이렇게 학교는 바빠질 것으로 전망하지만, 늘봄학교가 본격적으로 추진될 학교의 모습을 예견하는 것은 쉽지 않다. 그래도 바쁜 학교 속에서 혼란과 시행을 조금이라도 줄이기 위해서라도 유비무환의 마음으로 2025년 학교의 모습을 전망해 본다.

교육부와 교원단체의 대립 심화

2023년, 교육부가 늘봄학교 추진방안(안)을 발표하자 교원단체는 하나같이 우려의 목소리를 냈다. 2024년, 늘봄학교 추진방안이 구체화되고, 시범학교 운영 등을 통해 늘봄학교가 본격적으로 운영을 시작하자 교원단체들은 시범학교의 운영 과정에서 나타난 문제점 등을 구체적으로 거론하며 늘봄학교 철회를 요구하고 있다. 2025년은 학교에 늘봄지원실이 설치되고 늘봄학교 운영을 위한 인프라를 구축하느라 여느 해보다 바쁘고 소란스러울 것이다.

교육부는 늘봄학교 업무에서 교사를 배제함으로써 교사들의 불만을 잠재울 수 있다고 생각하겠지만 이는 오산이다. 공문 처리만이 업무가 아니다. 늘봄학교 시행을 위한 인프라를 구축하는 일련의 과정이 모두 교사의 업무에 해당한다. 이렇게 학교가 어수선하고 교사들이 바빠지면 교육과정 운영이 차질을 빚게된다. 서이초 사건을 경험한 이후 교사들의 태도는 그 전과는 많이 달라졌다. 교육에 해를 끼치고 교사의 헌신을 당연시하는 것에 대해서 더 이상 참지 않는다.

2024년 상반기에 전교조가 늘봄학교 실태조사 결과를 토대로 늘봄시범학교 운영의 문제점을 밝혔을 때 교육부는 사실이 아니라고 반박하면서도 교사들이 제기한 문제점을 확인하고 개선하려는 어떠한 노력도 하지 않았다. 이제는 시범학교가 아니다. 2026년 늘봄학교 전면 시행을 앞두고 모든 초등학교에서 같은 상황이 벌어진다면 정부와 교사들의 마찰은 불가피하다.

학교의 역할 변화

불과 십여 년 전만 해도 우리는 학교 무상급식을 두고 치열하게 갈등을 겪었다. 그러나 지금 어떤가? 그 뜨겁던 논쟁은 사그라들고 어느 누구도 학교 무상급식을 두고 토를 다는 이가 없다. 세상이 변했고 법과 제도가 변했고 사람도 변한 것이다. 그러나 무상급식보다 먼저 학교에서 실시되었던 돌봄은 여전히 뜨거운 감자다. '누가, 언제, 어디에서, 어떻게 아이를 돌볼 것인가?'를 두고 치열한 논쟁을 되풀이하고 있다. 늘봄학교를 두고 벌어지는 갈등도 핵심은 이 질문에 대해 서로 다른 대답을 하는 데서 비롯되고 있다.

2000년대 초반에 '돌봄의 사회화'라는 말이 유행했다. 아이에 대한 돌봄을 가정에만 맡겨서는 안 되고 국가가 책임지고 나서야 한다는 기조였다. 진보 진영에서 시작된 논리였지만 이후 보수를 표방하는 정부가 들어서고 몇 차례 정권이 바뀌어도 이 기조는 유지되며 더 공고해지고 있다. 초등돌봄은 이 기조 속에서 20여 년간 학교에서 맡아 운영해오고 있다. 문제는 돌봄은 관련 법과 제도를 마련하지 않은 채 여전히 학교의 의무로 시행하고 있는 데에 있다.

학교급식과 마찬가지로 돌봄교실이 학교에서 실시되면서 학교의 역할도 많이 바뀌었다. 관련 직종이 새로 생겼고, 아이들은 학교에 머무는 시간이 늘어났다. 아이들이 학교에 머무는 시간이 늘어날수록 교직원의 업무도 늘어났다. 학교폭력을 비롯하여 생활지도의 범주도 늘어났다. 학부모의 민원도 그만큼 늘어났다. 돌봄전담사들의 처우개선 요구도 늘어가고 있다. 업무를 추진하는 과정에서 교직원의 갈등도 늘고 있다. 돌봄 파업이 현실로 나타난 적도 있다. 정부는 늘봄학교에 대해 장밋빛 청사진을 제시하고 있지만 늘봄학교가 구현되는 학교의 상황은 이러하다.

늘봄학교가 본격 시행되더라도 당장 학교가 크게 달라지는 것은 표면적으로 없을지도 모른다. 이미 학교에서 20여 년 돌봄교실을 실시해 왔던 터라 그저 돌봄이 늘봄으로 이름만 바뀐 정도로 생각할 수도 있다. 그러나 늘봄학교는 기존의 돌봄교실보다 훨씬 높은 강도로 학교의 책임을 강화하고 있다. 전통적으로 유지되어왔던 교무실과 행정실의 조직에 늘봄지원실이 추가로 신설된다. 교무실, 행정실, 늘봄지원실로 운영되는 학교는 분명 지금까지의 학교 모습과는 달리 운영되며 지금까지의 학교는 교육기관의 역할에 중점을 두고 운영해왔으나 늘봄학교가 전면 시행되는 시점부터 학교는 보육기관의 역할을 병행해야 한다.

이에 따라 학교의 조직 구조가 바뀌고 교직원의 구성과 업무도 달라질 것이다. 학교가 담당해야 하는 업무도 늘어날 것이다. 학부모의 돌봄에 대한 요구는 계속해서 늘어날 텐데 현실의 학교가 이를 다 수용하기는 쉽지 않을 것이다. 그만큼 학교 구성원의 갈등도 늘어날 것이다.

늘봄지원실장 확보 난항

교육부는 「2024 늘봄학교 추진방안」에서 신설되는 늘봄지원실 운영을 책임질 늘봄지원실장의 적임자로 큰 학교는 전문직 또는 교육행정직, 그 외 학교는 늘봄지원센터 공무원 또는 교감이 담당하도록 안내했다. 후속 대책으로 2025년 공립 신규교사 임용 선발 예정 인원을 발표하며 늘봄지원실장으로의 전직을 감안하여 초등의 선발 인원을 2024년보다 1,088명을 늘려 선발하겠다는 입장도 발표하였다. 늘봄학교 운영은 늘봄지원실장이 총괄하게 되는데 이 중책을 담당할 늘봄지원실장의 자리에 교사들이 전직하여 맡게 될 것이라고 교육부는 전망한다. 그러나 현장의 분위기는 교육부의 기대와 사뭇 다르다. 교육부의 바람대로 늘봄지원실장으로 전직을 희망하는 교사는 별로 없을 것이라는 것이 지배적이다.

현행법상 교원은 국가공무원이고 장학사 등의 교육전문직원은 지방공무원이다. 따라서 교사가 늘봄지원실장으로 전직하게 되면 신분도 역할도 달라진다. 이들의 신분은 이미 몇몇 시·도교육청에서 운영한 적이 있는 '임기제 장학사'를 떠올려보면 쉽게 이해할 수 있다. 교사가 일정 기간 장학사를 하다가 계약기간이 끝나면 다시 교사로 돌아왔듯이 일정 기간 늘봄지원실장으로 전직했다가 다시 교사로 돌아온다고 보면 된다. 몇몇 시·도교육청이 임기제 장학사를 모집했을 때 교육청의 기대와는 다르게 교사들의 참여는 많지 않았다. 장학사는 일정 기간이 지나면 승진의 기회를 자동으로 부여받는 등의 유인 효과라도 있지만, 임기제 장학사는 모집할 때부터 다시 교사로 돌아가는 것을 전제로 하여 모집했기 때문에 특별한 유인 효과가 없었다.

이 전철을 돌아볼 필요가 있다. 교사가 늘봄지원실장으로 전직했을 때 장학사처럼 승진의 기회가 보장되는 등의 특별한 유인 효과가 없으므로 교사들은 늘봄지원실장으로의 전직에 대해서도 큰 관심을 보이지 않고 있다. 수업과 생활지도로부터 잠시 벗어날 수는 있겠지만 민원의 소용돌이에 휘말린다 생각하며 고개를 가로젓는 교사들이 많다. 더구나 늘봄학교는 공휴일을 제외하고 연중무휴로 운영되어야 하니 교사일 때 누리던 방학을 누리지 못한다는 것도 전직을 희망하지 않는 큰 이유가 되고 있다.

늘봄지원실 운영을 위해서는 늘봄지원실장을 반드시 확보해야 하는데 여기서부터 난항을 겪을 수 있다. 교육부는 교사들 중에 전직 희망자가 없다면 교육행정직원 중에서 충원한다고 하지만 교육행정직원들의 생각도 교사들과 별반 다르지 않다. 교육청에서 근무하는 것을 선호하지, 학교에 와서 행정직원과의 구분도 모호한 상태로 아이를 돌보는 일을 선뜻 하려고 나서지 않는 분위기다. 교사도 교육행정직도 큰 관심을 보이지 않고 있는 늘봄지원실장을 어떻게 확보해야 할까? 교육부는 늘봄학교가 본격적으로 시행도 되기 전에 이 난제부터 풀어야 할 것이다.

늘봄학교 관련 입법 시도

2024년 6월 27일, 정부조직법이 개정·시행되었다. 영유아 보육 및 교육에 관한 사무를 교육부로 일원화하는 게 핵심 내용이었다. 교육부가 담당 사무를 맡게 됨으로써 누리과정 운영을 두고 벌어졌던 담당 주체 논란 등도 이제 종지부를 찍게 되었다. 교육부가 담당 사무를 맡게 된 이상 책임 소재가 분명해지고 교육청과 학교도 이에 따른 역할을 수행하는 것이 당연하게 되었다. 시대 변화가 가져온 우리 시대 교육의 모습이다.

지난 20여 년 정부 정책을 돌아보면 돌봄도 이와 비슷한 전철을 밟게 될 가능성이 크다. 지금까지 시행해 왔던 돌봄과 앞으로 교육부가 강력한 추진 의지를 밝히고 있는 늘봄학교도 법적 근거가 없다. 그저 교육부 장관 훈령으로 공포되는 교육과정에 돌봄과 관련한 문장을 한 줄 정도 넣어서 시행 근거를 밝히는 정도였다. 엄밀히 따져보면 교육과정과 돌봄은 관련이 없다. 그럼에도 불구하고 그동안 교육부는 교육과정에 돌봄 시행 근거를 담아 정책을 시행해 왔다. 관련 입법은 마련되지 않는 상황에 어떻게든 돌봄 정책은 국가가 추진해야 하는 상황에서 정부가 내린 고육지책이었다고 본다.

늘봄학교 운영에 들어가는 예산도 만만치 않다. 교육부는 2024년에만 늘봄학교를 추진하는데 특별교부금 4,469억 원, 보통교부금 9,188억 원을 합쳐 총 1조 1,657억 원이 소요된다고 밝혔다. 이는 전년 대비 4,672억 원 이상 증액된 금액이다. 이렇게 막대한 예산이 들어가는 돌봄 정책을 관련 법적 근거도 없이 교육부의 교부금으로 시행하는 것은 바람직하지 않다. 관련 입법을 추진하여 마땅한 법적 근거를 갖고 안정적으로 시행되도록 해야 한다.

마침 교육부는 2024년 하반기에 「(가칭)늘봄학교지원특별법」을 제정하겠다는 계획을 발표했다. 이 법에 어떤 내용이 담길지는 모르지만, 교육과 보육에 대한 책임 주체가 아직 명확하게 구분되지 않은 상황이라 당사자들의 이해관계가 첨예하게 대립하면서 이 법도 국회 문턱을 통과하기는 쉽지 않을 것으로 보인다.

다소 진통이 있더라도 교육과 보육에 대한 책임 주체를 명확히 하여 교육과 보육 모두를 살리는 입법을 시도하려는 노력이 필요하다.

교육과 돌봄
모두를 위하여

늘봄학교가 적절한 용어인지부터 따져 보아야

늘봄이라는 말은 돌봄과 달리 사전적 의미가 없다. 어감상 기존에 써오던 돌봄이라는 말과 큰 차이도 없다. 교육부는 늘봄학교의 의미를 '교육+돌봄 통합 서비스Educare'라고 밝혔지만, 늘봄이라는 말이 주는 어감은 '늘always+돌봄care'에 가깝다. 여기에 학교라는 말까지 붙이니 늘봄학교는 '늘 돌보는 학교'가 된다. 교육기관인 학교의 입장에서 보면 이만큼 황당한 일도 없다. 학교를 교육하는 곳이 아니라 아이를 돌보는 곳으로 여겨지도록 이름을 붙였으니 말이다. 공연한 트집이 아니다. 사피어-워프 가설Sapir-Whorf hypothesis에 따르면 "언어가 인식을 규정한다"고 했다. 학교를 교육하는 곳이 아니라 아이를 돌보는 곳으로 여겨지도록 이름을 붙인 것은 적절하지 않다. 늘봄학교라는 이름이 적절한지에 대해 지금이라도 냉정하게 따져보아야 한다.

학교의 역할 교직원의 임무를 분명히 해야

학교는 그동안 교무실과 행정실로 이루어진 이원조직체계로 운영되어 왔다. 물론 이마저도 법적 근거는 없었다. 업무 편의상 교무실과 행정실로 나누어 운영해왔을 뿐이다. 시대 변화에 따라 정부와 지자체에서 학교에 요구하는 사업은 계속해서 늘어왔고, 그만큼 학교에서 담당해야 할 업무도 늘어났다. 새로 학교가 맡게 된 이 일을 교직원 가운데 누군가는 해야 하는데 이를 누가 담당해야 하는지를 두고 교직원이 마찰을 빚는 일이 늘고 있다.

교육부 방침대로 늘봄지원실이 설치되면 학교는 교무실, 행정실, 늘봄지원실로 이루어진 삼원조직체계로 운영된다. 한 번도 경험해 보지 못한 조직 체계라 이 조직으로 운영되는 학교의 모습이 어떨지는 아직 아무도 모른다. 그러나 이원조직체계 속에서의 업무 갈등이 삼원조직체계가 되면 늘어난 업무량에 비해 그만큼 늘어날 것이다. 이와 같은 갈등이 학교에 표출되었을 때 교육부와 교육청은 늘 그래왔듯이 '학교 자율', '학교장 재량'을 거론하며 책임을 회피하면 안 된다. 현실의 학교와 학교장은 이만한 자율과 재량이 없기 때문이다.

늘봄학교 운영을 통해 돌봄의 난맥상을 해결하려는 정부의 의지는 적절하지만, 지금처럼 모든 책임을 학교에 떠넘기는 방식이 되어서는 안 된다. 법적으로 모호한 학교의 역할과 교직원의 임무를 정비하지 않고 지침으로 땜질 처방하며 학교에 강제한 것이 문제의 원인이었다. 오죽하면 "경로당만 들어오면 학교에 다 들어온다"는 자조 섞인 말까지 하고 있다. 시대 변화에 따라 학교의 역할도 변화하는 것은 당연하지만 학교가 감당해야 할 일이 늘어날수록 학교교육이 소홀해지는 것도 당연하다. 이를 우려하는 학교의 목소리를 그저 일하기 싫어서라고 평가절하해서는 안 된다. 지금처럼 학교에 모든 것을 떠맡기는 것은 교육과 보육 나아가 돌봄전담사들의 안정적인 고용을 위해서도 결코 바람직하지 않다.

교직원의 임무는 더 모호하다. '대한민국헌법'이 밝힌 대통령의 임무만 해도 20개 조에 달한다. 각 조의 항까지 들여다보면 임무 수행의 내용 및 구체적인 절차까지 밝히고 있다. 반면에 '초·중등교육법'이 밝힌 교장의 임무는 "교장은 교무를 총괄(總括)하고, 소속 교직원을 지도·감독하며, 학생을 교육한다"는 한 문장이 끝이다. 교장은 임기마저도 없다가 겨우 정하더니 공모 교장 재임 기간은 임기에서 제외하는 단서를 둠으로써 교육자치와 학교자치를 강화하고 승진 위주의 교직 문화를 개선하자는 취지로 도입된 교장 공모제도의 도입 취지를 무색하게 하고 있다. 다른 교직원들의 임무도 모호하기는 마찬가지다. 교직원 간의 갈등은 대부분 여기에서 비롯된다. 이미 해오던 일도 많은데 학교에서 부담해야 할 일이 자꾸 늘어 가는 상황에 그 일을 누가 해야 하는지를 두고 신경전을 벌이고 있다.

저출생 시대를 맞아 어느 때보다 아이 하나하나가 소중한 존재로 다가온다. 그럴수록 아이를 성숙한 민주시민으로 길러내기 위해서는 교육, 보육, 양육에 대한 교육당사자들의 권한과 책임이 법적으로 분명해야 한다. 그래야만 합당한 지원책을 마련할 수 있다. 학교교육의 정상화와 안정적인 일자리 창출을 위해서도 꼭 필요한 일이다. 학교의 역할이 변화하는 만큼 교직원의 임무도 구체화해야 한다. 교장, 교감, 교사, 행정직원 등이 해야 할 일을 변화된 학교 상황에 맞게 구체화해야 소모적인 논란을 줄이고 학교가 본연의 역할에 충실하게 된다.

3부. 2025년 한국 교육의 변화와 전망

03

AI 디지털교과서란 선택, 교실을 혁명시킬 것인가?

김 차 명
참쌤스쿨 대표
경기실천교육교사모임 회장

2025년부터 도입되는
'세계 최초' AI 디지털교과서

지난 2023년 6월, 교육부는 '모두를 위한 맞춤 교육' 실현을 위한 「인공지능^{AI} 디지털교과서 추진방안」을 발표했다. 현 정부의 3대 교육개혁 과제인 디지털 교육혁신의 일환으로 추진되는 AI 디지털교과서는 '학생 개인의 능력과 수준에 맞는 다양한 맞춤형 학습 기회를 지원할 수 있도록 인공지능을 포함한 지능정보화 기술을 활용하여 다양한 학습자료 및 학습지원 기능 등을 탑재한 교과서'라고 교육부는 설명했다. 도입 과목은 2025년에 수학, 영어, 정보, 국어(특수교육)를 우선 도입하고, 이후 2028년까지 국어, 사회, 과학 등 단계적으로 전 과목 도입을 목표로 하고 있다. 단, 발달 단계, 과목 특성 등을 고려하여 초1~2학년, 고등학교 선택과목, 예체능(음·미·체), 도덕 교과는 제외한다고 밝혔다. 2024년 8월, AI 디지털교과서 검정 심사에 총 21개 업체가 146종 AI 디지털교과서를 출원했고, 9월 24일 검정 심사를 마쳤다. 검정 심사 결과 초등 수학 AI 디지털교과서는 12종이 출원해 3종만 검정을 통과, 합격률이 25%에 불과했으며 정보교과 역시 중학교는 15%, 고등학교는 20%의 합격률을 보여 대다수 발행사의 AI 디지털교과서가 무더기로 탈락했다. 검정에 합격한 AI 디지털교과서는 10~11월 수정본 검토를 거쳐 11월 29일 관보를 통해 검정 심사 최종 합격 여부가 결정될 예정이다.

AI 디지털교과서란?

일반적으로 '디지털교과서'라고 하면 교과서를 그대로 PDF로 변환한 전자 저작물을 떠올리기 쉽지만, 실제로는 광범위한 기능을 가지고 있는 디지털 교육 도구에 가깝다. 현재까지 교육부에서 발표한 AI 디지털교과서 기능으로는 학생의 성취 수준 및 학습 현황 등을 진단·분석하여, 학습자에게 개인화된 맞춤형 콘텐츠(학습 콘텐츠, 문항 등)를 제공한다. 또한 학생 대시보드를 통해 학생 개인의 학습과 학습지원에 필요한 정보를 분석해 시각적으로 보여주고, 학생이 스스로 학습을 성찰하고 목표를 달성할 수 있도록 지원하는 것을 목표로 한다. 그리고 AI 튜터를 통해 학생이 특정 개념에 대해 궁금한 점이나 이해하지 못한 부분이 있을 때 언제든지 도움을 받을 수 있고, 개별 학습 과정에서 분석된 학습 수행도, 학습 참여도 등의 주요 학습활동 지표에서 부족한 부분을 개선하기 위한 정보를 제공하며, 학생의 학습 과정과 결과에서 분석된 데이터를 바탕으로 성취도를 평가하고 강·약점을 식별하여 적절한 학습전략을 제공할 수 있다고 강조하고 있다.

도재우 공주교대 교수는, 2024년 6월 열린 '참쌤스쿨 콘텐츠축제'에서 'AI 디지털교과서 톺아보기' 강의 중, '수업을 운전에 비유한다면 AI 디지털교과서는 내비게이션과 같다'고 비유했다. 내비게이션이 없어도 운전은 가능하지만, 내비게이션이 있으면 목적지에 좀 더 쉽게, 그리고 정확하게 갈 수 있다고 하면서, AI 디지털교과서 없이도 수업은 가능하지만, AI 디지털교과서를 활용하게 된다면 수업 목표 달성 지원, 대시보드(학습분석) 제공, 맞춤형 수업 및 학습 경로 추천 등의 수업을 지원할 수 있는 도구라고 강조했다. 그러기 위해서 내비게이션이 교통 정보를 수집하고 활용하는 것처럼 AI 디지털교과서도 학습 데이터를 수집하고 활용할 수 있다고 설명했다.

요약하자면, AI 디지털교과서는 AI가 개별 학생의 학습을 도와주는 맞춤형 콘텐츠를 제공하고, 대시보드를 통해 학생에 대한 정보를 제공하여 교사가 적절한 학습전략을 선택할 수 있도록 도와주는 도구이다. 교육부의 계획대로 AI 디지털교과서가 개발된다면, 분명 기존 공교육에서 볼 수 없었던 효율적인 도구가 될 것으로 보인다. 특히 갈수록 학생 한 명 한 명의 눈높이에 맞춘 개별 맞춤화 교육이 강조되는 상황에서 AI 디지털교과서는 AI 첨단 기술이 발전함에 따라 교육의 새로운 희망이 될 수 있다.

▨ AI 디지털교과서 추진방안, 학생용 대시보드 화면

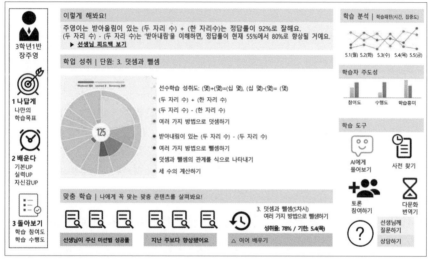

출처: 교육부. 2023.6.

교과서가 아닌 '교과서'

AI 디지털교과서가 이 정도 기능을 갖고 있다면, 이제는 오히려 '교과서'라는 이름을 붙이는 것이 어색하다. 분명 교과서 내용을 포함하고 있지만 현재 AI 디지털교과서 개발사 중에는 기존 서책형 교과서를 만들고 있지 않은 개발사도 있으며, 대부분의 기능이 우리가 알고 있는 교과서의 개념을 훌쩍 뛰어넘는 디지털 도구이기 때문이다. 오히려 '교과서'라는 이름 때문에 대부분의 국민들이 일반적으로 PDF 형 교과서를 떠올리게 되어 오히려 국민적 공감대를 얻기 어려울 수 있다.

'교과서'는 하나의 '교육 자료'일 뿐이라고 하지만, 일반적인 교육 자료와는 달리 학교에서 의무적으로 사용해야 하는 콘텐츠로 생각하는 경우가 많다. 국회입법조사처(김범주, 2024.8.20.)에서 발행한 〈AI 디지털교과서의 법적 성격과 입법 과제〉에 따르면, 2025년부터 도입될 AI 디지털교과서와 실체적 성격이 유사한 AI 기반 코스웨어를 이미 사용하고 있다고 언급하면서, 교과용 도서의 지위가 부여되지 않는 한, '지능정보화기술을 활용한 학습지원 소프트웨어'라고 할 수 있는 AI 기반 코스웨어는 학교가 교육 자료로 사용할 것인지를 재량껏 판단할 수 있는 대상이다. 반대로 검정에 의하여 교과용 도서의 지위를 득한 AI 기반 코스웨어인 AI 디지털교과서는 모든 학교가 사용해야 하는 의무가 부과된다는 점에서 전혀 다른 형식적 성격을 지니는 것이라고 언급했다. 즉 'AI를 활용한 교육용 소프트웨어'가 '교과서'가 되면서 학교 현장에 엄청난 영향을 미치게 된 것이다.

또한 국회입법조사처는 AI 디지털교과서의 도입이 '교과용 도서' 제도를 통해서만 이루어져야 할 것인지 검토될 필요가 있다고 강조했다. 미국의 경우 학교에서 전자책 형태인 '디지털교과서'를 연방법 규정에 따른 '교과서'가 아니라 '교육 자료'로 제공되고 있다는 점을 예시로 들면서, 모든 학교에 의무적으로 AI 디지털교과서를 선정·공급하도록 하는 정책이 서책형을 포함한 교과용 도서의 발행 전반에 미칠 우려를 면밀히 검토해야 할 필요가 있다고 하였다. 이에 국회에서는 학교의 선정권을 존중하는 등 교육적 재량을 확보하기 위하여 우선 초·중등교육법 제29조 제1항에 따른 교과용 도서가 아닌 '교육 자료'로서 도입되도록 하고 충분한 사회적 논의를 거친 뒤 현장에 안착할 수 있도록 중장기적인 대안이 강구되어야 할 것이라고 강조했다.

논란의 중심,
AI 디지털교과서

AI 디지털교과서 발, 대규모 교원연수

2024년 교육부는 '교원의 AI 교수학습 역량 강화' 예산에만 3,800여억 원을 편성하고, KERIS는 전국 초중고 12,000명 교사를 대상으로 '교실혁명 선도교사' 연수생을 모집했다. 전례가 없는 엄청난 규모의 연수인 '교실혁명 선도교사'는 교원역량에 '인간의 존엄성을 위한 교육', '사람 중심의 하이터치 하이테크 교육'을 우선적으로 제시했다. 이는 일각에서 제기되었던 '교실혁명 선도교사' 연수 사업이 2025년에 도입될 AI 디지털교과서를 홍보하는 연수가 아니며, 교실혁명 선도교사들이 각 학교에서 AI 디지털교과서를 사용할 수 있게 돕는 '첨병' 역할이 아님을 강조하기 위함으로 보인다. 실제로 교육부가 제시한 '교실혁명을 위한 교원역량 체계' 및 연수과정을 전반적으로 살펴봤을 때 2022 개정 교육과정이 지향하는 '깊이 있는 학습'을 위해 교육과정-수업-평가를 혁신하고, 개념 기반 탐구학습, 과정중심평가, 사회정서성장지원 등을 위한 수업을 설계하는 연수로 구성되어 있으며 수업에서 AI 디지털교과서를 적재적소에 활용하는 교사의 주도성을 강조하고 있다.

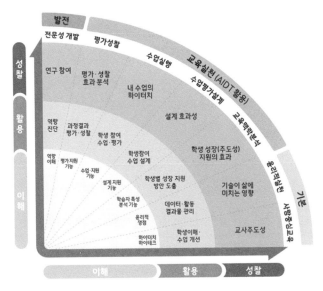

▨ 역량개념도

출처: 교육부. 교실혁명을 위한 교원 역량체계

　　하지만 교육부가 강조한 '사람 중심의 하이터치 하이테크 교육'을 통해 길러
내고자 하는 창의성, 비판적 사고력, 인성, 협업 능력 등의 역량들은 혁명적인 내
용이라기보다는 그동안 교육계에서 꾸준하게 강조했던 내용이다. 오히려 교사
의 주도성과 전문성을 강조하며 '교실을 혁명'하겠다면서 의도적으로 '혁명 교
사' 연수에 유치원 교사들을 제외한 것도 AI 디지털교과서 이슈가 아니라면 이
해되지 않는 부분이다. 또한 12,000명이나 되는 교사들을 별도 자격이나 기준도
없이 급하게 모집해서 수행기관 본 연수(30H) 기준 6월 24일부터 7월 31일까지
한 달여 짧은 시간 동안 연수를 하면서 교실을 혁명할 교사를 양성하겠다는 것
도 너무 급하게 연수를 진행한 것은 아닌지 평가해 볼 문제다. 실제로 연수에 참
여한 교사들의 개인정보가 유출되거나, 연수 신청 기간에 신청 플랫폼이 마비되
는 경우가 있었고, 이를 피하기 위해 교실혁명 선도교사 성장 로드맵에 따른 심

화 과정 연수를 선택할 때는 구글 설문으로 신청을 받았지만, 오히려 구글에서 DDoS 공격으로 오인하여 또 신청폼이 마비되는 해프닝이 일어나기도 했다.

구독의 시대, 교과서도 구독으로 - 쟁점은 '구독료'

AI 디지털교과서의 가격체계는 어떻게 될까? 교육부의 「인공지능^AI 디지털교과서 추진방안」(2023.6)에 따르면 기존 디지털교과서에 대한 개발비 보전 방식으로는 '양질의 디지털교과서 개발에 한계가 있다'는 현장 및 전문가 의견을 고려하여 가격체계를 구독형으로 개편하고, 2025년 최초 도입 시에는 중소발행사의 참여 촉진을 위해 일부 이익을 균등 배분하는 '변형된 구독형'을 한시 적용하는 방안 등도 고려하겠다고 밝혔다. 또한 검정도서의 가격은 「교과용 도서에 관한 규정」 제33조 제1항에 따라 2025년 3월에 학교에 공급되는 AI 디지털교과서의 경우, 검정 심사 합격 공고(2024년 11월) 이후 개발사와 교육부·시도교육청이 각각 산출한 구독료를 기준으로 협상을 통해 최종 결정될 예정이다. 2024년 8월 기준 알려진 바로는 AI 디지털교과서는 1권에 6,000원에서 1만 원 정도인 종이 교과서에 비해 학생 1인당 1년 구독료가 6만 원~10만 원으로 10배 정도 비싼 걸로 알려졌다. 예를 들어 2025년 A 초등학교 3학년 학생이 100명이라고 가정하고 수학, 영어 AI 디지털교과서를 구독한다고 했을 때, 1년에 한 학교, 한 학년에서만 구독료가 1,200만 원~2,000만 원이라는 뜻이다.

그렇다면 교육부가 계획한 대로 대부분의 교과가 AI 디지털교과서로 도입된다면 실제 구독 비용은 어느 정도일까? 국회입법조사처의 추계결과(2024), AI 디지털교과서 구독 비용은 2025년 한 해만 최소 1,851억 원에서 최대 4,092억 원이 소요될 것으로 추정되고, 2028년 전면 도입 시 최소 6,143억 원에서 최대 2조5,558억 원이 소요될 것으로 추정했다. 이는 2022 회계연도 결산 기준 교과서 지원 사업으로 지출한 금액이 4,680억 원이라는 점을 고려할 때, 전면 도입되는

2028년을 기준으로 시·도교육청이 교과서 구매를 위한 총비용은 최소 2.3배에서 최대 6.5배까지 늘어나는 것으로, AI 디지털교과서 구독료 지출로 인해 기존 교육 정책·사업과 학생에 대한 지원 등에 차질이 발생하지 않도록 지방교육재정의 재정중립성을 강구할 필요가 있다고 강조했다.

▨ AI 디지털교과서 도입 등 디지털 기반 교육 정책 검토

(단위: 원)

시나리오	2025	2026	2027	2028
S1-1	245,530,712,000	631,486,071,000	844,625,063,000	852,808,208,000
S1-2	409,217,853,000	1,052,476,784,000	1,407,708,438,000	1,421,347,014,000
S1-3	572,904,994,000	1,473,467,497,000	1,970,791,814,000	1,989,885,819,000
S1-4	736,592,135,000	1,894,458,211,000	2,533,875,189,000	2,558,424,624,000
S2-1	185,100,391,000	449,358,013,000	588,120,331,000	614,303,417,000
S2-2	308,500,652,000	748,930,021,000	980,200,551,000	1,023,839,028,000
S2-3	431,900,913,000	1,048,502,030,000	1,372,280,771,000	1,433,374,640,000
S2-4	555,301,173,000	1,348,074,038,000	1,764,360,991,000	1,842,910,251,000

출처: 국회입법조사처 교육문화팀(2024).

AI 디지털교과서의 효과성 논란

아직 실체가 없는 AI 디지털교과서의 효과성은 검증할 수 없기 때문에 AI 디지털교과서와 그나마 가장 유사한 'AI 코스웨어'를 통해 그 효과성을 살펴볼 수 있다. 교육부는 앞서 2023년 3월 디지털 교육혁신 방안의 핵심 내용으로 2025년부터 'AI 디지털교과서 플랫폼' 도입을 목표로 AI 코스웨어를 운영하겠다는 계획을 발표했다. 교과서 안에 AI 기술 등을 탑재해 학생 개별 맞춤형 콘텐츠 및 평가를 진행하게 한다는 개념이다. 교육부(2024.3.19.)는 IT조선과의 인터뷰에서 "코스웨어를 도입할 경우 한 수업에 10개 코스가 있다면 해당 학습 목표를 잘 이해하고 있는 학생은 1에서 9로 바로 건너뛰어 심화학습을 할 수도 있고, 뒤처지는

학생은 전 학년 과정에서 복습을 한 뒤 1에서 10까지 차근차근 학습하는 방식으로 맞춤형 교육이 가능할 것으로 기대된다"고 말했다.

또한 교육부(2024.7.18.)는 현재 운영 중인 디지털 선도학교 1,000곳 중 60곳을 '연구학교(가칭)'로 지정해 운영하고 있다. 여기서 나온 결과를 토대로 AI 교과서가 지닌 학습 효과성을 뒷받침한다는 계획이다. MTN 뉴스(2024.7.18.)에 따르면, 디지털 선도학교 중 학생들의 학습 주도성과 기초학력이 높아졌다는 연구 결과도 있다.[1] 대구 월배초등학교의 경우, AI 코스웨어 이용 후 자기 효능감은 57.1%에서 71.4%로 높아졌고 학습 애착은 53.6%에서 64.3%로 올라갔다. 호기심은 46.4%에서 60.7%로 책임 의식은 60.7%에서 71.4%로 향상됐다. 또한 아산 테크노중학교는 1학년을 상대로 AI 교육을 실시한 결과, 기초학력 미도달 학생의 향상도가 22%에서 62%로, 2학년은 8%에서 40%로 올라갔다고 발표했다.

경기도교육연구원은 'AI 활용 맞춤형 교육의 교수·학습 효과성 연구'(2023)에 따르면 AI 코스웨어의 교육적 효과는 평균 3.83으로 교사들이 인식하는 효과는 긍정적인 것으로 나타났으며, 수업 중 효과가 3.9로 가장 크게 나타났다고 밝혔다. 수업 중 효과 중에서도 특히 학생의 자기주도적 학습이 가능하게 되었다는 점을 가장 긍정적으로 인식하고 있었으며 학생들의 수업 흥미도가 향상되었다는 점을 그다음 효과로 인식했다고 설명했다. 또한 AI 코스웨어를 활용하여 나타난 종합적인 학생 역량 변화에서는 인지적 변화, 정의적 변화보다 행동적인 변화가 가장 컸으며, 그중에서도 공부를 하며 어려운 점이 있을 때 도움을 받게 되었다는 점이 3.93으로 가장 높았다.

하지만, 디지털교과서 전면 도입을 앞두고 교사와 학부모들 사이에선 기대보다 우려가 높은 상황이다. 고민정 더불어민주당 의원실이 2024년 7월 전국 학부모 1,000명과 초·중·고교 교원 1만9,667명을 대상으로 조사해 보니 디지털교과

---

[1] 교육부, AI 디지털교과서 '연구학교' 60곳 지정…학습 효과성 검증한다. MTN뉴스. 2024.7.18

서 도입에 찬성하는 학부모는 30.7%, 교사는 12.1%에 그쳤다. 반대 이유로 학부모들은 '디지털 기기 의존 우려'(39.2%)를 가장 많이 꼽았다.[2] 교사는 '학습 효과성 의문'(35.5%)이 가장 많았다. 어린 나이부터 디지털 기기가 제공하는 정보에만 의존하면 문해력을 제대로 키우지 못할 수 있다는 것이다.

또한 'AI 디지털교과서 도입 유보'를 요구하는 국회 청원이 국민 동의 5만 명을 달성해 국회 교육위에 회부되기도 했다.[3] 청원 글에서 "교육부는 2025년 AI 교과서 도입 방침에 대해 전면 취소할 수 없다면 적어도 '도입 유보'를 발표하고, 전면적인 디지털교과서 사용이 서면(종이) 교과서를 사용하는 것보다 객관적, 과학적으로 더 효과적인 교육방식이 맞는지 검증하는 과정을 거친 후 이 정책에 관해 다시 논해야 한다"고 요구했다.

전문가들의 AI 디지털교과서에 대한 평가

전문가들의 의견은 어떨까? 전주교대 정영식 교수는 〈대한민국 정책브리핑〉에서 AI 디지털교과서가 도입되었을 때 가장 큰 장점은 평상시 학생을 관찰한 교사 자료와 학생 개개인을 분석한 AI 디지털교과서 자료를 토대로, 교사가 최적의 콘텐츠나 학습 경로를 재구성하여 수업을 설계하고 학생 맞춤교육을 실현할 수 있다는 점을 강조했다.[4] 그리고 스마트기기의 부작용 때문에 AI 디지털교과서를 도입하는데 반대하는 의견에 대해서는 오히려 제대로 쓰는 교육을 해야 한다고 강조하였으며, AI 디지털교과서는 2008년 디지털교과서 원형이 개발된 이후 지금까지 수많은 정책 및 개인 연구를 통해 그 효과가 검증되어 왔다는 것을 강조하며 성급한 도입이 아니라고 주장했다. 그는 교사 혼자 20명이 넘는 학

---

2) AI 교과서 써본 교사들 "뭐가 새 기능인지 잘 모르겠다". 조선일보. 2024.8.8
3) "AI 교과서 유보" 국회청원 성사 '이변'... 교육위 회부. 교육언론 창. 2024.6.28
4) 교사와 협력하는 AI 디지털교과서…질 높은 맞춤 교육 제공할 것. 대한민국정책브리핑. 2024.8.16

생들을 수업 시간마다 진단하고 처방하는 것은 불가능하지만 교사가 AI 디지털교과서의 도움을 받아 학생을 진단하고 처방한다면, 학생을 더 잘 이해하고, 학생들에게 더 필요한 교육을 제공할 수 있다고 강조했다.

이와는 반대로 한국교육과정평가원장을 역임한 강태중 중앙대 명예교수는 교육을바꾸는사람들 칼럼에서 "AI 디지털교과서는 만들 수 없다"고 잘라 말했다.[5] 강 교수는 "교육부가 꿈꾸는 AI 디지털교과서를 만들기 위해선 축적된 지식과 기술 그리고 자원이 필요하지만, 우리에겐 그 어느 것도 없다"고 하면서, "교육부는 만들 수 없는 AI 디지털교과서 이야기를 늘어놓으며 '대전환'을 공상하고 있다"고 비판했다. 또, "기계일 뿐인 AI는 명시적이고 계량적인 단서에 맹목적으로 의존할 수밖에 없으며, 수업에서 학생들이 내비치는 암묵적이고 정성적인 '뉘앙스'를 읽지 못하기 때문에 AI 디지털교과서가 이끄는 맞춤형 학습은 교육을 편협하게 쪼그라뜨릴 것"이라고 말했다. "결국 AI의 맞춤형 수업은 점수로 진단하기 쉬운 인지적 측면에 경도될 가능성이 농후하다"고 하면서 "정부는 AI 디지털교과서로 교육을 혁신하겠다며, '혁명'이라는 언사까지 서슴지 않으며, 진정한 교육을 몰아내고 있을 뿐"이라고 비판했다.

사카이 구니요시(酒井 邦嘉) 일본 도쿄대학교 대학원 종합문화연구과 교수(기초과학)는 경향신문과의 인터뷰[6]에서 "수업 내용을 이해하지 못하는 학생에게 실시간으로 더 많은 정보를 줘서 이해를 돕겠다는 건데, 이런 방식은 '이쪽에 정답이 있으니 이걸 보라. 여기로 따라 오라'는 일방적인 정보 노출의 반복에 불과하다. 학습 증진 효과는 기대하기 어렵다"고 하며 AI 디지털교과서의 효과성에 부정적으로 말했다. 그러면서 사카이 교수는 "생각하기 전에 검색부터 하는 풍조가 일반화되고 있어 걱정이 크다. 검색을 안 해도 SNS에 '무엇에 대한 답을 달라'고 하면 답을 얻을 수 있으니 스스로 아무것도 생각하지 않는다. 학습뿐만 아니라 스

---

5) AI 디지털교과서 이야기, 환상적이기만. 교육을바꾸는사람들. 2024.7.18

6) "AI 디지털교과서로 종이·연필 대체하려는 건 위험한 발상"…신경과학자의 경고. 경향신문. 2024.7.21

마트폰 SNS에 실시간으로 업데이트되는 정보들이 집중력을 떨어뜨려 업무 효율성이 낮아진다. 스마트폰 덕분에 능동적으로 액티브한 활동을 하고 있다고 착각하는 것일 뿐 생산적인 활동은 하지 못한다"고 했다.

앞선 전문가들의 의견을 종합하면 AI 디지털교과서는 교사를 도와 교사가 학생을 효과적으로 진단하고 처방하는 등 교육계의 오랜 염원인 '학생 맞춤형' 교육을 이룰 가능성이 있다. 또한 AI 디지털교과서를 시도해보지 않고 우려만 하면서 폐지 혹은 보류하라는 것은 시대착오적일 수도 있다. 하지만 짧은 기간 동안 '검증'이 안된 채로, 혹은 부실하게 검증된 채로 2025년 3월부터 바로 적용되면서 학습 발달 측면에서 학생들에게 디지털을 통한 학습이 적절한지 근본적인 효과성을 검증하지 못하고 있다는 점에서 도입 초기 학교 현장의 혼란은 피할 수 없어 보인다.

AI 디지털교과서,
제대로 도입되려면

'효과'가 있는, '진짜' AI 디지털교과서여야

여러 가지 우려에도 불구하고, 세계 최초 정부 주도의 수학과 영어 등 AI 디지털교과서가 교육부의 예상대로 개발되어 2025년부터 교실에 전면 도입된다고 했을 때 제대로 활용되기 위한 조건은 무엇이 있을까?

무엇보다 이 AI 디지털교과서가 '진짜' AI 디지털교과서인지 검증이 되어야 한다. 실체가 없기 때문에 정확히 판단하기 어렵지만, 지금까지 확인된 결과만

봤을 때는 큰 기대를 하기 어려워 보인다. AI는 일반적인 프로그램과 달리 스스로 자료를 찾고, 이를 바탕으로 학습하며 그 결과를 바탕으로 추론한다. 또한 이러한 과정을 반복하면서 스스로 업그레이드된다는 특징이 있다. 하지만 공개된 AI 디지털교과서 프로토타입, 시중에 나와 있는 비슷한 AI 코스웨어들을 살펴보면 AI 디지털교과서는 그냥 정해진 정답을 가지고 주어진 길로 인도하는, 비교적 정교하게 짜여진 프로그램일 뿐이다. AI 디지털교과서에 AI가 없다는 비판도 주로 이 때문이다. 또한 '필기'보다는 '터치'를 통해 정보를 입력하는 AI 디지털교과서 특성상 학생들의 필기 활동이 감소할 수 있다는 우려, 디지털 기기의 과도한 사용으로 인한 시력 저하, 디지털 기기에 대한 과의존과 중독 등의 모든 우려를 씻어낼 정도로 효과적이어야 한다.

핵심은 '데이터'

네비게이션이 광범위한 교통 정보를 바탕으로 작동하듯이, AI 디지털교과서는 당연히 학생들의 학습 데이터를 바탕으로 작동한다. 가끔 AI 디지털교과서가 학생들의 학습 데이터나 개인정보에 접근하는 것에 거부감을 가지고 개인정보 수집을 우려하는 시선도 있지만 어쩔 수 없다. 학생들의 학습 데이터를 사용하지 않는다면 이미 그것은 AI 디지털교과서가 아니기 때문이다. 데이터 제공 여부보다는 데이터가 유출되지 않도록 보안을 강화하는 것이 더 올바른 방향이다. 정작 문제는 2025년에 바로 AI 디지털교과서가 전면 도입된다고 했을 때 과연 이 데이터가 있을지, 만약 없다면 이 데이터가 유의미한 의미를 가질 때까지 언제까지, 어떻게 쌓을지도 문제이다. 그나마 현실적인 방법은 각 교과서 발행사가 가지고 있는 기존 데이터를 활용한 인공지능만으로 어느 정도 의미 있는 예측이 가능한 기술을 활용하는 방법인데, 그것도 아니라면 AI 디지털교과서가 도입되는 2025년은 진단, 분석, 추천 등 '제대로 된' AI 기능을 기대하기 어려울 것이다. AI 디지털교과서의 핵심 기능 중 하나는 '대시보드'인데, 'AI 디지털교과서 개발 가이드라인'에 따르면 교사 대시보드는 평가, 학습활동, 정서 정보 등에 따라 학생별로 피드백이 될 수 있도록 기능을 구성하라고 명시되어 있다. 이는 정량·정성적 모든 평가, AI 디지털교과서를 사용하는 학생의 모든 활동, 사회·정서적인 내용을 대시보드를 통해 한눈에 파악할 수 있어야 한다. 가이드라인에서 제시한 것처럼 대시보드가 구현된다면 좋겠지만, AI 디지털교과서가 수집하는 데이터는 학생들이 학습하기 시작한 이후의 데이터를 충분히 모아야 하고, 그 데이터들도 '의미가 있는' 데이터야만 대시보드가 의미가 있다. 또한 이 데이터가 모이더라도 앞서 살펴본 것처럼, 실제 학생 데이터를 기반으로 AI 모델 학습을 시킬 수 있는 기술과 사례가 현존하는지도 의문이다.

학생과 보호자의 개인정보 수집 동의 문제

만약 이 기술이 실제로 구현된다고 하더라도 현실적으로 학생이 AI 디지털교과서를 사용하는 것에 개인정보 수집 동의를 거부할 경우, 학급 또는 학교에서 전체 학생을 대상으로 하는 수업을 하기 어렵다. 앞서 살펴본 것처럼 민감정보 등 다양한 데이터를 분석해야 제대로 된 AI 디지털교과서 활용 수업이 될 텐데, 개인정보 수집 동의를 거부할 경우의 대책이 필요하다. 특히 2025년에 적용되는 학교급은 초3, 초4, 중1, 고1인데 고1을 제외하면 모두 만 14세 미만의 학생들로, 개인정보 수집 등의 과정에서 보호자의 동의를 받아야만 한다. 학생 보호자가 개인정보 수집에 동의하지 않는 경우 데이터 자체를 쌓을 수 없는 문제가 발생할 수 있다. 최근 미국의 아동 온라인 개인정보 보호법 COPPA 개정안에 따르면 학교가 교육 기술 EdTech 도구의 사용을 위해 부모를 대신해 개인정보 수집에 동의할 수 있도록 허가했다. [7] 다양한 교육 환경에서 에듀테크 플랫폼의 통합이

---

7) The FTC's Proposed COPPA Overhaul: A New Era for Children's Online Privacy?, Finnegan, 2024.7.19

증가함에 따라, 각 데이터를 수집할 때마다 개별적으로 부모의 동의를 요구하는 것이 번거로울 수 있다는 점을 고려한 것으로, 우리나라도 이 사례를 참고할 필요가 있다. 또한 현재 학교가 검정 교과서를 채택하는 시스템으로 봤을 때, A 초등학교 3학년 수학 과목의 AI 디지털교과서를 B사로 선정했고, 4학년에서는 C사로 선정한다면 3학년 1년 동안 모은 데이터가 연계될지도 확인해 봐야 한다. 학생이 전학 가는 경우도 마찬가지이다.

무엇보다 중요한 것은 교사의 역량

교육부가 계속 강조하는 것처럼 AI 디지털교과서를 제대로 도입하기 위해서는 무엇보다 교육 현장에서 학습 과정을 설계·운영하는 교사의 역할이 가장 중요하다. AI 디지털교과서 도입 이유로 '학생 맞춤형 교육'을 강조하지만, 실제로 학생들이 AI 디지털교과서를 사용하는 모습을 살펴보면 도입(동기유발) 영상→문제(과제) 제시→학생 풀이→AI 데이터 분석→다시 문제(과제) 제시→학생 풀이… (반복) 등 AI 디지털교과서를 사용하면 자기주도적 학습을 할 수 있을 것 같지만, 실제로는 AI가 제공하는 '정해진 길'로만 일방적으로 따라가는 매우 수동적인 모습으로 학습에 임하는 모습이 일반적이다. '자기주도적인 것처럼 보이는 주입식 교육'이라는 비판을 피할 수 없다.

IB 교육과정을 비롯한 전 세계적인 추세는 주제별 교육과정 재구성을 통한 통합수업, 프로젝트 학습 등 초학문적 주제를 바탕으로 교육과정을 통합적으로 구성하는 추세가 지배적이다. 하지만 교육부가 계획한 대로 AI 디지털교과서가 교과별로 다양하게 나오게 되고, AI 디지털교과서를 활용하는 모습이 대부분 위와 같이 이루어진다면 수업의 모습은 교과별로 분절적으로 이루어질 수밖에 없다. 그렇기 때문에 교육맥락 분석, 수업 평가 설계, 수업 실행, 평가 성찰 등 교육과정 전반에 걸쳐 AI 디지털교과서를 사용하는 교사의 역할이 특히 강조된다.

아마 가장 이상적인 AI 디지털교과서 활용법은 교사가 수업을 하면서 교과별로 주제·상황·맥락을 분석하여 필요한 상황에 AI 디지털교과서를 활용하는 방식일 것이다. 핵심 개념을 익히는 데만 쓸 수도 있고, 수학 문제 풀이, 영어 말하기 등 반복적인 과제나 연습이 필요한 경우에 집중적으로 사용할 수도 있으며, 평가 부분에만 사용할 수도 있다. 이 경우는 교사의 정교한 수업 설계가 핵심이지만, 여러 교과를 혼자 가르치는 초등교사에게는 특히 부담이 될 수 있고, AI 디지털교과서 발행사를 다양하게 선정했을 경우에는 각 AI 디지털교과서별로 사용 방법을 익혀야 하기에 더욱 부담이 될 수 있다. 또한 결정적으로 AI 디지털교과서를 활용하는 교사들의 역량이 천차만별이라 교실혁명 선도교사 연수나 학교로 찾아가는 연수를 한다고 해도 지금의 PC 사용처럼 '상향 평준화' 되기까지는 매우 오랜 시간이 필요할 것으로 보인다. 또한 AI 디지털교과서 도입으로 인한 연수, 기기 관리 등의 행정업무 등 도입 초기 교사들의 AI 디지털교과서에 대한 심리적 부담감도 무시 못 할 점으로 보인다.

디지털 인프라가 확보되어야

다음은 전국 각 교실에 이미 보급된 태블릿PC, 교실 네트워크 등의 인프라가 뒷받침되어야 한다. 교육부는 「AI 디지털교과서 시대, 디지털 기반 수업혁신 지원을 위한 초중등 디지털 인프라 개선계획(안)」[8]을 통해 AI 디지털교과서 본격 도입을 대비하여 학교 디지털 인프라의 질적 개선에 총력을 다하겠다고 밝혔다. 주요 계획으로는 디지털 기반 수업혁신 지원을 위한 인프라 종합 개선을 위해 총 963억 원 예산을 투입하고, 디지털 기기의 질적 관리를 위해 디지털튜터(1,200명) 및 기술전문가(테크센터 170곳)를 배치하여 학교 업무 경감을 위해 노력하겠다고 밝혔다.

---

8) 인공지능 디지털교과서 본격 도입 대비, 학교 디지털 인프라 질적 개선에 총력. 교육부. 2024.5.14

안성훈 경인교육대학교 교수는 〈행복한교육 2023년 09월호〉에서, 코로나 19의 팬데믹 이후 온라인 수업을 위한 학생용 단말기 보급과 학교의 유무선 네트워크 구축은 크게 증가하였고, 어느 정도 활용 환경 구축이 이루어졌다고 판단할 수도 있지만, 현재까지 구축된 활용 환경은 AI 디지털교과서를 활용하는 환경에는 부족할 수도 있다고 말했다. AI가 제공하는 학습진단과 추천을 기반으로 한 튜터링 기능은 지속적인 대용량의 네트워크 트래픽을 유발할 수 있는데 현재 교실 네트워크가 버틸 수 있는지 철저하게 대비해야 한다고 강조했다.[9]

김일도 전남실천교육교사모임 회장은 "지금의 학교 인터넷은 김대중 정부의 초고속 인터넷 사업의 뼈대에 계속 탑을 쌓아 올리고만 있는, 바닥공사 없이 계속 위로 탑을 쌓아 올리고만 있는 형태"라고 말했다. 그러면서 "기반 장비에 대한 현황조사 없이 계속 말단에 장비만 붙여가고 있는 현상인데, 이렇게 된다면 어느 한쪽에서는 병목현상이 발생할 수밖에 없으며, 실제로 인터넷 속도를 증속했다고 하는데 속도는 그대로인 경우가 계속 발생한다"고 우려를 표했다.

또한 기존에 학교에 보급된 스마트기기의 관리 문제도 해결해야 한다. 2023년 12월 기준으로 교육부가 발표한 「시도교육청별 스마트기기 현황」에 따르면, 초등학교 3학년 이상 스마트기기 보급률은 79.1%로 나타났으며, AI 디지털교과서가 전면 도입되는 2025년까지는 100% 보급이 이루어질 것으로 예상된다. 그러나 현재 학교에 보급된 스마트기기의 상당수가 코로나19로 인해 급하게 보급된 지 4~5년이 지난 저가 모델이고, 시도별로 태블릿PC를 보급한 곳과 노트북을 보급한 곳이 혼재되어 있으며, 한 학교에 다양한 모델의 스마트기기가 섞여 있어 수치로는 표현되지 않는 어려움도 존재한다.

---

9) 특집 ⑤ 성공적인 AI 디지털교과서 도입을 위해 고려할 사항. 행복한교육 vol.500. 2023년 9월호

AI 디지털교과서라는 선택,
과연 어떤 결과가 기다릴까

모두를 위한 맞춤 교육

교육부가 밝힌 AI 디지털교과서 비전은 '모두를 위한 맞춤 교육'이다. 교육의 획일화를 지양하고 학생의 개별적인 필요에 맞춤 교육을 제공하여, 모든 학생들이 학습에 성공할 수 있도록 지원하고, 모두를 위한 맞춤 교육으로 교육격차를 해소하는 것이 골자다. 전 세계적으로 AI 혁명 붐이 일어나고 있고 이러한 첨단 기술은 그동안 교육계에서 꿈꾸던 맞춤형 교육과 교사의 역할변화에 결정적인 역할을 할 수 있다는 희망도 분명히 존재하며, 특히 코로나19로 인한 교사들의 디지털 활용 능력이 상향 평준화된 점도 정책 도입 측면에서 고무적이다. AI 디지털교과서에 대한 시선은 극단적으로 달라 보이지만, AI 디지털교과서 정책이 추구하는 '교사와 학생의 인간적인 교감과 소통을 강조한다는 점', '학생 한 명 한 명 맞춤형 교육을 지향한다는 점', '이를 위해 교사의 전문성을 강조한다는 점' 등 교육적으로 모두가 동의하는 측면도 분명 존재한다.

결국은 선택의 문제

미국 매사추세츠 공과대학^{MIT} 비교미디어학 교수이자 티칭시스템연구소 소장인 저스틴 라이시는 『언택트 교육의 미래』[10]에서 에듀테크가 처한 근원적 딜레마를 지적했다. "에듀테크는 저학력·저소득 가정 학생의 학업성취도를 개선하

---

10) 『언택트 교육의 미래』. 저스틴 라이시. 문예출판사. 2021.10

려고 도입하는 기술이지만, 정작 이들에게 큰 효과를 보이지 못한다"고 지적하면서 축적된 연구를 토대로 오히려 "새로운 자원, 심지어 무료 온라인 자원까지도 부유한 학습자에게 혜택을 안길 가능성이 크다"라고 썼다.[11]

또한 한겨레는 "AI 디지털교과서가 개인별 맞춤교육을 하도록 되어 있어 학습에 대한 열의가 있는 학생에게는 효과적이지만, 주변에 성인의 지원이 제대로 되지 않고 학습에 열의를 보이지 않는 학생에게는 반복 학습이나 훈련을 하는데 그친다"고 이미 '아이톡톡' 학습시스템으로 인공지능교실을 만드는 경험을 하고 있는 경남교육청 교사들이 말을 전했다. 그러면서 정작 중요한 것은 교사가 학생과 직접 이야기를 나누며 밀착해서 지원하는 것이라고 강조했다.[12]

결국은 '선택'의 문제이다. 최근 주요 선진국들은 교실 안에서 디지털 기기를 사용하는 것을 금지하는 방향으로 교육정책을 펼치고 있다. 스웨덴은 6세 미만 디지털 학습을 중단시키고 10세 미만 글쓰기 수업에서 태블릿PC 사용을 금지시켰고, 핀란드는 초·중학교에서 종이와 연필을 다시 쓰도록 했다. 또 캐나다는 초등학교 3학년부터 표현이나 비판적 사고에 도움을 준다는 학계 의견을 수용해 필기체 쓰기 수업을 필수 교육과정으로 17년 만에 되살렸다. 프랑스는 2018년부터 15세 이하 교내 휴대전화 사용을 금지한 데 이어 2024년 학교 안 별도의 사물함을 설치해 학생들이 등교하면 휴대전화를 수거하고 하교할 때 돌려주는 방식을 전국 학교 200곳에서 시범 시행한 뒤 2025년 1월부터는 전면적으로 시행하겠다는 방침을 밝혔다. 이런 상황에서 우리나라는 역으로 디지털 활용을 더 적극적으로 활용하는 방향을 '선택'하였다. 과연 어떤 선택이 옳을지는 시간이 지나 봐야 알 수 있을 것이다.

현재 지방교육재정교부금으로 충당되는 교육청의 예산은 지속적으로 줄어들고 있다. 2023년 56조4천억 원의 세수 결손이 났고, 내국세의 영향을 받는 지방

---

11) 수천억 원 드는 AI 디지털 교과서, '혁명'인가. 시사인. 2024.4.4
12) 2025년 AI 디지털교과서 전면 도입, 괜찮을까. 평화뉴스. 2024.7.18

교육재정교부금 역시 11조 원 감액된 상태이며 장기적인 불황에 따라 이 추세는 지속될 예정이다. 이 상황에서 우리나라는 AI 디지털교과서 사업을 선택하였다. AI 디지털교과서 사업으로 인해 기존 교육청의 사업과 예산을 대폭 줄여야 하는 상황이 올 것이다. AI 디지털교과서라는 '선택'이 '학생 맞춤형 교육'을 위한 첫걸음으로 우리나라 공교육을 혁명시킬 수 있을지 지켜볼 필요가 있다.

3부. 2025년 한국 교육의 변화와 전망

04

2025년 고교학점제 전면 도입, 무엇이 달라지는가?

이 상 수
서울특별시교육청교육연구정보원 원장

학교는 바쁘고
교육정책은 일관성이 부족하다.

전면 도입되는 고교학점제, 심란한 학교 현장

2025년에 고교학점제가 본격 시행됨에 따라 요즘 고등학교는 정말 바쁘다. 고등학교 전 학년에 학점 기반 교육과정이 운영되면서 교육과정의 총 이수학점은 192학점으로 조정되고 과목별 최소 성취수준[1] 보장 지도 등이 적용된다.[2] 특히, 2025년 1학년의 경우 2022 개정 교육과정이 처음 적용되고 교과목이 달라지면서 내신 평가뿐 아니라 2028학년도 수능 제도를 비롯한 대입제도 역시 달라진다. 이에 따라, 2025년에 2, 3학년은 2015 개정 교육과정의 교과목과 기존의 대입제도가 적용되고, 1학년은 2022 개정 교육과정과 2028학년도 새 대입제도가 적용되므로 현장은 상당한 혼란이 예상된다.

2018년 고교학점제가 시작된 이래 고등학교와 관련된 교육정책은 법안 개정과 더불어 정부가 바뀔 때마다 수시로 변화되고 있다. 이러한 교육정책의 혼란 속에서 학교는 무엇을 고민하고 준비해야 하는지 구체적으로 살펴보고자 한다.

---

1) '최소 성취수준'은 '각 과목의 교수·학습이 끝났을 때 학생들이 성취하기를 기대하는 지식, 기능, 태도 등이 최소한으로 도달한 정도'를 의미하며, 2025년부터 전면 도입되는 고교학점제에서 과목별로 학업성취율 40% 미만일 경우 최소성취 수준에 미도달하여 해당 과목을 미이수하는 것으로 간주한다.
2) 최소성취수준 보장 지도 운영 매뉴얼. 교육부·한국교육과정평가원. 2022.

학점제를 통한 종합적 고교 교육혁신은 어려운 일인가?

고교학점제를 도입한 것은 산업사회 인재 양성 관점에서 벗어나 지능정보사회 도래 및 학령인구 감소 등 불확실한 미래에 대응할 수 있는 교육 패러다임의 일대 혁신을 위한 것이었다. 모든 학생이 미래 사회에 맞는 역량 함양이 가능한 고등학교 교육을 지향한 것이다. 따라서 고교학점제는 고교 체제 개편을 통한 차별 없는 교육, 학생 맞춤형 교육과정과 이에 부응하는 대입 개편안의 도입을 패키지로 하여 마련된 정책이다. 이를 위해 교육부는 2021년에 학점 기반 교육과정 및 성취평가제 도입, 지역 및 학교 간 격차 해소, 고교 체제 개편을 통해 고교서열화를 해소하고, 고교학점제와 미래 교육에 부합하는 2022 개정 교육과정 총론 주요 사항을 마련하였다.[3]

현 정부에서도 고교학점제를 차질 없이 추진할 것이라고 밝히고 2022 개정 교육과정을 확정·고시(2022.12.22.)하면서 그에 따른 2028학년도 대입제도 개편안을 발표(2023.12.28.)하였다. 하지만 세부 시행을 앞두고 일부 정책 방향이 달라지고 있다. 대표적인 예로 자사고, 외고, 국제고의 부활이다. 교육부는「초·중등교육법 시행령」개정(2024.1.23. 공포, 2024.2.1. 시행)을 통해 자사고·외고·국제고 및 자율형 사립고의 설립·운영 근거를 다시 마련하였다. 또한 지역별 다양한 상황·특성·요구 등을 바탕으로 자율형 공립고를 운영한다고 밝혔다.[4] 자사고나 특목고가 없거나 사교육 혜택을 받기 어려운 지역의 학생들을 위해, 그리고 지역의 균형 발전을 위한 방안으로 추진된다는 정책적 목표는 어느 정도 동의가 된다. 하지만, 결국 지방에서조차도 자공고에 다니는 학생과 그렇지 못한 학생을 또다시 편 가르기 하는 결과를 초래할 수 있다. 여기에 국가교육위원회는 2022 개정 교

---

3) 2022 개정 교육과정 총론 주요 사항 발표, 교육부, 보도자료, 2021.11.24.

4) 지역과 함께하는 교육혁신, 자율형 공립고 2.0 2차 공모에 45개 선정, 교육부 보도자료. 2024.7.23.

육과정 총론(교육부 고시 제2022-33호) 일부 개정을 통해 '외국어·국제계열의 고등학교' 및 '사율고등학교'의 교육과정 운영 특례 등을 마련하였다. 고등학교 교육의 틀을 수직적 다양화에서 수평적 다양화로 전환하여 모든 고등학교에서 모든 학생이 적성과 진로에 맞는 교육을 가능하도록 한 통합적 고교 교육혁신의 전제가 달라진 것이다.

또한, 2028학년도 대입제도 개편 방안에서 내신평가를 학생들의 성취수준 중심의 평가가 아니라 서열화된 등급 평가 방식을 확대하는 방향으로 회귀하였다. 기존 9등급에서 5등급으로 석차 등급이 완화되어도 수강자가 많은 과목, 수능 출제과목, 절대평가 과목으로의 쏠림 현상을 우려하는 목소리가 여전하다. 더구나 자사고 및 특목고 등의 유지는 5등급의 새로운 내신 평가제도와 연계하여 고교 유형에 따른 유불리를 야기할 수 있다는 점이 부각되고 있다. 무전공 입학 확대 및 의대 정원 확대라는 대입 정책도 현장 교사들이 우려[5]하는 사항이다.

고교학점제는 상대평가와 공존 가능한가?

고교학점제에서 학생이 과목을 이수하여 학점을 취득하기 위해서는 과목출석률(수업 횟수의 2/3 이상)과 학업성취율(40% 이상)을 충족해야 하며, 3년간 최소 192학점을 이수해야 졸업할 수 있다.[6] 이에 따라 학교에서는 교과목별로 과목 이수 기준 및 최소 성취 수준을 정하고 학업성취율을 확인한 후 A~E의 평가를 하고 E 수준에서 미이수(Incomplete 등급)를 판별해야 한다.[7]

2023년 6월에 발표한 「공교육 경쟁력 제고 방안」[8]에서는 공통과목의 경우 9등급 병기를 채택하였다. 이는 절대평가에 따른 최소한의 내신 변별력 문제와

5) '"탐색만 하다 사회 나갈 판"…고교학점제 이어 무전공 입학, 요즘 애들 '계획'이 없다.' 매일경제. 2024.7.14.
6) 포용과 성장의 고교 교육 구현을 위한 고교학점제 종합 추진계획. 교육부. 2024.2.16.
7) 2025년 고교학점제 전면 적용을 위한 단계적 이행 계획(안) (2022-2024). 교육부.
8) 공교육 경쟁력 제고 방안. 교육부. 2023.

이에 따른 공정성 논란 우려를 보완하기 위한 조치였다. 공통과목의 경우 선택과목 학습을 위한 기본적 학업 역량을 다지는 성격이 강하고, 모든 학생이 이수하는 공통과목은 등급제 적용에 따른 선택의 유불리가 없어 과목 선택의 쏠림 현상을 가져오지 않는다는 점도 고려하였다.

하지만 2028학년도 대학입시제도 개편에서 기존의 내신 9등급제는 5등급제로 개편하고 절대평가(A~E)와 상대평가(1~5등급)를 함께 기재하도록 하였다. 다만 체육·예술·교양 교과(군), 과학탐구실험 과목은 절대평가 성취도만 기재하고 사회·과학 교과의 융합 선택과목은 석차 등급을 미기재하도록 하였다.[9] 이는 대입 안정성을 확보하면서도 고교학점제에서의 학생 선택권을 확대하기 위한 취지라 볼 수 있다. 더불어, 융합학습의 대표 교과인 사회·과학 융합선택 과목의 활성화를 통해 교과 융합 및 실생활과 연계한 탐구·문제해결 중심 수업의 내실화를 기한 조치로 보인다.

▨ 과목별 성적 산출 및 대학 제공 방식

구 분		절대평가		상대평가	통계정보		
		원점수	성취도	석차 등급	성취도별 분포 비율	과목 평균	수강자 수
보통교과		○	A·B·C·D·E	5등급	○	○	○
	사회·과학 융합선택	○	A·B·C·D·E	-	○	○	○
	체육·예술/과학탐구실험	-	A·B·C	-	-	-	-
	교양	-	P	-	-	-	-
전문교과		○	A·B·C·D·E	5등급	○	○	○

출처: 미래 사회를 대비하는 2028 대학입시제도 개편 확정안, 교육부, 2023.12.27.

---

9) 2028학년도 대입 개편 방안 발표, 교육부 보도자료, 2023.12.27.

사실, 고교학점제의 취지를 고려한다면 성취평가제 도입은 필수적인 전제조건이다. 그럼에도 2028학년도 개편안에서는 학생 수 감소와 지나친 내신 경쟁 해소를 명분으로 대부분의 과목에서 절대평가와 5등급 상대평가를 병행하는 안을 제시하였다. 물론 고교학점제 도입 시 고려한 고등학교 1학년 9등급 상대평가와 선택과목 전면 5단계 절대평가는 고 1학년에 지나친 내신 경쟁을 유발하고, 고2와 고3에서는 성적 부풀리기가 발생할 수 있다는 우려가 제기된 것은 사실이다. 그럼에도 2028학년도 대입제도에서 제시한 내신 성적 체계는 몇 가지 문제가 있다.

▨ 2028 대입제도 개편 내신 성적 체계

시안 기준	1등급		2등급		3등급		4등급		5등급
	10%		24%(34%)		32%(66%)		24%(90%)		10%(100%)
현행 기준	1등급	2등급	3등급	4등급	5등급	6등급	7등급	8등급	9등급
	4%	7% (11%)	12% (23%)	17% (40%)	20% (60%)	17% (77%)	12% (89%)	7% (96%)	4%(100%)

출처: 2028학년도 대입 개편 시안. 교육부. 23.10.10일 내용 재구성

우선, 5등급 상대평가는 내신 경쟁을 완화하는 효과가 어느 정도 기대된다. 하지만, 이로 인해 야기될 수 있는 문제도 간과해서는 안 된다. 내신 5등급제가 되면 1등급(A등급)을 받을 수 있는 학생 수가 2배 이상 증가하므로 변별력은 낮아진다. 다른 한편으로는 1등급과 2등급 차이가 벌어져 1등급을 받기 위해 상위권의 경쟁은 더 치열해지고, '최소 2등급'을 확보해야 한다는 심리적 압박도 생길 수 있다. 그리고 상위등급을 받기 유리하다고 생각되는 선택과목으로의 쏠림 현상이 더 많이 나타날 수 있다. 이는 고교학점제의 취지와는 정면으로 배치되는 것이다.

한편, 이러한 내신 산출 방식의 적용으로 수시 전형에서 대학이 변별력을 확

보하였다고 생각할 것인지는 여전히 의문이다. 상위권 대학은 내신 성적의 변별력이 낮다는 이유로 내신 점수에 원점수, 과목 평균, 수강자 수, 성취도, 성취도별 분포 비율 적용 등 내신 산출 방식의 다양화를 통해 보완을 시도할 수 있다. 또한, 수능 최저학력기준, 제시문을 활용한 면접을 도입하는 형태로 변별력을 확보하려 할 수 있다. 이로 인해 고등학교 3년간 입시 위주의 교육이 지속되고, 학생과 학부모는 입시 준비에 더 많은 투자를 해야 할 수도 있다. 또한, 5등급 적용에 따른 내신의 영향력 완화는 소위 자사고나 특목고 등에는 더 유리하게 작용할 수 있다는 문제도 간과할 수 없다.

2028 대학수학능력시험은 교육과정의 취지를 반영하고 있나?

교육부는 2023년 12월 27일 「2028학년도 대학입시제도 개편 확정안」[10](이하 2028 대입제도 개편)을 발표하였다. 대입제도 개편 시안(2023. 10. 10.)에 대한 의견수렴과 국가교육위원회의 의결을 거쳐 수정된 최종안이다. 대입제도의 중요한 가치로 공정과 안정을 제시하면서 2022 개정 교육과정에 따라 고교학점제에 부합하는 고교 내신 체계 및 수능시험을 개선하는 방안을 담았다.

▧ 2028학년도 수능 개편 확정안

영역		출제 범위	평가
국어		공통(화법과 언어, 독서와 작문, 문학)	상대평가
수학		공통(대수, 미적분Ⅰ, 확률과 통계)	상대평가
영어		공통(영어Ⅰ, 영어Ⅱ)	절대평가
한국사		공통(한국사)	절대평가
탐구	사회·과학	•사회 : 공통(통합사회) •과학 : 공통(통합과학)	상대평가
	직업	•직업 : 공통(성공적인 직업생활)	
제2외국어/한문		•9과목 (독일어, 프랑스어, 스페인어, 중국어, 일본어, 러시아어, 아랍어, 베트남어, 한문) 중 택 1	절대평가

출처: 2028학년도 대입 개편 방안 발표. 교육부. 23.12.1

---

10) 2028 대학입학제도 개편 확정안. 교육부. 2023.

대학수학능력시험의 경우 선택과목 유불리 해소 등을 위해 통합형·융합형 수능 과목 체계를 도입하여 수능 대상 과목은 일반 선택과목을 주 대상으로 하되, 사회 탐구와 과학 탐구 영역에서 통합사회와 통합과학을 수능 대상 과목으로 하였다. 이러한 수능과 내신 체계는 고교 교육과정에 절대적 영향을 미친다. 새로운 대학수학능력시험은 고등학교 교육과정 운영에 어떤 영향을 미칠까?

첫째, 국어, 수학, 영어 과목의 경우 일반선택과목의 범위 내에서 수능 과목이 결정된 것은 2022 개정 교육과정의 취지에 부합한다. 수학에서 '미적분Ⅱ'나 '기하'는 수능 과목에서 제외되었다. 대학에서의 수학 능력 여부를 판단하는 시험의 특성과 고등학교에서의 수업이 과도한 문제풀이식 수업을 방지하기 위한 수능 대상 과목을 슬림화한 것을 반영하였다고 본다. 진로 선택과목이나 융합 선택과목에서 다양한 탐구 활동, 지식을 삶의 문제에 활용해 보는 경험 등 역량 함양이 가능한 수업 활동을 할 수 있는 계기가 될 것으로 기대된다. 다만, 2022 개정 교육과정에서 국어 교과 일반선택과목의 과목별 내용이 증가된 것은 학생 부담이 증가할 것으로 우려된다.

둘째, 탐구 영역에서의 통합형 수능은 대학 입학시험의 공정성 보장과 수학능력 측정에 적합한가의 문제이다. 기존 선택과목 체계의 수능 방식은 과목별 난이도 등에 따른 표준점수 차이와 등급에 유리한 특정 과목으로의 쏠림현상으로 공정성을 저해한다는 비판이 있었다. 이번에 일반 선택과목이 모두 빠지고 통합사회와 통합과학만을 남긴 이유이기도 하다. 하지만 통합형 수능의 경우 모든 학생이 사회와 과학 과목을 필수로 응시해야 하는데, 변별력 확보는 어렵고 학습 부담은 커질 우려가 크다. 교과 지식 위주의 평가인 수능의 성격상 사회·과학 전반에 걸친 논리적 사고역량을 키우는 통합사회와 통합 과학 과목을 수능 과목으로 하는 것은 교육과정의 취지나 내용과 일치하지 않는다. 핵심 개념 중심으로 통합적 사고력을 함양하기 위해 설계된 통합과목은 선다형 문항으로는 평가에 한계가 있다. 과목 본래의 취지를 구현하고 전공에 따른 기초 지식과 사고력을 함양할 수 있도록 논·서술형 시험을 도입하는 방안 등의 검토가 필요하다.

셋째, 영어, 한국사의 절대평가는 바람직한 방식이지만, 2024년 6월 한국교육과정평가원의 모의고사와 같이 1등급이 2% 미만으로 나오는 문항 구성은 매우 부적절하다. 절대평가는 준거 지향 평가이므로 변별력을 우선으로 생각하는 평가가 되면 평가의 신뢰성뿐 아니라 안정성과 예측 가능성을 해치게 되어 학생들에게 많은 혼란을 줄 수 있다.

마지막으로 이상의 대학수학능력시험에 관한 논의는 수능을 존치하는 전제에서의 한정된 논의이며 제2외국어, 한문 과목에 대한 논의는 생략함을 밝힌다.

2025년 입학생부터
고교 교육은 어떻게 변화될까?

2018년부터 추진되어 온 고교학점제에 이어 고교 체제의 반복된 개편, 2022 개정 교육과정 고시[11]까지 교육정책의 기본방향과 도입 일정 등은 여러 번 바뀌어 왔다. 어쨌든 2025년에 고교학점제와 2022 개정 교육과정은 전면 도입된다. 이러한 변화의 소용돌이 속에서도 최근 시·도교육청과 단위 학교에서는 학생 맞춤형 교육과정 편성·운영안 및 성취평가제에 따른 평가 대비, 최소 성취수준 보장 방안 마련 등을 위해 분주하다. 이렇게 급변하는 교육정책 변화 속에서 2025년의 고등학교는 어떻게 변화될지 몇 가지 측면에서 살펴보도록 하자.

---

11) 초중등학교 교육과정 총론(교육부 고시제 2022-3호). 교육부(2022)

학점 기반 선택 교육과정에 따른
학교별 특색있는 교육과정 설계 운영

2022 개정 교육과정과 고교학점제 도입에 따른 가장 큰 변화의 하나는 교과목의 학기제 운용으로 기존 36과목 내외 이수에서 55과목 내외 이수로 과목 선택권이 확대된다는 점이다. 이를 기준으로 학교는 지역의 여건과 학생의 특성 및 수요 등을 파악하여 다양하고 특색 있는 교육과정을 운영하게 된다. 학점제가 적용됨에 따라 달라지는 학사 운영을 예상해 본다.

첫째, 2022 개정 고등학교 교육과정은 학점 기반 선택 교육과정을 명시하고 '한 학기'에 과목 이수와 학점 취득을 완결하도록 교과목을 재구조화하였다. 공통과목은 유지하되, 수능 대상 과목인 일반 선택과목 수는 적정화하였다. 진로에 따른 선택을 다양화하기 위해 진로 선택과목을 재구조화하고 교과 간·교과 내 융합 등을 통한 사고력과 창의력 함양을 위한 융합 선택과목을 신설하였다. 다양한 과목의 학기별 이수가 가능하여 소인수 과목을 듣기 위해 다른 학교로 이동하거나 방과 후 시간을 시간을 활용하여 수업을 듣는 등의 불편함은 다소 해소할 수 있을 것이다.

둘째, 2022 개정 교육과정에서는 한 학점당 수업 양이 17회에서 16회로 변경된다. 전체 학점은 2023년도부터 204단위에서 192학점으로 감축하였으나 1학점의 수업량은 17회로 유지되었다. 다만 1학점의 수업량 17회를 16+1회의 형태로 학교 자율과정을 운영할 수 있도록 하였다.

▨ 고교학점제에 따라 달라지는 한 학기 운영 예시

주수	1	2	3	4	5	6	7	8	9	10	11	12	13	14	15	16	17	18	19
현행 고3 (204학점)	주당 34교시															····	17회	각종 학교행사 등	
학점제 (192학점)	주당 32교시														····	16회	현행 대비 1회 추가 여유		

현행 대비 주당 2교시 여유

진로·학업 설계 상담, 자기주도학습, 미이수 예방 지도 등 (학생별 시간표에 따라 일과 내 분산 배치)

진로 특강·체험, 교과융합수업, 심화 수업, 미이수 예방·보충지도, 학생 동아리·프로젝트 등 (과목별로 학기 중 분산 배치 가능)

※ 수업일수 : 매 학년 190일 이상(초·중등교육법 제45조)

이에 따라 2025학년도에는 1학점에 대한 수업량이 1학년(16회), 고2~3학년(17회)이 서로 달리 운영된다. 190일이라는 수업일수는 유지한 채 수업량이 축소됨에 따라 공강 시간을 활용한 맞춤형 교육과정의 다양화와 함께 학생의 다양한 학습경험을 위한 프로그램을 특색 있게 모색해야 한다. 1학년의 경우는 1학점 수업이 16회로 줄면서 확보된 시간을 활용하여 소인수 선택과목, 학교 간 공동교육과정, 학교 밖 교육, 최소 성취수준 보장 지도 등 유연화된 교육과정을 학년별로 함께 혹은 다르게 이수할 수 있도록 하였다.

셋째, 교육과정 편성에서 가급적 학생 희망이 반영되도록 탄력적인 기준을 갖기를 권한다. 학기 단위 과목 운영에 따라 기본 4학점(체육, 예술, 교양 과목은 3학점)에 증감 범위(±1)가 주어진 만큼 진로와 적성에 맞게 교과 특성을 고려하여 다양한 과목을 이수하도록 해야 한다. 예컨대 수능 대상 과목은 4학점을 기본으로 하더라도 진로 선택, 융합 선택과목 등의 이수 학점은 탄력적으로 운영할 수 있을 것이다. 〈표〉에 나타난 사회와 과학 교과의 융합 선택과목의 경우 절대평가만 이루어지므로 이들 과목을 통해 학생들이 평가 부담은 적으면서 진로에 맞는 과

목 선택의 기회를 제공하는 것도 필요하다. 다만, 교원의 수급이나 교과별 이해
관계에 따른 과목 개설이 이루어지지 않도록 유의할 필요가 있다.

▨ 2022 개정 교육과정 고등학교 보통교과 [총론 <표5>]

교과(군)	공통과목 (기초소양)	선택과목		
		일반선택 (학문별 주요 내용)	진로 선택 (심화 과목)	융합 선택 (교과융합, 실생활응용)
국어	공통국어 1 공통국어 2	화법과 언어, 독서와 작문, 문학	주제 탐구 독서, 문학과 영상, 직무 의사소통	독서 토론과 글쓰기, 매체 의사소통, 언어생활 탐구
수학	공통수학 1 공통수학 2	대수, 미적분 I, 확률과 통계	기하, 미적분 II, 경제 수학, 인공지능 수학, 직무 수학	수학과 문화, 실용 통계, 수학과제 탐구
	기본수학 1 기본수학 2			
영어	공통영어 1 공통영어 2	영어 I, 영어 II	영미 문학 읽기, 영어 발표와 토론, 심화 영어, 심화 영어 독해와 작문, 직무 영어	실생활 영어 회화, 미디어 영어, 세계 문화와 영어
	기본영어 1 기본영어 2	영어 독해와 작문		
사회 (역사, 도덕 포함)	한국사 1 한국사 2	세계시민과 지리, 세계사, 사회와 문화, 현대사회와 윤리	한국지리 탐구, 도시의 미래 탐구, 동아시아 역사 기행, 정치, 법과 사회, 경제, 윤리와 사상, 인문학과 윤리, 국제 관계의 이해	여행지리, 역사로 탐구하는 현대 세계, 사회문제 탐구, 금융과 경제생활, 윤리문제 탐구, 기후변화와 지속가능한 세계
	통합사회 1 통합사회 2			
과학	통합과학1 통합과학2	물리학, 화학, 생명과학, 지구과학	역학과 에너지, 전자기와 양자, 물질과 에너지, 화학 반응의 세계, 세포와 물질대사, 생물의 유전, 지구시스템과학, 행성우주과학	과학의 역사와 문화, 기후변화와 환경생태, 융합과학 탐구
	과학탐구실험 1 과학탐구실험 2			

※ ▨ 수능 출제과목, ▨ + □ 상대평가 석차 등급 미기재 과목, 수능 출제과목 중 제2외국어는 생략함

2025학년도 신입생의 3년간 교육과정을 편성하는 고등학교들의 공통적인 고
민이 하나 있다. 사회와 과학교과(군) 일반선택 과목의 이수 학점을 4학점 또는

3학점으로 편성할 것인가의 문제이다. 일부 대학에서 과학 4과목(물리학, 화학, 생명과학, 지구과학)을 4학점으로 이수하지 않는 경우 불이익이 있을 수 있다는 말이 돌고 있기 때문이다. 과학교과의 기초를 튼튼히 해야 한다는 점은 일정부분 동의한다. 하지만, 통합사회와 통합과학이 수능 필수가 되면서 사회와 과학교과군의 일반선택과목을 모두 이수하려는 학생이 증가하고, 이수학점이 4학점일 경우 과학의 진로 선택과목을 선택하기 어려울 수 있다. 또한, 일반선택과목의 이수학점만으로 깊이 있는 학습이 이루어졌다고 판단할 수도 없다. 예컨대, 3학점 '생명과학' 이수 후 3학점의 '세포와 물질대사'를 이수한 학생이 '생명과학' 4학점 이수한 학생보다 기초가 부족한 것은 아닐 것이다. 참고로 2022 개정 교육과정이 강조하는 깊이 있는 학습은 암기식, 문제풀이식 학습이 아니라 핵심 개념을 중심으로 학문의 원리를 파악하고 이를 전이하여 삶에 적용할 수 있는 능력을 함양하는 것이다. 이러한 깊이 있는 학습과 주도성은 스스로 탐구하고 토론하고 발표하면서 보고서도 작성해 보는 진로·융합선택과목의 학습을 통해 더 잘 획득될 수 있다. 따라서, 학생과 학교의 특성을 종합적으로 고려하여 교육과정을 편성·운영한 것을 대학입시에 반영하는 것이 필요하다.

대학에서는 입학생을 선발할 때 50과목의 교과성적, 성취도, 평균, 교과 세부능력과 특기사항을 활용하여 다양한 방법으로 내신과 수능의 변별력을 보완해 나갈 것으로 보인다. 다만, 선택과목 없이 공통과목으로만 치러지는 수능에 대해 대학이 변별력 문제를 제기한다면 장기적으로는 자격고사화로의 전환을 추진할 수 있을 것이다. 서울대가 제시한 정시 40% 폐지, 지역 균형 수능 최저 폐지, 서류와 면접 평가 강화는 학교생활기록부 중심의 교육과정을 강조하는 것으로 학생들이 주도적으로 학습 활동에 참여하고 창의성과 사고력, 소통 능력과 책무성을 함께 키우는 교육의 중요성을 시사하는 것이기도 하다. 대입에 필요한 요소와 학습자가 함양할 역량을 종합적으로 고려하여 학생과 학교의 특성을 반영한 교육과정의 편성이 이루어지게 될 것이다.

고민하면서 성장한다
- 일상화되는 교육과정 이해하기

최근 시·도교육청에서는 2025학년도 교육과정 편성·운영 절차 및 유의 사항을 포함한 안내서를 만들고 학교별 핵심 교원(교육과정 부장 등) 연수가 이루어지고 있다. 학교 유형 및 특성과 달라진 규정을 확인하고 학교별로 규정을 개정하는 작업도 진행 중이다. 특히, 단위 학교에서는 교육과정이수지도팀, 교육과정협의회, 교육과정 박람회를 활용하여 진로와 선택교과에 대한 정보를 제공하고 학생들이 과목을 잘 선택할 수 있도록 지원해야 할 것이다.

▨ 교육과정 편성 주요 일정

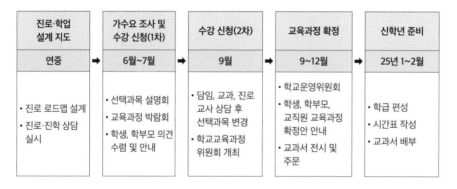

진로·학업 설계 지도	가수요 조사 및 수강 신청(1차)	수강 신청(2차)	교육과정 확정	신학년 준비
연중	6월~7월	9월	9~12월	25년 1~2월
• 진로 로드맵 설계 • 진로·진학 상담 실시	• 선택과목 설명회 • 교육과정 박람회 • 학생, 학부모 의견 수렴 및 안내	• 담임, 교과, 진로 교사 상담 후 선택과목 변경 • 학교교육과정 위원회 개최	• 학교운영위원회 • 학생, 학부모, 교직원 교육과정 확정안 안내 • 교과서 전시 및 주문	• 학급 편성 • 시간표 작성 • 교과서 배부

단위 학교의 교육과정 설계를 위해 2022 개정 교육과정 총론과 각론에 대한 전 교사의 이해가 선행되어야 한다. 특히 2015 개정 교육과정(2023년과 2024학년도 입학생) 적용 학년과 2022 개정 교육과정(2025학년도 입학생)이 공존하는 시기에 달라진 국가 수준의 교육과정 총론과 시도별 교육과정 편성·운영 지침을 이해할 필요가 있다. 이러한 이해를 토대로 총 교과 이수학점 내에서 학생 과목 선택권의 실질적 확대를 위해 학기별 균형 있는 편성, 교과(군)별 필수이수 학점 및 이수 학점의 불균형 여부, 선택과목 유형별 균형 이수 등에 대해 교과협의회, 교육과

정위원회, 전문적학습공동체 등 다양한 협의체를 통해 지속적 논의를 거쳐 과목 편성·방향을 설정해야 한다. 이때 학교에서 확인해야 할 사항을 정리하면 다음과 같다.

▨ 학점 기반 교육과정 설계를 위한 고려 사항

- 학교 지정과목을 최소화하고 과목에 대한 선택 기회가 고르게 부여되는가? (융합선택과목 미개설 혹은 사회, 과학의 경우 융합선택과목 집중하여 개설하지 않도록 점검)
- 교과군별 필수이수학점, 졸업 가능 학점, 국어·영어·수학 이수 총 학점(81학점 이하) 등 확인
- 과목별 학기당 이수 여부 및 행정학급 편성이 가능한가?
- 학기별 교사 시수 및 다 학년 동일 과목 평가 등 검토
- 수업 가능 교사 여부, 다 과목 지도 여부, 이동 수업 여부
- 학년별 과목에 따른 학습 부담 및 학년별 공강 시간 유무
- 모든 과목 기본학점 4학점 유지해야 하는가? 3학점, 2학점은 불가능한가?
- 특정 과목으로 다 과목 지도가 몰리지 않는가?
- 한 학기에 편제된 과목 수, 수업량은 중학교보다 적지 않은가?
- 온·오프라인 공동교육과정, 학교 밖 교육, 온라인학교를 활용한 과목 배치는?
- 대학수학능력시험 과목이 학교에서 미개설되어 학생에게 불이익이 생기지 않았는지?
- 고시 외 과목 2022 개정 교육과정 적용 여부 확인, 교과용 도서 유무 확인

이상의 점검 내용을 토대로 학교 운영 여건과 공동체 의견을 충분히 반영 검토하여 협의할 수 있도록 해야 한다. 교사의 수급과 수강 신청한 학생 수 등을 고려하여 시간표 작성 및 운영 가능성도 반드시 검토해야 할 상황이다. 대입 안정성을 확보하면서 고교학점제에 부합하는 학생 선택권을 확대하였는지 확인한다.

학점 기반 교육과정의 논의가 힘든 이유는 기존의 학교 지정과목, 반별 수업, 교과 간 칸막이 등의 프레임과 교과 간 칸막이가 없는 개방형 교육과정, 학교 지정

과목 최소화에 따른 이동 수업 증가, 공강 활용 등 학점 기반 교육과정 프레임의 충돌 때문이다. 이를 해결해 나가는 방법은 최우선 가치를 학생 중심 맞춤형 교육과정에 두고 교육 패러다임의 관점을 변화시키는 것이다.

시·공간적 제약을 넘어 원하는 학습이 가능해지다

고교학점제 도입으로 희망 학생이 적거나 교사 수급 곤란 등으로 단위 학교에서 개설이 어려운 소인수·심화 과목 등을 학교 간 연계·협력을 통해 운영하는 교육과정이 확대되고 있다. 여건에 따라 온·오프라인 형태로 운영하여 학생들의 과목 선택을 보장하고 지역 간 교육 격차 완화에 기여하고 있다. 다만 학생 참여 확대를 위해 방과 후 저녁 시간이나 주말 개설 수업이 많다. 이러한 문제를 해결하기 위해 온라인학교라는 새로운 방식이 도입되고 있다.

온라인학교는 교실, 교사 등을 갖추고 시간제 수업을 개설하여 제공하는 새로운 형태의 학교로 「초·중등교육법」 제2조의 제5호의 각종학교에 해당한다. 온라인학교에서는 인적·물적 자원의 한계로 다양한 과목을 운영하기 어려운 학교로부터 필요한 과목을 주문받아 개설·운영함으로써 단위 학교 교육과정의 다양화를 지원한다. 특히 소규모 학교 및 학교 간 공동교육과정을 운영하기 어렵거나 교·강사를 섭외하기 어려운 학교를 지원하고 일과 내 운영을 원칙으로 한다. 현재 각 시·도교육청에서 공립 온라인학교를 설립 중이며 2022년 9월부터 대구광역시교육청, 인천광역시교육청, 광주광역시교육청, 경상남도교육청이 시범운영 교육청으로 선정되어 운영하였다. 2024년에는 대전, 경기, 강원, 충북, 전북, 경북, 제주 등 7곳이 추가로 개교하였으며 각 시도의 여건과 상황에 맞게 운영하고 있다.

온라인학교의 활성화는 다양한 강좌 개설, 질 높은 수업을 가능하게 하고 교육 여건이 열악한 지역의 학교 교육력을 제고하는 등 고교학점제 운용과 온라인

공동교육과정 운영의 허브 역할을 할 수 있을 것으로 기대한다. 대학에서는 단위 학교의 편제된 과목을 평가할 때 학교 및 지역의 여건과 상황을 고려하여 다양한 외부 자원을 활용하는 수업이 활성화될 수 있도록 차별 없는 평가로 지원할 필요가 있다. 시·도별 온라인학교 교육과정의 주요 내용[12]을 분석하면 다음과 같다.

▨ 시·도별 온라인학교 적용 교육과정 분석 예시

구분	주요 내용
대구 온라인학교 (22.9.)	• 경제수학, 미디어 스토리텔링, 빅데이터 프로그래밍, 금융일반 등의 29개 과목, 46개 강좌 운영 • 신산업분야, 소수 수강 등 개별 학교에서 개설이 어려운 과목 운영
인천 온라인학교 (22.9.)	• [유형I] 개설형과 [유형II] 단위학교 신청 교육과정(요청형)으로 구성 • 가상공간 활용 수업, 플립러닝, 토론 및 프로젝트 수업 등 과목 특성에 맞는 다양한 수업 운영
광주 온라인학교 (22.9.)	• 학교에서 개설하기 어려운 소인수·심화 과목 등 다양한 과목 개설 • 기술·가정, 제2외국어, 예술, 사회, 과학 관련 과목 등
경남 온라인학교 (22.9.)	• 물리학 I, II, 프로그래밍, 제2외국어 등 총 14개 과목 운영 • 한 과목당 정원은 15명 내외로 실시간 온라인 수업으로 운영
충북 온라인학교 (24.9. 예정)	• 온라인학교 교육과정으로 편성하여 안내한 과목으로 운영하는 개설형과 학교에서 요청한 과목으로 운영하는 주문형으로 구분 • 학생 과목 선택권 보장과 학교 교육과정 다양화 지원
서울통합 온라인학교 (25.3. 예정)	• 개방형(소인수 과목 개설), 주문형(다수의 학교가 요구하는 교육과정 개설), 고교-대학 연계형(지역, 대학과 고교 연결하는 교육과정) 등 • 국제형/글로컬 형(해외의 대학, 전문가, 경제적 이슈 과목 개설 및 다문화 가정, 소외계층의 학생을 대상으로 한국어 교육 개설) • 미래융합창의체험 교육과정(음악, 미술, 기술, 실습 등 요구 교육과정 개설), 특화지원 교육과정(병원학교, e-스포츠 등을 개설) 등 • 교수자 중점 개설형 교육과정(교사 요구를 중점 반영)

---

12) 서울통합 온라인학교 설립 기반 탐색 연구보고서(서울특별시교육청, 2024; 17) 재구성

최소 성취수준 보장으로 모든 학생의 기본 학력을 보장한다

2025학년도 1학년부터는 전체 과목을 대상으로 과목 이수 기준이 도입되며 과목별 이수 기준 요건을 충족해야만 해당 과목 이수가 인정된다. 과목 이수 기준은 수업 시간의 2/3 이상의 출석과 학업성취율 40% 이상에 도달해야 한다. 여기에 충족하지 못하면 미이수, 즉 I Incomplete로 처리된다. 따라서 학생들은 과목을 수강할 때 일정 기준을 통과하지 못하면 이수하지 못하기 때문에 과목도 잘 선택해야 하고 더욱 신경 써서 수업을 들어야 한다. 그리고 교사는 학생의 과목 이수 여부를 결정하기 위해 최소 성취 수준을 판단해야 한다.[13] 특히 학생이 자율적으로 선택한 교과목에 대해 학생의 이수 여부를 결정하기 위해서는 교과목의 성취기준에 근거하여 최소한의 성취 수준에 도달했는지 평가할 수 있어야 하기 때문이다.

▨ 성취평가제 도입에 따른 평가 방식의 변화 비교

현행

성취율	성취도
90% 이상	A
80% 이상~ 90% 미만	B
70% 이상 ~ 80% 미만	C
60% 이상~ 70% 미만	D
60% 미만	E

2025년~

성취율	성취도	
90% 이상	A	
80% 이상 ~ 90% 미만	B	
70% 이상 ~ 80% 미만	C	
60% 이상~ 70% 미만	D	
40% 이상~ 60% 미만	E	↑ 이수
40% 미만	I	↓ 미이수

---

13) 포용과 성장의 고교 교육 구현을 위한 고교학점제 종합 추진계획. 교육부. 2021.2.16.

다수의 미이수에 따른 진급이나 졸업 유예 등은 실제로 실행하는 데 상당한 어려움이 따른다. 이에 모든 학생이 수강하는 과목을 성공적으로 이수할 수 있도록 해당 과목에서 요구하는 최소 성취 수준을 보장하는 책임교육을 위한 '최소 성취수준 보장 지도'를 실시하고 있다. 과목 이수 기준에 미도달할 것으로 예상되는 학생을 대상으로 지원하는 예방 지도와 학기 말 성적처리 결과 과목 이수 기준에 미도달한 학생을 대상으로 지원하는 보충 지도가 있다. 2023학년도부터 공통과목 국어, 영어, 수학을 중심으로 최소 성취수준 보장 지도를 실시해 왔다. 향후 모든 교과로 확대되기 때문에 이를 미리 대비한 국어, 영어, 수학 교과의 내용을 참고하여 교과별로 지식, 기능, 태도에 대한 최소한의 성취기준과 최소 성취 수준 보장 지도 운영계획을 마련할 필요가 있다. 또한, 학기 시작 전 이수 기준에 대한 학업성적관리규정을 정비하고 학기 단위로 최소 성취 수준 보장 지도 운영계획을 수립한다. 이를 토대로 이에 따라 학기 중에 미도달 예방 지도를 하고 학기 말에 학업성적관리위원회에서 미도달학생을 확정·통보하면 보충지도 종료 후 미이수자를 결정해야 한다.

▨ 최소 성취수준 지도 과정

시기	단계별 주요 내용
학기 시작 전	**[준비단계] 수업 및 평가 계획** • 교과협의회를 통한 최소 학업 성취수준 설정, 과목별 수업 및 평가 계획 수립
학기 초	**[1단계] 미도달 예상 학생 파악** • 최소 학업성취 수준 미도달 예상 학생 조기 발견(진단평가 등) 및 선제적 지도
학기 중	**[2단계] 미도달 예방 집중 지도** • 지속적 학업 상담 진행, 미도달 예방 지도(과제, 보충, 학습동아리 등)
학기 말	**[3단계] 미도달 학생 지도** • 미도달 학생 파악, 교과협의회나 학업성적관리위원회 등을 거쳐 대상자 확정·통보 • 최소 학업성취 수준 도달을 위한 특별 프로그램 진행(교육청 또는 학교 단위)

출처: 교육부. 2021

변화된 고교 교육의 안착을 위한
고민과 지원

학교는 변화된 교육정책에 대해 각자의 방식으로 적응해 나가고 있으며 우리나라 교사의 역량은 이를 감당할 수 있다. 하지만, 큰 틀에서 제도가 안착되고 이를 운영하는 교사들의 열정 페이에만 의존하지 않으려면 교육부와 교육청 등의 적극적인 지원과 관련 정책에 대한 종합적이면서도 세심한 배려가 필요하다.

교사 수급의 탄력성과 과감한 회계기준의 변화를 수반한
예산 지원이 필요하다.

고등학교의 교육 패러다임이 변하고 있다. 그렇다면 교원 정책은 어떻게 달라져야 할까? 고교학점제 도입 이후 학생의 교과 선택은 활성화되고 교사들의 업무 영역 또한 확대되고 다양화되고 있다. 이에 맞추어 우선 교사 배치의 기준을 명확히 하고 교사의 표준 수업시수에 기반한 교사 수급이 이루어져야 한다. 소규모 학교의 증가와 학기별 교육과정에 따른 다 과목 지도, 진로 설계 지도, 생활지도 등은 교사의 평균 시수 계산에 산정되지 않는다. 고등학교 교사들은 창의적 체험활동을 포함하면 평균 15~18시간의 수업을 담당한다. 고등학교 교사의 핵심 업무 중 하나는 학교생활기록부에 학생의 성장을 기재하는 것이다. 과목에 따라 한 학기에 최소 100여 명의 수행평가, 서·논술형 채점과 수업 활동에 관한 기록을 해야 한다. 교과 내용 연구, 학생 주도성 함양 등을 위한 매시간의 수업 설계와 학습자료 만들기(최근 교과서는 부수적 자료인 경우가 많다), 평가 루브릭의 구성 등은 많은 시간을 요구한다. 고교학점제가 도입되면서 여유시간을 활용한 교과 융합 수업, 최소 성취수준 보장 지도, 진로·진학 지도 활동 등이 크게 증가하였다. 이와 같은 활동은 정규수업 시수로 인정하지 않는다. 지난 『대한민국 교육트렌드 2024』에서 제시한 바와 같이 고교학점제 이후 증가한 다양한 교육활동과 다 과목 지도 등을 고려한 표준 시수를 도입하고, 이를 토대로 교사 배치를 해야 교육의 질이 높아질 수 있다.

다음으로 소인수 선택과목 교사 수급에 대한 세심한 지원이 필요하다. 학기별 교육과정은 학교별 연간 교원 수급에 불일치가 존재하기 때문에 선택 중심 교육과정이 운영되기 위해서는 교사 배치에서의 탄력성이 매우 중요하다. 예컨대, 사회·과학 교과 등의 경우 학기에 따라 수요가 없는 과목이 발생할 수도 있고 한 교사가 담당하는 시간이 너무 많거나 과부족인 경우도 발생할 수 있다. 이를 해결하기 위해 온라인학교에 교사를 단기 배치하거나 학기별 강사 지원 등이 필요하다. 학교 근무 시간 혹은 업무 장소에 대해 좀 더 유연한 규정과 지침이 필요하다는 의미이다. 필요할 경우 학기별 전출이 가능하도록 해야 하지만 교사의 근무 안정성 등에서 어려움이 예상된다. 또한, 소인수 선택과목의 내실 있는 운영을 위해 교사 적정 정원 확보가 필요하며, 좀 더 유연한 관점에서 소속 학교 이외 온·오프라인 공동교육과정, 온라인학교에 강사로 소속되는 경우 수업시수를 적정수준에서 담당하도록 하는 방안도 필요하다. 전문성 높은 강사 인력풀 구성과 적기 배정은 시도교육청과 교육지원청의 중요한 업무가 되어야 할 것이다. 앞서 설명한 온라인학교의 다양한 활용도 고민해야 할 것이다.

학생 맞춤형 교육의 내실화와 학교 내외의 다양한 교육활동을 위해 예산 지원과 예산 지침의 유연성 확보가 필요하다. 최근 학교에서는 교과 간 융합 프로그램, 교과별 실험과 탐구 프로그램, 지역사회 또는 대학을 연계한 교육과정 운영이 활성화되고 진로·진학 지도 프로그램이 수시로 운영된다. 또한, 최소 성취수준 보장 지도로 사전 예방, 사후 보충 지도가 전과목으로 확대된다. 이러한 활동의 대부분은 교사의 정규수업 시수에 포함되지 못한다. 또한, 제대로 된 수당이 지급되는 경우도 많지 않다. 예산이 편성되어 있지 않을 뿐 아니라 지방자치단체 보조금 등의 형태로 예산이 지원된 경우에도 본교 교사에게는 수당이 지급되지 않는다. 학교 회계 운영 지침 때문이다. 향후 관련 지침의 개정을 통해 학교 교육 계획에 근거하여 학교장이 승인한 교육활동에 대한 광범위한 예산 지원과 함께 예산 운용의 유연성을 확보해 주어야 한다. 다 과목 지도에 대한 수당이나 대학 등 지역사회 연계 교육 등도 마찬가지이다.

일관성 있는 대학 입시 정책이 필요하다.
- 학교는 입시 준비 기관은 아니다.

2025학년도 대학 입시부터 학과나 전공을 선택하지 않는 '무전공 입학'이 기존의 4배로 대폭 확대됨에 따라 입시에 큰 변수가 될 수 있다. 교육계에서는 학생의 진로와 적성에 맞춘 과목 선택 중심의 고교학점제가 대학에 가서 전공을 선택하는 무전공 선발 확대와 배치되는 정책이라는 우려가 있다. 무전공 입학이 학생의 흥미와 적성에 따른 자유로운 전공선택, 대학 내 학문 간 융합, 융합적 사고력과 글로벌 역량을 갖춘 인재를 양성한다는 취지는 동의하는 바이다. 다만 고교학점제를 통해 학생의 진로와 적성을 탐색하고 진학할 학과와 전공을 구체화하여 학생별 교육과정을 이수했는데, 대학은 무전공으로 입학하게 되는 상황이 발생한다. 전공을 정하지 못한 학생이나 조기 전공선택의 오류 등도 고민되는 부분이지만, 고교학점제와 무전공 선발이 공존하는 상황은 학생들의 진로 선택과 학교 진학지도에 혼란과 어려움이 따를 것으로 예상된다.

그럼에도 2025학년도부터 수도권 대학 51곳과 국립대 22곳에서 전체 모집인원의 28.6%에 달하는 37,935명을 무전공으로 선발할 예정이다.[14] 물론, 고교학점제와 무전공 전형은 공존할 수 없다고 단정할 필요는 없다. 고교학점제를 통해서 진로나 적성을 탐색한 경험을 토대로 대학교 1학년에서 보다 폭넓은 진로 탐색을 통해 자신에게 맞는 전공을 선택할 수 있을 것이다. 다만, 대학교 1학년에서 자신의 진로 선택을 위한 과도한 학점 경쟁으로 소중한 시간을 허비하지 않도록 대학 교육과정의 내실화가 전제되어야 할 것이다.

다음으로 최근 대입제도의 판도를 흔들고 있는 의대 정원 확대이다. 의대 입학정원은 전체 대학의 1%에 불과하지만, 대입에 미치는 영향은 매우 크다. 의대 증원이 의대 진학을 꿈꾸는 재수생들과 반수생을 촉발하여 경쟁의 치열함을 넘어 대학수학능력시험 과목별 등급 왜곡을 가져올 수 있다.

이러한 입시 변수에 따라 학교는 흔들린다. 무엇보다도 중요한 것은 예측 가능한 제도가 운영되어야 한다는 것이다. 고교 3년 동안 스스로 설계하고 학습해 온 학생들의 성장 과정을 존중해 주어야 한다. 특히, 재수생을 양산하는 상황이 발생하면 고등학교에서 역량 함양을 위한 미래 교육은 사라지고 학점제형 교육과정도 의미를 잃게 된다. 일관성 있는 대입제도를 통해 고등학교 교육의 정상적 운영을 유인해 주는 것도 중요한 교육정책의 방향이 될 것이다. 이러한 혼란 속에서도 학교는 우리 학생들이 미래역량을 갖춘 소중한 한 사람으로 성장하도록 하는 노력을 소홀히 하지 않을 것이다.

---

14) 의대 지역인재 두 배, 무전공은 30%로…"수험생 혼란 우려". 뉴시스. 2404.5.30

미래 한국 사회와
그 주인공인 학생들의 행복한 삶을 위한
모두의 관심이 필요하다.

교육은 역사적으로 사회를 지탱하는 중요한 제도로서 역할을 해 왔다. 국가적으로는 사회 발전을 위한 인재의 양성과 배치를 주된 목적으로 하였다, 물론 각 시대나 국가의 지배 구조 등에 따라 특정 계층을 위한 교육에 초점을 두거나 보편 교육을 강화하는 데 중점을 두는 등 방향성에서는 차이가 있었다. 우리나라의 교육도 예외는 아니나 대체로 계층적 이해관계가 교육 구조에 영향을 미친 것은 사실이다. 물론 근대 이후 급속한 산업화와 민주화 과정에서 교육이 계층 상승의 중요한 요인으로 작용하였다. 이러한 교육을 통한 계층 상승을 경험한 부모 세대들은 교육에서 자녀의 인간적 성장과 자아실현을 위한 교육보다는 계층의 존속이나 상승 수단으로 여겨 교육을 도구화하는 입장이 고착화되고 있다. 이는 학교 교육을 새롭게 혁신하는 데 가장 큰 장애 요인이 된다.

최근 지식정보사회로 변하면서 MZ세대로 불리는 젊은 세대들이 유독 교육에서만큼은 스스로 행복을 추구하지 못하고 있다. 수많은 전문가가 교육의 본질적 측면을 강조하고 초등학교부터 시작되는 경쟁 교육의 폐해를 개선하려 해도 거대한 장벽에 부딪히는 이유이기도 하다. 또한 혁신교육 운동과 민주적 학교문화, 학생 주도적 수업과 평가, 대학 서열화 완화 정책, 고교학점제 등이 지속적 추진력을 갖지 못하는 이유도 여기에 있다.

하지만, 코로나 이후 느끼는 몇 가지 위기의식이 있다. 우선, 매년 학생 수가 급감한다는 점이다. 학생의 개별적 성장과 함께 사회를 지탱하는 인재를 양성하기 위해서는 단 한 명의 아이도 놓칠 수 없다는 위기감이 커지고 있다. 여기에 더해 몇 년간 학교에서의 대면 교육이 단절되었던 경험으로 학교와 친구 간의 관계에 적응하지 못하는 학생들이 많아지고 있다는 점도 우려된다. 이런 상황에서 산업사회식 줄 세우기 경쟁 교육은 많은 아이에게 상실감의 경험을 갖게 한다. 우리 교육이 누구를 위한, 무엇을 위한 교육인가에 대한 고민이 필요하다. 수능점수가 높은 학생만이 우리 사회의 미래를 책임진다는 환상에서 벗어나야 한다. 서점에 넘쳐나는 AI 시대에 관한 책들은 미래 사회에는 창의성, 소통능력, 사회적 책임감을 가진 사람이 필요하다고 설파한다. AI 시대를 위한 교육을 한다고 초·중·고에 정보 시간을 확대하고 디지털 교과서를 도입한다. 그런데 전체 교육의 틀은 정시를 통해 특정 직업군의 학과에 학생들이 몰리는 교육에서 벗어나지 못하고 있다. 이 모순의 틀을 깨고 미래의 발전을 담보하는 고교 교육의 출발점으로 시작된 것이 고교학점제이다. 고교학점제와 2022 개정 교육과정이 현장에 안착될 수 있도록 하기 위해 교육 주체들에게 몇 가지 제안을 하고자 한다.

첫째, 교육정책 당국은 고교학점제의 본래 취지가 구현될 수 있도록 환경을 조성해야 한다. 앞서 말한 교원의 탄력적 배치, 모든 학교에서 동등한 교육과정의 자율성 보장, 미래 인재상에 부합하는 대입 제도의 방향성 설정 등이 그것이다. 현재 확정·추진 중인 정책에 관해서도 끊임없는 현장과의 소통을 통해 보완해야 한다. 학생들이 미래 사회에 어떤 인재로 성장해야 할지, 어떤 역량을 갖춰야 할지 등에 기반하여 고교 교육정책을 개선해 가야 한다.

둘째, 학교는 다소의 어려움이 더해지더라도 고교학점제가 안정적으로 정착될 수 있도록 다양한 노력이 필요하다. 초·중등교육은 인간이 사회적 존재로 살아가도록 하는데 필요한 기본적 인성과 역량을 종합적으로 성장시키는 과정이다. 다만, 고등학교는 학생성장을 위한 본연의 교육과 대입 준비라는 역할 사이에서 학생과 교사 모두 어려움을 겪는다. 그럼에도 한국의 고등학교 교사는 이 역할 갈등을 지난 수십 년간 잘 대응해 왔다. 이제는 학생들이 대학 입학을 위해 무엇이 더 유리한가에서 출발하는 교육과정 설계가 아니라 미래 사회의 불확실성에 대응할 수 있는 능력과 자신의 삶을 스스로 헤쳐 나갈 수 있는 역량을 함양하는 교육과정을 설계해야 한다. 더불어 교육과정의 변화와 함께 수업과 평가의 혁신도 동시에 이루어져야 한다. 학교와 정책당국도 교사들이 깊이 있는 학습의 원리를 적용한 교과 교육과정의 의미를 구현하는 수업, 학습의 과정을 중시하는 평가에 집중할 수 있도록 도와야 할 것이다.

셋째, 대학의 역할도 중요하다. 인정하고 싶지 않지만, 고등학교 교육이 대학 입시제도의 꼬리 역할을 한 것은 주지의 사실이다. 최근 대학의 교육적 고민은 과거와는 다른 것으로 보인다. 많은 입학사정관과 교수들이 머리를 맞대고 대학의 건학이념과 학생들이 입학 후 어떤 꿈을 펼칠 것인지에 대한 고민으로 입학전형을 만들고 있는 것으로 알고 있다. 대학에서는 중학교 자유학기제, 고등학교 고교학점제에서의 진로·진학 설계 경험과 과거와 다른 수업과 평가를 통한 인지적·정서적 성장이 지속될 수 있는 촘촘한 설계가 필요하다. 더불어 향후 고교 교육이 대학 입시를 위한 준비가 아니라 인간적으로도 학문적으로도 학생들이 미래를 준비하는 중요한 경험의 장이라는 점을 무겁게 받아들여야 할 것이다. 이를 토대로 입시가 고교교육의 취지를 왜곡하지 않으면서 미래 인재를 선발하는 기제가 되기를 소망한다.

05

의대 정원 확대와 무전공 입학이 가져올 2025학년도 입시 변화

장 승 진
(사)좋은교사운동 정책위원
미추홀외국어고등학교 교사

한국 사회에서 대학 입시의 의미

　학벌사회인 한국에서 대학 입시의 의미는 각별하다. 출신 대학은 개인의 학력을 나타내는 중요한 기호이자 취업 경쟁력을 높이는 요소이고, 사회적 지위를 상승시키는 수단이자 결혼까지 영향을 미치는 중요 기준이다. 그래서 이를 좌우하는 대입제도 역시 막강한 영향력의 프로세스 process 로 기능한다. 프로세스에 대한 믿음이 흔들리거나 갑작스러운 변동이 생기는 경우 한국 사회는 급격히 요동치고 혼란에 빠지는데, 2019년 조국 전 법무부 장관의 자녀 문제로 촉발된 공정 담론과 2023년 윤석열 대통령의 한마디로 초래된 킬러 문항 사태가 대표적 예다.

　고등교육법 34조 5는 입시와 관련한 사회 혼란을 예방하고 입시의 안정성과 예측 가능성을 담보하기 위해 '4년 예고제'라는 장치를 마련하고 있다. 예를 들어 2025학년도 대학 입시를 치르는 현재의 고3 학생들은 다음과 같은 순서로 입시 정보를 접해왔다.

▨ 4년 예고제에 따른 대학 입학 전형계획의 공표 과정

	발표 내용		세부 내용	발표 주체
중3 (2021년)	대학 입학 정책		• 대학 입학제도의 전반적 방향	교육부
고1 (2022년)	대학 입학전형 기본 사항		• 일반전형 및 특별전형의 기본 사항 • 전형 요소: 학교생활기록부, 대학수학능력시험, 대학별고사 • 수시 및 정시 전형 일정	한국대학교육협의회
고2 (2023년)	대학 입학전형 시행계획		• 각 대학이 정한 세부 전형 기준과 방법, 일정, 모집 단위 및 모집인원	각 대학
고3 (2024년)	모집 요강	수시(4월)	• 시행계획에서 확정된 내용 상세 기술	각 대학
		정시(8월)		

공표된 사안들은 고등교육법 시행령 33조 3항에서 정한 특별한 사유 여섯 가지에 해당하지 않고서는 변경이 불가하기에 학생들은 공표된 내용을 기준으로 삼아 자신의 전략을 세우며 입시를 준비하게 된다.

▨ 고등교육법 시행령 제33조 3항

③ 법 제34조의5 제6항 단서에서 "관계 법령의 제정·개정 등 대통령령으로 정하는 사유가 있는 경우"란 다음 각호의 어느 하나에 해당하는 사유로 대학 입학전형 시행계획을 변경할 필요가 있는 경우를 말한다. <개정 2018.7.31., 2019.10.22., 2024.2.20.>

1. 관계 법령의 제정·개정 또는 폐지가 있는 경우
2. 대학 구조개혁을 위한 학과 등 개편 및 정원 조정이 있는 경우
3. 제32조 제2항및제3항에 따른 대학 입학전형 기본 사항의 변경이 있는 경우
4. 법 제60조에 따른 시정 또는 변경 명령으로 학생정원 감축, 학과 폐지, 학생 모집정지 등의 행정처분이 있는 경우
5. 다른 법령에서 대학 입학전형 시행계획을 변경할 수 있도록 규정하고 있는 경우
6. 천재지변 등 교육부 장관이 인정하는부득이한 사유가 있는 경우

하지만 2025학년도 대학 입시는 4년 예고제의 취지가 무색할 만큼 큰 변화들이 발생했다. 수시 전형을 4개월 앞둔 시점에서 대학 구조개혁을 명분으로 교육부가 대폭 수정을 가했기 때문이다. 수정의 중심에는 '의대 정원 확대'와 '무전공 입학' 정책이 있고, 학생·학부모·교사 모두가 적잖은 혼란을 겪을 것으로 보인다. 이들 정책이 등장한 배경은 무엇인지, 의대 정원 확대와 무전공 입학이 가져올 입시 변화는 어떠할지 지금부터 살펴보자.

의대 입학정원 확대

학생들은 왜 의대로 몰리는가?

대한민국 최고 대학 서울대에 합격했어도 학생들이 등록을 꺼리는 학과가 몇 있다. 심지어 한 곳은 10명 중 3명꼴로 등록을 포기한다. 도대체 어디일까? 도시화로 관심이 낮아진 농대일까, 취업 문이 좁은 인문대일까? 의외로 정답은 치대(齒大)다.

▨ 2021~2023학년도 서울대학교 신입생 최초합격자 중 학과별 미등록률

(단위: %)

	2021학년도	2022학년도	2023학년도	평균 미등록률
인문대학	0.99	1.27	1.03	1.1
사회과학대학	3.38	6.44	6.14	5.32
자연과학대학	14.06	11.67	9.71	11.81
간호대학	26.87	20.63	32.84	26.78
경영대학	1.48	8.89	6.67	5.68
공과대학	11.4	12.04	8.54	10.66
농업생명과학대학	15.62	18.86	16.46	16.98
미술대학	0.369	0	0	0.23
사범대학	7.88	10.12	10.61	9.54
생활과학대학	13.7	16.83	11.73	14.09
수의과대학	10	29.27	17.50	18.92
약학대학	모집 미실시	16.92	23.44	20.18
음악대학	0.75	0	0	0.25
의과대학	0	0	0	0
자유전공학부	1.63	26.02	16.26	14.64
치의학대학원(치의학과)	30.43	43.75	28.26	34.15

출처: 서동용 의원실

서울대 치대의 평균 미등록률은 34.15%에 달한다. 뒤를 이어 간호대, 약대, 수의대도 20%를 넘나든다. 서울대 의·약학 계열에 합격한 최상위권 학생들이 이토록 많이 등록을 포기하는 이유는 바로 의대 때문이다. 의대 쏠림현상은 입학 포기를 넘어 재학 포기까지 유발하고 있다. 2019학년도부터 2023학년도까지 서울대 전체 자퇴생 대비 1학년 자퇴생 비율은 50.3%에서 79.2%로 급증했고, 자퇴생 수는 97명에서 290명으로 3배까지 증가했다. 자퇴생의 절반 이상이 이 공계라는 점은 의·약학 계열 진학이 주요 동인임을 예상하게 하는데 통합 수능으로 수월해진 교차지원은 인문계 학생들조차 의대 진학을 계획할 수 있는 길을 열었을 것으로 보인다.

▨ 최근 5년간 서울대학교 자퇴생 현황

(단위: %)

구분	2019	2020	2021	2022	2023
전체 자퇴생 수	193	264	330	328	366
1학년 자퇴생 수 (비율)	97 (50.3%)	147 (55.7%)	196 (59.4%)	238 (72.6%)	290 (79.2%)
1학년 자퇴생 중 공과대·농업생명과학대·자연과학대 인원수	63	105	141	153	162

출처: 이준석 의원실

의대 쏠림은 경제적 보상과 밀접한 연관이 있다. 최근에는 초등학생 및 중학생들의 의사 희망 사유도 '좋아하는 일이라서'에서 '돈을 많이 벌 수 있어서'로 바뀌었다. [1]

---

1) 「학생의 직업가치 변화: 의사와 법률전문가를 중심으로」, 정지은, 한국직업능력연구원, 2023

(단위: 명, %, %p)

구분	초			중		
	2018	2022	증감	2018	2022	증감
내가 좋아하는 일이라서	22.3	18.3	-4.0	25.7	15.8	-9.9
내가 잘 해낼 수 있을 것 같아서	21.5	19.6	-1.9	19.7	16.2	-3.5
돈을 많이 벌 수 있을 것 같아서	14.7	30.1	15.4	19.4	29.3	9.9
오래 일할 수 있을 것 같아서	1.5	2.8	1.3	1.9	4.7	2.8
나의 발전 가능성이 클 것 같아서	7.6	4.3	-3.3	5.7	6.7	1.0
사회에 봉사할 수 있을 것 같아서	20.5	13.4	-7.1	17.5	15.2	-2.3
일하는 시간과 방법을 스스로 정할 수 있을 것 같아서	0.0	0.6	0.6	0.3	0.3	0.0
내가 아이디어를 내고 창의적으로 일할 것 같아서	0.5	0.6	0.1	4.8	0.7	-4.1
사회적으로 인정을 받을 수 있을 것 같아서	5.1	7.8	2.7	0.0	9.1	9.1
기타	6.3	2.5	-3.8	5.1	2.0	-3.1
N	395	322		315	297	

출처: 한국직업능력연구원

이를 참작하면 서울대 치대에 합격하고도 타 대학 의대로 이탈하는 이유가 수긍이 간다. 보건의료 인력 실태조사에서 2020년 기준 의사의 연평균 보수는 2억3,070만 원으로 1억9,490만 원인 치과의사보다 대략 4천만 원 정도가 더 높았다. 게다가 의사들의 10년간 임금 증가율은 치과의사보다 1.5% 높은 5.2%다. 현재의 부와 미래의 부를 고려하여 전공학과의 가치를 재단한다면 서울대 치대를 포기하고 타 대학 의대를 선택하는 일은 나름 합리적이다.

의대 정원 확대: 배경과 계획

의사들의 높은 보수 배경 중 하나로 의료 수요 증가를 공급이 따라가지 못하는 현실이 존재한다. 저출산·고령화 인구 구조 변화에 따라 의료서비스 수요는 나날이 확대되어 가고 있지만, 2021년 기준 우리나라의 임상 의사 수는 인구 1천 명당 2.6명으로 OECD 평균인 3.7명보다 낮다. 또한 의대·한의대 졸업 인력 수도 인구 10만 명당 7.3명으로 OECD 평균인 14명의 절반 수준에 불과하다.

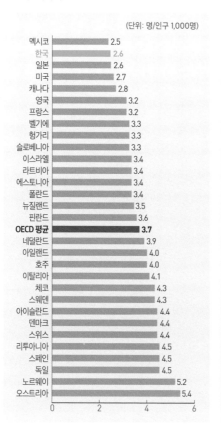

(단위: 명/인구 1,000명)

멕시코	2.5
한국	2.6
일본	2.6
미국	2.7
캐나다	2.8
영국	3.2
프랑스	3.2
벨기에	3.3
헝가리	3.3
슬로베니아	3.3
이스라엘	3.4
라트비아	3.4
에스토니아	3.4
폴란드	3.4
뉴질랜드	3.5
핀란드	3.6
OECD 평균	**3.7**
네덜란드	3.9
아일랜드	4.0
호주	4.0
이탈리아	4.1
체코	4.3
스웨덴	4.3
아이슬란드	4.4
덴마크	4.4
스위스	4.4
리투아니아	4.5
스페인	4.5
독일	4.5
노르웨이	5.2
오스트리아	5.4

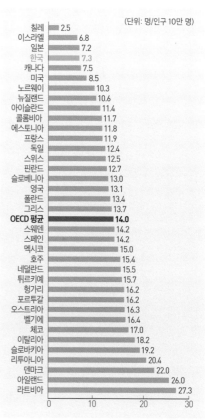

(단위: 명/인구 10만 명)

칠레	2.5
이스라엘	6.8
일본	7.2
한국	7.3
캐나다	7.5
미국	8.5
노르웨이	10.3
뉴질랜드	10.6
아이슬란드	11.4
콜롬비아	11.7
에스토니아	11.8
프랑스	11.9
독일	12.4
스위스	12.5
핀란드	12.7
슬로베니아	13.0
영국	13.1
폴란드	13.4
그리스	13.7
OECD 평균	**14.0**
스웨덴	14.2
스페인	14.2
멕시코	15.0
호주	15.4
네덜란드	15.5
튀르키예	15.7
헝가리	16.2
포르투갈	16.2
오스트리아	16.3
벨기에	16.4
체코	17.0
이탈리아	18.2
슬로바키아	19.2
리투아니아	20.4
덴마크	22.0
아일랜드	26.0
라트비아	27.3

출처: 보건복지부. 2023

더 큰 문제는 충분하지 않은 의사 인력마저 지역별 양극화 현상이 나타난다는 점이다. 최근 10년간 지역별 활동 의사의 증감 현황을 살펴보면, 서울·대구·광주와 같이 활동 의사가 많은 지역은 의사 증가량도 덩달아 높아졌으나 경북·충남·충북과 같이 활동 의사 수가 적은 지역은 의사 증가량도 미미했다.[2] 결과적으로 인력난을 겪는 지역의 경우 정상 업무 외에 콜 대기, 응급실 추가 업무,

---

2) 의사 많은 지역에 의사 계속 몰린다, 신현영 의원실, 2023.6.9.

당직 근무, 주말·휴일 근무까지 부가되어 퇴사·이직률이 높아지는 악순환이 반복되었고 필수 의료 붕괴가 가속화되어 '응급실 뺑뺑이', '소아과 오픈런'과 같은 국민적 위기로 귀결되었다.[3]

앞선 난관들을 타개하고자 교육부는 의대 증원이라는 결단을 내린다. 4년 예고제의 취지를 거스르면서, 사회 혼란을 감내하면서, 법정 공방[4]을 거치면서 입시 판을 흔든 연유에는 이러한 맥락이 자리 잡고 있다. 곧 2006년 이래 동결되어온 의과대학 정원을 확대 및 조정하여 의사 인력의 불균형을 해소하고, 지역의 의료 인프라를 개선함으로써 어디서든 양질의 의료 혜택을 누리게 하겠다는 것이다. 나아가 지방소멸 시대를 극복하고 현 정부의 국정 목표인 '어디서나 살기 좋은 지방시대'를 열겠다는 의지가 담겨있다.[5]

결단에 따라 5월 30일 교육부는 2025학년도 의과대학 대입전형 시행계획을 최종 발표하며 의대 증원에 못을 박았다. 전체 모집인원은 4,610명으로 2024학년도 대비 무려 1,497명이나 증가했다.

▨ 2025년도 의학 계열 전형별 모집인원 요약

(단위: 명)

전형유형 입학 연도	수시					정시	총계
	학생부교과	학생부종합	논술	기타	소계	수능	
2025	1,577 (34.2%)	1,334 (28.9%)	178 (3.9%)	29 (0.6%)	3,118 (67.6%)	1,492 (32.4%)	4,610 (100%)
2024	940 (30.2%)	875 (28.1%)	116 (3.7%)	21 (0.7%)	1,952 (62.7%)	1,161 (37.3%)	3,113 (100%)
증감	+637	+459	+62	+8	+1,166	+331	+1,497

※ 2025학년도 차의학전문대학원 모집인원(정원 내 80명, 정원 외 5명) 포함 시, 총 4,695명(정원 내 4,565명, 정원 외 130명)

---

3) 「필수·지역의료 붕괴를 막기 위한 의사 인력 증원, 어떻게 할 것인가?:현안 브리핑」, 김주경, 국회입법조사처, 2023
4) 6월 19일 대법원 2부는 서울고등법원이 신청을 각하 및 기각한 서울대 의대 교수, 연세대 대학병원 전공의, 부산대 의과대학 재학생, 의과대학 준비생 등 총 18명이 보건복지부·교육부 장관을 상대로 낸 '의대 정원 증원 처분 집행정지 신청'에 대해 원심의 결론을 인정해 재항고를 기각했다.
5) 「윤석열 정부 120대 국정과제」, 대한민국 정부, 2022

의사 인력의 불균형 해소라는 목적에 따라 지역인재전형의 확대는 더욱 두드러졌다. 2024학년도 대비 888명이 증가한 1,913명을 모집하기로 결정했고, 비수도권 대학 26곳의 선발 비율은 59.7%에 달했다.[6)]

■ 2025년도 의학 계열 전형별 모집인원 요약(지역인재전형)

(단위: 명)

전형유형 입학 연도	수시				정시	총계
	학생부교과	학생부종합	논술	소계	수능	
2025	1,078 (56.4%)	449 (23.5%)	22 (1.1%)	1,549 (81.0%)	364 (19.0%)	1,913 (100%)
2024	574 (56.0%)	211 (20.6%)	15 (1.4%)	797 (78.0%)	225 (22.0%)	1,025 (100%)
증감	+504	+238	+7	+752	+139	+888

의대 정원 확대: 다가올 변화

"인간은 계획하고, 신은 비웃는다"라는 격언이 있다. 상당한 계획과 노력으로 미래를 준비하더라도 뜻밖의 사건들로 인해 예상과 다른 결과를 마주할 수 있다는 의미다. 우리의 기대와 달리 쉽게 통제할 수 없는 복잡한 현실을 뜻하기도 한다. 사실 정부가 의대 증원과 관련해 세밀한 계획을 세워 왔다고 하더라도 수반할 사회 변화들은 예단하기 어렵다. 의료계를 포함한 직업 사회와 대학 사회에 미치는 영향이 장대하고, 어떠한 정책이든 대학 입시라는 프리즘을 통과할 때 본의와 달리 쉽게 굴절되고 마는 현상을 한국 사회는 숱하게 경험해 왔다. 의대 증원을 앞두고 기대도 우려도 공존하는 이유다. 지금부터는 우려와 관련한 논의를 수능, 고교 체제, 사교육 시장, 지방 유학, 정시 논쟁과 관련해 살펴보고자 한다.

우선 작년 기준 전국 고등학교 수는 2,379개교다.[7)] 4,610명이라는 의대 정원

---

6) 단국대 의대는 천안에 위치하였음에도 죽전캠퍼스의 이원화 캠퍼스로 인정되어 지역인재전형 의무가 없다.

7) 「고등학교 설립 별 학교 수」, 교육통계서비스, 2023

을 고려하면 전교 2등 내외의 학생들만이 의대에 들어갈 수 있다는 결론이 나온다. 체감상 크게 다르지 않다. 지역인재전형도 전년도 대비 888명이 증가하여 1,913명을 선발하지만, 지역 고등학교 수가 1,445개교나 되는 점을 감안하면 여전히 1등에 준하는 최상위권 학생만이 의대에 진학할 수 있다.

다만 2024학년도 충남대 교과 지역인재전형에서 3.48의 등급으로 합격한 사례는 주목할 만하다. 얼핏 보면 낮은 내신 성적의 학생들도 지역인재전형을 활용해 의대에 합격할 수 있다는 오해가 생긴다. 약간의 운도 따랐겠으나 비결은 수능 최저기준에 있었다고 해석해야 합당하다. 3개 합 4[8]라는 만만치 않은 수능 최저기준을 지원자 161명 가운데 52명만이 달성했고, 지원 횟수 6회까지 가능한 수시 모집에서 타 학교로 진학한 학생들이 빠지니 충원 최종순위가 29번까지 내려왔다. 최종등록자들의 내신 등급 70% 선이 1.25인 것을 고려한다면 합격자 내신 대부분은 1등급 내에 촘촘히 배치된 상황이다. 즉 내신 경쟁에 어려움을 겪었으나 수능에는 강했던 특목고·자사고·지역 명문고의 한 학생이 높은 수능 최저기준을 전략적으로 활용해 합격했을 가능성이 크다.

▨ 2024학년도 충남대학교 입학전형 결과 통계 자료: 학생부교과_지역인재전형

모집인원	지원 인원	경쟁률	최종등록자 등급		
			Avg	70%	Low
20명	161명	8.05:1	1.43	1.25	3.48

수능 최저기준	최저 충족률(%)	최저충족 인원	실질 경쟁률	충원	
				충원율	최종순위
3개 합 4 (수학 포함)	32.3%	52명	2.60:1	145%	29번

---

8) 충남대 의대의 경우 수능최저학력기준을 통과하기 위해 국어, 영어 및 과학탐구 중 상위 2과목과 수학(미적분, 기하)을 합하여 4등급 이내를 받아야 한다.

여기서 주목할 지점은 무엇보다 수능의 영향력이다. 2025학년도 입시에서도 수능의 영향력이 강화될 것으로 봐야 한다. 우선 의대 수시 지역인재전형은 모집인원이 늘어났음에도 불구하고 지방 의대 26곳 중 대부분의 대학이 수능 최저등급 기준을 유지했다. 국·영·수 3과목 등급 합 4를 요구하는 대학이 11곳에 달하고, 국·영·수·과 4과목 등급 합 5를 요구하는 대학도 있다. 위 〈표〉에서 확인할 수 있듯 수능 최저는 실질 경쟁률과 합격을 크게 좌우하므로 수시에 집중하는 재학생이더라도 수능 최저기준 충족을 위해 수능에 매달려야만 한다.

게다가 졸업생이 늘면 수능의 변동성은 커진다. 아래 〈표〉를 참고하면 정시전형 확대 이후 졸업생 비율은 해마다 증가했고, 올해는 27년 만의 의대 증원으로 인해 그 비율이 역대 최고를 기록할 것이란 예측이 곳곳에서 나오고 있다.

▨ 2020~2023학년도 재학·졸업 여부에 따른 응시자 수 및 비율

재학·졸업 여부 　　　　학년도	2022	2023	2024
재학	318,693명 (71.1%)	308,284명 (68.9%)	287,502명 (64.6%)
졸업 (검정고시 포함)	129,445명 (28.9%)	139,385명 (31.1%)	157,368명 (35.4%)
전체	448,138명	447,669명	444,870명

출처: 한국교육과정평가원

의대라는 유입 동인은 최상위권 졸업생들의 수능 응시를 유도한다. 평가원은 당해 학생의 학력 수준을 고려하여 난이도를 조절해야 하므로 최상위 학생들의 변별력 확보를 위해 불수능 기조를 견지할 수밖에 없다. 실제 7월 1일에 발표된 2025학년도 6월 모의평가 결과는 영어 1등급 학생이 1.47%에 불과해 불수능의 전조를 나타냈다. 결국 수능을 준비하는데 더 많은 시간과 노력을 쏟아야 하는 입시환경이 되었다. 재학생들의 압박은 한결 심하다.

의대 증원, 졸업생 유입 증가, 수능 비중 강화는 연이어 고교 체제와 사교육 시장의 지각변동으로 나타난다. 의대 입시라는 함수에 수능점수가 합격을 위한 특정 입력값이 되면 자사고·특목고·지역 명문고의 인기는 절로 고조된다. 특히 수도권이 아닌 지역에 위치한 자사고·특목고·지역 명문고는 지역인재전형의 요건을 누림과 동시에 수능 최저기준 충족에도 이점이 있다. 무엇보다 2028학년도 대학 입시부터 내신 상대평가가 5등급으로 완화되어 그동안 단점으로 여겨왔던 내신 경쟁까지 일정 극복하게 된 상태다.

사교육 시장은 이미 초등 의대반부터, 직장인 야간반, 기숙형 의대반까지 개설하며 호황을 누리고 있다. 과목 당 주 1회, 3시간 동안 수업을 들을 경우 한 달 수강료가 40만 원 정도이고, 국어·수학·영어·탐구 과목을 전부 수강할 경우 한 달 수강료는 200만 원에 달한다. 소수정예반의 경우 과목 당 수강료는 200만~250만 원이나 되어서 전 과목을 수강하면 월 1,000만 원, 1년에 1억2,000만 원까지 치솟기도 한다.[9] 2023년 초·중·고 학생의 사교육비 지출이 27조1천억 원으로 2021년의 23조4천억 원, 2022년의 26조 원을 넘어 신기록을 세웠는데, 2024년 사교육비 지출은 이를 경신할 수도 있다. 하지만 고비용·고부담일지라도 학생·학부모들이 사교육 시장으로부터 자유롭기란 쉽지 않다. 우리 사회에서 사교육이 활발한 까닭은 그 효과가 극적이기 때문이다.

한편 사교육 시장의 기형적인 수업 방식은 심각한 사회문제로 대두될 여지가 있다. 초등 의대반의 경우 학교 교육과정을 2~6년가량 앞당겨 가르치고 있다. 초5부터 시작해 39개월 동안 중학교 수학에서 고3 이과 수학까지 끝내는 교육과정, 초3에게 고1 수학에서부터 수학2인 미적분까지의 범위를 가르치는 과정 등이 난무한다.[10] 학생들의 인지적·정서적 발달을 고려하지 않은 채 의대 진학만을 목표로 설계된 과잉 학습은 개별 학생에게 악영향을 미칠 뿐만 아니라 공교

---

9) '月 1,000만 원' 의대 준비반도…'특수' 누리는 대치동 학원가, 시사저널, 2024.3.26.
10) "초5가 고2까지의 과정을 14배속으로?", 사교육걱정없는세상, 2024.7.1.

육 교육과정까지 변질시키는 현상으로 발화될 수 있다.

지방 유학 문제도 뜨거운 화두다. 지방대학 및 지역균형인재 육성에 관한 법률 시행령 제10조는 비수도권 의대의 지역인재전형 선발 비율을 40% 이상으로 정하고 있다. 나아가 정부는 의대 증원을 추진하며 해당 비율을 60%까지 상향할 것을 대학에 권고했다. 그 결과 지역인재전형은 888명이나 증원된 1,913명을 선발하게 되었는데, 이러한 전형 특성을 겨냥한 수도권 학생·학부모들의 지방유학이 확산될 수 있다는 지적이 나오고 있다. 특히 최근 한 대형학원이 충청권 지역에서만 초등학생의 순 유입이 증가했다고 발표하면서 의대 증원에 따른 지방유학 문제가 벌써 현실화된 것 아니냐는 기사들이 마구 쏟아져 나왔다.[11]

하지만 충청권 초등학생의 순유입 증가 원인을 의대 증원으로 치부하는 것은 비약에 가깝다. 초등학생의 전출·입에는 많은 변인이 존재하기 때문이다. 해당 발표를 살피면 충청권 내에서도 충남·세종은 전입이 많고 충북·대전은 전출이 많은데 이는 사실상 주요 지방 광역시·도의 주민등록인구 증감 경향과 일치한다.

끝으로 의대 증원은 정시 전형에 대한 사회적 논쟁을 격화할 것으로 보인다. 정시는 '평가의 객관성 담보', '입시 재도전과 기회 보장'이라는 순기능과 '사회적 비용 증가', '경제적 불평등 심화'라는 역기능을 지녔다. 양 측면에 대한 사회적 논쟁을 거쳐 정시 전형의 축소 또는 확대를 결정해 왔는데, 의대 증원은 역기능에 무게추를 더할 여지가 크다. 특히 정시의 주된 전형 요소는 표준화 시험의 대표 격인 수능이다. 표준화 시험은 문항에 대한 반복 훈련이 효과가 큰 편이어서 졸업생에게 유리한 점이 많다. 의대 증원이 기존의 정시 확대 정책과 맞물리면 미등록·휴학·자퇴라는 정시 폐단은 더욱 심화될 수밖에 없다. 또한 사회적 비용 증가도 간과할 수 없는 문제다. 강득구 의원실의 2020~2024학년도 의대 합격자 인원 발표를 참고하면 이미 정시 합격자의 대부분은 재수, 3수, 4수 이상의 졸업

---

11) 초등생 순유입 1위는 충청…"의대 증원으로 더 쏠릴 수", 동아일보, 2024.6.23.
   의대 증원 … 지방 유학 현실화, 충청일보, 2024.06.23

생이었다. 의대 증원은 여기에 더 많은 인재들을 수능에 끌어들여 막대한 사회
적 낭비를 초래할 수 있다.

▨ 2020~2024학년도 의대 합격자 인원

구분	고3	재수	3수	4수 이상	검정고시	합계
2024	210 (17.9%)	463 (39.6%)	288 (24.6%)	177 (15.1%)	33 (2.8%)	1,171
2023	329 (26.0%)	553 (43.6%)	226 (17.8%)	142 (11.2%)	17 (1.3%)	1,267
2022	263 (20.4%)	471 (36.6%)	303 (23.5%)	233 (18.1%)	17 (1.3%)	1,287
2021	234 (18.0%)	561 (43.1%)	309 (23.7%)	177 (13.6%)	22 (1.7%)	1,303
2020	270 (21.0%)	586 (45.5%)	285 (22.1%)	138 (10.7%)	8 (0.6%)	1,287
2020~2024 합계	1,096 (21.3%)	2,171 (42.2%)	1,123 (21.8%)	690 (13.4%)	64 (1.2%)	5,144
		3,984 (77.5%)				

출처: 강득구 의원실

서울대의 경우 정시 합격생의 급증한 이탈률 때문에 2024년 1월 29일 '2028학
년 서울대 대입전형 개편을 위한 대입정책포럼'을 열고 수시와 정시 선발 비율의
재고를 요청하기까지 했다. 시선을 끄는 것은 이탈률만이 아니라 정시 합격생들
의 출신 지역 편중과 출신고교 편중까지 중요 문제로 지적했다는 점이다. 즉 정
시 전형에 내포된 불평등한 기회 구조까지 부각했다. 강득구 의원실과 사교육걱
정없는세상의 조사·발표는 의대 정시 전형에서도 출신 지역·출신고교 편중 문제
가 심각함을 밝혔다. 수도권 출신들의 합격 비율이 수시 전형에서는 36.1%에서
38% 사이를 오고 갈 뿐이었지만 정시 전형에서는 무려 60%대를 돌파했고, 심지
어 전국 의대 정시 합격생 5명 중 1명이 강남 3구 출신 학생이라는 점은 사뭇 충
격적이었다.

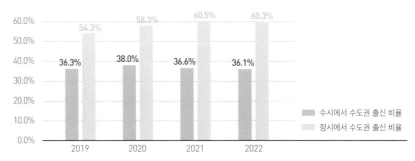

▨ 2019~2022학년도 의대 신입생의 전형별 출신 지역 분석

(단위: %)

*정원 내 + 정원 외 모두 포함, 최종등록인원 기준, 검정고시 및 외국 소재고 제외
자료: 강득구 의원실, 사교육걱정없는세상(2023.04.)

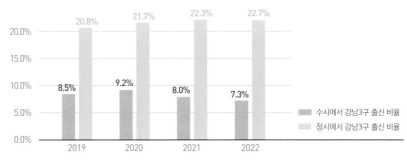

▨ 2019~2022학년도 전국 의대 신입생의 전형별 강남 3구 출신 분석

(단위: %)

*정원 내 + 정원 외 모두 포함, 최종등록인원 기준, 검정고시 및 외국 소재고 제외
자료: 강득구 의원실, 사교육걱정없는세상(2023.04.)

의대 정시 전형에서 비롯된 미등록·휴학·자퇴, 사회적 비용의 증가, 출신 지역과 출신고교 편중에 따른 불평등 문제는 머지않아 정시 전형의 지속가능성과 형평성에 대한 가열찬 논란을 일으킬 확률이 다분하다. 심지어 성적만으로 의사를 뽑는 것이 옳으냐는 지적은 벌써 곳곳에서 제기되고 있다. 이러한 사회 공론이 계속해서 싹 트면 또 다른 대입제도 변화로의 단초가 된다.

무전공 입학 확대

무전공 입학 확대: 배경과 계획

의대 증원만큼이나 2025학년도 대학 입시를 뒤흔든 이슈가 무전공 입학이다. 의대 증원은 소수 최상위권 학생이 대상이지만 무전공 입학은 다수 학생과 맞닿아 있어 관점에 따라 파장과 영향력은 더 클 수 있다.

통계청의 '2022 사회조사 결과'에 따르면 전공과 직업이 일치하느냐는 물음에 '그렇다'고 응답한 사람은 고작 36.8%에 불과했다. 10명 중 6명 이상이 학창 시절 배운 것과 관련이 적은 일에 종사하고 있는 것이다. 여기에는 여러 이유가 존재할 수 있으나 적성보다 대학 간판을 중시하는 우리 사회의 세태도 한몫한다. 한국 사회는 적성에 대한 진지한 고민보다는 점수를 기준으로 대학 및 학과를 택하는 경우가 여전히 잦다. 대학생이 되고서야 무얼 배우고 싶은지 고민한다 해도 경직된 학과의 벽 속에서 기회를 얻기란 쉬운 일이 아니다.

교육부는 대학 진학 후라도 학생들이 흥미와 적성에 따라 전공을 선택할 수 있는 기회를 확장하기 원했다. 나아가 대학들이 유연한 교육체제와 학사구조로 개편하기를 기대했다. 입학 시 결정된 전공이 졸업까지 이어지는 단선 구조 아래서는 미래 사회에 걸맞은 융합인재를 양성하기 어렵다고 판단했기 때문이다.[12] 학생들의 전공 선택권을 확대하고 다양하고 폭넓은 미래 인재를 양성하겠다는 교육부의 바람은 무전공 입학 확대 정책으로 나타났다.

무전공 입학의 교육부 공식 명칭은 '전공자율선택제'로 전공 구분 없이 입학

---

12) 교육부, 2024년 대학혁신지원사업 기본계획, 2024.1

해 2학년 이후에 전공을 결정하는 제도다.[13] '2학년 이후'란 말에는 2학년이 되는 시점만이 아니라 그 이후를 포함하는 넓은 의미가 담겨있다. 예를 들어 서울대 학부대학의 경우 '광역' 소속 학생들은 2개 학기를 이수한 시점, 즉 2학년이 되는 시기에 전공을 선택하지만 '자유전공학부' 학생들은 전공선택의 시기가 고정되어 있지 않고 특정 조건을 충족한 시기에 전공선택을 결정할 수 있다.

▨ 서울대학교 학부대학 전공 신청 규정

대학명	신청 대상	신청원칙
학부대학	광역 : 입학 후 2개 학기를 이수한 학생	7개 단과대학 중 학과(부)·전공 선택 신청 및 승인 (인문대학, 사회과학대학, 자연과학대학, 경영대학, 공과대학, 농업생명과학대학, 생활과학대학) ※ 전공선택 후, 전공 소속 해당 학과(부)로 소속 변경
	자유전공학부 : 입학 후 2개 학기 이상을 이수 중인 학생	10개 단과대학 중 학과(부)·전공 선택 신청 및 승인 (인문대학, 사회과학대학, 자연과학대학, 경영대학, 공과대학, 농업생명과학대학, 미술대학, 생활과학대학, 음악대학, 첨단융 합학부) ※ 단, 자유전공학부 소속 유지

출처:서울대학교

우리나라에서 이를 처음 도입한 대학은 1995년에 개교한 한동대였다. 신입생들을 무전공으로 선발하여 인문계와 자연계[14] 구분 없이 전공을 선택할 수 있도록 했다. 학과의 정원에도 제한을 두지 않았다. 언제든 선택한 전공을 변경할 수 있는 길을 열어두어 적성 탐색 기회와 전공 선택권을 담보했다. 하지만 무전공 입학이라고 해서 모두 한동대와 같은 선택권이 보장된 것은 아니다. 교육부가 추진하고 있는 유형은 크게 두 가지인데 유형 ①의 경우 입학 후 대학 내 모든 전공을 자율적으로 선택할 수 있지만, 유형 ②의 경우 계열 또는 단과대 단위로 입

---

13) 대학에서는 자유전공학부, 학부대학, 자율전공학부, 열린전공학부 등 다양한 명칭을 사용한다.
14) 교육과정에서는 문·이과 구분이 사라졌지만, 입시에서 둘의 구분은 아직 잔재한다. 여기서는 수능에서 '미적분' 또는 '기하'를 택하고 '과학탐구'를 택한 학생들을 자연계로 칭한다.

학한 후 단과대 내 모든 전공을 자율 선택하거나 학과별 정원의 150% 이상 범위 내에서 전공을 선택할 수 있다.[15]

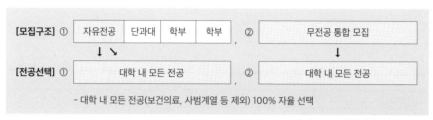

▨ 전공자율선택제 유형 ①

- 대학 내 모든 전공(보건의료, 사범계열 등 제외) 100% 자율 선택

출처: 2024년 대학혁신지원사업 기본계획

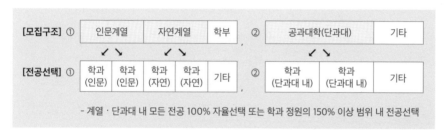

▨ 전공자율선택제 유형 ②

- 계열·단과대 내 모든 전공 100% 자율선택 또는 학과 정원의 150% 이상 범위 내 전공선택

출처: 2024년 대학혁신지원사업 기본계획

이러한 계획에 따라 2025학년도에는 수도권대 51개교와 국립대 22개교가 37,935명을 무전공으로 선발한다. 유형 ①에 해당하는 정원이 14,844명, 유형 ②에 해당하는 학생이 23,901명으로 지난해 9,924명에 지나지 않았던 정원이 28,010명이나 증가해 신입생 4명 중 1명을 무전공으로 선발할 예정이다.

---

15) 유형①이라도 정부가 자격증을 통해 정원을 관리하는 보건의료나 사범계열, 첨단학과와 계약학과와 같이 각 부처의 인재양성사업과 관련된 학과, 예체능계열 등은 선택이 제한된다.

	유형①*		유형②**		합계	
	'24학년도	'25학년도	'24학년도	'25학년도	'24학년도	'25학년도
수도권대	2.4% (2,296명)	13.1% (11,408명)	5.4% (5,222명)	16.4% (14,240명)	7.7% (7,518명)	29.5% (25,648명)
국립대	0.6% (294명)	7.5% (3,436명)	4.0% (2,113명)	19.3% (8,851명)	4.5% (2,407명)	26.8% (12,287명)
합계	1.7% (2,590명)	11.2% (14,844명)	4.9% (7,335명)	17.4% (23,091명)	6.6% (9,925명)	28.6% (37,935명)

무전공 입학 확대: 다가올 변화

학생들의 전공 선택권을 확대하여 다양하고 폭넓은 미래 인재를 양성하겠다는 교육부의 계획은 바람직하다. 그동안 손대지 못했던 학과 구조조정도 가능하도록 길을 텄다는 평가도 따른다. 그러나 4년 예고제라는 엄중한 신호를 그냥 지나쳐 버린 교육부의 과속운전이 마냥 좋은 결과로 이어지리라 낙관할 수만은 없다.

일단 입시를 반년 앞둔 시점에서도 대학들은 준비가 미흡한 형편이다. 지난 해 4월, 4년 예고제에 따라 2025학년도 전형계획을 발표했음에도 교육부가 이를 갑자기 비틀며 곤경에 처했다. 의대 증원이 순수 정원 확대인 것과 달리 무전공 입학은 타 학과 정원을 조정해 새로운 정원을 확보하는 방식이어서 학사구조 개편에 고충이 뒤따른다. 게다가 인기 학과 쏠림이 유발할 수 있는 여러 문제를 예방하기 위한 방안도 수립해야 하는 상황이다. 강민정 의원실의 자료에 따르면 서울대 자유전공학부의 경우 2010년부터 2023년까지 인기 학과인 경제·경영·컴퓨터공학을 택한 학생은 1,762명으로 전체 학생 3,757명의 절반에 육박했다. 인기 학과 쏠림은 자명한 문제인 것이다.

▨ 최근 14년간 서울대 자유전공학부 전공선택 상위 3개 학과

단과대학	학과(부)	선택자	선택 비율
사회과학대학	경제학부	680명	18.1%
경영대학	경영학부	658명	17.5%
공과대학	컴퓨터공학부	424명	11.3%

출처: 강민정 의원실

이처럼 뻔히 예상되는 문제를 단순히 방치할 경우 무전공 입학은 학생들의 '도박장'으로 전락할 가능성도 농후하다. 인기 학과만을 목표로 진학한 후 성공하면 다행, 실패할 시 학교를 그만두고 다시 입시를 강행하는 현상이 나타날 수 있다. 무전공 입학생들의 중도 탈락률은 지금도 상당히 높은 편으로, 무전공 입학 정원이 28,010명이나 늘어나는 2025학년도는 심각성이 한결 증대될 것이다. 복수전공제도 정비, 체계적인 진로 탐색 프로그램 지원 등 대학의 철저한 대비와 점검이 시급하지만, 반년도 남지 않은 입시 앞에 대학의 시간은 촉박하게 흐르는 중이다.

▨ 5개 대학 무전공학과 중도 탈락률 현황[16]

구분	인문계열 내 무전공		자연계열 내 무전공		인문 자연 통합 무전공		학교 전체 평균 중도 탈락률
	모집단위	중도 탈락률	모집단위	중도 탈락률	모집단위	중도 탈락률	
서울대	인문계열	4.9%	공과대학	2023학년도 신설	자유전공학부	1.8%	1.9%
			첨단융합학부	2024학년도 신설			3.0%
연세대	언더우드학부	7.8%	융합과학공학부	15.6%	글로벌인재학부	6.2%	
	융합인문사회 과학부	4.8%					
고려대					자유전공학부	5.8%	3.4%
성균관대	사회과학계열	6.1%	공학계열	12.4%			3.2%
	인문과학계열	6.3%	자연과학계열	14.2%			
서강대	사회과학부	10.3%					3.7%
	인문학부	14%					

※ 2024학년도 전형계획 기준, 일반전형(고른기회 등 특별전형 제외)/중도 탈락은 2022년 기준(2023년 공시자료)

---

16) 무전공 중도탈락률, 일반 학과보다 최대 5배 높아, 대학저널, 2024.2.5

학생들이 겪을 어려움도 대학 못지않다. 현재 무전공 입학은 예측 가능한 입시자료가 없다. 모집 규모가 증가했고, 인문계·자연계 구분이 없어 경쟁률 예측도 쉽지 않다. 작년도 입시 결과가 부재하여 합격선도 예상하기 어렵고, 여러 학과의 모집인원이 달라졌기에 입시 불안정성도 극대화된 상태다. 학생·학부모·교사들은 미지의 세계에 던져졌다. 자신의 성적으로 진학이 어려운 인기 학과를 무전공 입학의 특성을 활용해 상향 지원하는 학생도, 예상할 수 없는 결과에 대한 염려로 안전하게 하향 지원을 택하는 학생도 여러 양상 속에서 혼재할 것으로 보인다.

무전공 입학은 고교 교육과정에도 상당한 영향을 미칠 것으로 예상된다. 무전공 입학이 대폭 확대되는 2025학년도에는 '고교학점제' 전면 시행도 예정되어 있다. 학생들이 자신의 진로·적성에 따라 과목을 선택하여 수강하고, 이수 학점이 졸업 기준에 충족하면 졸업하는 제도다. 고교학점제의 핵심은 학생들이 고교 과정에서 자신의 진로를 탐색하고 구체화한 후 대학에서 이를 본격적으로 발전시켜 나가는 것이어서 무전공 입학 확대 정책과 상충하는 지점이 있다. 학생들이 3년에 걸쳐 적성을 고민하고, 과목을 선택하고, 진로를 구체화했는데 갑자기 대학에 가거든 다시 한번 더 고민해 보라는 상황이 돼버렸기 때문이다. 고교학점제는 일반고 전환 정책, 성취평가제 등과 유기적으로 결합된 시스템이어서 한 축이 붕괴되면 전체적인 균형도 무너진다. 그리고 교육부는 그 축을 담당하는 일반고 전환 정책을 올해 1월 16일 국무회의를 통해 폐지했고, 성취평가제 역시 2028 대입제도 개편 과정을 통해 허울만 남겨 두었다. 고2, 고3까지 확대된 상대평가와 한결 영향력이 커진 수능 아래서 고교학점제의 취지대로 학생들이 자신의 흥미와 적성을 따라 과목을 선택한다는 것도 사실상 사치스러운 일이 되었다.

대입제도 변화,
사회 발전을 위해 감당해야 할 몫이지만 신중해야

대입제도는 사회 환경과 상호작용하며 진화한다. 특히 사회문제가 커질 때 이를 해결하기 위한 정책 수단의 하나로 대입 개편이 이뤄진다. 결국 대입제도의 변화는 우리 사회의 발전을 위해 감당해야 할 몫이다. 하지만 대입제도가 바뀌면 학생·학부모·교사들은 변화에 대응하기 위해 지난한 수고를 쏟아야 하고, 4년 예고제를 비켜 갈 만큼 돌연한 변화일 경우 쌓아온 노력마저 수포로 돌릴 수 있어 신중한 결정이 필요하다. 의대 정원 확대와 무전공 입학 정책도 이 기준에 비춰 정책의 시의성을 각각 판단해 볼 수 있다.

무엇보다 대입제도는 여러 정책과 얽혀있다. 대입제도가 바뀌어도 관련 제도의 변화가 뒤따르지 못하면 목적이 구현되기 어렵다. 의대 증원 정책을 통해 의사 인력을 확충해도 현재로서는 양성된 인력이 지역에 안주하리란 보장은 없다. 대입제도를 바꾸면서까지 의도한 목적을 달성할 수 있도록 거시적 차원의 정책적 설계를 이어가는 것이 중요하다. 또한 대입제도 변화가 기존 정책들과 충돌해 또 다른 문제를 야기하지 않도록 주의를 기울여야 한다. 갑작스레 등장한 무전공 입학 정책은 고교 교육과정에 미칠 영향이 상당하다. 문제를 최소화하며 본의를 구현할 수 있도록 종합적인 논의를 이어가야 한다.

06

위기의 지방교육재정교부금, 사회적 조정이 필요한 때

이 혜 진
이화여자대학교 연구교수

지방교육재정교부금의 개편을 요구하는 사회적 목소리가 높아진 것은 언제, 어디서부터 시작된 것일까. 교육재정 주제를 탐색하는 이 장에서 독사들과 나누고 싶은 첫 번째 질문이다. 이 질문을 하는 이유는 지방교육재정교부금 개편 요구가 커진 것은 불과 몇 년 전인데, 교부금 개편을 목적으로 하는 정책 흐름은 상당히 빠르고 본격적이라고 판단하기 때문이다.

심지어 2023년, 2024년 교육청의 재정은 사실상 적자재정으로 운영 중에 있고 2025년의 교부금 전망이 좋지 않은데도, '교육청은 돈이 남아돈다'는 말이 여전히 힘을 얻고 있는 분위기이다. 경제계를 중심으로 하는 한쪽의 이야기만 우리 사회 이곳저곳에서 들리는 상황도 계속되고 있다.

이 글은 2023년 10월에 출간된『대한민국 교육트렌드 2024』에서 다뤄진 내용의 연장선 상에 있다. 『대한민국 교육트렌드 2024』의 '지방교육재정교부금을 둘러싼 논란과 평가'에서는 지방교육재정교부금의 개념, 제도의 연혁과 역할, 그리고 지방교육재정교부금을 둘러싼 쟁점과 주목할 정책 흐름이 정리되었다. 이번 『대한민국 교육트렌드 2025』에서는 지난 1년간 진행된 정책 상황을 점검하고, 특히 2024년에 새롭게 확인된 주목할 만한 정책 상황에 대해서 상세히 설명하였다. 또한 앞서 밝힌 대로 교육재정이 우리 사회에서 수용되고 이해되어 온 흐름을 객관적으로 이해하기 위해 일간지의 보도기사를 대상으로 기본적인 키워드 네트워크 분석을 하였고, 해당 결과를 수록하였다. 마지막으로 현재의 논란을 해결하기 위해 사회적 조정을 제안하였다.

교육재정에 대한 우리 사회의 관심은 무엇이었을까

- 최근 10년간 언론보도 기준 '교육재정' 키워드 분석 -

교육재정에 대한 사회적 논의 흐름을 이해하기 위해, 우리 사회 여론의 바로미터 역할을 한다고 기대되는 주요 언론의 보도를 분석하였다. 한국언론진흥재단에서 공식적으로 제공하는 전국일간지 12곳, 경제일간지 13곳, 전국방송사 5곳의 보도기사를 대상으로, 기간은 최근 10년간인 2014년 1월 1일부터 2023년 12월 31일까지로 하였다. 본 주제의 목적에 맞게 분석할 키워드는 '교육재정'으로 하였으며, 뉴스 빅데이터를 분석할 도구는 빅카인즈 BigKinds 를 활용하였다. 교육재정 키워드로 검색된 전국일간지, 전국경제지, 방송사의 보도는 총 2,999건이었으며, 이 중 133건을 제외[1]하고 2,866건의 기사가 분석에 활용되었다. 교육재정 키워드로 생성된 기사들 내에서 가장 연결성이 강한 개체명을 중심으로 관계도를 정리하였다.

- 언론 빅데이터 키워드: 교육재정
- 검색 기간: 2014.1.1.~2024.8.31
- 검색어 범위: 제목+본문
- 검색어 처리: 형태소 분석
- 언론사: 경향신문, 국민일보, 내일신문, 동아일보, 서울신문, 세계일보, 아시아투데이, 조선일보, 중앙일보, 한겨레, 한국일보(이상 일간지), 대한경제, 매일경제, 머니투데이, 메트로경제, 브릿지경제, 서울경제, 아시아경제, 아주경제, 이데일리, 파이낸셜뉴스, 한국경제, 헤럴드경제(이상 경제일간지), KBS, MBC, OBS, SBS, YTN(이상 방송사)
- 분석 도구 : 빅카인즈

---

[1] 분석에서 제외된 기사는 반복되는 유사도가 높은 기사 그리고 부고, 풍경, 포토 등의 기사로 주제와 무관한 것들로 본 분석에서 제외하였다.

교육재정 관련 보도의 핵심 키워드:
교육부·지방교육재정교부금·학부모

지난 10년간 연결 관계가 가장 강력한 핵심어 1위는 교육부, 2위는 지방교육재정교부금, 3위는 학부모로 나타났는데, 대한민국 교육재정 논의에서 지방교육재정교부금이 핵심적 지위에 있다는 점과 학부모 연관어가 눈에 띈다. 기관으로서 교육부, 경기도교육청, 기획재정부, 더불어민주당, 국회 교육위원회, 서울특별시교육청, 한국개발연구원, 한국교육개발원이 확인되고, 일반 검색어로 지방교육재정교부금, 학부모, 지방자치, 교육감, 대통령, 코로나19 등이 확인된다. 다음 [그림]에서 분석 기사 내에서 영향을 미치고 있는 연결어의 영향력 정도는 원의 크기와 네트워크 선의 굵기로 시각화된다.

▨ 교육재정 키워드 관계도 분석(2014~2023)

특히 기획재정부가 언론보도 내용상 교육재정과의 연결성이 교육부보다 낮고, OECD와 한국개발연구원이 기획재정부와 유사한 영향력으로 분석된 부분은 흥미로운 대목이다. 현재 지방교육재정교부금 개편안은 한국개발연구원과 감사원, 2021~2025 국가재정운용계획지원단을 통해 재정 산식(算式)까지 공개되어 있다. 한국개발연구원이 발간한 보고서, 해당 연구진이 참여한 다른 기관의 연구보고서 및 각종 토론회 참여 등을 통해 언론 노출도가 높아져 위 관계도에서 한국개발연구원이 언급된 것으로 추정된다. OECD 교육지표는 교부금 산정의 근거로 많이 활용하고 있어 주요 연결어로 등장하였다.

'학부모' 연결어의 함의:
학부모는 교육재정 감축에 동의하는가

지난 10년간의 교육재정 관련 언론보도에 세 번째로 높은 가중치가 부여된 연결관계어는 학부모였는데, 텍스트 분석에서 노출 빈도가 높고 관련성이 강하게 나타났다. 학부모는 학생과 더불어 대표적인 교육재정 정책의 수혜 대상으로, 학부모의 정책 만족도와 인지도는 정부, 국회, 교육청, 학교 모두에게 중요하게 다뤄진다.

한국교육개발원은 매년 성인남녀 4천 명을 대상으로 여론조사를 시행하는데, 'KEDI POLL 2023년'에서 국민 대다수는 '교육환경 변화에 따른 교육재정 규모'에 대해 '현재 수준을 유지하거나 늘려야 한다'라는 답변을 하였다. 구체적으로 교육환경 변화에 따른 유·초·중등교육 규모와 관련하여, '교육여건을 선진국 수준으로 개선한 이후 교육재정을 축소해야 한다'(36.7%), '교육서비스의 질을 높이기 위해 교육재정을 증가해 나가야 한다'(27.6%), '교육재정을 축소하지 말고 현 수준을 유지해야 한다'(18.0%)고 응답했으며, '학생 수 감소 비율에 따라 교육재정을 축소해야 한다'는 응답은 11.5%로 가장 낮게 나타났다.

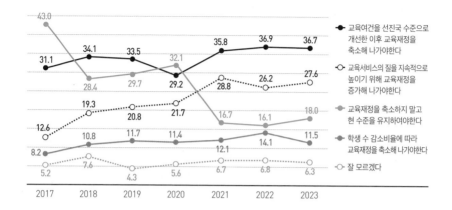

▨ 교육환경 변화에 따른 교육재정 규모에 대한 의견(2017~2023년)

●━ 교육여건을 선진국 수준으로
　개선한 이후 교육재정을
　축소해 나가야한다

○┄ 교육서비스의 질을 지속적으로
　높이기 위해 교육재정을
　증가해 나가야한다

●━ 교육재정을 축소하지 말고
　현 수준을 유지하여야한다

●┈ 학생 수 감소비율에 따라
　교육재정을 축소해 나가야한다

○┄ 잘 모르겠다

　　2017년부터 2023년까지 7년 연속으로 같은 질문에 대한 답변도 함께 확인해 보았다. '교육재정을 유지해야 한다'는 응답은 2017년 43.0%에서 2023년 18.0%로 줄어들은 반면에, '교육서비스의 질을 지속적으로 높이기 위해 교육재정을 증가해 나가야 한다'는 응답은 2017년 12.6%에서 2023년 27.6%로 늘어났다. 유사한 맥락으로 '교육여건을 선진국 수준으로 개선한 이후 교육재정을 축소해야 한다'는 답변도 2017년 31.1%에서 2023년 36.7%로 늘어났다.

　　또한 정부의 교육재정이 우선적으로 확대되어야 할 교육단계로 2023년 초등학교(26.1%), 고등학교(18.9%), 유아교육(18.5%), 중학교(11.2%), 일반대학(10.1%) 순으로 응답했는데, 특히 초등학교 재정지원을 희망하는 비율은 매년 유의미하게 증가하여, 2019년 13.7%에서 2023년 26.1%로 증가했다. 이상의 KEDI POLL에서 확인되듯이 학부모는 교육재정을 학생 수가 감소하니 줄이는 것에 동의하기보다는, 교육서비스의 질을 높이기 위해 교육재정 증가를 수용하는 쪽의 의견이 강했다. 현재 학부모는 교육재정을 둘러싼 논란에서 배제되어 있으며 이는 학생도 마찬가지이다. 기획재정부, 교육부 모두 또 다른 교육주체인 학부모와 학생들의 의견을 경청하려는 노력이 필요하다.

교육재정 연도별 언론 보도량 분석:
2010년대 이후 효율성 관점 강해져

이어서 교육재정 키워드로 확인된 기사 보도량을 정리해 보았다. 기사의 보도량은 교육재정에 대한 우리 사회의 관심의 정도 추이를 확인하기 위한 목적으로 사용된 지표이다.

한국언론진흥재단이 서비스를 제공하는 최초기간인 1990년 1월부터로 기간을 확장하여 교육재정 검색어 분석을 하였다. 1995년 463건, 2000년 362건, 2014년 450건, 2015년 512건, 2016년 472건, 2022년 485건 등으로 보도량이 많았다. 특히 2014~2016년은 3년 연속 교육재정 보도량이 가장 많았다.

시기별 이슈로 정리하면, 2014~2016년의 3년 기간은 교육감과 기획재정부·교육부 갈등이 첨예했던 시기였으며, 2022년은 초·중등교육재정이 고등교육 재원으로 투입하는 「고등평생교육지원특별회계」 제도가 만들어진 시기였다. 두 시기 모두 교육감과 갈등이 높았던 때이다. 중앙정부와 지방정부의 갈등이 언론 보도량으로 표현된 것을 알 수 있다. 또한 보도량이 세 번째로 많았던 1995년(기사 463건) 시기는 1993년에 출범한 김영삼 정부의 5·31 교육개혁안이 발표되던 시기와 맞물려 있으며, 2000년은 김대중 정부의 교육세 25% 인상 등이 활발히 논의된 시기였다.

▨ 교육재정 키워드 연도별 보도량 분석(1990년~2023년)

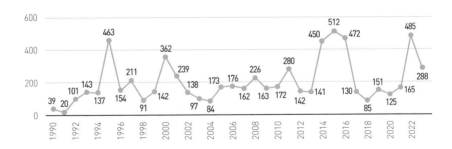

지난 흐름에서 가장 눈에 띄는 것은 2010년대 이전에는 교육재정의 투자에 관한 정부의 조치를 전달하는 내용의 기사였다면, 2010년대 이후의 기사는 누리과정, 고등평생교육지원특별회계 2개의 핵심적인 정책 이슈를 중심으로 교육청과 중앙정부 간의 갈등 심화에 대한 보도기사가 상당수 보도량을 차지하고 있었다.

역대 정부별 교육재정정책 동향

[그림]을 독자들이 이해하고 판단하기 위해서는 역대 정부의 교육재정 정책에 대한 정보를 제공하는 것이 필요하겠다. 이를 간단히 정리하면 아래 <표>와 같다.

▨ 역대 정부별 교육재정 주요 정책

김영삼 정부 (1993~1998)	김대중 정부 (1998~2003)	노무현 정부 (2003~2008)
• GNP 5% 교육재정 목표 　- 지방채 발행(1조원)하여 임기말 달성 • 시·도세 전입금 신설 • 교육세율 인상	• 학교환경개선 특별회계 신설 　- 7·20 교육여건 개선사업 • BK21 사업 시작 • 지방교육재정교부금 내국세 　11.8% → 13.0% 인상 • GNP 6% 교육재정 목표 　- IMF 외환위기 등 이행못함 　┌─────────────┐ 　• 당시 교부금 구조 　- 내국세 13.0% 　- 봉급교부금 　- 증액교부금 　- 지방교육양여금 　└─────────────┘	• 지방교육재정교부금 개편 　- 내국세 19.4%로 통합 • 방과후학교 사업의 지방이관 　- 교육재정교부금 비율 인상 　 : 내국세 20.0% 인상(2008.1) • GDP 6% 교육재정 목표 　- 재정확충계획 이행 못함
이명박 정부 (2008~2013)	박근혜 정부 (2013~2017)	문재인 정부 (2017~2022)
• 누리과정 도입 　- 유치원뿐만 아니라 어린이집 지원금을 교육청 교부금에서 처리하도록 하여 갈등 심화 • 특성화고·마이스터고 지원	• 누리과정으로 지방채 발행, 교육청의 예산편성 거부 등 • 고교무상교육 공약 미이행 • 국가장학금 신설 　- 국고 편성	• 지방교육재정교부금율 인상 　- 20.46%(2018.12) 　- 20.79%(2019.12) 　 ; 지방세 개편에 따른 보전조치 • 고교무상교육 실시 　- 국고 47.5%, 교육청 47.5%, 지자체 5% • 그린스마트스쿨 시행 　- 국고 30%, 교육청 70%

1993년에 출범한 김영삼 정부는 'GNP(국민총생산) 대비 5% 교육재정 확보'를 공약으로 내걸었고, 대선공약 이행차원에서 지방채를 포함하여 가까스로 공약을 달성할 수 있었다. 김대중 정부는 GNP 6% 공약을 내세웠지만 1997년 말부터 IMF 관리체제로 들어가며 공약을 달성할 수 없었다. 다만, 2000년 법률 개정을 통해 교부금의 내국세 교부율을 11.8%에서 13.0%로 인상했고, 의무교육기관의 교원 인건비를 국가가 직접 지원하도록 하였다. 또한 7·20 교육여건 개선 사업을 진행하기 위해 특별회계를 운영하였고, 교원 2만6천명 증원, 학교 1,200여개 신설, 노후화된 책걸상의 교체, 인터넷망과 컴퓨터 보급하는 등의 대규모 교육투자가 있었다.

노무현 정부는 방과후학교 사업을 교육청으로 이관하고, 중학교 무상교육을 실시하기 위해 지방교육재정교부금을 현재 우리가 사용하는 구조로 통합·개편하며 내국세의 비율을 종전 13%에서 19.4%로 통합·정리하였다. 이후 방과후학교 사업을 위해 교부율을 0.6% 증률하여 교부율이 20.0%가 되었다.

이명박 정부에서는 2011년 누리과정이 시작됐고, 박근혜 정부에서는 누리과정의 추가적인 확대와 고교무상교육, 국가장학금 정책을 실행하고자 하였다. 그러나 초·중등 교육재정에 있어서 이명박 정부와 박근혜 정부는 교육청 예산으로 누리과정 지원 사업을 진행하여 교육청과의 갈등이 심화되었고, 중앙정부·지방정부 간에 직무유기 고발 조치가 있을 정도로 첨예하게 대립하였다. 박근혜 정부는 대학생을 대상으로 하는 국가장학금 정책을 중앙정부 예산인 국고를 증액하여 시작하였고, 같은 시기 시작된 등록금 동결 정책은 2024년 현재까지 유지되고 있다. 이명박 정부와 박근혜 정부는 교육재정 확충을 크게 염두에 두지 않았다.

문재인 정부 시기에는 세수 호조로 지방교육재정이 지난 정부 시기에 대비하여 재정 여유가 있었다. 이 시기에 교육청은 누리과정으로 누적된 지방채를 상환하고(2019년 종료), 통합교육재정안정화기금 등의 재정저축제도를 운영(2020~2021

녀)할 여유를 얻었다. 덕분에 고교무상교육 시행을 한 학기 앞당겨 2019년 2학기부터 운용할 수 있었고, 정부 47.5% 국고지원과 교육청 47.5%, 지방지치단체 5%의 재원 배분 합의가 가능했다. 해당 고교무상교육 국고지원분은 2024년 12월 31일까지 법적 효력이 있어 국회에서는 이에 대한 구제 법률안이 발의되었다. 유아교육특별회계 및 고등평생교육지원특별회계 등의 여타 교육재정 제도와 함께 국회 교육위원회에서 논의되는 것이 적합하겠다.

최근 10년간 월별 교육재정 언론 보도량 분석

구체적으로 확인하기 위해 2014년부터 2023년까지의 10년간 보도량을 월 기준으로 분석해 보았다. 해당 10년 기간 총 2,866건의 보도 중 가장 보도량이 많았던 시기는 2014년 11월의 151건이었다. 이 시기 주요 기사의 내용은 국회 예결산특별위원회 심의가 시작되면서 교육복지사업을 둘러싸고 중앙정부와 지방자치단체, 시·도교육청 간에 갈등이 깊어진다는 내용이었다. 특히, 누리과정 예산이 최대 쟁점이었으며 경기도교육청이 2015년 누리과정 어린이집 예산 6,405억 원을 미편성하고, 이어 서울, 인천, 부산, 대전, 경남교육청 등에서도 예산을 편성하지 않는 등 파국으로 치닫는 모습이 많이 보도되었다.

두 번째로 기사량이 많았던 시기는 2016년 1월로 80건이 보도되었다. 누리과정 예산 편성 과정의 갈등이 계속되었는데, 특히 2016년 1월은 신년 초에 황우여 부총리가 6대 개혁 중 하나로 교육재정 개혁을 발표했고, 1월 5일에는 당시 최경환 경제부총리가 긴급담화를 통해 누리과정 예산을 편성하지 않는 교육감을 검찰에 고발하는 조치를 발표했다. 당시 이재정 교육감은 "교육대란이 왔다"는 내용의 기자회견을 하였고, 교육부 장관까지 이준식 부총리로 변경되는 다소 혼란스러운 상황이었다.

2017년부터 2022년 중반까지 교육재정 관련 기사량은 확연히 줄었는데,

2017년 5월에 수년간 논란이 된 누리과정 예산을 전액 국고로 지원하겠다는 정부 결정을 담은 보도가 30건 보도된 것 외에는 집중된 내용이 없었다.

교육재정 키워드 월별 보도량 분석(2014~2023년)

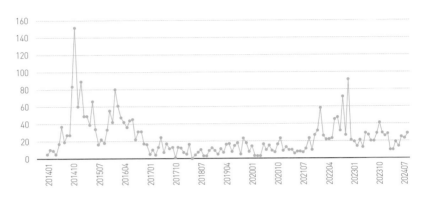

최근 월별 보도량이 많았던 시기는 2022년 11월로 80건이 보도되었다. 윤석열 정부가 출범한 직후 첫 번째 국회 예산결산특별위원회 기간으로, 고등·평생교육지원특별회계 법안 심의와 예산 부수법안 포함이 주요한 이슈로 다뤄졌다. 기획재정부는 교육재정교부금으로 집행되던 3조 원 예산을 고등특별회계로 보내는 방안을 제안하였고, 관련하여 조희연 교육감을 중심으로 교육계가 반대하는 기사가 중심을 이뤘다.

마지막으로 2023년 10월, 40건의 보도량은 지방교육재정교부금이 당초 예상금액보다 10조 원 상당 감액되어 발생한 기사이다. 대구·경북은 교육세수 1조 원 감소, 울산은 3,200억 원, 강원은 1조1,277억 원, 전북은 5,842억 원 감소 등으로 예산 운용에 비상이 걸렸고 대책 마련이 분주하다는 논조의 정보성 기사였다. 관련해 더불어민주당에서 '기획재정부의 잘못된 세수추계로 인해 지방이 재정 직격탄을 맞고 있으나 정부는 낙관론을 반복한다'는 강한 비판을 하였고, 이

부분이 언론보도에 노출되었다.

시사점

지금까지 최근 10년간 교육재정 키워드의 기사 흐름, 기사 빈도, 관계도, 연결어 등을 확인하였다. 최근 10년간 교육재정에 관련된 보도량은 전반적으로 높은 편은 아니었다. 즉, 교육재정에 대한 관심은 대체로 높지 않았고, 특정한 갈등 사안이 발생되는 경우에 관심도가 급격하게 증가하였다. 최근 10년의 자료를 확인했을 때 2014년 11월, 2016년 10월, 2022년 10월 순으로 교육재정 키워드의 기사 빈도가 증가했으며, 이 시기는 모두 중앙정부와 교육청의 재정 갈등이 심화될 때로, 이를 다루는 기사가 주를 이루었다.

둘째, 지방교육재정교부금 개편 요구는 2022년 이후 본격적으로 제기된 것으로 최근 몇 년 사이에 교육재정의 개편요구가 커진 것으로 확인되었다. 2022년 이전과 이후가 확연히 구분될 정도로 분위기가 달라졌다.

셋째, 2010년대 이전에는 정부의 교육투자가 보도의 주된 관심사였으나, 2010년대 이후에는 교육청과 중앙정부의 갈등, 지방교육재정의 효율적 활용으로 관심사가 변경되었다. 관련하여 각 정부마다 교육복지공약의 재원 마련 방법에 있어 차이가 있음을 확인할 수 있었다. 진보 성향의 정부(김대중·노무현·문재인 정부) 시기에는 지방교육재정교부금 구조가 정리되거나 교부율을 늘려 지원하는 흐름으로 운영했다면, 보수 성향의 정부(이명박·박근혜·윤석열 정부)에서는 종래의 지방교육재정교부금을 효율적으로 활용하는 재정 전략을 취하였고, 교육재정의 추가 확충을 크게 염두하지 않았다.

2024년 지방교육재정교부금 관련 정책 현황 및 문제점

적자재정 운영 중인 2023년, 2024년의 교육청

2023년 하반기부터 현재까지 변경된 가장 큰 정책 상황은 지방교육재정이 감소 추세에 들어갔고, 2024년 현재 교육청은 재정 충격을 감당하고 있다는 점이다. 2025년의 예산 편성도 정부가 긴축재정을 펴면서, 모든 교육청이 내년 사업비를 전년 대비 축소 편성하고 있다.

경기침체, 세제개편 등으로 인한 세수의 감소는 내국세의 20.79%를 정률 배분받는 지방교육재정교부금의 감소로 이어지게 된다. 재정 확보의 안정성이 취약하다는 점을 의식하여, 2023년 11월 국회의 예산심의과정에서도 2024년의 재정 위축 상황을 염려하여 기획재정부에 재정 관리를 요구하는 국회 부대의견이 통과되었다.

> "정부는 세수부족으로 인한 지방교부세 및 지방교육재정교부금 감소 시 지방재정과 민생예산 집행상황을 면밀히 점검하고, 지방자치단체와 시·도교육청의 집행상 애로요인 발생 시 이를 해소하기 위해 노력한다."
>
> (2024년도 정부 예산안 부대의견 10)

서울특별시교육청의 경우 전년의 세수감소 충격으로 2024년 사업 예산을 30% 삭감하여 편성하도록 하였고, 2025년 예산 편성 역시 50%를 삭감하도록 사업부서에 주문했다. 이 긴박한 재정운영의 상황을 서울특별시교육청은 2024년

8월 28일에 특별입장문까지 발표하며 호소했다. [2]

왜 이렇게 어려워진 걸까

2023년 기획재정부의 잘못된 세수추계로 인해 지방교육재정교부금은 당초 계획보다 총 10조 원 상당 적게 보내졌다. 이로 인해 교육청은 2023년 하반기 사업을 긴급하게 축소 운영을 하였고, 이미 예산을 지출하여 금액 조달이 어려웠던 일부 교육청은 통합재정안정화기금을 사용하며 견디고 있다.

2024년 올해는 정부에서 애초부터 지방교육재정교부금 편성액을 적게 편성하였다. 올해도 전년처럼 세수결손이 약 30조 원 예상되고 있다. 즉, 올해 하반기에 교육청은 더 적은 교부금을 받을 수밖에 없고, 2023년과 유사한 2024년이 재현될 전망이다. 지방교육재정이 어려워진 이유는 세수가 감소해서도 있지만, 더 큰 이유는 내국세의 20.79%를 받아야 하는 구조 때문이다. 내국세에 대한 세수 추계가 부정확할수록 교육현장은 재정 운영이 훨씬 더 복잡해지고 교육계획을 정상적으로 운영하기가 어렵게 된다.

그런데도 기사에서는 교육재정이 남는다는데,
누구 말이 맞을까

그런데 2024년 9월 8일 하루에만 25건의 인터넷 기사가 보도되었다. '학생 줄어드는데 4년간 20조 불어나… 교육교부금 개혁 시동거나', '돈 먹는 하마 교육교부금. 의무지출 구조조정 화급하다'는 기사, 그리고 이와 유사한 제목으로 25건의 기사가 일시에 보도되었다. 복잡한 교육재정 구조를 알지 못하는 사람들은 현재 교육청의 재정 여력이 상당한 것으로 크게 오해할 수 있는 제목들이

---

2) 서울특별시교육청(2024.8.28.). 세수감소로 인한 지방교육재정의 어려움을 직시하고 진지한 해결책을 논의할 수 있기를 희망한다. 서울시교육청 입장문 보도자료.

다. 기사들이 하루에 집중적으로 보도된 이유는 기획재정부가 국회로 제출한 「2024~2028년 국가재정운용계획」 보고서가 9월 8일에 공개됐고, 의무지출인 지방교육재정교부금을 재정개혁의 대상으로 삼았기 때문이다.

교육재정이 남는다는 말이 유령처럼 오간다. 교육청의 교육재정이 여유가 많았던 시기는 2021~2022년의 2년간으로 이 시기에 교육청은 통합교육재정안정화기금, 교육시설환경개선기금에 대거 저축을 하면서 재정이 어려울 때를 대비하였다. 따라서 교육재정이 남는다고 말할 수 있는 시기는 2021년, 2022년의 일이고, 지금은 적자재정으로 운영되고 있다.

기획재정부의 부정확한 세수 추계

기획재정부가 매년 8월에 발표하는 중장기 재정계획인 「국가재정운용계획」의 가장 큰 문제점은 교부금에 대한 장기 추계 전망이 맞지 않는다는 점이다. 즉 지방교육재정교부금에 대한 전망치와 실제 몇 년 후에 편성된 교부금의 편차가 커 추계 전망이 현실과 맞지 않는다. 예를 들어보자.

2014~2016년 동안 심화됐던 누리과정을 둘러싼 논란도 2011년 기획재정부의 「국가재정운용계획」의 잘못된 추계가 결정적 역할을 하였다. 2011년 당시 기획재정부의 2014년 교부금 전망은 45.3조 원이었으나 실제 편성된 교부금은 40.9조 원으로 적었다. 2015년의 전망은 49.5조 원이었으나 실제 39.4조 원이었다.

2023년에 새롭게 시작한 제도 중에 「고등·평생교육지원특별회계」가 있다. 현 정부 출범 직후에 기획재정부는 「2022~2026년 국가재정운용계획」을 발표하면서 교부금 일부를 「고등·평생교육지원특별회계」로 신설할 것을 제안했다. 2022년 9월에 상정된 「고등·평생교육지원특별회계법」의 예산추계서를 보면, 기획재정부의 지방교육재정교부금에 대한 전망이 얼마나 낙관적이며 부정확한지를 알 수 있다.

(단위: 억 원)

구 분	2022	2023	2024	2025	2026
지방교육재정교부금(A) *	650,595 **	772,806	809,974	865,719	906,573
교육세분 교부금(B) **	36,745	30,398	32,598	32,598	32,598
고등평생 특별회계 신설 후 교부금(A-B)	-	742,408	777,377	833,122	873,976
전년 대비 증가액	-	91,813	34,969	55,745	40,854
전년 대비 증가율	-	14.1%	4.7%	7.2%	4.9%

* 2022년은 본예산, 2023년부터 금액은 2022~2026 국가재정운용계획 기준
** 추경예산 109,854억 원 및 전년도 세계잉여금 정산분 52,526억 원 미포함
✤ 국세 교육세 중 유아교육지원특별회계 전출분 제외, 2023년은 정부안, 2024년 이후는 최근 5년간(2019~2022년 최종예산 및 2023년 정부안) 평균 적용

출처: 교육부, 지방교육재정교부금법 개정안(이태규 의원 등)의 전문위원 검토보고서

고등·평생교육지원특별회계를 제안하며 기획재정부는 2023년 77.2조 원, 2024년은 80.9조 원, 2025년은 86.5조 원, 2026년은 90.6조 원의 교부금을 전망했다. 당시 계산대로라면 교육세를 고등·평생교육지원특별회계로 보내고도, 교육청의 교부금은 전년 대비 4.7~14.1%까지 증가하는 계산이었다. 결과적으로 이 전망은 모두 틀렸다.

2024년의 교부금 전망치는 80.9조 원이었으나 실제 교부금은 68.8조 원 편성에 그쳤고, 2025년은 86.5조 원을 전망했지만, 교육부 보도자료에 따르면 2025년 교부금을 72.3조 원으로 당초 예상한 전망치보다 무려 14.2조 원의 차이가 있다.

과다한 세수추계로 1인당 교부액을 계산하는 것은 부적절

이렇게 과다하게 부풀려진 지방교육재정교부금 총액을 학생 수로 나눠, 1인당 교부액이 2020년 1,000만 원에서 2060년 5,440만 원으로 천문학적으로 늘어난다고 주장하는 것은 대단히 부적절하다. 정확하게 추계하는 것이 어려운 점을 인정하고, 지방교육재정교부금과 지방교부세를 배분하는 데 있어 더 신중해야

하는 것이 상식이다.

관련하여 교육재정학 송기창 교수는 "몇 개월 후의 내국세 규모를 예측하지 못해 세입경정을 반복하는 상황에서, 40년간의 교부금 추계를 바탕으로 교부금 개편을 하자는 것이 얼마나 허구적인가"[3]라고 논의의 한계를 지적한 바 있다. 참으로 안타까운 일이 아닐 수 없다.

▨ 교부금 전망치와 실제 편성된 교부금 액수 비교

(단위: 억 원)

구 분	2023	2024	2025	2026
2023~2026년 전망치	772,806	809,974	865,719	906,573
2023~2026년 실제 교부금	757,607	688,732	722,794	

출처: 1) 2023~2026년 전망치는 기획재정부의 「국가재정운용계획 2022~2026」
　　　2) 2023~2024년 교부금은 지방교육재정알리미, 2025년 예산안은 교육부 보도자료(2024.8.27.)

2023년, 2024년 학교현장을 지키는 통합교육재정안정화기금, 칭찬하고 격려할 일이다

시·도교육청의 기금 중 규모가 가장 큰 것이 통합재정안정화기금과 교육시설환경개선기금이다. 통합교육재정안정화기금은 「지방자치단체 기금관리기본법」 제16조에 따라 재정수입 불균형을 조정하기 위해 설치된다. 즉 지방자치단체의 연도 간 재정조정제도로, 세입이 증가할 때 일부를 기금으로 적립하였다가 세입이 감소하거나, 심각한 지역경제 침체 등 어려울 때 사용할 수 있는 일종의 저축제도를 말한다.[4]

전국의 시·도교육청은 2021~2022년 예상외로 지방교육재정 세입이 증가하여 이를 통합교육재정안정화기금과 교육시설환경개선기금에 본격적으로 적립

3) 송기창, 지방교육재정교부금 개편, 현재만 보면 안된다, 한국재정정보원칼럼, 2022.9.8.
4) 이현국, 이희재, 김흥주(2019). 충청북도교육청 교육재정안정화기금 설치에 관한 연구, 대전대학교.

하였고, 해당 적립기금을 사용하며 현재 어려운 긴축재정 시기를 견디고 있다. 2023년 말에는 통합교육재정안정화기금에서 2조6,575억 원을 사용하였고, 교육시설환경개선기금에서 1조1,447억 원을 사용하였다.

▨ 연도별 시·도교육청 통합교육재정안정화기금 조성액 규모

(단위: 억 원)

연도 (교육청 수)	누적 조성액	사용액	연도말 현재액
2019 (6)	11,828	0	11,828
2020 (17)	23,056	0	23,056
2021 (17)	36,894	6,774	30,121
2022 (17)	120,564	4,719	115,845
2023 (17)	122,498	26,575	95,923

출처: 국회예산정책처, 2024 대한민국 재정

▨ 연도별 시·도교육청 교육시설환경개선기금 조성액 규모

(단위: 억 원)

연도 (교육청 수)	누적 조성액	사용액	연도말 현재액
2021 (14)	18,721	207	18,514
2022 (17)	90,409	2,335	88,074
2023 (17)	92,918	11,447	81,471

출처: 국회예산정책처, 2024 대한민국 재정

교육청의 통합교육재정안정화기금과 교육시설환경개선기금은 격려할 일이며, 일반 지방자치단체에 권장할 사항이다. 교육청이 기금에 적립을 하니 '돈이 남아돈다'고 비판을 하는 현재의 비상식적인 흐름이 바뀌지 않는다면, 교육청은 재정이 어려운 상황에 대한 자구책을 준비할 수 없게 되며, 이 피해는 고스란히 학교교육으로 이어지게 된다.

각종 특별회계의 법적 유효기간, 2025년 12월로 임박

유아교육에 직결되는 「유아교육지원특별회계」가 2025년 12월에 종료되고, 대학교육·평생교육 지원을 목적으로 「고등·평생교육지원특별회계」 또한 2025년 12월에 종료될 예정이다. 교육세 세입 예산액(2024년 6.1조 원) 중 유아교육지원특별회계로 유치원 교육비 지원분(1.7조 원)을 전입하고, 이를 제외한 금액에서 100분의 50에 해당하는 금액(2.2조 원)을 고등·평생교육지원특별회계로 전입한다. 고등·평생교육지원특별회계는 대학교육의 지원 확대를 목적으로 2023~2025년까지 한시적으로 운영하기로 했으며, 2023년에 신설되었다.

고교무상교육은 2024년 12월 31일까지만 중앙정부에서 국고를 지원해 주고(총 소요금액의 47.5%), 2025년 3월부터는 시·도교육청에서 지방교육재정교부금으로 전액 운영해야 하는 상황에 놓여 있다.

또한 현 정부에서 디지털 교육혁신을 목적으로 지원하는 교육부의 특별교부금은 3년 한시 사업으로 2026년 12월에 종료될 예정이다. 지방교육재정교부금 하위의 특별교부금 비율은 당초 3.0%에서 3.8%로 높아져 교육부가 국가시책을 위한 용도로 교부율을 국회와 협의하여 변경하였다. 예산은 디지털 기반 교육혁신 및 방과후 교육 활성화 등에 사용하는 것으로 확정되었고, 2024년부터 3년간으로 한시 적용이다. 2024년 예산은 5,333억 2,000만 원(내국세의 3.8%)으로, 3월에 교육청으로 처음 교부되었다.

지방자치단체의 교육비특별회계로의 전출액 축소 요구

대한민국시도지사협의회(이하 시도지사협의회)는 2023년부터 '교육재정 합리화 방안'을 추진하면서 시·도 교육비특별회계 전출제도를 개편하여 전출액을 현재의 50% 수준으로 줄이길 희망하고 있다.

시·도세 전출금 제도는 과세권이 없는 시·도교육청이 교육재원을 안정적으로 확보할 수 있도록 함으로써 지방교육의 균형 있는 발전을 도모하기 위해 도입된 제도이다. 2021년 세입 결산액 기준으로 지방교육재정의 약 4%를 차지하고 있다. 현재의 시·도 전출비율은 2004년 12월에 「지방교육재정교부금법」을 개정하여 지방자치단체가 부담하던 공립 중등교원 봉급교부금과 5·31 교육개혁 소요재원으로서 'GNP 대비 5% 교육재정 확보'를 위해 도입된 시·도세 전출금을 통합·일원화하면서, 현재 우리가 사용하는 시·도세 전출비율로 설정되었다.[5]

　관련하여 두 가지를 함께 검토하여야 한다. 우선, 시·도세 전출금을 삭제할 경우, 향후 교육재정 수요에 대응하기 위한 안정적인 재원 확보 방안에 대한 검토가 선행되어야 한다. 시도지사협의회가 교육재정합리화방안 추진을 검토하며 제시한 교육청의 재정건전성 자료는 모두 2017년부터 2021년까지의 자료로 2023년부터 가시화된 세입 감소는 전혀 반영되어 있지 않다.

　둘째, 지방교육재정교부금과의 관계를 고려하여 시·도세 전출금 폐지에 따른 지방교육재정교부금 교부액에 대한 재정 시뮬레이션을 해야 한다. 지방교육재정교부금은 시도별 기준재정수요액 대비 기준재정수입액의 미달액을 기준으로 교부된다. 따라서 시·도세 전입금 규정이 폐지될 경우 기준재정수입액이 감소하여 교부금 미달액이 증가하게 되는 일이 발생한다. 재정자립도가 높아 시·도세 전입금 규모가 큰 시·도는 전입금 감소 폭이 커지고 이에 따라 기준재정수입액 미달액도 커져 이에 상응하는 교부금이 크게 증가하지만, 재정자립도가 낮아 시·도세 전입금 규모가 작은 시·도는 기준재정수입액의 감소 폭 역시 작아 이에 상응하는 교부금이 적게 증가한다. 즉, 시·도세 전출금만 줄어드는 것이 아니라, 지방교육재정교부금 최종 배분액과도 연계되어 결과적으로 일반 지방자치단체의 재정자립도 수준에 따라 지역간 교육재정의 불균형이 심화될 수 있다.

---

[5] 국회 교육전문위원 검토보고서(지방교육재정교부금법 개정안, 권은희 의원 대표발의, 2023.2).

(단위: 억 원)

구분		2017	2018	2019	2020	2021
교육청 세입 결산액		724,435	788,365	873,873	822,266	880,760
시·도 법정전출금 (세입 결산액 대비)		106,002 (14.6%)	108,129 (13.7%)	109,393 (12.5%)	113,983 (13.9%)	125,447 (14.2%)
	① 지방교육세 100% (세입 결산액 대비)	70,288 (9.7%)	71,945 (9.1%)	71,950 (8.2%)	73,345 (8.9%)	79,769 (9.1%)
	② 담배소비세의 45% (세입 결산액 대비)	7,349 (1.0%)	6,427 (0.8%)	5,885 (0.7%)	5,996 (0.7%)	6,250 (0.7%)
	③ 시·도세의 3.6~10% (세입 결산액 대비)	28,365 (3.9%)	29,756 (3.8%)	31,558 (3.6%)	34,641 (4.2%)	39,428 (4.5%)

출처: 교육부

2024년 9월 현재, 시도지사협의회가 주관하는 법정전출금에 대한 연구용역이 진행 중인데, 연구용역 결과를 바탕으로 22대 국회 초반인 내년 상반기 내에 법률개정안이 상정될 것으로 전망된다.

교육재정 논란,
사회적 조정기구와 공론화 필요

지방교육재정교부금을 둘러싸고 양론이 대립하고 있다

경제학자들은 지방교육재정교부금의 총규모를 산정하는 방식을 제안[6]하였는데, 전년도 1인당 평균 교부금, 학령인구 수, 국민 1인당 경상 GDP 증가율을 반영하여 산정하는 방식이다. 현재 감소하는 추세의 학령인구 수를 반영하므로

---

6) 김학수 외(2021). 학령인구 감소에 따른 교육재정 효율화, 2021-2025 국가재정운용계획 지원단 보고서. 2021.

교부금의 규모는 줄어들 수밖에 없고, 어느 시점에 산식을 적용하느냐에 따라 교부금 규모의 차이도 상당량 발생하게 될 것이다.

반대로 교육학자들은 지방교육재정 추가 소요 증가분은 대부분 경상적 사업이 아닌 대통령 공약사업 등 국가시책사업에 의해 크게 발생하기 때문에 현재의 내국세 연동형 방식을 유지하면서 재정안정화기금을 마련해 변동성에 대응해야 한다는 입장이다.[7] 최근에는 재정 개편 요구가 거세지면서, 현재의 지방교육재정교부금 중에서 교직원의 인건비를 과거 보수교부금의 형태로 분리하고 남은 잔여 부분에 대해서는 학급수를 기준으로 한 내국세 연동방식의 재정 개편이 제안되기도 하였다.

양론은 대립하고 있고 교육재정 개편을 논의할 공식적인 협의는 이뤄지지 않고 있다. 정부 간, 지방자치단체와 지방교육자치단체 간에도 협의가 없으며, 국가교육위원회나 국회에서도 이뤄지지 못하고 있다. 최근 10년간의 보도기사를 중심으로 우리 사회에서 다뤄진 교육재정의 논의를 따라가 봤지만, 도입된 지 53년이 된 지방교육재정교부금 제도에 대한 성과와 과제에 대한 실질적이고 생산적인 논의는 부재하다.

공공선택을 위한 사회적 조정 필요

사회적 조정을 해야 한다. 지금과 같이 부정확한 정보를 바탕으로 하는 정책의 소개와 추진은 우리 사회에 회복할 수 없는 손해를 입힐 수 있다. 관련하여 최근 국회 입법조사처는 국가교육위원회 소관 사무에 '지방교육재정 확보 방안'에 관해 논의하는 것을 포함시키자는 제안을 한 바 있다.[8] 즉 교육의 정치적 중립성을 확보하고 사회적 합의에 기반한 의사결정을 위해 「국가교육위원회 설치

---

7) 송기창 외(2021). 지방교육재정 수요 전망과 재원 확충 및 효율화 방안 연구. 전국시도교육감협의회 보고서. 2021.
8) 국회입법조사처(2024.8). 22대 국회 입법과제. 43쪽.

및 운영에 관한 법률」제10조 1항에 따른 국가교육위원회 소관 사무로 지방교육재정 확보 방안 논의를 포함하자는 제안이다. 사회적 조정의 역할이 중장기적으로는 국가교육위원회에게 있지만, 단기적인 상황에서의 사회적 조정은 정부 간, 국회를 통해서도 가능할 것이다.

이 글에서 우리 사회에 수용된 교육재정에 대한 논의의 흐름과 2024년에 주목할 만한 정책 상황 및 문제점을 정리하였다. 그러나 교육재정에 관한 보다 생산적인 사회적 논의를 위해 보다 면밀하게 검토해야 하는 주제들이 있다. 향후 소요예산이 포함된 지방교육재정 수요 전망은 많을수록 또, 상세할수록 좋을 것이다. 유보통합의 추가 소요비용, 고교무상교육 국고 지원분 종료에 따른 교육비, 고교학점제 도입 준비, 디지털 교육 전환에 따른 에듀테크 교육환경 구축, 그린스마트미래학교, 과밀학급 해소를 위한 교육환경개선 비용 등은 모두 당면한 큰 규모의 소요재정이다.

여기에 더 나아가 학령인구가 급격히 감소하는 지역의 소규모 학교의 재배치 및 교육서비스 제공을 위한 교육비를 미리 감안하여 준비해야 한다. 교육은 우리 사회의 난제를 해결하기 위한 과정에서 그 역할을 확대해 나가야 한다. 지금의 지역소멸, 인구감소 위기를 해결하는 데 교육의 역할을 빼놓을 수 없고, 우리나라 전체의 국가성장 동력을 만드는 데 있어서도 역시 교육을 제외한 해법은 기대하기 어렵다. 이런 점을 직시하고 교육계는 중장기 교육계획을 수립하고 구체적인 재정 수요를 전망하며 국민들로부터 제 역할을 인정받기 위해 노력하고 준비해야 할 것이다.

3부. 2025년 한국 교육의 변화와 전망

07

교육자치제도와 교육감 선거는 어떻게 변화할 것인가?

김 성 천
한국교원대학교 교수

교육감 직선제 도입 이후의
교육자치의 성과와 변화

1987년 이후 민주화의 물결이 다시 거세게 불면서 대통령 직선제가 이루어졌고, 1991년에 「지방교육자치에 관한 법률」이 제정되었다. 이 당시에 교육위원, 교육위원회, 교육감 선출, 교육조직, 교육재정에 관한 내용을 담았다. 이 당시 법률 제28조 1항에서는 "교육감은 교육위원회에서 무기명 투표로 선출하되, 재적 교육위원 과반수의 찬성을 얻어야 한다"고 규정하였는데, 이는 교육감의 관선 체제에서 직선 체제로의 전환을 의미한다. 이후, 학교운영위원회 선거인단 방식의 과도기 체제를 거쳐, 2007년 일부 지역에서 부분 실시되다가 현재의 주민직선 교육감 선거제도가 정착되었다.

교육감 직선제 도입 배경

교육자치의 역사는 크게는 교육자치의 형식적 운영기에서 교육감 직선제 도입 이후 실질적 운영기로 전환되었다고 볼 수 있다. 교육감 제도는 크게 보면 임명제(관선제), 간선제, 직선제로 분류가 가능한데, 김민희 외(2018)의 연구에서는 교육위원에 의한 선출기(1991~1997), 학운위와 교원단체 대표 선거인단에 의한 선출기(1997~1999), 학교운영위원회 위원 전원에 의한 선출기(2000~2006), 주민직선제(2007~현재)로 분류하였다. 그렇다면, 교육감 선거제도가 간선제에서 직선제로 바뀌게 된 배경은 무엇인가?

이주원(2019)은 Kingdon의 정책흐름모형[1]을 중심으로 교육감 직선제의 정책 창이 열린 과정을 분석하였다. 크게 정책 문제의 흐름, 정치의 흐름, 정책 대안의 흐름이 결합되어 교육감 직선제의 창이 열렸다고 보았는데, 정책 문제의 흐름으로는 일부 지역에서 나타난 교육감 선거 관련 비리 문제 발생, 기존 간선제 선출방식에 대한 부정적 여론 형성을 들었다. 참여정부의 교육자치제 강화, 대통령 탄핵 이후 여대야소의 구도 형성, 행정부의 위상 변화 등을 정치의 흐름으로 제시하였다. 시·도지사 임명제, 러닝메이트제, 주민직선제, 선거인단 확대를 통한 준 직선제 등은 정책 대안으로 논의되었는데, 그런 흐름이 결합되어 교육감 직선제의 창이 열리게 된다.

임석삼(2011)은 교육감 직선제 도입의 핵심 이유로 정치적 상황의 변경으로 설명한다. 본래 국민의힘 전신이었던 한나라당, 신한국당, 민주자유당은 전통적으로 지방자치단체장이 교육감을 임명하는, 시·도지사 러닝메이트제를 선호하였다. 노무현 정부의 임기 말에 당시 여당이었던 열린우리당은 주민직선제를 본격 추진하였다. 당시 야당인 한나라당은 인기가 올라가고 있었다. 압도적인 정당 지지율이 만들어지자 한나라당에서도 입장을 선회하였다. 교육감 직선제 추진으로 입장을 바꾸었고, 정치적 타협의 결과, 주민직선제를 담은 「지방교육자치법」 개정이 이루어졌다. 물론 교육감 간선제의 한계를 진작에 알고 직선제 전환을 요구한 주체들의 여러 노력이 전제된 결과이다.

---

1) 문제의식, 대안, 정치의 흐름이 어느 순간 결합이 되어 정책의 창이 열리고, 정책 변동이 이루어진다는 이론임.

교육자치제의 성과

김재웅(2021: 289)은 과거의 관선이나 간선 교육감 체제의 경우, 사실상 교육 기획이 존재하지 않았으며, 중앙정부가 수립한 계획을 그대로 전달하고 시행하는 집행자 차원에 교육청의 역할이 제한되었다고 진단하였다. 교육청 스스로 중앙집권적 교육행정 체제에 종속될 수밖에 없고, 제도적인 자율의 공간도 취약했기 때문에 교육청이 지역 상황에 맞게 정책을 기획하고 개발하려는 의지도, 관점도 약할 수밖에 없었다.

김성천 외(2021)는 교육감 직선제의 도입 이후로 교육자치에 의미 있는 성과가 많이 나타났다고 보고 이를 정리하였다. 크게는 가치적 성과, 인지적·비인지적 성과, 사회적 성과로 구분하였다. 가치 차원으로 보면, 학교와 지역의 자율성, 자주성, 혁신성을 강화하기 위한 나름의 노력이 있었다. 이는 탑-다운 방식으로 상급 기관이 하급 기관을 통제하는 방식에서 벗어나서 철학과 비전, 가치, 방향을 제시하고, 이를 학교 차원에서 구체화하는 방식으로 전환되었다. 혁신학교나 마을교육공동체의 경우, 주체들의 자발적 실천이 선행되었고, 이후 정책과 사업으로 이를 포착하였으며, 주체와 주체, 학교와 학교, 교육청과 교육청, 지역과 지역 간 네트워크를 통한 실천 전략이 확산되었다. 동시에, 교육의 공공성을 강화하려는 노력이 나타났다. 학습과 복지에 대한 책임을 개인이나 가정 차원으로 환원하기보다는 책임교육을 강화하고, 불평등을 해소하기 위해 인적·물적 투자를 강화하였다. 배움이 느린 학생을 위한 다각적인 지원이 강화된 점이 하나의 예이다. 돌봄도 하나의 예로 볼 수 있는데, 학부모 개인 차원의 돌봄이 아니라 공적 돌봄 체계로 전환을 모색하려는 흐름이 지속적으로 강화되었다. 또한, 사립유치원의 회계 투명성과 윤리성을 강화하기 위한 노력이라든지 사학비리가 발생하는 경우 관선이사를 파견하고, 사립학교 신규 교원 채용을 교육청에 부분 위탁하려는 흐름도 공공성 강화 차원으로 해석할 수 있다. 이는 지방자치를 중심에 두는 철학의 전환에 기반한 정책이 수립되었다고 볼 수 있다.

학생의 성장을 측정하기 위한 노력도 있었다. 이를 인지적·비인지적 성과로 볼 수 있다. 교육청에서는 교육과정-수업-평가 혁신이라든지 학생자치회 활성화를 통해서 학생의 성장을 도모하기 위한 다양한 정책을 펼쳤다. 수업을 혁신하는 과정은 평가와 교육과정을 고민하는 방식으로 필연적으로 진화한다. 국가가 제시한 교육과정을 전달하는 방식에서 탈피하여 교육과정을 재구성하기 시작했고, 이후 교육과정 개발로 발전하게 된다. 교육과정과 수업이 바뀌면 그 가치에 맞는 평가에도 변화가 필요하다. 이러한 흐름은 교육과정을 지역 상황에 맞게 재구성 내지는 재구조화라는 흐름으로 이어지면서 지역 교육과정을 모색하게 된다. 교육청별로 'ㅇㅇ형 교육과정'을 제시하면서 총론과 각론 수준에 지역의 고유 특성을 부각시키려 하였다.

전반적으로 혁신학교의 인지적·비인지적 영역을 확인하는 연구를 살펴보면, 혁신학교가 일반학교에 비해 출발지점은 뒤처졌을 수 있으나 시간이 지나면서 성장률은 향상된다는 연구 결과가 많다. 혁신학교 학력저하론의 실증적 증거를 확인하기 어렵고, 오히려 시간이 지나면서 학교 효과가 나타나고 있다는 연구물이 우세한 편이다.

사회적 성과로는 무상급식을 통한 보편 복지로 패러다임이 전환된 사례를 들 수 있다. 무상급식은 이후 고교 의무교육의 성과로 이어졌고, 교복이나 체험학습비 등으로 그 영역이나 대상 등이 확장되고 있다. 무상급식은 그 도입부터 여러 갈등과 논란이 있었지만, 지금은 그 가치를 부인하기 어렵다. 교육 분야에서 출발한 시도와 흐름이 선별 복지에서 보편 복지로 전환되는 하나의 계기를 만들었으며, 기본소득이나 대학생의 국가장학금 대상 확대 등으로 지속적으로 확산할 것으로 보인다. 그 외에 학생인권조례 등이 제정되면서 한국 사회의 인권 수준을 한 단계 높였고, 이는 교복과 두발 자율화 차원을 넘어 학생의 참여라든지 교복 입은 시민으로서 그 위치성을 수동적 존재에서 능동적 존재로 전환했다는 차원에서 그 의미가 적지 않다.

이러한 결과를 종합해보면, 국가가 교육청에 위임하는 국가 사무를 중심으로 과업을 수행하던 교육청에 주민직선 교육감제가 도입되면서 그 성질에 명확한 변화가 나타났음을 알 수 있다. 그렇다면, 변화의 원인은 무엇인가? 김성천(2022)은 교육청의 변화에 대해서 비전과 철학, 공약과 정책, 자치 권한의 확대, 조직문화와 일하는 방식의 변화가 있었다고 제시하면서 그 원인을 5가지로 제시하였다.

첫째, 선거 메커니즘이다. 선거 자체가 시민이나 도민을 대상으로 표를 얻어야 교육감에 당선되기 때문에 학교와 지역에 맞는 공약과 정책을 개발해야 한다. 교육감은 외부의 요구에 대해서 민감하게 반응하고, 내부적으로는 유연하게 대응해야 한다. 그렇지 않으면 다음 선거에 연임을 기대하기 어렵다.

둘째, 교육감의 리더십 차원이다. 성과가 나타나는 지역을 보면 교육감의 철학이나 비전, 관심사, 리더십, 실천 전략이 두드러진다. 교육청 내부적으로는 여러 직렬의 이해관계가 복잡하게 얽혀있고 세력다툼 양상도 나타난다. 이런 점을 아우를 수 있는 교육감의 리더십은 교육청의 일하는 방식과 조직문화에 많은 영향을 미친다. 교육감의 관심사가 교육청의 주요 정책 문서는 물론 조직이나 인사에 투영되기 때문이다.

셋째, 인적 교체와 다양한 자원의 유입이다. 선거 이후 교육감이 바뀌게 되면, 교육감의 이념 성향에 따라 인적 자원도 함께 바뀌게 된다. 전반적으로 전임교육감을 돕던 핵심 그룹들은 외곽으로 밀려나고, 현임 교육감을 지지하던 그룹들이 교육청과 직속 기관의 주요 요직을 차지한다. 또한, '늘공'(항상 공무원)으로 불리는 일반직원이나 전문직원 외에 소위 '어공'(어쩌다 공무원)으로 불리우는 개방형 직위(정무직)에 교육감 참모들이 배치된다. 이들이 핵심 요직을 차지하면서 교육감의 뜻과 의중을 일선 부서에 전달하고, 소통하면서 내용을 조정하거나, 교육감 지시를 정책화한다.

넷째, 인수위원회(취임준비위)와 같은 거버넌스 체제의 영향이 나타난다. 교육청이 처리해야 할 사무는 어마어마하다. 그 많은 일을 교육감 혼자서 일일이 개입하기도 어렵다. 교육감은 당선 직후 인수위원회를 꾸리고, 이후에는 각 부서의 업무를 추진하는 각종 위원회를 구성한다. 이 과정에서 교육감의 지향점과 유사한 인사들이 자연스럽게 위촉된다. 전문가 내지는 외부 인사들의 위촉은 긍정적으로 보면 거버넌스의 구축 및 운용이고, 부정적으로 보면 다양성의 저해로 볼 수 있다. 민선 교육감 체제는 민-관-학의 기획과 소통이 중요해질 수밖에 없기 때문에 거버넌스 구축 없이는 정책 추진이 쉽지 않고, 정책 추진을 했다고 해도 현장 반응이 좋지 않을 수 있다.

교육감의 리더십

김성천(2024.2.9.)은 교육감의 정체성과 리더십에 대해 다음과 같이 분석한 바 있다.[2] 교육감들의 경우, 교육청 안팎으로 좋지 못한 평가를 받는 특유의 양상이 있는데, 이를 몇 가지로 유형화하면 다음과 같다. 크게는 ① 정거장형, ② 전지전능형, ③ 불통형, ④ 스포트라이트형, ⑤ 무능형으로 분류가 가능하다. 물론 이는 일종의 이념형ideal type으로서 실제로는 부정적 유형이 여러 가지가 혼재될 수 있다. 현실적으로는 긍정 특성과 부정 특성이 혼재한다.

정거장형은 교육감을 발판 삼아 지자체장이나 국회의원 등 더 큰 야망을 꿈꾸는 스타일이다. 이들은 교육감의 직무에 집중하지 않는다. 중앙정부 권력의 눈치를 보기 때문에 중앙정부와 다른 입장을 내지 않는다. 최대한 네트워크를 구축하고, 정치적 성과와 치적을 쌓는 데 집중한다. 외화내빈의 양상을 보이며, 그의 다음 정치적 행보에 대한 소문만 무성하다.

전지전능형은 교육감 스스로 산전, 수전, 공중전까지 경험을 앞세운다. 대부분의 교육감들은 60대를 넘어선다. 살아온 경력과 이력이 적지 않고, 화려한 성

---

2) 기고문의 내용을 일부 발췌 및 재구성하였음을 밝힘

공의 경험도 갖고 있다. 비교적 업무 파악과 행정 감각, 정치적 감각도 빠른 편이다. 하지만, 교육은 인과관계가 선형적으로 선명하게 그려지지 않는 복잡계의 영역이다. '내가 해봐서 아는데'로 시작하는 장황한 연설은 업무담당자로 하여금 침묵하게 만든다. 이들은 자신의 경험 체계에 갇혀서 타인의 이야기와 쓴소리를 경청하지 않는다. 이른바 '꼰대형'에 가깝다. 그에게는 정책을 자문하는 참모나 보좌관은 필요 없다. 자신의 명령을 오로지 충실하게 이행할 비서만 필요할 뿐이다.

불통형은 지나치게 본인의 철학과 확신이 강하다. 명령과 지시를 좋아한다. 물론, 말로는 항상 여러 주체들과 열린 마음으로 소통과 공감을 한다고 말한다. 그러나 한번 내려진 결론과 지시, 그의 신념을 바꿀 수는 없다. 수많은 사람들이 이 방향은 다소 위험하다고 말해도, 그의 고착된 신념을 바꿀 수는 없다. 예상되는 문제를 담당자는 잘 알지만, 이에 대해서 말하기를 주저한다. 잘못하면 교육감의 노여움을 살 수 있기 때문이다. 실무자의 침묵은 실행 과정에서 또 다른 어려움으로 이어진다. 교육청 특성상 실무자들은 교육감의 지시를 따를 수밖에 없는데, 내적 공감 없이 기계적으로 정책을 추진하다 보니 좋은 성과를 내지는 못하고, 현장의 반발에 의해 정책은 공회전한다.

스포트라이트형은 한마디로 '쇼킹'하고 '센세이션'을 일으킬만한 정책을 좋아한다. 외적으로 비추어지는 이미지에 너무 많은 신경과 에너지를 쓴다. 내실화보다는 언론 홍보에 많은 신경을 쓴다. 이들은 언론과 여론의 향배에 지대한 관심을 기울인다. 기자회견 때마다 '무엇을 하겠다'는 정책과 사업을 그럴듯하게 발표하지만 언론의 관심이 사라지면, 교육감은 언제 그랬냐는 듯이 본인의 관심도 사라진다. 교육과정-수업-평가와 같이 중요하지만 표가 나지 않는 영역은 변방의 정책으로 밀려나고, 국제 행사(박람회)라든지 10,000인 토론회와 같은 기획 행사와 이벤트는 넘쳐난다. 만인 토론회를 하면 무엇이 달라지는가? 여러 주체들이 제안한 내용을 반영할 시스템도, 의지도 없다.

마지막으로 무능형이다. 정책 우선순위, 문제의 원인 파악, 정교한 추진 전략 등이 교육감의 머리에 애초에 없다. 관료들의 문서와 보고에만 의존하여 일을 한다. 교육감은 보고만 듣고 상황을 파악하고 있기 때문에 모든 일이 다 잘되고 있는 줄 안다. 어떤 문제가 발생했을 때, 그 원인이 무엇인가에 대해 깊게 파고 들어갈 역량도, 의지도, 전문성도, 사람도, 시스템도 없다. 교육감이라는 자리에 오르는 것에 관심이 있을 뿐, 정작 그 자리에서 무엇을 어떻게 할 것인가에 관해 서는 비전도, 감각도 없다. 교육감이 무능하면 주변 사람들도 무능한 사람으로 채워진다.

이러한 부정 유형의 교육감들도 있지만, 긍정 유형의 교육감들도 있다. 스스 로 과도한 의전을 경계한다. 본인이 의전을 받지 않아야 교육청의 의전 문화도 사라지기 때문이다. 직급과 상관없이 하위 직급자와도 격의 없이 소통하고, 보 고를 받는다(탈 권위주의형). 시대 정신을 바탕으로, 기존 관행과 정책에 대해서 의 문을 던지면서, 무엇을 어떻게 바꿀 것인가를 학습하고 실행한다. 교육을 통해 서 사회적 의제를 던지며, 유·초·중·고에만 정책 의제를 국한하지 않는다. 시대 적 감각으로 좋은 정책과 사업을 발굴한다. 물론 교육감이 혼자서 하는 것은 아 니다. 일이 되게끔 하는 역량을 갖춘 참모들을 잘 활용한다(혁신가형). 많은 주체 들의 이야기를 들으면서 현장과 긴밀하게 소통한다. 정책 담당자가 놓친 문제 를 이미 교육감은 파악하고 있다(현장소통형), 복잡한 이해관계가 발생했을 때, 학 생의 성장과 삶에 무엇이 유익한가를 중심으로 과감하게 결단을 내리고, 정책을 추진한다(결단형). 중앙정부의 정책에 대해서 잘하는 것은 잘한다고 말하지만, 아 닌 것은 아니라고 소신 있게 말한다(소신형).

한계 상황과 위기의 징후

직선제 폐지의 논의 촉발

사실 교육감 직선제는 도입 초기부터 문제 제기가 있었다. 교육감 직선제는 2007년 부분적으로 실시되었고, 이듬해인 2008년부터 직선제 폐지법안이 발의되었다. 직선제를 도입하자마자 교육감 선거제도를 개편하기 위한 법안 발의가 꾸준히 이루어졌다. 중앙일보가 국회 의안정보시스템을 분석한 결과에 따르면 교육감 직선제 실시 이후 2008년부터 2019년까지 약 10여 차례의 교육감 선거 관련 개정안이 발의되었으나 임기 만료, 대안 반영 등으로 폐기되었다(중앙일보, 2022.6.20.). 이는 기본적으로 교육자치와 일반자치가 분리된 점에 대한 근본적인 문제의식이 깔려 있고, 실제로 교육감 직선제 추진과정에서 나타난 여러 문제를 이유 삼았기 때문이다. 지난 21대 국회에서는 정우택, 김선교 의원이 「교육자치법」과 「공직선거법」 개정 발의안을 제출하였다. 여기에 윤석열 대통령은 국정과제 점검 회의에서 광역시·도지사와 교육감의 분리 선출방식보다는 러닝메이트제 도입이 필요하다는 발언을 하였다(동아일보, 2022.12.15.). 러닝메이트제는 시·도지사가 교육감을 임명하는 제도이다.

▨ 교육자치법 일부개정안 비교

대상 규정	김선교 의원 안	정우택 의원 안
제22조 (교육감의 임명)	• 시·도지사 당선자가 선거 시 지명했던 교육감 후보자를 교육감으로 임명 • 교육감 사망 등으로 인한 신규 임명 시 대통령령으로 정하는 바에 따라 시·도의회의 동의를 받아 임명	• 시·도지사 당선자가 선거 시 지명했던 교육감 후보자를 교육감으로 임명 • 교육감 사망 등으로 인한 신규 임명 시 시·도 조례로 정하는 바에 따라 임명
제24조 (교육감 후보자의 자격)	• 교육감 후보자 교육 및 교육행정 경력 3년→5년	• 현행과 같음

출처: 정우택, 김선교 의원의 교육자치법 개정 발의안

교육감 선거제도의 한계 발생과 직선제 폐지의 논거

두 법안에서 공통적으로 제시하고 있는 현행 교육감 직선제 문제점의 주요 논거로는 ① 후보자의 비용 부담의 문제, ② 시·도지사에 비해 교육감 선거에 대한 상대적 투표율 저조 현상 및 사표 발생, ③ 교육자치와 일반자치의 분리 현상에 따른 비효율의 문제 발생을 들고 있다. 구체적으로 그 내용을 살펴보자.[3]

후보자 비용의 부담 문제는 다음과 같다. 중앙선거관리위원회 자료에 의하면, 교육감 선거 후보자 61명의 선거비용 지출 총액은 648억여 원으로 나타났다. 후보자 1인당 평균 지출액은 10억6천여만 원에 달한다. 시·도지사 후보당 평균 8억9천3백만 원을 지출하였다. 국회의원 보궐선거 후보자 1인당 평균 지출액이 1억7천여만 원 정도 사용한 것을 감안하면 교육감 선거에 출마하는 후보의 비용 부담은 매우 큰 편이다.

▨ 선거별 선거비용 지출액 현황

(단위 : 명, 백만 원)

선거명	후보자 수*(사퇴 등 포함) * 비례는 정당 수		선거비용 지출액			
			총액		후보자 1인당 평균	
	제7회	제8회	제7회	제8회	제7회	제8회
시·도지사	71	55	54,292	49,117	764	893
교육감	61	61	67,798	64,893	1,111	1,063
구·시·군 의장	757	580	90,429	81,754	119	140
지역구 시·도의원	1,889	1,543	75,589	69,507	40	45
비례 시·도의원	134	97	9,077	7,985	67	82
지역구 구·시·군의원	5,336	4,445	168,259	154,636	31	34
비례 구·시·군의원	607	459	11,658	10,686	19	23
교육의원	6	9	130	457	21	50
소 계	8,861	7,249	477,232	439,035		
국회의원 보궐	-	15	-	2,644	-	176
합 계	8,861	7,264	477,232	441,679		

출처: 중앙선거관리위원회, 2022.7.8. 보도자료

---

3) 아래의 내용은 김성천(2023) 연구의 일부를 발췌 및 재구성하였음을 밝힘

둘째, 교육감 선거 무관심에 의한 사표의 발생이다. 이는 선거 초기부터 일관되게 제기된 문제다. 교육감 선거에는 정치적 중립성을 강하게 요구하고 있기 때문에 정당이 관여할 수 없다. 교육감 후보는 개인으로는 나오기 어렵고, 특정 후보를 지원하는 조직이나 단체의 지원이 요구된다. 이러한 구조적 한계로 인해, 교육감 후보들은 중도를 포함하여 크게 진보와 보수 후보군으로 나뉜 상태에서 후보 단일화를 도모한다. 후보 단일화의 과정을 언론에서는 관심을 갖고 다루지만, 누가 진보와 보수 진영을 대표하는가에 관심을 기울일 뿐, 정책과 공약은 부차적인 문제로 다루어진다. 교육감 단일 후보가 각 진영에서 결정이 되었다고 해도, 시·도지사에 비해 상대적으로 관심이 덜 할 수밖에 없다. 무엇보다 정당과 연관된 기호가 아닌 후보자의 이름만으로 투표하기 때문에, 각 후보들은 유권자에게 본인의 이름을 각인시키기 위한 선거 전략을 짜야 한다. 명분으로는 정당과 관계없는 정책을 펴야 하지만 현실적으로 교육감 후보들은 정당과 어떤 식으로든 연결해야 한다.

이러한 현상에 대해 정지욱·정일화(2020)는 교육감 선거의 정치적 프레이밍의 심화를 문제로 지적하였다. 후보 단일화 과정에서 조직력을 갖춘 단체와 손을 잡아야 하는데, 이 과정에서 소수 단체 내지는 이익 단체의 혜택이 과도하게 부각되며, 책무성 강화와 같은 개혁 의제는 숨기거나 추진하지 못하는 상황에 놓이게 된다. 단일화 과정에서 조직화되지 못한 학생, 학부모, 교직원의 요구가 정책에 반영되지 못할 가능성도 크다.

21대 국회에서 김선교 의원은 교육감 선거에서 무효표가 많다는 점을 문제 삼았다. 2022년 6·1 교육감 선거에서 무효표는 90만3,249표로 나타났다. 시·도지사 선거의 무효표가 35만928표인 점을 감안하면 2.6배가량 많았다고 볼 수 있다.

셋째, 교육자치와 일반자치의 분리에 따른 비효율의 문제 해소를 들고 있다. 교육자치와 일반자치의 분리와 통합은 오래된 주제이다. 교육자치와 일반자치가 분리된 사례가 세계적으로 드물기도 하고, 교육감과 시·도지사의 교육철학의 차이에 의한 긴장과 갈등의 사례가 없지 않았다. 무상급식을 둘러싼 홍준표 전 경남지사와 박종훈 경상남도교육감 간 갈등이라든지 전국단위 자사고 선발에 관해서 김병우 전 충청북도교육감과 이시종 충청북도지사 간 입장 차이가 기관 간 갈등으로 나타난 사례도 있었다.

조성규(2016)는 지방교육자치를 지방자치단체로부터 분리 내지는 독립으로 여기는 것을 헌법에 보장된 교육의 자주성·전문성·중립성의 실현으로 이해하는 현행 방식에 강력한 문제제기를 하면서, '교육자치'와 '지방교육자치'의 개념을 분리해서 봐야 한다는 입장을 견지한다. 지방자치의 영역 차원에서 교육자치를 이해해야 한다는 입장을 제시한다.

이러한 주장이 일리가 없는 것은 아니다. 학교의 폐쇄성을 극복하면서 학교와 지역의 상생 모델을 찾아야 하는데, 현재와 같이 분리된 시스템에서는 양 기관의 협력이 생각처럼 쉽지는 않다. 학교시설 복합화가 활성화되기 위해서는 교육자치와 일반자치의 협력이 필수적인데, 우수 사례가 생각처럼 많지 않은 점도 하나의 예가 될 수 있다. 교육자치와 일반자치의 통합을 요구하는 목소리가 지자체장이나 행정학자를 중심으로 상당 부분 형성된 것도 사실이다. 「지방자치분권 및 지방행정체제개편에 관한 특별법」 제12조 2항은 "국가는 교육자치와 지방자치의 통합을 위하여 노력하여야 한다"고 밝히고 있다. 국회에서는 「국가균형발전특별법」과 「지방자치분권 및 지방행정체제개편에 관한 특별법」을 통합한 「지방자치분권 및 지역균형발전에 관한 특별법」을 심의하고 있는데, 정부안 제35조 1항에는 "교육자치와 지방자치의 통합을 위하여 노력하여야 한다"고 명시되어 있다. 이에 대해 전국시도교육감협의회에서는 '통합'이 아닌 '연계·협력'으로 문구 수정이 필요하다는 입장을 발표하였다(전국시도교육감협의회, 2023). 주민직선 교육감제를 폐지하고, 시·도지사가 임명하는 방식으로 전환하면 자연스럽게 교육자치와 일반자치의 통합 구조는 보장될 수 있고, 그것이 효율적이라는 관점과 가정이 정부의 발의 법안에 내재해 있다.

제도 개선 논의

선거제도 개선에 관한 대안 탐색

교육감 선출제도는 어떤 유형이 있는가? 교육감 선출제도의 대안에 대해 최영출(2016: 54)은 주민직선제, 정당공천제, 정당표방제, 시·도지사 러닝메이트제, 시·도지사 교육감 공동등록제, 시·도지사 임명제, 시·도지사 임명 의회 동의, 시·도의회 임명제, 제한적 주민직선제, 단위학교 교육감 선출위원단제, 공개모집 초빙제, 시도별 결정제를 제시하였다. 선택지가 적지 않다는 사실을 알 수 있다. 교육감 선거제도에서 정당을 배제한다는 가정을 깨고 대안을 모색해보면, 정당공천제는 정당과의 강한 연계나 정당을 통한 선택을 보장한다. 정당표방제는 후보가 특정 정당을 지지한다는 의사를 표방하지만, 정당과 연결하여 공천을 주는 방식은 배제한다. 시·도지사 러닝메이트제는 시·도지사가 교육감 후보와 동반 입후보하여 주민이 직접 선출한다. 시·도지사와 교육감 공동등록제는 동반 입후보를 하지만 선출은 개별적으로 하게 된다.

만약 대안을 모색해야 한다면, 직선제의 골간을 유지하면서 노출된 여러 문제를 해결하는 방안을 검토할 필요가 있다. 현재 검토 가능한 방안은 1안 교육감과 시·도지사 공동등록제, 2안 교육감과 시·도지사 러닝메이트제, 3안 교육감 후보 정당 추천제, 4안 교육감 후보 정당 공천제이다. 그 외에도 현 제도를 유지하면서 교육감 출마 자격을 확대하는 방안도 있을 수 있다. 이러한 제도 개선을 하지 않고도, 유권자의 관심 제고를 위해 검토할 수 있는 방안도 제안하고자 한다.

각 방안의 장단점은 다음과 같다.[4] 이는 직선제의 골간을 유지하면서, 일부 유연하게 제도를 보완한 방식이다.

교육감과 시·도지사 공동등록제

시·도지사와 교육감 공동등록제는 시·도지사 후보군 내지는 교육감 후보군들이 제휴하여 정책을 홍보하고, 연대를 허용하나 선출은 개별적으로 이루어진다(최영출, 2016). 시·도지사는 정당 소속이나 교육감은 현재처럼 정당에 소속되지 않는다. 정책 연대와 공동 홍보를 허용한다. 공동 선거운동을 허용하며, 선거비용의 공동 부담도 가능하다. 제휴와 홍보만 같이 할 뿐, 유권자들은 지금처럼 시·도지사와 교육감에게 각각 투표한다. 동시에 공동 등록을 원하지 않는 후보는 독자 출마가 가능하다. 시·도지사와 교육감의 제휴와 홍보, 공동 선거를 통해 시·도지사와 교육감의 긴밀한 협조와 협업을 이끌어 내면서도, 교육감이 시·도지사에게 종속되지 않을 수 있다. 이종근(2015)은 이 방안이 갖는 강점이 크기 때문에 단기적 대안으로 검토할 만하다고 평가하였다.

이 경우, 고민해야 할 주제가 있다. 우선은 시·도지사 후보가 어떤 절차로 교육감 후보와 정책 연대를 할 것인가이다. 예비후보 시절부터 공동 등록을 허용할 것인가 아니면 본선 등록에서 허용할 것인가가 쟁점이 될 수 있고, 어떤 절차로 후보들이 공동 등록을 할 것인가의 문제가 남아 있다. 현실적으로는 본선 등록 과정에서 공동 등록을 허용하는 것이 피로도를 최소화할 수 있을 것이다. 예비경선 과정에서 후보자 내지는 캠프 간 소통을 통해서 공동 등록 여부를 정하는 방법도 있고, 시·도지사 후보나 교육감 후보가 경선 과정에서 어떤 후보와 공동 등록을 하겠다고 밝히면서 홍보를 할 수도 있다. 시·도지사 후보는 당에서 결정하는 경향이 있고, 교육감 후보는 당과 상관이 없는 점이 문제가 될 수 있는데,

---

4) 김성천(2023)의 연구물의 일부를 발췌하여 재정리하였음.

시·도지사 후보의 전략적 판단에 맡겨 두거나, 여론조사나 배심원제 등 일정한 이벤트를 거쳐 합의할 수도 있을 것이다. 지역과 후보자의 의지 등에 맡겨 놓는 방법도 가능하다. 결과적으로 시·도지사와 교육감이 성향이 다른 이들끼리 당선이 될 수도 있는데, 서울(조희연 교육감, 오세훈 시장)이나 경기(임태희 교육감, 김동연 도지사)처럼 현행 직선제에서도 그러한 상황은 종종 벌어진다. 이 경우 공동등록제의 효과는 반감된다(음선필, 2012). 관련 판단은 유권자의 몫으로 둘 수밖에 없다.

교육감과 시·도지사 러닝메이트

러닝메이트제는 그동안 가장 많이 언급된 대안이며 국민의힘에서 선호한다. 러닝메이트제는 정당을 통해서 시·도지사와 같이 홍보가 가능하며, 두 후보의 협력으로 선거 예산을 줄일 수 있다. 사실상 공동캠프 구성이 가능하기 때문이다. 그러나 정당의 한계를 뛰어넘을 수 없고, 교육적 효과보다 정치적 노림수라든지 큰 정치가 아닌 작은 정치가 작동하면서 교육이 지켜야 할 가치가 무너지는 것에 대한 우려가 있을 수 있다. 지자체장이 교육감을 사실상 임명하는 러닝메이트 자체가 결국은 정당의 공천과 맞물리게 되고, 사실상 당선 여부와 직결된다. 러닝메이트를 위한 공천의 객관성, 후보 선정 기준과 절차 등이 분명하지 않으면, 정치력 내지는 인맥 등으로 후보자가 결정될 수 있다. 러닝메이트 시 후보자 간 합의를 거치는 방안과 정당을 통해서 일정한 절차를 거치는 방안이 가능한데, 현실적으로는 후자로 갈 수밖에 없다. 교육의 영역에 정당과 러닝메이트제가 결합되는 방식에 대한 거부감이 상당히 크기 때문에 이에 대한 설득과 공감대 형성도 중요해 보인다. 이는 사실상 시·도지사의 교육감 임명제와 큰 차이가 없기 때문이다. 21대 국회 정우택, 김선교 의원 발의안은 단순하게 시·도지사가 교육감 후보를 임명하는 방식이다. 외형상으로는 러닝메이트로 하였지만 내용상으론 사실상 시·도지사의 교육감 임명제로 볼 수 있다.

교육감 후보 정당추천제(당원은 아님)

정당추천제는 정당에서 교육감 후보로 적합한 사람을 추천하고, 홍보하는 방식이다. 시·도교육감 후보는 정당 소속이 아니라는 점에서 정당공천제와는 차이가 있다. 정당에서는 전문성, 당선 가능성, 토론회를 통한 후보자 검증, 토론 및 발표 능력, 여론조사, 당원투표 등 자체 기준을 가지고, 검증하여 발표한다. 기존의 시민사회단체에서 나름 경선 과정을 거쳐 단일후보를 정하는 방식을 채택할 수 있다. 이러한 방식을 통해 교육감 후보에 관한 정보가 압축되고, 교육감 후보 단일화 과정에서 나타난 여러 갈등이 시민사회가 아닌 정당 영역으로 흡수될 수 있다. 당원이 아니라는 점에서 교육감의 독자적 공간을 어느 정도 확보할 수 있다. 이러한 과정을 거친 후보는 정당이 추천한 후보라는 사실을 명시할 수 있고, 정당에서 관련 내용을 홍보할 수 있다. 정당과 상관없이 시민사회에서 독자적으로 단일후보를 만들거나, 정당과 시민사회가 연대하여 공동의 후보를 낼 수도 있다.

교육감 후보 정당공천제(당원)

교육감 후보의 정당공천제는 시·도지사 후보와 마찬가지로 정당에서 일정한 절차를 거쳐 시·도교육감 후보를 내는 방식이다. 이때 당원으로서 출마를 하게 된다. 이는 기존에 제시된 교육의 중립성, 자주성, 전문성에 대한 재해석과 함께 교육자치법을 개정해야 할 사안이다. 이를 위해 교사가 교실에서 수행하는 정치적 중립성과 교육감이 정당 정치를 거쳐 정책을 구현하면서 지켜야 할 정치적 중립성을 구분해서 보자는 관점이 수용되어야 한다. 교육감의 선출과정이라든지 직무 성격 자체가 고도의 정치적 속성을 지닌다. 정책과 정치의 구별이 쉽지 않기 때문이다. 이 방안은 정당의 적극적 개입을 거쳐 시·도교육감 후보가 결정되는 과정이기 때문에, 자연스럽게 러닝메이트제와 결합될 수 있다. 하지만 러닝메이트제에 대한 교육계의 거부감이 있는 상황에서, 교육감 후보의 정당공천제는 더욱 반발이 커질 수 있다.

이러한 논의를 바탕으로 교육감과 시·도지사 러닝메이트제가 아닌 방안을 선택해야 한다면, 교육감과 시·도지사 공동등록제가 현실적으로 가능한 방안으로 보인다. 현행 직선제의 가치를 인정하면서도 사표 발생을 줄일 수 있고, 지자체와 교육청의 상호 협력을 촉진할 수 있기 때문이다.

▨ 각 방안의 장단점

방안	장점	단점
교육감과 시·도지사 공동등록제	• 현재처럼 교육감 후보와 시·도지사 후보가 각각 출마 가능하기 때문에 교육감의 전문성, 독립성, 전문성 보장 가능 • 전략적 제휴가 가능하며, 홍보 효과 발생 • 큰 반발이 없는 현실적으로 가능한 대안	• 시·도지사는 당에서 배출한 후보라는 점에서 정당과 간접 연계 불가피 • 정치적 성향이 다른 시·도지사와 교육감이 당선될 수 있고, 갈등 발생 가능성 존재
교육감과 시·도지사 러닝메이트	• 교육자치와 일반자치의 통합 효과 발생 • 교육감 선거비용이 별도로 발생하지 않음	• 교육자치의 일반자치 종속 가능성 • 교육계의 반발과 거부감이 큰 편임 • 교육감을 원하는 이들이 시·도지사 후보 내지는 정당에게 본인을 어필해야 하는 상황 발생
교육감 후보 정당추천제	• 정당의 체계적 프로세스를 가지고 후보군 발굴 가능 • 기존 시민사회단체에서 주도하는 후보 단일화 방식보다는 홍보 효과 발생 • 후보자가 당원이 아니기 때문에 어느 정도 독자성 확보 가능	• 추천해준 정당으로부터 교육감의 자율성 보장이 현실적으로 얼마나 가능할지는 의문
교육감 후보 정당공천제	• 시·도지사와 마찬가지로 정당에서 일정한 절차를 거쳐 시·도교육감 후보를 내는 방식 • 선거비용 감소 및 사표 발생을 줄일 수 있음	• 교육의 중립성, 자주성, 전문성 재해석을 바탕으로 각종 법률 개정 필요 • 한국의 현실에서는 사실상 불가능한 방안이며, 거부감이 큰 방안

출처: 최영출 외(2016), 김민희 외(2018), 곽창신(2013), 이종근(2015), 음선필(2012)의 연구에서 제안한 특징과 방안을 참고하여 연구자 재구성

직선제 유지의 대안

이러한 제도 개선과 함께 추가로 고민할 수 있는 내용은 적어도 교육감 선거에서 학생들의 참여를 더욱 보장하는 방안을 모색할 수 있다. 교육감 선거의 경우, 청소년의 선거 연령을 만 16세로 하향하는 방법도 검토할 만하다. 학생과 청소년들이 교육감 선거에서 의견을 반영하는 과정은 민주시민교육이나 정치교육 차원에서도 적지 않은 의미가 있으며, 지나치게 어른 중심으로 혹은 자기 직렬 중심으로 정책이나 공약이 구성되는 문제를 해소하는 데 도움이 될 수 있다. 동시에 선거 교육을 활성화하여, 학생들이 교육 공약에 대해서 토의와 토론을 하고, 좋은 공약 또는 나쁜 공약에 대해서 혹은 후보자에 대해서 발표하는 것도 허용되어야 한다. 이러한 과정 자체가 중요한 정치교육 내지는 시민교육 차원에서 의미가 적지 않다. 선관위는 사실상 학생이나 교원들에게 아무것도 하지 말라고 요구하는 상황인데, 이러한 보수적 관점을 전환하여 정책과 공약에 관한 '와글와글'을 허용해야 한다.

이러한 과정이 가능하기 위해서는 교원이나 공무원들의 정치 참여를 보장해야 한다. 선거 과정에서 교원들이 아무것도 하지 못하는 상황을 바꿀 필요가 있다. 이 과정은 선거 자체가 인지도 싸움이 아닌 정책이나 공약 경쟁으로 전환하는데 기여할 수 있다. 그 외 후보자들의 단일화나 경선 과정에서는 선거인단을 무리해서 모으는 방식보다는 숙의나 공론 방식과 TV 토론회 이후 여론조사를 결합하는 방식을 모색하여 경선 과정의 부작용을 줄일 수 있다. 교육정책에 가장 많은 관여층인 교원과 공무원이 배제된 상태에서 선거 정보가 충분히 유권자들에게 전달될 수 없는 상황이다. 교육감 후보 간 토론회를 더욱 늘리거나, SNS를 활용한 정보 공유에 대해서는 최대한 허용해야 한다.

방향과 과제

교육감 선거제도는 직선제를 유지하면서 노출된 문제를 해결해야 한다. 대통령 선거나 국회의원 선거도 많은 부작용이 있다. 하지만 그 부작용에 비해 민주주의 가치 구현에 직접선거가 더 의미가 있기 때문에 이를 적용하고 있다. 교육감 직선제 역시 그 부작용이 없는 것은 아니지만, 그렇다고 해서 이 제도만 유독 비난하는 방식에 대해서는 그 이면에 누가 그것을 원하는가에 대해서 맥락을 읽을 필요가 있다.

지금의 교육감들은 관선 임명제가 아닌 직선제라는 점에서, 중앙정부와 협력을 할 때는 하고, 잘못된 방향으로 나갈 때는 목소리를 내야 한다. 무엇보다 교육감의 정책 역량이 우려된다. 많은 이들이 교육의 변화를 꿈꾸고 있지만, 교육감 스스로 관료들에게 포획되어 새로운 비전, 모델, 정책을 제시하지 못한 채 전임교육감의 흔적 지우기에 급급한 상황이다.

교육자치 제도는 많은 어려움 속에서도 지속적으로 발전해 왔다. 하지만, 여전히 한계는 존재한다. 한은정 외(2019)는 교육부의 권한을 교육청으로 넘겼을 때, 정책을 기획하고 추진할 수 있는 교육청 직원들의 역량이 매우 중요하며, 특히 지역사회 특성에 대한 이해와 업무수행 능력을 강조하였다. 이는 지역의 요구, 특성과 고유성을 잘 파악한 상태에서 교육부의 정책을 재구성 내지는 재구조화하거나 자치사무의 관점에서 정책을 개발할 수 있는 의지와 역량이 필요하다는 점을 시사한다. 동시에, 지방교육자치 내지는 학교자치의 관점에서 제도와 예산의 자율성을 보장해야 한다. 권한 배분은 제도와 예산에서 시작되기 때문이다. 지침의 세부 내용이 많아질수록 담당자의 자율성은 줄어든다. 지침은 곧 감사로 이어진다.

감사 제도는 기본적으로 불신을 전제한다. 불신을 전제로 지침과 정책, 사업을 추진하면 이를 예방하기 위한 단계를 강화하게 되는데, 이 과정에서 본질은 사라지고 행정의 외피만 남게 된다. 불신의 관점이 아닌 신뢰의 관점에서 관련 제도를 지역 상황에 맞게 자율적으로 구성할 수 있는 권한을 부여해야 한다.

무엇보다 교육청 내부적으로 자치 원리가 구현될 수 있는 업무 문화가 조성되어야 한다. 의사소통, 조정 및 통합, 팀 조직화, 조직관리, 갈등 조정에 관한 역량이 필요하다. 교육청 내에서 의사소통의 동맥경화가 일어날 때, 학교 현장은 더욱 어려워지기 때문이다. 교육청의 모든 정책과 지침을 일일이 모니터링 할 수는 없다.

한은정 외(2018) 연구에서는 세종특별자치시교육청과 시흥마을교육공동체를 중심으로 실천 사례를 분석하였다. 관과 관, 관과 민 사이의 위계와 분절 구조를 먼저 성찰하면서, 현장의 요구를 정책화할 수 있는 역량이 중요하다고 제시하였다. 우리 조직이 이만큼 성과를 냈다고 자랑하기에 앞서 여전히 무엇이 부족한가를 먼저 돌아보려는 자세에서 혁신은 시작된다.

김성천 외(2021)는 다양한 주체들과 심층 면담을 하였고, 교육자치의 방향을 다음과 같이 제언하였다. 첫째, 무엇으로부터의 자치를 강조하기보다는 무엇을 향한, 무엇을 위한 자치인가를 명료하게 정리할 필요가 있다고 보았다. 이는 교육자치의 비전과 철학, 방향을 잘 설정해야 한다는 점을 의미한다. 자칫, '민주주의를 가장한 편의주의' 방식이나 자유주의를 지나치게 강조함으로써 '각자도생'하는 조직은 더욱 위험할 수 있다. 공화주의 가치가 요즘과 같은 시기에 더욱 강조될 필요가 있다.

둘째, 여전히 관료적 방식의 공급자 중심 시각이 견고하다는 입장이다. 현장과 학생을 중심에 놓고 정책을 구성하려는 흐름이 취약하다. 단적인 예가 체험학습 매뉴얼이다. 안전을 이유로 40여 회 이상의 행정행위를 요구하는데, 그 내용이 주는 메시지는 '이렇게 힘든 일인데도, 체험학습 갈 거야?'가 아닐까 싶을 정도로 절차와 내용이 지나치게 상세하게, 촘촘하게 이루어졌다. 교육청은 편하게 공문으로 두터운 지침을 학교에 내릴 생각을 하기 전에, 현장의 어려움을 해소할 수 있는 방안을 모색해야 한다.

셋째, 주체별 이기주의와 무관심의 문제가 발생할 수 있다. 일부 학부모가 자기 아이만 생각하면서 학교 측에 이기적 간섭을 하거나 부적절한 영향력을 행사하려는 모습이라든지 학교의 방향에 대한 무관심한 모습 등을 경계해야 한다. 이들을 공적 관점을 가진 학부모로 성장시키고, 공적 자산으로 활용하려는 시스템을 구축해야 한다. 학부모 정책이나 학부모 교육의 체계화가 중요한 이유가 여기에 있다.

넷째, 교육부의 권한은 여전히 막강하며, 경직된 규정이 많다. 교육자치의 제도적 정착이 아직 더딘 상태이며, 여전히 교육청이 교육부를 바라보며 일하는 경향성이 강하다는 점을 시사한다. 그런 점에서 교육부가 교육청에 부교육감을 보내는 방식을 이제는 재고해야 한다.

다섯째, 교육지원청의 성격은 여전히 모호하다. 교육지원청은 공문과 예산을 주고받는 터미널 기능에 머물러 있다는 비판도 종종 받는다. 즉 하급행정기관으로서 기능하고 있다. 학교 현장에 대한 지원 요구는 점점 커지고 있지만, 조직 구조는 여전히 관료적이며, 지원 기능은 미비하다. 학교를 지원할 수 있는 다양한 자원을 발굴하고, 연결하고, 지원하는 모델을 갖추어야 한다. 이를 위해서는 중간지원조직으로서 교육지원청이 위상을 갖추어야 한다. 마을교육공동체가 성공한 지역을 보면 대체적으로 중간지원조직의 역할이 크다. 이 모델을 참고할 필요가 있다.

여섯째, 일하는 방식의 전면 개편이 필요하다. 행정 혁신도 필요하다. 여전히 아날로그식 교육행정 내지는 기존 방식의 관행적 업무 추진 방식이 강한 편이다. 서류에 영수증을 붙이고, 편철하는 방식에서 벗어나야 하며, 한 번의 결재가 여러 시스템을 아우를 수 있도록 해야 한다.

일곱째, 조직의 비대화와 재정 조건의 악화를 살펴야 한다. 교육감들이 당대 업적 중심으로 단기적으로 일을 하면서 인력 충원이 많아졌고, 경직성 경비가 늘어났다. 계속 커지고 있다. 중요한 것은 직무분석을 기반으로 한 업무의 효율화를 먼저 살펴야 한다. 과거에 한 사람이 하던 업무를 여럿이 쪼개서 일을 하기도 하며, 굳이 하지 않아도 되는 일들도 적지 않다. 조직 진단과 직무분석을 통해서 새로운 요구에 대응하고, 불필요한 업무는 과감하게 쳐내야 한다. 내부 규정이 문제라면 내부 규정을 바꾸고, 외부의 법률이나 조례가 문제라면 그것을 개선해줄 것을 요구해야 한다.

과거에는 교육경력을 가진 자들이 운영하는 교육위원제에 폐단이 있어서 개방형 체제로 운영되고 있는데, 어떤 제도가 더 나은 것인지는 판단이 어렵다. 이러한 문제는 교원과 공무원에게 정치 기본권을 부여함으로써 국회든 시도의회든 교육위원회에 전문성을 갖춘 이들이 일할 수 있는 토대를 구축해야 한다.

지방교육자치와 교육감 직선제는 오랜 역사적 산물이며, 고민의 결과이며, 투쟁의 역사이다. 구조와 제도, 문화, 주체가 함께 만나 일구어가야 한다. 최근 들어 주민직선 교육감제에 대해서 회의적 시각을 갖는 이들도 존재한다. 기대가 실망으로 바뀌었기 때문이다. 일부 교육감들의 실망스러운 행보를 보면서 과연 관선이나 간선 교육감보다 직선 교육감이 무엇을 잘하고 있는지 잘 모르겠다는 의견도 나온다. 교육감직선제가 유지되어야 한다면 제기된 논란을 잠재울 수 있도록 교육감과 교육청 관계자들의 역할 제고와 분발이 필요한 시점이다.

3부. 2025년 한국 교육의 변화와 전망

08

21대 국회 성찰과
22대 국회 교육 관련 과제

강 민 정
21대 국회의원

대한민국 국회에서 교육의 무게

교육은 국민 각자에게는 개인적 성장과 진로 결정의 근거가 되고, 끊임없는 변신과 도전을 가능하게 해주는 핵심 동력이며, 사회 전체적으로는 사회 유지·발전의 토대를 만드는 일이다. 이런 이유로 교육은 우리 헌법에서 몇 안 되는 '권리이자 의무'라는 이중적 성격을 갖는다. 따라서 국가는 국민의 헌법적 기본권을 보장하고, 사회발전을 도모하기 위해 공적자금인 국민 세금으로 공교육체제를 운영한다.

매해 수립되는 정부예산 중 교육예산은 복지예산 다음으로 그 규모가 크다. 예산 비중에서 드러나는 것처럼 국민 개개인의 기본권 보장이란 점에서 보나, 사회발전 및 국가 운영상의 중요성에서 보나, 교육에 대한 정치권의 관심과 역할 필요성은 아무리 강조해도 지나치지 않다. 그럼에도 불구하고 우리 정치는 교육이 갖는 중요성에 상응하는 문제의식과 정치적 책임감을 거의 갖지 않는다. 불행한 일이다.

현실정치와 교육정책 사이클 간 불화

법·제도적 환경으로 인한 현장 교사 출신의 정계 진입장벽이나 현실 정치인 및 정당의 인식 부족만이 문제는 아니다. 정치는 기본적으로 선거 주기에 맞춰 4년이나 5년 단위로 작동되고, 그로 인해 짧은 임기 중에 성과를 내고자 하는 속성이 있다. 그러나 교육 관련 사안들은 비교적 중장기적으로 그 성과가 나는 일들이라 정치인들은 교육 문제에 적극적이고 근본적 처방을 내리는 것을 기피하거나 주저하게 된다. 더구나 일반적으로 새로운 법·제도나 정책 도입은 초기에 기존 관성과 충돌하며 일시적으로 갈등과 혼란 양상이 전개된다. 그러니 성과는 나중에 나타나고 본인 임기 중 갈등양상이 빚어질 교육개혁을 기피하는 게 다반사다. 이 점에서 4, 5년 주기의 짧은 정치작동 시간과 상대적으로 긴 시간이 요구되는 교육 관련 사안이 갖는 속성상의 불화로 인해 늘 중요한 교육개혁 관련 정치적 결정들은 미뤄져 왔다.

그 결과 우리 정치권은 되도록 현상 유지라는 기본 기조에서 사실상 탈피해 본 적이 없다. 이는 우리 사회에서 근본적 교육개혁 없이 시장주의 교육정책이 장기간 유지·관철되는 중요한 원인이 되었다. 앞서 언급한 것처럼 전방위적 사회토대 구축이라는 교육이 갖는 역할을 생각하면, 이는 결국 본질적인 기조 변화 없이 5·31 교육개혁 자기장 안에서 운영되는 공교육체제를 통해 신자유주의적 가치관을 내면화한 인간(사회구성원)을 배출하고 사회 각 분야에서 신자유주의질서를 공고화하는 것으로 이어진다.

교육위원회, 비인기 상임위

국회에는 총 18개 상임위가 있다. 물론 다선의원 중에서는 교육에 대한 특별한 책임감과 정책적 관심으로 내리 교육위(혹은 교육문화체육관광위원회) 활동을 한 의원도 있다. 그러나 일정한 경향성을 말할 수 있다면, 교육위와 문체위가 분리된 이래 국회 상임위 중 교육위는 국회의원들에게 비인기 상임위 중 하나다.

'교육은 어렵다'

교육위가 비인기 상임위가 되는 데는 여러 이유가 있겠지만 국회의원들에게 교육 관련 업무가 일반적인 여타 국정 업무와 다른 특수성이 있어 어렵게 느껴지는 것도 그 이유 중 하나다. 4년 의정활동 기간 비교적 편하게 대화를 나눌 수 있는 의원들에게서 때때로 진지하게 '교육은 잘 모르겠다', '교육은 정말 어렵다'는 이야기를 듣곤 했다. 상임위 활동에 대한 책임감과 열의가 높은 의원들일수록 이런 이야기를 더 많이 했던 기억이 난다.

좀 더 얘기해 보자. 우리 헌법이 유일하게 '전문성'을 명시적으로 규정하고 있는 영역이 교육 관련 조항(헌법 제31조)임을 아는 이들은 많지 않다. 인성(인격도야)과 민주시민성 함양은 교육기본법 제2조가 규정한 우리나라 교육목적이다. 인성과 민주시민성 함양이야말로 사람에 대한 풍부한 이해가 요구된다. 뿐만 아니라 가치관·태도가 형성되고 성장하는 기제와 과정을 이해하고 작동시키는 특별한 전문성이 요구되는 영역의 일이다. 교육은 총체적인 인간성장 과정의 일이기 때문이다.

국회의원들이 때때로 교육을 다루는 일을 어렵게 느끼는 데는, 특히 책무감이 높아 교육 문제에 대해 깊이 고민하고 학습하는 의원일수록 어려운 문제로 여기는 것은 이와 같은 교육이 갖는 특수한 성격과 관련이 있다고 생각된다.

사적 욕망과 보편적 당위 사이 간극

공적 차원에서 다뤄지는 교육정책, 제도 등의 문제도 계급적 성격(혹은 집단적 이해관계)을 갖는다. 따라서 가정 내(內)가 아니라 사회적 차원의 교육정책이나 제도 문제에 대해서는 개인이나 정당 모두 자신의 이해관계나 정치적 노선에 부합하는 방향에서 입장을 정하게 된다. 특히 유권자인 일부 학부모들은 극단적 경쟁사회에서 내 아이가 더 안전하게 살아남아야 한다는 개인적 요구로 경쟁 친화적 교육정책과 제도에 대한 집단적 의사표시를 하기도 한다. 자사고·특목고 폐지 반대나 의대 정원 확대로 야기된 의료대란 와중에 학원 의대준비반 러시 현상 등이 그 대표적인 예라 할 수 있다. 이런 소수 학부모들의 욕망 대열에 직접 합류하지 않더라도 많은 부모들이 학벌주의 사회에서 뒤처지지 않아야 한다는 불안함 때문에 어쩔 수 없이 해마다 늘어나는 사교육비 지출을 감당해야 하는

게 현실이다.

그래서 정당이나 정치인들에게 사적 욕망과 공적 가치가 극단적으로 충돌하는 부동산과 교육 문제는 종종 가장 다루기 어려운 문제로 받아들여진다. 지역구에서 이른바 목소리 큰 유권자들의 압박에 부딪혀야 하는 국회의원들에게 이 양자 사이 간극을 메우는 일은 결코 간단치 않은 일이다. 이 역시 5·31 교육개혁 이후 수차례 정권교체에도 불구하고 신자유주의 교육정책의 기본 기조가 바뀌지 않은 채 '현상 유지' 상태를 벗어나지 못해 왔던 이유 중 하나다.

정책보다 정치 현안 중심 국회

대한민국은 민주공화국이며, 교육은 민주공화국 대한민국을 유지·발전시키는 중요한 기제다. 교육기본법은 제2조에서 교육목적을 '인격도야', '자주적 생활 능력 함양', '민주시민 자질 함양'임을 명확하게 규정하고 있다. 앞의 두 가지가 개인적 차원에서 교육을 통해 획득해야 할 핵심 내용이라면, 마지막 세 번째 민주시민 자질 함양은 사회적 차원에서 요구되는 공교육 목적을 명시한 것이라 할 수 있다. 법은 사회적 합의의 최소한이다. 그러나 교육 현장에 관철되고 있는 정책과 법, 제도들이 교육기본법에서 명시한 교육목적을 실현하는 방향에서 추진되고 있는가 하는 문제에 이르면 결코 긍정적인 답을 할 수 없다. 특히 교육기본법 취지에 입각해 교육 관련 법, 제도, 정책, 예산 등을 다뤄야 할 국회로 들어가면 그 간극은 더욱 크다.

교육 문제에 소극적인 민주진보정당

우리 사회 기득권 세력인 보수 정치세력은 현상 유지 자체가 자신의 정치적 노선에 부합하며 그들이 개혁이라는 이름으로 추구하는 정책들은 기존 정책 기조를 변조·강화하는 것이 대부분이라 사회적 저항이 상대적으로 크지 않다. 이런 이유로 오히려 교육과 관련해 개혁정책이라는 이름으로 더 적극적이고 활발한 시도를 하는 것은 보수 기득권 세력이었다. 반대로 진보 개혁을 표방한 세력들은 교육 문제에 상대적으로 소극적이었다고 할 수 있다. 교육 문제에 대한 보수진영의 이런 태도는 김영삼 정부의 '5·31 교육개혁'이나 이명박 정부의 '고교 다양화 300' 정책에 따른 자사고·특목고 확대, 박근혜 정부의 국사교과서 국정화 등으로 나타났다. 오히려 보수 기득권 세력이 교육이 갖는 사회정치적 역할에 대해 민감하며 적극적이었다. 반면 민주진보 정치를 표방한 민주당은 교육정책의 의의를 과소평가하여 소극적으로 대응하는 양상으로 나타났다. 국회에서 교육위가 주변화되는 원인 중 하나이기도 하다.

대안보다 저지, 그리고 정치 현안 교육위

우리 정치 현실이 오랫동안 비토크라시^{vetocracy}를 강화하는 양당제 폐해가 고착되면서 국회 각 상임위가 정책경쟁을 위한 심의·의결보다 정치 현안성 주제들을 중심으로 운영되는 현상이 날로 심해지고 있다. 교육위 역시 이런 흐름에서 예외는 아니다. 솔직히 말해 현실 교육정책들이 헌법과 교육기본법 실현에 부합하는지, 또 그에 부합하기 위해서는 어떤 법, 제도, 정책이 필요한지가 중심이 되어 심도 있는 논의와 결정이 이루어지는 곳이 국회 교육상임위여야 하지만 이런 논의들이 제대로 이루어지고 있다고 하기엔 부족함이 많다.

예를 들면 학교폭력의 경우 그 실태를 파악하고 그에 맞는 입법과 정책 작업에 집중하기보다 고위공직자 자녀의 학폭 문제가 뜨거운 쟁점이 되는 식이다. 전자는 조금 긴 호흡으로 정책적 연구와 현장 소통 등이 필요한 일이라면, 후자는 다분히 정치 쟁점화된 단발성 사안을 다루는 것으로 그 양상과 성격이 달라진다. 교육 영역에서 사회적 영향력이 높은 고위공직자 문제가 발생했다면 이를 해결하는 것 역시 정치의 과제임은 분명하다. 극단적 교육양극화가 진행되고 있는 현실에서 이는 사회 불평등과 교육 불평등 문제를 해결하는 과정이기도 하기 때문이다. 그러나 많은 경우 현실정치에서는 사안의 근본 원인과 제도적 해결책 마련으로까지 나아가지 못한 채 주어진 결과인 사안 자체에 집중하는 데서 끝나는 경우가 반복되고 있다.

문제는 현실에서 민주주의 확대·강화와 개인의 전인적 성장이라는 교육 본질을 지켜내는 관점에서 교육개혁 청사진을 그려내고자 하는 정치세력이 너무 드물다는 점이다.

21대 국회와 교육

2020년 시작된 21대 국회는 2년 주기로 상임위 구성을 전환하는 국회 시스템과 맞아떨어져 2022년 대선을 전후로 전혀 다른 성격의 두 정부시기로 나뉘게 되었다. 그래서 전반기 2년은 문재인 정부를 상대로, 후반기 2년은 윤석열 정부를 상대로 국회 상임위 활동이 이루어졌다.

21대 국회 전반기: 문재인 정부 시기

문재인 정부는 촛불 탄핵으로 성립한 정부다. 세계 민주주의 역사에 유례없는 자발적이고 평화적인 대규모 국민저항으로 성공한 탄핵이었음에도 문재인 정부는 20대 국회 구성을 그대로 물려받은 채 국가 운영을 해야 했다. 민주당이 압도적 다수를 이룬 21대 국회는 비로소 촛불 탄핵이 기대했던 사회 전반적 개혁을 수행해야 할 '촛불 국회'라는 역사적 임무를 부여받았다. 그러나 2년 후 대선 패배로 정권을 잃고 국민심판을 받은 것에서 드러나듯 문재인 정부와 전반기 21대 국회는 역사가 부여한 역할을 제대로 수행하지 못하였다.

문재인 정부 교육정책

문재인 정부는 초기 진보교육감 출신 김상곤 전 경기도교육감을 교육부 장관으로 임명함으로써 교육개혁에 대한 의지를 표명하였으나 거기까지였다. 오히려 교육수석제를 폐지함으로써 교육 문제에 대한 정부 핵심 주체들의 문제의식은 약화되었음이 드러났고, 김상곤 교육부 장관은 큰 개혁성과 없이 1년 남짓 임기를 마친 후 정치인 출신 유은혜 장관이 뒤를 이어 문재인 정부 임기 말까지 교육정책을 이끌었다.

유은혜 장관은 진보교육감 등장 이후 교육 현장에서 실천되었던 혁신교육 관련 정책들을 부분적으로 시도하기도 하였다. 예를 들면 교육부 조직개편을 통해 교육부 최초로 민주시민교육과를 신설했고, 전국적으로 확산되고 있던 혁신교육지구(마을교육공동체) 정책을 지원하며, 혁신학교에서 시작되었던 공간혁신 움직임을 그린스마트스쿨 정책으로 전국화하였다. 비록 정권교체 후 왜곡과 퇴행에 직면했지만, 역사상 최초로 2년여에 걸쳐 6,000명 교사와 10만 시민이 주체로 참여하는 교육주체 주도형 교육과정 개정의 새로운 사례를 만들어내기도 하였다. 나름 비리 사학 척결 의지를 세우고 사학 감사를 적극 실시하여 학교설립 이래 단 한 차례도 감사를 받지 않았던 대학들의 학교 운영 실태가 드러나기도 하였다.

그러나 전체적으로 문재인 정부 교육정책은 촛불 탄핵 정부에 요구되던 근본적인 개혁이 아니라 2010년 이후 현장에서 뿌리내리기 시작한 혁신교육 정책을 부분적으로 도입하는 것에 그친 파편화된 개혁 시도 수준에 머물렀다. 이렇게 된 데는 다음 몇 가지 원인이 작용했다고 보인다.

첫째, 교육정책 패러다임을 전면적으로 전환할 만큼의 개혁을 하려면 대통령을 포함한 핵심 수권 세력 내에서 교육개혁에 대한 충분한 이해와 의지가 존재해야 한다. 패러다임 전환 수준의 개혁은 그게 누가 되든 장관 개인 역량이나 의지로 해결할 수 없는 일이다. 이는 비록 5·31 교육개혁이 철저한 관 주도 하향식 개혁이었음에도 대통령의 강력한 의지와 관심, 12개 부처가 참여하는 범정부적 공동 대응이라는 정책 환경 속에서 가능했다는 사실과 비교해 볼 만한 일이다.

둘째, 근본적인 교육개혁에 대한 청사진이 부재했다. 첫 번째 문제가 의지 부족 문제라면, 두 번째 문제는 능력 부족 문제라 할 수 있다. 사실 아무리 촛불 탄핵으로 형성된 현장의 개혁 열기가 뜨겁고 다양한 현장 개혁 세력들의 적극성이 끓어오르는 상황이라 해도, 인수위조차 없이 국정 실무에 돌입할 수밖에 없는 갑작스러운 정부 출범 상황에서 체계적 개혁 밑그림을 가지고 전 국가적 차원에서 추진해야 할 근본적 교육개혁을 추진한다는 것이 쉬운 일은 아니다. 그러나 최소한 전면 개혁 실시에 나서지 못한다면, 전 사회적 차원에서 유·초·중등 및 고등교육 전체를 아우르는 패러다임 전환을 위한 사회적 논의를 체계적으로 진행해 교육개혁 청사진을 마련하는 작업에라도 돌입했어야 했다.

셋째, 개혁에 집중하는 것을 어렵게 하는 객관적 여건상의 어려움이 존재했다. 촛불 탄핵에 대한 기득권의 저항과 반격으로 야기된 이른바 '조국 사태'가 입시 비리라는 양상을 띠고 전개되면서 교육개혁은커녕 방어적 퇴행마저 용인하는 상황에 직면했다. 또 다른 중요한 변수가 전 세계를 휩쓴 전대미문의 코로나 팬데믹이었다. 물리적으로 정상적 학교교육이 불가능한 상황에서 비대면 수업 전면화 등 학교교육 자체가 중단되지 않고 지속할 수 있도록 하는 하드웨어적 교육 여건을 유지하는 일에 2년 이상 집중할 수밖에 없었다. 문재인 정부의 코로나 대응에 대한 긍정 평가로 총선승리에 우호적 변수가 되었던 팬데믹이 촛불 정부에 요구되었던 교육개혁에는 결정적 걸림돌이 된 셈이다.

21대 국회 전반기 교육상임위

21대 총선으로 여당인 민주당이 다수당이 되자 문재인 정부가 제시했던 교육 관련 국정과제[1] 실현에 차근차근 나아가야 할 상황이었지만 팬데믹 상황까지 겹치면서 상황이 녹록지는 않았다. 고교무상교육 실현, 국가교육위원회 신설 등 몇 가지 과제가 이행되었지만, 교육 불평등은 심화되고 학생 수 감소에도 불구하고 사교육비는 날로 증가하는[2] 현실이 말해주듯 근본적인 방향 전환에는 역부족이었다. 여기에서는 21대 국회 전반기 교육 관련 과제 중 입법과 연결된 몇 가지 주요 사안을 살펴보고자 한다.

① 코로나 팬데믹 대응

코로나 초기 국회에서는 팬데믹 대응으로 방역 거리 확보가 가능한 학급당 학생 수 감축과 학생 정신건강 대책 마련을 주문하였다. 당시 교육부는 교육과정 지속대책으로 비대면 원격수업 전면화 조치를 택했다. 그러나 학급당 학생 수가 15명 안팎인 과학고에서는 코로나에도 불구하고 대면 수업이 지속되었던 사실이 보여주듯, 방역 거리를 유지할 수 있도록 학급당 학생 수를 줄이는 것을 적극 추진했어야 했다. 그랬다면 대면 수업 전면화가 훨씬 일찍 가능했을 것이고, 갑자기 비대면 수업을 진행해야 했던 교사들의 어려움과 학교 현장의 혼란이 최소화될 수 있었을 것이다.

당시 교육부가 다른 나라에 비해 비교적 질서정연하게 대응했던 것은 사실

---

1) 문재인 정부 100대 국정과제 중 제시되었던 교육정책 과제는 고교무상교육 실현 등을 포함한 '유아에서 대학까지 교육 공공성 강화', 혁신학교 및 자유학기제 확대 등을 포함한 '교실혁명을 통한 공교육 혁신', 학력·학벌주의 관행 철폐 등을 포함한 '교육의 희망사다리 복원', 고등교육 공공성 및 경쟁력 강화 등을 포함한 '고등교육의 질 제고 및 평생·직업교육 혁신', 선진국 수준 교육환경 조성 등을 포함한 '미래 교육환경 조성 및 안전한 학교 구현', 교육부 기능 개편 등을 포함한 '교육민주주의 회복 및 교육자치 강화' 등이었다.
2) 통계청 '2023년 초중고 사교육비 조사 결과'(2024.3)에 따르면, 2023년 사교육비 총액은 약 27조 1천억 원으로 전년 대비 4.5% 증가, 전체 학생의 1인당 월평균 사교육비는 43만 4천 원, 참여 학생은 55만 3천 원, 전년 대비 각각 5.8%, 5.5% 증가

이지만, 세계에서 가장 안정적으로 수업 운영을 했다는 성과의 상당 부분은 실은 초유의 새로운 수업환경에 적응하는 과정에서 자신을 갈아 넣었던 50만 교사들의 노고가 없었다면 불가능한 일이었다. 학력 저하, 문해력 저하 등 논란이 되고 있는 비대면 수업으로 야기된 수업 효과 면의 문제는 별론으로 하고 더 심각한 문제는 따로 있다. 코로나 기간 시행된 비대면 수업으로 전환하게 되면서 아이들이 실질적 돌봄으로부터 벗어난 채 각자의 집에 고립된 상황을 강요받았다. 그 시간들이 결국 이후 정서·심리적 불안 증상 만연과 사회성 하락이라는 심각한 문제를 야기하는 중요한 원인이 되었다는 사실은 지금 생각해도 뼈아픈 일이다. 팬데믹 종료 후 학교교육은 팬데믹 이전으로 돌아가 외견상 정상화되었지만, 자해, 자살 등을 포함해 학생 정신건강에 심각한 적신호가 켜지고 있다. 마치 아무 일도 없었던 듯 코로나 2년을 소거해버린 채 돌아가고 있는 학교에서 교사와 학교장 등 아이들 교육을 직접 책임지고 있는 이들이 겪고 있는 어려움은 상상할 수 없을 만큼 심각하다. 코로나 직후 교육부, 교육청은 학생들의 정서·심리상태에 대한 전면적 실태조사를 실시하고, 아이들이 코로나 시기 겪었던 고립과 불안을 해결하기 위한 특단의 대책을 제1 과제로 삼았어야 한다. 당시 교육당국은 어쩌면 이것이 교육과정 재개만큼이나 중요한 전 사회적 과제라는 인식을 하지 못했다. 그래서 학생정신건강센터 지원, 치료비 지원 같은 부분적인 대책 이상의 근본적 대응으로 나아가지 못했다. 지금이라도 코로나로 인해 아이들이 겪은 고통스러우면서도 특별한 집단경험을 교육부는 물론 전 사회적인 차원에서 해결하기 위해 나서야 한다. 그렇지 않으면 아마도 머지않은 미래에 이른바 '코로나 키즈'라는 새로운 사회현상에 직면해 엄청난 사회적 비용을 치러야 할지도 모른다.

② 교사 정치기본권

OECD 국가 중 교원 정치기본권을 인정하지 않는 나라는 우리나라가 유일하다. 이는 헌법이 보장하는 기본권을 박탈하여 교사의 시민적 권리를 부당하게 침해하는 일이다. 그런데 이는 단지 교사들의 기본권 침해로만 끝나지 않고, 교사들을 정치적 세계로부터 격리시킴으로써 교육현장과 괴리된 교육입법, 교육제도, 교육정책, 교육예산 등이 양산되어 오히려 교육을 어렵게 만드는 중요한 원인이 되고 있다. 또한 그 피해는 우리 아이들에게도 미친다. 입시, 취업, 납세, 금융, 선거 등 어느 것 하나 정치와 무관한 게 없는 세상에서 살아갈 아이들이 정치 문해력을 갖출 수 없게 된다.

권력의 원천이 국민이고, 주권자는 국민이라는 헌법 제1조에 따라 민주공화국을 유지 발전시키기 위해서는 정치 문해력을 갖춘 주권자 양성 교육이 필수다. 교사에게 정치기본권이 보장되면 학교는 정치판이 되고, 아이들은 교사로부터 정치세뇌를 당할 것이기 때문에 교육의 정치적 중립성이 훼손된다는 주장은 지극히 왜곡되고 편협한 주장이다. 유권자 시민, 혹은 시민이 될 학생들은 정치를 멀리할수록 좋은 것이며, 정치는 소수 엘리트만의 일이라는 생각이 누구에게 가장 이익이 될까? 교육의 정치적 중립성을 위해 학교에서는 정치적 문제를 다루지 말아야 하며, 교사는 정치기본권을 누리지 말아야 한다는 생각조차 특정 관점에 선 하나의 정치적 견해일 뿐이다.

21대 국회에서는 교사의 시민적 권리 회복과 교육기본법이 규율하고 있는 교육목적 실현을 위한 교사 정치기본권 보장법 개정안들이 다수 발의되었다. 국가공무원법, 교육공무원법, 공직선거법, 정치자금법, 정당법, 지방교육자치법 개정안들이 제출되어 선거 출마 휴직 보장, 정치후원금 기부, 정당 가입 활동 보장, 국민경선단 참여 권리 보장, 모의 선거 교육 등에 대한 입법적 노력이 이루어졌지만 아쉽게 단 한 건도 심의되고 통과되지 못한 채 21대 국회 임기와 동시에 자동 폐기되었다. 22대 국회 개원과 동시에 국회 교육위 위원들이 관련한 법 개정안을 발의했고, 21대 때보다 통과 가능성이 높아질 것 같아 다행스럽다.

③ 20년 숙원, 그러나 부끄러운 국가교육위원회

국가교육위원회 설립은 문재인 정부 100대 국정과제 중 하나였다. 오랜 세월 동안 교육 주체들과 연구자들, 교육시민단체 활동가들 사이에는 교육행정체제의 근본적 개혁이 필요하다는 주장이 제기되어 왔었다. 그 구체적 대안으로 지방교육은 시도교육청의 실질적 자치를 보장하며, 전국적 범주의 교육정책은 정치권력으로부터 상대적 자율성을 갖는 독립적인 합의제 행정기구를 통해 운영한다는 차원에서 국가교육위원회가 제시되었다. 이는 당연히 행정 각부 중 하나로 정부 교체 시마다 정치적 논리가 개입되는 기존 교육부 체제의 폐지나 대폭 개편까지도 열어놓은 것이었다.

아쉽게도 21대 국회 내에서 국가교육위원회에 대한 심층적 논의는 제대로 이루어지지 못했다. 애초의 취지에 충실하기 위해서는 기존 교육부 중심 체제의 전면 개편이 포함된 구체적 방안 마련이 필수적이었다. 그러나 이런 논의가 생략된 채 문재인 정부 후반기에 국민의힘 반대 속에 안건조정위원회를 거쳐 민주당과 열린민주당 의결로 2021년 7월 국가교육위원회법이 통과되었다. 물론 제출된 2개의 법안[3]에 대한 내용검토가 안건조정위원회에서 이루어지긴 했으나, 이미 제출된 법안에 대한 부분적 검토 수준이었을 뿐 교육부와 국가교육위원회 관계에 대한 포괄적이면서도 근본적인 문제를 검토하지는 못하였다. 단지 교육부와의 관계 문제만이 아니라 국가교육위원회가 상대적 자율성을 갖는 합의제 행정기구로 기능하기 위해 필요한 위원회 구성, 위원회 운영방식 등에 대한 보다 면밀한 검토와 그에 부합하는 입법안으로서는 부족한 것이 많았다. 그 결과 기존 교육부 체제가 그대로 온존한 채 위원회 구성·운영상 한계를 안고 국가교

---

3) 필자는 국가교육위원회법안 대표발의자 중 한 명이다. 발의 당사자로서 충분한 숙의 과정을 거치지 못한 것에 대한 책임을 통감하고 이후 법 개정을 통해 교정·보완되기를 바라는 바다.

육위원회가 신설되었다.

　법통과 후 국가교육위원회가 정식 출범하는 1년 사이에 정권교체가 이루어졌고, 초대 위원장을 윤석열 대통령이 임명하고 국가교육위원 구성도 윤석열 정부 아래 이루어졌다. 현실의 국가교육위원회가 교육부 산하 부속기관처럼 되어 유명무실화된 가장 큰 이유는 교육부와의 관계 재설정 생략 문제가 갖는 한계 이상으로 애초에 국가교육위원회 자체를 반대했던 국민의힘 정부 아래 출범하여 운영되고 있다는 점, 위원 구성상의 과도한 편향성 문제라 할 수 있다. 이런 이유로 국가교육위원회는 독립적 합의제 행정기구로 기능하기에는 턱없이 부족한 인력과 예산만이 배정되었을 뿐 아니라[4] 박근혜 정부 아래 역사교과서 국정화에 앞장섰던 이가 위원장으로 임명된 것에서 조직의 성격과 한계가 출발부터 극명하게 드러났다.

21대 국회 후반기: 윤석열 정부 시기

　국회 임기 내 정권교체, 특히 여야가 바뀌는 교체인 경우 정부 성격 차이로 상임위 쟁점뿐 아니라 활동 방식에도 변화가 발생할 수밖에 없다. 그러나 이런 일반적인 변화 외에도 21대 후반기 국회 교육상임위는 윤석열 정부가 갖는 독특한 특성, 예를 들면 전후 맥락 없는 급발진 정책 투척과 행정기관인 교육부, 국가교육위원회 등의 비협조, 교육계 내 새로운 역사가 된 서이초 사태로 아마도 역대 교육상임위 중 가장 부산하면서도 힘든 시기 중 하나였을 것이다.

---

4) 비슷하게 일정한 독립성을 갖는 합의제 행정기관인 국가인권위원회의 2023년 정원이 206명, 연간예산이 410억인 데 반해 국가교육위원회 2023년 정원은 32명, 연간예산은 98.9억 원에 불과하다.

다시 돌아온 MB맨 이주호 장관과 박근혜 교육부 소환

이주호 장관[5]은 10년 만에 다시 윤석열 정부 교육부 장관으로 화려하게 부활하기 직전까지 디지털 교육을 통한 아시아 교육격차 해소라는 취지를 내건 아시아교육협회를 설립해 이사장으로 활동했다. 이주호 장관은 아시아 교육협회 활동을 통해 K-에듀로 세계 AI 교육을 선도하자며 디지털 교육을 미래교육으로 등치시키며 디지털교육 전도사 역할을 자처하였다. 그의 신자유주의 교육철학은 디지털 교육과 만나 이명박 정부 교육정책 못지않게 우리 교육의 근본을 흔들 위험천만한 길로 들어섰다.

돌봄 대란까지 일으켰던 누리과정 일방 도입에 버금가는 정부조직법 기습 개정으로 보건복지부 어린이집 업무는 교육부로 전면 이관되었다. 지방교육재정교부금에서 떼어낸 고등교육 예산 1.5조 원을 부담하게 되었고, 늘봄학교 및 유보통합 예산 교부금 집행 여지 등까지 열어놓아 기재부 주도 지방교육재정교부금 감축 논리도 본격적으로 실행되고 있다. 무엇보다 장관 재임 직전까지 집중했던 소위 에듀테크 중심 교육 전면화를 위한 AI 디지털교과서 도입이 일방 추진되고 있어 현장 교사들은 물론 교육 관계자들의 비판과 우려가 쏟아지고 있다. 이주호 장관이 추진하고 있는 이 정책들은 모두 우리 교육의 근본을 변화시킬 중대 사안임에도 불구하고 사회적 합의는커녕 교육당사자 의견 수렴과정이 거의 생략된 채 일방적이며 초고속으로 강행되고 있다.

서이초 사태와 교권 5법

2023년 7월 18일 임용 2년 차 젊은 교사가 자신이 근무하는 학교에서 스스로 목숨을 끊었다. 이른바 서이초 사태의 시작이었다. 서이초 교사의 죽음은 비슷한 고통에 시달리던 전국 50만 교사의 가슴에 깊은 공감과 분노를 불러일으켜

---

5) 2022년 6월 치러진 지방선거에서는 서울시교육감 후보로 출마한 후 중도 사퇴한 바 있다.

대한민국 교육 역사상 최초의 자발적인 대규모 교사 집회로 이어졌다.

서이초 교사의 죽음과 교사 집회가 사회적 이목을 집중시킨 현안이 되자 정치권도 바쁘게 움직였다. 특히 교사 집회 요구가 구체적인 법 개정이었기 때문에 국회 교육위가 응답해야 했다. 여야의원들에 의해 법 개정안이 쏟아져 나왔고, 교육위 법안소위는 한 달 반 만에 다섯 차례나 소집되었다. 21대 임기 4년 내내 단일한 사안을 놓고 이렇게 짧은 시간에 이렇게 여러 차례 법안소위가 진행된 것은 유일하다. 매번 법안소위에서는 격론 아닌 격론이 벌어졌다. 특히 학교의 치료권고권과 학부모 협조의무 조항과 수업방해 시 즉시 분리권 조항에 대한 토론은 여러 차례 반복되었지만 결국 국회 문턱을 넘지 못했다. 법안소위 토론 수준이 민변 등에서 제기한 학생인권이나 학습권 차원이 아니라 그런 조항 자체가 제기되는 학교 현실에 대한 이해 여부 문제였다는 사실이 두고두고 아쉬움을 남기고 많은 생각을 하게 만들었다.

서이초 사태를 계기로 국회는 교육기본법, 초·중등교육법, 유아교육법, 교원의 지위 향상 및 교육활동 보호를 위한 특별법 등 교육위 소관 이른바 '교권 4법'을 2023년 9월 21일 국회 본회의에서 통과시켰다. 그해 12월에는 법사위 소관법인 아동학대범죄의 처벌 등에 관한 특례법 개정안이 통과되었다. 이로써 정당한 생활지도에 관한 아동학대 행위 적용 유보조항이 생겼고, 교권침해 행위 범위가 확대되었으며, 학교 민원 업무 학교장 책임제, 학교교권보호위원회 폐지, 피해 교사에 대한 지원 강화, 교권침해 시 신고 의무 및 분리, 교사의 아동학대 피신고 시 교육감 의견 제출 절차 등이 마련되었다.

그럼에도 불구하고 서이초 사태 1년이 지난 시점에서도 교사들 사이에 교육 현장에 변화가 없다는 의견이 지배적이다. 원인은 다양하다.

이제 차분히, 그러나 진지하게 서이초 사태 원인과 교사들이 요구했던 '안전하게 가르치고, 잘 배울 수 있는 학교'를 만들기 위해 무엇이 필요한지 교육계와 정치권은 물론 전 사회적 차원의 논의가 이루어져야 한다. 서이초 1주기를 맞아

22대 국회에서 서이초 특별법이 발의되었다. 이를 계기로 충분한 토론과 논의가 이루어져 21대 국회 입법한계가 보완되고 교육 불가능이라고 얘기되는 교육위기 해법이 찾아지길 바란다.

미래교육 영업에 나선 교육부

윤석열 정부 출범 직후 이루어진 2022년 7월 새 정부 교육부 업무보고에서 디지털 역량 함양을 위해 고교 정보교과 과목 신설, 초·중등 정보수업 2배 확대(초 34시간, 중 68시간 이상), 코딩교육 필수화 등이 보고되었지만, AI 디지털교과서 도입은 언급되어 있지 않았다. 그해 9월 이주호 장관이 취임한 이후 제출된 2023 교육부 주요 업무 추진계획에서 '디지털 기반 교육혁신'을 첫 번째 핵심과제로 설정하고, 그 구체적 내용으로 기존 서책형 교과서를 바탕으로 AI 기반 코스웨어(디지털교과서)를 운영하여 학습데이터 분석 결과를 교사가 수업에 활용하게 하겠다며 AI 디지털교과서 도입을 교육부 핵심 정책으로 본격화하였다.

디지털 중심 사회로의 전환에 대한 교육계 대응 필요성에 반대하는 이들은 아무도 없을 것이다. 그러나 디지털 활용정책을 선무당 칼춤 추듯 일방적이고 초단기간에 전면화하는 방식으로 추진하는 것은 심각한 문제를 야기할 수밖에 없다. 교육부는 AI 디지털교과서를 2025년부터 3년 안에 전국 유·초·중·고 모든 학교에 단계적으로 확대 적용하고 2028년 이후 전면 전환도 검토하겠다고 발표하였다.[6] 다른 것도 아닌 교육과정 실현의 핵심 기준이자 교수·학습 도구이고, 전국 11,000여 개 학교에서 선택이 아니라 필수로 사용하는 교과서를 이렇게 전

---

6) 교육부는 2023년 2월 발표된 「모두를 위한 맞춤 교육의 실현 디지털 기반 교육혁신 방안」에서 2025년 초3·4, 중1, 고1 대상 수학, 영어, 정보 등 과목에 도입하며, 2026년 초 5·6, 중2, '27년 중3으로 적용 학년을 순차 확대하고, 3년간 AI 디지털교과서와 서책형 교과서를 병행하되, 운영 성과 및 현장 의견 등을 고려하여 '28년 이후 전면 전환도 검토하겠다는 계획을 공개하였다.

격적으로 교체·전환하는 것은 참으로 무모한 일이다.[7]

관련해 제기되는 문제는 너무도 다양할 뿐 아니라 중대한 쟁점들을 안고 있는 것들이다. 학습정보 등 다양한 학생 개인정보 유출 우려,[8] 디지털교과서 개발비는 물론 구독료로 인한 재정부담,[9] 국회에서도 제기된 이주호 장관이 관여했던 아시아교육협회 유관 에듀테크 업체들과의 유착 의혹,[10] 기존 서책교과서 출판 업체와 검증되지 않은 벤처기업 연계 방식의 기술적 수준과 안정성 문제, 무엇보다 디지털 기기 노출 일상화가 초래할 부작용[11]과 교사 역할의 근본적인 성격 변화 등이 제대로 검토되지 않고 있다는 것은 AI 디지털교과서가 교육계에 미칠 파장이 매우 크다는 점에서 실로 심각한 일이다. 교사가 수립한 교수학습계획에 따라 교육적 효과를 고려해 필요에 따라 디지털 교육 자료와 기기를 활용하는 것이 아니라, 교육은 AI 디지털교과서가 하고 '교사는 코디네이터 혹은 헬퍼 helper 역할을 해야 한다'는 교육부 장관의 소위 미래교육관은 교육을 지식과 정보습득으로 축소시키고, 지적 성장과 각성조차 교사와 학생 상호관계 속에서 이루어진다는 교육의 기본 원리에 대한 이해마저 몰각한 것이라 할 수 있다.

---

7) 수업교재나 보조 자료가 아니라 교육과정에 근거해 제작되는 교과서를 전면 교체하는 것은 역의 방향에서 교육과정의 변화와도 연결된다. 이 점에서 AI 디지털교과서 전면 도입은 교육과정 전체를 흔드는 것이 될 수도 있다.

8) AI의 핵심은 빅데이터 확보. 그것이 교과서가 되었든 문제집이 되었든 AI 교재 효과성은 확보한 학생 학습데이터양에 의해 결정된다. AI 디지털교과서는 민간업체에 사실상 학생 정보가 집적되는 것을 정부가 나서 보장·지원해주는 것이다. 교육부가 2024년 5월 수능과 학업성취도평가 성적자료를 전국 226개 기초지자체 단위 전수 공개를 발표해 교육 주체들이 강력하게 반발했다. 교육 당국의 개인정보보안 의식에 대한 우려뿐 아니라, 2023년 경기도교육청의 27만 명 학생 전국연합학력평가 결과 유출, 2024년 교육부의 교사 1만 명 개인정보 유출 등 정보관리 능력까지 우려되고 있다. 이에 수능점수 공개 방침이 연구를 명분으로 한 전국 학생 데이터 공개에서 시작해 전면적 학생 정보 공개의 길을 열기 위한 것은 아닌지도 지켜볼 일이다.

9) 2025년 AI 디지털 교과서 도입? "AI 교사 아직 이르다", e4ds news, 2024.7.24

10) 이주호, 아시아교육협회 설립부터 에듀테크와 '긴밀한 관계'..이해충돌 가능성, 데일리안, 2022.10.25, 178개국 교원 조직, "교육재정, 사기업으로 가는 AI 교육 우려", 교육언론 창, 2024.8.1. "에듀테크 기업, 학교서 사업 펼쳐야"...수상한 이주호 발언들, 교육언론 창, 2024.8.8

11) 유네스코 '2023 세계 교육 현황' 보고서에 따르면 전 세계 200여 개국 중 50개국 이상이 교내 스마트폰 사용을 금지하고 있다. 보고서는 스마트폰을 비롯한 스마트기기가 아이들 불안감과 우울감을 증가시킬 수 있음을 경고하고 있다.(프랑스 13세 이하 스마트폰 금지 추진... 대만 2세 이하 '폰시청' 벌금 212만 원[안녕, 스마트폰], 서울신문, 2024.7.23.)

관련해 김진표 전 국회의장의 강력한 디지털교육 신조도 한몫했음을 지적해 두지 않을 수 없다. 김진표 전 국회의장이 발의한 '지방교육재정교부금법안'이 국회 교육위 법안소위에서 심의된 후 공식적으로 보류되었음에도 2024년 예산 심의 의결 직전 국회의장이 의장 직권으로 예산 부수 법안에 포함시켰다. 민주당 일각에서 강력한 문제 제기가 있었음에도 '증액된 특교예산은 디지털교육에만 집행해야 한다'는 꼬리표가 붙은 의장 법안[12]이 통과되어 지방교육재정교부금의 3%였던 특별교부금비율이 3.8%로 확대되면서 이주호 장관에게 날개를 달아준 셈이 되었다. 참으로 씁쓸하고 아픈 일 중 하나다.

22대 국회 교육과제

22대 국회에는 유·초·중등 교사 경험이 있으며 교사정체성을 가지고 국회에 입성한 국회의원이 3명이나 당선되어 국회 교육상임위에서 활동하게 되었다. 비록 각 의원들의 소속 정당이 다 다르긴 하지만 역대 어느 국회보다 교육현장 의견이 활발하게 국회에 전달되고 반영될 수 있으리라 기대되고 있다. 22대 국회에서는 21대 국회에서 좌절되었지만, 교육계에 커다란 변화를 초래할 교육부가 제안한 정책 관련 법안들이 대거 제출되고 다뤄질 것이다. 대부분 우리 교육

---

12) 국회의장 법안은 특교비율을 4%로 확대하는 것이었다. 이는 십수 년 동안 지방교육자치 강화를 위해 특교비율을 축소하려던 교육계 노력에 찬물을 끼얹는 것이었다. 그나마 민주당의 문제 제기로 4% 안이 3.8%로 조정되었다. 나는 다시 특교비율 3% 환원을 위해 의장이 발의해 통과된 법 조항 폐지법안을 발의했다. 21대 국회 임기 말이라 통과 여지는 희박했으나 특교비율 확대가 교육현장 요구에 역행하며 지방교육자치에 위배됨을 법안 발의로라도 남겨놓아야 한다는 생각에서였다.

위기 해소와는 거리가 멀거나 오히려 악화시킬 가능성이 높은 것들이다. 당연히 30년째 우리 교육을 지배하고 있는 5·31 교육체제 그늘에서 벗어나 교육이 불가능한 상황을 돌파하기 위한 개혁적 입법과 정책 마련을 위한 야권의 노력도 경주될 것이기에 22대 국회 역시 정 반대되는 교육관 간 쟁투가 불가피하다.

교육대전환을 위한 시대적 과제

교육이 '아이들이 사회에 나가 민주시민 자질을 갖추고 자주적으로 살아나갈 수 있도록' 성장하는 것을 돕는 일이라면, 아이들이 살아갈 세상이 직면하고 있는 시대적 변화에 대해 이해하고 대응할 수 있는 교육이 이루어져야 한다. 21세기는 가히 인류사적 대전환 시대라 할 수 있다. 인간 편익과 경제발전이라는 이름으로 자행된 '무한파괴-무한생산-무한소비-무한폐기'는 지구생태계 존립을 위협할 수준의 온실가스 배출로 이어져 폭염, 폭설, 폭우 등 이전에 없던 이상기후로 전 세계가 신음하고 있다. 이제 극단적 기후 현상이 오히려 일상이고 새 표준 new normal이 되는 시대가 되었다. [13] 기후위기가 갖는 인류사적 의미와 원인에 대한 이해, 대응 방안 등에 대한 학습은 인류생존과 지구생태계 지속가능성 문제와 직결되어 있다.

2021년 UNESCO가 펴낸『함께 그려보는 우리의 미래: 교육을 위한 새로운 사회계약』Reimgining out futures together : a new social contract for education은 인류와 지구 위기에 직면해 전 인류적 긴급행동이 필요하며, 이를 위해 공동의 사회적 노력 shared societal endeavours이자 공동재 common good로서 교육의 변혁적 잠재력 실현에 나설 것을 제안하였다. 기후위기와 지속가능사회를 위한 교육과제는 파편적 정책질의나 대응 차원을 넘어선 패러다임 전환을 요구한다. 이처럼 기후위기 대

---

13) 제26차 유엔 기후변화협약 당사국 총회(COP26, 2021.11)에서 「2021년 기후 상태보고서」(State of Climate in 2021)((WMO) 발표 시 전 세계기상기구(WMO) 페테리 탈라스 사무총장 발언

응에 커다란 중요성을 갖는 교육역할에 비추어 21대 국회에서 논의와 대책 마련은 턱없이 부족했다.

당연히 교육은 디지털 중심 사회변화에 적응하고 이를 교육과정에 반영할 필요가 있다. 디지털 중심 사회에서 아이들이 디지털 기기와 시스템을 이해하고 다룰 수 있는 능력도 필요하고, 이를 교수학습방법론 차원에서 적극 도입하고 활용할 필요도 있다. 그러나 현재 윤석열 정부 AI 디지털교과서 전면 도입과 같은 일방적이고 단 2~3년 사이 전면화하는 조급한 방식은 아니어야 한다. 이는 사회적 갈등과 부작용을 야기해 오히려 적절한 대응을 방해할 뿐 아니라 사후적인 사회적 비용을 유발시킬 가능성이 농후하다. 아울러 쏟아지는 디지털 정보의 홍수 속에 아이들이 무방비로 노출되어 방치되지 않도록 하는 교육적 고민과 개입 필요성이 더욱 커졌음을 유의하고 미디어 리터러시 교육과 디지털 윤리교육 본격화에 대한 국회 역할도 요구된다.

이 외에도 계속 심화되고 있는 교육 불평등 문제, 개별 국가를 넘어서 시대적 공통현상이 되고 있는 민주주의 퇴행과 극우 이데올로기 창궐 문제에 교육이 어떻게 응답할 것인가는 여전히 국회가 다루어야 할 시대적 과제이며 중요한 과제다. 특히 세계 최저 출생률을 해마다 갱신하고 있는 저출생 문제와 수도권 일극주의로 인한 지방소멸, 지방의 폐교 증가 문제에 대해 대증 처방을 넘어선 대책 마련도 피할 수 없는 과제다.

입법·정책적 현안 과제

기후위기와 디지털 중심 사회와 같은 시대 전환적 성격을 갖는 구조적이며 다분히 거시적 과제들도 입법과 정책을 통해 해결해야 할 일들이지만, 여기서는 22대 국회에서 다뤄야 할 몇 가지 주요 현안 과제들을 검토하고자 한다.

첫째, 지방교육재정교부금 감축 대응이다. 저출생으로 인한 학생 수 감소 현상이 가속화되고 있다. 학생 수가 줄었으니 지방교육재정교부금도 줄여야 한다는 논리가 윤석열 정부 이전부터 기재부를 중심으로 줄기차게 제기되어왔다.[14] 얼핏 학생 수가 줄었으니 예산도 줄이자는 기재부식 계산법이 타당한 것처럼 보이지만 이는 교육에 대한 몰이해와 교육 경시 관점의 산물일 뿐이다. 기재부식으로 해도 교육은 사람에 대한 투자다. 그런데 사람은 상품이 아니며 경제적 효용성 관점의 자원으로 접근할 수도 없고, 접근해서도 안 된다. 교육은 사람의 인격 형성과 성장에 관련된 일이다. 고교무상교육이 실현됨으로써 교육권 보장을 위한 최소한의 물리적 여건은 확보되었다. 그러나 무상교육은 불평등 해소의 최소조건일 뿐이다. 기재부식 논리가 갖는 문제는 교육의 질을 높이기 위한 고민으로 나아가지 않는다는 것에 있다.

빌 게이츠 한 명이 100만 명을 먹여 살린다는 천박한 논리가 횡행했던 적이 있다. 그러나 초 저출생 사회이기 때문에 지금은 모든 아이 하나하나의 소중함이 더 커졌고, 구호가 아니라 실제 단 한 아이도 낙오되지 않도록 해야 할 이유가 더 많아졌다. 1교실 2교사제나 학생 정서심리 돌봄을 위한 전문가 배치와 지원시스템 운영, 교육지원 행정 전담 인력 시스템 구축과 급식·시설 인력 등 공무직 처우개선 등 교육선진국 수준으로 나아가기 위한 정책예산 필요성은 더 커졌다. 매번 최상위권을 차지하는 PISA 결과 뉴스만 언급되지만, 우리가 주목해야 할

---

14) 현행 내국세 20.79%인 교부금 비율을 대폭 축소하자는 논리, 일정 비율로 고정함으로써 발생하는 경직성을 해소하고 아예 의무편성 비율 자체를 없애고 여건에 따라 해마다 예산을 편성하자는 주장 등이 제기되었다. 유·초·중등 교육계의 강력한 저항에 부딪혀 아직은 지방교육재정교부금 구조를 바꾸는 대신 고등교육예산으로 전용, 유보통합 추진 예산이나 늘봄학교 예산 충당, AI 디지털교과서 구독비 등의 방식으로 대규모 예산이 소요되는 교육부 핵심 정책사업을 국비가 아닌 지방교육재정교부금을 주요 재원으로 하거나 전액 편성하는 우회적 방식을 통해 실질적 감축 효과를 만들어내고 있다. 예를 들어 2024년 6월 발표된 교육부 '세계 최고 영유아 교육·보육을 위한 유보통합 실행 계획(안)'에 의거하면, 교사자격 통합과정이나 통합관리를 위한 통합정보시스템 구축 등 통합과정 자체에서 발생하는 추가적 통합비용은 차치하고, 2027년까지 0~5세 완전 무상교육·보육 실현, 기관이용 시간 12시간으로 확대, 교사 대 영유아 비율 감축, 보조교사 증원 배치, 교사 처우개선, 전 기관 실외 놀이터 의무 설치 등 장밋빛 계획을 실현하겠다고 제시된 30쪽 가까운 문서 중 예산 항목은 '가칭 교육·돌봄 책임특별회계 신설'로 단 7줄 언급되었을 뿐이며, 문서 맨 마지막에 ※표시로 '추가 소요 예산 규모는 통합기관 기준 논의에 따라 올해 말 확정 예정이며, 지방교육재정교부금 등 재원을 활용할 수 있도록 관계기관과 협의 추진'을 넣어 사실상 지방교육재정교부금으로 집행할 근거를 마련해 놓는 식이다.

것은 성적은 최상위권인데 학습 흥미도나 학습 효능감은 최하위권이고, 매년 청소년 자살은 늘어만 간다는 사실이다. 흥미나 효능감이 낮은 아이들이 최상위권 성적을 낸다는 것은 역설적으로 그만큼 아이들이 겪는 고통이 크다는 걸 의미한다. 이 비정상적 격차를 줄이기 위한 특단의 대책이 필요하며, 이는 필연적으로 예산 요구를 수반한다는 것은 상식이다.

둘째, 교육위기와 직결된 문제임에도 정치권에서 배제되어 왔고, 21대 국회에서는 제대로 심의조차 되지 못했던 교사 정치기본권 보장을 위한 입법과제가 22대 국회에서는 반드시 해결되어야 한다. 그래야 교육 관련 법과 정책, 제도들이 현장 적합성을 가질 수 있으며, 교육적 관점에서 마련될 수 있다. 그래야 정당 활동을 하는 제자 앞에서 정당 근처는 얼씬도 못 해본 교사가 정당정치와 민주주의를 가르쳐야 하는 부끄러운 현실을 바꿀 수 있다. 다만 교사 정치기본권 관련법들은 교육위 소관이 아니라 행안위 소관 법이기 때문에 개별의원 차원을 넘어 각 정당 차원에서 당면 현안으로 인식하고 대응하지 않으면 안 된다. 제 정당의 적극적 역할이 필요한 이유다.

셋째, 대학혁신 마스터플랜이 필요하다. 오늘날 수도권 일부 대학을 제외하면 국공립이든 사립이든 학교 유형과 무관하게 지방대학들은 모두 고사 위기에 처해 있다. 이는 단지 저출생으로 인한 학생 수 감소 결과라고 볼 수만은 없다. 대학 설립기준을 완화해 대학 난립을 초래한 대학설립준칙주의의 결과이자 정치권과 교육행정당국의 무능력과 직무 유기 결과이기도 하기 때문이다. 현 윤석열 정부는 지방대학들에게 '알아서 살아남아라'는 철저한 시장 논리로 이 문제에 대응하고 있다. 그러나 대학이 갖는 사회경제적 중요성을 생각하면 이는 우리 사회 지속가능한 발전과 직결된 문제이고, 따라서 단순 시장 논리로 접근할 문제가 아니다. 교육부는 어떤 혁신방안도, 대학 구조 개편을 위한 국가 차원 예산 책정도 없이 21대 국회에서 유·초·중등에 가야 할 지방교육재정교부금 일부를 떼어내 고등교육예산으로 전용하는 임시방편으로 대응했다.[15] 이는 편법으로 지방교육재정교부금을 감축하는 것일 뿐이었으며, 현 대학위기 해결에는 턱없이 부족한 규모였다. 마치 사망에 이를 지경의 탈수증을 앓고 있는 대학에 물한 모금 던져준 것에 불과하다.

넷째, 앞서 언급한 것처럼 경쟁교육이 야기한 문제에 더해 코로나 팬데믹으로 심각하게 악화된 학생 신체·정신건강에 대한 특단의 대책이 마련되어야 한다. 21대 국회 임기 말 여야 의원실과 교육부, 교육청, 시범학교 담당 교사 및 학교장까지 참여한 학생맞춤형통합지원법 간담회가 실시되었다. 수차례에 걸쳐 양당 의원들이 발의한 법안을 검토·조정하면서 사실상 하나의 합의된 법안이 완성되었다. 그럼에도 불구하고 총선 직후 특검법 등을 둘러싼 여야 격돌 상황으로 국회 임기가 마무리되면서 교육상임위 법안소위가 열리지 못해 처리가 불발된 것은 너무 아쉬운 일이다. 22대 국회에서 반드시 처리해야 할 과제다.

다섯째, 이상에서 다룬 사안들 외에도 윤석열 대통령이 총선 기간에 윤석열표 정책성과로 여러 차례 강조했던 늘봄학교 법적 근거 마련, 이주호 장관이 사활을 걸고 추진 중인 AI 디지털교과서를 비롯한 에듀테크 전면화 정책은 국회교육위에서 다뤄야 할 주요 현안이다. 유보통합의 경우 정부조직법 개정으로 행정 소관 부서가 교육부로 통합되었을 뿐 가장 중요한 통합원칙과 통합예산 등에대해서는 제대로 논의조차 이루어지지 못한 상황이라 22대 국회가 관련 논의를 주도해 사후적으로라도 쟁점들을 해소해 안정적인 통합과정이 추진될 수 있도

---

15) 2022년 12월 고등·평생교육지원특별회계법이 제정되었으나 유·초·중등 예산인 지방교육재정교부금으로 배정되는 교육세 일부를 고등교육 예산으로 전용하는 것으로 끝났다. 2023년 1.5조 원이 이에 해당된다. 고등교육 문제 해결을 위해 애초에 대학과 교육계에서 요구했던 고등교육특별회계는 현 고등교육 문제를 해결할 안정적이고 충분한 규모의 별도 국비로 편성되는 예산이었다.

록 적극적 역할을 해야 한다.[16]

22대 국회 임기 중에 실제 적용될 2028 대입 개편안 문제도 주요 과제 중 하나다. 특히 현재 확정·발표된 2028 대입 개편안이 2025년부터 전면 실시될 고교학점제와 충돌할 수밖에 없다는 점에서 전국 고등학교 현장에서 커다란 혼란을 야기할 것은 불 보듯 뻔하다. 이미 학교 현장에서는 2025년 교육과정 준비를 하며 현실화되고 있는 문제다. 우리 교육에서 입시 규정력이 갖는 어마어마한 영향력을 감안한다면 2028 대입 개편안 개선방안에 대한 논의도 필요하다.

2025년이면 현 국가교육위원회 위원 임기가 만료된다. 21대 국회 내내 초대 위원회라는 상징성에도 불구하고 국가교육위원회가 제 역할을 제대로 하지 못하고 사실상 식물위원회로 존재했었다. 국가교육위원회가 단지 세금만 축내는 기구가 되지 않도록 국회가 견제·감시해야 한다. 특별히 현 국가교육위원회 위원 구성의 편향성을 고려한다면 교육과정 관련 주 업무기관인 국가교육위원회가 현 교육과정 수시 개정 체제를 활용해 교육과정 개악 시도를 할 가능성이 상존해 있다는 점도 유념해야 한다. 또한 2기 위원회 구성 전에 국가교육위원회 관련 법 보완사항 개정을 서둘러 기관 설립 취지를 최소한이라도 살릴 수 있도록 할 필요가 있다.

국회가 교육부 업무를 포괄적으로 다루는지라 너무 다양한 각종 현안들이 22대 국회 과제로 안겨질 수밖에 없다. 다만 각 정당과 22대 국회 교육상임위에서 활동하는 국회의원들에게 모든 정책과 입법과제들을 헌법 31조와 교육기본법 제2조를 기준으로 살필 것을 당부 드린다. 특히 교육 불평등 해소 관점에서 다루는 것을 원칙으로 하는 것은 아무리 강조해도 지나치지 않다. 또한 이미 과도할

---

16) 윤석열 정부가 추진하고 있는 주요 교육 정책들은 관련 입법을 필수적으로 요구하는 것들이 적지 않다. 2024년 발표된 교육부 '세계 최고 영유아 교육·보육을 위한 유보통합 실행 계획(안)'에는 통합법 제정과 지방교육자치법, 지방교육재정교부금법, 영유아보육법 일괄 개정, 교육과정을 위한 국가교육위원회법 개정, 전문대 영유아교사학위 운영을 위한 고등교육법 개정, 이음학기 운영을 위한 법령개정, 유아교육특별회계와 통합한 특별회계법 등 곳곳에 관련 법 제·개정 계획이 제시되고 있다. 이는 비단 유보통합에만 적용되는 것이 아니다. 따라서 국회는 입법권을 통해 윤석열 정부 교육정책 제도화 과정에 적극 개입해 합리적인 정책이 추진될 수 있도록 할 의무와 권한이 있다.

정도로 학교 현장에 침투해 들어온 '교육의 사법화' 문제도 해결해야 한다. 이 점에서 법이 만능이 아니라는 점을 국회는 유의할 필요가 있다. 때로는 입법 과잉 문제가 발생하기도 하고, 때로는 선의로 만들어진 법이 의도와 달리 현실을 왜곡하고 더 힘들게 만드는 경우도 있다. 국회는 다른 누구도 갖지 못한 국회만의 특별한 권한을 갖고 있지만 큰 틀에서 보면 우리 사회 교육 문제를 해결하는 여러 주체 중 하나다. 국회와 유권자는 각자 맡은 역할이 있고, 그 역할들이 유기적으로 연결될 때 비로소 법이 생명을 갖게 되고, 정책이 선한 방향에서 현실을 개선할 수 있다. 국회는 위임받은 권한임을 잊지 않고, 유권자는 국회가 방향을 잃지 않도록 견제하면서도 힘을 실어주는 것이 필요하다. 그래야 교육이 바뀌고, 우리 사회도 바뀔 수 있다.

04.

논쟁과
담론

4부는 1년 단위의 트렌드 분석과 별도로, 중장기적 관점에서 한국 교육을 이해하는 데 필요한 쟁점과 담론들로 구성되어 있습니다. 특히 『대한민국 교육트렌드』에서 처음으로 해외 사례를 추가했습니다. 2025에는 독일 편이 실렸고, 매년 다른 국가의 사례를 수록할 예정입니다.

「특구 전성시대, 교육은 어떻게 될까?」는 '살기 좋은 지방시대'를 표방한 윤석열 정부의 지역균형 정책 중 교육 관련 정책들을 분석하고 있습니다. 교육발전특구, 글로컬대학, RISE 등의 정책 추진 현황과 전망을 서술합니다. 또한, 기존의 지방분권과 균형발전, 교육자치 관련한 논의를 짚어 보면서, 주민들의 삶과 연계된 기초자치단체(시·군·구) 단위의 교육자치 가능성을 모색하고 새로운 제안(교원의 지방직화)을 합니다.
"우리가 지방시대를 열 수 있을까?" 필자가 던지는 질문입니다. 이 글을 읽는 '우리'들은 진지하게 답변을 구할 필요가 있습니다. 필자의 새로운 제안과 함께….

「대학의 위기, 대학 체제는 어떻게 바뀌고 있는가?」에서는 대학의 위기 극복을 위한 윤석열 정부의 고등교육 정책 전반에 대해 분석하고 있습니다. 윤석열 정부의 고등교육 정책은 초·중등 교육에 비해 훨씬 큰 폭의 변화를 보이고 있습니다. 역대 정부의 고등교육 정책과 비교해도 변화의 폭과 속도가 남다릅니다. 그만큼 고등교육의 위기가 심화되었다는, 그래서 더 이상 미룰 수 없는 상황에 직면했다고 볼 수도 있을 것입니다.
이 글에서는 그 변화의 배경과 추진과정, 그리고 전망을 제시합니다. 이제 고등교육의 변화와 개혁은 단지 대학(교수)만의 문제가 아닙니다. 대학 교육의 질은 곧바로 국가경쟁력으로 연결됩니다. 교육계뿐 아니라 사회 전체가 이 변화와 개혁에 관심을 가져야 하는 이유입니다.

「국가교육위원회, 2년의 평가와 제언」에서는 국가교육위원회 설립의 배경과 취지, 지난 2년 국가교육위원회 활동에 대한 평가, 향후 나아갈 방향 등을 담고 있습니다. 그동안 국가교육위원회에 대한 '단편적인' 평가와 비판이 제기되었지만, 그 맥락과 실체를 '총체적으로' 서술한 글은 찾기 어려웠습니다. 이는 필자가 한국교육개발원장을 지냈을 뿐 아니라 국가교육회의에서 실제 국가교육위원회 추진과정에 참여했기 때문에 가능했던 것으로 보입니다.

이 글을 통해 국가교육위원회를 새롭게 인식하는 독자들이 많아지는 만큼, 국가교육위원회의 향후 운영 방향에 대한 교육계의 논의는 활발해질 것입니다.

「글로벌 환경 속 독일 교육: 도전과 혁신 방향」에서는 독일 교육의 실체를 깊이 있게 들여다보는 글입니다. 특히 독일 교육시스템을 지탱하는 다당제 정치구조와 사회적 합의 문화, 그리고 조정시장경제(CME)와 연관된 직업교육시스템 등에 대해 독자들은 눈여겨볼 필요가 있습니다.

그런데 최근 독일의 조정시장경제가 한계에 직면했다는 의견도 있습니다. 실제 독일 경제는 2023년에 마이너스 성장을 기록했습니다. 독일 교육이 새로운 도전에 직면한 것입니다. 특히 고등교육의 국제경쟁력 강화 정책은 기존에 우리가 알고 있는 것과 사뭇 다른 느낌으로 다가옵니다. 공립대학 11개를 엘리트 대학으로 육성하는 엑셀런스 이니셔티브(Exzellenzinitiative)는 한국에서 논의되고 있는 '서울대 10개 만들기'를 연상시킵니다. 이 글을 통해 독일 교육을 제대로 이해하고, 우리 교육의 나아갈 방향을 고민하는 계기가 되었으면 합니다.

「인구소멸 1호 국가, 저출산 정책과 교육의 미래」에서는 심각한 저출생으로 인한 학교 교육의 변화 양상을 분석합니다. 또한 그동안 진행되었던 저출산 대응 관련 정책을 비판적으로 평가하고, 보다 '총체적이고 근본적인' 정책의 재설계가 필요하다고 역설합니다.

지난 18년간 저출산 대책으로 380조 원을 쏟아부었지만, 출산율은 지속적으로 떨어졌습니다. 교육 분야에서도 보다 근본적인 정책 전환이 필요하다는 필자의 주장에 동의하는 이유입니다. 여러분이 생각하는 '총체적이고 근본적인' 저출산 대응 정책은 무엇인가요? 이 글을 통해 그 대답의 실마리를 찾아보시길 바랍니다.

01

특구 전성시대,
교육은 어떻게 될까?

김 용
한국교원대학교 교수

'살기 좋은 지방시대'와
윤석열 정부의 교육정책

　'살기 좋은 지방시대'는 윤석열 정부의 여섯 가지 국정목표 중 하나다. 이 목표 아래 '진정한 지역 주도 균형발전 시대를 열겠습니다', '혁신성장 기반 강화를 통해 지역의 좋은 일자리를 만들겠습니다', '지역 스스로 고유한 특성을 살릴 수 있도록 지원하겠습니다'라는 세 가지 하위목표를 제시하고, 지역인재 육성을 위한 교육혁신, 기업의 지방 이전 및 투자 촉진, 지역맞춤형 창업·혁신 생태계 조성 등 국정과제를 제시하였다.[1] 현 정부는 교육발전특구, 기회발전특구, 도심융합특구, 문화특구 등 4대 특구 정책을 살기 좋은 지방시대를 여는 핵심 정책으로 들고 있다.[2] 현 정부가 집권 반환점을 돌면서 지방을 살릴 각종 특구 정책이 윤곽을 드러내고 있다.

　지방시대 관련 대표 정책인 기회발전특구가 무대에 올랐다. 산업통상자원부는 2024년 6월 8개 시·도를 기회발전특구로 지정하고 40조가 넘는 투자를 진행하겠다고 발표하였다.[3] 경상북도는 포항, 상주, 구미, 안동을, 전라남도는 목포, 해남, 광양만, 순천, 여수 일대를 기회발전특구로 지정받았다. 비수도권 지역의 상당 부분이 특구로 지정되어 법인세 감면 등 다양한 세제 혜택을 받게 된다.

　교육 부문 특구 정책 역시 활발하다. 교육부는 2024년 2월 말 광역지방자치단체 6개와 기초지방자치단체 43개로 구성된 31개 교육발전특구 1차 시범지역을

---

1) 『윤석열 정부 120대 국정과제』. 대한민국 정부. 2022.7.
2) 윤석열 정부 지방시대, 4대 특구로 닻 올리다. 지방시대위원회(보도자료). 2023.9.12.
3) 8개 시·도 '기회발전특구'로... 첨단산업·금융·문화 등 40조5,000억 원 투자. 대한민국 정책브리핑. 2024.6.21.

발표했다. [4] 2024년 6월부터 7월 사이에 2차 시범지역 공모를 진행했고, 시범지역 공모에 응한 47건 64개 지역 중 25건 1개 광역지자체와 40개 기초지자체를 교육발전특구 2차 시범지역으로 선정했다. 충청북도 등 일부 광역지자체에서는 모든 교육지원청이 지자체와 함께 교육발전특구 사업 공모에 참여하는 등 열기가 뜨겁다. 교육발전특구는 교육청과 기초지방자치단체가 공동으로 사업 계획을 수립하고 추진해야 하기 때문에 두 기관 간 협력이 전례 없이 활성화되고 있다.

고등교육 부문에서도 새로운 움직임이 시작된다. 2023년 봄 교육부는 지역혁신중심 대학지원체계RISE를 도입하기 위하여 7개 시·도를 시범지역으로 지정하였다. 시범지역에서는 지방자치단체 안에 대학과의 협력을 위한 전담부서를 구성하고, RISE 센터를 지정하며, 2025년부터 2029년까지의 RISE 계획을 수립한다. 교육부는 시범지역의 RISE 사업은 물론 그 밖의 지역에서 RISE 사업 준비를 지원하여 2025년에는 전 지역에 RISE 사업 체계를 구축할 예정이다. [5] RISE 체계가 구축되면 대학 운영 양상이 상당히 바뀔 것으로 예상된다. 지금까지는 교육부가 대학 재정지원 주체였고, 교육부는 다양한 사업에 참여하는 대학을 평가하여 재정을 지원했다. 그런데 RISE 체계에서는 지방대학 활성화 사업에 필요한 재정을 광역지방자치단체로 보내고, 광역지자체가 주도하는 RISE 센터에서 지역에 적합한 대학 지원 사업을 만들고, 참여대학을 평가하여 선정하게 된다. 대학이 교육부가 아니라 광역지자체와 협력하고, 때로는 눈치를 살펴야 한다.

이와 함께, 대학 부문 지역교육정책의 또 하나의 축인 글로컬대학 정책도 차근차근 추진되고 있다. 2023년 11월 1차로 10개 대학을 글로컬대학으로 지정하고, 2024년 8월 2차로 10개 대학을 지정하였다. 글로컬대학으로 지정되면 5년간 최대 1,000억 원의 재정을 지원받을 수 있어서 전국의 거의 모든 대학이 글로컬

---

4) 윤석열 정부의 지역 주도 교육개혁 본격 시작 - 교육발전특구 시범지역 1차 지정 결과 발표. 교육부(보도자료). 2024.2.28.

5) 2025년 지역혁신중심 대학지원체계(RISE) 도입 본격 시동 - 시범지역으로 경남, 경북, 대구, 부산, 전남, 전북, 충북 등 7개 시·도 선정. 교육부(보도자료). 2023.3.8.

대학 지정에 사활을 걸고 있다. 글로컬대학 사업의 취지가 대학 내·외부의 벽을 허물고 대학이 지역·산업계 등과 파트너십을 형성하여 대학 - 지역의 동반성장을 이끌도록 하는 것이기 때문에 지방자치단체에서도 지역 내 대학이 글로컬대학에 선정될 수 있도록 총력 지원하고 있다.

이처럼 지역과 교육의 관계가 가까워지는 가운데 작은 소동이 발생하기도 했다. 강원특별자치도는 2024년 3월 강원특별법 개정안에 도지사와 교육감 러닝메이트제를 포함한다고 발표했다. 사실 교육감 선거 방식 개선은 현 정부의 주요 교육개혁 과제 중 하나였는데,[6] 강원특별자치도의 발표 이후 '도지사 - 교육감 러닝메이트 전국, 첫 법제화 탄력'과 같은 제목의 보도가 잇따랐다.[7] 이에 대하여 교원단체들이 강력히 반대하고 강원특별자치도교육청에서도 언론 보도 내용과 다른 입장을 내놓아서 작은 소동에 그치고 말았지만, 가까워지는 지역과 교육 관계의 미래를 보여주는 것 같았다.

교육과 지역, 그 관계의 변화

우리에게는 꽤 익숙한 교육운영체제가 존재한다. 초등학교와 중학교는 교육지원청이, 고등학교는 시·도교육청이, 대학은 국가가 관리하는 체제가 그것이다. 이런 운영체제는 언제부터 어떤 사고에 따라서 시작된 것일까? 한국 교육운영체제의 역사적 전개 과정을 다룬 본격적인 연구물은 찾기 어렵지만, 일본에는

6) 간선, 직선 다 해 봤다... 교육감 '러닝메이트제' 논의 수면 위로. 연합뉴스. 2023.1.8
7) 도지사 - 교육감 러닝메이트 전국, 첫 법제화 탄력. 매일경제. 2024.3.6.

관련 논의가 존재한다. 한국의 교육체제 중 상당수가 일제 지배를 받던 당시에 형성된 것이라는 사실을 염두에 두면 참고할 수도 있을 것이다. 일본은 전쟁 전부터 이와 같은 운영체제를 갖추었다고 한다. 당시 일본에서는 소학교를 졸업한 사람은 동네 근처에서 일하며 삶을 영위하고, 고등학교를 마친 사람들은 도도부현이라는 광역 단위에서 역할을 하고, 대학에서 공부한 사람들은 국가의 인재로서 일본을 위하여 일할 사람이라는 생각이 널리 공유되어 있었고, 이런 발상이 교육운영체제에 반영되었다고 한다.[8] 이처럼 교육은 지역과 떼려야 뗄 수 없는 관계를 지니는데, 그 관계가 늘 한결같았던 것은 아니다.

지역에서 출발한 교육

우리나라는 지방교육자치제도를 시행하고 있다. 사실 이 제도는 세계 표준 global standard 과는 거리가 멀다. 미국에서 만들어져서 한국과 일본 정도에 수출되어 운영되고 있을 뿐이다. 그런데, 교육과 지역 관계를 검토하고자 하면, 이 제도의 기원 또는 도입 과정을 살펴볼 필요가 있다.

유럽에서 종교상, 또는 다른 이유로 아메리카대륙으로 건너간 사람들은 여기저기 마을을 이루어 살았다. 마을이 형성되자 마을 진입로를 건설하거나 우물을 파는 등 함께 해결해야 하는 공동사무가 발생했다. 이 일을 함께하기 위하여 마을 회의 town meeting 가 소집되었고, 마을 회의는 후일 지방의회로 발전한다. 최초에는 마을의 아이들을 함께 교육하기 위하여 학교를 설립하는 일과 같은 것도 공동사무였고 마을 회의에서 논의되었다. 그런데, 학교 관련 일이 많아지자 일반적 공동사무와는 별개로 교육 관련 사무만을 논의하는 사람들이 분리되었고, 이 모임이 교육위원회 board of education 로 발전한다.

---

8) 『教育の自治・分権と学校法制』 結城忠. 東信堂. 2009.

1800년대 중반 아메리카대륙으로 이주하는 사람들의 수가 크게 늘면서 인구가 50만 명에 이르는 대도시가 나타나게 되었다. 따라서 이 시기에 이르면 몇 사람이 저녁에 잠시 모여서 공동사무를 논의하는 방식은 더 이상 유효하지 않았다. 한편, 이 당시에 미국의 지역 정치는 매우 혼탁했다고 한다. '정치 기계political machine'로 알려진 일부 인사들이 선거 과정에 개입하여 건전한 대의 작용을 왜곡하고, 이들이 단체장을 조종하여 정실인사를 일삼는 등 정치 부패가 심각했다. 이에 대한 반작용으로 정치 개혁이 시작되는데, 그 과정에서 교육 관련 사무를 전문가에게 맡겨서 처리하도록 하고, 그 전문가를 교육위원회가 통제하는 방식이 구안되었다. 이때 고용된 전문가가 교육감superintendent이다.[9] 즉, 전문가인 교육감이 리더십을 발휘하여 지역교육을 관장하고, 보통 사람들이 교육감을 통제하는 방식으로, 즉 전문가의 리더십professional leadership과 민중통제layman control를 결합하여 지역의 교육을 운영하는 방식이 제도화한 것이다.

일본은 패전 후 미군정 지배를 받게 되는데 미군정의 목표는 일본을 다시는 전쟁할 수 없는 나라로 만드는 것이었다. 이를 위한 핵심 정책이 지방자치와 교육위원회제도였다.[10] 전쟁 당시 수많은 아이들을 전쟁터로 내몰았던 일본 교육계는 국가주의 교육에 대한 반성과 아이들의 자유로운 교육을 위한 새로운 다짐의 표현으로서 교육행정을 일반행정에서 분리하는 교육위원회 제도에 적극 찬동하였다. 교육위원회는 미군정의 의도와 일본 교육계의 지지에 따라 매우 순탄하게 제도화되었다.

미군정은 한국에 대해서도 '조선 인민에게 주는 마지막 선물'이라면서 지방교육자치제도 도입을 요구한다. 미군정은 미국의 학교구school district에 해당하는 교육구를 설치하고, 주민들이 선출한 의원들로 교육구의 사무를 관장할 교육구

---

9) 「지방교육자치제도의 변천 과정에 대한 평가와 전망 -미국 교육자치 제도의 생성과 변천 과정에 비추어-. 김용. 교육발전연구. 27(1). 경희대학교 교육문제연구소. 2011.

10) 우리나라의 지방교육자치제도와 비슷한 제도를 일본에서는 '교육위원회 제도'라고 부른다. 교육감이 지역교육의 주역인 우리와 달리 교육위원회가 중요한 역할을 하는 사실을 표현한 제도 명칭이다.

회를 설치· 운영하며, 교육구에서 교육세를 자치적으로 부과 운용할 수 있도록 하는 내용의 '교육자치 3법'을 제정하고자 했다.[11] 당시 한국의 교육계 인사들은 이 제도에 대한 이해가 부족하여 논의가 시작될 때는 제도 도입에 적극적이지 않았지만, 곧장 태도를 바꾸어 제도 도입에 찬동한다. 반면 당시 내무행정 관계자들은 강하게 반대하는데, 두 세력 간 대립 과정에서 제도가 도입되었다.[12] 이후 한국의 지방교육자치제도는 여전히 갈등의 틈바구니에 놓여있다.

분리형 교육자치와 그에 대한 문제 제기

1961년 군사쿠데타 이후 지방자치와 지방교육자치가 폐지된다. 그런데 당시 일반행정과 교육행정이 통합 운영되는 과정에서 교육비 특별회계를 일반행정에 전용하거나 자치단체장이 교직원 인사에 부당하게 개입하는 등 여러 가지 문제가 심화했다. 이에 대하여 대한교련을 중심으로 지방교육자치제도 부활 운동을 전개하고, 박정희 대통령은 이를 수용하여 형식적으로 지방교육자치제도를 운영하도록 한다.

1987년 민주화 과정에서 헌법을 개정하고, 1991년 지방교육자치에 관한 법률을 제정하면서, 제도를 실질적으로 운영하게 된다. 당시에는 지방의회와 별도로 교육위원회를 두어 교육 관련 사항을 심의하도록 하고, 자치단체장과 별도로 교육감을 두어 지역교육을 관장하도록 했다. 분리형 교육자치가 본격화한 것이다.

제도 부활 초기에는 지방의회에서 교육위원회를 구성하고, 교육위원회에서 교육감을 선출하는 방식을 택하였으나, 이후 학교운영위원회 위원장, 그리고 학교운영위원들이 교육감과 교육위원 선출에 참여하였다. 이 시기에는 교육감과 교육위원 선거와 관련하여 학교운영위원회가 활성화되기도 했다.

---

11) 「미 군정기 「교육자치 3법」의 초안자와 입법 의도 및 추진 과정. 정태수. 교육법학연구. 3·4호. 1992.
12) 『지방교육자치제도의 현실과 '이상'』. 김용일. 문음사. 2000.

그런데, 이런 제도 운용에 대하여 문제 제기가 거듭되었다. 특히 노무현 정부 들어 그 강도가 심화되었는데, 2004년 제정한 「지방분권특별법」 제10조 제2항은 "국가는 지방교육에 대한 지방자치단체의 권한과 책임을 강화하고 지방교육에 대한 주민참여를 확대하는 등 지방교육자치제도를 개선하여야 한다"는 규정을 두고 제도 변화를 압박하였다. 사실상 일반행정기관, 즉 시·도를 중심으로 지방교육을 운영하도록 한 셈이다. 이런 배경에서 2006년 종래의 교육위원회를 폐지하는 대신 지방의회의 '특별한' 상임위원회로 전환하고, 교육감을 주민이 직접 선출하도록 하는 개정 입법이 이루어졌다. 이 시기에 제도 통합론자들이 득세했다.[13]

혁신교육과 지역에 대한 새로운 접근

교육감 주민직선제를 시행하면서 무상급식이나 혁신학교와 같은 새로운 정책이 시작되고 교육자치제도에 대한 효능감을 느끼게 되었다. 혁신교육 초기에는 수업의 변화와 학교 변화 같은 학교 내부 문제를 개선하는 데에서 시작했으나, 곧 학교 담장을 넘어 지역으로 시야를 확장하였다. 지역과 함께 학교를 바꾸어야 하고, 그렇게 할 때만 진정한 학교혁신이 가능하다는 생각이 확산하면서 혁신교육지구나 마을교육공동체와 같은 시도가 이루어졌다.

한편, 지방자치단체장들 가운데 혁신교육에 적극적으로 호응하는 사람들이 나타났다. 사실 지역주민의 삶의 질을 구성하는 중요한 요인 중 하나가 지역교육인 것을 생각하면 당연한 반응이라고 할 수 있다. 몇몇 지역에서는 기초단체장이 매우 적극적으로 교육에 대한 재정지원을 확대하고 교사들에게 어려움을 끼치지 않고도 학생 교육에 상당한 도움을 주는 사례가 보고되었다.

이처럼 혁신교육 과정에서 지역에 새롭게 주목하게 되고 지역과 유기적으로

---

13) 「'참여정부'의 「지방교육자치에관한법률」 개정안 분석」. 김용일. 교육행정학연구. 24(4). 한국교육행정학회. 2006.

협력하기 시작했다. 그렇지만, 어떤 면에서 보면 당시 협력은 일방향적이었다. 학교는 지역의 교육자원을 활용하는 일에 관심이 있었을 뿐, 지역에 대하여 학교 문을 열거나 주민들에게 더 다가가는 노력은 부족했다.

한편, 제도로 인하여 발생하는 어려움도 적지 않았다. 학교와 지역의 협력은 기초지방자치단체 수준에서 이루어지는데, 교육자치는 광역 단위에서만 시행되고 있어서 교육장이 시장·군수와 대등하게 협력할 수 없었다. 교육장의 권한은 물론 지역에 대한 관심 면에서도 자치단체장에 비할 바가 아니어서, 협력이 강화될수록 현행 지방교육자치제도의 구조적 문제가 표면에 드러나게 되었다.

특구 전성시대

지역균형발전에 특별한 관심을 가졌던 노무현 정부는 당시 일본에서 시행되고 있던 지역특구 정책을 들여와서 지역을 바꾸어보고자 했다. 지역특구의 일환으로 전국 여기저기에 교육특구가 지정되었다. '글로벌 교육특구'나 '국제화특구'와 같은 명칭을 가진 특구가 많았지만, 사업은 천편일률적이어서 대개 지방자치단체 재정으로 영어를 구사하는 강사를 확보하여 초·중등학교 영어 수업에 투입하는 경우가 많았다. '농촌교육선진화특구'나 '청소년교육특구'와 같은 이름을 가진 지역에서도 이와 비슷한 사업을 전개했다.[14] 특구 사업의 규격화가 이루어진 셈이다.

그런데, 교육특구가 자치단체장들이나 국회의원들에게 인기가 많았다는 사실은 특기할 만하다. 이명박 정부 출범 이후 치러진 국회의원 선거와 지방선거가 결정판이었는데 당시 수도권 지역 출마자 상당수가 교육특구와 뉴타운 개발을 공약했다. 그리고 여기서 교육특구의 핵심 내용은 외고 등 특목고, 또는 자사

---

14) 「한국과 일본의 교육특구 비교분석 - '특례'의 활용과 쟁점을 중심으로 -」. 김용. 교육행정학연구. 27(3). 한국교육행정학회. 2009.

고 등 자율고를 유치하거나 신설하는 것이었다. 즉 지역개발 공약의 일환으로 교육을 활용한 셈이다. 그리고 그 결과 서울지역의 고등학교 체제는 상당히 변하여 특목고와 자사고가 고등학교 체제의 상층을 형성하는 질서가 자리 잡게 되었다. [15]

이후 특구정책은 계속 확산된다. 교육부는 교육국제화특구를 지정하여 교육부 독자적인 특구정책을 시행한다. 지역특구의 효과성에 대한 문제 제기가 거듭되자 문재인 정부는 기존 지역특구를 규제자유특구로 바꾸어 특구정책을 유지 발전시킨다. 급기야 윤석열 정부는 4대 특구를 중심으로 지역발전을 선도한다는 구상을 밝히게 된다. 특구 전성시대가 개막한 셈이다. [16]

대학과 지역

초·중등교육에 비하여 대학은 상당히 오랫동안 지역에 무관심했다. 고등교육법상 대학은 교육부 장관의 지도·감독을 받고, 대학에 대한 재정 역시 정부에서 지원한다. 따라서 지역에 관심을 가질 필요가 없었다. 대학과 지역 간 관계를 보여주는 좋은 사례가 있다. 울산광역시에는 국립대학이 없었는데, 대학을 세워서 지역을 발전시키고 주민의 삶을 개선해야 한다는 요구가 강력했다. 대통령 선거를 치를 때마다 울산시에 국립대학을 설립하는 것이 단골 공약으로 등장했고 시민들은 100만 명 서명운동을 벌일 정도로 대학 유치에 열심이었다.

마침내 2007년 울산과학기술원 UNIST을 개교했다. 그런데, 개교 후 15년이 흐른 지금 울산과학기술원은 울산시의 산업, 그리고 주민들과 별다른 관계가 없다. 울산과학기술원 교수들은 국제학술지에 논문을 발표하여 서울에 있는 대학으로 옮겨가기 바쁘다. 울산에 있는 산업체와 협력하면서 연구하고 업계에 도움

---

15) 「교육자유특구: 지역맞춤형 공교육을 선도할까? 교육생태계를 교란할까?」. 김용. 교육비평. 51. 우리교육연구소. 2023.
16) 「교육자유특구, 과연 특별할까?」. 김용. 『대한민국 교육트렌드 2024』 교육트렌드 2024 집필팀. 에듀니티. 2023.

을 주는 교수를 찾아보기 어려운 것은 물론이다. 주민들은 울산과학기술원의 존재를 까마득히 잊어버릴 정도이다.[17] 이처럼 대학은 지역과 무관한 채 운영될 수도 있다.

그런데, 대학과 지역 양쪽에서 변화가 불가피한 상황이 만들어졌다. 우선 대학 측면에서 보면 정부의 고등교육 정책이 방향을 잡지 못하는 상황에서 지방대학의 사정이 급격히 악화한 것이다. 1995년 교육개혁 당시에는 대학에 대한 규제 완화를 주장하면서 대학설립준칙주의를 시행하고, 그 결과 중·소규모 대학이 남설되고 대학 정원이 크게 늘어났다. 그런데, 학생 수가 줄면서 입학 정원을 채우지 못하는 대학이 속출하자 박근혜 정부 들어서는 대학 구조개혁을 단행하였다. 또, 삼십여 년째 계속하고 있는 평가에 근거한 재정지원 정책으로 대학교육과 연구의 질이 높아졌다는 증거가 뚜렷한 것도 아니다. 오히려 각종 평가와 재정지원 과정에서 교육부에 대한 대학의 반발심만 거세졌고 '교육부 폐지'와 같은 주장이 아무렇지도 않게 제기되었다. 교육부가 주도하는 대학정책에 대한 큰 변화가 필요했다.

지역에서도 변화가 필요했다. 여러 정부에 걸쳐 다양한 방식으로 지역을 살리기 위한 정책을 전개해오고 있지만, 수도권을 제외한 지역 상황은 악화 일로를 걷고 있다. 세상에 나오는 어린아이들은 줄고, 그나마 있는 청년들은 수도권을 향한다. 반도체와 같은 첨단산업에서 비수도권 지역은 수도권에 경쟁 상대가 되지 못한다. 산업구조가 변화하는데 비수도권 지역이 이에 적절히 대응하지 못하면서 지역 간 격차는 심화한다. 이런 상황에서 소멸위험 상태에 진입하는 지역은 해마다 빠르게 늘어간다.

위기에 처한 대학과 지역이 상생할 수 있는 키워드로 제안된 것이 '지역과 대학의 협력'이었다. 문재인 정부에서 '지자체-대학 협력 기반 지역혁신사업[RIS]'을

17) 『울산 디스토피아, 제조업 강국의 불안한 미래: 쇠락하는 산업도시와 한국경제에 켜진 경고등』, 양승훈, 부키, 2024.

시작했다. 학령인구는 줄고 지역인재가 수도권으로 유출되고 지역이 위기를 겪는 상황을 극복하기 위하여 지자체와 대학이 협업 체계, 즉 지역혁신 플랫폼을 구축한다. 그리고 이 플랫폼 위에서 지역의 핵심 산업 분야를 발굴하고 대학이 보유한 자원과 역량을 활용하여 지역발전 생태계를 조성하고자 하는 사업이었다. 이 과정에서 대학이 지역과 밀착하여 대학의 연구 기능을 지역으로 확산하게 될 터인데, 이를 통하여 대학교육을 바꿀 수 있다고 보았다. 이런 구상은 윤석열 정부에도 이어져 있다. 윤 정부는 2025년부터 지역혁신중심대학 지원체계 RISE로 전환하여 사업을 발전시킬 계획이다.

지금까지는 교육부가 제안하는 각종 사업에 대학이 참여하는 방식이 일반적이었다면, 지역혁신체계에서는 그 양상이 상당히 달라진다. 우선 광역지방자치단체를 단위로 하여 지역과 대학의 협력을 유도하고 발전시킬 수 있는 콘트롤타워로 '지역협업위원회'가 구축된다. 2024년 현재 수도권을 제외한 14개 지역에 이미 모두 구축했다. 위원회는 지방자치단체, 고등교육기관, 공공기관, 기업체 관계자 등으로 구성되는데, 지역에서 발전시키고자 하는 핵심 분야를 선정하고, 참여하는 대학과 공공기관, 기업 등이 역할을 분담하여 과제를 추진하고, 대학 교육 혁신을 도모한다.

각 지역이 선정한 핵심 분야는 다음과 같다. 광주광역시는 에너지신산업, 울산광역시와 경상남도는 스마트제조엔지니어링, 충청북도는 제약 바이오, 대전광역시·세종특별자치시·충청남도는 모빌리티 소재부품장비, 강원특별자치도는 정밀의료, 대구광역시와 경상북도는 전자정보기기, 부산광역시는 스마트 항만·물류, 전북특별자치도와 제주도는 청정에너지 등이다. 2024년에는 정부가 3,400여억 원을 투입하고, 각 지역의 협업위원회에서는 해당 핵심 산업 분야를 발전시키기 위하여 다양한 과제를 개발하고, 대학이 이에 참여하는 방식으로 사업을 전개한다.

이와 함께, 글로컬대학 정책이 지방시대를 여는 대학정책의 또 하나의 축이다. 글로컬대학 정책은 '벽을 허문다'는 은유를 강조하는데, 대학 내의 학문 간, 학과 간 벽과 함께 대학과 지역 간 벽을 허무는 일도 강조한다. 나아가, 학령인구와 비학령인구의 벽, 국내와 국외의 벽도 허무는 방식으로 대학개혁을 추진하고자 하는데, 상당수 대학들이 성인 학습자 수요를 흡수하고 외국인 유학생 유치에도 적극적으로 나서고 있다.

2025년, 지방시대가 활짝 열릴까

2025년은 윤석열 정부가 지방시대를 열기 위한 다양한 정책이 본격적으로 전개된다. 교육 관련 사업은 아니지만 기회발전특구가 운영되기 시작하고 교육 부문의 대표적 지역 관련 정책인 교육발전특구 역시 정상 궤도에 올라선다. 비수도권 모든 지역에서 지역혁신 중심 대학체계가 가동되고 글로컬대학 정책이 본격적으로 전개된다. 과연 지방을 살리는 신호탄이 쏘아진 것일까?

교육발전특구와 지역

윤석열 정부 초기에 제안한 교육자유특구는 교육발전특구로 이름을 바꾸었다. 이름뿐만 아니라 사업 내용에도 상당한 변화가 있었다. 교육자유특구가 제안될 당시에는 다양한 형태의 고등학교를 설립하고, 이들 학교에 전국 단위 학생 선발권을 부여하여 지역에 대학입시에서 성과를 내거나 취업률이 높은 '명문학교'를 만드는 일에 사업의 무게중심을 두었다. 그런데, 이에 대하여 특구가 교육생태계를 교란할 것이라는 문제 제기가 이루어지자,[18] 관련 내용은 삭제하는 대신 늘봄학교와 유보통합, 교육의 디지털 전환과 학교시설 복합화 등 현 정부에서 강조하고 있는 교육개혁 과제를 포함하도록 하였다.

2024년 2월 공개된 1차 시범지역에 선정된 곳의 사업계획을 살펴보면 지역자원을 활용하여 아동 돌봄을 강화하거나 자공고나 협약형 특성화고등학교를 신설 또는 기존 학교를 전환하여 고등학교 교육의 질을 높이거나 고등학교 단계에서 산업과 유기적 관계를 형성하고자 하는 지역이 많다. 몇몇 지역에서는 IB 운영 학교를 확대하거나 지역 의과대학에 지역인재전형을 확대하겠다는 계획을 밝히기도 했다. 2024년 7월 발표된 2차 시범지역의 사업 역시 크게 다르지 않다. 다만, 1차 시범지역에 비하여 해병대나 국방부 등 여러 공적 기관과 협력하여 협약형 특성화고교나 자공고를 육성하겠다거나 해양, 농생명바이오, 석탄 등 지역산업과 관련된 인력을 양성하는 내용의 사업이 늘어났다.

그런데, 교육발전특구 사업이 원만하게 실행될 수 있을지는 미지수이다. 본래 '특구'는 일정한 지역 범위를 설정하고, 그 지역 내에서 규제를 완화하거나 전면 해제하고, 필요한 경우에는 세제 혜택을 부여하거나 재정을 지원하여 지역발전을 도모하는 정책 수단이다.[19] 규제 완화를 활용하여 일종의 '사회적 실험'을 행하고, 성과가 드러나면 전국적 범위에서 규제를 개혁하는 규제 개혁의 선순환 구조의 출발점이다. 따라서 특구가 성공하기 위해서는 규제 완화를 뒷받침하는 법률을 제정하는 것이 매우 중요하다. 실제로 그동안 이루어진 지역특구나 규제개혁특구, 교육국제화특구 등 모든 특구에는 어김없이 관련 특별법이 존재했다. 그런데, 2024년 가을 현재 교육발전특구의 근거 법률은 제정되지 않았다. 여소야대 국회 상황을 염두에 두면 2025년에 특별법을 제정할 수 있으리라고 보장하

---

18) 「교육자유특구: 지역맞춤형 공교육을 선도할까? 교육생태계를 교란할까?」. 김용. 교육비평. 51. 우리교육연구소. 2023.

19) 『교육규제완화의 헌법적 통제』. 김용. 박사학위논문. 충북대학교. 2010.

기도 어렵다. 이런 상황인지라 현행 법률에 저촉되는 사업을 추진할 수는 없다. '사회적 실험'이 불가능해지고 단지 보조금을 지원받아서 전개하는 사업과 비슷한 양상으로 전개되다가 이번 정부가 마무리되면 조용히 사라질 운명에 처하기 쉽다. 교육발전특구가 지역을 발전시킬 수 있을 것으로 기대하기는 어렵다.

지역혁신 중심 대학 지원체계와 글로컬대학

대학과 지역의 협력 체계를 구축하는 일이 원만하기만 한 것은 아니다. 오히려 불협화음이 심한 편이다. 우선 시·도지사 간에 대학과의 협력에 적극성을 보이는 정도가 다르다. 매우 적극적으로 대학과의 협력을 준비하는 지역이 있는가 하면 그렇지 않은 지역도 있다. 결과적으로 대학교육과 관련하여 지역 간 격차가 심화할 것을 우려하는 목소리도 존재한다. 또, 한 지역 내에서도 자치단체장 성향에 따라서 대학과 지역의 협업이 영향을 받을 가능성이 존재한다. 자치단체장이 바뀌면 기존 단체장이 시행한 정책을 모두 폐기하는 관행이 존재하는 상황에서 지역과 대학의 협력 정책 역시 흔들릴 가능성이 있다. 이와 함께, 대학과 지역 협력 체계에서는 지방자치단체가 주도권을 행사하고, 지방자치단체 공무원의 역량이 중요하지만, 대학을 잘 이해하고 대학과 협력할 줄 아는 공무원이 많지 않다. 대학 간에도 갈등이 존재한다. 협력 체계 내에서 중심 역할을 수행하는 대학과 나머지 대학 사이에 협력이 원만한 것은 아니다. 주도권 다툼이 벌어지는 경우도 있다.

그런데, 정권 교체와 무관하게 지역과 대학의 협력은 강조되고 있다. 나아가 윤석열 정부에서는 글로컬대학 정책을 통해서 대학과 지역 간 벽을 허물고, 나아가 유기적으로 협업하도록 유도하고 있다. 지난 몇 해 사이에 '지역에 주목해야 한다'거나 '지역을 중심에 놓고 대학혁신을 추진해야 한다'는 메시지는 대학에 널리 확산하였다. 글로컬대학에 1차 선정된 대학이 제출한 계획서에 이런 변화가 잘 드러난다. 경상국립대학은 대학 주변의 산업을 염두에 두고 우주항공과 방위산업을 선도하는 대학이 될 계획을 세웠다. 진북대학은 새만금을 거점으로 대학과 산업도시를 구축하는 계획을, 연세대 미래캠퍼스는 도시와 대학을 데이터 중심으로 전환하고, 디지털 중심의 지·산·학 생태계를 구축하겠다고 포부를 밝혔다.[20]

글로컬대학 정책과 직접 관련된 것은 아니지만 대학과 지역의 협력 사례가 속속 등장하고 있다. 노인 인구가 많은 영덕군은 대구한의대와 협력하여 노인돌봄학과를 개설하고 관련 인력을 양성하기로 했다. 산림이 우거진 봉화군과 청송군은 대구가톨릭대학과 협력하여 산림 바이오 인재를 기르기로 했고, 울릉군은 한동대와 함께 해양관광 인력을 육성해서 지역의 관광산업 수준을 높이고자 한다.

핵심 학문 분야의 연구역량을 제고하고 학문 후속세대를 양성하여 궁극적으로 세계적 수준의 연구중심대학을 육성하고자 시행되었던 BK21 사업에 대한 평가는 다를 수 있다. 그러나, 이 사업을 통해서 대학의 연구역량과 글로벌 역량이 제고되고 수많은 대학원 학생들이 더 좋은 연구자로 성장한 것은 사실이다. 지역과 대학의 협력체제 사업과 글로컬대학 정책을 추진하는 과정에서 일부 부조리한 집행이 이루어질 수도 있다. 그러나, 대학이 지역 중소기업들의 요구를 반영하여 교육프로그램을 운영하고, 대학과 중소기업이 네트워크를 구축하고, 학생들이 그 네트워크를 활용하여 양질의 인턴십을 경험하고 취업할 수 있는 모범 사례가 만들어질 수도 있다. 이런 점에서 대학과 지역의 협력은 더 가속화하고 수준을 높여갈 가능성이 상당하다.

---

20) 과감하게 벽을 허무는 대학개혁을 선도할 2023년 글로컬대학 본지정 평가 결과 발표. 교육부(보도자료). 2023.11.13.

지방시대에 교육은 어떻게 될까

앞에서 말한 것처럼 윤석열 정부는 특구 전성시대를 열었다. 사실 일정 지역을 지정하여 특별히 발전을 도모하는 정책의 역사는 짧지 않다. 제주도가 첫 번째 사례였다. 제주도는 1991년 「제주도개발특별법」을 제정하여 종합개발계획을 수립하고 개발 사업을 시행할 수 있는 근거를 갖추었다. 2002년 이 법률을 폐지하고 「제주국제자유도시특별법」을 제정하였는데, 이 시기에 외국인학교 특례와 학교교육과정 운영 특례, 그리고 교육재정 특례를 부여받게 되었다. 제주도가 본격적으로 특별자치도가 된 시점은 2006년이라고 할 수 있는데, 이 해에 「제주특별자치도 설치 및 국제자유도시 조성을 위한 특별법」을 제정하였다. 이 법률에는 교육 운영체제에 관한 새로운 실험을 할 수 있도록 했는데, 전국에서 최초로 교육감을 주민이 직접 선출할 수 있도록 하고,[21] 교육의원 제도를 도입할 수 있는 법적 근거를 갖추었다.

지난 몇 해 사이에 '특별'자치도가 두 개나 더 늘어났다. 2023년 6월 강원특별자치도가, 2024년 1월 전북특별자치도가 출범했다. 제주특별자치도가 특별법을 통하여 다양한 교육 규제를 완화하거나 적용하지 않으려고 했던 것처럼, 강원도와 전라북도 역시 제주도와 비슷한 길을 추구할 가능성이 있다. 이미 강원특별법은 한 차례 개정 과정에서 교육특례를 확대하였다.

그런데, 이런 변화를 촉진할 수 있는 중요한 사정 변경이 이루어졌다. 2021년 1월 「지방자치법」을 전면 개정하였는데 개정법에 다음과 같은 조문이 등장했다.

---

21) 교육감을 최초로 주민이 직접 선출한 해는 2007년이고 그 지역은 부산시였으나, 교육감 직접선거의 법적 근거를 최초로 갖춘 지역은 제주특별자치도였다.

제4조(지방자치단체의 기관구성 형태의 특례)

① 지방자치단체의 의회(이하 "지방의회"라 한다)와 집행기관에 관한 이 법의 규정에도 불구하고 따로 법률로 정하는 바에 따라 지방자치단체의 장의 선임 방법을 포함한 지방자치단체의 기관구성 형태를 달리 할 수 있다.

② 제1항에 따라 지방의회와 집행기관의 구성을 달리하려는 경우에는 「주민투표법」에 따른 주민투표를 거쳐야 한다.

개정법에 따르면 주민투표를 통해서 교육감 선출 방식을 바꿀 수 있다. 글을 시작하면서 강원특별자치도에서 도지사와 교육감 러닝메이트 제도를 도입하는 일에 관련한 소동을 간략히 소개했는데, 교육감 선출 방식을 규정하고 있는 「지방교육자치에 관한 법률」을 개정하지 않고도 주민투표만으로 교육감 선출 방식을 바꿀 수 있다. 그리고 강원특별자치도나 전북특별자치도와 같은 곳에서 이런 시도가 가장 먼저 이루어질 가능성이 있다.

여기저기 특구가 지정되고 특별자치시·도가 늘어나면서 건전한 정책경쟁이 일어날 수 있는 환경이 조성되고 있다고 볼 수도 있다. 교육발전특구나 글로컬대학 정책을 시행하는 과정에서 지역 속의 학교, 지역과 대학의 협력에 관한 모범 사례가 만들어질 수도 있다.

그러나, 지금까지 경험한 교육특구에서는 의미 있는 사회적 실험이 일어나지 않았다. 대개 천편일률적인 사업을 전개했고, 지역교육 발전에 그다지 이바지한 것도 없었다. 오히려 전국이 특별자치시·도나 특구와 '특별하지 않은' 자치단체로 이원화되면서 교육 관계 법률의 적용 역시 이원화하는 현상이 나타날 수 있다.

우리가 지방시대를 열 수 있을까

윤석열 정부의 지방시대 정책을 비판할 수는 있지만, 이렇게 비판하는 시간에도 지역과 지역교육의 상황은 하루하루 나빠지고 있다. 날로 어려워지는 지역을 살릴 지혜와 힘을 우리는 가지고 있는가? 사실 지난 십여 년, 더 멀리 삼십여 년의 교육정책을 되돌아볼 때, 누구도 이 문제에 능력을 보여주지 못했다고 할 수 있다.

우리나라에서 지방교육자치는 광역 수준에서 이루어지고 있다. 그런데, '지역이 어려워진다'거나 '지역이 변한다'고 할 때, '지역'은 대개 기초단위를 의미한다. 이 점에서 교육감으로 대표되는 지방교육자치는 무력하다. 교육감이 임명한 교육장들은 대개 지역과 지역교육에 무관심하거나 허약했고, 주민들이 자신들이 살고 있는 지역교육에 대하여 의견을 내고 함께 실천할 수 있는 거점을 만들어내지 못했다. 교사들은 국가공무원들로서 지역에 무관심하고, 혁신교육지구나 마을교육공동체 사업의 성과가 간헐적으로 보고되지만, 여전히 많은 학교는 지역사회의 섬으로 남아있다. '지역 없는 교육자치와 약체화한 민주주의'라는 우리 교육제도의 문제는 여전히 지속되고 있다.[22]

반론이 가능할 것이다. 농어촌 지역 여러 교육청에서 '소규모학교 살리기' 정책을 전개해오고 있다. 상당수 혁신학교는 형편이 어려운 지역에 있었고, 이 점에서 혁신학교 정책 그 자체를 지역을 살리는 정책으로 이해할 수도 있을 것이다. 실제로 여러 시·도교육청에서 지역을 살리기 위하여 다양한 시도를 해 온 것

---

22) 교육자치와 인사행정: 약체화한 민주주의와 지역 없는 교육자치 너머. 김용. 『자본과 국가권력을 넘어 교육자치의 새 길을 찾다』. 강수돌 외. 학이시습. 2021.

은 사실이다. 그렇지만, 소규모 학교 살리기 정책으로 농어촌교육이 살아났는가 하고 묻는다면 긍정적으로 답하기 어려울 것이다. 몇 개의 혁신학교가 성공 사례를 만들어 낸 것과 지역교육을 살리는 일을 같게 볼 수는 없다.

지역 위기가 심각하고, 그 위기는 한국 사회의 지속가능성과 직결되기 때문에 많은 사람들이 해결방안을 고민하고 활발하게 의견을 나눌 필요가 있다. 논의의 물꼬를 튼다는 뜻으로 몇 가지 방안을 제안한다. 그런데, '지역이 어렵다'고 할 때, 그 '지역'은 하나가 아니다. 인구 3~4만 명 수준의 군 지역이 있는가 하면, 인구 10~20만 명 수준의 시 지역도 있다. 이들의 형편은 달라서 일률적으로 검토할 수는 없겠지만, 다음과 같은 몇 가지 변화를 공통적으로 시도할 수는 있을 것이다.

우선, 우리나라는 급속히 인구가 늘어났다가 그보다 빠른 속도로 인구가 감소하는 상황에 있다. 또 지역 내에서 도시 개발이 활발하여 대규모 아파트단지가 개발될 때마다 지역 내 인구 이동이 활발하다. 그 결과 기존에 형성된 학교 배치와 현재의 인구구조가 잘 조응하지 않는 지역이 많다. 충남의 어떤 시의 경우 시내를 관통하는 강을 기준으로 과거에는 강북 지역에 사람들이 많이 살고 학교도 많았지만, 이제는 강남지역이 개발되면서 상당수 시민들이 강남에 산다. 그런데, 학교는 강북에 있기 때문에 매일 통학 전쟁을 치러야 한다. 전남의 어떤 군에는 반경 5킬로미터 이내에 학생 수 30~50여 명 학교가 서너 개가 있다. 학급당 학생 수가 많은 것도 문제이지만, 학생 수가 너무 적은 것도 교육의 질을 높이는 데 상당한 장애가 된다. 소인수 학급에서 공부하는 학생들은 대개 초등학교 5학년이 되면 전학을 결심한다. 지역교육을 살리고자 하면 인구 증가기에 만들어진 학교를 재배치해야 한다.

지역 실정에 따라 다양한 방안을 구상할 수 있을 것이다. 유치원부터 초등학교 4학년까지는 기존 학교에서 학급당 학생 수가 적더라도 생활하고 공부할 수 있다. 이 시기에는 어른에게 충분히 돌봄을 받고 기본생활습관을 형성하는 일이 중요하다. 그런데, 5학년부터는 학급당 학생 수가 최소 열 명 정도가 되는 학교에서 공부할 수 있도록 해야 한다. 이때부터는 본격적으로 학업능력을 길러야 하고 다양한 신체활동이나 체험활동을 경험할 수 있어야 한다. 결과적으로 어떤 학교는 K-4 학교로 유지되고, 어떤 학교는 기존 초등학교와 같이 6년제 학교로 유지될 것이다. 지역에 따라서는 '1학교 3~5 캠퍼스형 학교'를 만들 필요가 있다. 다시 말하여, 하나의 거점학교와 1~4학년 과정을 운영하는 3~5개의 캠퍼스를 연계하는 교육체제를 구축하는 것이다.

중학교와 고등학교에서는 학급당 학생 수가 더 중요하다. 다양한 교과 학습, 나아가 선택과목을 이수하고, 또 교사들이 적정 수업시수를 유지하려고 하면 중학교의 경우 학년당 최소 두 개 학급, 학급당 최소 열두 명 정도의 학생이 배치되어야 한다. 고등학교는 고교학점제를 내실 있게 운영하고자 하면 학교 규모를 더 확대할 필요가 있다. 결국 중학교와 고등학교는 학교 통폐합이 불가피하다. 우리보다 일찍 인구 변화를 겪고 있는 일본은 초등학교와 중학교를 통합한 9년제 의무교육학교, 중학교와 고등학교를 통합한 6년제 중등교육학교를 법제화했다. 모두 새로운 교육상황에 대응하기 위한 조치이다. 우리나라에서도 기존 학교 배치를 재검토하면서 다양한 형태의 학교를 만들어가야 한다.

학교 배치를 재구조화는 일이 첫 단계라면, 그 학교의 교육의 질을 높이고 지역사회와 상생할 수 있는 방안을 찾는 것이 두 번째 단계이다. 우선 농어촌 지역 상황에 맞게 교육프로그램을 재검토할 필요가 있다. 도시지역에 비하여 농어촌 지역은 양질의 사교육 기관이 부족하고, 문화적 기회를 누리기 어렵다. 농어촌 지역 학교에서는 돌봄과 방과후 교육활동을 대폭 강화해야 한다. 또, 학생들에게 제공하는 경험의 종류를 늘리고, 그 수준을 대폭 높여야 한다. 농어촌학교 학생들이 방학 기간에 외국의 학생들과 만나서 교류할 수도 있을 것이다.

학교를 재배치한 결과 여유가 생기는 학교시설을 잘 활용하여 진로체험센터를 만들어서 학생들이 다양한 진로 활동을 할 수도 있을 것이다. 농어촌 학교에서는 학교시설 복합화를 적극적으로 시도할 필요가 있다. 노인들이 많은 지역

실정을 고려하여 학교 내에서 노인들이 일정 시간 생활할 수도 있을 것이다. 물론 학교교육에 지장을 초래하지 않고, 오히려 노인들이 아이들을 돌볼 수도 있을 것이다. 특성화고등학교의 경우는 학교의 시설 장비를 주민의 직업재교육을 위해 활용할 수도 있을 것이다. 야간 또는 주말을 이용하여 학생 교육에 지장을 초래하지 않고도 새로운 시도가 가능하다. 제주도 지역의 일부 학교에서 일어나는 일이지만, 학교 환경과 교육프로그램이 잘 갖추어지면 농어촌학교를 찾아서 귀향하는 사람도 늘어난다.

이와 같은 변화를 일구고자 하면 교육행정체제에 큰 변화가 필요하다. 시·도교육감이 이런 변화를 만들어내기를 기대할 수는 없다. 의지와 능력이 있는 교육장이 자치단체장과 협력하면서 장기간에 걸쳐 바꾸어낼 수 있다. 이런 점에서 지방교육자치 단위를 하향해야 한다. 지방교육자치의 꽃은 교육감이 아니라 교육장이어야 한다. 일본이 그렇다. 도도부현과 시구정촌 모두에 교육위원회와 교육장이 있지만, 학교교육에서 중요한 역할을 수행하는 사람은 시구정촌 교육장이다. 교육장을 주민이 직접 선출하거나 다른 방식으로 민주적 정당성을 가지도록 하고, 그가 예산과 인사에 관한 권한을 행사할 수 있도록 해야 한다. 교원의 신분을 지방공무원으로 바꾸고, 교원 인사행정의 지역 범위를 재설정해야 한다. 교원 지방직화에 대해서 교원 신분 불안이나 지역 간 급여 격차가 발생하는 상황을 우려하는 목소리가 있다. 그런데, 이미 지방공무원인 각급 학교의 행정직원들을 보면 신분 불안이 높은 것도 아니고, 전국적으로 급여에 차이가 나지도 않는다. 현행과 유사한 교부금 제도를 유지하는 경우 교원의 법적 지위가 바뀐다고 하여 교원 처우가 후퇴하지는 않는다. 다만, 교원 지방직화와 관련하여 검토할 과제가 적지 않다. 지방직화의 단위를 광역지방자치단체 수준으로 할 것인지, 몇 개의 교육지원청을 합한 중범위 지역을 단위로 할 것인지, 지역 간 교사 이동을 허용할 것인지, 교사들이 선호가 낮을 것으로 예상되는 지역에 대해서는 어떤 특별한 혜택을 부여할 것인지 등에 대해서는 시급히 연구와 검토가 필요하다.

아울러 농어촌 지역에서 근무하는 교직원 처우를 개선하는 방안도 강구해야 한다. 이와 함께 지방교육재정교부금 제도의 구조를 재설계하여 교육장이 재정 권한을 행사할 수 있도록 해야 한다. 기초자치단체 단위에서 지방교육자치를 시행하고자 할 때, 이에 적합한 교직원 인사행정과 교육재정 제도를 구안하는 연구가 필요하다. 새로운 지방교육자치 구조에서는 교육지원청이라는 명칭을 지역교육청으로 다시 바꾸고, 현재의 시·도교육청이 교육지원센터의 역할을 할 수 있을 것이다. 이렇게 된다면, 교육감 임용 방식을 둘러싼 논의는 그다지 의미가 없어진다. 만약 기초지방자치단체 수준에서 교육자치가 실질적으로 이루어지는 시기가 도래한다면, 교육감이 자치단체장과 러닝메이트로 출마하거나 자치단체장이 교육감을 임명하는 방안도 검토할 수 있을 것이다.

지역이 살아나는 데에서 대학의 역할은 막중하다. 가끔 하나의 대학이 지역을 살린 사례가 보고된다. 어떤 대학은 무려 5,000여 개의 중소기업과 네트워크를 구축하고 기업이 요청하는 연구 개발을 수행하고, 학생들이 매우 양질의 인턴십을 경험한 후에 취업하도록 하고 있다. 사실 우리나라에도 모범 사례가 없는 것은 아니다. 한양대 에리카캠퍼스는 문제기반학습Problem-Based Learning을 대학 교육에 전면적으로 도입하여 학생들의 학습 과정을 바꾸고 이를 기반으로 다양한 기업체와 산학협력을 발전시켜가고 있다. 이 과정에서 대학이 위치한 안산시와 시흥시에도 좋은 변화가 일어나고 있다. 지방시대를 열어가는 과정에서 이런 사례가 축적될 것이고, 이런 사례가 많아지면 지방시대가 열릴 것이다.

지역 위기의 속도가 너무 빠르고 그 정도는 생각 이상으로 심각하다. 과거와 다른 발상으로, 전례 없는 의지를 모아서 대응해도 해결하기 어려운 문제인지도 모른다. 그러나 방향을 잘 잡고 꾸준히 노력하는 과정에서 지방시대의 문이 열릴 수도 있을 것이다.

4부. 논쟁과 담론

02

대학의 위기,
대학 체제는 어떻게 바뀌고
있는가?

홍 창 남
부산대학교 교수

한국 대학의 현실

누구나 한국 대학이 위기에 처해 있다고 말한다. 최근에는 학령인구 감소로 입학자원 확보가 어려워지고 그 여파가 지방대학에 집중되면서 지방대학 위기론이 부상하고 있다. 위기의 증상과 원인, 해법에 대한 주장도 다양하다. 수도권 집중과 대학 서열화가 문제의 본질이라는 주장도 있고, 산업구조 변화와 사회적 요구에 부응하지 못하는 대학의 경쟁력 부족이 위기의 핵심이라는 주장도 있다. 고등교육에 대한 재정투자가 선진국에 비해 부족한 현실에서 10년 넘게 대학 등록금을 동결함에 따라 대학 재정이 취약해진 것이 위기의 근본 원인이라는 진단도 있다. 이러한 상황에서 교육부가 대학평가를 시행하고 그 결과에 따라 재정지원 수준을 결정하면서 대학이 자율성을 상실하고 획일화되었다는 우려의 목소리도 크다. 위기 진단의 시각에 따라 해법도 다양하다. '대학의 자율성을 높여야 한다, 대학에 대한 재정지원을 늘려야 한다, 대학의 내부 구조를 개혁해야 한다, 대학 간 통합을 추진해야 한다'는 등등의 방안들이 그것이다. 그리고 이러한 방안들이 제대로 작동하지 않는다는 것을 우리는 역사적 경험을 통해 알고 있다.

한국 대학의 위기는 앞에서 언급한 다양한 요인들이 복합적으로 얽혀서 나타난 결과다. 그런데도 위기의 원인과 해법을 제안하는 사람들은 각자의 이념적 성향과 이해관계에 따라 어느 한쪽은 강조하고 다른 쪽은 경시하는 경향이 있다. 다소 거칠게 구분하자면, 진보 교육 진영은 '대학 서열화와 학벌사회가 공교육을 망친 주범이기 때문에 이 문제를 해소하는 것이 대학 정책의 핵심과제'라고 규정한다. 이 입장에서 대학의 경쟁력은 부차적인 문제다. 서열화가 해소되어 평준화되면 대학들이 선발 경쟁보다는 교육 경쟁에 집중하게 되어 자연스럽게 대학 교육의 질과 경쟁력이 높아질 것으로 기대한다. 보수진영의 관점은 전혀 다르다. '산업사회의 변화와 요구에 적절히 부응하지 못하는 취약한 경쟁력이 한국 대학 문제의 근본이다. 이 문제를 해결하기 위해서는 규제 완화를 통해 대학의 자율성을 높이고 대학 간 경쟁을 통해 국가와 지역사회의 발전에 기여하게 만들어야 한다'는 입장이다. 보수의 시각에서 대학 서열화와 대학 간 경쟁은 자연스러운 현상일 뿐이다. 한편, 대학 재정 위기에 대해서는 진보와 보수 두 진영 모두 중요한 문제로 인식하지만, 해결방안에 대한 시각은 서로 다르다. 진보 측에서는 '국가가 재정지원을 대폭 확대해야 한다'는 입장인 반면, 보수 측에서는 '등록금 자율화를 포함하여 대학의 자율성을 높이는 방향으로 가야 하며 국가가 재정을 지원하더라도 선택과 집중을 통해 대학 간 경쟁을 유도하는 것이 바람직하다'고 본다.

대학 위기 현상에 대한 진단과 해법을 보수와 진보의 입장에 따라 구분하는 것은 윤석열 정부의 대학 정책을 이해하는 데 중요한 단서를 제공한다. 다음 절에서 자세하게 다루겠지만 현 정부의 대학 정책은 보수진영의 전형적인 관점을 반영한다. 즉, '대학 서열화 해소'와 '대학 경쟁력 강화'라는 두 가지 고등교육 정책과제 가운데 윤석열 정부는 후자에 집중한다. 대학 간 우열은 불가피하거나 자연스러운 현상으로 받아들이면서 여기에 대해서는 공정한 입시제도 운용으로 충분하다는 소극적 입장인 반면, 대학을 둘러싼 각종 규제를 대폭 완화하고 대학이 산업사회에 필요한 인재를 양성하도록 제도적 기반을 적극적으로 마련하는 데 정책의 무게중심을 두고 있다.

아래에서는 윤석열 정부의 고등교육 정책을 1) 규제 완화, 2) 수도권 대학 증원, 3) 지역혁신중심 대학지원체제, 4) 글로컬대학 30 네 가지로 나누어 소개하고 그 의미를 진단한다. 이러한 정책들이 어떤 결과를 가져올지, 그 이념적 지향 속에 어떤 이해관계가 숨어 있는지, 궁극적으로 이러한 정책들이 한국 대학을 위기 속에서 구할 수 있는지, 대안은 무엇인지 살펴본다.

윤석열 정부의 고등교육 정책 진단

규제 완화

대학 규제 완화는 윤석열 정부 고등교육 정책의 핵심기조다. 여기에는 자율과 경쟁을 신봉하는 보수 정부의 이념적 성향이 반영되어 있다. 즉, 규제 완화를 통해 대학의 자율적 경쟁을 유도하여 궁극적으로 대학의 경쟁력을 높이겠다는 것이다. 이번 규제 완화의 또 다른 배경으로는 '학령인구 감소'라는 현실적 조건을 들 수 있다. 늘어난 유휴시설의 용도변경 허용, 교지 및 교사 등 교육여건 기준 완화, 감소하는 등록금 수입을 대체할 수익 창출을 위한 규제 완화 등이 대부분 학령인구 감소를 배경으로 한다(임희성, 2023). 아울러 대학의 구조조정을 유도하는 것도 규제 완화의 목적 가운데 하나다. 대학 내에서 학과나 전공 간 벽 허물기라든가, 대학 간 통폐합을 위한 여건을 간소화한 조치들이 이에 해당한다. 첨단산업 분야의 인재 양성을 유도하는 다양한 조치들도 구조조정의 한 방식이다.

먼저 교육부는 규제 완화를 상징적으로 보여주는 조치로서 고등교육정책실을 폐지하고 대학규제혁신국을 신설하였다. 교육부의 조직개편은 대학 정책의 방향을 '관리'와 '감독' 중심에서 '지원'과 '규제 완화'로 전환하겠다는 의도를 담고 있다. 이와 함께 2015년부터 3년 주기로 실시되던 '대학기본역량진단'이 폐지된 것도 중요한 변화다. 그동안 대학기본역량진단은 평가 대응을 위한 대학의 역량 소모가 지나치고 정부 주도의 획일적 평가로 대학별 여건과 특성을 반영하지 못한다는 등의 비판이 지속적으로 제기되어왔다. 이제 2025년부터는 사학진흥재단의 '재정진단'과 (전문)대학교육협의회의 '기관평가인증'에 따라 대학에 대한 재정지원 여부가 결정된다.

대학의 운영과 관련된 대부분의 규제 완화는 법령개정을 통해 이루어졌다. 2024년 교육부가 발행한 '2022-2024 대학 규제개선 성과 자료집'에 의하면, 현 정부 들어서 개정된 법령 건수가 고등교육법 1건, 고등교육법 시행령 22건, 대학 설립·운영규정 32건 등을 포함하여 24개 법령에서 총 103건에 달한다. 고등교육 관련 법령이 제정된 이래 최대 규모의 규제 완화다. 이 가운데 대학 사회에 미치는 파급력과 논란의 소지가 큰 규제 완화 조치들은 아래 〈표〉와 같다. 여기서는 다양한 규제 완화 조치를 그 내용에 따라 '대학 운영기준 완화', '첨단분야 확대 유도', '대학설립·운영의 4대 요건 완화' 등 크게 세 가지 범주로 구분하여 제시하였다.

▨ 대학 규제 완화의 주요 범주와 내용

구분	규제 완화 조치	주요 내용
대학 운영 기준 완화	학과·학부 조직 원칙 폐지	'대학에는 학과 또는 학부를 두는 것을 원칙으로 한다'는 규정이 법령에 명시되었으나, 학칙으로 정하는 바에 따라 학과, 학부 또는 이에 상응하는 조직을 둘 수 있도록 대학에 위임
	교원의 수업시수 기준 위임	교원의 수업시수는 매 학년도 30주, 매주 9시간을 기준으로 한다는 규정이 법령에 명시되었으나, 각 대학이 학칙으로 정하도록 위임
	정원 자체조정 시 교원확보 기준 폐지	대학이 총입학정원 범위 내에서 정원을 자체 조정할 경우 교원확보율을 전년도 이상으로 유지해야 했으나, 이 기준 폐지
	학부-대학원 간 정원 상호조정 기준 완화	학부 정원 1.5명을 감축하여 대학원 정원 1명을 증원할 수 있었으나, 학부 정원 1명 감축하여 대학원 정원 1명 증원할 수 있도록 기준 완화
첨단 분야 확대 유도	첨단분야 대학·대학원 증과·증원 기준 완화	첨단산업 분야의 인재를 양성하거나 다른 국내대학과 공동으로 교육과정을 운영하기 위해 학과 등을 증설하거나 학생정원을 증원하는 경우, 기존에는 4대 요건을 모두 충족해야 했으나, 교원확보율 기준만 충족하면 허용. 국립대학의 경우에는 교원확보 기준의 70%만 충족하면 허용
	첨단분야 계약학과 정원 범위 확대	일반 계약학과의 학생정원은 총입학정원의 20% 범위 내에서 정원외 입학을 허용하였으나, 첨단분야 계약학과의 경우에는 총입학정원의 50%로 범위 확대

4대 요건 기준 완화	교사기준면적 완화	대학은 학생 1인당 인문·사회계열 12㎡, 자연과학계열 17㎡, 예·체능 계열 19㎡, 공학 및 의학 계열 20㎡의 교사면적을 확보해야 했으나, 인문·사회계열만 현행 유지하고 나머지 계열은 14㎡로 완화
	교지기준면적 폐지	학생정원이 401명에서 999명인 대학은 교사기준면적에 해당하는 교지를 갖추고, 특히 1,000명 이상인 경우 교사기준면적의 2배 이상을 갖추도록 하였으나, 운영 중인 대학에 대해서는 교지기준면적을 폐지하고 건축 관계 법령의 건폐율·용적률에 관한 규정에 따르도록 완화
	겸임교원 확대 허용	교원정원의 1/5까지 겸임·초빙교원을 둘 수 있었으나, 이 기준을 교원정원의 1/3로 확대
	수익용 기본재산 확보 및 활용 기준 완화	· 수익용 기본재산 확보 기준을 대학의 '연간 학교회계 운영수익총액'에서 '학생의 등록금 및 수강료 수입'으로 완화 · 운영 중인 대학의 학교법인이 학생의 등록금 및 수강료 수입의 2.8%를 교비회계로 전출하는 경우 수익용 기본재산을 확보한 것으로 인정 · 유휴 교육용 기본재산을 수익용 기본재산으로 용도 변경하는 경우 그 가액만큼의 교비회계 보전을 조건으로 부과했으나, 교비회계 보전 없이 수익용으로 용도 변경하도록 허용 · 수익용 기본재산 확보액이 기준액을 초과하는 경우 초과 금액의 처분대금은 학교와 학교법인의 이익을 저해하지 않는 범위 내에서 필요한 목적으로 활용 가능
	기타 교사·교지 활용 범위 확대	· 유휴 교사시설 내 입주 가능한 업종은 교육 및 연구 활동에 지장을 주지 않고 다른 법령에 학교 내 설치가 금지된 것이 아니면 제한 없이 허용 · 교지의 일부를 수익용 건물 부지로 제공해도 교지확보율 기준을 충족하고 학교법인과 대학 간 적정한 비용 분담이 이루어지면 교지 내 수익용 재산 건물 설치 허용 · 교사확보율 100%를 충족한 경우 일정한 요건을 충족하면 교사·교지를 임차하여 활용 가능 · 교사확보율 100%를 충족한 경우 유휴 교사를 학칙으로 정하는 절차를 거쳐 임대 허용

먼저 대학 운영기준을 완화한 조치에 대해서는 비교적 논란이 적은 편이다. 대학의 조직을 어떻게 구성할지, 학과나 전공 간 또는 학부와 대학원 간 정원을 어떻게 조정할지, 교수의 수업시수 기준을 어떻게 정할지 등은 대학의 자율에 맡기는 것이 바람직하기 때문이다. 앞의 〈표〉에 제시하지는 않았지만, 그동안 대학 운영과 관련하여 법적 규제가 얼마나 세세하고 광범위한지를 이번 규제 완화를 통해 새삼 확인할 수 있었다. 가령, 예전에는 학생의 전공 변경이 몇 학년

에 가능한지, 학위논문 심사위원을 몇 명으로 할지 등이 모두 고등교육법 시행령에 규정되어 있었다. 이 점에서 이번 규제 완화는 부분적이나마 대학의 자율성을 높이는 계기가 될 것으로 기대된다.

대학 운영기준을 완화한 조치 가운데 논란이 벌어진 경우도 있다. '주당 9시간' 수업시수 원칙 폐지가 그것이다. 종전에 교수의 수업시수는 매주 9시간을 원칙으로 한다고 법령에 규정되어 있었으나(고등교육법 시행령 제6조), 이제는 학칙으로 정하도록 대학에 위임되었다. 이에 대해 국공립대학과 사립대학의 반응은 전혀 달랐다. 국공립대학 측은 "수업시수를 9시간에 묶어 두는 것은 아주 오래된 사안이다. 수도권의 대규모 대학은 탄력적으로 운영을 하는 곳이 많다"고 하면서 찬성 입장인 반면, 사립대학 측은 "사립대는 이번 기회에 수업시수를 한껏 늘릴수도 있다. 기본수업시수가 늘어나면 초과수당이 삭감되므로 사립대 교수들에게는 임금 삭감 효과까지 발생한다"면서 반대 입장을 밝혔다(교수신문, 2023.6.28). 이는 규제 완화의 효과가 설립유형이나 지역 등 대학이 처한 상황에 따라 다르게 나타날 수 있다는 것을 시사한다.

첨단산업 분야에 필요한 인재 양성을 지원하기 위한 규제 완화의 경우, 규제 완화 자체에 대해서는 논란이 크지 않지만, 첨단분야 정원 확대 대상에 수도권 대학들이 대거 포함되면서 크게 쟁점으로 부각되었다. 이 주제에 대해서는 다음 절에서 자세히 다루기로 하고, 여기서는 첨단분야의 규제 완화가 학문의 균형발전을 저해할 가능성에 대해서만 간단히 언급하겠다. 대학의 총정원이 묶여 있고 학령인구 감소에 따라 더 줄어들 가능성이 높은 상황에서 첨단분야의 학과나 전공의 증설과 증원을 유도한다면, 기초학문이나 비인기학과의 축소는 불가피하다. 시대적 변화에 대비해 대학의 조직과 교육과정을 개편하려면 대학마다 고도의 논의와 중장기 발전계획을 수립해 단계적으로 접근해야 함에도 불구하고, 시장의 요구에 맞춰 대학을 구조조정하게 되면 대학의 근간이 흔들릴 수 있다.

이번 규제 완화 가운데 논란과 비판이 거센 부분은 주로 '대학설립·운영의

4대 요건'과 관련되어 있다. 대학을 설립하기 위해서는 4대 요건을 갖춘 뒤 교육부 장관에게 설립 인가를 신청해야 한다. 4대 요건은 교사(대학 시설 및 건물), 교지(교육 및 연구를 위해 사용하는 토지), 교원(교수, 부교수, 조교수, 겸임교원 등), 수익용 기본재산(토지나 건물 등 학교법인이 소유한 수익용 기본재산)을 말한다. 이 4대 요건은 대학 설립 이후에도 학과나 전공을 신설하거나 입학정원을 증원할 때 중요한 판단 기준이 된다. 이번 규제 완화를 통해 교육부는 이미 대학을 설립하여 운영 중인 대학에 대해서는 이 4대 요건의 기준을 대폭 낮추거나 폐지하였다. 대학의 '설립기준'과 '운영기준'을 분리했다는 것이 이번 규제 완화의 중요한 특징 중 하나다. 아래에서 살펴보겠지만, 4대 요건의 완화가 적용되는 대상은 주로 사립대학이다.

앞의 〈표〉에서 기술한 대로, 우선 교사기준면적과 교지기준면적이 대폭 완화되었다. 이 두 가지 요건이 결합되면 대학의 유휴 교육용 기본재산이 대폭 늘어난다. 그 확대 폭이 어느 정도인지는 구체적인 예를 들어야 실감할 수 있다. 공학계열의 학생정원 2,000명인 대학이 있다고 가정하자. 먼저 교사기준면적은 40,000㎡(20㎡×2,000명)에서 28,000㎡(14㎡×2,000명)로 줄어든다. 교지기준면적은 완화된 기준에 따라 일반주거지역 제1종 건폐율(60%)을 적용할 경우 80,000㎡(40,000㎡×2배)에서 16,800㎡(28,000㎡×0.6)로 크게 축소된다. 즉, 이 대학은 종전에 비해 5분의 1 정도의 교지만 교육용 기본재산으로 유지하고, 나머지 63,200㎡는 유휴 교육용 기본재산으로 확보하게 된다. 한편, 늘어난 유휴 교육용 기본재산은 과거와 달리 교비회계 보전 없이 수익용 기본재산으로 용도 변경할 수 있게 된 것도 주목할 만하다. 게다가 수익용 기본재산 가운데 기준액을 초과하는 부분은 처분하여 필요한 목적에 활용할 수 있게 되었다. 또한 사학법인은 이제 일정한 조건하에 유휴 교사를 임대할 수도 있고, 학교 내에 수익용 건물을 설치하거나 상업용 시설을 둘 수도 있다.

교원 요건 가운데 논란이 큰 대목은 겸임교원의 비율을 확대했다는 점이다. 기존에는 일반대학이 확보해야 할 교원 가운데 겸임교원의 비율을 5분의 1로 제한했으나, 변경된 기준에 따르면, 이 비율이 3분의 1로 늘었다. 교육부는 "현장 전문가를 겸임·초빙교원으로 확대 채용해 다양한 강좌 개설에 대한 수요를 충족하고, 현장적합도가 높은 인력 양성이 가능하다"고 해당 규정의 개정 취지를 설명한다(교육부, 2024). 이에 대해 전국교수단연대회의는 "많은 대학이 현행 규정을 악용해 저임금과 고용 불안정에 시달리는 비정규교수를 양산하는 현실에서 이를 더 폭넓게 허용하면 대학의 연구와 교육은 무너진다"고 비판한다(서울신문, 2023. 2. 8).

4대 요건의 기준 완화로 사학법인의 재정 여건은 큰 폭으로 개선될 것으로 보인다. 문제는 사학법인의 재정 여건 개선이 사립대학의 교육 및 연구의 질 개선으로 이어질 것인가 하는 것이다. 이러한 의문을 제기하는 데에는 그럴 만한 근거가 있다. 사학법인이 유휴 교육용 재산을 수익용 재산으로 전환할 경우, 과거에는 전환한 금액을 교비회계(사립대학의 회계)로 전출하도록 규정되어 있었으나, 이번 규제 완화로 그 조건이 삭제되었기 때문이다. 이제 사학법인은 대폭 늘어난 수익용 재산을 활용하여 영리 활동을 펼칠 수도 있고, 그 수익으로 대학에 투자하여 교육과 연구 여건을 개선할 수도 있다. 후자의 상황이 전개된다면 바람직하겠지만, 그것을 보장할 제도적 장치가 없다는 점에서 우려의 목소리가 나온다. 특히 부실·비리 사학이 만연했던 전례에 비추어보면, 이번 규제 완화가 '사학법인 이익 몰아주기' 또는 '대학의 상업화'를 초래할 것이라는 비판적 시각이 기우만은 아니다.

수도권 대학 증원

2023년 4월 교육부는 일반대학 첨단분야의 정원을 1,829명 늘린다고 발표하였다. 분야별로는 반도체 654명, 인공지능 195명, SW·통신 103명, 에너지·신소재 276명, 미래차·로봇 339명, 바이오 262명이 각각 증원되었다. 권역별로는 수도권 대학이 817명, 지방대학이 1,012명으로 지방대학의 증원 규모가 56%로 절반을 약간 넘었다. 교육부에 의하면, 각 대학이 첨단분야 정원 순증을 신청한 규모는 모두 7,041명이었으며, 이중 수도권 대학이 5,734명, 비수도권 대학이 1,307명이었다. 결과적으로 수도권은 신청 대비 14.2%, 지방은 신청 대비 77.4% 증원된 셈이다. 이에 대해 교육부는 수도권과 지방대 간 균형 유지와 단기간 대규모 증원에 따른 문제점을 최소화하기 위해 증원 규모를 적정 수준으로 조정하였다고 설명하였다(교육부 보도자료, 2023.4.27).

▨ 2024학년도 일반대학 첨단분야 정원 배정 결과

수도권			비수도권		
순	대학명	순증(명)	순	대학명	순증(명)
1	서울대	218	1	경북대	294
2	가천대	150	2	전남대	214
3	세종대	145	3	충북대	151
4	성균관대	96	4	충남대	82
5	고려대	56	5	연세대 분교	75
6	동국대	45	6	전북대	71
7	이화여대	30	7	부경대	28
8	서울과기대	30	8	금오공대	30
9	연세대	24	9	부산대	20
10	덕성여대	23	10	울산대	17
			11	안동대	10
			12	창원대	10
계	10교	817	계	12교	1,012

위 배정 결과를 살펴보면, 교육부의 설명대로 전체 증원 규모에 있어서 수도권 대학과 지방대학이 어느 정도 균형을 이루고 있다. 특이한 대목은 개별 대학의 증원 규모 편차가 매우 크다는 점이다. 수도권에서 증원 규모가 가장 큰 대학(서울대 218명)과 가장 적은 대학(덕성여대 23명)의 차이는 거의 10배에 달하며, 비수

도권의 경우 그 차이는 약 30배로 커진다. 이러한 차이를 학교 규모의 차이로 설명하기는 곤란하다. 예를 들어 학교 규모가 비슷한 경북대와 부산대의 증원 규모도 15배 정도 차이가 나기 때문이다. 이에 대해서는 뒤에서 다루기로 하고, 먼저 이번 정부의 첨단분야 정원 확대 배경과 그 영향에 대해서 살펴보자.

현 정부의 첨단분야 정원 확대는 예견된 일이었다. 정부 출범 직후 윤석열 대통령은 국무회의(2022.6.7)에서 "교육부는 스스로 경제부처라고 생각해야 한다"고 강조하면서 "교육부의 첫 번째 의무는 산업발전에 필요한 인재 공급"이라고 역설하였다. 이러한 기조는 국정과제 81번 '100만 디지털 인재 양성'에 그대로 담겨 있으며, 여기에는 첨단분야 학과 신·증설과 정원 증원이 주요 내용으로 포함되어 있다. 이 과제를 실현하기 위한 구체적 방안으로 교육부는 '반도체 관련 인재양성 방안'(2022.7.19)을 발표하였으며, 이에 따르면 2031년까지 반도체 인재 15만 명을 양성하고 반도체를 포함한 첨단분야 인재 양성을 위해 첨단산업 특성화 대학 등 다양한 사업을 추진할 계획이다.

첨단분야 인재 양성은 글로벌 경쟁이 갈수록 치열해지면서 모든 정부가 관심을 두고 추진해온 정책 방향이다. 문재인 정부에서도 2022년 '대학원 정원 조정 및 설치 세부 기준'을 발표하면서, 대학원 정원정책은 학령인구 감소에 따라 정원동결 기조는 유지하되, 첨단 신기술 분야의 인재 양성 촉진을 위해 대학원 정원 기준을 완화하고 학과와 정원의 신·증설 및 조정은 대학이 자율 결정하도록 하였다. 이 기조에 따라 교육부는 서울대 등 8개 대학에서 인공지능을 포함한 첨단 신기술 분야의 대학원 정원을 558명 증원하였다.

문제는 학부 정원을 증원하는 경우다. 학령인구가 급속하게 줄어들어 대학 입학정원이 고교졸업인원을 이미 초과한 상황에서 그동안 정부의 대학 정원정책은 구조조정과 정원 축소로 그 방향이 설정되었다. 특히 수도권 집중 심화로 신입생 미충원의 대부분이 지방대학에서 나타나면서 수도권 대학 정원을 늘린다는 것은 금기시되었다. 게다가 수도권 대학 정원은 수도권 인구 집중을 막기 위한 법인 '수도권정비계획법'에 따라 총량규제를 받아왔다. 이번 첨단분야 정원 순증은 수도권 대학 '정원 총량규제'를 해제한 것이며, 겉으로는 수도권 대학과 지방대학의 균형을 내세웠지만 그 실상은 20여 년 동안 억제해왔던 수도권 대학의 정원을 확대한 것이다.[1] 사실 지방대학들은 현재의 정원도 채우지 못하는 형편이다. 2021년 전국 대학의 미충원 인원은 40,586명에 달하며 미충원의 대부분은 지방대학에서 나타났다. 이러한 현실에서 첨단분야 정원 순증, 특히 수도권 대학 정원 확대가 대학 사회에 어떤 결과를 초래할지는 쉽게 예상할 수 있다.

우선 수도권 대학의 증원에 해당하는 규모만큼 우수 인재들이 지방대학에서 수도권 대학으로 이동할 것이다. 첨단분야를 희망하는 이공계 지원자들은 지방대학에서도 비교적 우수한 학생들이다. 일차적으로 이 학생들이 수도권 대학으로 몰릴 것이며, 이들의 빈자리는 그보다 성적이 낮은 학생들로 채워질 공산이 크다. 결과적으로 수도권 대학과 지방대학의 격차 또는 서열화는 더 커질 것이다. 또한 지방대학의 미충원 현상이 가속화될 것이라는 점도 불 보듯 뻔하다. 수도권 대학과 지방대학의 정원 확대를 동일한 규모로 추진하더라도 수도권 대학은 비교적 쉽게 충원할 수 있지만 지방대학은 그렇지 않으며, 다행히 지방대학들이 첨단분야 정원을 확보하더라도 그 후폭풍은 첨단분야가 아닌 다른 학과에 미쳐 결과적으로 지방대학의 미충원은 점점 더 심각해질 것이다. 더욱이 첨단분야 정원 확대가 올해에 그치는 것이 아니라 2031년까지 지속된다는 교육부 계획을 감안하면 문제의 심각성은 갈수록 더 커진다.

한 가지 덧붙이면, 이번 첨단분야 정원 순증에 있어서 대학 간 격차가 지나치게 크다는 점도 눈여겨볼 대목이다. 정상적인 정원 배정이라면, 각 대학이 보유하고 있는 첨단분야 교육역량과 시설 및 인프라, 국가 및 지역사회의 인력 수요 등을 종합적으로 검토하여 정원 배정이 이루어졌어야 한다. 그런데 실제 배정

---

1) 이에 대해 교육부 관계자는 "그동안 구조조정을 통해 수도권 총량 상한제와 현 정원 사이에 7,000명 정도 여유가 생겨 이를 우선 활용한 것"이라고 설명했다(서울경제, 2023.4.27). 그럼에도 대학 사회에서는 이번 수도권 정원 증원을, 지난 20여 년간 학령인구 감소와 수도권 집중에 대응하기 위해 펼쳐온 정원 억제 정책을 무너뜨린 조치로 받아들이고 있다.

결과는 대학 간 격차가 30배 넘게 나타났다. 이는 대학의 여건과 상황에 대한 면밀한 검토 없이 대학이 요구한 증원 규모를 그대로 반영한 것이 아닌지 의심하기에 충분하다. 공식적인 자료로 확인하기는 어렵지만, 개별 대학에 따라 정부의 비공식적인 연락을 받고 증원 규모를 늘리거나 조정한 경우가 있다는 소문이 대학 사회에 무성하다. 그로 인해 증원을 많이 받은 대학과 적게 받거나 못 받은 대학 사이에 갈등이 심했고 그 결과 교육부의 첨단분야 정원 배정에 대해 대학들이 공동으로 대처하지 못했다는 후문도 나돌았다. 사실 여부와 관계없이 이번 첨단분야 정원 배정에서 대학 간 격차가 지나치게 큰 것은 정책의 정당성에 의문을 제기한다.

지역혁신중심 대학지원체제 (RISE)

앞에서 설명한 대학 규제 완화와 첨단분야 정원 순증이 대학의 소재지와 관계없이 모든 대학을 대상으로 하는 정책이라면, 이하에서 다룰 지역혁신중심 대학지원체제와 글로컬대학은 지방대학 경쟁력 강화를 위한 핵심 사업이다.

이중 지역혁신중심 대학지원체제 Regional Innovation System and Education, RISE 는 문재인 정부에서 추진해온 RIS Regional Innovation strategy (지자체 - 대학 협력 기반 지역혁신사업)를 확대 개편한 정책이다. RIS는 지자체와 대학의 협력을 기반으로 지역혁신 플랫폼을 구축하고 지방대학의 혁신을 통해 지역혁신을 추진하는 사업이다. 문재인 정부 당시에는 광주·전남, 울산·경남, 충북, 대전·세종·충남 등 4개의 지역혁신플랫폼을 대상으로 연간 약 1,700억 원의 국고지원이 이루어졌다.

윤석열 정부의 RISE 정책은 두 가지 점에서 이전 정부의 RIS와 차별화된다. 첫째는 대학지원의 행·재정 권한을 광역지방자치단체(이하 지자체)에 대폭 이양한다는 점이다. 즉, RISE는 지자체의 대학지원 권한 확대와 규제 완화를 통해 지자체 주도로 대학을 지원하여 지역과 대학의 동반성장을 추진하는 체계다. 구체적으로 교육부는 2025년부터 5개 사업(지역혁신(RIS), 산학협력(LINC 3.0), 대학평생교육(LiFE), 전문직업교육(HiVE), 지방대 활성화 사업)을 통합하고 대학 재정지원사업 구조와 규모를 조정해 교육부의 대학 재정지원사업 예산의 50% 이상(2조 원 이상)을 지역 주도로 전환할 방침이다. 지자체는 대학지원 전담 기관(비영리 법인)을 설치하여 대학 재정지원 예산을 배분하고 사업을 관리할 권한을 갖게 된다(교육부, 2024).

둘째, 정책 대상이 수도권을 포함한 전 지역으로 확대되었다. 2024년 현재 지역혁신플랫폼은 비수도권 14개 시·도에 9개의 플랫폼이 구축되어 있고, 2025년부터는 전국으로 확대된다. 교육부(2024)는 RISE 정책 확대 배경으로 세 가지를 제시하였다. 지방대학의 위기 가시화에 따른 지역소멸 가속화, 개별 대학을 넘어 공동의 노력을 통한 위기 극복 필요, 지자체-대학의 협력을 통한 지방대학과 지역 전반의 혁신 유도가 그것이다. 이러한 취지에 따라 교육부는 비수도권 전 지역에 RISE 지정을 완료하였고 내년도부터 본격적인 시행에 들어간다. RISE로 선정된 지역은 '고등교육 혁신특화지역'으로 지정해 각종 규제 특례를 적용한다.

▨ RISE 지정 현황

지자체(선정 연도)	핵심 분야	참여대학	국비 지원
광주·전남(2020년)	에너지신산업 / 미래형운송기기	전남대, 목포대 등 17개 대학	480억 내외
울산·경남(2020년)	스마트제조엔지니어링 / 미래모빌리티 / 스마트제조ICT / 저탄소그린에너지 / 스마트공동체	경상국립대, 울산대 등 15개 대학	480억 내외
충북(2020년)	제약바이오 / 화장품·천연물 / 정밀의료기기	충북대, 교통대 등 14개 대학	300억 내외
대전·세종·충남 (2021년)	모빌리티 소재부품장비 / 모빌리티 ICT	충남대, 공주대 등 24개 대학	480억 내외
강원(2022년)	정밀의료 / 스마트수소에너지 / 디지털헬스케어	강원대, 연세대 미래 등 15개 대학	300억 내외
대구·경북(2022년)	전자정보기기 / 미래차 전환부품	경북대, 영남대 등 22개 대학	480억 내외
부산(2023년)	스마트항만물류 / 클린에너지 융합부품소재 / 친환경 스마트선박	부산대, 동아대 등 14개 대학	300억 내외
전북(2023년)	미래 수송기기 / 농생명·바이오 / 에너지신산업	전북대, 원광대 등 10개 대학	300억 내외
제주 (2023년)	청정바이오 / 지능형 서비스 / 그린에너지미래모빌리티	제주대 등 3개 대학	300억 내외

RISE 정책에 대한 평가는 관점과 입장에 따라 다르겠지만, 정책의 타당성 측면과 정책의 실효성 측면을 다르게 보아야 한다는 것이 필자의 판단이다. 정책의 방향과 목표가 타당하게 설정되었는가 하는 것과 그 목표가 본래의 취지대로 실현될 것인가 하는 것은 전혀 다른 문제다.

우선 RISE 정책의 방향은 올바르게 설정된 것으로 보인다. 학령인구 감소와 수도권 집중으로 인해 지역대학과 지역사회에 닥친 위기의 현실을 고려할 때, 지역대학과 지역사회가 동반 성장할 제도적 기반을 마련하려는 RISE 정책은 어느 정도 타당성을 갖는다. 지금까지 대부분의 재정지원사업은 중앙정부가 대학에 직접 지원했기 때문에 대다수 대학은 중앙정부의 정책 방향과 목표에 맞춰 대학 운영을 해왔다. 대학이 지역사회의 문제에 관심을 갖거나 참여하는 일은 부차적이거나 부분적이었다. 이러한 상황을 타개하기 위한 방안으로 '대학이 지역발전의 중심이 되고 지역이 경쟁력 있는 지역대학을 육성'하겠다는 정책 취지는 충분히 설득력이 있다.

그러면 RISE 정책이 본래의 취지대로 정책목표를 달성할 것인가? 대학이 지역을 살리고 지역이 대학을 키우는 동반성장의 결실을 거둘 것인가? 이에 대해서는 섣불리 긍정적으로 답하기 어렵다. 지자체가 안고 있는 현실적·태생적 한계와 RISE 사업 자체가 가지고 있는 한계 때문이다.

지자체의 한계로는 대략 세 가지를 지적할 수 있다. 첫째는 지자체의 역량 부족이다. RISE 체제에서 지자체는 지역대학 육성계획을 수립하고, 각 재정지원사업 취지에 맞게 대학에 재정을 배분하며, 사업 집행 과정과 결과를 관리·감독해야 한다. 그러나 현실적으로 대다수 지자체는 관내 대학과 협업할 수 있는 인적·물적 자원이 부족하다. 대부분 3~4명으로 구성된 '대학협력팀'에서 관련 업무를 담당하고 있고, 팀조차 없이 직원 1인이 지방대학 육성 업무를 담당하는 곳도 있다(대학교육연구소, 2023).

둘째, 지자체의 재정자립도가 낮고 지역 간 격차가 크다. 지역의 재정자립도는 전국 평균 45.3%이며, 수도권을 제외하면 36.5%에 불과하다(홍창남, 2023). RISE 체제의 초기 단계에는 국고지원이 주를 이루겠지만 제도가 정착되면 지자체의 책임이 더 커질 것으로 예상되는데, 이 경우 대학 재정의 악화와 고등교육의 지역 격차 확대로 이어질 가능성이 크다.

셋째, 지자체장의 정치적 성향에 따라 지역인재 육성 정책이 왜곡될 수 있다. 대학구조개혁은 중장기적 관점에서 추진될 필요가 있지만, 4년마다 선거를 치르는 지자체장의 관심과 정치적 의사결정에 따라 지역대학 정책이 달라질 수 있다(홍창남, 2023). 당장 2026년 지자체장 선거를 앞두고, 각 지자체가 공정하게 대학을 평가해 재정을 지원하고, 한계대학 구조개혁을 추진할 수 있을지 의문이다. 한계대학을 폐교할 경우, 교직원 일자리 상실, 지역 상권 붕괴 등의 문제는 지역사회에 큰 골칫덩이가 될 수밖에 없다. 이에 따라 대학 재정지원이 합리적 판단이 아닌 나눠먹기식으로 배분되고, 오히려 전체 지역대학 위기가 가중되는 상황이 될 수도 있다(대학교육연구소, 2023).

RISE 사업 자체가 가지고 있는 한계는 이 사업만 가지고는 지역대학과 지역사회를 회생하는 데 역부족이라는 것이다. 현재 지역 상황은 인구 감소와 수도권 집중 심화로 '인재양성 → 지역 정착 → 산업발전'의 선순환 구조가 깨진 지 오래다(대학교육연구소, 2023). 전 인구의 절반 이상이 수도권에 모여 있고, 대기업의 80% 이상이 수도권에 몰려있는 것이 현실이다. 2014년 「지방대학육성법」 제정을 계기로 이미 17개 지자체에서 지역대학 육성 관련한 조례를 마련하여 시행해왔지만 별다른 성과가 없는 근본적인 이유가 여기에 있다. 이런 기반에서 RISE를 통해 지역대학 위기가 해소되고, 지역대학과 지역사회가 동반 성장할 것을 기대한다는 것은 '장밋빛 환상'일 수 있다(대학교육연구소, 2023). 지방에 일자리가 늘어나고 지방대학이 배출한 인재와 생산한 지식을 흡수할 수 있는 사회·경제적 토대가 마련되지 않는 한 지방대학이 지역 산업 발전의 허브로서 성과를 내기에는 한계가 크다(임희성, 2023).

글로컬대학 사업은 RISE와 함께 현 정부가 지방대학 경쟁력 강화를 위해 내세운 핵심 사업이다. RISE가 중앙정부의 다양한 대학 재정지원사업을 지자체에 이관하여 지자체 주도로 대학 재정지원을 추진하는 체제라면, 글로컬대학 30은 지역발전을 선도하고 지역 내 다른 대학의 성장을 견인할 수 있는 세계적인 대학을 선택적으로 집중 육성하는 사업이다. 교육부는 대학 구조를 전면 혁신할 의지와 지역 성장을 견인할 역량을 갖춘 지역대학을 글로컬대학으로 선정하여 육성하겠다는 방침을 밝혔다(교육부, 2023). 교육부에 따르면, 글로컬대학은 2023년 10개 내외로 시작하여 2026년까지 비수도권 모든 지역에 총 30개 내외를 지정할 계획이다. 지정된 대학에는 중앙부처와 지자체의 집중적인 재정투자(5년간 1교당 1,000억 원)와 과감한 규제 특례 등을 부여하여 대학의 혁신적 변화의 실행을 지원한다.

2023년도 실시된 글로컬대학 지정 평가에는 비수도권 소재 108개 대학이 94개 혁신기획서를 제출하였으며, 이 중 10개 대학이 글로컬대학으로 최종 선정되어 10대 1의 경쟁률을 보였다. 이 가운데 국공립은 7교, 사립은 3교였으며, 단독으로 선정된 대학이 6개, 통합을 내세운 대학이 4개였다.

연번	대학명	비전	주요 사업 내용
1	강원대학교 강릉원주대학교	1도 1국립대를 통한 글로컬대학도시	대학 간 벽을 허물어 하나의 통합된 거버넌스를 구축, 4개의 캠퍼스가 각 지역과 밀착하여 특성화, 이를 토대로 강원권을 폭넓게 포괄하는 지역거점대학으로서의 역할 담당
2	경상국립대학교	우주항공 방산 분야 글로컬 선도대학	우주항공 및 방위산업의 국내 최대 집적지인 경남의 지역적 특성을 활용, 지자체·지역 내외 대학·연구소·산업체 등과 긴밀하게 협력하여 우주항공 방산 허브 대학으로 도약
3	부산대학교 부산교육대학교	Edu-TRIangle이 만드는 새로운 미래교육도시	양 대학의 교원양성 기능 일원화, 첨단 디지털 인프라 및 디지털 선도학교 연계 등을 통해 교원의 AI·디지털 역량을 강화. 지자체, 교육청, 기업 등과 협력하여 세계적인 에듀테크 거점 육성
4	순천대학교	특화 분야 강소지역기업 육성 대학	지역의 3대 특화분야(스마트팜, 애니메이션, 우주항공·첨단소재)를 중심으로 대학 체제를 전면 개편, 3대 특화 분야에 정원의 약 75%를 배정하여 지역 수요에 대응한 실무형 인재 양성, 지역강소기업 지원체계 구축
5	안동대학교 경북도립대학교	K-인문 세계 중심 공공형 대학	지역 내 국립대학과 공립대학을 통합, 경북 7개 교육·연구기관을 통합 운영하는 공공형 대학으로 전환, 지역 유·무형 자원을 적극 활용하여 인문학을 집중육성, K-인문의 新한류 창출
6	울산대학교	울산 산업 대전환을 견인하는 지산학 일체형 대학	대학과 산업단지 간 공간적 제약 극복, 도심 및 주력 산업단지 6곳에 멀티캠퍼스 설치, 디지털 기반 온·오프라인 교육 실시, 기업의 기술개발 및 신산업 전환 등을 지원하는 기업지원 Complex 운영
7	전북대학교	전북과 지역대학을 세계로 이끄는 플래그십 대학	지역별 캠퍼스와 산업체 간 벽을 허무는 대학-산업도시 조성, 온·오프라인 국제캠퍼스와 국내 캠퍼스를 활용하여 다양한 학위·비학위 과정 운영, 외국인 유학생(2028. 5,000명 목표) 적극 유치
8	충북대학교 한국교통대학교	통합을 통한 혁신 극대화로, 지역과 함께 세계로	대학 통합을 계기로 캠퍼스별 지역의 주력산업과 연계하여 특성화, 대학과 산업체가 협업하여 현장밀착형 기술개발 및 인재양성 추진, 개방 공유(Open & Shared) 캠퍼스 구축
9	포항공과대학교	지역에 뿌리내려, 세계로 뻗어나가 열매 맺는 글로컬대학	우리나라 최초의 연구중심대학으로서의 역량을 토대로 연구개발부터 제조·양산, 글로벌화까지 지역기업 통합 지원체계 구축, 창업교육-사업화-인프라 등 벤처·스타트업을 지원하는 글로벌 창업 퍼시픽 밸리 조성
10	한림대학교	AI 교육 기반의 창의 융합인재를 양성하는 열린 대학	학과 간의 벽을 허물어 3대 융합 클러스터(의료·바이오, 인문·사회, AI) 중심 체제로 대학의 운영구조 전면 개편, AI 기반으로 능동적 학습과 초개별화된 학습경험 제공하여 맞춤형 인재 양성

글로컬대학 사업은 기존 대학지원 정책에 비해 몇 가지 차별화된 대목이 있다. 중앙정부가 수립한 계획의 틀에 맞춰 사업을 하는 것이 아니라 대학이 자율적으로 지역 여건과 대학 특성을 고려하여 계획한다는 점, 일부 학과나 사업단 중심의 프로그램이 아니라 대학 전반의 과감한 혁신을 지원한다는 점, 예산이 분절적으로 운영되는 것이 아니라 통합적 재정지원으로 대학이 자율적으로 예산을 운용한다는 점 등이 그것이다. 이러한 긍정적인 정책변화에도 불구하고 글로컬대학 사업은 대학 사회에 혼란과 갈등을 일으키기도 했다.

우선 '급조된 정책'의 부작용을 들 수 있다. 글로컬대학 사업은 대선 공약과 국정과제에 설정되지 않은 정책으로 이주호 교육부 장관 취임 후 갑자기 핵심 정책으로 부각되어 일사천리로 추진되었다. 2023년 3월 「글로컬대학 30」 추진 방안(시안)이 발표되었고, 4월에 공고, 5월에 신청서 접수, 6월에 예비지정 대학 선정, 11월에 최종 선정이 이루어졌다. 시안 발표에서 최종 선정까지 불과 8개월이 걸렸으며, 각 대학이 계획서를 작성하는 데 실제로 걸린 시간은 대략 3개월 정도였다. 이 사업이 요구하는 혁신 범위는 대학 외부의 지원 전략 혁신과 대학 내부의 구조·운영 혁신 등 광범위하다. 이 사업의 범위와 영향력을 고려할 때, 단기간에 의견수렴도 없이 추진되는 방식과 개별 대학들이 단기간에 사업 설계를 해야 하는 과정에서 과연 기대하는 성과를 얻을지는 회의적이다(반상진, 2023).

급조된 정책의 또 다른 부작용으로 재원의 불안정성을 들 수 있다. 글로컬대학에 선정되면 5년간 1,000억 원(통합 대학은 1,500억 원)을 지원받게 된다. 30개 대학을 지정할 예정이니 최소한 3조 원의 재원이 확보되어야 한다. 문제는 글로컬대학 사업의 예산이 별도로 책정되어 있지 않다는 것이다. 교육부는 국립대학육성사업과 대학혁신지원사업의 예산 일부를 쪼개어 시행 첫해 글로컬대학에 선정된 10개 대학에 지원한 것으로 알려졌다. 이런 예산 지원방식을 계속 유지할지, 아니면 글로컬대학 예산을 별도로 마련할지 지켜봐야 하겠지만, 현행 방식을 유지한다면 문제가 심각하다. 국립대학육성사업과 대학혁신지원사업은 모든 대학에 골고루 지원하는 예산인데 이 예산을 글로컬대학 사업의 재원으로 삼는다면, 이는 소수 대학의 혁신을 위해 다수 대학이 희생해야 한다는 뜻이다. 글로컬대학 사업 자체가 '선택과 집중'을 내세우고 있지만, 그렇다고 해서 그것이 별도의 재원 마련 없이 대다수 대학의 희생을 요구하는 것이라면, 정책의 정당성은 훼손될 수밖에 없다.

여러 가지 한계에도 불구하고 글로컬대학 정책은 이미 시작되었고 추가 지정이 계속될 것이다. 교육부의 기대는 이렇다. "혁신 선도대학에 대한 집중지원으로 성공 사례가 만들어지면 그것이 전체 대학의 혁신을 촉진할 것이다." 대학 사회의 반응은 회의적이다. 개별 대학의 일차적 반응은 우선 글로컬대학에 선정되기 위해 최선을 다하는 것이다. 시행 첫해 108개 대학이 지원하여 10대 1의 경쟁률을 보인 것이 그 증거다. 선택된 대학과 그렇지 않은 대학의 차이가 크기 때문에 경쟁은 치열해질 수밖에 없다. 선정이 끝나고 난 뒤의 결과를 예상하는 것은 어렵지 않다. 각 시도에 거점국립대 한 곳과 다른 한 곳의 대학 등 두 개 내외의 대학이 글로컬대학으로 선정되고 나머지 대다수 대학은 선택에서 제외될 것이다. 그리고 선정된 대학과 그렇지 않은 대학 간 격차는 더욱 커질 것이다. 이에 대해 전국교수연대회의(2023)는 '시장 중심의 폭력적 구조조정'으로 규정하고 글로컬대학 사업의 전면 철회를 요구하기도 하였다.

사실 글로컬대학 사업에 대해서는 지역사회에 상반된 입장이 공존한다. 앞에서 설명한 대로 이 사업은 '대학 간 경쟁을 부추기고 대학 양극화와 대학 서열화를 강화하기 때문에 철회되거나 전면 수정되어야 한다'는 입장이 한쪽에 있다. 다른 한쪽에는 '수도권 집중이 심화되어 지역대학과 지역사회가 위기에 처해 있는 상황에서 각 지역에 학생들이 갈만한 좋은 대학이 한두 군데는 있어야 하는 것 아닌가'하는 입장도 분명히 존재한다. 후자의 입장은 최근 민주당의 총선 공약으로 채택된 '서울대 10개 만들기'(김종영, 2021)라는 정책 제안이, 반발도 있지만 일부 공감을 얻고 있는 것과 맥을 같이 한다. 글로컬대학 사업의 미래는 이 두 입장을 어떻게 조화롭게 만들 것인가에 달려있다. 지역에 혁신적인 선도대학을 만들면서도 다른 대학들이 동반 성장하도록 지원하는 시스템을 어떻게 설계할지를 두고 대학과 지역, 국가와 시민사회의 치열한 논의와 협력이 필요한 시점이다.

전망과 대안

전망

앞에서는 현 정부의 고등교육 정책을 네 가지 범주로 나누어 그 주요 내용을 살펴보고 각 정책이 가져올 결과를 살펴보았다. 여기에서는 이러한 정책들이 결합했을 때 대학 사회에 어떤 변화가 나타날지 전망한다. 나는 이 작업을 최대한 객관적인 사실에 근거하여 중립적인 입장에서 수행하려고 노력할 것이다. 어느 특정 이념과 이해의 관점에서 다른 편을 공격하는 것은 상황을 이해하거나 문제를 해결하는 데 별 도움이 안 되기 때문이다. 전망의 포인트는 네 가지다. 한국 대학 위기의 대표적 현상으로 알려진 '서열화', '경쟁력', '재정 위기', '자율화'가 어떻게 달라질지 살펴보자.

첫째, 대학 간 경쟁이 치열해지고 대학 간 격차(서열화)가 확대될 것이다. 앞에서 2023년 글로컬대학 선정 경쟁률이 10대 1에 달했다는 사실은 이미 소개한 바 있다. 이러한 경쟁 상황은 글로컬대학 선정이 마무리되는 시점까지 2~3년간 지속될 것이다. 선정이 끝나고 난 뒤에 대학 간 격차가 확대된다는 것은 누구나 쉽게 예상할 수 있다. 선정된 30개 대학에는 5년간 1,000억 원이라는 막대한 재정

지원이 뒤따르지만, 선정되지 않은 나머지 350여 개 대학은 혁신을 추진할 동력을 확보하지 못하게 되기 때문이다.

대학 간 경쟁은 여기에서 그치지 않는다. 지자체에 이관될 대학재정지원사업을 수주하기 위한 경쟁이 기다리고 있다. 지역혁신플랫폼 RIS, 산학협력 LINK 3.0, 대학평생교육 LiFE, 전문직업교육 HiVE, 지방대 활성화 사업 등에 선정되기 위해 또다시 대학은 주변 대학과 경쟁해야 한다. 과거와 차이가 있다면 경쟁의 범위가 전국에서 지역 단위로 축소된다는 점이다. 지자체 내에서의 대학 간 경쟁이 어떤 양상으로 전개될지 지금으로서는 예측하기 어렵다. 대학별로 예산이 골고루 분배될 수도 있고, 여기에서도 선택과 집중이 나타날 수도 있다. 전자라면, '예산 나눠 먹기'라는 비난을 피하기 어렵고, 후자라면 대학 간 격차가 더 커질 것이다.

수도권 대학의 정원 증원 조치도 대학 간 격차를 확대할 것이다. 증원된 규모만큼 수도권 대학은 우수 인재 확보와 재정 확대를 꾀할 수 있으나, 지방대학의 정원 확보는 그만큼 더 어려워지고 재정난은 가중될 것이다. 교육부는 첨단분야 증원 규모를 수도권 대학보다 지방대학에 더 많이 배정했다고 강변할지 모르지만, 학령인구 감소로 정원조차 채우지 못하는 대학이 속출하는 현실에서 첨단분야 정원 확대의 여파가 지방대학에 집중될 것이라는 점은 불 보듯 뻔하다. 수도권 대학과 지방대학의 격차 확대는 불가피하다.

둘째, 대학의 경쟁력이 높아질 것인지에 대해서는 전망이 엇갈린다. 대학 경쟁력이 무슨 뜻인지부터가 논란이지만, 여기서는 상식적인 수준에서 연구개발 R&D 역량과 교육역량 둘로 나누어 생각해보자. 대학은 학문 분야별로 세계 수준의 대학들과 경쟁할 수 있는 연구역량을 갖추어야 하고, 이를 응용하여 다른 연구기관이나 기업체 등과 협력하여 산업사회의 변화를 선도하는 역할을 해야 한다. 대학의 연구개발 역량은 장기적으로 국가 사회의 성장과 유지를 보장할 지적 자산이 된다. 이와 동시에 대학은 학생들이 졸업 이후 직업적, 사회적 삶을 영위하는 데 필요한 다양한 역량을 길러주어야 한다. 대학의 교육역량은 졸업생들의 필요와 직업 사회의 요구를 동시에 충족시키는 기반이 된다.

우선 대학의 연구개발 역량 강화는 RISE 체제와 글로컬대학 사업이 직접 겨냥하는 지향점이다. RISE는 지자체 주도로 경쟁력 있는 지역대학 육성을 정책목표로 내걸었고, 글로컬대학 사업은 지역발전을 선도하고 지역 내 다른 대학의 성장을 견인하는 세계적인 대학 육성을 지향한다. 이러한 정책들이 목표대로 대학의 연구개발 역량을 높이고 주변 대학과 동반 성장하는 긍정적 성과를 거둔다면 더할 나위 없이 좋겠지만, 지금으로서는 그 결과를 예측하기 어렵다. 앞 절에서 분석한 것처럼 정책별로 여러 가지 난점이 있기 때문이다. 지자체의 역량 부족과 낮은 재정자립도, 지자체장의 정치적 성향에 따른 지역대학 정책의 왜곡 가능성, 수도권 집중으로 이미 위축된 지역산업 생태계, 글로컬대학과 다른 대학의 갈등 가능성 등이 그것이다.

대학의 연구개발 역량 강화를 기대하기 어려운 것은 최근 정부의 또 다른 조치 때문이다. 주지하다시피 작년에 정부는 국가 연구개발 예산을 31조1,000억 원에서 25조9,000억 원으로 한꺼번에 16.6%를 감축했다. 이 조치로 대학과 연구기관은 일대 혼란에 빠졌으며, 실제로 연구개발 과제 축소와 신진 연구자 지원 중단이 이어졌다. 별다른 후속 대책이 없는 한, 대학의 연구개발 역량은 당분간 위축될 수밖에 없다. 한 편에서는 대학의 연구개발 역량을 높이겠다고 역설하고 다른 한편에서는 관련 예산을 대폭 축소하는 정책 엇박자는 정부에 대한 신뢰를 떨어뜨리고 정책목표에 대한 기대치를 낮춘다.

대학의 교육역량 강화도 고등교육 정책의 중요한 축이다. 다양한 규제 완화를 통해 대학의 조직을 다양화하고 정원을 자율적으로 조정하며 학생의 전공 및 교육과정 선택권을 확대하는 조치들이 교육역량 강화와 관련된다. 첨단분야 전공 증설과 정원 확대 조치도 여기에 해당한다. 이러한 조치들이 대학의 교육경쟁력을 높일지도 섣불리 판단하기 어렵다. 대학의 교육역량은 특정 전공을 확대하거나 학생 선택권을 확대한다고 해서 높아지는 것이 아니다. 뒤에서 다시 언급하겠지만, 대학의 교육역량을 높이기 위해서는 교수의 수업 방식이 달라져야 하고 학생의 학습 시간이 확대되어야 하며 이를 뒷받침할 제도와 문화가 수반되어야 한다. 첨단분야 증설이나 증원과 같이 특정 전공을 확대하고 여타 전공을 축소하게 되면 대학의 전반적인 교육역량이 오히려 위축될 수 있다. 대학에서 가르치고 배워야 할 기본적인 내용보다 당장의 필요를 충족시키는 실용적 가치를 중시할 때 대학의 교육역량은 훼손되기 십상이다.

셋째, 대학의 재정 기반은 확충될 것이나, 그것이 대학 교육 및 연구의 질 개선에 기여할지는 미지수다. 앞에서 살펴본 대로 대학설립·운영의 4대 요건 완화로 사학법인의 재정 여건은 크게 개선될 것이다. 교사기준면적과 교지기준면적의 요건 완화로 사학법인은 확보해야 할 교육용 기본재산 규모가 크게 줄고, 그만큼 유휴 교육용 기본재산을 추가로 확보하게 된다. 그리고 유휴 교육용 기본재산은 제한 없이 수익용 기본재산으로 전환할 수 있으며, 이 재산을 활용하여 수익사업을 벌일 수도 있고 이사회의 의결을 거쳐 처분할 수도 있다. 문제는 사학법인의 재정 확충이 사립대학의 교육 및 연구 여건 개선으로 이어질지 보장할 수 없다는 것이다. 교육용 기본재산을 수익용 기본재산으로 용도 변경할 경우, 그 금액만큼 사립대학 교비회계로 전출하도록 규정된 조항이 삭제되었기 때문이다. 사학에 대한 지도·감독을 강화하면 된다고 주장할 수도 있으나, 대학에 대한 간섭과 규제를 최소화하려는 현 정부의 정책 기조를 고려하면, 사학법인에 대한 관리 감독이 현재보다 강화될 것으로 기대하기도 어렵다. 결국 이제 늘어난 예산을 어떻게 사용할지는 전적으로 사학법인의 의사에 달려있게 된 셈이다. 이번 규제 완화가 '사립대학 여건 개선'으로 나타날지, 아니면 일부의 우려대로 '사학법인 배 불리기'로 귀결될지 지켜봐야겠지만, 제도 설계의 허점이 드러났다는 사실은 지적하지 않을 수 없다.

어떤 규정이나 제도를 설계할 때는 관련된 사람들이 각자 자기 목적과 이익을 추구하는 이기적 존재라고 가정하는 것이 원칙이다. 사람들이 선의를 가지고 사회적으로 바람직하게 행동할 것이라고 믿는다면 굳이 규정이나 제도를 만들 필요가 없다. 사학법인과 관련된 이번 규제 완화는 사학법인의 선의만을 믿고 바람직하게 행동하도록 유도하거나 견제할 장치를 두지 않았다는 점에서 제도적 한계를 드러냈다. 특히 사학법인의 파행 운영이나 비리 또는 부실로 법적 소송이 부지기수로 제기되었던 역사적 경험을 떠올리면, 정부가 안이했다거나 순진했다고 말하기보다 오히려 사학법인에 의해 포획 capture 되어 그들의 이익을 대변한 것이 아닌가 의심하기에 충분하다.

한편, 대학의 재정 기반 확충과 관련하여 '고등·평생교육지원 특별회계' 신설도 주목할 만하다. 이 특별회계는 총규모가 9.74조 원으로 기존 고등·평생교육 분야 사업 중 8.02조 원이 이관되고 교육세 1.52조 원과 일반회계 0.2조 원이 추가 전입되어 신설되었다. 특별회계 신설에 따른 증액 규모는 1.72조 원인데, 이 가운데 교육세 전입에 대해 초·중등 교육계의 거센 반발이 있었다는 것은 잘 알려진 사실이다. 부족한 고등교육 재원을 확보하기 위해 초·중등교육 예산을 줄이는 것이 적절했는지는 다른 기회에 논하기로 하고, 여기서는 특별회계 신설이 대학 사회에 미칠 영향을 간단히 살펴보자. 일단 특별회계 신설로 고등·평생교육지원 예산이 약 20% 증가했는데, 이는 이례적으로 큰 폭의 예산 확대다. 교육부는 이 재원으로 대학의 자율 혁신 촉진, 지방대학 육성, 대학의 교육 연구 여건 개선 등에 활용하겠다고 발표하였다(교육부, 2022). 이러한 재정 확대가 개별 대학에 미치는 효과는 어느 정도일까? 단순히 계산하여 증액된 1.7조 원을 약 400개 대학에 동일하게 배분한다면 한 대학에 대략 42억 원 정도가 배정된다. 물론 증액된 재원이 모두 대학에 배정되지는 않으며, 대학의 유형과 규모에 따라 또는 글로컬대학 선정 여부에 따라 대학별 배정 규모도 달라질 것이다. 이러한 제반 사정을 고려하면 실제 각 대학에 추가 배정되는 예산은 그리 크지 않으며, 각 대학의 예산 규모가 수천억 원대라는 점을 고려하면 대학의 재정 기반 확충은 미미한 수준이다.

넷째, 규제 완화의 명분은 대학 자율성 확대였으나, 실제로 대학은 예속화의 길을 걷게 될 것이다. 교육부는 조직개편을 통해 규제 완화 전담부서를 신설하고 대학기본역량진단 제도를 폐지하였다. 법령 개정도 전례 없는 규모로 추진하여 24개 법령에서 103건의 규제를 개선하거나 대학에 위임하였다. 이제 대학은 내부 조직개편에서부터 교육과정 및 학사 운영을 학칙 개정으로 자유롭게 추진할 수 있게 되었다. 인근 대학과 통합이나 연합을 추진할 수도 있고, 지역산업과 연계하여 대학 특성화를 도모할 수도 있으며, 연구중심대학으로 전환하여 글로벌 경쟁력을 갖춘 세계적인 수준의 대학으로 발돋움할 수도 있다. 이러한 변화는 사회적으로 긍정적 평가를 받을 터인데, 왜 대학이 예속화될 것으로 예상하는가?

자율화의 속사정을 보여주는 단적인 예가 바로 최근 논란이 된 '전공자율선택제(이하 무전공제)' 선발 확대다. 규제 완화를 통해 교육부는 '대학에는 학과 또는 학부를 두는 것을 원칙으로 한다'는 고등교육법 시행령을 폐지하고, 대학이 학칙으로 정하는 바에 따라 '학과, 학부 또는 이에 상응하는 조직'을 둘 수 있도록 대학에 위임하였다. 여기에서 '이에 상응하는 조직'은 전공자율선택제나 자유전공제의 제도적 근거가 된다. 이 규제 완화 이후, 교육부는 각 대학의 2025학년도 무전공 선발 확대 비율에 따라 재정지원사업 평가에서 가산점을 주기로 했다. 전공 간 벽을 허물고 융합인재를 양성하겠다는 취지로 무전공 선발을 25% 이상 추진하는 대학에는 가산점 만점을 주겠다는 방침이다. 이 제도의 타당성을 논하려는 것이 아니다. 문제는 대학 자율성을 확대한다는 명분으로 규제 완화를 추진해놓고 교육부가 학사 운영의 구체적 방향까지 제시하고 재정지원을 볼모로 대학에 강요하고 있다는 사실이다. 이것이 현 정부가 추진하는 자율화의 실상이다.

대학의 예속화를 전망하는 또 다른 이유는 RISE 체제 도입에 있다. RISE 체제의 핵심은 지역대학에 대한 행·재정 권한을 지자체에 이관하는 것으로 교육부의 자리에 지자체가 들어오는 셈이다. 교육부의 기대는 지자체 주도로 지역과 대학의 공동위기를 해소하고 지역 문제 해결에 지역대학이 적극적인 역할을 하는 것이나, 이 기대가 실현될지는 의문이다. 앞 절의 분석에서 지자체의 역량 부족과 재정자립도 취약성, 지자체장의 정치적 성향에 따라 지역대학 정책이 왜곡될 가능성에 대해 지적하였다. 이 밖에도 지자체는 관할 대학 수가 적어서 보다 촘촘하고 노골적인 방식으로 대학 운영에 관여할 가능성이 높다. 특히 단기적 성과를 기대하는 지자체장은 지역대학을 지역산업 발전으로 수단으로 여기기 쉽다. 이러한 관점은 현 정부의 정책 방향이기도 하다. 윤석열 대통령은 국무회의에서 "교육부의 첫 번째 의무는 산업발전에 필요한 인재 공급"이라고 발언한 바 있다 (2022.6.7.). 요컨대, 현 정부의 정책 기조와 방향은 대학 자율화를 표방하고 있으나, 그 실상은 대학의 예속성 심화, 정부 정책에 대한 순응적 적응, 이로 인한 대학의 비판적 기능 위축으로 이어질 공산이 크다.

대안

이 글은 윤석열 정부의 고등교육 정책을 진단하고 그 결과를 전망하는 데 초점을 두었기에 대안 제시는 이 글의 범위를 벗어난다. 다만 진단과 전망에서 시사 받은 몇 가지 아이디어를 결론 삼아 제시하는 것으로 글을 마무리한다.

우선 한국 대학이 처한 복합적 위기는 교육부의 정책만으로 해결하는 데 한계가 있다. 대학 서열 체제 심화, 대학 경쟁력 부족, 대학 재정 위기, 대학 자율성 약화 등 교육 내적 문제들이 서로 유기적으로 얽혀있는 데다, 교육 외적으로 지역산업 생태계 침체와 지역경제 위축, 지역사회의 의료 및 문화적 기반 약화 등이 복합적으로 작용하여 오늘날 대학과 지역의 공동위기가 초래되었다고 봐야 한다. 따라서 위기의 원인을 종합적으로 파악하여 총체적인 해결방안을 모색해야 한다. 이를테면, 2차 공공기관 이전의 조속한 추진, 대기업의 지역 이전 유도, 지역 중소기업 활성화 대책, 주택·교육·의료·문화 인프라 등 지역 정주 여건 개선 등 다양한 개선책을 동시에 추진할 필요가 있다. 개별적인 접근이 어떤 한계를 갖는지 한 가지 예를 들어보자. 지역산업과 지역대학의 연계를 강화하는 RISE 체제는 오히려 지역대학의 역량을 위축시킬 수도 있다. 수도권 집중으로 지역산업 생태계가 크게 훼손된 상황에서 대학 구조가 지역산업 수요 중심으로 재편될 경우, 지역산업 수요가 낮은 학문 분야는 소외될 가능성이 높기 때문이다. 지역산업 복원과 지역대학 회생을 동시에 추진해야 할 이유가 여기에 있다.

무엇보다도 고등교육체제의 전면 재구조화가 필요하다. 앞에서도 여러 차례 언급했지만, 한국 대학의 위기는 복합적이며 뿌리가 깊다. 한국의 고등교육은 이미 보편화 단계에 진입했는데도 여전히 과거 엘리트 대학 체제를 유지하고 있다. 전국의 대학이 특성화되지 못한 채 유사한 학과와 전공 구조를 유지하고 있다. 사립대학 비중이 과다하여 고등교육에 대한 국가 지원에 한계가 있다. 학령인구 감소와 수도권 집중으로 대학 서열 체제는 더 공고해지고 있다. 대학은 관치행정에 눌려 자생력을 잃고 국가 재정지원에 목을 매고 있다. 이러한 복합 위기는 한두 가지 정책으로 해결될 수 없다. 대학의 자율에 맡겨 시장적 경쟁 방식으로 해결하기에도 이미 시장 자체가 너무 기울어져 있다. 고등교육체제의 재구조화는 불가피하게 국가 개입을 필요로 한다. 정부가 나서서 대학 위기와 고등교육체제 재구조화에 대한 사회적 공론화 과정을 추진해야 한다. 대학 교수뿐 아니라 학생, 기업인, 언론인, 연구자 등 다양한 사람들이 치열한 논쟁을 벌여 사회적 합의를 도출해야 한다. 특정 이념적 성향에 따라 섣부른 정책을 추진하는 것은 위기를 더 악화시킬 뿐이다.

고등교육체제 변화와 함께 대학 내부 혁신도 필수적이다. 이와 관련하여 서울대학교 박주용 교수(2023)의 제안은 경청할 만하다. 박 교수는 대학 교육의 성과가 낮은 이유로 1) 가르치는 방식이 구태의연한 강의, 2) 학생의 공부 시간 축소, 3) 대학 운영의 상업화를 지적한다. 즉, 강의보다는 학생들의 참여와 활동이 학습 성과를 높인다는 검증된 연구 결과에도 불구하고 여전히 강의가 지배적이며, 우리나라 대학생은 초등학생보다 하루 평균 공부 시간이 적으며, 대학의 주 수입원이 학생 등록금이 되면서 대학이 학사관리를 엄격하게 하지 않고 학생의 눈치를 보기 때문에 대학 교육의 효과가 저조하다는 것이다. 박 교수에 의하면, 수업 변화가 이루어지지 않고서는 대학 교육의 미래가 없기 때문에 대학 구성원에서 시작하여 교육에 대한 논의를 활성화하고 건설적인 합의를 만들어 내야 한다. 박 교수의 제안은 규제 완화를 통해 학사 조직을 바꾸고 무전공제를 확대하는 등의 정부 정책 방향과 결을 달리한다. 대학 내부의 혁신은 대학 구성원에게 맡겨야 하며 그 시작점은 수업 변화가 되어야 한다는 것이다. 한국 대학의 위기는 대학 체제의 재구조화와 대학 문화의 변화를 함께 도모하는 데에서 그 답을 찾아야 한다.

나는 이 글에서 윤석열 정부의 고등교육 정책을 진단하고 그 결과를 전망한 뒤 나름의 대안적 방향을 제시하였다. 교육부가 다가올 10년을 대학 개혁의 마지막 골든 타임 golden time 으로 규정하고 야심 찬 정책을 추진한 것 자체는 높이 살만하다. 아무런 대안 없이 시간을 허비하기에는 한국 대학의 위기가 너무 심각하기 때문이다. 그러나 이번 정부의 고등교육 정책은 특정 이념에 치우쳐 부분적 개선을 시도하는 데 그쳤을 뿐 아니라 절차적 정당성을 확보하지 못해 자칫 대학의 위기를 가중할 우려가 있다. 한국 대학의 복합적 위기를 풀기 위해서는 국가적 차원에서 총체적인 접근이 필요하며 사회적 합의를 통해 그 방향과 대안을 끌어내야 한다. 이 글을 읽는 독자들의 적극적인 관심과 참여를 호소한다.

4부. 논쟁과 담론

03

국가교육위원회,
2년의 평가와 제언

류 방 란
한국교육개발원 석좌연구위원

국가교육위원회를 향한 두 질문

국가교육위원회가 기대와 우려 속에서 2022년 9월 27일 출범하였다. 국가교육위원회에 대한 기대는 디지털화의 급진전, 저출생, 계층 간 지역 간 격차 심화 등의 문제에 직면하여 더 절박하게 요구되는, 정권교체를 넘어서는 교육개혁의 안정적 추진, 오랫동안 방치되었던 난제 해결, 교육정책에 대한 중앙의 독점적 권한을 덜고 자치를 활성화하는 거버넌스 구조 재편 등의 실현을 향하고 있다. 그러나 이러한 기대 이면에는 전 정부 시기 법률이 제정되었으나 현재 집권여당이 반대하였던 법이라는 점, 교육부와 소관 사무의 경계가 불분명하다는 점 등에 대한 우려도 적지 않다.

출범 후 약 2년 정도 지난 국가교육위원회를 평가하는 것은, 아직 성과를 낼 시점이 아니라는 점에서 여러모로 부담스러운 일이다. 자료의 한계도 따른다. 그럼에도 진행 과정에 대한 평가를 시도해보려는 것은 오래전부터 이 기구의 필요성이 제기되었고,[1] 이에 부응하는 역할을 잘 수행하기를 기대하기 때문이다. 전례 없던 새 기구를 운용하는 데 초창기는 완벽하기 어려운 시기이다. 최대한 줄여야 하겠지만 다소간의 시행착오가 있을 수 있는 시기이기도 하다. 그럼에도 초창기는 정체성과 견지해야 할 원칙에 대해 천착하고, 이를 어떻게 구현해 나아갈 것인가를 집중적으로 고민하며 스스로 존재 이유를 드러내야 하는 매우 중요한 시기이다. 국가교육위원회의 2년간 상황과 활동을 외부의 시선으로 직시해보는 것은 향후 진전에 도움이 될 것이라 생각한다.

---

1) 2002년, 2007년, 2012년, 2017년 대선 시기 진보, 보수와 무관하게 여러 대권 주자들이 정권을 초월하여 교육개혁을 주도할 기구 설치를 공약에 담았다.

국가교육위원회가 중심을 잘 잡고 나아가고 있는지 판단하기 위해서는 국가교육위원회의 정체성에 초점을 맞추어 현재 진행 중인 과정을 검토하는 것은 필요하다. 이에 다음 두 질문을 가지고 시작해본다.

첫째, 국가교육위원회는 만들어진 배경과 취지에 맞는 역할을 찾아가고 있는가?
둘째, 국가교육위원회는 사회적 합의라는 방식에 적합한 접근을 취하고 있는가?

이 두 질문을 중심으로 현재까지(2024년 7월 말)[2] 진행되었던 국가교육위원회 활동 현황을 문서 자료를 통해 살펴보고자 한다. 질문에 답하기 위해 맥락을 명료화하면서 논의의 기초를 마련하기 위해 먼저 국가교육위원회의 설립 배경 취지를 간략하게 살펴보도록 한다. 검토한 자료는 국가교육위원회 누리집에 탑재된 회의록, 백서, 보도자료 등이다. 문서 자료 위주의 검토는 실제 상황을 판단하는 데 한계가 있을 수밖에 없을 것이다. 그러나 공개된 문서이니 기록된 것만큼은 분명한 것이라 간주할 수 있다.

설립 배경과 취지

해결하려는 문제

국가교육위원회의 설립 필요성은 정치권이나 학계에서 이미 오래전부터 제기되었고 여러 연구에서 다루어졌다. 여기에서는 타개하고자 했던 문제 중심으로 필요성을 정리해보고자 한다. 이는 현행 국가교육위원회가 하고 있는 활동을

---

2) 국가교육위원회의 활동과 현황 파악은 별다른 언급이 없는 한 이 원고를 쓴 2024년 7월 말을 기준으로 한다.

당초 국가교육위원회의 설치 필요 이유에 비추어보는 데 도움이 될 것이다.[3]

첫째, 가장 먼저, 그리고 많이 언급된 필요는 정권 교체에 따라 정책이 바뀌어 교육개혁의 일관성과 안정성을 기할 수 없는 현실을 타개하자는 것이다. 정권 교체에 따른 잦은 정책 변동은 양당제적 정치체제를 기반으로 한 5년 단임의 강력한 대통령 중심제 속에서 정치권력이 조직개편과 인사를 통해 관료들을 통제하는 가운데 빚어지는 것으로 대의제의 한계로 지목되는 문제이기도 하다.

둘째, 교육계에는 교육정책으로만 대응하기 어려운 난제들, 장기적인 안목으로 당장의 성과에 연연하지 않고 추진해야 할 과제들이 방치되어 있다. 수도권과 비수도권의 고등교육 격차 심화, 사립 비중이 지나치게 큰 직업교육·훈련 체제, 사교육 의존이 상수가 되어버린 초·중등교육 등이 그 예이다. 이러한 난제는 노동시장, 산업, 가족과 여성, 사회 안전망 정책 등과 복합적으로 얽혀있다.

셋째, 교육개혁의 과정 속에서 불가피하게 초래될 이해집단 간 갈등을 관리하고 조정할 수 있는 곳이 없다. 형식주의와 하향식 정책 추진에 익숙하며, 오랫동안 잠재된 갈등을 방치한 교육부가 이러한 기능을 수행하기에는 적합하지 않다.

넷째, 우리 교육을 이끌 공유된 방향과 가치의 부재이다. 흔히 교육법에 제시된 홍익인간의 이념을 말하는데, 이 이념이 공유되어야 하는 것이라 하더라도 사회의 변화에 따라 이념의 재해석과 재정의는 필요하다.

국가교육위원회 설치는 이상의 문제들에 대응하기 위한 것이나 단순한 기능적 해결책으로 제안된 것이 아니다. 새로운 기구 설치로 교육부의 기능을 대체하자는 것도 아니다. 더 나은 교육을 위한 교육개혁 정책 추진의 패러다임을 민주적으로 전환하면서 교육 거버넌스를 재편하고 현장 중심의 교육자치를 활성화하는 지렛대로 삼자는 것이다.

---

3) 여기서 제시한 필요성 기술에 김용(2013), 박남기(2017), 황준성 외(2017) 등을 참고하였다.

해결을 위한 접근: 시민 참여, 사회적 합의

사회적 합의는 앞서 제시한 여러 문제들을 민주적으로 접근하려는 것이다. 사회적 합의는 법률 제1조 국가교육위원회 설치 목적에 안정적이고 일관된 교육정책 추진의 토대임을 천명하고 있다. 또한 교육의 자주성, 전문성, 정치적 중립성을 견인하는 것도 '사회적 합의'임이 명시되어 있다.

> 제1조(목적) 이 법은 국가교육위원회를 설치하여 교육정책이 사회적 합의에 기반하여 안정적이고 일관되게 추진되도록 함으로써 교육의 자주성·전문성 및 정치적 중립성을 확보하고 교육 발전에 이바지함을 목적으로 한다.

법률안 제안 이유에 다음과 같이 기술되어 있듯이 사회적 협의는 일방적인 '하향식 정책 추진'과 반대되며, '시민 참여'를 통한 의사결정을 뜻한다.

> … 민주주의 성숙으로 시민 참여 요구가 폭증하고 있는데, 소수의 교육전문가와 관료 중심의 하향식 정책 결정 방식으로는 사회적 갈등을 해소하는 데 한계가 있음. 이에 초정권적인 독립적 기구인 '국가교육위원회'를 설치하여 하향식 정책 추진이 아닌 사회적 합의를 통해 미래교육 비전을 제시하고 … (하략)[4]

법률안 제안 이유에서 기술된 사회적 합의는 국가교육위원회 설치를 준비하였던 국가교육회의에서 사용한 사회적 협의의 의미와 다르지 않다. 국가교육회의가 사용한 사회적 협의는 다음의 의미를 지닌다.

> 사회적 협의는 다양한 성격을 가진 주체나 이해당사자는 물론 일반 국민이 직접 참여하여 숙의와 토론을 거쳐 쟁점을 논의하고, 합의할 의견을 수렴하여 사회 공론을 만들어가는 사회적 대화의 과정이다(국가교육회의, 2022: 94-95)

---

4) 국가교육위원회 설치·운영에 관한 법률안(대안)의 제안 이유 중 일부

사회적 합의는 교육정책 결정 방식을 바꾸는 것이다. 사회구성원들과 적극적 소통 속에서 공감대를 형성하는 것, 국민의 생활과 밀접하게 관련된 교육 의제에 대하여 문제의식을 공유하면서 일정 수준 이상의 의견수렴을 통해 공론을 형성하는 것, 잠재되었거나 드러난 갈등을 조정하면서 공익을 위한 의사결정이 이루어지도록 하는 것 등을 포함하는 의미를 지닌다.

국가교육위원회는 전문가와 관료들만이 일방적으로 교육개혁 방안을 만들어 내기 위한 기구가 아니라 시민의 참여, 숙의의 과정 속에서 교육개혁 의제를 발굴하고 개혁 과제로 발전시키는, 교육개혁을 민주적으로 혁신하는 기구이다. 민주주의의 혁신은 사회의 질을 높인다. 한 사회의 질을 평가하는 중요한 지표는 GDP 규모만이 아니라 물질적 복지가 사회구성원에게서 고르게 확대되는 정도, 정치적으로 국민들이 자신의 의견을 대변하는 통로가 있거나 직접 제도를 만들고 개선하는 데 참여할 수 있는 정도, 사회적 갈등에 휩싸이거나 해체되지 않고 폭력의 가능성을 줄이고 공동의 정체성을 키워 사회적 연대와 통합력을 키우는 정도 등을 의미한다(김주현, 박명준, 2013).

국가교육위원회 현황과 정체성

국가교육위원회가 설립 취지에 맞는 활동을 통해 독자적인 정체성을 형성하고 있는지를 판단하기 위해 교육개혁 의제 선정, 교육개혁 의제 성안을 위한 과정과 절차를 짚어 보고자 한다. 이에 앞서 이러한 활동을 수행하고 있는 국가교육위원회의 조직과 위원 구성을 먼저 살펴볼 것이다.

국가교육위원회 기구의 조직 개요는 다음 [그림]과 같다.[5] 국가교육위원회 본회의[6]를 중심으로 하여, 소속 하위 위원회로 국민참여위원회, 전문위원회, 특별위원회가 있으며, 이와 연결된 연구지원센터, 정책협의회가 있다. 사무처는 국가교육위원회의 실무를 뒷받침하는 조직으로 국가교육위원회 사무에 따라 세 과로 구성되어 있다.

▧ 국가교육위원회 조직(2023.12.31)

출처: 국가교육위원회(2023: 17) 그림 일부 수정[7]

---

5) 이하 조직에 관한 기술은 국가교육위원회(2023: 16-20)을 참고함.

6) 국가교육위원회 문서에서는 전체위원회로 칭함. 이하에서는 전체위원회로 칭할 것임.

7) 백서에는 국가교육위원회 본회의 옆에 전문위, 특위, 개별 연구센터 등을 나누어 표시되어 있으나 참여위원회, 위원회(전문위, 특위), 연구센터 등으로 묶어 표시함. 또한 위원장 자문위를 국가교육위원회 범위 내에 위원장 옆에 실선으로 둔 것을 법률과 시행령에 명시되지 않은 것이어서 점선으로 수정함.

위원회 조직

위원회는 크게 국민참여위원회, 전문위원회, 특별위원회로 나뉜다. 각 위원회의 기능, 구성, 임기는 다음 〈표〉와 같다.

▨ 국가교육위원회의 위원회 조직

구분	기능	구성	임기
전체위원회	소관 사무의 최종 심의·의결	위원장 포함 21명	3년 (1회 연임 가능)
국민참여위원회	소관 사무 추진 시, 사회 각계의 폭넓은 의견 수렴 및 관련 자문 수행	위원장 포함 500명 이내	2년 (1회 연임 가능)
전문위원회	소관 사무의 실무적 자문, 심의·의결 사항에 대한 사전 검토 등	소관 사무별 위원장 포함 21명 이내 (교육과정은 45명 이내)	2년 (1회 연임 가능)
특별위원회	긴급·중요한 교육 의제를 심의·의결하기 위한 사전 검토 및 자문 등	위원장 포함 21명 이내	1년 (필요시 연장 가능)

출처: 국회 교육위원회(2023: 535). 국가교육위원회 제공.

법률과 시행령에 규정된, 사회 각계의 의견을 폭넓게 수용하고 시민 참여와 사회적 합의를 위한 국민참여위원회는 공모와 추천을 통해 위원장 포함 500명으로 구성하였다. 이 중 3/5 이상을 국민 공모를 통해 구성하고, 그 외는 시·도(교육감) 추천을 받아 구성하였다. 국민참여위원회 위원장은 여당 추천 상임위원이 맡았다.

사무처

국가교육위원회는 운영 사무를 처리하기 위해 사무처를 두고 사무처 내에 법률에 명시된 핵심 소관 사무별로 교육발전총괄과, 교육과정정책과, 참여지원과를 두었다. 사무처를 구성하는 정원은 41명이다. 이는 국가교육위원회 설치 준비 기구였던 국가교육회의에 배정한 인력과 같은 수준에 불과하다. 사무처장[8]

---

8) 제21대 국회 강민정 의원실은 사무처장을 고위공무원단에 속하는 일반직 공무원으로 보하게 되어 있는 시행령을 개정하여 장학관도 보할 수 있게 개정하는 안을 제안한 바 있으나 회기 종료와 함께 폐기되었다.

을 비롯하여 일반직 공무원은 21명이며 교육공무원은 11명, 공무직 6명, 연구기관 파견 인력 등 민간 전문가 3명으로 구성되어 있다.

▨ 국가교육위원회 사무처 인력 구성(2023.12.31. 기준)

구분	사무처장	일반직 공무원				교육공무원			공무직	민간전문가	합계
		과장(4급)	4.5급	5급*	6급이하	과장(장학관)	교육연구관	교육연구사			
정원	1	2	2	9	7	1	2	8	6	3	41
현원	1	2	2	7	6	1	2	8	6	2	37

* (5급) 전문임기제(1명) 포함

출처: 국가교육위원회(2023: 18)

예산 [9]

국가교육위원회 예산은 출범 첫해인 2022년에는 약 12.2억 원이었으며, 2023년에는 약 99억 원, 2024년에는 약 103억 원 정도로 책정되었다. 하반기 출범한 2022년을 제외하면 약 100억 원 정도의 예산 편성이 이루어지고 있다. 2023년 예산은 98.91억 원이며, 2024년은 전년에 비해 3.88억이 증가한 102.79억 원으로 편성되었다. 2024년 예산 편성은 2023년과 유사하며, 증액된 비율 정도로 주요 사업비를 증액하였다. 2024년 예산은 인건비 29.7억 원, 주요 사업비 47.73억 원, 그 외 기본경비로 구성되어 있다.

위원 구성

국가교육위원회는 법률에 의해 대통령, 국회, 시·도지사협의회, 대학교육협의회, 전문대학교육협의회, 교원단체의 추천 혹은 지명으로 구성되며, 교육부 차관과 교육감협의회 대표가 당연직 위원으로 포함된다. 국가교육위원회 위원 구성은 다음 〈표〉와 같다.

---

9) 예산의 규모, 사업별 예산 규모 데이터는 국회 교육위원회 예비심사결과 보고서 참고

▨ 국가교육위원회 위원 구성

추천 / 지명			위원
대통령	5	위원장 포함	이배용, 강은희, 강혜련, 김정호, 김주성(천세영)
국회	의장 1		이승재
	여당 3	상임위원 1명 포함	김태준, 김태일, 박소영,
	야당 5*	상임위원 1명 포함	정대화, 김석준, 이민지, 장석웅, 전은영
시도지사협의회	1		유민봉
대교협	1		홍원화
전문대교협	1		남성희
교원단체	2	교총	정성국
		전교조/교사노조	-
당연직	2	교육부 차관	오석환
		교육감협의회 대표	조희연

* 야당 추천 중 5명에는 비교섭단체 추천 1명 포함, ( )안은 사임자   자료: 국가교육위원회(2023)를 참고

▨ 전문위원회 및 특별위원회 추천인별 위원 구성

(단위: 명 / %)

위원회	추천/희망	이배용 위원장	김태준 상임위원	정대화 상임위원	국교위원 본인희망	계
전문 위원회	중장기 국가교육발전	7 (33%)	6	8	-	21
	국가교육과정	16 (36%)	12	17	-	45
특별 위원회	대학입시제도 개편	5 (29%)	5	5	2	17
	지방대학 발전	5 (31%)	5	4	2	16
	전인교육	6 (46%)	3	2	2	13
	직업·평생교육	4 (33%)	5	2	1	12
	미래과학인재양성	6 (55%)	2	3	-	11
	공교육정상화를 위한 교권회복	9 (53%)	4	4	-	17
합계		58 (38%)	42(27%)	45(29%)	7	152

출처: 강득구 의원실 국감 보도자료. 2023.10.26.

이상과 같이 조직과 인력 구성을 볼 때, 위원회 규모에 비해 사무처 조직은 적고, 예산 규모도 크지 않은 편이다. 또한 전체위원회 구성은 진영별 편향성이 드러나(조정호, 2022; 김지연, 2022), 안건에 따라서 중도적인 입장에서 균형 잡힌 관점에서 다뤄지기보다 진영에 따른 입장 차이를 확인하게 될 우려가 있다.

정체성 1: 교육개혁 의제

국가교육위원회가 선정한 교육개혁 과제가 공개되지 않은 현시점에서 살펴볼 것은 공개된 회의 기록 등을 통해 의제 선정 작업의 진행에 관한 것이다. 전체위원회에서 국가교육 발전계획에 담을 의제의 범위나 수준, 의제 선정의 원칙 등에 대해서는 어떤 논의와 활동을 하였는지 등을 파악해 보도록 한다.

먼저 2022년 국가교육위원회 출범 이후 2023년 12말까지 전체위원회 안건을 내용별로 구분해보면 1) 국교위 관련 규칙, 절차 마련, 위원회 구성, 연구센터 지정 관련, 2) 중장기 교육발전 계획 관련, 3) 국가교육과정 관련, 4) 대학입시제도 개편 관련, 5) 교육부 보고, 6) 기타 등으로 나눌 수 있을 것이다. 분류한 결과는 〈부록〉에 제시하였다. 출범 초기라 1)에 해당하는 안건이 많은 편이다. 운영 규칙을 만들고, 국민 의견수렴·조정 절차를 마련하는 일, 법률에 규정되어 있는 전문위원회, 특별위원회, 국민참여위원회를 조직하고 구성하는 일, 교육과정 모니터링단을 운영하는 일 등이다. 이외에 고유 업무로 가지고 있는 3) 교육과정에 관한 안건, 4) 대학입시제도 개편에 관하여는 교육부 요청 사항에 대한 심의가 여러 회차에 걸쳐 집중적으로 이루어졌다. 또한 안건을 다루는 방식에 따라 분류해보면 아래 〈표〉와 같다.

▨ 2022~2023 국가교육위원회 상정 안건 분류 (1-24차)

분류	보고	심의	심의·의결	의결	자유토론/현안토론	계
안건 수	26(10)	10	14	2	3	55

주: 이 분류는 회의록에 나타난 안건 분류를 그대로 사용한 것임. 보고 안건 중 괄호 안의 것은 교육부가 한 것임.

분류에 따르면 안건 중 보고 안건이 많은 편인데, 교육정책에 관한 보고는 주로 교육부 보고였다. 국가교육위원회는 교육부가 추진하고 있는 정책을 제대로 파악하는 것은 필요한 일이다. 교육부가 국가교육위원회에 보고한 주요 정책은

다음과 같은 것들이다.[10)]

- 제3차 유아교육 발전계획(10)
- 디지털 기반 교육혁신 방안(11)
- AI 디지털 교과서 추진 방안(14)
- 공교육 경쟁력 제고 방안(15)
- 사교육 경감 대책(15)
- 대학규제혁신 성과와 방향(16)
- 교권 회복 및 보호 종합 방안(16)
- 유학생 교육경쟁력 제고 방안(17)
- 2028 대입제도 개편 시안(18, 21)

위에 제시된 교육부 보고 정책 목록을 보면 국가교육위원회는 교육부 추진 정책과 국가교육위원회에서 수립해야 할 중장기교육발전계획과 차별화 혹은 연결에 대한 고민을 했을 것으로 예상된다. 그러나 회의록을 보면 교육부의 정책 방안 발표에 대한 위원들의 발언은 주로 교육부 정책에 대한 코멘트에 해당하는 것이다. 전체위원회 논의에서 교육부와의 차별화 방향이나 국가교육위원회의 고유 역할에 대한 고민 논의가 잘 드러나지 않는다. 교육부 보고자가 있는 상황에서 위원들의 논의는 제한될 수 있다. 그러나 교육부 보고를 계기로 현재 추진되고 있는 디지털 기반 교육혁신 방안, 대학규제혁신을 포함한 교육부와 타 부처 정책들을 검토하고 국가교육위원회에서는 중장기 국가교육 발전계획을 수립할 때 교육부 정책과는 어떻게 차별화할지, 여러 부처가 공조해야 할 정책은 어떻게 마련할지, 교육개혁의 의제와 방안의 범위와 수준을 어떻게 설정할지 등에 대해 논의하고 그 결과를 전문위원회, 특별위원회, 연구센터 등과 공유했을 것이라고 짐작하는 것은 무리가 아니다.[11)]

다만 대입제도 개편 시안과 관련한 회의록에 이러한 문제의식이 조금 있다. 교육부가 마련한 2028 대학입학제도 개편(안)에 관해서는 전체위원회 제18차부

---

10) 괄호 안의 숫자는 전체위원회 차수임.

11) 꼭 전체위원회에서 이러한 논의를 해서 결정해야 하는 것은 아니다. 예를 들어 전체위원회, 전문위원회, 특별위원회 위원들 모두 혹은 일부 위원들 중심으로 논의구조를 만들어 교육개혁 의제의 범위와 수준을 명료화할 수도 있다.

터 제24차까지 지속적으로 다루어졌는데, 그중에 제19차 회의에서 국가교육위원회는 스스로 교육부가 마련한 시안에 대하여 의견을 제시하는 역할로 한정하였다. 제18차 회의에서는 국가교육위원회가 "한 차원 높은 입시 전략", "중장기 교육정책 방향"을 제시하여야 한다는 원칙적인 입장과 "사회적 합의를 통한 갈등의 해결 메커니즘"이라는 역할에 대한 인식을 확인할 수 있으나, 이에 대한 후속 논의 기록은 확인하기 어렵다.[12]

백서, 업무계획 등을 통해 국가교육 발전계획의 진행 과정을 보면, 중장기 국가교육발전전문위원회 중심으로 시안을 마련하는 작업이 진행되고 있는 것으로 보인다. 이 전문위는 회의를 통해 목차를 정하고, ① 교육 비전, ② 유·초·중등교육, ③ 고등교육, ④ 평생·직업 및 교육지원체계 등 하위 영역으로 나누어 분과위원회를 구성하여 장·절별로 위원들이 분담 집필하는 방식으로 진행되고 있는 것으로 보인다(국가교육위원회, 2023: 53).

국가교육 발전계획 수립을 위해 정책연구도 수행하는데, 2022년에 발주한 세 연구는 종료되었으며, 2023년 발주 연구는 국가교육 발전계획 관련한 연구 13건, 국가교육과정 관련 연구 3건이며, 국가교육위원회 조직 관련 연구 1건 등 총 17건으로, 대체로 2023년 4분기에 시작되어 2024년 상반기에 종료된다(국가교육위원회, 2023: 60-65). 대다수가 본업을 별도로 가지고 있는 전문위원회 위원들이 직접 국가교육 발전계획을 수립하면서 정책연구를 참고한다고 하더라도, 충분한 검토와 정련화를 위한 시간은 부족하다.

2024년 업무계획에는 아래 [그림]과 같이 국가교육 발전 핵심의제로 미래 변화를 대비하는 과제와 국가교육 난제를 설정하겠다고 하였다. 미래변화 대비 과제는 매우 원론적인 방향으로 현행 교육정책도 대부분 이에 속한다고 할 수 있다. 국가교육 난제 역시 막연하게 제시되었을 뿐이다.

---

12) 이 단락의 내용은 언급한 해당 회차 회의록 참고

| 국가교육 발전 핵심의제 | ⇨ 미래변화 대비 과제 | - 4차 산업혁명, 저출산 고령화, 양극화 등 10년 뒤 미래 변화에 대비한 교육과제 |
| | ⇨ 국가교육 난제 | - 우리나라 교육경쟁력에 큰 영향을 미치나, 그간 해결이 어려웠던 구조적인 과제 |

출처: 국가교육위원회(2024.1.12: 5)

진행 과정을 세밀히 알기 어려우나 본격적인 교육개혁 의제 발굴 선정 작업 전에 교육개혁 의제와 관련하여 논의되었어야 할 사항은 예를 들면 다음과 같은 것들이다. 첫째, 계획한 일정과 출범 초기 국가교육위원회 정체성을 고려하여 모든 영역에서 그간 교육계에서 논의되던 여러 의제를 망라하기보다 오랫동안 하기 어려웠던 의제들을 검토하며 핵심적인 의제를 중심으로 작업을 진행할지 여부를 집중 검토해야 한다. 2024년 2월에 실시한 '대국민 교육현안 인식 조사'[13] 결과를 참고하고 전문가들의 판단을 결합하여 대표적 핵심의제를 선정할 수도 있을 것이다. 더 나은 교육으로 나아가는 데 지렛대가 될 만한 것을 핵심의제로 삼으면 좋을 것이다.

둘째, 핵심적인 의제는 교육부만으로 해결이 어려운 부처 간 통합적 접근이 필요한 의제, 사회변화에 따라 구조적인 변화가 요구되는 과제 등을 우선적으로 검토하여야 할 것이다. 교육부 장관이 사회부총리의 위상을 가져왔으나, 부총리급 인구전략기획부 신설에 따라 교육부의 부처 간 조정 권한은 약화될 것으로 보여 국가교육위원회에서는 부처 간 통합적 전략을 취해야 할 의제에 더욱 관심을 가져야 할 것이다.

셋째, 시대와 사회변화에 따라 수반되어야 할 의제에도 관심을 가져야 할 것이다. 예컨대, 교원양성체제 개편과 같은 과제는 교육부에서 섣불리 추진하려다 유보되었다. 그러나 학생 수 감소, 교원에게 요구되는 역량의 변화, 교직 개방화

---

13) 국가교육위원회 제28차 회의 개최를 알리는 2024년 4월 12일 보도자료에 의견조사 결과가 첨부됨.

에 대한 요구 등은 교원양성기관 교수나 예비 교사들의 반대가 예상되는 과제로 이해관계를 조정하며 중장기적으로 접근할 필요가 있는 것이다.

넷째, 여러 정부에 걸쳐 안정적으로 추진되어야 하나 찬반 논란이 있는, 예를 들어 초등학교 입학 연령 조정이나 전환학기제 등 학제 개편과 관련된 의제 등을 핵심적 의제로 삼을지 집중적으로 검토하여야 할 것이다.

이러한 검토와 고민이 충분하지 않아 교육부가 독자적으로 할 수 있는 정책 방안을 넘어서지 못하다면 존재 이유나 정체성이 흔들리게 될 것이다.

정체성 2: 사회적 합의

교육개혁 방안이 정권을 넘어설 수 있는 것은 국가교육위원회가 방안을 만들어서가 아니라, 정권을 넘어설 수 있는 정당성을 가질 수 있도록 절차와 과정을 밟기 때문이다. 그 핵심은 앞서 밝혔듯 국민참여를 통한 사회적 합의이다. 국가교육위원회의 핵심 사무인 국가교육 발전계획 수립과 국가교육과정 사무에 대하여 국가교육위원회는 어떤 체제를 갖추고, 어떻게 국민참여를 이끌며 어떤 과정과 절차 속에서 사회적 합의를 고려하며 진행하고 있는지를 파악해 본다.

중장기 국가교육 발전계획 수립

법률과 시행령에 따르면 국가교육위원회는 10년마다 국가교육 발전계획을 수립하되, 그 계획 실시 전년도 3월 31일까지 수립하여야 하며, 8월 31일까지 관계 행정기관의 장 등에게 통보하고, 관계 행정기관의 장 등은 계획의 시행계획을 12월 말까지 국가교육위원회에 제출하며 이를 종합하여 국가교육 발전계획을 시행하게 된다. 이후 관계 행정기관의 장은 추진 실적을 국가교육위원회에 제출하고 국가교육위원회는 실적을 점검하고 결과를 공개하는 절차를 밟는다. 이를 [그림]으로 나타내면 다음과 같다.

■ 국가교육 발전계획 수립과 추진 절차

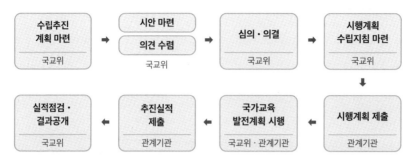

출처: 국가교육위원회(2023:14)

국가교육위원회의 정체성은 어떤 의제에 대한 정책을 제안하느냐 못지않게 정책을 결정하는 과정과 절차를 통해 형성된다. 위 [그림]에 제시된 여러 절차 중 하나인 의견수렴은 과거와 같이 대학교수나 연구원 등 전문가와 관료가 작성한 것을 가지고 토론회나 공청회를 통해 하향식으로 이루어질 것이 아니라 국민의 참여, 사회적 합의 등 상향식 접근 방식으로 혁신하기 위한 것이다.

법률 제16조에 "시민 참여와 사회적 합의에 기반하여 그 소관 사무를 추진하기 위하여" 국민참여위원회를 두고 있다. 국민참여위원회가 정책에 대해 숙의 토론을 한 것은 교육부가 요청한 대학입시제도 개편 방안에 대한 국가교육위원회 의견을 송부하기 위한 절차의 하나로 이루어졌던 것이다. 교육부의 요청을 넘어서 국가교육위원회가 국가교육 발전계획에 담을 대학입학제도 개선 혹은 다른 구체적 정책 의제를 둘러싸고 쟁점을 명료화하여 공론을 형성하면서 사회적 합의를 도출하기 위한 토론회는 없었으며 국가교육위원회의 2024년 업무계획에도 명시되어 있지 않다.

전반적으로 보면 국가교육위원회는 국민과 활발하게 소통하고 있다고 보기 어렵다. 국민과의 소통에 소극적인 것은 프랑스의 사례와 비교하면 더욱 분명해진다. 2015년 프랑스는 교육의 디지털화에 대하여 전국적으로 공론화 작업을 진행하였다(최지선, 2020). 그 이전 2003년 11월 중순부터 이듬해 1월 중순까지 약 두 달 동안 교육기본법 개정을 위하여 국민교육대토론회를 개최하였다. 학교의 사명, 학생 학습지원, 교육행정체제 개선 등 세 영역에 걸쳐, 구체적인 토론이 이루어지도록 22개 질문을 제공하여 학교별, 지구별 토론회를 열어 국민의 참여를 이끌었다. 그 결과 13,000회의 오프라인 토론회를 개최하여 100만 명 이상이 참여하였다. 온라인상에서도 활발한 토론이 이루어졌다. 온오프라인의 토론 내용은 분석팀에 의해 보고서로 정리되었는데, 국민토론부터 보고서 정리까지 1년이 걸렸다(이종재 외, 2004).

미래교육의 비전이나 교육개혁의 방향과 같이 국민과의 소통을 통해 공감대를 확산하여야 할 과제도 있고, 개혁을 둘러싸고 집단에 따라 관점이나 이해관계가 달라 정권 교체에 따라 안정성이 흔들릴 수 있는 개혁 과제도 있을 것이다. 이러한 것이 특히 사회적 합의의 대상이 될 것이다.

국가교육위원회가 밝힌 일정상 사회적 공감대 확산은 2024년 1분기부터 연말까지 지속하는 것으로 계획하고 있는데 특정 의제에 대한 것이라기보다 일반적인 토론회, 홍보 등을 의미하는 것으로 보인다. 문서를 통해 드러난 국가교육위원회에서 중장기 교육발전계획 수립 과정과 절차는 법률에 규정된 형식을 갖추었으나 국민과의 소통, 국민참여, 사회적 합의에 소극적인 것으로 보인다. 다음과 같은 점에서 그러하다.

첫째, 국민의 의견을 수렴하기 위한 온라인 시스템이나 국민참여위원회를 갖추고 있으나 이 시스템이 활성화되지 않는다. 둘째, 국가교육발전의 핵심의제 발굴과 선정은 앞서 기술하였듯이 전문위원회 중심으로 영역별로 진행되고 있으며, 시민들의 의제 제안, 의제들의 우선순위에 대한 의견 제시, 주요 의제에 대한 토의 등의 활동이 드러나지 않는다. 셋째, 교육발전을 위한 핵심의제 중 시민이 참여하는 사회적 합의 과정과 절차에 대한 계획이 드러나지 않는다. 그동안 교육계에서 제기되었던 교육개혁 의제들 중 갈등이 잠재되어 있어 조정해야 할 것들이 많다는 점을 고려할 때 개혁방안 발표 이후 오히려 논란이 야기될 수 있다. 넷째, 공론을 형성해가는 사회적 합의를 진행할 수 있는 일정이 충분하지 않다. 사회적 공감대 확산을 위한 주된 활동은 대국민 공개토론회 등으로 시민 참여가 제한적일 수밖에 없다.

교육과정 기준과 내용

국가교육과정은 교육부에서 이관된 국가교육위원회 고유 사무이다. 법률에 중장기 국가교육 발전계획과 별도로 국가교육과정의 기준과 내용의 고시 등에 관한 사항을 소관 사무로 명시한 것은 유·초·중등교육의 기본 틀로 그 중요성을 드러내고, 종래의 개정 방식과 차별화하여 교육현장 주체들의 참여를 통해 수립·변경을 할 수 있는 체제를 설계하기 위함이다. 또한 국가교육과정이 교육현장에서 잘 구현될 수 있도록 교원 정책이나 시설 환경 정책을 서로 유기적으로 연계하기 위함이다.

국가교육위원회가 교육과정과 관련하여 수행한 일은 교육과정 모니터링단 구성 운영, 국가교육과정 수립·변경 절차의 정련화, 그리고 외부의 교육과정 변경 요청에 대한 대응 등이다.

국가교육위원회 전체위원회에서 논의된 교육과정에 관한 안건들을 보면 주로 교육부와 타 부처의 교육과정 수정 요청이나 영향평가에 대한 대응이다. 국가교육위원회는 출범 직후 '2022 개정 교육과정 개발 현황'을 교육부로부터 보고받고, 교육부의 요청에 의해 검토 의견을 송부하기 위한 심의 회의를 개최하였다. 출범한 국가교육위원회는 국가교육과정의 기준과 내용을 고시하는 사무를 맡았으나 2022 개정 교육과정을 마련할 때, 마무리 단계에서 정권 교체가 이루어질 것을 예상해 과도기적으로 2022 개정 교육과정은 교육부가 고시하기로 사전에 공지가 되었던 바이다. 교육부에서는 교육과정을 소관 업무로 하는 국가교육위원회에 2022 개정 교육과정에 관한 의견을 요청하였고, 제2차 회의부터 연속적으로 제6차 회의까지 이에 관한 안건을 상정하여 교육부에 송부할 의견을 의결하였다.

국가교육과정 수정에 관하여 가장 주목할 만한 것은 2024년 4월 26일 제29차 전체위원회에서 교육부가 요청한 대로 초등학교 1, 2학년 통합교육과정 체제를 허물고 체육교과 분리를 의결한 것이다.[14] 이는 체육 시간을 분리하여 체육활동을 증진시킨다는 것인데 절차적 정당성 면에서 되짚어 볼 필요가 있다. 그 이유는 첫째, 통합교과 체제를 갖춘 교과 체제를 흔드는 것임에도 통합교과의 유지 혹은 폐지에 대한 충분한 검토 없이 '즐거운 생활'이라는 통합교과 체제를 깨뜨려 체육만 분리하였기 때문이다. 둘째, 2022 개정 교육과정을 고시한 지 한 학기도 지나기 전에 수정을 단행하였다는 점에서 종합적인 검토가 부족하였음을 스스로 드러내는 것이다. 이러한 문제로 인하여 일부 의원이 의결에 참여하지 않고 장외에서 기자회견을 열었다.[15] 이는 국가교육과정 개정·수정 업무를 민주적이며 사회적 합의의 과정과 절차를 밟아 진행할 것이라는 기대와 신뢰를 흔드는 것이다.

국가교육위원회에서 수행하고 있는 국가교육과정 사무는 국가교육위원회 설치를 준비했던 국가교육회의에서 아래로부터의 혁신이 이루어지도록 설계한 것에 비추어보면 당초의 취지 구현이 이루어지고 있다고 보기 어렵다. 당초의 취지는 전문가들이 개발하여 학교 현장에 전하는 하향적 교육과정 개정 시스템에서 현장 중심·학습자 중심의 상향적 시스템으로 혁신하고자 한 것이다. 국가교육위원회는 1년 임기제로 교육과정 모니터링단(학생·학부모 51명, 교원 119명, 전문가 30명)을 구성하여 국가교육과정 조사 항목과 조사 결과에 대한 의견, 고교체제 개편에 따른 국가교육과정 변경·요청에 대한 의견을 제시를 요청한 바 있다. 그러

---

14) 이혜인(2024.4.28). 초등 1·2학년 '체육' 과목 생긴다 ⋯ 40년 만에 '즐거운 생활'서 분리. 한국경제. 윤상진(2024.4.27). 초등 1·2학년 '즐거운 생활'에서 체육과목 분리 ⋯ 스포츠 클럽 시간도 늘린다. 조선일보. 장재훈(2024.4.27). 즐거운 생활 '체육' 분리 국교위 내부서도 "졸속" 비판. 에듀프레스.
15) 김경희(2024.4.28.). "40년 만에 초1·2 즐거운 생활서 체육 분리⋯국교위 잡음" 경기일보.

나 이를 상향적 상시적 교육과정 모니터링과 이에 기초한 교육과정 개선 체제가 가동하고 있다고 보기에는 한계가 있다.

국가교육과정 사무는 중장기 국가교육 발전계획 수립과 마찬가지로 국민참여를 통한 사회적 협의를 주된 접근 전략으로 삼는다. 이는 학습자가 있는 교육현장에서 학습자와 가장 가까운 교사나 학부모가 학습자가 성장할 수 있도록 교육과정을 실행하고 모니터링하면서, 교육현장에서 학습자에게 맞는 교육과정 편성 운영의 자율적, 전문적 권한을 가질 수 있도록 개선을 상향적으로 요구하는 체제로 나아가기 위함이다.

나아가야 할 방향

현재의 상황

국가교육위원회는 출범 이후 2026년부터 적용할 교육개혁 정책 시안을 만들고 있으며, 2024년 7월 말 현재 시안 작성의 마지막 단계에 와 있을 것이다. 앞서 기술한 바와 같이 가용한 문서 자료를 통해 본 결과를 종합하면, 국가교육위원회는 법률에서 요구하는 조직은 갖추고 있으나 운영 면에서 설치의 취지를 구현하는 방향으로 나아가고 있다고 보기는 어렵다. 국가교육위원회의 정체성을 형성하는 요소인 의제 선정, 사회적 합의, 접근 전략 면에서 그러하다.

첫째, 교육개혁 의제 설정의 방향, 수준 등의 면에서 교육부와 차별화되는 고유의 정체성 형성에 집중하며 주도성을 발휘하는 근거를 확인하기 어려웠다. 개혁 의제 발표 전이기는 하나, 출범 이후 2023년 말까지 전체회의 회의록에서는 찾기 어려웠으며, 2024년에 개최된 회의 안건에도 해당 내용은 없다.[16] 국가교육위원회 설치 필요로 제기되었던 여러 문제들을 넘어서고, 제기되었던 우려를 불식시키지 못할 가능성이 높다. 이렇게 될 경우 교육부, 시·도교육청과의 관계 속에서 교육거버넌스 재편도 어려울 것이다.

둘째, 시민 참여를 통한 사회적 합의를 토대로 교육개혁안을 담기 위한 설계가 잘 드러나지 않는다. 국가교육위원회는 교육개혁의 추진 방식을 혁신하기 위해 설치되었다. 그러나 문서를 통해 볼 때, 이러한 접근에 매우 소극적이다. 교육부가 요청한 2028년 대학입학제도 개편안에 대한 의견을 제시하기 위해 국민참여위원회의 숙의 토론을 진행한 바 있으나, 2024년 초에 발표한 업무계획에 따르면 국가교육 발전계획에 담을 주요 의제를 발굴하거나 선정하는 데에, 혹은 일부 핵심의제에 대해 시민 참여 토의에 대한 계획은 눈에 띄지 않으며, 이에 필요한 예산도 제대로 편성하지 않았다.

셋째, 국가교육 발전계획을 수립할 때 계획의 범위나 수준에 대한 전략적 접근이 필요하나 이에 대한 논의가 부족한 것으로 보인다. 계획의 범위를 교육 전반에 걸쳐 종합적으로 제시할지, 전체적인 방향을 제시하되, 실질적 변화를 이끌 지렛대가 될 만한 주요 의제에 초점을 맞추어, 국민과의 소통, 국민의 토의 참여 속에서 사회적 합의가 이루어지도록 할 것인지, 부처에 실행 계획 수립을 요구할 의제는 어떤 수준으로 제시할지 등을 깊이 검토했어야 한다. 종합계획이건 의제 중심이건 2022년 하반기 출범 이후 2년 정도의 기간이 있으나 출범 초기 운영 기틀을 잡는 데 시간이 걸리므로 국가교육 발전계획을 수립하기에는 시기적으로 촉박하고, 가용할 수 있는 인적, 물적 자원의 한계가 분명하기 때문이다.

이러한 평가에 근거해보면, 국가교육 발전계획이 발표될 때, 자칫 국가교육위원회의 정체성에 대한 논란과 함께 교육정책에 대한 여러 쟁점들로 인해 혼란을 증폭시킬 수도 있다.

---

16) 국가교육위원회 누리집에 탑재된 제25차부터 제31차까지 전체회의 개최 보도자료 참고

국가교육위원회가 출범 초기 당초 설치 취지를 구현하는 방향으로 나아가기 힘든 것은 무엇 때문일까. 국가교육위원회가 안고 있는 여러 문제를 제시하지만 그 원인은 더 근원적인 곳에 있다. 5년 단임 대통령 중심제와 양당제 체제가 결합되어 나타나는 정치권의 정파적 행태는 대의제의 문제를 여지없이 보여주고 있으며, 점차 더욱 견고해지고 있다. 아래에 지적한 문제들 중 대부분은 이러한 구조적 문제에서 직간접적으로 파생된 것이거나, 한 문제에서 다른 문제가 야기되는 것이다.

첫째, 리더십의 문제이다. 국가교육위원회의 리더 그룹에 해당하는 위원장과 상임위원들은 기구 출범 초기 교육개혁의 민주적 혁신에 대한 가치와 목표 의식을 분명히 가지고 조직 전반을 조향하며, 국가교육위원회의 정체성을 형성하는 과정에서 변혁적 리더십transformative leadership을 발휘해야 한다.

국가교육위원회의 변혁적 리더십은 교육부가 강한 정책 주도성을 지닐 때 더욱 요구되는 것이기도 하다. 현 정부의 교육부는 유보통합, 늘봄교실 전면 확대, AI 디지털 교과서, 지역혁신중심 대학지원체계 등 중장기적으로 추진하는 정책을 이끌고 있다. 이러한 교육부 정책에 대한 보고를 받고 있는 국가교육위원회가 독자적인 역할 정립을 위한 리더십을 발휘하지 못한다면 교육부와의 업무 중복 등의 우려를 불식시키지 못하게 될 것이다.

둘째, 인적 구성의 문제이다. 인적 구성의 문제는 위원 구성과 추천자의 문제를 구분해 지적할 수 있겠다. 위원 구성은 기구의 목적과 역할에 적합한 전문성이나 대표성을 지닌 인물로 구성되는 것이 바람직할 것이다. 그러나 국가교육위원회 초기 위원이 구성되었을 때, 언론에서 정파적인 인물들로 구성된 것을 두고 비판하였으며, 업무 수행 전문성 면에 대해서도 우려를 나타낸 바 있다.

셋째, 전문 인력이 부족하다. 중장기 국가교육 발전계획을 수립하고 국가교육과정을 개발하고 고시하는 업무를 수행하는 데 상시적으로 필요한 인력이 부족하다. 절대적인 수보다 중요한 것은 교육정책 전문성이나 국민참여를 통한 공론 형성의 절차와 과정에 관한 전문성을 가지고 새로운 방식으로 기획하고 수행하는 데 필요한 전임 인력이 부족하다.

넷째, 조직 체계의 문제이다. 전체회의, 전문위와 특별위 조직의 관계가 체계적이라고 보기 어렵다. 국가교육 발전계획의 수립, 국가교육과정의 기준과 내용의 고시 업무를 누가 어떻게 수행할 것인지에 대한 체계화가 필요하다. 조직은 크게 위원회 조직과 사무처로 나뉘는데, 법률에는 전문위나 특별위의 역할을 전체위원회의 실무적 자문이나 사전 검토의 역할을 수행하는 것으로 규정되어 있다. 상설 조직이 아닌 전문위와 특별위 간의 관계나 상호 협력 체계도 잘 드러나지 않는다.

다섯째, 정권 교체기 전 정부의 활동을 고찰하여 이를 넘어서기 위한 분석을 제대로 하지 않았다. 국가교육회의는 국가교육위원회 설치 법률안이 통과될 때까지 4년간 국민참여형 개혁 의제 선정, 사회적 협의를 통한 정책 방향 설정 등을 시도하였다. 이를 분석하여 시행착오를 줄이고 국가교육위원회의 밑거름으로 활용할 수 있을 것이나, 이전 경험의 장점 선택, 단점 극복을 위한 검토가 이루어지지 않은 것으로 보인다.

정책 정당성 확보를 위한 제언

국가교육위원회는 설치 그 자체로 이전에 제기되었던 문제가 저절로 해결되거나 해결을 보장하는 것은 아니다. 교육정책의 정당성은 대통령 소속 기구라는 점에서 나오는 것이 아니라 민주적 절차에 따라 사회적 협의와 합의의 과정을 통해 국민의 이해와 인정을 통해 부여되는 역동적인 것이기 때문이다(신진욱, 2013). 앞서 제기한 문제는 정치 구조에서 비롯된 것이 많아 문제 해결이 쉽지만은 않을 것이다.

국가교육위원회에서 수립할 국가교육 발전계획이 정당성을 얻기 위해 앞의 논의를 토대로 여건과 절차의 개선을 제안한다.

첫째, 일정 계획 수정을 적극 검토하기를 제안한다. 현재 국가교육위원회의 여건상 업무계획에 나타난 일정으로 국가교육 발전계획을 수립하여 발표하는 것은 무리일 것으로 보인다. 몇몇 핵심적이고 시급한 의제를 우선하면서 전반적 일정을 조정하기를 제안한다.

둘째, 국가교육위원회의 취지를 구현할 수 있도록 리더 그룹은 변혁적 리더십을 갖춘 인사로 구성되어야 할 것이다. 이들이 모두 교육정책에 대한 종합적인 안목을 가지고 사회적 합의에 기반한 교육개혁 방안을 마련하여 안정적으로 추진될 수 있기를 기대한다.

셋째, 국가교육위원회의 인적 구성 방식의 검토를 통해 토의와 협의가 활발하게 이루어질 수 있는 조건을 갖추어야 한다. 이 조건을 갖추기 위하여 대통령과 국회의 추천 인원 비중을 조정하고, 국민 추천, 여러 분야의 학회와 사회단체의 추천을 통해 다양한 자원 풀을 구성하고 여야가 공동으로 합의할 수 있는 중도적 인사를 주축으로 구성하는 방안을 법률에 반영하기를 제안한다.

넷째, 교육정책의 안정성과 신뢰성을 높일 수 있도록 사회적 협의와 합의 과정과 절차를 통해 정책의 근거와 지향하는 가치에 대한 사회적 공감대를 확대할 수 있어야 할 것이다. 중앙집권적으로 전문가들에 의존한 교육정책의 입안과 추진은 일정 시기 동안은 수용되는 듯이 보일 수 있으나 잠재적 갈등에 대한 간과, 데이터에 대한 다각적 분석 검토 미진, 소통과 이해를 위한 노력 부족 등으로 인해 안정적으로 추진되는 데에는 한계가 있을 것이다.

다섯째, 인력 증원을 요구하기 위해서는 사회적 합의에 기반한 교육개혁안을 마련할 수 있는 합당한 과정과 절차를 밟아야 한다. 종래 교육부의 일을 기능적으로 대체하는 정도의 역할이라면 인력 증원의 요구가 수용되기 어려울 것이다.

분류	안건명	형식
국교위 관련 규칙, 절차 마련	• 국가교육위원회 운영 규칙(1, 2) • 국민 의견 수렴·조정 절차 운영 방안(안)(11, 12) • 국민 의견 수렴·조정 절차 운영방안(안)(18) • 국민 의견 수렴·조정 절차 운영방안(안)(19)	보고·의결 심의·의결 심의·의결 심의·의결
전문위·특위 구성, 연구센터 지정 등	• 국교위 비전과 로드맵을 위한 전문위·특위 분야 및 영역(1) • 국가교육위원회 전문위 특별위 구성에 관한 논의(7) • 국가교육 발전계획 수립을 위한 전문위·특별위 분야(8) • 국가교육과정 전문위 구성·운영 추진계획(8) • 국민참여위 구성 및 운영 추진 계획(8) • 국가교육과정 모니터링단 구성 운영(8) • 교육연구센터 지정·운영 계획(9) • 특위명칭(지방대발전특위), 전문위원회·특별위원회 구성 관련(9) • 중장기 교육발전 전문위 구성운영 계획(안) (10) • 특위 구성 및 발전 방안 토의(10) • 특별위 위원 위촉(안)(11) • 국가교육과정 연구센터 지정(안)(11) • 국가교육과정 전문위 위원 위촉(안)(12) • 제1기 국민참여위원회 구성 결과(13) • 제1기 국민참여위원회 위원장 지명안(13) • 국가교육발전연구센터 지정(안) (15) • 공교육 정상화를 위한 교권회복 특별위원회 구성(안) (17)	토론 토론 심의·의결 심의 심의·의결 심의·의결 보고 논의 심의 보고 보고 심의·의결 심의·의결 보고 의결 심의·의결 보고
중장기 교육발전계획	• 중장기 국가교육 발전계획 수립을 위한 추진 계획(안) (17) • 직업·평생교육 특별위원회 중간보고(17)	보고 보고
교육과정	• 2022 개정교육과정 개발 현황(2) • 2022 개정교육과정 개발 후속논의(3) • 2022 개정교육과정 심의(4/5/6) • 국가교육과정 수립 변경 요청 처리 절차(안)(14) • 2023 국가교육과정 조사·분석·점검 실시계획(안)(14) • 국가교육과정 수립·변경 요청 사항 보고(19) • 국가교육과정 수립·변경 요청 사항(접수번호 제2023-001호) 경과보고(22)	보고 의견전달 심의·의결 보고 보고 보고 보고
대입	• 2028 대입개편 시안 국교위 의견수렴 추진 방향(안) (18) • 「2028 대입개편 시안」국민참여위원회 의견수렴 방안(안) (19) • 2028 대학입시제도 개편 시안(19, 20, 21, 22, 23) • 2028 대학입시제도 개편 시안 의견 수렴 경과보고(21) • 2028 대학입시제도 개편 시안 관련(22) • 2028 대학입시제도 개편 시안(24)	보고 보고 심의 보고 보고 심의·의결
교육부 정책	• 유아교육발전계획(10) • 디지털기반교육혁신방안(11) • AI 디지털 교과서 추진 방안(14) • 공교육 경쟁력 제고 방안(15) • 사교육 경감 대책(15) • 대학규제혁신 성과와 방향(16) • 교권회복 및 보호 종합 방안(16) • 유학생 교육경쟁력 제고 방안(17) • 2028 대입제도 개편 시안(18,21)	보고 보고 보고 보고 보고 보고 보고 보고 보고
기타	• 2022 국교위 운영성과(7)	보고

( )은 전체위원회 차수

4부. 논쟁과 담론

04

글로벌 환경 속 독일 교육: 도전과 혁신 방향

송 경 오
조선대학교 교수

독일은 오랫동안 사회적 협력을 중요시해왔다. 연방정부와 주 정부 간의 협력, 기업과 노동조합 사이의 이해관계 조정 등 다양한 이해관계자들 간 합의를 통해 교육정책을 포함한 여러 사회 정책을 추진한 경험을 가지고 있다. 특히, 독일의 이원화된 직업교육시스템은 학교와 기업이 협력하여 실무 경험과 이론 교육을 동시에 제공하는 독특한 모델로, 독일을 대표하는 직업교육 체제로 주목받아왔다. 그러나 최근 독일은 이민자 증가와 글로벌 경제환경 변화로 국가경쟁력 강화를 요구받고 있다. 이에 따라 교육 성과를 중시하는 방향으로 변화해야 한다는 요구가 커지고 있다. 이는 교육의 효율성과 성과를 높이기 위한 긍정적인 변화로 볼 수 있지만, 동시에 경쟁 심화로 사회적 갈등과 교육 불평등 문제를 초래할 수 있다는 우려도 있다.

이 글에서는 사회적 합의를 기반으로 하는 독일 사회와 교육체제의 특징을 탐구하고, 최근 직면한 교육적 도전과 이를 해결하기 위한 독일 정부의 교육개혁 방향을 살펴본다. 또한, 독일의 경험이 한국 교육에 주는 함의에 대해서도 생각해본다.

독일 사회와 교육체제의 특징

다당제 정치체제에서 자라난 사회적 합의 문화

독일은 여러 정당이 국정을 운영하는 다당제 정치체제를 가지고 있다. 주요 정당으로는 기독교민주연합CDU, 기독교사회연합CSU, 사회민주당SPD, 자유민주당FDP, 녹색당, 좌파당 등이 있다. 이러한 다당제는 비례대표 선거제 덕분에 가능해졌다. 비례대표제에서는 다양한 정당들이 의회에 진출할 수 있어, 정당 간 협력이 필수적이다. 보통 두 개 이상의 정당이 연립정부를 구성해야 하기 때문이다. 이러한 구조는 정책 결정 과정에서 폭넓은 합의를 이끌어내며, 정치적 안정을 유지하는 데 중요한 역할을 한다.

독일의 다당제 정치체제는 정치 분야에서 합의 문화를 발전시켰을 뿐만 아니라 사회 전반에 걸쳐 합의 문화를 촉진하는 데도 기여했다. 예를 들어, 독일은 기업과 노동조합 간에도 주요 의사결정에 있어 협력관계를 유지하는 국가로 잘 알려져 있다. 독일의 합의 문화는 교육 분야에서도 두드러진다. 도시국가의 오랜 전통을 지닌 독일은 주 정부의 독자적 권한이 강한 연방제 국가로서, 교육정책이 주 정부 책임하에 있다. 그러나 주 정부 간의 교육협력과 연방정부와 주 정부 간의 협력이 필수적이다. 예를 들어, 연방정부의 교육부와 주 정부 교육부들은 '교육부 장관회의Kultusministerkonferenz, KMK'라는 정기적인 회의를 통해 주요 교육정책을 조율하고 협력한다. 예를 들어, 교육부 장관회의는 대학 입학 자격시험인 아비투어의 표준화를 위해 각 주의 교육부와 협력하여 시험의 내용과 난이도를 조율한다.

독일 교육 분야에서 합의 문화를 가장 잘 보여주는 또 다른 예는 이원적 직업교육체제Duale Berufsausbildung이다. 이 체제에서는 기업과 학교의 협력을 통해 학생들에게 실무 경험과 이론 교육을 동시에 제공한다. 독일의 자동차 산업은 이원화 체제의 대표적인 성공 사례인데, BMW, 다임러 AG, 폭스바겐 같은 대형 자동차 제조업체는 학교와 협업하여 직업교육프로그램을 운영한다. 직업학교 학생들은 주당 일정 시간을 학교에서 이론 교육을 받고, 나머지 시간에는 기업에서 실무 경험을 쌓는다. 기업은 교육과정 개발과 프로그램 시행 과정에 적극적으로 참여하며, 학교는 이들을 중요한 교육 파트너로 삼아 협력한다.

이처럼 교육정책 결정 과정에서 다양한 이해관계자들 간 협의를 중시하는 독일의 제도적 장치와 문화는 교육정책의 일관성과 안정성을 보장하는 중요한 밑거름이 되고 있다.

조정시장경제 체제하에서 직업교육의 발전

독일은 유럽의 대표적인 조정시장경제 Coordinated Market Economy, CME 시스템을 갖춘 국가이다. 이 시스템은 시장 메커니즘과 사회적 합의를 통해 경제활동을 조정하는 방식이다. 경제활동은 주로 시장 메커니즘에 의해 이루어지지만, 정부와 사회적 파트너(노동조합, 기업 연합 등) 간 조정을 통해 주요 경제정책 결정이 이루어진다. 조정시장경제의 주요 특징은 노동조합과 기업연합이 협력하여 임금과 근로 조건 등을 결정하고, 기업의 의사결정에 주주뿐만 아니라 노동자, 지역 사회 등 다양한 이해관계자의 의견을 반영하며, 기업과 학교가 협력하여 실무와 이론 교육을 결합한 직업교육을 제공한다. 이와 같은 시스템 덕분에 노동자들은 경제 주체로서 지위를 강화하고, 기업 내 주요 의사결정 과정에 적극 참여할 수 있게 되었다. 조정시장경제 체제에서는 경제 주체들에게 의사결정 권한을 부여하는 동시에 책임 의식도 강조하기 때문에 독일의 노동자와 기업은 사회적 책임을 다하기 위해 협력할 수 있다.

독일의 조정시장경제 체제는 노동자의 높은 사회적 지위를 뒷받침할 뿐만 아니라 직업교육 발달에도 큰 영향을 미쳤다. 독일은 세계에서 가장 경쟁력 있는 직업교육제도를 갖고 있는 나라로, 이는 노동자의 높은 사회적 지위가 직업교육 경로로의 진학을 촉진한 결과다. 정부도 이러한 경향을 반영하여 직업교육제도를 더욱 경쟁력 있게 만들기 위해 노력해왔다. 이와 더불어, 조정시장경제 체제에서는 기업과 학교가 협력하여 실무와 이론 교육을 결합한 직업교육이 이루어지기 때문에 직업교육체제가 발달할 수 있었다. 전형적인 복선형 교육체제[1]인 독일은 중등교육 단계에서 직업교육 경로로 구분되고, 직업교육은 주로 이론과

---

1) 독일의 복선형 교육체제는 중등교육 단계에서 두 가지 주요 경로로 나뉜다. 하나는 일반교육을 중심으로 한 경로이고, 다른 하나는 직업교육을 중심으로 한 경로이다. 초등교육(Grundschule, 1~4학년)을 마친 후, 학생들은 성적, 교사 평가, 학부모 의견 등을 토대로 중등교육 경로를 선택하게 된다. 김나지움(Gymnasium)은 대학 입학을 준비하는 경로로, 주로 학문적인 교육을 제공한다. 레알슐레(Realschule)는 기술직이나 관리직 같은 중간 수준의 직업교육을 목표로 하거나 상급학교(Gymnasium)로의 전환이 가능하다. 중등교육 이후 학생들은 일반 고등교육 또는 직업교육으로 나뉜다. 중등교육 1단계를 마친 후, 학생들은 김나지움 상급반에 진학하여 대학 입학을 준비하거나, 직업학교에 입학한다.

현장 실습을 병행한다. 학교와 기업이 공동으로 직업교육을 담당하기 때문에 독일의 직업교육제도를 이원화된 직업교육체제^{Duale Berufsausbildung}라고 일컫는다.

이처럼 독일의 조정시장경제 체제는 노동자들의 사회적 지위를 높이고, 직업교육을 통해 실질적인 능력을 갖춘 인재를 양성하는 데 큰 역할을 하고 있다. 이러한 시스템은 독일 경제의 안정성과 지속가능성을 유지하는 데 중요한 기반이 되고 있다.

독일 민주화 과정에서 고등교육의 기능 확대

제2차 세계대전 이후 독일은 정치적으로나 사회적으로 큰 격동을 맞이하였다. 1945년에 독일은 미국, 영국, 프랑스, 소련의 네 개 연합국에 의해 분할 점령되었고, 나치 정권의 잔재를 제거하기 위해 탈 나치화 정책이 대대적으로 시행되었다. 이후, 독일 재건을 위해 마셜플랜 원조가 제공되었는데, 이는 독일 경제 회복과 민주 정부 수립에 원동력이 된다. 1949년에는 독일이 동독과 서독으로 분리되었고, 각각 독일민주공화국(서독)과 독일연방공화국(동독)을 수립하게 된다. 서독은 민주적 헌법 체제를 수립한 이후, 1950~60년대에 급속한 경제성장을 이루어 라인강의 기적이라 불리며, 사회적 시장경제 모델을 통해 높은 생활수준을 달성하게 된다. 또한 유럽경제공동체^{European Economic Community: EEC} 창설 멤버로 참여하여 유럽 통합과정에서 중요한 역할을 하였다. 반면, 체제경쟁에서 실패한 동독은 1989년 베를린 장벽이 붕괴되면서 서독과의 통합이 가속화되었고, 1990년에 마침내 독일 통일이 이루어진다. 통일 독일은 서독이 갖추고 있던 정치·경제적 체제를 기반으로 헌법과 시장경제를 더욱 확고히 하는 방식으로 발전을 꾀하였다.

서독의 경제성장과 사회적 민주화는 고등교육의 대중화에도 영향을 미쳤다. 1960년대에는 인구의 9% 미만이 고등교육을 받았으나, 2014년에는 58%로 증가했다. 전통적으로 엘리트 중심이었던 독일의 고등교육체제가 대중교육으로 전환될 필요성이 제기된 것이다. 이는 고등교육 접근성을 확대하고 다양한 사회 계층의 학생들을 수용하기 위한 제도적 변화를 의미했다. 고등교육의 다양한 경로를 제공하기 위해 전통적인 대학 ^{Universitäten} 이외에, 특정 직업 분야 전문가 양성을 위한 응용과학대학 ^{Fachhochschulen}, 예술 분야에 특화된 교육을 제공하는 예술 및 음악대학 ^{Kunst- und Musikhochschulen}, 그리고 기업과 협력하여 실무교육을 제공하는 직업교육대학 ^{Berufsakademien} 등으로 구조를 변화하였다.

이처럼 독일 고등교육에서 대중화가 진전됨에 따라, 정부는 여러 유형의 교육기관을 설립하여 다양한 사회 계층의 학생들을 수용하고 있다. 이러한 변화는 독일 고등교육 체제를 더욱 발전시키는데 기여하였다.

독일 통일과 난민 수용과정에서 발전한 통합교육

독일은 1990년 10월 3일 동독과 서독이 통일되면서 동독이 서독 교육 모델로 대부분 전환해야 했기 때문에 동독의 교육체제는 서독 시스템에 맞추어 급격한 변화를 겪었으며, 이는 동독의 많은 교사와 학생들에게 큰 충격을 안겨주었다. 따라서 독일 정부는 통합교육을 통해 동·서독 간의 문화적, 사회적 차이를 줄이고, 젊은 세대가 새로운 독일의 정체성 형성을 위해 노력해야 했다.

최근 독일은 난민 수용과정에서 다시 한번 통합교육을 강조하고 있다. 특히, 독일 정부는 난민 학생들이 독일 사회에 원활하게 흡수될 수 있도록 다양한 프로그램 제공에 상당한 신경을 쓰고 있다. 예컨대, 독일 16개 주는 초·중등 단계의 난민 아동과 청소년들에게 의무교육을 부여하였다. 이에 따라 처음 독일학교에 입학하는 난민 아동들은 일반 학급에 배정되기 전, 1~2년 동안 '환영 수업 ^{Willkommensklassen}'이라는 준비 수업을 통해 독일어와 기본 교과목을 배운 이후 일반 학급으로 통합된다. 또한, 난민 학생들이 정규 학급으로 완전히 통합된 후에도 균형 있는 학습 환경을 유지하기 위해 난민 학생과 독일 학생의 비율을 적절히 조절하려는 노력이 계속되고 있다(Korntheuer et al. 2017). 이를 통해 난민 학생들이 효과적으로 통합되고, 모든 학생들이 학습에 집중할 수 있는 환경을 조성하려는 것이다.

독일 원주민 학생을 대상으로도 다양한 통합교육이 제공되었다. 예컨대, 멘토링 프로그램은 독일 학생들이 난민 학생들을 직접 도울 수 있는 경험을 제공하는 프로그램이다.

독일은 대학에 입학하려는 난민들을 위해서도 다양한 통합 지원 정책을 마련하였다. 일반적으로 난민이 독일에서 대학에 입학하기 위해서는 공식적인 자격 증명과 독일어 능력을 충족해야 한다. 그러나 독일 교육부 장관회의와 독일대학 총장회의에서 난민이 본국에서 취득한 대학 입학 자격 증명을 제공하지 못할 경우에도 난민의 학업능력을 평가한 후, 대학 입학을 허용하도록 합의하였다. 또한, 이들을 위해서는 특별 장학금과 학비를 지원하여 경제적 부담을 줄여주었다. 난민들이 독일 대학 환경에 적응하는 것을 돕기 위해 '학문적 통합 프로그램 Förderung der Integration in das Studium'도 운영하였다.

이와 같은 독일의 통합교육은 난민 학생들이 독일 사회에 원활하게 적응하도록 돕고, 독일 학생들에게도 다문화적 이해와 협력을 배울 기회를 제공하고 있다.

현대적 도전과 대응:
독일 교육체제의 변화 방향

독일은 사회적 불평등과 국가경쟁력 강화, 그리고 난민 수용 이후 사회적 변화 등 현대적 도전에 직면해 있다. 이에 따라 독일은 직업교육제도를 혁신하고, 고등교육을 대중화하며, 이원화된 학위과정을 발전시키는 방식으로 대응하고 있다. 또한, 국제 경쟁력을 강화하기 위해 교육시스템을 계속해서 진화시키며 글로벌 도전에 대비하고 있다. 이 절에서는 독일이 직면한 다양한 도전과 이를 극복하기 위해 교육체제가 어떻게 변화하고 있는지를 살펴본다.

독일 통일과 난민 수용 이후
사회적 불평등 해소를 위한 독일 교육개혁

최근 발표된 독일 논문에서는 1919년부터 1986년 사이에 태어난 서독 남녀의 교육 경로와 사회적 변화의 영향을 분석하였다.[2] 이 연구는 서독의 사회적 변화가 교육 성취와 사회적 불평등에 미친 영향을 밝히고, 독일의 현대화 과정이 초·중등 교육 및 직업교육, 그리고 고등교육 기회에 대한 접근과 학업적 성공에 어떤 영향을 미쳤는지를 살펴보았다. 흥미로운 결과 중 하나는 지난 80년 동안 독

---

2) "사회적 변화와 1919년에서 1986년 사이에 태어난 (서)독일 남성과 여성의 교육 궤적(Societal Change and Educational Trajectories of Women and Men Born between 1919 and 1986 in (West) Germany) (Becker & Mayer, 2019)"이라는 연구는 독일 생활사 연구(GLHS)와 국가 교육 패널 연구(NEPS)의 회고적 개인 데이터를 사용하여 분석한다. 이 연구에서는 시간의 흐름에 따라 데이터가 어떻게 변화하는지를 예측할 수 있는 Time Series Analysis와 특정 사건이 발생하는 시점을 분석하는 사건사 분석 방법(Event History Analysis)을 활용해 서독의 사회적 변화가 교육 경로에 미친 직접적 및 간접적 영향을 조사한다.

일의 현대화와 교육 기회 확충에도 불구하고 교육 기회 불평등은 지속되었다는 점이다.

독일의 사회적 불평등은 흡수통일 과정에서 더욱 두드러졌다. 독일 통일은 동독이 서독에 편입되는 형태로 이루어졌기 때문에 서독인들은 통일 이후에도 동일한 생활을 유지한 반면, 동독인들은 새로운 제도에 적응해야 했다. 이러한 불평등 구조는 동독과 서독인들의 의식에도 큰 영향을 미쳤다. 서독인들은 자신들의 체제가 우월하다는 인식을 가졌고, 동독인들은 열등감과 수모를 느꼈다.

최근 독일의 난민 수용과정에서도 사회적 불평등 문제는 심화되었다. 독일은 2015년 이후 약 100만 명 이상의 난민을 받아들였다. 이로 인해 독일의 사회, 경제, 교육 분야는 많은 도전에 직면하게 되었다. 일부 독일인들은 이민자와 난민이 노동 시장에서 중요한 역할을 하고 있으며, 인구 고령화 문제를 겪고 있는 독일 경제에 활력을 불어넣었다고 긍정적으로 평가했다(Korntheuer et al., 2017). 그러나 다른 한편에서는 문화적 차이와 경제적 어려움으로 인해 이민자들과 독일 원주민 간 사회적 격차가 심화되었고, 이는 곧 사회적 갈등으로 촉발될 수 있는 상황에 이르렀음을 지적하였다.

이와 같은 상황에서 독일 정부가 추진해온 개혁들은 독일 통일과 난민 수용 과정에서 불거진 사회적 불평등을 줄이기 위한 것이 일차적인 목적이었다고 해도 과언이 아니었다. 독일 정부의 교육정책 또한 명확하게 사회적 불평등을 감소시키기 위한 노력이었다. 우선, 독일 정부는 사회적 변화는 교육체제의 발전과 함께 이루어진다는 믿음 하에 더 많은 사람들이 고등교육에 접근할 수 있도록 정책을 추진하였다. 교육 기회 확대 정책은 다양한 사회 계층에 있는 많은 사람들이 고등학교와 대학에 진학할 수 있도록 도왔다. 예를 들어, 여러 주에서 대학 입학시험 없이도 전문 자격을 가진 사람들이 대학에 진학할 수 있도록 허용하였다(Hüther & Krücken, 2018).

최근에는 난민들의 교육적 통합을 돕기 위해 언어 교육프로그램을 제공했다.

이민자 학생들을 위한 독일어 집중교육 프로그램이 마련되어, 이들이 빠르게 독일어를 습득하고 정규 교육 과정에 통합될 수 있도록 지원했다. 이와 동시에 학교 커리큘럼에 다문화적 요소를 포함시켜, 학생들이 다양한 문화와 사회적 배경을 이해하고 존중할 수 있도록 교육했다. 이러한 개혁 조치들은 독일의 교육시스템이 사회적 불평등을 줄이고 더 포용적인 교육환경을 조성하는 데 중요한 역할을 하고 있다.

독일 통일과 난민 수용과정에서 심화된 사회적 불평등 문제는 독일 정부의 꾸준한 지원 덕분에 가시적인 성과를 보이고 있으며, 제도적인 통합도 정착 단계에 접어들고 있다. 그러나 물질적인 개선에 비해 의식의 통합에 있어서는 여전히 많은 어려움을 겪고 있다. 이에 독일은 학교 정규 교육과정과 다양한 정치교육 기관에서 통합 사회에 적응하는 정치교육을 꾸준히 실시하고 있다.

독일연방정치교육청 Bundeszentrale für politische Bildung; BPB 은 정치교육프로그램을 통해 학생들이 민주주의와 인권, 사회적 책임 등에 대해 배우고, 다문화 사회에서의 공존과 협력을 이해하도록 돕고 있다. 예를 들어, '민주주의를 실천하라! Demokratie leben!' 프로그램은 학생들이 다양한 문화적 배경을 가진 사람들과 협력하고, 사회적 참여와 책임감을 키울 수 있는 기회를 제공한다.[3] 이 프로그램은 특히 난민 학생들과의 상호작용을 통해 독일 원주민 학생들에게 다문화적 이해를 높이는 데 기여하고 있다.

이처럼 독일은 통일과 난민 수용과정에서 발생한 사회적 불평등을 줄이기 위해 다양한 교육개혁과 통합프로그램을 시행해오고 있다.

---

3) 출처: https://www.demokratie-leben.de

지식정보화 시대에서 독일 직업교육제도의 도전과 혁신

독일은 세계에서 가장 경쟁력 있는 직업교육 제도를 갖춘 국가 중 하나로 평가받아왔다. 독일의 직업교육제도는 고등학교 졸업 후 직업학교에서 이론수업과 기업실습을 병행하는 이원화된 체제를 통해 학생들이 실제 업무 환경에서 필요한 기술과 경험을 쌓을 수 있었다. 덕분에 졸업 후 바로 취업이 가능해 많은 학생들에게 인기가 있었다. 하지만 21세기 지식정보화 사회로의 진입은 독일 직업교육제도에 새로운 도전을 안겨주고 있다. 점점 더 많은 학생들이 직업학교 대신 대학으로 진학을 희망하면서 직업교육 선택이 줄어들고 있다.

수공업과 제조업 중심의 산업사회에서 강력한 경쟁력을 가졌던 독일의 직업교육이 지식정보화 사회에서도 경쟁력을 유지할 수 있을지에 대한 불안감이 커진 것이다. 또한, 독일 통일 이후 경제적 어려움이 지속되면서 청년 실업 문제가 심각해졌다. 특히 전통적인 직업 분야인 수공업과 제조업을 기피하는 현상이 겹쳐 취업난과 인력난이 동시에 발생했다. 출생률 저하로 인해 전체 학생 수가 감소하면서 직업학교 학생 수가 줄어든 탓도 있다.

이처럼 독일 내 직업교육이 위축되자, 독일 정부는 최근 직업교육체제를 더욱 경쟁력 있는 시스템으로 만들기 위해 개혁을 단행하였다. 구체적인 개혁 내용을 살펴보자면, 독일 정부는 2022년에 '연방교육지원법 BAföG'4)을 개정하여, 학생들이 받을 수 있는 재정지원을 확대하고 혜택을 받을 수 있는 학생들의 범위를 넓혔다. 이 개정법에 따라 장학금 수혜자의 부모 소득과 자산에 대한 면제 한도가 증가하여 중산층 가정의 학생들도 더 쉽게 직업교육 장학금을 받을 수 있게 되었다.

이와 동시에 독일 정부는 중등교육에서 큰 문제로 떠오르고 있던 하우프트슐

---

4) '연방교육지원법(BAföG, Bundesausbildungsförderungsgesetz)'은 독일의 직업 및 고등교육을 지원하기 위한 법률이다. 이 법은 주로 학생들에게 경제적 지원을 제공하여, 교육 기회를 확대하고 사회적 불평등을 줄이는 것을 목표로 한다. BAföG는 독일 연방정부와 주 정부가 공동으로 재정을 부담하며, 학생들이 경제적 어려움 없이 학업을 이어 나갈 수 있도록 돕는다.

레 Hauptschule를 개혁하였다. 하우프트슐레는 중등 교육단계의 하나로 주로 실무 및 직업교육을 준비시키는 학교인데, 최근에 상급 교육을 받으려는 수요가 증가하면서 하우프트슐레는 기피 대상이 되었다. 이를 해결하기 위해 독일 정부는 하우프트슐레를 독자적인 직업준비 교육기관으로서 위상을 강화하거나, 상급학교 진학을 위한 준비 단계로 전환하였다. 또한 독일의 직업교육체제는 ISO 9000 품질 관리 기준을 도입하여 직업교육의 질을 높이고자 하였다. ISO 9000은 교육기관이 체계적으로 운영되고, 지속적으로 개선될 수 있도록 돕는 품질 관리 시스템인데, 직업학교 인증을 통해 교육과정의 개선, 실습 프로그램과 평가 기준 강화 등 지속적인 개선이 가능하였다.

독일의 이원화된 직업교육시스템 Duale Berufsausbildung은 전통적으로 큰 성공을 거두었으나, 독일 정부는 이 시스템을 현대화하기 위한 여러 노력을 기울였다. 하나는 독일연방직업교육연구부와 연방직업교육훈련연구소가 추진하는 'Berufsbildung 4.0(직업훈련 4.0)'이라는 정책[5]을 통해 직업교육의 디지털 혁신을 추진하였다. 이 프로그램은 사물인터넷 IoT과 같은 최신 기술을 교육과정에 포함시켜 학생들이 현대 산업 환경에서 요구되는 기술을 습득할 수 있도록 도왔다.

독일 정부의 이와 같은 교육개혁과 현대화 노력은 독일의 직업교육시스템이 계속해서 경쟁력을 유지하고, 학생들이 현대 사회와 산업의 요구에 부응할 수 있도록 하는 데 중요한 역할을 하고 있다.

독일 고등교육의 대중화를 위한 체제 전환

독일의 고등교육시스템은 전통적으로 엘리트 중심이었으나, 최근에 대중교육체제로 전환할 필요성이 제기되고 있다. 1960년대에는 독일 인구의 9% 만이 고등교육을 받았지만, 2023년에는 56%로 증가했다(OECD, 2023). 한국과 마찬가

---

5) https://www.bibb.de/

지로, 독일 학부모들도 점차 자녀들이 더 높은 학력을 통해 더 나은 직업 기회를 얻기를 기대하였다. 대학 졸업장은 높은 사회적 지위를 상징하며, 대학 교육이 장기적으로 더 큰 경제적 이익을 제공한다고 인식하기 시작한 것이다. 특히, 산업구조 변화로 인해 고급 기술과 지식을 요구하는 직업이 증가하면서 대학 교육의 중요성이 더욱 부각되었다.

이와 같은 현상에 대해 독일 내 노동 시장 정책 전문가들과 연구자들 사이에서는 고학력 인력에 대한 수요 증가를 낙관적으로 보는 견해와 고학력 인력 과잉으로 실업률이 높아질 위험이 있다는 신중한 견해가 공존한다. 예를 들어, '아카데미화 광풍 Akademisierungswahn (Nida-Rümelin, 2015)'이라는 용어가 등장하며, 너무 많은 학생이 대학에 진학하고 있다는 비판이 제기되고 있다. 이는 사회적 수요와 노동 시장 요구 간의 불일치를 초래할 수 있다는 우려를 반영한 것이다. 이 같은 비판적인 입장에도 불구하고 독일 내 고등교육에 대한 수요는 높아졌고, 이는 독일 정부가 고등교육의 접근을 확대하고 다양한 사회 계층의 학생들을 수용하기 위한 제도적인 변화를 추진해야 함을 의미했다.

독일 정부는 즉각적으로 고등교육의 접근성을 높이기 위한 정책적 노력을 기울였다. 독일 대부분 대학은 학생들에게 학비를 부과하지 않기 때문에, 정부는 다양한 재정지원 프로그램을 통해 생활비를 추가 지급하였다. 또한 독일 정부는 직업교육을 통해 얻은 자격을 고등교육 수준으로 인정받게 하는 '직업교육의 고등교육화'를 추진하였다. 즉, 학생들이 직업교육에서 시작해 고등교육으로 이어지는 경로를 쉽게 선택할 수 있도록 하는 것이다.

대표적인 방안 중 하나가 이론과 실무를 병행할 수 있는 이원화 학위과정 Duale Studiengänge 으로 다양한 학위과정을 포함한다(유진영, 2017: Xu, 2023).

첫째, 직업훈련통합 이원화 학위과정 Ausbildungsintegrierende Duale Studiengänge 이다. 이 과정은 학생들이 기업의 공식적 직업훈련 과정을 이수하는 동시에 대학에서 학위를 취득하는 프로그램이다. 이 과정의 목표는 직업 자격증과 학위를 동시에 취득하는 것이다. 보통 8학기에서 10학기 동안 진행되는데, 학업 기간의 2~3일은 대학에서 이론교육을 듣고, 나머지 시간은 기업에서 직업훈련을 받게 된다.

둘째, 실습통합 이원화 학위과정 Praxisintegrierende Duale Studiengänge 이다. 이 과정은 대학에서 이론교육을 받는 동시에 기업에서 한 학기 이상의 장기간 실습을 통해 기술을 습득한다(Xu, 2023). 이 과정의 목표는 학생들이 학문적 지식을 바탕으로 기업에서 실무 경험을 쌓고, 이를 통해 졸업 후 바로 직무에 투입될 수 있도록 준비하는 것이다. 이 프로그램을 마친 학생들은 별도의 직업 자격증을 획득하는 것이 아닌 학위 취득과 동시에 직무에 즉시 투입될 수 있는 실무역량을 갖추게 된다.

셋째, 직업통합 이원화 학위과정 Berufsintegrierende Duale Studiengänge 은 직업계 속교육을 위한 학위과정이다(유진영, 2017). 이 과정에서는 이미 특정 분야 직업 경험을 가진 사람이 3~4년간 직업 생활과 학위과정을 병행한다. 이 때문에 산업체에서 맡은 직무와 학위과정의 학업 내용이 상호 연계되는 것이 중요하며, 입학 허가를 위해 사전에 파트 타임 근로계약이 필요하다(유진영, 2017). 특히, 이 과정은 석사학위과정과 연계가 되어 있기 때문에 더 높은 학위를 얻을 수 있도록 설계되었다.

넷째, 직업통합 이원화 학위과정이 더 높은 학위를 취득할 수 있도록 설계된 과정이라면, 직업동반형 이원화 학위과정 Berufsbegleitende Duale Studiengänge 은 현재 직무와 직접적으로 관련된 지식을 습득하는 데 중점을 둔 학위과정이다. 이 과정은 주로 원격교육을 통해 운영되는데, 기업체가 요구하는 특수한 내용을 배우게 된다(유진영, 2017). 따라서 직업동반과정은 기업의 경력사원이 자신의 경력이나 보수를 높이기 위해 참여하는 경우가 많다.

이와 같은 독일의 이원화 학위과정 Duale Studiengänge 은 2023년 기준으로 약 10만 명 이상의 학생이 등록하였고, 약 6만 개의 기업이 이 프로그램을 운영하고 있다.[6] 이원화 학위과정은 전통적으로 공학 분야에서 강세를 보였으나, 최근에는 사회복지, 교육, 건강 및 요양 분야에서도 큰 증가세를 보이고 있다. 이는 이원화 학위과정이 다양한 산업 분야의 요구에 맞춰 발전하고 있음을 보여준다.

독일의 이원화 학위과정은 전통적인 엘리트 중심의 고등교육에서 벗어나 대중교육체제로의 전환을 성공적으로 이끌고 있다. 독일은 다양한 학위과정과 직업교육의 고등교육화 추진을 통해 더 많은 학생들에게 교육 기회를 제공하며, 다양한 산업 분야의 요구에 맞춰 발전하고 있다.

PISA 충격 이후 독일 교육시스템의 변화와 성과

1995년, 독일은 처음으로 국제 학력 평가인 TIMSS[7]에 참여하였는데, 결과는 충격적이었다. 독일 학생들의 수학 및 과학 기초 지식이 다른 나라 학생들에 비해 상당히 낮은 것으로 나타났다. 이어진 2000년 PISA[8] 평가에서도 독일 학생들의 읽기, 수학, 과학 성적이 OECD 평균 이하였고, 학생 간 성적 차이도 컸다. 이러한 경향은 2003년과 2006년 PISA 평가에서도 비슷하게 나타났다.

이후, 독일 정부는 저성취 문제를 해결하기 위해 여러 노력을 기울이기 시작하였다. PISA 2000 결과가 발표된 직후, 독일 교육부 장관회의는 즉각 대응에 나섰고, 독일 학생의 학업성취를 향상시키기 위한 구체적인 행동 계획을 수립하였다. 특히 주목할 만한 대응은 '교육 표준'을 도입한 것이다. 독일은 연방제 국가 특성상 각 주가 독자적으로 운영되기 때문에 교육에 표준화가 부족했다. 하

---

6) 출처: https://www.che.de/en/2020/what-students-need-to-know-about-duale_study-programmes

7) 수학·과학 성취도 추이 변화 국제비교 연구(Trends in International Mathematics and Science Study, TIMSS)로 세계 각국의 4학년과 8학년을 대상으로 실시하는 학업성취도 평가이다. 1995년에 국제 학업성취도 평가 협회(IEA)에서 고안하여 4년마다 한 번씩 이루어지고 있다.

8) 국제학업성취도 평가프로그램(Program for International Student Assessment)으로 OECD가 15세의 학생들을 대상으로 읽기, 수학, 과학 분야의 학업성취도를 평가한다. 이 데이터는 3년마다 시행되며, 국가 간 교육 수준을 비교하고, 교육정책 개선에 활용되는 중요한 지표로 사용된다.

지만, PISA 2000에서 낮은 성적을 기록한 후, 독일 정부는 교육의 질을 향상시키기 위해 전국적으로 일관된 교육 표준을 도입할 필요성을 느끼게 되었다(Ringarp, 2016). 즉, 학생들이 특정 학년에 도달해야 할 자질과 능력을 명확히 설정할 필요가 있었다.

2002년 7월 4일 독일 국회에서 주 정부와 협의하여 '국가교육수준진단위원회'를 설치하였다. 이 위원회는 독일 교육의 현재 위치와 앞으로 나아가야 할 방향을 객관적으로 진단하는 독립 기관이었다. 이 위원회는 IQB Institute for Educational Quality Improvement와 긴밀히 협력하여 교육 표준을 개발하고 시행하였다. 2003년부터 2004년 사이에 독일의 모든 주 정부에 공통 교육 표준이 도입되었다. 이 표준은 초등교육과 중등교육 초기 단계에 적용되었으며, 2012년에는 일반대학 입학 자격을 위한 표준도 설정되었다. 교육 표준의 도입은 학생들이 특정 학년에서 반드시 습득해야 할 역량을 명확히 정의함으로써 교육의 질을 높이고, 교육 격차를 줄이는 데 기여하였다.

또한, 독일 연방정부는 각 주의 교육 성취도를 정기적으로 평가하여 그 결과를 바탕으로 피드백을 제공하였다. 각 주의 교육 성취도는 IQB가 맡아서 실시하였는데, 이 기관은 주기적으로 표준화된 시험을 실시하여 각 주의 학생들이 설정된 교육 표준을 얼마나 잘 충족하고 있는지 평가했다(Erti, 2006). 이를 통해 교육 격차를 확인하고 이를 줄이기 위한 정책을 마련하였다. 주 정부에 대한 평가는 표준화된 시험, 학업성취도 조사, 그리고 교육과정의 질 평가 등을 포함하였고, 평가 결과는 각 주의 교육정책 개선과 교육프로그램 수정에 활용되었다.

독일 연방정부가 추진한 교육 표준 도입과 각 주의 교육 성취도 평가 정책은 긍정적인 결과를 가져왔다. 독일의 PISA 2012 결과에 따르면, 독일 학생들의 성적은 전반적으로 OECD 평균을 상회하는 성과를 가져왔다. 일부 비평가들은 PISA와 같은 국제 평가가 교육시스템에 과도한 표준화 압력을 가한다고 주장했지만, 독일의 교육 성과가 개선되면서 연방정부의 표준화 정책이 힘을 얻게 되었다.

이후 독일은 주 정부의 교육 책무성을 높이고, 교육의 질을 향상시키기 위해 학생들의 학업성취를 측정하기 위한 표준화된 시험을 강화하고, 매년 주 정부의 교육 성과를 평가하는 보고서를 발간하였다. VERA^{Vergleichsarbeiten} 시험은 독일의 초등학교 3학년과 중등학교 8학년 학생들을 대상으로 하는 표준화된 성취도 평가 시험이다. 이 시험은 학생들의 독해와 수학 능력을 평가하여 각 학교의 교육 수준을 비교하고, 이를 바탕으로 학교 간 성과를 객관적으로 평가한다. 교육 모니터^{Bildungs monitor} 는 매년 주 정부의 교육 성과를 평가하는 보고서로 학업 성취도, 교육 기회, 교육환경 등을 종합적으로 평가하여 각 주의 교육 성과를 비교한다. 이를 통해 주 정부 간 교육격차를 줄이고 교육의 질을 높이기 위한 정책을 제안하였다.

이와 같이, 독일은 PISA 평가에서 낮은 성적을 받은 후, 교육 표준 도입과 성과 평가 시스템을 통해 교육의 질을 향상시키고자 하였다. 이러한 노력은 교육 격차를 줄이고 학생들의 학업성취를 높이는 데 긍정적인 영향을 미쳤다. 독일은 지속적인 평가와 개선을 통해 교육시스템의 투명성과 효율성을 높여갈 것으로 보인다.

국제 경쟁력 강화를 위한 독일 고등교육 개혁

최근 독일 고등교육은 여러 가지 심각한 도전에 직면해 있다. 특히, 독일의 많은 인재들이 더 나은 연구 자금과 기회를 제공하는 미국으로 유출되는 경향을 보이고 있다. 이들은 유연한 미국 노동 시장을 선호하였고, 미국에서 다양한 취업 기회를 가질 수 있을 것으로 기대한다. 젊은 인재들이 새로운 도전을 위해 미국을 선호하는 경향은 독일 고등교육체제에 위협으로 다가왔다.

독일 대학을 둘러싼 고등교육 환경도 녹록지 않은 상황이다. 유럽의 볼로냐

협약[9]은 독일 고등교육체제의 변화를 요구하였다. 1999년에 시작된 이 협약은 유럽 국가 간의 학위 호환성과 이동성을 높여 학생과 학자들이 더 쉽게 이동하고 협력할 수 있도록 하였다(조상식, 2010). 독일의 전통적인 고등교육시스템이 국내에서는 높은 평가를 받았지만, 국제적으로는 다른 유럽 국가들과 학위 호환성에 있어 제한적이었기 때문에 독일은 국제 표준에 맞춘 학위 체계를 도입해야만 했다.

다른 한편, 독일 대학들은 재정적 자립과 효율성을 높여야 하는 상황에 직면하였다. 독일 대학들은 오랫동안 정부 지원에 의존했지만, 최근에는 제 3의 재원을 찾아야 하는 재정 구조 개편이 요구되었다(Hüther & Krücken, 2018). 즉, 독일 대학들은 정부 지원을 넘어 다양한 재원(공공 연구지원 기관, 민간 기업 및 산업체)을 통해 재정적인 자립을 하도록 요구받고 있다.

이와 같은 도전적인 상황에서 독일 정부는 고등교육 전 분야(교육, 연구, 재정, 인사, 거버넌스)에 걸쳐 개혁을 추진하였다. 교육 분야에서는 국제 표준에 맞게 고등교육체제를 개편하였다. 이를 위해, 1999년에 시작된 볼로냐 프로세스에 따라 전통적인 학위 구조에서 벗어나 유럽 표준에 맞춘 학위 시스템을 도입했다. 유럽식 학점 이수 시스템을 도입하여 학습 결과를 학점으로 환산하고, 다른 교육기관에서도 인정받을 수 있게 되었다. 대부분의 학문 분야에 학사[BA]와 석사[MA] 학위 체제가 도입된 것이다(조상식, 2010). 또한, 교육과정 모듈화를 통해 학생들이 다양한 과목을 선택할 수 있게 하였으며, 학위 보충서[Diploma Supplement]와 인증 제도를 도입해 교육의 질과 투명성을 높이고자 하였다.

이와 동시에, 고등교육의 국제 경쟁력을 강화하기 위해 국제 수준에 맞는 교육 제도를 갖추고 외국 학생들을 적극적으로 유치하기 시작했다. 연구중심 교

---

9) 볼로냐 과정 또는 볼로냐 프로세스(영어: Bologna Process)는 1999년 이탈리아 볼로냐에서 유럽 고등교육의 표준화와 학위 및 자격의 상호 인정을 위한 협력 프로젝트로 시작되었다. 이 프로젝트에는 영국, 프랑스, 독일, 이탈리아를 포함한 29개 유럽 국가들이 참여했다. 현재는 49개국이 이 프로세스에 참여하고 있다. 볼로냐 프로세스의 주요 목표 중 하나는 '유럽 학점 이수 및 인정 시스템(ECTS)'을 도입하여, 학생들이 한 국가에서 이수한 학점을 다른 국가에서도 인정받을 수 있도록 하는 것이다. 이를 통해 학생들의 이동성을 높이고, 유럽 내 고등교육의 통일성을 촉진하고자 하였다. 또한, 학사, 석사, 박사 과정으로 구성된 3단계 학위 체계를 도입하여 학위의 상호 인정을 용이하게 하였다.

육과 실무중심 교육을 이원화하고, 다양한 학위과정을 설치해 운영 중이다. 대학별로 특성화 프로그램을 편성해 특정 학과를 집중 육성하기도 하였다. 이러한 교육 분야 개혁을 통해 독일은 더욱 유연하고 국제적 기준에 부합하는 고등교육체제로 전환하기 시작하였다. Erasmus+ 프로그램[10] 등을 통해 유럽 내외의 다양한 국가와 교류 프로그램을 운영하며, 학생들이 다양한 국제적 경험을 쌓을 수 있도록 지원하였다.

다른 한편, 독일 정부는 연구 분야를 개혁하여 세계적으로 경쟁력 있는 연구 환경을 조성하고자 했다. 공적 자금을 활용하여 대학의 연구를 지원하던 독일은 대학 간, 연구자 간 펀드 경쟁을 통해 연구의 질을 높이는 방안을 채택하였다. 또한, 2006년부터 독일 연방 교육부는 세계적 수준의 엘리트 대학을 육성하여 해외 인재 유출을 막고 우수한 연구자들을 유치하고자 했다. '국가 아젠다 2010'의 일환으로 추진된 엑셀런스 이니셔티브 Exzellenzinitiative 에서는 독일 공립대학 중 11개 대학을 엘리트 대학으로 선정[11]하여 재정지원을 확대함으로써 세계적으로 저명한 대학으로 성장시키고자 하였다. 엑셀런스 이니셔티브 Exzellenzinitiative 에서는 엘리트 대학 육성 이외에도 여러 대학의 특정 연구 프로젝트와 프로그램을 지원하였다. 즉, 젊은 연구자들을 양성하기 위해 39개의 대학원을 지원하였고, 첨단 연구를 지원하기 위해 특정 연구 분야에서 두각을 나타내는 37개 연구 클러스터를 선정하여 지원하였다. 또한 독일 내 연구역량 강화를 위해 9개의 첨단 연구 대학을 선정하여 지원하였다. 이 프로그램은 2017년까지 운영되었고, 2019년부터는 엑셀런스 전략 Excellence Strategy 이라는 이름으로 계속 발전하여 운영되고 있다.

10) 에라스뮈스 프로그램(Erasmus Programme)은 1987년에 제정된 유럽연합(EU)의 대표적인 학생 교환 프로그램이다. 이 프로그램은 유럽 내의 대학생들이 다른 회원국에서 학습할 수 있도록 지원하며, 학문적 경험과 문화교류를 촉진한다. 이후 에라스뮈스 플러스(Erasmus Plus)로 프로그램이 확대되었고, 2014년부터 2020년까지 진행되었으며, 약 147억 유로의 예산이 투입되었다.

11) 독일의 11개 엘리트 대학은 뮌헨대학교, 뮌헨공과대학교, 하이델베르크대학교, 아헨공과대학교, 괴팅겐대학교, 베를린자유대학교, 카를스루에공과대학, 프라이부르크대학교, 베를린훔볼트대학교, 튀빙겐대학교, 콘스탄츠대학교이다.

독일 고등교육의 재정 분야에서도 개혁이 추진되었다. 독일은 2011년 기준으로 고등교육 재정의 85%가 공공 자금으로 충당되었고, 재정 부족이 항상 큰 과제였다. 이를 해결하기 위해 독일 정부는 고등교육의 재정자립도를 높이는 전략을 선택한다. 우선, 독일 내 경제적 어려움으로 인해 대학 예산이 감축되자, 일부 주 정부에서는 대학 등록금을 도입해 재원을 확보하려 하였다. 2008년부터 대부분의 대학이 학기당 350~500유로의 등록금을 징수하기 시작했다. 또한, 사립대학이 거의 없던 독일에서 법인형 대학이 도입되었다. 이 대학들은 연방정부나 주 정부의 재정지원을 받지만, 재정 및 조직 운영과 인사에서 더 많은 자율성을 가지며, 독립적인 법인 이사회를 통해 운영된다.

고등교육의 재정 자립을 위해 공적자금 이외에 제3의 재원을 계속해서 확대하였다. 2001년 대학 예산의 18%가 제3의 재원으로부터 조달되었으나, 2014년에는 이 비율이 26%로 증가했다(Hüther & Krücken, 2018). 이는 주로 민간 기업과의 협력과 기부금 등으로 구성되었다. 이러한 개혁을 통해 독일은 고등교육의 질은 유지하되, 재정적 자립도를 높여 국제 경쟁력을 강화하는 기반을 마련하고자 하였다.

다른 한편, 독일은 인사개혁이 시급한 상황이었다. 특히, 박사 이후의 경력 경로가 매우 경쟁적이어서 교수직을 목표로 하는 많은 박사 학위 소지자들이 임시직으로 불안정한 상태에 머물러 있었다. 따라서 독일은 교수직 경로의 다변화를 추진하였다. 대표적으로, 하빌리타치온 Habilitation [12] 없이도 교수직에 진입할 수 있는 준교수 Junior professor 제도[13]를 도입한다. 독일은 이 제도를 통해 젊은 연구자들이 빠르게 독립적인 연구를 수행하고 교수직을 얻을 수 있도록 유도하였다.

독일 정부는 대학의 거버넌스 구조도 개선해보고자 하였다. 오랫동안 독일

---

12) 하빌리타치온(Habilitation)은 독일과 일부 유럽 국가에서 학문적으로 높은 자격을 인정받는 과정으로, 대학교에서 정교수 자격을 얻기 위해 필요한 절차이다. 하빌리타치온은 박사 학위보다 더 높은 수준의 학문적 성취를 요구하며, 독립적인 연구 능력과 교육 능력을 증명하는 데 중점을 둔다.

13) 준교수 제도는 6년제 계약직이었는데, 첫 3년은 계약과 평가를 거쳐 다시 3년 연장이 가능하다.

은 16개 주가 대학에 대한 법적 규제와 자금 지원을 담당했으나, 연방정부가 대학에 재정을 지원하기 시작하면서 연방정부와 주 정부 간 공동으로 고등교육에 대한 자금 지원과 함께 관리를 담당하게 되었다. 이와 함께 대학 내 신공공관리 New Public Management 개혁을 도입하여 대학이 자체적으로 목표와 성과 지표를 설정하고 관리할 수 있도록 하였다(Hüther & Krücken, 2018; Stromquist, 2007). 인증 및 평가기관의 개입을 통해 대학의 성과 평가와 재정지원을 연계하여, 대학이 자율적으로 운영하면서도 책임을 지게 하는 구조를 갖추게 된 것이다.

또한, 대학 내부 거버넌스 구조개선도 추진되었다. 독일은 대학 평의회와 함께 이사회가 대학의 전략적 방향과 운영을 결정하는 권한을 가지고 있었는데, 이사회에 외부 전문가, 산업계 대표, 학계 인사 등을 포함시켜 대학 운영에 다양한 관점이 반영될 수 있도록 하였다(Hüther & Krücken, 2018). 이러한 거버넌스 구조개선은 대학이 더욱 투명하고 효율적으로 운영될 수 있도록 유도할 뿐만 아니라, 외부의 다양한 의견을 반영하여 대학 운영에 더 나은 의사결정이 이루어질 수 있도록 재구조화한 것이다.

지금까지 살펴본 바와 같이, 독일은 인재 유출 위기와 국가경쟁력 강화라는 현대적 도전에 직면하여 대학의 재정적 자립, 국제 경쟁력 강화, 인사제도의 다변화 등 전방위적인 고등교육 개혁을 추진하였다. 이러한 노력들은 독일 대학들이 글로벌 환경에서 경쟁력을 유지하고, 우수한 인재를 유치하며, 교육의 질을 높이는 데 기여하고 있다.

독일 사례에서 배우다:
한국 교육에 주는 시사점

독일과 한국은 지리적으로 멀리 떨어져 있지만, 현대사에서 유사한 경험을 공유하고 있다. 두 나라는 전쟁 이후 분단을 겪었고, 외국 원조를 통해 빠른 경제성장을 이루었다. 최근 독일은 급격한 경제성장으로 인한 사회적 불평등과 난민 유입으로 인한 사회통합 문제에 직면해 있다. 동시에, 국가경쟁력을 유지해야 하는 도전에도 직면하였다. 이러한 현대적 도전과 위기 속에서도 독일은 '교육'을 통해 사회를 변화시킬 수 있다는 신념 아래 전방위적인 교육개혁을 추진하고 있으며, 이는 가시적인 성과를 보이고 있다. 이 글에서는 독일의 최근 교육개혁 사례들이 한국 교육에 어떤 시사점을 줄 수 있는지 살펴본다.

첫째, 독일 정부는 현대적 도전에 맞서 교육개혁을 추진하는 과정에서 이념에 치우치기보다는 실리적인 접근을 취하고 있다. 독일은 도시국가의 오랜 전통으로 주 정부의 교육 권한이 상당히 강하다. 그러나 PISA 쇼크 이후, 교육의 표준을 도입하고 학업성취도를 평가해야 한다는 인식이 확산되면서 독일은 주 정부 중심의 교육 방식을 고집하지 않고, 오히려 주 정부에게 학생들의 학업성취도에 대한 책임을 묻는 평가를 도입하였다. 주 정부의 교육 책무성을 높이기 위해 학생들의 학업성취를 측정하는 표준화된 시험을 강화하고, 매년 주 정부의 교육 성과 결과를 담은 보고서를 발간하고 있다.

독일의 교육개혁이 이념보다 실리 추구 방향에서 추진되고 있다는 것은 고등교육 분야 개혁에서도 잘 드러난다. 독일은 훔볼트대학[14]의 정신을 계승하는 엘리트 중심의 고등교육체제를 오랫동안 유지해왔지만, 최근 경제성장과 민주화로 인해 고등교육에 대한 수요가 늘어나자, 발 빠르게 대학을 연구중심 교육과 실무중심 교육으로 이원화하고, 다양한 학위과정을 운영하였다. 대학별로 특성화 프로그램을 도입해 특정 학과를 집중 육성한다.

또한, 안정적이고 공평한 공공 예산으로 대학을 운영하던 정책 기조에서 벗어나 독일 고등교육체제에 경쟁시스템을 도입하여 대학의 국제 경쟁력을 높이고자 하였다. 우수 대학에는 공적 자금을 지원하되, 그에 상응하는 교육적 성과를 요구한다. 고등교육 재정 부족으로 어려움에 직면하자, 독일 정부는 신공공관리 전략[15]을 도입하여 대학에게 제3의 재원을 확보하고, 외적 책무성을 준수하도록 요구하고 있다. 또 하나 흥미로운 점은 독일이 오랫동안 유지해왔던 교수인사제도 중 하나인 하빌리타치온Habilitation 없이도 교수직에 진입할 수 있는 준교수Junior professor 제도를 도입하였다. 이는 독일 내에서 소수만이 향유하고 있던 교수의 지위를 다변화하는 방향이다.

이처럼, 독일 정부의 교육개혁은 기존 이념에 얽매이지 않고, 현대적 위기와 도전에 효과적으로 대응하는 데 집중하고 있다. 필요하다면 고등교육 내에 경쟁체제나 외적 책무성 전략을 도입하는 등 유연한 접근을 보여주고 있다.

독일의 실리 추구 중심의 교육정책은 이념 갈등으로 인해 교육정책이 불안정하게 결정되는 한국에 의미 있는 시사점을 줄 수 있다. 한국은 새로운 정권이 들

---

14) 베를린 훔볼트 대학교(Humboldt-Universität zu Berlin)는 대학의 기초를 확립한 중요한 교육기관으로, 1810년에 빌헬름 폰 훔볼트의 제안으로 창립되었다. 훔볼트 대학 정신의 핵심은 '교육과 연구의 통합'에 있다. 대학이 단순히 지식을 전달하는 곳이 아니라, 새로운 지식을 창출하고 그 과정에서 학생들이 능동적으로 참여할 수 있는 공간이어야 한다. 하지만, 훔볼트식 교육 모델은 소수의 엘리트 학생들을 대상으로 주체적 자아 형성이나 자율적 연구를 요구하는 것으로 모든 학생들이 쉽게 접근할 수 있는 것이 아니다.

15) 신공공관리(New Public Management) 전략은 1980년대 이후 전 세계 여러 나라에서 공공부문 개혁의 일환으로 도입된 관리 방식으로, 시장 원리와 경쟁 요소를 공공부문에 적용하여 효율성을 높이고자 하는 접근법이다. 이 전략은 전통적인 공공행정의 관료주의적 방식에서 벗어나, 민간 부문의 경영 원칙을 공공부문에 도입함으로써 성과를 중시하고, 자원의 효율적 활용을 목표로 한다.

어설 때마다 교육정책이 급격히 바뀌고, 이전 정권의 교육정책들은 합리적 근거 없이 폐기되는 악순환이 반복되고 있다. 이러한 정책변화는 학생들과 교사들에게 혼란을 초래하며, 교육 현장의 일관성과 안정성을 해치고 있다. 독일의 사례는 이념에 치우치지 않고 실리를 추구하는 접근을 통해 안정적인 교육개혁을 추진할 뿐만 아니라 교육의 효과까지 높일 수 있음을 보여준다.

둘째, 연방국가로서 오랜 전통을 지닌 독일 정부가 현대적 위기에 맞서 이렇게 주 정부에게 강한 책무를 부과하고, 자율성을 누리던 독일 대학을 대상으로 전방위적인 개혁을 추진할 수 있었던 힘은 어디서 오는 것일까? 보통 이러한 변화는 기존 전통과의 갈등으로 인해 상당한 사회적 비용을 치르기 마련이다. 그럼에도 불구하고, 독일 정부가 큰 사회적 비용을 치르지 않고 교육 분야에서 전방위적인 개혁을 추진할 수 있었던 이유는 사회자본이 발달해 있기 때문으로 보인다. 특히, 권한을 가진 집단에게 사회적 책임이 따르는 문화가 발달하였고, 권력 행사를 견제하는 제도적 장치가 마련되어 있다.

독일의 PISA 쇼크 이후, 연방정부는 주 정부 장관들과 즉각적인 회의를 열어 문제를 분석하고 해결책을 논의하였는데, 이 과정에서 여러 위원회를 설치하고 평가기관을 활용하여 주 정부의 책무성을 강화하는 방안을 서로 합의하였다. 주 정부가 합의할 수 있었던 기저에는 독일 학생의 학업성취 향상을 위해서는 필요한 조치라는 사회적 책임감과 연방정부에 대한 신뢰가 있었던 것으로 보인다. 이는 공적 목표를 위해 자신의 권리만 주장하는 것이 아니라 사회적 책임을 위해 희생할 준비가 필요하다는 믿음인 것이다. 대학 구조개혁에서도 비슷한 가치가 여러 주체들에게 작동되었던 것으로 보인다. 공적 자금으로 운영되는 독일 대학들은 사회적 책임감을 가지고 있었기 때문에, 불편하고 어려운 개혁이라도 고등교육 경쟁력 강화를 위해 필요하다면 이를 수용해야 하는 제도적 장치와 분위기가 형성되었다.

그런데, 독일 사회의 이와 같은 '책임 문화'는 원래부터 있었던 것이 아니다.

조정경제체제를 발전시키는 과정에서 노동자와 기업 간의 조정을 통해 경제를 발전시킨 좋은 경험이 사회적 책임 문화를 만들어 냈다. 독일에서는 노동자와 기업 간의 협력을 통해 경제 문제를 해결하고, 이를 통해 상호 신뢰와 책임감을 쌓아왔다. 다소 시간이 걸리더라도 사회적 협의를 추구할 수 있는 체제를 만드는 것이 중요한 것이다. 이와 같은 합의와 협력의 경험은 독일 교육개혁에서도 중요했다. 독일의 교육개혁이 성공할 수 있었던 이유는 주 정부와 연방정부가 충분한 협의를 통해 문제를 해결하고, 사회적 책임을 다하려는 문화 덕분인 것이다.

반면, 한국에서는 교육정책 결정 시 주요 이해관계자들과 충분한 협의를 거치지 않고 급박하게 추진되는 경우가 대부분이다. 이해관계자들의 의견을 충분히 반영하지 않은 채 도입된 정책은 시행 과정에서 많은 문제점이 드러나며, 이를 해결하기 위해 많은 시간이 소요되거나, 정책 자체가 중단되는 경우도 발생한다. 결국, 사회적 협의를 무시한 정책 추진은 장기적으로 더 많은 비용과 문제를 초래하게 된다.

한국에서도 사회적 협의를 중시하는 체제와 문화를 만드는 것이 중요하다. 사실, 국가교육위원회 설치 등 사회적 협의 절차를 이끌 수 있는 시스템은 우리나라에서도 어느 정도 만들어져 있다. 하지만, 사회적 협의와 신뢰 형성이 왜 중요한지, 그리고 합의를 이끌기 위해 상호 간 양보와 책임이 필수 전제조건이라는 점을 충분히 인식하지 못하는 문화에서는 이와 같은 시스템은 형식화되어갈 뿐이다.

셋째, 독일의 직업교육체제는 선진화된 시스템으로서 세계적으로 인정받고 있지만, 최근 위축된 직업교육을 개선하고자 독일 정부는 더욱 경쟁력 있는 시스템으로 업그레이드하기 위해 또 한 번의 개혁을 추진하였다. 독일 정부는 '연방교육지원법 BAföG'을 개정하여 많은 학생들이 직업교육 장학금 혜택을 받을 수 있게 하였고, ISO 9000 품질 관리 기준을 도입하여 직업교육의 질을 실질적으로 관리한다. 이를 통해 직업교육의 교육과정 개선, 실습 프로그램과 평가 기준 강화 등이 가능해졌다. 독일 정부는 사물인터넷^{IoT} 같은 최신 기술을 교육과정에 포함시켜 학생들이 현대 산업 환경에서 요구되는 기술을 습득할 수 있도록 돕고 있다.

특히, 독일의 이원화 학위과정은 다양한 산업 분야의 요구에 맞춰 학위과정을 제공한다는 점에서 매우 인상적이다. 이는 직업교육을 고등교육 수준으로 끌어올려 전문성을 높이고, 많은 학생들에게 고등교육을 받을 수 있는 기회를 제공하는 일거양득의 효과를 가져왔다.

독일의 사례는 직업교육체제에 있어 개혁 속도가 더딘 한국에 중요한 교훈을 제공한다. 한국에서는 직업교육보다 학문교육을 우대하는 사회적 분위기가 오랫동안 유지되었고, 이는 직업교육 발전을 저해하는 주요 요인으로 작용해왔다. 한국의 직업교육체제는 개선이 시급하지만, 이를 해결할 뚜렷한 대안은 아직까지 마련되지 못하고 있다.

독일의 직업교육시스템을 그대로 모방할 수는 없지만, 한국의 직업교육체제를 개선하기 위해, 필요하다면 법적 토대를 보완하고, 기존 직업학교를 선진화하는 다각적인 전략이 모색되어야 한다. 특히, 독일의 사례를 통해 보면, 질 높은 직업교육을 위해서는 기업과의 협력 강화가 무엇보다 중요하다. 독일에서는 기업이 교육과정 설계와 운영에 적극 참여한다. 기업이 교육과정 개발에 직접 참여함으로써 산업 현장에서 필요한 기술과 지식을 반영한 교육과정이 될 수 있도록 하는 점이 중요하다. 한국의 마이스터고등학교가 이와 유사한 방식을 취하고 있지만, 전체 특성화고등학교 중 일부에 불과하다. 정부는 기업이 직업교육에 적극적으로 참여하도록 장려하기 위해 마련한 세제 혜택이나 지원금을 제공하는 정책을 더욱 활성화할 필요가 있다.

끝으로, 독일은 여러 번의 사회적 분열과 갈등을 경험하는 과정에서 사회통합을 위해 '교육'을 상당히 중요한 수단으로 활용해왔다. 독일 통일 과정과 난민

유입 과정에서 심화된 사회적 갈등뿐만 아니라 서독 내 사회적 불평등이 제기되었을 때, 독일 정부는 더 많은 사람들이 교육에 접근할 수 있도록 다양한 재정적 지원을 시도한다. 평생교육프로그램을 강화해 다양한 연령대와 사회 계층의 사람들이 교육 기회를 얻을 수 있게 하였다. 직업교육 체계를 강화하여 실업 문제를 해결하고 경제적 격차를 줄였으며, 다문화 교육을 통해 이민자와 원주민 간의 사회적 갈등을 줄였다. 학교 간 격차를 줄이기 위해 학교시설과 교사 역량을 강화하는 등의 정책도 추진했다. 이러한 노력을 통해 독일은 사회적 불평등을 줄이고, 통합된 사회로 나아갈 수 있었다.

독일이 교육을 사회통합을 위한 전략으로 활용하는 이유는 물질적인 개선보다 의식의 통합이 더 어렵고 오래 걸린다는 것을 독일 통일 과정에서 경험했기 때문이다. 서독과 동독의 통일 이후, 경제적 격차는 어느 정도 해소하였지만, 사람들의 생각과 생활 방식의 차이는 여전히 큰 문제로 남아 있었다. 이를 해결하기 위해 독일 정부는 '교육'을 통해 사람들의 의식을 통합하고, 사회적 격차를 줄이는 노력을 기울여 왔다.

이러한 독일의 경험은 한국이 사회통합을 위해 어떤 노력을 기울여야 할지에 대한 중요한 교훈을 제공한다. 한국도 남북분단, 경제적 격차, 그리고 다문화 사회로의 변화 등 여러 사회적 도전에 직면해 있다. 이러한 문제들을 해결하기 위해서는 '교육'이 중요한 역할을 할 수 있다. 교육을 통해 사람들의 의식을 변화시키고, 서로 이해하고 협력하는 문화를 만들어가야 하는 것이다.

교육을 통한 사회통합은 시간이 오래 걸릴 수 있지만, 이는 안정적이고 지속가능한 통합을 이루는 유일한 길이다. 단기적인 물질적 지원만으로는 사회 갈등을 근본적으로 해결할 수 없다. 교육을 통해 사람들의 생각과 가치를 변화시키는 것이 더 중요하다. 한국 정부는 '교육'을 통해 사회적 통합을 이루기 위한 정책적 전략을 적극적으로 수립해야 한다. 이를 통해 시민들이 서로를 이해하고 존중하며, 사회적 갈등이 줄어들 수 있다. 또한 직업교육 체계를 하이브리드식으로 개선하여 실무 능력을 갖춘 인재가 직업과 고등교육을 병행할 수 있도록 지원해야 한다. 고등교육을 통해 실무자들이 지속적인 학습을 받는 것은 이들이 더 높은 수준의 지식과 비판적 사고를 통해 사회문제를 이해하고 해결할 수 있는 역량을 갖추게 함으로써 다양한 배경을 가진 사람들 간의 상호 이해를 증진시키는 데 기여할 수 있다. 이와 같은 교육적 접근은 한국 사회가 안정적이고 지속가능한 사회통합을 이루는 데 중요한 역할을 할 것이다.

인구소멸 1호 국가,
저출산 정책과 교육의 미래

이 쌍 철
한국교육개발원 선임연구위원

인구소멸 1호 국가

"한국의 저출산이 현재와 같이 지속되면 지구상에서 가장 먼저 사라지는 나라
가 될 것이다." 데이비드 콜먼 교수, 2006년 UN 인구 포럼.

부모보다 가난한 첫 세대

경쟁으로 인한 스트레스와 미래에 대한 불안이 청년을 짓누르고 있다.[1] 초등
학교부터 시작된 12년 동안의 치열한 대학입시 경쟁을 거쳐 대학을 졸업했지만,
좋은 일자리를 찾기 쉽지 않다. 대학만 졸업하면 괜찮은 직업을 구할 수 있었던
시대는 끝나고, 비정규직 일자리는 갈수록 늘어나고 있어, 사회에 첫발을 내딛
는 순간 좋은 일자리를 갖기 위한 경쟁이 또다시 시작된다. 집 살 생각, 결혼할
생각, 아이 키울 생각을 하니 눈높이를 낮춰 취직하기도 망설여진다. 오늘이 내
일보다 더 나아질 것이라는 희망을 품기도 쉽지 않다. MZ 세대들은 부모보다 가
난해질 첫 세대라 스스로를 인식한다.

집값은 어떠한가? 결혼하려면 집이 필요한데 집값은 너무 비싸다. 월급을 한
푼도 쓰지 않고 25년을 모아야 서울에 있는 집 한 채를 살 수 있다고 하니 내 집
마련은 남의 일처럼 들린다.[2] 아이 키우기도 만만치 않다. 아이가 생기면 회사
를 간 사이 아이를 맡겨둘 곳이 마땅치 않다. 육아휴직을 쓰고 싶지만, 불이익을
받는 건 아닌지 다니던 회사를 그만둬야 하는 건 아닌지 불안하다. 집을 사느라

---

1) 『초저출산 및 초고령사회: 극단적인 인구구조의 원인, 영향, 대책』. 황인도 외. 한국은행. 2024
2) 서울 집 사려면 25년… 뉴욕은 12년. 채널 A. 2024.6.21

은행에서 대출한 돈을 갚기도 빠듯한데 보육비, 사교육비까지 생각하면 아이를 잘 키울 수 있을까 불안하다. 소득이 높은 사람은 아이들 사교육에 돈을 세 배 이상 많이 쓴다고 하는데, 준비되지 않은 상황에서 아이를 낳아도 될지 걱정이 앞선다.[3] 경쟁압력과 불안으로 인해 청년들은 결혼을 기피하고, 설령 결혼해도 아이 낳기를 포기한다.[4]

정해진 미래

미래에 어떤 일이 일어날지 예측하기는 어렵다. 과학 기술이 아무리 발달했다 하더라도 당장 내일의 날씨도 틀리기 십상이다. 이에 비해 인구수가 늘어날지 줄어들지 예측하는 것은 비교적 정확하다. 남·여가 결혼해 2명의 아이를 낳는다면(합계출산율 2), 그 나라의 인구수는 현재 수준을 유지하고, 합계출산율이 2보다 낮으면 인구가 줄어든다. 이 관점에서 본다면, 한국의 인구가 줄어들 것이라는 것은 이미 40년 전에 예고된 일이다. 1984년은 합계출산율이 처음으로 2보다 낮은 수치(1.74)를 기록한 해이다. 이후에도 유례를 찾기 어려울 만큼 이례적인 출산율 하락 속도와 지속 기간을 기록하며 2023년에는 역대 최저치인 합계출산율 0.72를 기록했다.[5] 합계출산율이 낮아지면서 태어나는 아이 수도 줄어들고 있다. 1995년에는 약 71만5천 명의 아이가 태어났으나 2000년에는 60만 명대로, 2005년에는 40만 명대로, 2020년에는 20만 명대로 떨어졌다. 작년에는 고작 23만 명의 아이가 태어났다.

---

3) 사교육비, 소득 상위와 격차 모두 벌어졌다 "저소득층도 사교육비 부담". 경향신문. 2024.3.17.

4) 30~34세 청년 중 56.3%는 미혼 상태이며, 이는 2000년(18.7%) 대비 약 3배가 늘어난 것이다. 「우리나라 청년의 모습은 어떻게 변했을까?」, 통계청, KOSTAT 통계플러스 2024 여름호.

5) 국가통계포털/합계출산율: https://kosis.kr(인출: 2024.6.26.)

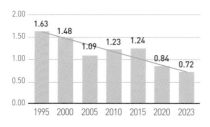

▨ 합계추산율 추이

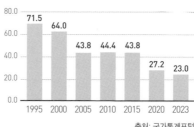

▨ 출생아 수

출처: 국가통계포털

　　그동안 저출산에도 불구하고 한국인의 수명이 늘어나며 전체 인구는 증가해 왔다. 그러나 2020년 처음으로 인구가 감소하기 시작하였고 앞으로 계속해서 인구는 감소할 것이다.[6] 미래에 태어날 아이의 수는 최근 태어난 여아의 수로 결정된다. 2023년에 23만 명이 태어났고 이 중 절반이 여아라 할 때, 이들이 성인이 되어 지금처럼 0.72명을 낳는다면 2053년에는 많아야 8만3천 명 정도가 태어날 것이다. 2050년부터 매년 약 70만 명이 사망하는 동안 많아야 8만 명 정도가 태어나니 매년 62만 명 정도 인구가 줄어들 것이다.[7] 인구가 감소한다는 것은 정해진 미래이다.

▨ 장래인구추계

년도	2030	2040	2050	2060	2070
인구수	5,084만	4,870만	4,490만	3,929만	3,315만

출처: 국가통계포털

---

6) 통계청이 발표한 2023년 인구주택총조사 결과 인구수는 전년보다 8만2천 명이 증가했다. 이는 내국인은 전년 대비 10만천 명이 줄었지만, 외국인이 18만3천 명이 증가하면서 나타난 현상이다.

7) 『인구 미래 공존』. 조태영. 북스톤. 2021.

저출생과 인구 감소가 불러올 사회문제

40년 전 시작된 저출산의 영향이 우리 눈앞에 다가왔다. 정치, 경제, 교육, 보건, 국방 등 분야를 가리지 않고 초저출산 문제의 심각성을 경고하는 목소리가 하루가 멀다고 들려온다.

먼저, 지역소멸에 대한 우려가 점차 현실이 되고 있다. 2022년 기준 출생아 수가 100명도 되지 않는 시·군·구가 30곳에 이른다. 인구가 줄어드니 병원과 학교가 문을 닫고, 버스 운행 횟수를 줄이거나 운행을 중단한다. 기본적인 생활 인프라가 붕괴하고 일자리가 줄어드니 주민들은 일자리를 찾아, 더 좋은 주거 환경을 찾아 다른 지역으로 이사를 하고 지역의 인구는 더욱더 줄어드는 악순환으로 이어진다. 한국고용정보원 분석에 따르면 228개 시·군·구 중 소멸위험 지역은 130곳(57.0%)에 이른다. 한가지 눈여겨볼 점은 지역소멸에 대한 우려가 비단 지방의 군 지역에 국한된 현상이 아니라는 점이다. 2024년에는 제2의 도시로 불린 부산이 광역시 중 최초로 소멸위험 단계에 진입하였다고 밝혔다.[8]

경제성장에도 부정적 영향을 줄 것으로 전망된다. 한국은행, KDI 등 주요 경제 관련 연구기관들은 향후 2040년에서 2060년 사이 한국이 마이너스 경제성장을 할 것으로 전망한다.[9] 50년 후에는 일할 수 있는 사람의 숫자가 지금의 절반 수준으로 줄어들게 되면 기업으로선 일할 사람 구하기가 힘들어질 것이고, 물건을 만들어도 살 사람이 줄어드니 기업이 성장하기 어려운 환경으로 변화할 것이다.

저출산 고령화에 따라 변화된 인구구조를 살펴보면 일하는 사람 1명이 노인 1명을 부양해야 하는 시대가 도래될 것임을 알려 준다. 이는 연금과 복지 측면에의 부담 증가로 이어진다. 국민연금을 내는 인구는 줄어드는데 연금을 받는 사람 수는 늘어나니 현재의 연금 제도가 그대로 유지되면 2055년에는 국민연금이 고갈될 것으로 전망된다.

---

8) 「지방소멸 2024: 광역 대도시로 확산하는 소멸위험」, 이상호, 지역산업과 고용 12호, 한국고용정보원·한국지역고용학회, 2024.

9) 『저출생 추세 반전을 위한 대책』, 저출산고령사회위원회·관계부처합동, 2024.6.19.

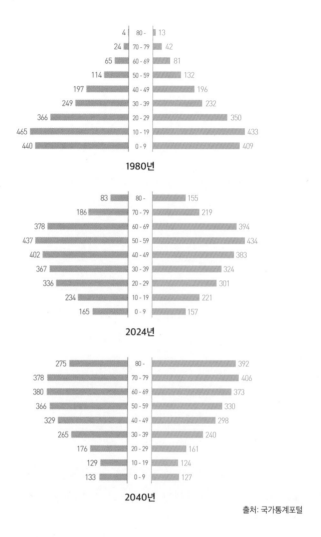

1980년

2024년

2040년

출처: 국가통계포털

학교는 저출생의 영향을 가장 먼저 맞닥뜨린 곳이다. 1982년에 천만 명 정도이던 초·중등학교 학생 수는 2023년 578만 명으로 줄었다. 눈여겨볼 점은 학생 수가 줄었다는 현상보다 학생 수가 줄어든 결과 학교 현장이 어떻게 변화하고 있으며, 어떤 특징을 보이는지일 것이다. 학교는 어떤 변화를 겪고 있는가?

저출생은 지역의 학교를 어떻게 변화시켰나?

　　□□초등학교 중앙 현관에는 □□초등학교와 통폐합한 5개 학교의 위치와 역사가 기록된 사진들이 걸려있었다. 인근 초등학교 다섯 곳을 통폐합하여 이 학교 하나가 남았다. 그마저 학생 수는 47명뿐이다. 이 학교마저 사라지면 학생들의 통학 거리는 50분 이상으로 늘어난다.

소규모화: 소규모학교, 소규모 교육지원청의 증가

　　대규모 택지개발로 아파트단지가 들어설 때마다 학교가 신설되지만, 반대로 인구가 줄어드는 농·어촌 지역 학교를 통폐합하긴 어렵다. 1982년부터 시작된 학교 통폐합 정책으로 이미 지역의 많은 학교가 사라진 상황에서 마지막으로 남아있는 지역의 학교를 통폐합하면 지역소멸이 가속화되기 때문이다. 이로 인해 학생 수는 줄었지만, 학교는 오히려 늘어났다. 2000년에 10,201교이던 초·중등학교 수는 2023년 12,164교가 되었다.[10]

　　교육청은 학교 통폐합 기준을 60명 이하, 40명 이하, 20명 이하, 10명 이하로 점점 완화하며 학교를 유지해왔다. 그 결과 읍·면 지역 학교 규모는 점점 작아지고 있다. 한국교육개발원 분석에 의하면 두 개 학년이 한 반에서 공부하는 복식학급이 운영되는 5학급 이하 초등학교 수는 전국에 280교에 이른다. 5학급 이하 중학교 수는 650교, 고등학교 수는 98교이다.[11] 저출생 시대 학교 규모가 작

---

10) 『2023 교육통계 분석자료집 - 유·초·중등교육통계편-』. 교육부·한국교육개발원. 2023.

11) 『2023 교육통계 분석자료집 - 유·초·중등교육통계편-』. 교육부·한국교육개발원. 2023.

아지는 것은 전국적인 현상이지만, 특히 도 지역의 학교 소규모화 현상은 시작 단계라기보다 반환점을 돈 시점에 있다. 예를 들어 경상북도교육청 소속 초등학교 중 298교(전체의 60%)는 6학급 이하 소규모학교이며, 학급당 평균 학생 수는 7.6명, 학교의 평균 학생 수는 42명에 불과하다. 장래인구추계를 기반으로 2029년 학생 수를 추계했을 때 학교당 학생 수는 28명으로 더욱 줄어든다. 중학교 상황 역시 초등학교와 크게 다르지 않다. 2022년 기준 132교(50.4%)가 6학급 이하 소규모학교이며, 소규모학교의 학급당 평균 학생 수는 10.9명 학교당 평균 학생 수는 43명이다.[12]

▨ 경상북도교육청 초등학교 규모 변화: 2000년~2022년

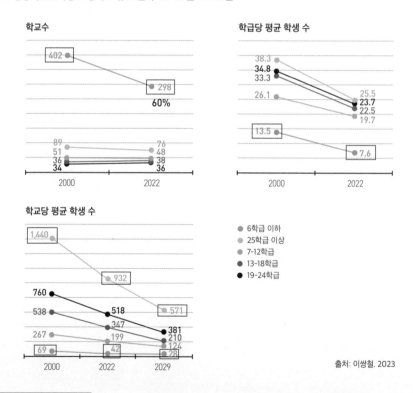

출처: 이쌍철. 2023

12) 『학생 수 감소시대에 대응한 지방교육행정체제 정비 방향 탐색』. 이쌍철 외. 한국교육개발원. 2023.

같은 도 지역이라 할 지라도 지역 내 거점 도시와 군 지역의 학교 변화 양상은 차이가 크다. 지역의 거점 도시인 포항, 구미의 경우 학생 수가 감소하는 상황에서도 소규모학교 비율은 높지 않다. 그러나 군 지역의 경우 지역 내 대부분 학교가 학생 수 60명 미만 소규모학교로 변하였다.

청송지역의 경우 2000년 초등학생 수는 2,073명이었으나 2022년 572명으로 72.4% 감소하였고, 2029년에는 354명까지 감소할 것으로 예상된다. 중학생 수는 2000년 1,046명에서 2029년에는 251명으로 예상된다. 고등학생의 경우 2000년 1,029명에서 2029년에는 274명으로 예상된다. 학교 규모 변화를 살펴보면 2000년대에 학생 수 60명 미만 소규모학교가 3곳이 이었으나 2029년에는 초등학교 2곳을 제외한 모든 학교가 소규모학교로 변할 것으로 전망된다. 이제 읍·면 지역에선 학교장의 나이보다 학생 수가 많으면 그 학교는 큰 학교라는 자조 섞인 표현도 등장했다.

지역의 학교 대부분이 소규모학교로 변하고, 학생 수가 급격히 줄어드는 현상이 특정 지역에 국한된 것이 아니다. 경북의 경우 봉화, 고령, 성주, 영양, 영덕 등 8개 지역이, 전남의 신안, 진도, 강진, 구례, 곡성 등 7개 지역이 학생 수 3,000명이 되지 않으며 지역 학교의 절반 이상이 소규모학교이다. 올해 신입생이 한 명도 없는 초등학교가 전국에 157곳이나 된다는 소식이 알려 주듯 소규모학교로 구성된 소규모 교육지원청이 늘어날 것이란 전망을 쉽게 해볼 수 있다.[13]

---

13) 신입생 0명 초등학교 전국에 157곳, 조선일보, 2024.2.27.

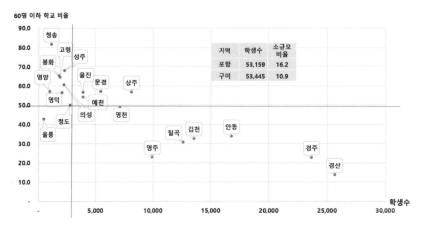

▨ 교육지원청별 소규모학교 비율: 경상북도교육청

출처: 이쌍철. 2023

소규모학교 운영의 난점

작은 학교는 교육활동을 하는 데 있어 여러 장점이 있다. 교사와 학생 간 밀접한 상호작용이 가능하며, 학생 개개인에 맞춘 학습지도와 피드백도 가능하다. 인근의 자연환경을 활용한 다양한 체험활동과 생태 교육은 학생들의 정서 발달에 긍정적 영향을 준다. 더욱이 학부모가 부담해야 하는 대부분의 교육활동 경비가 무상으로 제공된다. 이러한 장점에도 불구하고 학생과 학부모는 소규모학교에 다니기 꺼린다. 소규모학교로 전학 온 학생보다 큰 학교로 전학 가는 학생 수가 많다. 그 이유는 무엇인가?

먼저 교육활동 면에서 학생 수가 적다는 것이 꼭 장점만 있는 것은 아니다. 중등학교의 경우 교과 지도를 위해 필요한 전공별 교사를 모두 배치하기 어렵다. 한 학년에 한 반밖에 없는 학교의 경우 교사의 주당 수업 시간이 매우 작아지기 때문이다. 이로 인해 소규모학교는 한 교사가 여러 학교를 돌아다니며 수업하는 순회교사와 역사 교사가 사회를 가르치는 등 자신의 전공과목이 아닌 과목도 가르치는 상치교사가 배치된다.[14] 역사 선생님이 일반사회, 도덕 과목을 가르치니 전문성 있는 수업을 기대하기 어렵다. 학생들이 상호작용 및 협력을 경험할 기회도 제한적이다. 다양한 모둠활동, 토의 및 토론 발표, 그리고 팀을 구성해서 운영되는 체육교과 활동 등을 진행하는 데 어려움이 크다.[15] 소규모학교 대부분 유치원부터 초등학교까지 학생의 변동 없이 같은 반에서 공부하게 된다. 서로를 잘 안다는 것은 친구의 성향이나 가정환경에 대해 잘 이해할 수 있다는 긍정적인 측면도 있으나 비슷한 관계의 지속은 학습에 필요한 새로운 자극과 긍정적 경쟁을 불러일으키지 않는다.

학교 운영에 있어서 교사의 업무 부담은 늘어난다. 학교 규모에 상관없이 학교 운영 관계 법령을 똑같이 따라야 하며, 교육부와 교육청의 정책도 따라야 한다. 큰 학교에선 많은 교사가 업무를 나누어 가지지만 작은 학교는 소수의 교사가 그 일을 해야 하니 업무 부담은 커진다. 더욱이 작은 학교는 교감이 없다. 교감이 해야 할 일까지 고스란히 교사 몫이 된다. 전담교사가 없으니 주당 수업 시간도 많다. 학생이 폭발적으로 늘어나던 시기 대규모 학교에 맞춰 만들어진 교육 관계 법령을 소규모학교도 똑같이 따라야 하는 제도적 틀 속에서 소규모학교가 가진 장점을 살리기 쉽지 않다. 학생에게 쓰여질 교사의 시간이 고스란히 행정 업무시간으로 바뀐다.[16]

---

14) 상치교사: 자신의 전공과목이 아닌 과목을 가르치는 교사. 순회 교사: 여러 학교를 돌아다니며 수업하는 교사

15) 「소규모 초등학교에서의 긍정적 학습경험 분석」. 이미숙 외. 교육과정평가연구. 24(2). 2021.

16) 아래 [그림]은 TALIS 자료를 활용하여 학생 수 1,000명 이상인 학교에 근무하는 중학교 교사의 주당 행정업무 시간과 250명 미만 학교에 근무하는 교사의 주당 행정업무 시간 차이를 제시한 것이다. 분석 결과 한국 교사는 주당 평균 7시간가량을 행정업무에 사용하며, 학생 수 250명 미만 학교에 근무하는 교사들은 학생 수 1,000명 이상 학교에 근무하는 교사보다 주당 2시간가량 행정업무 시간이 많다.

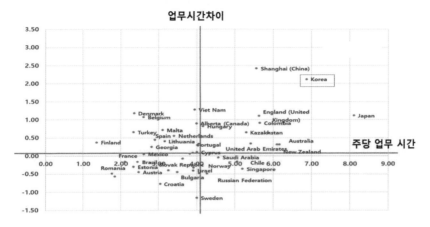

출처: TALIS. 2018

인력 및 교육재정 활용의 부담도 크다. 교사 정원, 인건비, 교육 예산은 국가에서 정해져 시·도교육청에 배분된다. 주어진 예산과 인력을 활용해야 하는 시·도교육청 입장에서는 일반적 규모의 학교가 가진 시설(수영장, 체육관, 도서관 등)과 인력(영양교사, 사서교사, 보건교사, 전문상담교사 등)을 소규모학교에 그대로 배치하긴 어렵다. 한 반에 다섯 명의 학생이 있는 소규모 초등학교와 20명이 있는 초등학교를 비교한다면 동일한 규모의 학생을 가르치는 데 소규모학교는 4배의 교사가 더 필요하다. 이미 학생 1인당 교육비 측면에서 소규모학교 학생 교육비가 일반적인 학교 학생 교육비보다 훨씬 많다. 학교 운영방식에 있어서도 학생 수 3,000명 미만의 지역은 도시의 큰 초등학교, 중학교, 고등학교가 하나씩 있는 정도의 규모인데 여기에 또 교육지원청이 필요하냐는 문제도 제기된다.[17]

---

17) 비효율 극치 교육지원청, 176개 아닌 45개면 족하다. 교육플러스, 2022.5.12.

다시 통폐합?

▨ 소규모 학교 정책변화

1980년대	2000년대	2020년대	2024년 이후
학교 통폐합	작은학교 특색교육과정 운영	학생 유지·유치	학교 통폐합?

지역의 학교는 이미 40년 전부터 학생 수 감소를 경험해 왔다.[18] 오랜 경험에도 불구하고 학생 수 감소에 대응한 교육정책은 '학교를 통폐합 할 것인가, 유지할 것인가?', '학교를 유지한다면 어떻게 유지할 것인가?'라는 틀에 갇혀있다.

소규모학교 등장에 대응해 가장 먼저 등장한 정책은 학교 통폐합이다. 소규모학교를 인근 학교에 흡수·통합해 예산 활용의 효율성을 높이고 소규모학교가 가진 문제를 해결하는 접근 방법이다. 1980년대 농촌인구가 도시로 이동함에 따라 생겨난 소규모학교는 1982년부터 인근 학교에 통합되었고 2000년까지 초등학교 약 1,300교가 줄었다.[19]

▨ 초등학교 수 변화: 1982년~2023년

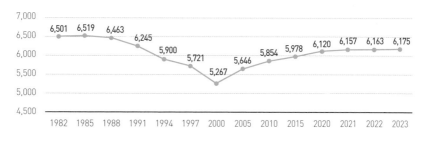

출처: 한국교육개발원 교육통계서비스

---

18) 초·중등 학생 수는 1982년을 정점(약 999만 명)으로 지속적인 감소 추세에 있다.

19) 학교 통폐합 정책이 2000년에 끝난 것은 아니다. 현재에도 학교 통폐합은 이루어지고 있다. 지방교육재정알리미 자료에 의하면 2023년까지 폐교 학교 수는 3,955교이다.

2000년대에는 학교 통폐합에 따른 문제를 지적하는 연구들이 잇따라 발표되고 지역사회에서 소규모학교의 중요성이 재평가되기 시작했다. 저출생 시대 이미 지방의 많은 학교가 사라진 상황에서 그나마 남아있는 학교마저 사라지면 지역소멸이 가속화된다는 위기의식도 싹텄다. 그 결과 학교를 통폐합하기보다 소규모학교의 경쟁력을 높여 학교를 유지하고자 했다. 학교의 강점을 살려 혁신적이고 차별화된 교육프로그램을 개발·운영함으로써 학교의 경쟁력을 높이고 이를 통해 학생 유입을 늘리는 소위 '작은학교 살리기' 사업이 추진되었다.[20] 이들 학교는 도시에서 경험하기 어려운 다양한 체험활동, 특기적성 프로그램, 학교 특색프로그램(원어민 영어교육, 해외 체험학습, 승마 등) 등을 운영하며 도시 학교와 차별화를 꾀했다. 정책 초기 일부 학교의 경우 학생 수가 늘어났으며 특색프로그램은 사회적으로 주목을 받기도 하였다. 그러나 성과를 전국적으로 확신시키지 못하였으며 지역의 학생 수 감소를 막는 데는 역부족이었다.

최근에는 다른 지역 학생을 데려와 학교를 유지하는 접근 방법을 취하고 있다. 서울을 비롯한 수도권 학생들이 전라남도, 강원도 등 농촌 지역 학교에서 6개월에서 1년 정도 공부할 수 있도록 하는 '농촌 유학', 시·군의 중심지에 거주하는 학생이 시 외곽 읍·면 지역 학교로 다닐 수 있도록 허용하고 통학버스 등을 제공하는 '공동학구제'[21], 한국을 넘어 동남아지역 학생을 지역의 직업계고등학교에 데려오는 외국인 고교유학생 유치[22] 등이 그 예이다.

특색교육과정 운영과 학생 유치 정책은 저출생에 따른 지역의 충격을 완화하는 데는 일정부분 도움을 줄 것이다. 그러나 학교 규모를 유지하는 것 못지않게 소규모학교의 특징과 여건에 맞게 창의적이고 융통적으로 운영할 수 있는 제도

---

20) 『경기도 농어촌 학교 실태와 발전방안』, 김위정 외, 경기도교육연구원, 2019.

21) 초등학교는 학생의 주거지를 기준으로 다닐 수 있는 학교가 정해져 있다. 집에서 멀리 떨어진 학교에 다니고 싶다면 주소 이전을 해야 가능하지만, 공동학구제 정책은 주소 이전 없이 학생들이 읍·면 지역 소규모학교에 다닐 수 있도록 허용한 정책이다.

22) 경북교육청, 외국인 고교유학생 유치로 지역소멸 극복 앞장, 한국일보, 2024.6.26.

마련도 필요하다. 과거 학생 수가 폭발적으로 늘어나던 시기 만들어진 전국 공통의 법과 규칙을 따라야 하는 환경 아래 소규모학교는 학교 운영상의 어려움을 고스란히 안고 갈 수밖에 없다. 제도와 정책이 학교 소규모화 현상에 대응하지 못하고 있다. 학생 수보다 교직원이 많은 초·중·고등학교가 254교[23]라는 비판적 시각이 시사하듯 학교 규모 유지에 초점을 둔 정책의 끝은 다시 학교 통폐합이 될 가능성이 크다. 저출생 시대 정부는 어떤 정책을 펴고 있는가? 그 속에서 교육 분야는 무엇을 하고 있는가?

저출산 정책과 교육 의제
비판적으로 바라보기

어떻게 하면 출산율을 높일 수 있을 것인가? 저출생이 불러올 축소사회로의 변화에 어떻게 대응할 것인가? 이 두 가지 질문에 답하기 위해 교육부는 무엇을 하고 있는가? 정부가 저출산 문제에 본격적으로 대응을 시작한 시점은 지난 2005년 「저출산·고령사회기본법」을 제정하면서부터이다. 법률에는 대통령을 위원장으로 하는 '저출산·고령사회위원회'를 구성하여 중·장기 정책목표와 방향을 설정하고, 범부처가 참여하여 5년마다 기본계획을 수립하도록 하고 있다. 또한 기본계획에 반영된 내용을 어떻게 실천할지 중앙부처별, 지방자치단체별 시행계획을 수립하도록 하고 있다. 그러나 모두가 알고 있듯 작년 한 해 23.5조 원

---

23) '학교는 소멸하는 중'… 학생보다 교직원 많은 초·중·고 254곳. 국민일보. 2023.10.15

의 예산을 투입했음에도 합계출산율은 계속 낮아지고 있다. 급기야 정부는 지난 6월 범국가적 역량을 결집해 저출산 문제에 총력 대응한다는 방침을 천명하였다.[24] 정부는 지난 20년간 어떤 정책을 추진하였는가?[25]

저출산·고령사회 기본계획과 중앙부처 시행계획에 담긴 의제는 시대의 변화에 따라 정책 명과 영역이 변하였지만, 대체로 제4차 저출산·고령사회 기본계획에 제시된 4가지 전략의 틀 안에서 이루어졌다. 대략적인 내용을 살펴보면 첫 번째 전략은 저출생 대응 정책으로 '함께 일하고, 함께 돌보는 사회 조성'을 목표로 일-양육 병행 환경 조성, 돌봄체계 구축, 성 평등한 일터 조성, 양육비 지원 등의 정책이 제시되어 있다. 두 번째 전략은 고령사회 대응 정책이다. 세 번째 전략은 인구구조 변화에 따른 인적자원 활용정책으로 '모두의 역량이 고루 발휘되는 사회'를 목표로 미래 역량을 갖춘 창의적 인재 육성, 청년의 자립·결혼·출산 지원, 평생교육 및 직업훈련 강화, 경력단절 여성을 위한 경력 유지 및 성장 기반 강화 등의 정책이 제시되어 있다. 네 번째 전략은 저출생·고령화가 가져올 인구구조 변화에 대응해 사회 시스템을 개선하기 위한 정책으로 '인구구조 변화에 대한 적응'을 목표로 다양한 가족의 제도적 수용, 인구 감소지역에 대한 선별적 지원 등의 내용을 담고 있다.

---

24) '인구 국가비상사태'공식 선언 ⋯ 3대 분야 총력 대응. SBS 8시 뉴스. 2024.6.19.

25) 2005년 법 제정 이후 네 번의 기본계획이 수립되었다(1차: 2006년~2010년, 2차 2011년~2015년, 3차 2016년 ~2020년, 4차 2021년~2025년). 아래에서는 기본계획에 담겨 있는 저출산 정책 중 초·중등 교육 분야 의제와 중앙부처 시행계획 중 교육부 정책을 중심으로 살펴본다.

비전	모든 세대가 함께 행복한 지속 가능 사회		

목표	개인의 삶의 질 향상	성평등하고 공정한 사회	인구변화 대응 사회 혁신

| 추진전략 | **1. 함께 일하고 함께 돌보는 사회 조성**
• 모두가 누리는 워라밸
• 성평등하게 일할 수 있는 사회
• 아동돌봄의 사회적 책임 강화
• 아동기본권의 보편적 보장
• 생애 전반 성·재생산권 보장 | **2. 건강하고 능동적인 고령사회 구축**
• 소득공백 없는 노후생활 보장체계
• 예방적 보건·의료서비스 확충
• 지역사회 계속 거주를 위한 통합적 돌봄
• 고령친화적 주거환경 조성
• 존엄한 삶의 마무리 지원 | |
| | **3. 모두의 역량이 고루 발휘되는 사회**
• 미래 역량을 갖춘 창의적 인재 육성
• 평생교육 및 직업훈련 강화
• 청년기 삶의 기반 강화
• 여성의 경력유지 및 성장기반 강화
• 신중년의 품격있고 활기찬 일·사회참여 | **4. 인구구조 변화에 대한 적응**
• 다양한 가족의 제도적 수용
• 연령통합적 사회 준비
• 전 국민 사회안전망 강화
• 지역상생 기반 구축
• 고령친화경제로의 도약 | |

출처: 제4차 저출산·고령사회 기본계획. p.43.

기본계획과 중앙부처 실행계획에 포함된 교육 분야 의제를 재구조화해 제시해보면, 함께 일하고 함께 돌보는 사회 조성 영역에서의 자녀 양육 부담을 낮추기 위한 정책, 모두의 역량이 고루 발휘되는 사회 영역에서의 경쟁압력과 사교육비 경감을 위한 정책, 인구구조 변화에 대한 적응 영역에서의 축소사회에 대비하기 위한 제도 개선 정책으로 구분해 볼 수 있다. 양육 부담완화를 위한 교육 분야 의제는 유아교육비 지원, 초·중등 돌봄 확대, 국·공립 유치원 확대 등의 정책이 제시되어 있다. 경쟁압력 완화·공교육혁신을 위한 교육 분야 의제의 경우 사교육비 경감, 일반고 교육역량 강화 등의 정책이 포함되어 있으며, 축소사회 대비 제도 개선 정책은 교원 수급계획, 적정규모 학교 관리 등의 정책이 제시되어 있다. 아래에서는 정책 내용을 비판적으로 살펴본다.

양육 부담완화	경쟁압력 완화·공교육 혁신	축소사회 대비 제도 개선
• 유아교육비 지원 • 초등돌봄 확대 및 질 개선 • 방과후학교 내실화 • 국·공립 유치원 확대	• 일반고 교육역량 강화 • 사교육 부담 경감 • 고교학점제 도입 • 고교서열화 완화	• 교원 수급 계획 • 적정규모 학교 관리 • 지방교육재정교부금 효율화 • 대학 구조조정

지속성

교육 분야 의제 중 '양육 부담 완화 정책'은 비교적 지속성과 일관성을 가지고 추진되었다. 누리교육과정 도입, 교육비 지원, 국공립 유치원 증설, 늘봄학교 확대 등이 대표적이다. 반면, '경쟁압력 완화·공교육 혁신 정책'과 '축소사회 대비 정책'의 내용과 방향은 지속성과 일관성이 낮다. 예를 들어 인구구조 변화에 대응한 사회제도 개선 정책이 「저출산·고령사회 기본계획」에 반영된 것은 2차 기본계획부터이다. 축소사회에 대응한 교육정책의 방향은 학생 수가 감소할 것이기 때문에 이를 고려하여 교원 수, 학교 수를 관리하고, 초·중등교육에 쓰이는 지방교육재정교부금도 보육료 국비 지원 등에 활용하는 방안을 검토한다는 것이다. 더불어 대학 구조조정 정책도 포함되어 있다.

이 네 가지 정책 중 2차, 3차, 4차 기본계획과 실행계획에 지속해서 반영된 정책은 하나도 없다. 그나마 중·장기 교원수급 계획만이 기본계획에 모두 반영되어 있으며, 실제로 2023년부터 교원정원을 감축하기 시작하였다.[26] 이와 반대로 지방교육재정교부금의 효율적 활용정책의 경우 3차, 4차 기본계획과 실행계획에 포함되지 않았지만, 지난 2022년 말 「고등·평생교육지원 특별회계법」을 만들어 초·중등교육에 사용되는 예산 중 1.52조 원[27]을 고등·평생교육에 사용하도록 하였다.

---

26) 전체 교원정원이 감축되기 시작한 것은 2023년부터지만, 초등교사의 경우 2022년부터, 중등교사는 2019년부터 정원이 감축되었다. 2022년에 전체 교원정원이 늘어난 것은 특수교사와 보건, 영양, 사서교사 등이 증원되었기 때문이다.
27) 해당 법에는 교육세(국세분)의 50%를 고등·평생 특별회계로 보내도록 하고 있음.

반영 여부 정책 내용	2차		3차		4차	
	기본계획	실행계획 (2015년)	기본계획	실행계획 (2020년)	기본계획	실행계획 (2023년)
교원 수급계획	○	x	○	x	○	○
학교시설 적정수준 관리	○	○	x	x	△[28]	△
교육재정 교부금 효율화	○	x	x	x	x	x
대학 구조조정	○	○	○	x	x	x

출처: 제2차~제4차 저출산·고령사회 기본계획 및 중앙부처 시행계획.

정책 간 연계성

교원 수는 학생 수보다 학교 수와 학급 수에 따라 결정된다. 담임제로 운영되는 초등학교를 생각해보면 학급이 늘어나면 교사도 늘어나야 한다는 것을 쉽게 이해할 수 있을 것이다. 교육재정 역시 학생 개개인에게 들어가는 교수-학습 비용보다 학교를 운영하는 데 사용되는 예산(시설, 전기, 버스 등)과 학급 운영비의 비중이 더욱 크다. 중·장기 교원 수급계획은 앞으로 학교 수와 학급 수가 어떻게 변할 것 인가를 고려해 수립되어야 하지만 기본계획에 이 두 정책 간 연계를 찾을 수 없다. 특히, 학교시설 적정 수준 관리 정책의 경우 3차 기본계획에는 빠져 있으며, 오히려 4차 기본계획에는 다양한 학교 운영 모델을 만들어 학교를 유지하는 정책 방향을 제시하고 있다. 한쪽에선 교사를 줄이고 다른 한쪽에선 학교를 유지하는 상반된 정책을 추진하고 있다.

데이터를 통해 결과를 살펴보면, 초등교사 정원은 2021년 대비 2024년 3,519명이 감소하였고, 중등교사 수는 2021년 대비 5,319명이 감소하였다.

---

28) 4차 계획에는 '교육인프라 조정' 영역으로 정책을 담고 있다. 소규모학교 통폐합 정책 등은 사라졌으며, 다양한 형태의 학교 운영 모델을 만들겠다는 계획을 제시했다.

년도	초등교사	증감	중등교사	증감
2021	137,842	▲ 459	136,461	▼ 860
2022	137,608	▼ 234	135,606	▼ 855
2023	136,462	▼ 1,146	133,330	▼ 2,276
2024	134,323	▼ 2,139	131,142	▼ 2,188

출처: 지방교육행정기관 및 공립의 각급 학교에 두는 국가공무원정원에 관한 규정[별표2]. 각년도.

그 사이 초등학교는 18개, 중학교는 23개가 늘었고, 초등 학급수는 2021년 대비 2023년 1,756학급, 중등 434학급이 늘었다. 다만, 2022년부터 학급 수는 줄기 시작하여 2022년 대비 2023년 학급수는 초등 699학급, 중등 20학급이 감소했지만, 교사 정원이 줄어든 것과 비교하면 감소 폭은 크지 않다.

▨ 학교 수 및 학급수 변화: 2021년~2023년

학교급	학급수			학교 수		
	2021	2022	2023	2021	2022	2023
초등	124,047	126,502	125,803	6,157	6,163	6,175
중등	109,298	109,752	109,732	5,696	5,707	5,719

출처: 2023 교육통계 분석자료집. 한국교육개발원

학교 규모와 교원수급 정책의 엇박자는 학교 현장의 혼란을 가져오고 있다. 시·도교육청은 학교 운영에 필요한 정교사의 빈자리를 기간제 교사로 채우고 있어 정상적인 학교 운영에 지장을 주고 있다.[29] 상치교사 규모 또한 커지고 있다. 충남 소규모학교인 A 중학교의 경우 역사 교사 1인이, 일반사회, 도덕 3과목을 가르친다. 물론 학년도 1학년, 2학년, 3학년을 모두 가르친다. 이 교사의 경우 수행평가만 36번을 혼자 준비해야 한다고 어려움을 토로한다.[30]

---

29) 기간제로 채우는 교단...정교사 채용감소 심각. 강원도민일보. 2024.4.19.
　인천 공립 중등교사 '빈자리 770석'... 공교육 '흔들'. 경인일보. 2024.6.20.
30) 교육현장 만연한 '상치교사'-학교 현장 사례. 충남일보. 2024.7.12.

학교 소멸 대응

인구 감소지역에서 맞닥뜨리고 있는 가장 큰 교육 현안은 소규모학교를 어떻게 운영할 것인가 일 것이다. 돌봄학교 확대를 위해 정부가 적극적으로 나서는 것과는 달리 학교 소멸과 소규모학교 문제에는 이렇다 할 정책이 없다. 비록 제4차 저출산·고령사회 기본계획에 다양한 학교 운영 모델 개발을 제안하고 있지만 이와 관련된 구체적 정책이 발표된 적은 없다. 1982년부터 통폐합 기준, 정책 주체, 지원 규모를 달리하며 적정규모 학교육성 정책을 5차례 걸쳐 추진[31]한 것이 교육부의 소규모학교 대응 정책을 대표한다. 물론, 저출생 시대 중·장기 교원 정원과 교육 예산을 가늠해보고 이에 대비하는 것은 중요하다. 다만, 1982년 추진한 학교 통폐합 정책이 초·중등교육의 양적 성장이 끝난 시점에 시작되었으며, 농촌인구의 도시로의 이동으로 인해 발생했다면, 현재에는 지역에 하나밖에 남지 않은 학교가 소멸하고 있으며, 학교가 폐교될 경우 지역소멸을 앞당긴다는 점에서 그 양상의 차이가 크다.

행정안전부가 인구 감소지역의 정주 여건을 개선하고 지역의 활력을 도모하기 위해 「인구 감소지역 지원 특별법」을 제정하고, 2031년까지 매년 1조 원의 예산을 89개 기초자치단체에 지원하는 것과는 대조적이다. 현재 지역교육의 현안이 된 소규모학교 문제에 대해 통폐합을 넘어선 새로운 방향 제시가 필요하다.

---

31) 「적정규모 학교육성 정책 분석 및 향후 과제」. 엄문영. 교육재정경제연구. 2017.

무엇을 해야 하는가

총체적 관점에서의 정책 기획

자원 활용 관점에서 출산율을 높이기 위한 정책과 축소사회 준비 정책은 밀접한 관계에 있다. 돌봄, 보육 기능을 강화하기 위해 추진되는 유보통합과 늘봄학교 확대는 예산과 인력이 필요하다. 반면, 축소사회에 대비한 교육재정, 교원정원 등의 정책은 판단에 따라 그 규모를 줄일지, 현재 수준을 유지하며 미래를 위해 투자를 할지, 투자한다면 어느 시점까지 유지할지 등이 결정된다.

현재 상황은 유보통합, 늘봄학교 전면 시행을 앞두고 있다. 교원정원은 줄어들고 있으며, 지방교육재정교부금은 기획재정부를 중심으로 '합리적 개편', '효율화' 등을 내세워 예산을 줄여야 한다는 목소리가 커지고 있다.[32] 실제로 「고등·평생교육지원 특별회계법」 제정으로 초·중등 교육예산은 감소하였으며, 학교용지부담금[33] 폐지법안이 발의되는 등 초·중등 교육예산에 여유가 있다는 시각이 팽배해있다.

한쪽에선 교원정원을 줄이고, 다른 한쪽에선 소규모학교를 유지하려 하니 상치교사와 기간제 교사가 늘고 있다. 늘봄학교 전면 도입을 앞두고, 학교 내 늘봄 정책을 담당할 늘봄지원실장으로 교사 출신의 임기제 교육연구사를 배치하겠다고 한다. 그 결과 교원정원 축소 방침과 달리 향후 2~3년간 중장기 교원 수급계획에 제시된 인원보다 신규 채용 규모가 늘어날 것이라 한다.[34] 지방교육재정

---

32) 『대한민국 교육트렌드 2024: 지방교육재정교부금을 둘러싼 논란과 평가』. 이혜진. 2023. 에듀니티
33) 「학교용지 확보 등에 관한 특례법」에 따라 주택을 공급 개발 사업시, 사업자가 법령에 정하는 바에 따라 학교용지 매입을 위해 사용하는 비용
34) 늘봄학교 나비효과과 …2~3년간 초등교사 신규 채용 늘어날 듯. NEWSIS. 2024.7.7.

축소 움직임 속에 유보통합과 늘봄학교 확대에 따른 재원을 어떻게 마련할지도 불확실하다. 시·도교육감의 안정적 재원 마련 요구가 높아지고 있지만[35] 교육계의 의견이 얼마나 반영될지 미지수다.

돌봄과 보육 기능이 확대되었을 때 학교의 조직, 인력 어떻게 변화할 것인가? 예산은 어느 정도 필요할 것인가? 인구소멸 충격 속에 지역 소규모학교 정책을 어떻게 가져갈 것인가? 그 속에서 교원수급은 어떻게 할 것인가 등을 종합적으로 고려한 정책 추진이 필요한 시점이다.

교육부/교육청 내 인구정책 조직 신설

저출산 정책은 대통령을 위원장으로 하는 '저출산·고령사회위원회'를 중심으로, 기획재정부, 보건복지부, 교육부 등 범부처가 협업하여 인구정책을 기획하는 「인구정책기획단」이 운영되고 있다.[36] 위원회에서 수립한 기본계획에 따라 중앙행정기관의 장은 연도별 시행계획을 수립·시행하고, 지방자치단체 역시 중앙행정 기관의 시행계획에 따라 지방자치단체의 시행계획을 수립·시행한다. 외형적으로 보면 체계를 갖춘 것처럼 보인다. 그러나 실제 각 부처의 조직 구성을 보면 정책이 잘 추진될 수 있을지 의구심이 생긴다. 중앙부처의 경우 보건복지부의 '인구정책총괄과'를 제외하고 '과' 단위에서 인구정책 총괄하는 조직은 찾기 어렵다.[37] 교육부 역시 유아교육정책과, 교육시설과, 교육과정지원팀, 방과후돌봄정책과, 학교교수학습혁신과, 교원정책과, 교육복지정책과[38] 등 부서 내 업무 담당자를 지정하여 개별 과제에 대응하고 있다. 교육청의 상황도 크게 다르지

---

35) '유보통합 여건조성 촉구' 입장문 발표. 전국시도교육감협의회. 2023.12.4

36) 인구정책기획단은 저출산고령사회위원회 산하 기구로 2023.6.19.에 출범하였다.

37) 「Cooper 등의 다차원 정책분석 모형을 활용한 인구정책 분석」. 최석현·우주현. 청람포럼. 2024

38) 교육부 담당 부서는 2023년도 중앙부처 시행계획 내용을 참고하였다.

않다.[39] 특정 팀 내 한 사람의 업무 담당을 두거나 한 사람의 여러 업무 중 하나로 관련 정책이 추진되고 있다. 전담부서가 없는 상황에서 추진되는 정책은 연속성의 확보, 정책 분석과 조정, 종합적 관점에서의 중장기 계획 수립을 어렵게 한다. 최근 정부가 부총리급의 인구전략기획부를 신설한다는 방침을 발표한 것도 현행 정책 집행체제의 한계를 반영한 것으로 이해된다.[40] 그러나 중앙행정기관과 교육청의 조직이 지금과 같다면, 현재의 문제는 반복될 가능성이 크다. 교육부, 교육청에 적어도 '과' 단위의 전담부서 설치가 필요해 보인다.

학교 규모를 고려한 법령 정비 및 행정체제 혁신

기존		개선
지원 정책	➡	지원 정책 + 법령 개선 + 행정체제 개선

2000년대 이후 소규모학교의 교육력을 높이기 위한 다양한 정책이 추진되었지만, 경쟁력 있는 학교 운영 모델을 만들어 내지 못했다. 어쩌면 당연한 결과이다. 전국 공통의 국가수준교육과정을 따라야 하는 상황 속에서의 특색교육과정은 창의적 체험활동과 방과후학교 시간을 활용한 단편적인 프로그램 제공과 예산 지원 그 이상을 넘긴 어렵다. 이는 도시 학교가 더 풍부하게 제공하고 있다. 학교 운영 규정도 전국 공통이다. 가볍게 움직여야 하는 소규모학교가 도시 학교보다 더 어렵게 운영된다. 학생 수 감소시대 소규모학교 정책을 어떻게 가져가야 할 것인지 그 방향을 제시하면 다음과 같다.

---

39) 다만, 전라남도 교육청의 교육자치과 내 학령인구 정책팀을 두고 있다.
40) 與, 인구전략기획부 신설 정부조직법 개정안 당론 발의. 연합뉴스. 2024.7.11.

첫째, 정책적 상상력을 발휘할 수 있도록 규제 개혁이 필요하다. 초·중, 중·고 통합운영학교 설립, 소규모학교 간 공동교육과정 운영 등 소규모학교의 교육력을 높이기 위해 새로운 아이디어들이 제안되고 도입되었지만, 현실에선 늘 의도했던 대로 작동하지 않는다. 심지어 소규모학교 간 공동교육과정 운영에 있어 학생들의 통학버스는 누가 운영할 것인가? 점심 급식비는 어떻게 처리해야 하는가 등 기존의 틀에서 조금이라도 벗어나면 행정부담이 늘어난다. 전국 공통의 법령을 따라야 하는 틀 내에서 추진되는 소규모학교 살리기 정책은 한계가 분명하다.

이 점에서 현 정부가 추진하고 있는 교육발전특구는 인구소멸 지역의 새로운 교육 모델을 만들어 낼 기회가 될 수 있다. 「지방자치분권 및 지역균형발전에 관한 특별법」에 의해 추진되고 있는 교육발전특구는 지역의 여건을 고려한 지역 맞춤형 학교운영 특례를 부여해 지역교육을 혁신하겠다는 목표를 제시하고 있다.[41] 그러나 2024년 시범지역으로 선정된 66건(1차: 31건, 2차: 25건) 교육발전특구 중 소규모학교 교육력 제고 방안을 담은 지역은 소수에 불과하고 그나마 기존의 학교 지원 정책을 답습하고 있다. 더욱이 현행 법령 내에 할 수 없는 정책을 시도해보겠다고 제안한 지역은 찾기 어렵다. 20년 넘게 반복해온 소규모학교 지원과 특색학교 만들기의 반복이 될 가능성이 크다. 미국의 차터스쿨과 영국의 아카데미 학교처럼 기존 법령에 얽매이지 않고 학교가 자율적으로 교육계획을 수립하고 이를 교육청에서 승인하고 추후 심사를 통해 질 관리를 하는 방식과 같은 획기적인 방안 마련이 필요하다.

둘째, 소규모학교 행정체제 개편이 필요하다. 현재의 학교 운영방식은 학교 내 인력과 예산을 투입하고 학교 내에서 행정업무와 교육활동을 하는 형태를 지닌다. 교육청과 교육지원청은 정책을 기획하고, 학교가 규칙과 규정대로 잘 운

---

41) 「교육발전특구 시범지역 지정 추진계획」, 교육부, 2023.12.06

영되고 있는지 관리·감독한다. 이러한 학교 운영방식은 더는 소규모학교에 적합하지 않다. 소수의 인원이 새롭게 만들어지는 각종 법률과 정책, 행정규칙과 절차를 따르는데 행정부담이 너무 크다. 인력을 추가로 투입할 여력도 많지 않다.

이 점에서 2018년을 전후하여 시·도교육청은 학교업무 경감을 목표로 교육지원청 내 학교지원센터를 설치해 교육지원청으로 학교 업무 일부를 이관해온 정책은 주목할 만하다. 소규모 교육지원청의 경우 학교에 두었던 통학버스를 교육지원청에서 운영해 학교 부담을 줄이고 자원활용도를 높이거나, 학생 수가 적어 학교 단위로 계약체결이 어려운 방과후학교 프로그램 운영 등을 교육지원청에서 통합 계약하고 있다. 이러한 개념을 보다 확장해 꼭 학교에서 해야 할 일을 남겨둔 나머지 급식, 학교예산 처리, 공기 질 관리, 시설 관리 등 행정업무를 교육지원청에서 통합 관리하는 형태로 전환하는 방향을 검토할 필요가 있다.

셋째, 첫째와 둘째 과제가 잘 추진되기 위해서는 학교 중심 정책에서 교육지원청 단위 정책으로 전환이 필요하다. 기존의 소규모학교 정책은 학생 수가 감소한 일부 학교를 정책 대상으로 학교에 인적·물적 자원을 추가하는 형태로 진행되었다. 시·군·구 지역 대부분 학교가 소규모학교로 변한 상황에서 개별 학교 중심의 지원 정책은 기존의 소규모학교 지원 정책을 반복하는 수준에 그칠 가능성이 크다. 잦은 교원의 이동, 짧은 임기 등을 생각해보면 소규모학교 내 역량으로 새로운 학교 운영 모델을 만들어 내긴 어렵다. 향후 교육지원청이 관내 학교의 분포, 학생 수 추계, 인적·물적 자원 관리, 지방자치단체와의 협력 등을 바탕으로 더욱 주도적으로 지역교육의 청사진을 그려 나갈 필요가 있다.

교육자치와 일반자치 간 연계·협력

교육자치단체와 일반자치단체 간 실질적 연계·협력 강화가 필요하다. 농림축산식품부, 해양수산부 소관 법령인 「농·어업인의 삶의 질 향상 및 농촌지역 개발 촉진에 관한 특별법」 제20조에서 제28조에는 농촌 교육여건 개선을 위한 지원방안을 담고 있다. 기획재정부, 행정안전부, 산업통상자원부 소관 법령인 「지방차지분권 및 지역균형발전에 관한 특별법」 제15조, 제22조 등에서는 지역의 교육여건 개선과 인구 감소 지역에 관한 지원책을 담고 있다. 행정안전부 소관 법령인 「인구 감소지역 지원 특별법」 제22조(교육기반 확충)는 인구 감소지역의 교육기반 확충을 위한 정책을 제시하고 있다. 각 각의 법률에서 교육지원 방안을 제시하고 있지만, 정책 시행에 있어 일반자치단체와 교육자치단체의 협력은 느슨하다.

지역의 인구 감소와 학생 수 감소는 매우 밀접한 연관을 맺고 있다고 본다면, 인구 감소에 대응한 일반자치단체의 정책과 학생 수 감소에 대응한 교육자치단체의 정책 간 교집합이 많다는 점을 쉽게 짐작할 수 있다. 최근 시·도교육청이 추진하고 있는 농촌 유학 정책 사례가 보여주듯이 학생이 농촌 지역 학교로 이주하기 위해서는 지방자치단체의 주거, 일자리 제공 등의 정책 협력이 더해질 때 보다 효과적으로 정책이 추진될 수 있다. 특히, 인구 감소지역의 경우 지역의 인적·물적 자원이 제한적이라는 현실을 고려할 때 인구 감소지역의 교육력 제고를 위한 정책은 국가 차원의 지역 균형발전 정책과 인구 감소 대응 정책과 관계 속에 실천될 필요가 있다.

05.

5·31 교육개혁 30년

특별 아카이브

2025년은 '5·31 교육개혁'의 30주년이 됩니다. 5·31 교육개혁이 우리 교육에 미친 영향과 남긴 과제를 돌아보는 것은 매우 의미 있는 과정이 될 것입니다.

「5·31 교육개혁 30년, 한국 교육을 어떻게 바꾸었는가?」에서는 5·31 교육개혁 추진의 배경, 5·31 개혁안의 이념적 성격과 주요 내용, 현재까지의 영향 등을 서술하고 있습니다. 독자의 입장에서는 5·31 개혁의 사회·경제적 배경, 국제질서의 변동과 민주화 운동 영향 등을 총체적으로 이해할 수 있으리라 생각됩니다.
그런데 더 중요한 것은 30년이 지난 2025년에도 '5·31 교육개혁'을 대체하는 교육개혁안이 제시되지 못했다는 점입니다. 지난 30년 과학기술과 산업생태계는 가파르게 변했고, 사회·정치 질서도 급변했습니다. 새로운 패러다임에 기초한 교육개혁안이 필요한 이유입니다.

5·31 교육개혁 30년, 한국 교육을 어떻게 바꾸었는가?

김 성 근
청주교육대학교 교수

1990년대는 세기적 격랑기였다. 냉전이 종식되었고, 기술이 발전하면서 세계는 인터넷이란 정보네트워크로 하나가 되었다. 개방의 물결을 타고, 세계화의 물결이 밀려왔다. 문민정부는 산업사회에서 정보화 사회로 넘어가는 과도기에 교육개혁을 시도한다. 5차례에 걸쳐 대통령이 직접 보고를 받으며 추진된 5·31 교육개혁은 교육 전반에 대한 청사진을 내놓았다.

그리고 30년이 지났다. 많은 정책에서 5·31 교육개혁이 언급되었지만 정작 수백 쪽에 달하는 개혁안을 꼼꼼히 읽어 본 이는 많지 않은 듯하다. 이 글은 5·31 교육개혁안이 나온 당시의 사회·경제적 배경과 5·31 교육개혁안의 내용에 대해 알아보고, 지난 30년 동안 개혁안의 내용이 교육정책에 어떠한 변화의 흐름으로 진행되었는지 함께 살펴보고자 한다. 5·31 교육개혁안이 워낙 교육정책 전반을 다룬 것이기 때문에 서술의 한계가 있음을 미리 알린다.

5·31 교육개혁의 사회·경제적 배경

1990년대, 산업 시대 패러다임의 종언

5·31 교육개혁 직전의 1990년대는 '소품종 대량생산'에서 '다품종 소량생산'으로 산업·경제 시스템 변화가 일어나고 있었다. 일본 도요타의 린(Lean; 군살 빼기) 생산시스템, 유연화 생산시스템 FMS; Flexible Manufacturing System 등 기업의 경영혁신전략, 생산방식 변화전략이 전체적으로 요구되었다. 다품종 소량생산시스템은 도전과 창의성에 강한 '중소기업'이 뛰어들 수 있는 영역이었다. 이는 그간 '수출경제'의 첨병으로 경제성장을 이끌어 온 대기업 중심의 산업 체제에 대한 변화가 필요하다는 것을 의미했다.[1] 대기업 중심의 체제를 유지할지, 아니면 벤처기업이나 스타트업 같은 중소기업을 축으로 할 것인지는 교육과도 밀접한 관계가 있었다. 기존의 대기업 중심 선발 엘리트들이 국·영·수를 중심으로 한 지식경쟁에서 앞선 서열화된 지식인이었다면, 중소기업을 축으로 한 인재상은 다양한 분야에서 각각의 개성을 발휘하고, 도전과 창조성을 발휘할 수 있는 인재였다. 또한 획일적이고 지식 중심의 암기식 교육에 치중된 입시경쟁 교육은 앞선 선진국을 따라가기 위한 지식습득의 과정에서는 효과적이었지만 창조성이 요구되는 새로운 사회에는 맞지 않았다.

그러나 당시 한국은 세계화 시대의 경쟁에서 이겨야 하고, 그 경쟁력은 적어도 세계 경쟁에 나설 수 있는 대기업 중심이어야 한다는 인식이 강했다. 문민정부는 중소기업 육성을 위해 당시 상공부의 국으로 편재되어 있던 중소기업국을

---

[1] 우리 정부는 대기업 중심의 취약성을 극복하기 위해 1986년 '중소기업창업에 관한 법률', '신기술사업 금융지원에 관한 법률'을 제정하였다.

차관급의 중소기업청으로 독립시켰다. 그러나 대부분 대기업의 하청기업으로 존재, 창의적 중소기업의 성장 토대가 마땅치 않았던 한국 경제는 세계화의 기본 축으로 정비된 OECD와 이후 문민정부 이후 주도권을 가진 IMF 체제로 대기업 중심의 구조가 더욱 강화되었다. 거대한 대기업 중심 체제로 산업 체제가 강화되면서 교육은 초·중등교육-명문대 입학-대기업 취업의 틀이 더욱 강화되었다. 문민정부는 대입 경쟁교육 중심의 소수 엘리트를 양성하는 산업성장기 교육 패러다임을 극복하고 다양한 분야의 창의적 인재를 양성하기 위한 지식정보화 사회 교육 패러다임으로 넘어가려 했다. 그러나 창의적 인재를 소화할만한 중소기업 육성 등 산업 체제가 발전하지 않은 상태에서 대입 중심의 지식경쟁 교육을 벗어날 선택지는 별로 없었다.

냉전의 종식과 세계화, 정보화 사회의 등장

1989년, 2차대전 이후 거의 50년간 동서를 이념적으로 가르며 버티던 상징인 베를린 장벽이 무너졌다. 이어 폴란드, 헝가리, 체코슬로바키아, 루마니아 등 동유럽의 거대한 사회주의 진영이 연쇄적으로 무너졌다. 냉전체제의 해체는 자본주의 진영과 사회주의 양대 진영으로 나누어 상대적으로 보호받던 나라들이 무한 경쟁으로 들어가는 의미가 있었다. 선진국들은 '세계화'라는 경쟁체제로 진입했고, 각국의 보호무역주의를 깨고 '개방과 경쟁'으로 치닫고 있었다. '세계화'라는 국가 간 경쟁시스템을 마주한 각 나라들은 국내의 효율적인 시스템을 넘어 세계 경쟁에서 어떻게 살아남을 것인가를 고민하게 되었다.

OECD는 산하에 '교육연구혁신센터 CERI'를 두고, 1990년대 이후 교육정책과 관련한 적극적 활동을 벌여나갔다. 주기적으로 세계 각국의 각종 교육 통계를 수집, 발표하였으며, 한국은 한국교육개발원에 OECD 통계 관련 업무를 맡겨 적극 호응했다. OECD는 2000년부터 국제학업성취도 평가(PISA 시험)를 주관, 세계 각국의 교육정책을 조율하였으며, 20년마다 미래학교 시나리오를 발표하며 인적자원개발의 기본 축을 교육에 접맥시켜나갔다. OECD 가입을 앞두고 진행된 5·31 교육개혁은 '자율과 경쟁'이란 세계화 추진 전략의 흐름을 따랐고, 미래 경제인력 양성이라는 산업 시대 인력양성 교육의 기본 틀을 더욱 강화했다. 이후 교육부는 명칭까지 '교육인적자원부'로 바꾸었다.

당시 '세계화'라는 화두 속에는 '지역화'라는 문제의식도 함께 있었다. '지역화' 개념은 각각의 개성과 특성, 문화적 자산을 살려 나가는 것이 세계화 경쟁에서도 유리하다는 인식이었다. 이는 아이들은 지역공동체의 교육 문화적 자산을 습득하면서 성장하고, 지역은 아이 교육을 위한 교육인프라를 만들어가는 지역교육생태계의 발전이 필요함을 의미한다. 특히 1990년대 우리 사회는 지역공동체, 가족공동체가 급속히 약화되어 그간 공동체가 담당해 온 급식, 상담, 안전 등 돌봄의 역할이 급속히 학교로 이전되고 있어 '지역화'에 대한 전략적 접근이 특히 필요한 때였다. 문민정부는 '세계화'라는 거대한 담론에서 '지역화'에 대한 인식은 빈약했다. 이는 이후 직선제 교육감 시대에서 '교육혁신지구' 사업이나 '마을교육공동체 사업' 등으로 구체화되었다.

1990년대 냉전체제의 종식과 함께 과학정보기술의 발달은 세계를 WWW라는 거대한 인터넷 정보망[2]으로 연결하였다. 이는 '정보화 사회'라는 강력한 새 패러다임을 예고하였다.

---

2) 한국은 1994년, 한국통신에서 한국인터넷(KORNET)이라는 브랜드를 내놓고 일반인들을 대상으로 WWW(World Wide Web) 기반의 인터넷 접속 및 계정 서비스를 본격적으로 제공하였다.(네이버 지식백과)

박정희 정권이 4·19 교원노조를 무산[3]시킨 지 20년이 지난 1980년대, 학교는 경제개발 우선 정책과 독재 정권의 후유증으로 몸살을 앓고 있었다. 콩나물교실, 냉난방 미비, 재래식 화장실 등 열악한 학교환경뿐 아니라 교사 처우도 바닥을 쳤다. 교사 초봉은 대기업 사원 초봉의 절반에 불과했다. 입시경쟁 교육은 더욱 과열되었고, 학교교육의 내용은 획일화, 단순화되어 교사 중심의 주입식, 암기식 교육이 주를 이루었다. 교육시스템은 하향식의 위계 문화가 자리 잡았고, 획일적이고 단순화된 교육시스템에서 교사들과 학교의 자주성은 억압되었다.

교사들은 다시 전국교직원노동조합(전교조)을 결성했다.[4] 노태우 정권은 다시 교사 1,500여 명을 교단에서 해직시켰으며, 이들은 5년간의 해직 기간을 거쳐 김영삼 정권이 들어선 직후인 1994년 대부분 복직되었다.[5] 해직 교사를 양산한 교육 현장에서 입시 경쟁교육, 관료적이고 비민주적인 교육행정, 교육자치는 교육개혁의 주된 화두가 되었다.

또한 우리 사회는 '직선제 대통령 선거'라는 정치민주화의 성취를 이룬 사회운동의 격랑 속에 있었다. 박정희 정권의 유신독재에 이어 20년을 지탱해 온 대통령 간선제가 막을 내리고 직선제라는 국민 주권의 회복은 '분권과 자치'로 이어졌다. 1961년 박정희 군사쿠데타 때 '남북통일 이후로 유보'했던 지방자치 시

---

3) 5·16 군사 정변으로 정권을 찬탈한 군부 세력들은 한국교원노동조합총연합회를 강제 해산하고, 3,008명의 교사를 단지 교원노조에 가입했다는 이유로 해직시켰다. 특히 지역별로는 경남(현재의 부산·울산시 포함)이 763명으로 가장 많았다. 그다음이 경북(현재의 대구시 포함)이 503명, 경기지역이 484명이었다. 3,008명 중 초등은 800개 학교에서 1,405명, 중등교원은 666개 학교에서 1,603명이 해직되었다. 그러나 처음부터 조직된 혐의로 유죄를 입증하는 것은 불가능했고, 이를 해결하기 위해 군사정부는 '특수범죄처벌에 관한 특별법 6조'를 소급 입법시켜 한국교원노동조합총연합회 간부 54명을 혁명재판소에 구속기소했다(나무위키, .https://namu.wiki/w/전국교직원노동조합/역사)

4) 당시 국회는 교사들의 노동조합 결성권을 인정하는 법률안을 여야 과반 이상의 찬성으로 통과시켰으나 노태우 대통령의 거부권 행사로 전교조는 불법화되었다.

5) 교원노조에 대한 법률적 미비인 상태에서 교사들의 복직이 이루어졌으며, 전교조의 합법화는 5년 뒤인 김대중 대통령 때 이루어졌다.

대가 1991년부터 다시 시작되었다.[6]

문민정부가 교육개혁을 효과적으로 추진하기 위해서는 하향식의 개혁뿐 아니라 학교 현장에서 개혁에 적극적인 교사들의 에너지를 수혈받으며 상향식의 개혁이 함께 추진되어야 가능했다. 이는 교사를 개혁의 주체로 둘 것인지 아니면 개혁의 대상으로 둘 것인지에 대한 판단과도 맞물려 있었다. 그러나 문민정부는 전교조 합법화에 대한 처방을 내리지 못했고, 1,500여 명의 해직 교사에게 각서를 쓰게 하고 복직시켰다. 교육개혁은 정부-교사의 협치가 되지 못한 채 하향식의 개혁에 머무르게 되었다.

사립학교 문제의 전면화

1987년 6월 항쟁 이후, 1987년 하반기부터 파주여자종합고등학교를 비롯한 영세사학들의 교육적 파행문제가 전국적으로 터져 나왔다. 6개월 만에 나주세지중학교 등 전국적으로 30명의 사립학교 교사들이 해직되었고,[7] 학생들이 장기 시위에 나선 서울 정희여상 등 각종 사학 관련 문제가 터져 나왔다. 이어 1988년에는 서울 H 외고 등 교사 채용 비리가 곳곳에서 터졌다. 1990년대 들어와서도 서울 상문고 등 사학비리가 끊이지 않았고, 상지대 등 비리 사립대학 문제가 드러났다.

이러한 사립학교 문제는 우리나라 사립학교의 성장 과정과 관련이 있다. 해방 이후 이승만 정권은 교육 수요를 보완하기 위해 신생 사립학교에 농지개혁 제외, 면세 조치 등 각종 경제적 특혜를 주었다. 이후 산업성장기에 박정희 정권

---

6) 1948년 대한민국 헌법에서 지방자치를 명시하고, 이듬해인 1949년 최초의 지방자치법이 제정되면서 대한민국 지방자치의 역사가 시작되었다. 1961년 5·16 군사 정변이 일어나고 "지방자치에 관한 임시조치법"을 만들어, 지방의회를 해산하고 지방자치의 부활을 남북통일 이후로 유보한다고 결정하였다. 1987년 6월 항쟁으로 인해 1987년 지방자치법이 부활하여 1991년부터 지방선거가 다시 치러지기 시작하였다. (나무위키, 2024.7.) (https://namu.wiki/w/지방자치)
7) 출처: 교육민주화운동 20년사〈27〉 불타오르는 사학민주화 투쟁(2) 교육희망 (https://news.eduhope.net/9137)

은 고등학교와 전문대 등 각종 사학설립에 대한 면세 등의 특혜를 주었다. 그리고 전두환 정권에서는 유치원 교육을 활성화시키며 민간자본을 대거 사립유치원 설립에 끌어들였다. 전체 사학의 25% 정도를 차지했던 종교 사학이나 일제 식민지하에 설립되어 민족운동의 전통을 간직하고 있던 건전 사학들과 달리, 이들 사학은 경제적 동기로 설립된 경우가 많았기 때문에 각종 비리와 횡령 등 전횡을 일삼아 사회문제를 야기했다.

이승만 정부는 모자라는 학교 유치를 위해 "사립학교 재단을 설립하여 자기 토지를 재단의 재산으로 등록하면 그 토지는 토지개혁의 대상에서 제외해 준다"는 유인책을 썼다. 토지개혁으로 재산을 잃을까 걱정하던 대지주들이 사립학교를 세우기 시작했다.

1970년대 초에는 중공업이 성장하면서 고급 숙련 노동력 수요가 커졌는데, 박정희 정부는 민간자본을 대거 끌어들여 고등학교와 전문대학을 설립하게 함으로써 이 수요의 많은 부분을 해결했다. 그 유인책은 공장이나 목장 같은 생산시설을 학교 재단의 재산으로 등록하면 면세혜택을 주는 것이었다. 이렇게 해서 우리나라 중학교의 22.9%, 고등학교의 45.1%, 전문대학의 90.5%, 대학의 84.5%를 사립학교가 차지하게 되었다. 재산 보존이나 재산 증식의 혜택을 유인책으로 민간자본을 사립학교에 끌어들였기 때문에 우리나라 사학의 기본개념이 왜곡되기에 이르렀다. 우리나라에서는 사립학교 재산이 당당하게 개인의 사유재산으로 주장되고 있고, 그러한 관념에 따라 사실상의 상속이 이루어지고 있으며, 사실상 사유재산의 유지 또는 증식의 수단처럼 여겨지고 있다.

이렇게 사학의 기본개념이 왜곡되어 있다는 것은 사학의 비중이 절대적인 우리나라 교육 현실에서는 그대로 공교육 전체의 왜곡을 뜻하는 것일 수밖에 없다.[8]

사립학교는 양적으로 공교육의 절반 이상을 차지해 교육개혁에서 빼놓을 수 없다. 공공성이란 정체성을 가지고 있으나, '경제적 이익'이라는 탄생의 비밀(?)

---

8) '평야 지대에 사립학교가 많은 이유', 김진경, 청와대 브리핑(2005.12).
   블로그(https://blog.naver.com/wintertree91/10000357308)에서 재인용

을 가진 사학 비중이 압도적이다 보니 사립학교 정책은 양면성을 지녔다. 비리 사학들에 대해서는 학교 운영의 민주성, 투명성 등 사학민주화가 끊임없이 요구된 반면, 건전 사학들은 자율성 확보를 요구했다. 규제를 강화하면, 건전 사학들이 들고일어났고, 규제를 풀면 이해관계에 강한 사학들이 공공성을 저해하며 파문을 일으켰다. 따라서 사립학교는 고등학교 절반과 전문대학 및 대학의 대부분을 차지하면서 이후 끊임없이 교육정책의 핵으로 등장하였다.

고교서열화의 서막, 외고의 부상

1980년대에 들어서며 서울 강남 개발이 본격화되고 88올림픽을 지나며 곳곳에 아파트 대단지가 형성되었다. 이전 입시 명문고였던 경기고, 경기여고 등이 강남지역으로 이전하였고, 숙명여고, 휘문고 등 전통 사립학교도 함께 강남으로 이전했다. 1990년대 아파트 가격과 평수에 따라 지역은 급속히 계급계층화되었다. 강남, 송파를 비롯한 소위 8학군이 형성되며 대입 진로로 이어지는 아이들의 성장에 대한 부모들의 욕망은 더욱 커져 갔다. 경제성장과 함께 성장한 중산층 부모들이 이에 가세하면서 대입에 유리한 고지를 차지하기 위한 경쟁이 시작되었다. 평준화의 두터운 벽이 과학고, 외고 등 설립이 많아지면서 조금씩 균열이 생기기 시작했다.

1973년 고교 평준화 정책을 발표하면서 박정희 정부는 교육과정상 평준화를 적용하기 힘든 고등학교들을 위한 특수목적고등학교의 입학전형과 교육과정을 따로 법제화하였다. 처음에는 철도고등학교, 부산해양고등학교나 신부를 양성하는 서울 성신학교(소신학교), 공업, 농업, 수산 및 해양 계열 등 직업계 고등학교와 예술, 체육계 고교들이 특목고에 해당되었다. 1977년 예술계 고교들에 대한 입시 특혜 시비가 일었고, 특목고는 실업계고에 한정되도록 법률 개정이 이루어졌다.

외국어고등학교는 박정희 정권 말기, 수출산업의 외국어 실무 사원을 양성할 목적으로 사설학원으로 생겨났다가 1980년대 각종학교로 개설되었다.[9] 노태우 정권은 이들 외국어고등학교를 1993년부터 특목고에 편입시켰나. 외국어고등 학교는 전국단위 모집, 교육과정 자율 운영의 특혜를 받으며 '국·영·수 집중 시수 편성'이란 파행을 통해 대학입시에서 엄청난 특혜를 받으며 부각되었다. 이들은 심지어 과학반을 운영하는 등 파행을 일삼으며 평준화를 흔드는 새로운 축으로 등장하였다. 고교입시로 인한 아이들과 부모의 고통이 '망국병'이라 불릴 정도로 컸기 때문에 평준화 정책은 20년이 지난 문민정부에서도 범국민적 지지 기반에 서 있었다. 그러나 대학입시에 더 나은 인센티브를 가지려는 욕망은 1974년 평 준화 정책 이후 끊임없이 고교 체제의 변화를 요구했고, 5·31 교육개혁을 추진 한 교육개혁위원회는 '다양성과 수월성'의 틀을 '자사고' 정책 속에 담았다.

반쯤 민주화, 반쯤 보수
문민정부를 닮은 '5·31 교육개혁안'

문민정부는 민주화 투쟁의 역사와 3당 합당이라는 보수당의 성격을 모두 지 닌 과도적 성격을 지녔다. 김영삼 정부는 출범 1년 후인 1994년 2월, 대통령 직 속 교육개혁 전담 기구인 교육개혁위원회(이하 교개위)를 설치했다. 교개위는 세계 화·정보화 시대에 대응하기 위한 국가적 생존전략과 입시 경쟁교육 중심 등 교 육적 병폐를 해결하기 위한 종합적 대책 마련을 요구받았다. 교개위는 1994년

---

9) 외국어고등학교의 첫출발로 보는 사립대원외고는 1977년 외국어학원으로 시작하였다가 1984년 학력인정 직업교육 기관인 각종학교로 개교하였고, 이후 1993년 특목고로 편재되었다.

9월 5일 「신한국 창조를 위한 교육개혁의 방향과 과제」를 처음으로 대통령에게 보고한 데 이어 총 5차례에 걸쳐 대통령보고를 하였다. 이 중 두 번째 대통령 보고자료로 발표(1995.5.31.)한 것이 소위 '5·31 교육개혁안'이다.

교개위는 1994년 9월의 대통령보고를 토대로 4차례에 걸쳐 교육개혁 방안을 발표했다. 5·31 교육개혁안은 1995년 「제1차 교육개혁 방안」[10]을 기본으로 하고 있으나 전체적인 내용은 4차례에 걸쳐 발표한 교육개혁 방안 모두를 포함하여 지칭하는 것이 맞다.

> - **제1차 교육개혁 방안(1995년 5월; 5·31 교육개혁안)**은 수월성, 자율과 경쟁, 다양화와 특성화, 효율성, 수익자 위주라는 기본 학교교육 체제의 혁신 취지를 담았다. 또한 학생 중심의 교육, 정보화 교육, 평가제 도입을 통한 교육의 질 향상이라는 개혁 방향을 제시했다.
> - **제2차 교육개혁 방안 (1996년 2월)**은 신 직업교육 체제구축, 초·중등 과정에 국민공통 기본교육과정과 수준별 과목 도입, 전문대학원 제도 도입, 교육법령 체제 개편 등 구체적인 개혁안과 함께 '열린교육 운동'을 도입했다.
> - **제3차 교육개혁 방안 (1996년 8월)**은 지방교육자치제도 개혁, 교원정책 개혁, 사학의 자율과 책임성 제고, 교육정보화 개혁 등을 담았다.
> - **제4차 교육개혁 방안 (1997년 6월)**은 민주시민교육위원회 설치, 체벌 금지, 유아학교 등 유아교육개혁 추진체계 확립 등이 담겼다.

교개위는 5·31 교육개혁안의 구체안을 작성하기 위한 사전 보고 자리인 1차 대통령 보고(1994.9)에서 교육개혁 추진 3대 과제로 '교육재정의 확충, 대학 교육의 국제경쟁력 강화, 사학의 자율과 책임 제고'를 우선 설정하고, 이를 포함해 11개 교육개혁 과제를 선정했다.[11] 5·31 교육개혁안의 기본 토대가 된 이 보고에

---

10) '세계화. 정보화 시대를 주도하는 신교육체제 수립을 위한 교육개혁 방안'(교육개혁위원회, 1995.5.31.)

11) 1차 대통령보고에서는 '통일교육'이 주요한 교육개혁 방안으로 설정되었으나, 이후 교육개혁 발표자료에는 빠졌다. 그 내용은 다음과 같다. "다가올 통일에 적극 대비하고, 대동적 민족 공동체 의식을 함양하며 민족 동질성을 회복하기 위한 통일교육과 문화적 정체성을 확립하기 위한 주체적이며 창조적인 교육이 요구됨"(교개위 제1차 대통령 보고자료 중) (신한국 창조를 위한 교육개혁의 방향과 과제, 교육개혁위원회, 1994.9.5)

서 교개위는 대입 경쟁교육으로 인한 문제점을 개선하기 위해 고교평준화 정책을 보완하겠다는 방향을 밝혔다. 이는 3대 추진과제 중 하나인 '사학의 자율과 책임'의 내용에 "정부의 재정지원 없이도 재정적으로 자립할 수 있는 사립 초·중등학교에 학생 선발권을 부여하고, 교육과정 운영의 자율권과 등록금 책정 자율권을 부여"하는 내용을 담은 소위 자사고(자립형 사립학교) 정책으로 반영되었다. 이 내용은 1990년대 들어 특목고로 분류되어 입시 특혜 논란과 함께 붐을 일으키던 외국어고등학교에 덧붙여 자사고라는 입시 명문고의 공식 출범을 알리는 신호탄이 되었다.

교개위는 교육개혁안을 통해 교육재정 GNP의 5% 수준 확보, 수준별 수업 실시, 창의력을 강조한 수업, 대학설립 조건 완화 조치(소위 '대학설립 준칙주의'), 수요자 중심의 교육 등을 추진하였다. 개혁안의 내용으로 제7차 교육과정이 1997년 12월 30일 교육부 고시로 발표되었다.

5·31 교육개혁안은 교육정책에 대한 '개혁방향-개혁정책-관련 법률안 정비-교육재정확보-정책 추진체계 마련-기관설립(KICE, KERIS, KRIVET 등)' 등 교육개혁의 총체성을 담아내었다는 의의가 있다.

5·31 교육개혁안 주요 내용

1차 개혁방안으로 발표된 '신교육체제 수립을 위한 교육개혁 방안'(5·31 교육개혁안)은 9개 분야에 걸쳐 48개 과제를 제시하고 있다. '5·31 교육개혁안'은 대통령에게 보고된 후, 국무총리를 위원장으로 하는 교육개혁추진기획단에서 향후 집행 방안을 심의하였고, 이를 교육부 및 교육행정기관, 그리고 학교 현장에 전달하여 집행하게 되었다.[12]

5·31 교육개혁안의 내용을 정리하면 다음과 같다.

---

12) '5·31 교육개혁 그리고 20년', 안병영, 하연섭, 다산출판사, 2015

> 가) 열린교육사회·평생학습사회 기반 구축: 학점은행제 도입, 학교의 평생교육 기능 확대, 학교의 전·편입학 기회 확대, 최소 전공인정학점제 도입, 원격교육 지원체제 구축
>
> 나) 대학의 다양화와 특성화: 대학 모형의 다양화와 특성화, 전문대학원 설치, 대학 설립·정원·학사 자율화, 대학평가 및 재정지원 연계 강화, 대학 교육의 국제화
>
> 다) 초·중등교육의 자율적 운영을 위한 '학교공동체' 구축: 학교운영위원회 설치, 학교장·교사 초빙제 시범 실시
>
> 라) 인성 및 창의성을 함양하는 교육과정: 교육과정 개선 및 운영의 다양화, 자기 주도적 학습 능력 향상, 교과서 정책 개선, 방과후 교육활동 활성화, 영재교육 강화, 세계화 교육 실시
>
> 마) 국민의 고통을 덜어주는 대학입학제도: 국·공립 및 사립대학의 입학제도 개선, 종합 생활기록부제 도입. 내신 절대평가 도입
>
> 바) 학습자의 다양한 개성을 존중하는 초·중등교육 운영: 고등학교 유형의 다양화 및 특성화, 평가와 행·재정 지원 연계, 초등학교 입학 연력 탄력 적용, 중·고등학교 선택권 부여
>
> 사) 교육공급자에 대한 평가 및 지원체제 구축: 교육규제완화위원회 설치, 교육과정평가원 설치
>
> 아) 품위 있고 유능한 교원 양성: 교원양성기관 교육과정 개편 및 임용제도 개선, 능력 중심 승진 및 차등 보수 체계 개선, 교원 자율 출·퇴근제 시범 실시, 교장 명예퇴직제 실시
>
> 자) 교육재정 GNP 5% 확보

교개위는 미래사회를 정보화 사회, 평생학습 사회로 규정하였다. 제안된 정보화, 원격교육시스템과 관련, 한국교육개발원 산하에 멀티미디어 교육지원센터를 두어 에듀넷을 운영했고, 이는 한국교육학술정보원[KERIS] 설립으로 발전했다. 전문대학원 제도는 원래 정보통신, 통상외교, 디자인 등 세계화·정보화 관련 단설전문대학원이 제안되었다가, 2차 교육개혁 방안(1996.2)에서 구체화 되

---

13) 5·31 교육개혁, 행정안전부 국가기록원, 2024
https://www.archives.go.kr/next/newsearch/listSubjectDescription.do?id=003284&sitePage=

어 '학부 과정에서 다양한 전공을 이수한 대학 졸업생들을 대상으로 한 의학, 법학, 신학 전문대학원을 학부 없는 단설 대학원으로 설립'하는 것으로 정리, 발표하였다. 5·31 교육개혁안이 내세운 사학 정책의 기조는 설립과 운영의 자율화였다. 일정한 조건만 갖추면 사학설립이 허용되는 '준칙주의'로 인해 사립대학 수는 105교(1990년) → 135교(1995년) → 147교(2000년)로 늘어났고, 사립전문대학 수도 101교(1990년) → 135교(1995년) → 142교(2000년)로 늘어났다.[14] 준칙주의가 발표되던 1990년대 중반, 이미 우리 사회는 인구절벽의 심각한 상황 속에 들어가 있었다. 사립대학교의 남설은 이후 인구절벽과 함께 전문대 - 지방사립대 - 지방국립대 순으로 심각한 존폐문제를 발생시켰다.

'학교운영위원회' 제도는 당시 관료적이고 권위적인 학교장 중심의 학교운영에 대한 문제 제기에서 출발했다. 교개위는 학교장 전횡 문제의 핵심이었던 '교장의 명을 받아 학생을 교육한다'는 교육법 75조를 '법률이 정한 바에 따라 학생을 교육한다'로 고치고 학교 운영과 관련한 기본적 자치체계로 학교운영위원회에 지역사회, 교원, 학부모가 함께 참여하도록 하였다.

교개위는 기존의 암기식, 지식 중심 교육에 대한 문제를 제기했음에도 불구하고, 지식정보화 사회에서 학생들이 가져야 할 기본 지식의 양은 상향 조정해야 한다고 판단했다. 따라서 초등에서 고1까지 10년간을 모든 학생들이 똑같이 배워야 할 '국민공통기본 교육과정'으로 정하고, 고2, 고3에는 선택교과제를 도입했다. 교개위는 교과서 와 관련한 정책방향을 검인정-자유발행제의 확대로 정하고, 국가교육과정의 주기적 개정에 따른 경직성을 없애기 위해 교육과정 수시개정의 원칙을 세웠다. 외국어 교육의 실용성 강화를 위해서는 '원어민 교사제도'를 도입하였다. 대입에는 내신 대신 종합생활기록부를 필수전형자료로 사용하도록 하고, 대입 선택자료로 수능, 논술, 면접, 실기를 활용하도록 하였다. 대학은 종합생활기록부만으로도 학생을 선발할 수 있게 하였다.

---

14) 연도별, 설립 별 전문대학/대학 학교 수, 교육과학기술부. 한국교육개발원(각 연도) 교육통계연보.

교개위는 학교 자율성 증대를 위한 규제완화위원회를 설치하고, 학교의 '자율과 책임'을 위해 학교평가 제도를 도입했다. 이를 위해 국가교육과정 개발과 수능 관리, 학교평가 등을 담당할 독립기구로 교육과정평가원을 설립하였다.

교개위는 교사들의 경제적 우대정책을 추진하였다. 교사들의 주당 수업시수를 책정하고 이를 초과할 경우, 초과수업수당[15]을 신설, 교사의 경제적 지위를 높이도록 하였다. 또한 우수 교사 지원을 위해 특별연구교사제[16]를 도입하였다.

교개위는 1998년까지 교육재정 GNP의 5% 달성을 발표하였다.[17] 이를 위한 세부 방안 마련을 위해 관계부처회의(국무총리, 행정조정실장, 재정경제원, 내무부, 교육부, 건설교통부 차관)를 열도록 하였다. 이례적으로 관계부처에서 논의, 결정할 사항으로 교육 재원 조달 계획 등 세 가지 안건을 못 박았다.[18]

교개위는 교육개혁의 추진을 위해 사회개혁이 필요하다고 인식하였다. 5·31 교육개혁안 발표 내용 속에 '학벌중심 사회에서 능력중심 사회'로의 전환을 선언하고, 교육개혁 추진 관련 관계부처 협조 사항을 명기하였다. 또한 이를 위해 교육부 장관을 부총리로 격상하였다.

---

15) '수업책임시수제'라는 정책 명으로 5·31 교육개혁에 포함된 이 정책은 기준수업시수를 정하고 이를 초과하는 수업에 대해 수당을 주는 것으로 도입이 되었다. 그러나 이를 학교회계로 넘기면서 학교가 자체 내규로 기본수업시수를 정하고, 예산이 허용하는 범위내에서 줄 수 있도록 하였다. 따라서 교육청별로 기준시수가 모두 다르고, 학교는 예산 허용 범위 내에서 줄 수 있도록 하여 유명무실해졌다. 각 교육청은 학교회계 예산편성지침에 초과수업 운영경비에 대한 지침을 내려보내고 있다.

16) 개혁안에는 교원 지원정책의 일환으로 특별연구교사 제도가 다음과 같이 제안되었다."연구실적이 좋고 잘 가르치는 교원을 특별연구교사로 선정하여, 일정 기간(예6개월-12개월)동안 국내·외 연수 기회를 부여하거나 현장연구에 전념할 수 있도록 연구비를 지원한다"(5·31 교육개혁안).

17) 우리나라의 초·중등 교육재정은 지방교육재정교부금법에 의해 일정비율(당시 내국세 중 12.98%)로 정해져 있다. 그럼에도 불구하고 문민정부는 지방교육교부금법에 의한 내국세 비율 상향, 지방자치단체 부담금 증액 등 적극적인 의지를 가지고 있었다.

18) 세 가지 안건: ① 교육재정 GNP의 5% 수준 확보방안(연차별 재원 조달 계획 / 국가·지방자치단체 부담 방안), ② 기타 교육 부문 투자 확충을 위한 방안(사교육비의 공교육비화를 위한 제도적 장치 / 교육비에 대한 민간투자 유인책 등), ③ 교육 투자 소요액 추정(교육개혁에 따른 신규 투자 소요 신청/ 교육 부문 투자의 우선순위 검토)

주요 협조 사항	주요 관계부처
정부 및 공공부문에 있어서 능력중심의 고용. 인사. 임금 체제로의 개선	총무처, 재경원 등
산업체 등 민간 부문에 있어서 학벌중심의 고용. 임금구조를 능력 중심으로 전환하도록 유도하기 위한 방안 강구	재경원, 산업통상부, 노동부 등
여러 부처에 산재된 국가수준의 직업, 기술 교육과 인력관리 업무의 조정 및 상호협조	노동부, 보건복지부, 재경원, 과학기술처, 농림수산부 등
신교육체제에 적합한 새로운 교육관을 형성하기 위하여 언론매체, 비디오 제작, 설명회 등을 통한 의식개혁 운동 전개 협조	총무처, 공보처 등
교장명예퇴직제 실시 등 관계부처 관련 사항	총무처, 재경원 등

5·31 교육개혁안의 한계

　문민정부는 산업화 시대를 거쳐 지식정보화 사회로의 진입, 그리고 개발도상국에서 선진국으로의 진입 초기에 선 패러다임의 전환기에 있었다. 이러한 패러다임 전환기에서 우리 교육은 두 가지 시대적 과제를 안고 있었다. 하나는 산업화 교육 탈피, 즉 미국을 비롯한 선진국 따라잡기를 과제로 한 그간의 개발도상국 패러다임을 청산하고 창의적인 인재를 길러내기 위한 교육문화의 기반을 마련하는 일이었다. 입시 경쟁교육, 획일화된 교육내용, 암죽식·주입식 교육 등 개발도상국의 인재양성 패러다임은 사회적으로 학벌주의, 경직된 반봉건적 조직문화, 획일성 등 근대적 유산에 뿌리 깊게 자리 잡고 있었다. 또 하나는 세계화, 효율화란 지식기반사회의 새로운 교육적 기반을 구축하는 일이었다. 교개위는 '반봉건적 산업사회 문화의 청산'과 '정보화 사회라는 새로운 경쟁 패러다임의 제시'라는 양날의 칼을 5·31 교육개혁안에 담았다.

---

19) '세계화. 정보화 시대를 주도하는 신교육체제 수립을 위한 교육개혁 방안'(교육개혁위원회, 1995.5.31.)

지식정보화 사회라는 객관적 사회변화에서 오는 필요성을 바탕으로 하면서 노동의 유연화에 대한 자본의 신자유주의적 요구를 일정하게 담은 5·31 교육개혁안은 OECD 교육개혁 권고안을 큰 여과 없이 받아들인 것이었다. 따라서 이는 근대화의 경직된 하향식의 관료적 교육체제를 해체하는 효과를 얻을 수도 있고, 경쟁구조를 무한히 심화시킬 수도 있는 양날의 칼이었다. 즉 5·31 교육개혁이 표방한 '자율과 자치, 다양성, 개방성'은 관 주도의 경직된 교육서열화 체제와 획일성을 해체하여 입시 경쟁교육의 근간을 흔들 수 있는 효과를 얻을 수도 있었고, '다양성과 수월성'은 신자유주의적 경쟁 구도를 무한히 심화시킬 가능성도 있었다. 〈패러다임 전환기 5·31 교육개혁의 과도기적 성격〉[20] 중

5·31 교육개혁안 내용의 구체안에서 교개위는 '수월성과 경쟁'이라는 신자유주의 노선을 강하게 택했다. 이는 당시 우리나라가 가입을 앞두고 있던 OECD의 신자유주의 기류에 맞춘 것이기도 했다. 당시 교육부 장관으로 5·31 교육개혁 과정에 함께했던 안병영 장관은 5·31 교육개혁 20주년을 맞이해 펴낸 저서[21]에서 교개위의 신자유주의 편향을 다음과 같이 서술하고 있다.

5·31 교육개혁 방안들은 대체로 세계화와 신자유주의, 그리고 민주화의 영향을 크게 받았다. 이것은 당시의 시대적 상황과 정권의 특성과도 깊이 연관된다. 따라서 기존의 획일주의적이고 규제 위주, 그리고 공급자 위주의 교육을 보다 자율적이며 수요자 위주의 교육으로 바꾸고, 교육과정도 보다 민주화하자는 내용이 강조되었다. 그러나 이들 교육개혁 과제들을 구체적으로 살펴볼 때, 경쟁력 강화 또는 수월성 지향의 방안들이 그 주류를 이루었고, 협력과 공존 능력의 제고 또는 교육 소외의 극복과 인간화를 위한 프로그램은 상대적으로 적었다. 즉, 거시적 정책 지형은 형평성에 비해 다분히 수월성에 편향되어 있었다.

〈5·31 교육개혁 그리고 20년〉

20) 『대한민국 교육트렌드 2022』, 에듀니티, p33-34, '신자유주의 성격의 5·31 교육개혁안이 지닌 이중성', 김성근
21) 5·31 교육개혁 그리고 20년, 안병영, 하연섭, 다산출판사, 2015, p270-271

산업시대 교육 패러다임을 청산하는 문제에서도 5·31 교육개혁안은 근본적으로 한계를 가졌다. 즉, 입시 경쟁교육의 바탕을 이루는 주입·암기식 교육을 탈피하고 자기주도학습과 다양성, 창의성을 기르는 초·중등학교 교육과정으로 개혁하고자 했다. 이러한 내용은 현장의 실천적 교사들을 개혁의 주체로 내세우면서 중앙정부-학교현장이 함께 공동의 협치를 이루어야 가능한 일이었다. 그러한 동력은 당시 교육개혁을 위해 해직을 불사했던 전교조 교사들을 포용하면서 가능했던 일이다. 그러나 문민정부는 여전히 전교조를 불법화한 채 1,500여 명의 전교조 해직교사들을 '각서'를 쓰고 복직시킨 한계 속에 있었다. 교개위는 2차 교육개혁안에 열린교육 운동을 포함시켜 발표했으나 근본적 한계가 있었다.

> 5·31 교육개혁에 내포된 학습과 학력 개념은 지식 중심의 산업화 시대 학습과 학력 개념과 크게 다르지 않다. 이 점에서 5·31 교육개혁은 산업사회 패러다임에서 벗어난 것이라고 할 수 없다. 당시 초·중등 교육개혁 방안은 주입·암기식 교육으로부터 탈피하고, 자기주도 학습과 다양성, 그리고 창의력을 기르고자 하는 지향을 밝혔다. 그러나 한때 초·중등교사들의 자생적 교육 운동인 열린교육 운동을 통해 새로운 학습과 학력 지향에 부합하는 교수-학습모델 확산이 시도된 일이 있었지만, 그 흐름이 소멸하면서 교육개혁의 지향 역시 사실상 사라져버렸다. 〈OECD-교육부 국제포럼 기조 발제[22] 중〉

교개위는 전국 1만여 개의 모든 학교에 대한 개혁 대신에 평준화를 극복할 대안으로 자립형 사립학교(자사고) 추진 정책을 결정하였다. 자사고 정책은 이미 성장기에 들어서 있던 외고의 확산을 예고함과 더불어 평준화의 근간을 흔드는 선택을 한 것이었다. 교개위는 "한가지 정답만을 요구하는 '객관식' 시험 준비를 위한 획일적, 일방적 강의 위주의 수업 속에서 자발적인 탐구활동과 질문이 억제",

---

22) 2030 미래교육체제 수립을 위한 방향과 주요 의제, 김진경, OECD-교육부 국제포럼 기조발제, 2019.

"입시지옥 속에 묻혀버리는 창의성"을 표현했지만, 실질적으로는 이를 풀어나갈 해법을 제시하지 못한 채 고교서열화와 함께 경쟁교육 심화의 길로 들어섰다. 또한 국가적으로 '평준화 대 고교서열화'라는 갈등의 여지를 남겼다.

'능력 중심 사회'를 표방하였지만, 문민정부는 뚜렷한 사회개혁 방안을 도출하지 못하였다. 오히려 IMF 이후 훨씬 더 강화된 학벌중심 사회, 대기업 중심 산업 체제는 사회적 양극화를 가속시켰고, 성적상위권 학생들을 중심으로 한 대입 경쟁은 더욱 가열되었다. 교개위는 대학입시에 학생들의 다양한 활동을 기록한 종합생활기록부 제도를 전면 도입하고, 내신 절대평가제도를 도입하였지만 효과를 보지 못했다. 5·31 교육개혁안에 포함되어 국민의 정부 때 시행된 내신 절대평가제도는 강남의 일부 학교에서 절반의 학생들에게 수학 만점자를 내는 등 파행을 겪다 다시 상대평가로 전환되었다.

교개위는 5·31 교육개혁안에서 교사를 개혁의 주인으로 표현[23]하고, 교사 우대정책 방향을 곳곳에 표현하였지만, 교사를 개혁의 주인으로 내세울 만한 실질적인 교원 우대 내용은 별로 없었다. 오히려 능력 중심, 차등 보수 등의 정책 방향은 '교원성과급'으로 나타나 이후 계속적인 갈등의 요인으로 남았다.

그러나 이러한 한계에도 불구하고 5·31 교육개혁안은 세계화, 정보화라는 새로운 사회변화에 대응하기 위한 교육 패러다임 전환의 대안을 세우고자 한 정책이었기 때문에 유·초·중·고·대학을 포괄하고, 교육자치, 교육재정, 교원정책, 교육과정, 직업교육 등 교육정책의 총체적인 내용을 다루었다. 따라서 이후 교육정책은 5·31 교육개혁안의 기본 틀에서 시작하게 되었다.

---

23) 신교육체제 수립을 위한 교육개혁의 추진원칙 중, "교원은 교육개혁의 주체로서 현장으로부터의 개혁에 적극 참여함으로써 현장을 변화시킨다"라고 표현. '세계화·정보화 시대를 주도하는 신교육체제 수립을 위한 교육개혁 방안'(교육개혁위원회, 1995.5.31.)

5·31 교육개혁 이후 30년의 변화

민주화와 세계화, 정보화라는 당시 시대가 처한 상황은 다분히 양면적인 성격이 있었다. 이는 민주화 투쟁의 역사를 지니고 있으나 3당 합당을 통해 보수당 정권으로 탄생한 문민정부의 양면성과도 닮아있었다. 민주화와 수구적 성격, 보편성과 수월성이라는 개혁의 이중성은 5·31 교육개혁안에도 양면성으로 담겼다. 이후 정권은 5·31 교육개혁안을 자신의 성격에 맞게 재해석했다. 5·31 교육개혁안이 지닌 민주적 성격들, 즉 자율과 자치 확대, 교육의 공공성과 형평성은 이후 민주정권이 들어설 때마다 강조되었고, 서열화와 수월성, 경쟁의 논리는 보수정권이 들어서면 다시 강조되었다. 또한 민주정권은 사학의 투명성과 공공성을 강조하였고, 상대적으로 보수정권은 사학의 자율성과 독립성, 규제 완화를 강조하였다. 교육재정과 관련하여 지방교육재정교부금법이 정한 기본 비율을 꾸준히 지켜갔다. 교육적 원칙으로 민주정권은 형평성과 보편성을 내세운 반면, 보수정권은 선별과 집중의 원칙을 내세웠다. 이는 평준화와 고교서열화 정책에서 부딪혔고, 무상급식 문제로 선별복지와 보편복지 논쟁을 일으켰다. 교원정책과 관련해서는 민주정권과 보수정권의 구분이 뚜렷하지 않다. 문민정부와 국민의 정부, 참여정부에서 교원성과급제도와 교원평가제가 추진되었다. 그러나 교사를 개혁의 주체로 내세우려 했던 내부형 교장공모제의 추진과 관련해서 보수정권에서는 이를 축소하는 등 꾸준히 하향식의 위계를 강조하였다.

5·31 교육개혁안이 교육정책의 거의 전 분야를 다루었기 때문에 이 글에서 모든 변화를 다루기에는 마땅치 않다. 5·31 교육개혁안 이후 크게 굴곡된 몇몇 갈등의 영역들을 평가하도록 한다.

교육양극화의 깊은 골, 고교서열화

5·31 교육개혁안이 발표된 이후, 자립형 사립고 정책에 대한 반응은 조심스러웠다. 교육부는 일반 고교 등록금의 3배라는 상한선을 두었다. 당시 사립고교로 외고가 있었기 때문에 정부의 지원 없이 순전히 3배의 등록금과 수익자 부담경비로 운영되는 자사고 정책의 추진은 뒤로 미루어졌다. 자사고 정책에 대한 구체안은 '고교교육의 자율화 및 다양화, 특성화'를 주요 교육개혁 과제로 설정한 김대중 정부 때 대통령 직속 교육자문기구인 '새교육공동체위원회'에서 자사고를 시범적으로 운영하기로 결정하면서 출발하였다. 2002년부터 민족사관고를 비롯한 6개 고교가 4년간의 시범운영 기간으로 개교하였다. 자사고의 시범운영에 대한 평가보고서가 5·31 교육개혁 10주년인 2005년 참여정부 때 발표되었다. 전문가들은 자사고가 새로운 입시 명문고로 평준화 해체, 부익부 빈익빈, 사회적 계층 분리 등을 우려하였다.[24] 시범학교 평가에서는 공평한 교육의 접근 기회 제약과 입시 위주 학교운영, 학부모 재정부담 가중, 학교 재정자립 한계 등이 문제로 제기되었다. 그러나 6개 정도 소수의 학교가 시범학교로 운영된다면 창의적 교육의 모범을 기대할 수도 있겠다는 평가도 나왔다. 참여정부는 자사고 시범운영을 2008년까지 연장하는 것으로 제도화나 폐지를 유예하였다.

참여정부는 본격적인 고교서열화 문제를 외고정책에서부터 제기했다. 노무현 대통령은 외고정책에 대한 실패를 선언하고, 외고 입학생 모집을 전국 단위에서 광역 단위로 바꿀 것을 발표했다. 당시 외고는 입시 명문고로 학벌에 대한 사회 양극화 논란, 고교등급제 등 3불 논란[25]의 핵심에 있었다. 특히 외고 출신 학생들의 자연계 진학 비율이 20%를 넘어서자 대통령이 직접 나선 것이었다. 당시 외고로 인해 발생한 각종 논란을 도식화하면 다음과 같다.[26]

---

24) '5·31 교육개혁안 10년, 한국교육의 오늘과 내일', 국회 최순영 의원 주관 포럼, 2005.5.30.

25) 고교등급제, 대학본고사, 기여입학제 3가지에 대한 금지. 국민의 정부 때인 1999년 대입 정책의 기조로 발표. 현재까지 유지되고 있음

26) '끊어진 길 되짚으며, 새 길을 내기 위하여'(참여정부 정책총서 사회정책편 '교육'), 김성근, 노무현재단, 2012

그러나 대통령까지 나서서 문제를 제기했지만, 당시 보수적인 시·도교육감에게 설립·폐지권이 위임되어 있었기 때문에 외고는 18교(2000년) → 25교(2005년) → 33교(2010년)로 확장해갔다. 평준화 정책을 위협할 것이라는 자사고 정책에 대한 우려는 이명박 정부에서 현실이 되었다. 이명박 정부는 자사고 시범운영 기간이 끝나는 2008년, '고교다양화 정책 300 프로젝트'[27]를 발표하며 전국 곳곳에 자사고, 전국단위 모집 고교 등 고교서열화 체제를 가속화시켰다. 자사고는 6개교(2008) → 25교(2009) → 51교(2012)로 폭발적으로 증가했다.

고교서열화 문제는 문재인 정부 들어 다시 정면으로 제기되었다. 고교학점제 도입과 함께 학교 간 공동교육과정이 강화되는 과정에서 고교서열화는 절대적인 장애요인으로 작용했다. 문재인 정부는 고교학점제가 시행되는 2025년까지 유예를 두는 조건으로 자사고, 외고, 국제고 폐지의 칼을 들었다. 그리고 이명박 정부의 기본 정책을 그대로 가져온 윤석열 정부가 다시 자사고, 외고 보존 정책을 추진하면서 고교서열화는 우리 교육의 묵은 과제로 남게 되었다.

---

27) 자사고 100교, 기숙형 공립고 150교, 마이스터교 50교

논란의 핵에 있던 자사고, 외고, 국제고 외에도 고교서열화 문제는 부의 대물림, 양극화 등의 원인으로 우리 사회에 깊이 들어와 있다. 참여정부 때 외국 유학을 가는 학생들을 국내로 유치하기 위한 목적으로 세운 국제학교가 제주, 인천 등에 6개교가 운영 중이고, 이들은 학력 인정과 더불어 내국인에 대한 입학 규제도 없다. 40개가 넘는 외국인학교에도 꽤 많은 국내 아이들이 재학하고 있다. 또한 매년 3년 이상 외국에서 학교를 다닌 한국 아이들을 위한 대입전형이 재외국민특별전형의 이름으로 모집 단위별 정원의 10%까지(대학 총정원의 2% 이내) 인센티브를 주고 있다. 부의 대물림, 교육양극화의 골은 깊어져 있다.

학교운영위원회-교육감 직선제-국가교육위원회

문민정부의 학교자치에 대한 기본 구상은 지역사회 속의 학교였다. 이 방향은 5·31 교육개혁안의 학교운영위원회 정책으로 '지역사회와 합심하여 재미있고 좋은 학교를 만든다'는 슬로건으로 추진되어 자리 잡았다. 학교운영과 관련한 모든 내용, 수익자 부담 사업에 대한 결정, 교장 및 교사초빙제 등을 학교운영위원회가 결정하도록 하여 학교운영의 투명성에는 일정한 기여를 하였으나, 국가교육과정의 획일성, 교육부-교육청-학교로 이어지는 하향식 행정문화의 경직성, 봉건적인 교장 리더십의 존재 등은 여전하였으므로 학교자치를 활성화시키는 중심으로 자리 잡기에는 한계를 노정하였다.

본격적인 물꼬는 노무현 정권 때 추진된 교육감 직선제와 교장공모제 정책으로 트였다. 경직된 교육의 틀을 직선제 교육감들이 과감하게 깨고 나갔다. 이들은 학교개혁에 자주적으로 나선 현장 교사들과 강하게 결합했다. 교육정책이 교육운동처럼 번졌다. 여기에 평교사 리더들이 공모제 교장[28]으로 변화에 앞장섰

---

28) 내부형 교장공모제로 일컫는 평교사 참여형 교장공모제는 국회에서 법제화가 이루어졌으나 MB 정부에서 대통령령으로 공모 비율을 과도하게 제한(공모학교 수의 0.15×0.15교)하면서 실질적으로 위축되었다.

다. 교사를 학교개혁의 주체로 내세운 '혁신학교'는 권한 위임, 협력, 교사학습 공동체 등 지식정보화 사회의 새로운 패러다임을 담아 발전했다. 이들은 입시 경쟁교육의 오랜 관행을 깨고 '소수 엘리트를 위한 학교'가 아니라 '모든 아이들을 위한 교육'으로 수월성의 방향을 보편화시켰다. 시범학교로 시작된 혁신학교는 13교(2010)→825교(2015)→1,928교(2020)로 증가해갔다. 교사들의 자주적 참여를 기반으로 추진된 혁신학교 운동은 학교자치의 성과를 내며 발전하였으나 미래학교 모델로서의 보완, 그리고 자주적인 교사 참여 활성화라는 과제를 안으며 새로운 전환기를 맞이하고 있다.

교육감 직선제, 평교사 교장공모제 참여 등 자치의 확장, 교육행정의 자주성, 관행적인 위계질서 타파의 측면에서 보수정권과 민주정권은 늘 대립했다. 민주 정권은 하향식의 행정문화를 극복하고자 했고, 보수정권은 위계적 질서를 강조했다. 이명박 정부 때 이주호 장관은 학교자율화조치를 발표하였지만, 그 내용은 심야 자율학습, 일제고사 부활 등 수월성교육에 기반한 경쟁 구도가 주를 이루었다. 교육감 직선제 폐지는 윤석열 정권의 대선 공약으로 예고되었으나 2024년 4월 지방선거에서 여당이 참패하면서 다시 물밑으로 가라앉게 되었다.

문재인 정부는 "'교육관치'를 멈추고 교육을 교사에게 돌려드리겠다"고 밝힌 교육자치 공약을 추진하였다. 문재인 대통령은 대선 과정에서 "예산은 정부가 책임지되, 교육 방법과 내용은 학교 현장에 결정권을 주겠다"며, 초·중등교육 정책 권한을 교육부에서 각 시·도교육청으로 이관하여 "초·중등 교육을 시·도교육청에 완전히 넘기고 학교 단위의 자치기구도 제도화하겠다"고 밝혔으나, 이후 교육부는 구체안 마련에 실패했다. 학교 단위의 자치기구인 학생회와 학부모회는 기존 조례로 있어 법제화에도 큰 문제가 없었으나 교직원회의 법제화와 관련해서는 추진이 어려웠다. 학교공동체가 급식, 상담, 안전, 행정 등을 담당하는 비교과 교직원의 비율이 초등은 이미 수업을 담당하는 교사들의 비율을 넘어섰고, 중등도 거의 비슷한 수준의 성장을 보인 점이다. 이러한 현실 속에서 학교가 전통적인 '수업과 생활지도 중심의 의사결정 과정'을 어떻게 가질 수 있을지가 과제로 남았다. 권한이양과 관련해 지방교육재정교부금 중 교육부의 정책사업 등으로 관장하는 특별교부금을 4%에서 3%로 교육부 역할을 줄였다가 정권 말 국회는 다시 4%로 환원시켰다.

아이들의 성장 과정에 복지, 돌봄과 교육이 함께 필요하기 때문에 교육자치와 일반행정자치의 협치는 교육정책에서 늘 중요한 과제였다. 진보 교육감들은 일반 지자체들과 협치를 통해 이를 해결해 나갔다. 교육혁신지구, 마을교육공동체, 마을학교, 꿈의 학교 등 교육청과 지자체와의 협치가 진행되었고, 교육청-기초자치단체의 협치인 교육혁신지구는 6개(2011) → 190개(2021) 지역으로 확산되었다. 진보적인 교육감들이 아이들의 보편교육을 위한 교육청-지자체 협치에 나섰다면, 윤석열 정부는 '선별과 경쟁'이란 이름으로 '교육발전특구'사업을 추진하고 있다.

교육자치의 큰 줄기는 무엇보다 교육을 담당하는 국민의 참여민주주의가 이루어지는 일이다. 문재인 정부는 5·31 교육개혁안에서 제기된 '국가교육과정위원회' 정책을 발전시켜 국가교육위원회를 제도화시켰다. 국가교육위원회는 장기적 교육정책, 교과과정의 수립 등을 각계 전문가, 단체 등이 참여하여 추진하는 '합의제 국가기구'이다. 윤석열 정부와 함께 출범된 국가교육위원회가 교육 현장과 국민의 목소리를 수렴하고 인공지능 시대, 인구절벽 등 새로운 사회적 변화에 대응해야 하는 과제를 풀어내기 위해 정치적 편협성을 극복하고, 장기적 교육의 비전을 국민과 함께 만들어갈 수 있을지 많은 이들은 의문 섞인 시선을 보이며 새로운 변화의 목소리를 내고 있다.

5·31 교육개혁안이 빠뜨린 정책, 교육복지

IMF 외환위기를 지나면서 우리 사회의 양극화는 더욱 심화되었다. '부모의 고학력-부모의 고소득-높은 교육비 지출-자녀의 고학력-자녀의 고소득'으로 이어지는 부의 대물림 현상은 사회문제가 되었다. 서울대 사회과학원은 "고소득층 자녀의 서울대 입학 비율이 일반가정의 자녀에 비해 1985년에는 1.3배에 불과했으나 15년이 지난 2000년에는 무려 16배로 늘어났다"고 보고했다. 그리고 20년 후 그 비율은 더욱 늘어났다.[29]

5·31 교육개혁안은 교육복지국가 Edutopia라는 용어를 사용하였으나, 우리 사회의 양극화에 따른 교육복지 문제 인식은 거의 없었으며, 따라서 상대적으로 해법을 내놓지 못하였다. 이에 대해서는 당시 교육정책 추진의 책임을 맡았던 안병영 교육부 장관은 "5·31 교육개혁안이 담고 있는 수월성 위주의 편향과 균형을 맞추기 위해 교육부 차원에서 '교육복지 종합 대책'(1997~2000)을 수립했다"[30]고 밝혔다.

우리 사회의 교육양극화가 심각하게 진행되는 동안, 정권 차원의 보편적 복지는 꾸준히 진행되었다. 문민정부는 5·31 교육개혁 직후인 1997년 '국민학교'에서 '초등학교'로 명칭을 바꾸며 육성회비를 폐지했다. 초등 의무교육이 실시된 지 50년 만이었다. 노무현 정부는 2004년 중학교 의무교육을 전국적으로 실시했다. 1985년 도서벽지 중학교 1학년부터 시작된 이후 30년 만이었다. 문재인 정부는 2019년 고 3학년부터 무상교육[31]을 시작, 2021년 전면화했다.

---

29) "서울대학교 신입생 중 고소득층 자녀가 62.9%, 서울대 의대에서는 84.5%에 달한 것으로 나타났다." 뉴스1. 2020.10. 한국장학재단 소득 분석

30) 상동

31) 「초·중등교육법」 제10조의2(고등학교 등의 무상교육)를 신설하여 고등학교 무상교육 실시에 대한 근거를 마련했다. 지원항목(입학금, 수업료, 학교운영지원비, 교과용 도서 구입비)을 규정하고, 국가와 지방자치단체의 재원 부담의무를 부과했다. 또한 지방교육재정교부금법 제3조에 증액교부금의 근거 조항을 마련하고, 제14조에서 고등학교 무상교육 소요 비용의 분담을 국가가 비용의 47.5%, 일반 지방자치단체가 5%, 시·도교육청이 47.5%를 부담하도록 규정하였다. 다만 학교장이 자율적으로 입학금과 수업료를 정하는 자립형 사립고와 사립 특수목적고 등은 무상교육 대상에서 제외 [네이버 지식백과](키워드로 보는 정책, 대한민국 정책브리핑)

▨ 초·중·고 무상(의무)교육 시행 시기

초등학교	중학교	고등학교
1949 법적근거 마련 1959 의무교육 실시 1997 육성회비 폐지	1984 법적근거 마련 1985 도서벽지부터 시작 2004 의무교육 실시 완료	2019 법적근거 마련 2019 3학년부터 실시(2학기) 2021 무상교육 완성

2009년, 직선제 교육감으로 당선된 김상곤 경기교육감은 아이들의 급식을 무상으로 시작하겠다고 선언하며 아이들에 대한 복지 문제를 전면적으로 부각시켰다. 아이들의 교육에 대한 국가적 책무를 정한 헌법적 판단에 따라 모든 아이들에 대한 교육복지 지원을 하자는 보편복지 정책 방향에 대해 '돈 없는 아이들만 지원하자'는 '보편복지와 선별복지'의 논쟁이 붙었고, 불똥은 서울시로 옮겨붙었다.[32] 국민들은 보편복지의 손을 들어주었다. 무상급식은 이후 전국적으로 확산되어 보편적 교육복지 정책으로 정착되었다.

5·31 교육개혁안이 발표된 즈음 우리 아이들의 돌봄 생태계는 크게 변화하였다. 아이들을 보살펴주던 가족 생태계, 골목 생태계가 점차 약화되고 이에 대한 학교의 역할은 점차 커져 갔다. 다음은 문민정부 이후 문재인 정부까지의 교육복지 정책의 변화를 정리한 것이다.

---

32) 당시 오세훈 서울시장은 무상급식을 시민투표에 붙일 것을 제안, 결과에 따라 시장을 사퇴하였다.

- **문민정부 이전: 교육복지 용어의 등장 및 제한적 지원 추진**
  - 1995.5.31 교육개혁안에서 교육복지국가(Edutopia)라는 용어가 사용됨
- **국민의 정부: 교육복지정책의 실질적 시작**
  - 만 5세아 무상교육 실시, 저소득층 자녀 학비 지원 실시 등이 추진됨
- **참여정부: 교육복지정책의 구체적 프로그램 시작**
  - 양극화 문제라는 사회적 이슈 대응을 위한 소득, 지역 간 교육격차 해소 방안 마련
  - 지역적 접근을 포괄한 교육복지투자우선지역사업 실시
  - 신 취약계층 교육지원 본격화 등 교육복지정책의 양적 확대
  - 방과후학교 도입 등 교육복지정책의 세부 프로그램 추진 시작
- **이명박 정부: 유아교육 무상화 확대 및 교육복지사업의 다양화**
  - 만 3~4세로 유아교육 무상화 확대 추진
  - 직업계 고등학교 장학금 지원으로 직업계 고교의 실질적 무상화 추진
  - Wee 프로젝트, 농산어촌 연중 돌봄교실 등 교육복지 사업의 다양화
- **박근혜 정부: 기존 교육복지정책의 유지**
  - 돌봄교실 프로그램 확대 추진
  - 다문화, 탈북학생 지원 추진 등 기존 교육복지정책 유지하는 차원에서 부분적 확대
- **문재인 정부: 경제사회 양극화에 대응하는 적극적 조치의 강화**
  - 고등교육 분야의 저소득층 지원을 위한 국가장학금 지원의 확대
  - 사회적 배려 대상의 입학전형 기회 확대 추진
  - 기초학력 보장 강화, 학업 중단 학생 지원 강화

윤석열 정부는 '늘봄학교 정책'으로 참여정부 때부터 시작된 초등 돌봄 정책을 전면적으로 확대하고 있으며, 5·31 교육개혁 이후 정권마다 제시한 묵은 과제인 유보통합을 선언하며 구체화하고 있다.

---

33) 김성식 외(2019), "교육복지 마스터 플랜 수립 연구", 한국교육문제연구소에서 제시한 교육복지 개념을 참고하여 요약·정리

5·31 교육개혁 이후 교육복지정책은 재정지원의 확대, 정책지원 대상의 다변화, 프로그램의 다양화, 보편적 복지 등의 흐름으로 발전해왔다. 이는 교육정책의 발전이라는 측면도 있지만 더욱 심화되고 있는 사회 전체의 양극화, 수도권 집중으로 인한 지역 간 격차, 증대하고 있는 다문화가정 학생 등 사회적 문제를 반영한 것이기도 하다. 인구절벽 시대, 모든 아이를 건강한 사회구성원으로 성장시켜야 하는 교육 비전 속에서 교육복지에 더 절실한 투자와 적극적 지원이 과제로 남아있다.

교육개혁에는 돈이 든다, 교육재정

교개위는 5·31 교육개혁안의 방향을 정리한 1차 대통령보고에서 성공적인 교육개혁이 완수되기 위해서는 교육재정 GNP의 5%가 확보되어야 한다고 판단하였다. 그 이유로 교사의 사회·경제적 지위 하락[34]과 사기 저하로 의욕적인 교육이 이루어지지 못하고 있으며, 과밀학급[35], 2부제 수업, 과대 규모 학교가 여전히 존재하며, 재래식 화장실, 난방 및 선풍기 미비를 내세웠다. 또한 교육재정 규모는 GNP의 3.8%(지방정부 예산 포함 시 4.3%)로 질 높은 교육에 너무나 부족한 규모라고 밝혔다.

사실 이러한 교육환경이나 교원의 경제적 지위 하락의 주원인은 박정희 정부 때인 1972년, '경제성장을 위한 대통령 긴급조치'(소위 8·3조치)로 인한 후유증 때문이었다. 당시 박정희 정권은 경제성장이 우선이라는 명분 아래 교육에 대한 재정투자를 축소했다. 즉 내국세의 12.98%(보통교부금 11.8%와 특별교부금 1.18%)를 초·중등 교육에 투자해야 하도록 규정되어 있는 지방교육재정교부금법을 10년간

---

34) 교개위는 교사의 사회적 공헌도는 총 26개 직종 중 초등 5위, 중등 4위인 반면, 사회적 지위가 초등 17위, 중등 11위이며, 경제적 지위는 초등 20위, 중등 19위라고 밝히고 있다.
35) 교개위가 밝힌 학급당 학생 수는 초등 39명(45명), 중 49명(52명), 고 48명(50명). ( )안은 6대 도시.

중단시킨 것이다. 교육재정은 그 시기 10년 동안 반토막 이하로 떨어졌다. 전두환 정권이 들어서며 긴급조치가 풀렸고, 부랴부랴 교육세를 신설하는 등 보완을 서둘렀지만, 교육재정 하락이 준 후유증은 이미 말할 수 없이 교육을 피폐화시킨 상태였다.

교육재정 확보를 위한 방안으로 가장 확실한 것은 지방교육재정교부금의 내국세 교부율을 올리는 것이었으나, 문민정부는 지방자치단체의 부담을 늘리는 방법을 택했다. 그 내용은 1) 교육세 등 일부 세제를 개편하고 교육환경개선 특별회계 등 교육예산 증액, 2) 지방자치단체의 시·도교육청에 대한 전입금 확대, 3) 학교용지부담금 신설[36]이었다. 문민정부는 지방자치단체의 교육투자를 적극 유도했다. 모든 지방자치단체가 시·도세 총액의 2.6%에 해당되는 금액을 교육비 특별회계로 편성, 교육청으로 보내도록 하였다. 또한 시·군·구 기초자치단체는 관할구역 내 학교교육비의 일부를 보조할 수 있도록 하였다. 학교용지부담금은 아파트단지를 조성할 때 학교용지 매입비용을 자치단체와 교육청이 공동으로 부담하는 것이나 미납금에 대한 제도적 장치가 마련되지 않아 종종 미납상황이 발생하였다. 문민정부의 교육재정 확보에 대한 노력으로 교육재정은 이후 IMF를 맞으면서 1998년 GNP의 4.3%에 머물렀으나, 교육에 대한 투자를 우선시했다는 측면에서 큰 의미가 있다. 그러나 확보된 재원의 사용처에 대한 효용성에 대해서는 의문이 남는다. 특히 교원의 경제적 지위 향상이 고려되었으나 수당 몇 가지가 신설되는 등에 그쳤고, 실질적인 교원의 경제적 처우개선은 이루어지지 않았다.

문민정부 이후 교육재정은 주로 정책변화에 따른 지방교육재정교부금의 교부율을 변화시키며 진행되었다. 김대중 정부는 외환위기를 빠져나오며 교육에 대한 투자를 강화했다. 자치단체가 교육비 특별회계로 편성, 교육청으로 보내던

---

36) 5·31 교육개혁 그리고 20년, 안병영, 하연섭, 다산출판사, 2015, p173-177

시·도세 총액의 2.6%를 3.6%로 인상하였다. 또한 2000년, GNP의 6% 확보의 일환으로 내국세 법정교부율을 11.8%에서 13%로 상향시키며 의무교육 기관 교원 봉급교부금을 포함하도록 하였다. 김대중 정권에서 확보한 내국세 교부율 13%는 박정희 정권 때 중단시킨 법정교부율 12.98%를 실질적으로 회복한 의미가 있었다.

노무현 정부는 2004년 중학교 의무교육을 전면화하면서 교부율을 내국세의 13%에서 19.4%로 인상하였다. 그 배경에는 국고 사업으로 추진하였던 유아교육비, 방과후학교 교육비 등의 지원사업을 지방으로 이양한 것이 포함되었다. 이때부터 지방교육재정교부금은 보통교부금이 96%, 특별교부금[37]이 4%의 비율로 조정되었다. 노무현 정부는 지방자치단체의 교육비 특별회계 전입금을 상향 조정(서울 10%, 광역시 및 경기 5%, 나머지 도는 3.6%)하여 교육재정에 대한 안정성을 추진하였다. 또한 지방교육재정의 안정을 도모하기 위하여 2006년 교부율을 19.4%에서 20.0%로 상향 조정하였다.

이명박 정부 때 지방소비세 도입에 따른 교부금 결손이 발생하여 이를 보전하기 위해 교부율은 다시 20.27%로 조정되었다. 문재인 정부는 2017년, 교육자치 강화에 따라 교육부가 집행하는 특별교부금의 비율을 4%에서 3%로 축소하였으나, 윤석열 정부 때 국회[38]는 이를 다시 4%로 환원시켰다. 문재인 정부는 재정 분권 추진방안에 따른 국세와 지방세의 비율이 조정됨에 따라 내국세 교부율을 20.46%로 상향(2017년)하며 함께 균형을 맞추었다. 이어 내국세 중 담배소비세 등 과세 조정에 따라 교부율을 다시 20.79%로 상향 조정했다. 문재인 정부는 2024년까지 한시적으로 지방교부금 이외에 고교 무상교육 소요 재원 중 47.5%를 증액교부하는 조치를 내렸다.

---

37) 지방교육재정교부금 중 교육부가 집행하는 특별교부금은 국가시책 60%, 지역 현안 30%, 재해대책 10%로 구성되어 있다.

38) 윤석열 정부 때이지만 특별교부금의 조정은 민주당이 다수인 국회의 주도로 이루어졌다.

교육재정은 내국세에 연동되어 있기 때문에 경기 하락이나 부자 감세와 같은 세수 조정에 대단히 민감한 영향을 받는다. 예를 들면, 박근혜 정부 때 세수 예측 실패로 인한 정책착오가 일어났다. 경기 침체, 세수 감소 등으로 내국세의 재원이 줄어든 것이었다.[39] 거기에 만 3세부터 5세까지의 아동에 대한 누리교육과정 지원사업을 추진하면서 박근혜 정부는 시·도교육청에 재원을 넘겼다. 시·도교육청은 지방채를 발행해서 부족한 교육 재원을 채무로 메우는 등 난리가 났다. 이후 박근혜 정부는 내국세나 교육세가 줄어들거나 늘어나는 경우 2년 후까지 교부금을 조절하도록 법령을 개정하는 조치를 취했다.

반면 문재인 정부 때는 세수가 좋아 교부율에 따른 지방교육재정의 규모가 커졌다. 시·도교육청은 늘어난 재원을 다 쓰지 않고 이후 필요한 재원을 위해 비축하였다. 언론에서는 난리가 났다. 아이들은 줄어드는데 교육청의 재정은 남아돈다는 것이었다.

인구절벽을 맞이하면서 우리는 새로운 국면을 맞이하고 있다. 지방교육재정교부금법이라는 안정적인 유·초·중등 교육재정을 새로운 교육 패러다임 완성을 위해 적극 투자해야 한다는 바람과 아이들이 줄어들기 때문에 그 남는(?) 돈을 다른 곳에 써야 한다는 주장이 함께하고 있다. 윤석열 정부는 교육세 재원의 일부를 고등교육에 투자하도록 했다.[40] 그러나 교육은 '서이초 사건'에 30만 명의 교원이 집회를 하는 등 유례없는 위기를 맞이하고 있다. 특수교육 확대, 교원의 증원, 교원의 사회경제적 지위 향상, 함께 합의할 새로운 교육 패러다임에 대한 과감한 시도 등 교육현장은 새로운 수혈을 기다린다. "교육개혁은 돈이 든다." 5·31 교육개혁안을 입안한 교개위의 판단이었다. 아이들이 줄어드는 지금, 교육재정을 교육의 질적 변화를 위해 적극 투자할 때이다.

---

39) 2012년 교육부는 지방교육재정교부금을 42.1조('13)→45.6조('14)→49.4조('15)로 추정하였지만, 실제 교부금은 40.8조('13)→40.9조('14)→39.4조('15)에 거쳤다. 〈2015 국정감사 자료〉

40) 3년간 한시적으로 초·중등 교육에 쓰이는 교육세 일부를 떼어내 대학 교육·연구역량 강화를 위해 10조 원가량을 지원하는 내용의 '고등·평생교육지원특별회계법 제정안'이 2022년 국회를 통과

사학개혁의 두 가지 이름, 이익보장과 공공성

5·31 교육개혁안에서 '준칙주의' 등 사학에 대한 규제가 완화된 이후, 국민의 정부에서 사학에 대한 규제·감독은 더욱 완화되었다. 수익사업에 대한 신고 의무를 폐지하고, 계약제 교원임용제가 처음으로 도입되었다.

참여정부 때 국회 과반을 차지한 열린우리당은 사학의 민주성, 투명성을 위해 적극적으로 사립학교법 개정에 나섰다. 개정 사립학교법은 개방이사 1/4 도입, 친족이사 1/4 이하 제한, 학교장 임기 제한 등을 담았고, 개정안에 대한 국민적 지지는 72.2%에 달했다.[41] 그러나 영세 사립유치원장의 임기도 사립학교법 개정안이 적용되어 제한되면서 격렬한 반발과 함께 재개정의 과정을 거쳤다. 박근혜 당시 한나라당 비대위원장이 사립학교법 개정을 반대하면서 정치적 입지를 키웠다.

이명박 정부는 자립형 사립고 확대를 대대적으로 추진했다. 이명박 정권은 비리 사학들에 대해 '사학 정상화'라는 명분으로 사학분쟁조정위원회에서 이사 추천권을 종전 법인에 부여한다는 결정을 내렸다.[42] 이로 인해 많은 비리 사학들이 부활하는 문제를 일으켰다.

박근혜 정부는 사립대학 폐교 시 설립자 측에 학교 수익용재산과 교육용재산을 합한 재산의 15% 정도를 설립자 측에서 권리를 행사할 수 있도록 하는 안을 발의했다. 그러나 당시 야당인 민주당의 반대로 법안은 통과하지 못했다.

문재인 정부 때 사립유치원 문제가 대대적으로 발생했다. 국회는 유치원이 정부 지원금을 부정하게 사용하는 것 등을 막기 위해 유아교육법·사립학교법·학교급식법 개정안을 통과시켰다. 문재인 정부는 사립유치원에 국가회계관리시스템을 전면 도입, 재무 투명성을 확보하고, 공립유치원 취원율을 24.8%('17) →

---

41) 〈100분 토론〉 여론조사. MBC. 2004.
42) 이로 인해 80년대 학내민주화로 인해 대구 영남대 법인을 떠났던 박근혜씨도 이사 7명 중 4명의 추천권을 행사하였다. '총장 비판' 영남대 교수들 징계 취소·불송치…"대학 사유화 안돼, 오욕의 역사 인정하길", 평화뉴스, 2024.8.6.

31%(´21)로 높였다.

문재인 정부는 고교서열화 해소를 위해 외고, 자사고 폐지 정책을 추진하고, 사학의 공공성과 투명성 확보를 위해 사립학교 개정을 추진했다. 특히 설립이래 한 번도 감사를 받지 않은 사립대 16개교에 대한 대규모 종합감사를 실시했다.

윤석열 정부는 자사고, 외고 존치를 결정함과 더불어 사학에 대한 대대적인 규제 완화를 예고했다. 사학법인의 기본재산 처분 신고 수리제 확대(5억→20억 원 미만)를 통해 학교법인 재산 처분의 자율성을 확보하는 방안이 2024년 8월 국무회의를 통과했다. 또한 자진 폐교 사학에 남은 재산의 30%까지 해산장려금으로 지급하겠다며 사립학교법 개정을 발표했다. 그러나 해산장려금은 국회를 통과해야 하는 만큼 시행 여부는 미지수이다.

그간 사학 문제는 비리 사학에 대한 처분, 사학의 공공성과 투명성, 운영의 자율성 등에 대한 정책을 다루었다. 그러나 사학의 자율성이라는 것이 교육과정이나 사학 이념의 보장을 위한 노력보다 법인에 투자한 재산적 권리보장과 같은 경제적 이해관계가 많이 포함되어 있다. 민주정권은 비교적 사학의 공공성 확보와 투명성 확보를 위해 노력한 반면, 보수정권은 사학의 자율성을 위한 정책을 내세웠다. 최근에 와서 사학 문제는 유치원까지 확대되어 있고, 인구절벽으로 인한 사학의 퇴로 문제가 전면적으로 부각되어 있다.

5·31 교육개혁 30년,
다시 새로운 교육 패러다임으로

사회개혁 없이 교육개혁 없다

2024년 윤석열 정부가 매년 1,000명씩 의대 입학생 수를 늘리는 개혁안을 내자 대치동 학원가는 초등학생을 대상으로 한 의대 입학 반이 개설되는 등 새로운 붐을 일으켰다.[43] 이명박 정권 이후 중등학교에 진로상담 교사가 배치되고, 진로교육원이 세워져 아이들의 진로 교육을 강화하였지만, 대학 입학에서 성적 상위권 학생들이 의대부터 채워나가는 모습이 일상화된 지 오래되었다. 5·31 교육개혁안 이후 직업교육은 지속적으로 강조되었으나 취약한 경제사회구조는 대대적인 청년실업으로 이어졌다. 중소기업 관련, 문민정부가 중소기업청을 설치한 후 문재인 정부에서 중소벤처기업부로 승격하는 데 25년이 걸렸다. 그동안 대기업은 골목의 빵집, 커피숍, 편의점, 세탁소까지 진출했고, 많은 중소기업이 대기업의 하청 업체로 경제적 위계 구조는 더욱 강화됐다. 별다른 기술이 없는 청년 세대들이 뛰어든 자영업은 번번이 폐업의 위기를 맞이하고 있다.[44]

사회로 나온 청년들의 높은 실업률과 창업의 실패 등은 교육환경에 절대적인 영향을 끼쳤다. 대학은 의사, 약사 등 전문 직종의 순으로 다시 서열화되었고, 공무원 시험을 준비하는 청년들의 모습이 일상화되었다.

직업 선택의 불안이 상시 존재하는 사회에서 우리 교육은 몸살을 앓고 있다. 성적상위권 아이들은 조금 더 나은 입지를 찾기 위해 입시경쟁에 더욱 몰입하고

---

43) "지역 파고든 '초등 의대반'…'방지법'까지 등장", EBS 뉴스12, 2024.8
44) "베이비붐 세대·취준생들, 세탁소·미용실 등 서비스 창업에 몰려…30%만 생존", 아주경제, 2017.1.3

있지만 나머지 아이들은 꿈을 잃고 있다. 그래서 수도권의 몇몇 인기 대학과 의대, 한의대, 약대 등 전문직 학과들은 과열 입시경쟁에 시달리지만 이미 지방의 상당수 대학들은 입학생을 충원하지 못해 고민하고 있다. 입시경쟁구조는 더 강화되었지만 많은 아이들은 이미 좌절하고, 꿈을 가지지 못하고 있다.

농업국가, 공업국가였던 우리나라는 1, 2차 산업의 비중은 점차 줄고, 3차산업의 비중이 압도적으로 높아졌다. 인구절벽과 도시 쏠림 현상으로 인해 이미 농촌지역 상당수는 소멸의 위기를 맞고 있다. 농촌은 고령화되어 집도, 땅도 비는데 왜 편의점이나 배달 알바를 하며 살아가는 우리 아이들에게 농민의 후예로 살아가도록 하는 적극적인 진로교육과 지원정책은 없었을까? 교육부와 농식품부가 적극 협업하여 수만 명의 청년들을 시골로 보내기 위한 한국형 뉴딜^{New Deal} 정책은 왜 구상이 되지 않을까?

국회 미래연구원은 우리 교육의 주된 문제로 "노력한 만큼의 보상체계가 없다"고 분석했다.[45] 국민들의 주관적 사회 이동성 인식은 지속 하락하고 있으며, 이는 국민의 '상대적 박탈감 및 희망의 상실을 의미한다'고 하였다. 임금 불평등은 심화되고 있으며, 중소기업 임금은 대기업 임금의 50% 수준이며, 하도급 기업의 원사업자 의존도는 심화되고 있다고 지적했다. 대기업의 지배구조를 과감히 개혁하여 청년들이 창업과 벤처를 실질적으로 꿈꾸고 성공할 수 있는 변화를 만들어 낼 수는 없을까? 사회변화와 교육은 함께 간다.

---

45) 대한민국 미래전망 연구, 국회미래연구원, 2022.12.

더 과감한 교육 패러다임으로의 전환

전 세계 15억 학생들의 등교를 막은 코로나 팬데믹은 우리 사회가 지닌 취약성과 상호연결성을 모두 증명한 세기적 사건이었다. 이러한 지구적 위기를 지나면서 유네스코 미래교육위원회는 보고서[46]를 내고 "정의롭지 못한 부분을 바로잡고 미래를 바꿔놓을 새로운 사회계약이 필요하다"고 선언했다. 보고서는 '사회 모두가 함께 협력하여 교육의 공공 목적에 대한 공동의 비전을 만들어 내는 것을 출발점으로 해야 한다고 제시했다. 또한 국회 미래연구원은 우리 사회가 "수도권 집중, 학교교육과 전공선택의 쏠림, 직업 선택의 쏠림" 등 쏠림 사회로 가고 있으며, 학교 성적과는 무관하게 자신만의 꿈과 재능을 자유롭게 펼칠 수 있는 개성사회로의 변화를 요구받고 있다고 했다.[47]

미래로 가는 길목에서 우리 교육은 많은 과제를 안고 있다. 소위 '서이초 사건'으로 전 세계적으로 유례없이 30만 명의 교사들이 광장에 모였다. 이 문제는 '학교를 어떻게 수업과 생활지도가 가능한 공간으로 만들 것인가' 하는 근본적 과제를 제기하고 있다. 그 배경으로 약화된 교사들의 정치·사회·경제적 지위를 어떻게 증진시킬지에 대한 처방도 내놓아야 할 것이다.

또한 30만 명 집회의 원동력으로 MZ 세대가 등장했다. 이들은 코로나 팬데믹 시기, 갑자기 시작된 원격수업 등의 변화를 주도적으로 헤쳐온 디지털 역량을 갖춘 교사들이며, 앞으로 20년 이상 교단을 책임질 교육의 미래이다. 교육시스템은 이들 MZ 세대 교사들을 어떻게 학교개혁의 주인으로 활성화시켜 나갈 것인가? 학부모와 교사들을 '함께 그려보는 학교를 위한 새로운 계약'의 동반자로 추진할 수 있는 방안은 무엇일까? 또한 인구절벽과 지방소멸, 인공지능 시대, 환경위기, 다문화가정의 증가, 유보통합 등 출발선 교육의 강화, 돌봄 문제 등 이미

---

46) 함께 그려보는 우리의 미래(교육을 위한 새로운 사회계약), 유네스코 국제미래교육위원회, 2022. 이 보고서는 2년에 걸쳐 작성되었으며, 전 세계 1백만 명이 협의 과정에 참여하였다.
47) 좋은사회로의 대전환(쏠림사회에서 개성사회로), 국회미래연구원, 2023.5

이슈화된 수많은 교육과제들이 해결책을 기다리고 있다. 근본적인 문제로 '성장하는 이이들이 자신의 미래에 대해 꿈과 흥미를 가지고 성장할 수 있도록' 학교는 어떻게 도울 것인가?

몇 가지 상상력을 더해 본다. 5·31 교육개혁안에서 정의된 10년간의 국민공통기본교육과정을 이제 과감히 개혁할 수 있지 않을까? 대안으로 지난 대선 때 공약으로 제시된 '지요일'[48]과 같은 교육과정 혁신이 가능할 수 있다. 또는 초·중·고 모든 단위에 대안학교를 확대하거나 각종학교 수준의 과감한 자율성을 주는 등의 학교혁신이 가능할 수도 있을 것이다. 코로나 팬데믹을 지나며 행정업무를 원격으로 처리한 경험을 살려 과감한 교육행정혁신이 제안될 수도 있다.

전환 시대를 가르는 새로운 교육 패러다임은 국민적 참여를 통한 시대 인식의 공유와 협력적 상상력과 실천에서 나온다. 이미 프랑스에서는 25년 전, 대통령이 나서서 국민 1백만 명이 참여하고 전문가 2만 명이 주도한 국민 교육대토론회가 추진된 바 있다. 그 일을 위해 국가교육위원회가 만들어졌지만, 기대하는 기능은 멈춘 듯하다. 5·31 교육개혁 시기처럼 대통령 선거를 기점으로 새로운 교육 패러다임에 대한 모색이 될 수도 있겠다. 개혁의 아젠다로 유네스코가 제시한 3가지 핵심 질문을 던지며 글을 마무리하고자 한다.

우리가 계속해야 할 것은 무엇인가?
우리가 중단해야 할 것은 무엇인가?
창조적으로 새롭게 만들어 내야 할 것은 무엇인가?

---

48) 일주일 중 하루를 지역교육과정으로 정해 학교와 지역사회가 다양한 교육과정을 실천하자는 이재명 후보의 공약

[참 고 문 헌]

1. 통계로 본 2024년 한국 교육 _ 김성식

- 『교육통계분석자료집-유초중등교육통계편』. 한국교육개발원. 2023.
- 「학생 배경에 따른 교육격차 양상의 변화: 2005~2009년과 2015~2019년의 비교」. 김성식.
  교육연구논총. 43권 1호. 충남대학교 교육연구소. 2022. 167-192쪽.
- 「한국사회 교육격차의 실태 및 결정요인」. 김경근. 교육사회학연구. 15권 3호. 한국교육사회학회. 2005.
  1-27쪽.
- 2023년 교육기본통계 조사 결과 발표, [붙임] 2023년 교육기본통계 주요 내용. 교육부. 보도자료.
  2023.8.31.
- 2023년 국가수준 학업성취도 평가 결과 발표, 별첨 2023년 국가수준 학업성취도 평가 결과. 교육부.
  보도자료, 2024.6.18.
- 2023년 초중고 사교육비조사 결과. 교육부. 합동보도자료. 2023.3.15.
- 2023년 인구주택총조사 결과(등록센서스 방식). 통계청. 보도자료. 2024.7.29.
- 경제협력개발기구(OECD) 교육지표 2023 결과 발표. 한국교육개발원. 보도자료. 2023.9.12.
- 경제협력개발기구(OECD) 국제 학업성취도 평가(PISA) 2022 결과 발표. 교육부. 보도자료. 2023.12.5.
- 고등교육기관 시도별 신입생 충원율 2013-2023. 한국교육개발원 교육통계서비스.
- 교권 보호 4법, 국회 본회의 1호 안건으로 통과. 교육부. 보도자료. 2023.9.21.
- 장래인구추계: 2022~2072년, 중위추계. 통계청. 2023.
- 전국 17개 시도교육청, 강득구의원실 재가공 자료. 최근 3년간 통폐합한 학교 72개교…그 중 초등학교
  58개교. 메트로신문. 2024.3.19.
- [지방대학 몰락 가속화] 경북·부산·충남대 신입생 10명 중 1명 이탈, 지역거점대학 교수도 학생도 서울로
  대탈출. 중앙선데이. 2022.10.8.
- 줄어드는 학령인구…학교가 사라진다, 문닫는 학교들, 저출산의 그늘<1>. 파이낸셜뉴스. 2024.5.20.
- 지난해 고교생 2만5000명 학교 그만둬…5년 새 최고치. 세계일보. 2024.7.22.
- 초·중·고교 폐교, 지방에선 줄지만… 대도시 구도심선 늘어날 듯. 조선일보. 2023.5.10.

2. 정책으로 본 2024년 한국 교육 _ 이광호

- 尹대통령 취임사, 처음부터 끝까지 '자유'…35번 언급했다, 중앙일보, 2022.5.10.
- '자유민주주의' 넣고 '성평등' 빠진 새 교육과정 사실상 확정, 연합뉴스, 2022.12.14.
- 27년간 끼고 다닌 윤석열의 인생책…프리드먼 '선택할 자유', 매일경제, 2022.5.13.
- 김성훈, 「밀턴 프리드먼의 신자유주의 교육개혁론 고찰」, 인문학 논총, 2016, Vol.41
- 밀턴·로즈 프리드만 著, 민병균·서재명·한홍순 譯 『선택할 자유』 p.310-311, 자유기업원, 2022.
- 세수 결손에도 또다시 대규모 감세…계층 이동 사다리 복원 정책에도 배치, 세계일보, 2024.7.25.
- 반도체 인재 강조한 윤 대통령 "교육부도 이젠 경제부처라 생각해야", 한국경제, 2022.6.7.
- 교실도 AI 바람…수조 원 에듀테크 시장 열려, 한국경제, 2024.5.28.
- AI로 수업하고 강의 잘하는 교수 전진 배치…학교 벽 허문다, 중앙일보, 2024.7.30.
- 신입생 30% 무전공 선발, 동아일보, 2023.10.7.
- 무전공 선발 추진에…"인문대 사라질라" "학생엔 좋은 정책", 중앙일보, 2024.1.3.
- 무전공 모집 늘린 대학에 가산점, 지원금 수십억 차등 둔다, 중앙일보, 2024.1.31.
- 외신이 본 윤석열 정부 1년…"전략적 모호성에서 가치 외교로", 문화체육관광부, 2023.5.17.
- 제20대 대통령직인수위원회, 「윤석열 정부 110대 국정과제」 p.3, 2022.5.
- 지난해 대중국 무역수지 30여 년 만에 첫 적자. 적자 규모 무려 180억3,600만 달러, 한국무역협회, 2024.02.16
- '법인세 1등' 삼성전자, 52년 만에 '0원'인 이유, 조선일보, 2024.04.23.
- 2023년 세수 펑크 56조4,000억 원 '역대 최대'…법인세 2022년보다 23조 원 이상↓, 세계일보, 2024.1.31.
- 5월까지 세수 펑크 9조인데…못 걷은 세금은 2년 새 4.3조, 서울경제, 2024.07.28.
- 윤 대통령 "재정 건전성 강화, 사회의 지속가능성과 미래 세대 위해 반드시 해내야", 대통령실 국정브리핑, 2023.4.18.
- 정재훈 외, 「교육·가족·사회적 관점에서의 독일 전일제학교 실태 분석 연구」 대통령 직속 저출산고령화위원회 정책연구, 2018
- 국민의힘 "초등 전일제 학교·한국형 부모보험 도입하자", 뉴스1, 2020.9.9.
- 전국 시행 앞둔 늘봄학교 "학부모·학생 80%대 만족도", KBS 뉴스, 2024.7.16.
- 尹 "의사 카르텔 더 공고…개혁 실패 반복할 수 없어", 뉴스1, 2024.4.1.
- 김주호, 「포퓰리즘과 민주주의 : 양가적 관계 이해하기」, 시민과 세계, 2019년 하반기호(통권 35호)
- 윤석열 정부 교육정책 "고교서열화·지역 경쟁 키우는 정책 다수"…이명박·박근혜 정부의 신자유주의로 복원 비판, 한국대학신문, 2023.4.26.
- 수도권大 반도체 정원 황급히 확대…교육부 그동안 뭐 하다, 동아일보, 2022.6.9.
- 제20대 대통령직인수위원회, 「윤석열 정부 110대 국정과제」 p.56, 2022.5.
- "사교육 개혁이 핵심"… 尹, 이주호 장관에 경고, 조선일보, 2023.6.19.
- 단선적 리더십…'정치가 사라졌다', 경향신문, 2023.5.7.

- 교육부, 「교육부 업무보고」, 2022.7.29.
- 교육부, 「2023년 주요업무 추진계획」, 2023.1.5.
- 제20대 대통령직인수위원회, 「윤석열 정부 110 국정과제」, p.140, 2022.5.
- 하이터치 하이테크 교육이란? 이주호 전 장관 인터뷰, TV조선 뉴스9, 2021.7.2.
- 이주호 후보자, 이사장 맡았던 협회도 에듀테크 업체서 고액 후원금, 연합뉴스, 2022.10.24.
- 교육부, 「코로나 이후, 미래교육 전환을 위한 10대 정책과제(안)」, 2020.10.5.
- 이광호, 「역대 정부 디지털 교육혁신 흐름과 성찰」(국회 『AI 디지털 교과서 집중진단』 토론회 자료집, 2024.9.6.)을 참조할 수 있다.
- '디지털 교수·학습통합플랫폼' 사업 전면 중단, 전자신문, 2022.12.23.
- 대한민국 정책브리핑, 「2025년 도입 AI 디지털교과서, 초중고 모두 검정도서로 발간」, 2023.7.21.
- 국가정보화전략위원회·교육과학기술부, 「인재대국으로 가는 길 스마트교육 추진 전략」, 2011.6.29.
- "효과 검증 안된 스마트교육 확대는 예산 낭비", 경향신문, 2013.3.25.
- 에듀테크 분석학자, "현 AI 코스웨어는 사교육 학습용", 오마이뉴스, 2023.3.5.
- 한국, 2025년 세계 첫 'AI 디지털 교과서' 도입한다, 조선일보, 2023.9.22.
- 내년 도입 예고한 교육전문대학원…교육계 반대에 '무기한 연기', 중앙일보, 2023.4.21.
- 尹 "3대 개혁은 필수…인기 없어도 반드시 하겠다", 한국경제, 2022.12.15.
- 3대 개혁 'A 학점'은 없다…교육 '국가돌봄' 노동 '노사법치' 성과, 한국일보, 2023.12.18.
- 교육부, 「2024년 주요정책 추진계획」, 2024.1.24.
- 시도교육감협 "늘봄지원실장에 '임기제 교육연구사' 배치, 학교 부담 커질 수 있어", 이투데이, 2024.5.28.
- 내년 공립 초등교사 1,088명 늘린다, 서울경제, 2024.8.8.
- 尹, 공무원 정원 동결한다…'철밥통' 조직 대수술, 이데일리, 2022.4.20.
- 교육부, 「미래교육 수요를 반영한 중장기(2024~2027년) 교원 수급 계획」, 2023.4.25.
- 어린이집·유치원, 이르면 2026년 통합, 매일경제, 2024.6.27.
- 尹 "담임 수당 50%, 보직 수당 2배 이상 인상", 조선일보, 2023.10.7.
- "코로나로 줄었던 학교폭력 다시 증가…신고자 절반은 초등생", 연합뉴스, 2022.5.27.
- 수업 혁신 주도하는 '교실혁명 선도 교사' 1만2천 명 선정, 연합뉴스, 2024.5.23.
- 학부모 10명 중 8명 "AI 교과서 공론화 필요"…절반 이상 '잘 몰라', 경향신문, 2024.8.8.
- AI 교과서 써본 교사들 "뭐가 새 기능인지 잘 모르겠다", 조선일보, 2024.8.8.
- 교육자유특구, '교육발전특구'로 명칭 변경, 한국교육신문, 2023.11.1.
- "3개대 뭉친 사립연합대학", 지역과 대학 살릴 혁신 모델, 중앙일보, 2024.7.26.
- "글로컬大로 도약을" 지방 국립대 통합 속도, 매일경제, 2024.7.22.
- 금오공대(국립)-영남대(사립) "글로컬대 지정 총력", 동아일보, 2024.7.18.
- 파주·강릉 41개 지자체, 교육발전특구 2차 선정, 뉴스1, 2024.7.30.
- "교육 당국·사교육 이권 카르텔"…尹 교육개혁의 신호탄, 조선일보, 2023.6.16.
- 수능 5개월 앞두고 '시험 난이도' 혼란, 동아일보, 2023.6.17.
- '사교육 카르텔' 제대로 손 본 국세청, 대형학원 3사에 100억대 '철퇴', 아주경제, 2024.2.23.

- 4년간 2.5억 받고 수능 모의문제 수천 개 학원에…교사들 적발, 연합뉴스, 2024.7.22.
- 6월 모의평가 영어 1등급 '1.47%' 불과…역대 최고 난이도, 조선일보, 2024.7.1.
- 수능 11월 14일…올해도 '킬러 없는 불수능' 가능성, 중앙일보, 2024.7.1.
- 정부 '사교육 카르텔과 전쟁' 1년 대형 입시학원 매출만 더 늘었다, 중앙일보, 2024.7.24.
- 내년 초중고 '디지털 교육' 5,333억…3년간 교부금 0.8% 배정, 뉴시스, 2023.12.21.
- 역대 대통령 되돌아보니…집권 4년 차 레임덕 징크스 못 벗어나, 주간한국, 2020.8.18
- 윤 대통령 2년 차 지지율, 1987년 민주화 이후 대통령 중 최저, 부산일보, 2024.5.10.
- "한국 경제성장률, 일본에 25년 만에 밀릴 듯", 한겨레신문, 2024.1.26.
- [대통령 2주년 회견] 감세·규제 완화 "성과" 자평…금투세 폐지 확고, 경향신문, 2024.5.9.
- 기획재정부, 「최근 경제 동향」, 2024.7.
- 삼성전자, 2분기 영업이익 10조 원 넘어서…전년 比 1천462%↑, 파이낸셜신문, 2024.7.31.
- 어린이집·유치원, 이르면 2026년 통합, 매일경제, 2024.6.27.
- 의대 정원 늘린 尹 지지율 급상승…국민의힘도 민주당 제쳤다, 서울경제, 2024.2.16.
- 전공의 7,648명 사직 처리…"병원들 7,707명 충원 신청, 동아일보, 2024.7.19.
- 국립대병원 교수 상반기 223명 그만뒀다, 한겨레, 2024.8.2.
- 대형병원들 경영난 커지고, 환자 불편 내년까지 갈 듯, 조선일보, 2024.8.1.
- 돌아오지 않는 의대생…출석률 2.7%에 그쳐, 한국일보, 2024.8.5.
- 의대생 11%만 국시 응시…의사 배출 비상, 동아일보, 2024.7.29.
- [이상돈 칼럼] 무리한 의대 증원이 초래한 의료 대란, 한국일보, 2024.7.22.

3. 복잡해진 교육생태계, 학교문화의 현주소 _ 최지윤

- 국회 신현영(더불어민주당) 의원실 분석 자료. 2023.9.15.
- 한국교총, '교권침해 인식 및 대책 마련 교원 긴급 설문조사' 전국 유·초·중·고 교원 3만2천951명 대상(2023.6.25~26)
- 김현수, 『교사 상처』. 에듀니티. 2014
- 조아인, 홍상황, 「초등교사의 스트레스 취약성과 스트레스 반응」, 교육혁신연구, 2022
- 김희정 외, 「학생, 학부모로부터 폭력을 경험한 교사의 심리적 어려움과 상담에 대한 기대에 관한 질적 연구」, 교사교육연구 제60권 제4호, 2021
- '서로 선 긋는 교실, 모두가 무기력해졌다'. 경향신문. 2024.7.17.
- '무너진 교권, 교사들 보험 들어 '셀프방어''. 중앙일보. 2023.7.29
- 김희정 외, 「학생, 학부모로부터 폭력을 경험한 교사의 심리적 어려움과 상담에 대한 기대에 관한 질적 연구」, 교사교육연구 제60권 제4호, 2021
- 한희정, 「법화 사회에서 얽히고 얽힌 교사들의 이야기」, 한국교육연구네트워크 2023년 2차 월례포럼 자료집, 2023

- 김민성, 「교육, '관계'와 '연결'의 관점에서 바라보기」 서울교육 제246호, 2022
- 김용, 「법화사회의 진전과 학교생활세계의 변용」 한국교육연구네트워크 2023년 2차 월례포럼 자료집, 2023
- 교육부, '학교폭력 사안처리 제도 개선 및 학교전담경찰관 역할 강화 방안'. 2023.12.7.
- 교육부, '2023년 1차 학폭 실태조사'. 2023.12.14
- 「교육의 사법화 범죄화 이대로 둘 것인가?」 한겨레. 2023.08.08.
- '너도나도 부장 보직 기피… 막내 교사들이 떠밀려 맡는다, 담임 구하기도 어려워', 조선일보. 2023.2.8.
- 교육부 '최근 10년간(2013~2022년) 지역별 기간제 교원 담임교사 현황', 국회(이태규(국민의힘) 제출자료
- 전국교사노동조합 연맹(2023), 제42회 스승의 날 기념 '교육현장 인식 조사' 요약 보고서
- 홍섭근, 「교직과 승진에 냉소적인 MZ 교사들」 교육을 바꾸는 사람들 칼럼, 2022.11.15.
- 「김차명 나다움과 교사다움, 그 사이에서」 『대한민국 교육트랜드 2022』 에듀니티
- '담임 일당 9,000원, 수능 봐 의대 갈래. 대치동 가는 MZ 교사', 중앙일보. 2024.1.15.
- 교육부, '전국 국공립 초중고 퇴직 교원 현황'(2023.7.25.), 국회 권은희(국민의힘) 의원실 제출 자료.
- 교육부 '임용 후 1년 이내 중도 퇴직 교원 현황'(2023.10.16.) 국회 문정복(더불어민주당) 의원실 제출 자료
- 교육부 '전국 국공립 초·중·고교 사유·근속연수별 퇴직교원 현황'(2023.7.25.) 국회 권은희(국민의힘) 의원실 제출 자료
- 전국교사노조, 조합원 1만1,377명을 대상 설문(2024. 5. 20~28.)
- 서울특별시교육청, 「서울교원종단연구 2020 3차년도 시행 결과 및 분석」, 2023
- 전교조, 서울지역 청년 교사 지원 방안 설문 (2024.4.16.~5.12).
- 홍섭근, 「고경력 교사들은 왜 학교를 떠나려고 할까?」 교육을 바꾸는 사람들 칼럼, 2022.12.14.
- 서울특별시교육청, 「코로나19 시기 신규 교사의 교직 적응 유형과 경험에 대한 분석」 정책연구 제250호, 교육정책연구소, 2023
- 마이클 풀란, 『학교개혁은 왜 실패하는가?』 교육을 바꾸는 사람들, 2017
- 김장균, 「인력구조 다양화에 따른 갈등과 과제」 교육정책네트워크 교육현안보고서 2022년 제1호.
- '민원 욕받이' 폭탄 돌리기 학교 구성원 간 갈등 확산, 서울신문, 2023.9.7.
- 김혜진, 「학교 내 갈등 진단과 해법 모색」 굿모닝충청 '학교 내 갈등 진단과 해법 모색' 토론회, 2024.7.19.
- 김장균, 「인력구조 다양화에 따른 갈등과 과제」2022
- 홍섭근, 「교사의 본질적 업무 법제화는 가능할까?」 교육을 바꾸는 사람들 칼럼, 2024.8.14.
- 서울특별시교육청, 「학교 행정업무 경감 및 교육활동 중심 학교업무 재구조화 방안 연구」, 한국행정학회, 2023
- 충북교육청, 「교육 전념 여건 조성을 위한 학교 행정업무 경감 및 효율화 방안에 대한 연구」 한국교육정책연구소, 2024
- 김혜숙, 「대통령의 통치행위가 교육에 미치는 영향」 한국교육신문, 2022.4.7.
- 『학교를 칭찬하라』 요하임 바우어. 궁리. 2013.

4. 교육공동체 회복의 실마리, 학부모 _ 채송화

- 『고립의 시대』. 노리나 허츠. 웅진지식하우스. 2021
- 『괴물부모의 탄생(공동체를 해치는 독이 든 사랑)』. 김현수. 우리학교. 2023
- 『어서와 학부모회는 처음이지?』. 맘에드림. 조용미. 2017
- 『학교라는 괴물 다시, 무엇을 가르칠 것인가』. 권재원. 북멘토. 2014
- 『학부모회 사용설명서』. 의정부시민교육포럼 '하다'. 따비. 2020
- 『힙 베를린, 갈등의 역설』. 이광빈·이진. 이은북. 2021
- 「1980년대생 초등학교 학부모의 특성」. 김기수 외. 경기도교육연구원 이슈페이퍼 2020-06
- 「2023년 교육정책 인식조사」. 이쌍철 외. 한국교육개발원(KEDI). 2023
- 「각자도생하는 학교, 고립된 교실, 자책하는 교사: 10년 차 교사 선영의 내러티브 탐구」. 이규빈·김희연·유성상. 한국교육사회학회 제33권 제4호. 2023
- 「갑질을 만드는 사회. 갑과 을은 누구일까」. 최태섭. 국가인권위원회. 2018.
- 「실천공동체 참여경험에 대한 질적 사례연구(경기도 A고 학부모회)」. 정재은. 경희대교육대학원. 2020
- 「여성의 경력단절 우려와 출산율 감소」. 조덕상 외. KDI FOCUS(통권 제132호). 2024
- 「'온종일 돌봄' 기본 방향·가치, 국민적 합의 필요 : 해외의 돌봄 생태계 구축 사례」. 이희현. 교육부. 2019
- 「제42회 스승의 날 기념 교사노조연맹 전국 교사 인식 조사 설문 결과」. 교사노동조합연맹. 2023.04.28.
- 「지역별고용조사」. 통계청. 2023
- 「초등학교 학부모의 자녀 원격수업에서의 교육적 관여 경험에 관한 연구」. 남미주. 학습자중심교과교육학회. 2023
- 「코로나19 이후 초·중·고 학부모의 사교육 경험에 관한 질적 연구」. 이송하·유재봉. 성균관대학교, 한국국제문화교류학회. 2023
- 「코로나19 확산 시기, 불리한 학생들의 경험에 대한 질적 연구」. 김경애 외. 한국교육개발원 연구보고RR2020-23. 2020
- 「학교교육 당사자 간 관계의 변화 및 대응에 대한 정책·입법 분석(교원과 학부모 관계를 중심으로)」. 김용 등. 한국교육정책연구원. 2023
- 「학교급과 혁신학교 여부에 따른 학부모의 교사 신뢰 차이」. 박화춘 등. 열린교육연구VOL.27. 2019
- 「학부모-교사 관계 인식 조사 발표」. 안영은. 서울교육연구정보원. 2023
- 「학부모와 교사의 신뢰 관계 강화 방안」. 김도영. 경남교육정책 이슈+생각 2023-02호. 2023
- 「학부모의 학교교육 참여에 대한 학부모와 교사의 인식 비교」. 김진만. 경인교대 교육전문대학원. 2018
- 「학부모의 학교참여 실태 분석 및 개선방안
- 초등학교를 중심으로」. 김명희. 서울진로진학 정보센터. 2024
- 「학부모회 교육실천공동체의 성장 과정과 학습의 의미 연구」. 옥정선. 서강대교육대학원. 2020
- 「학부모회 운영 및 인식 설문조사 결과」. 경기도교육청 행정역량정책과. 2024.08.07
- 「'MZ 세대' 교사의 특성 연구」. 구하라. 경기도교육연구원. 2022

5. 공존의 교실을 위한 다문화교육의 오늘과 내일 _ 박에스더

- 2023년 인구주택총조사. 통계청. 2023.7
- 2023년 하반기 경제정책 방향. 기획재정부. 2023.7
- 서울 외국인 가사관리사 9월부터‥"월 206만 원". MBC뉴스. 2024.5.20
- 「이주배경 학생 인재양성 지원방안」. 교육부. 2023.9
- 「여성결혼이민자 가족의 사회통합지원대책」. 보건복지부. 2006.4
- 「혼혈인 및 이주자의 사회통합지원방안」. 고용노동부. 2006.4
- 「다문화가정 자녀교육지원 대책」. 교육인적자원부. 2006.5
- 이주노동자와 그 가족의 권리 보호에 관한 국제 협약. UN. 1991
- 2012 다문화 학생 교육선진화 방안. 교육부. 2012. p.2
- 이주배경학생 인재양성 중장기 발전계획. 교육부
- 이주배경 학생 인재양성 지원방안(2023~2027년). 교육부. 2023.9.
- 한국 다문화가족정책의 정향성 분석:동화주의와 다문화주의, '지방정부연구' 제17권 제4호(2014 겨울): p.121-142
- "다문화가정 학생들하고 학교 다니기 싫어요"…"갈등 심화, 분리정책도 고민할 때" 데일리안. 2023.10.19.
- 다문화 학생 97% 학교 등장…"비이주 '역차별' 우려, 대책 시급". 매일경제 2024.8.2.
- 학생 맞춤 통합지원 가이드북. 교육부. 2023
- [이주아동 그늘](상) 지역아동센터 이용자 85% 다문화 아동, 교육 인프라 부족. 뉴스핌. 2024.5.12.
- 尹 대통령, 국민과의 약속 재외동포청 출범 축하. 대통령실. 2023.6.5
- "화성시, 인구 100만 돌파…시 승격 22년만에 특례시 지위". 서울경제. 2023.2.14.
- 「글로벌시대의 다문화 교육」. 한국학중앙연구원출판부. 2018:408
- 2024 교육기본통계조사. 교육부. 2024.8.29

6. 교육계의 화두, 교사 교(육)권과 학생 인권 논란 _ 이장원

- 「새로운 길」 교사노동조합연맹사 편찬위원, 교사동조합연맹, 2022,
- 「선생님, 나는 당신입니다」 박석균외, 교사노동조합연맹, 2024,
- 「'아동 관련 법'은 어떻게 교육문제로 구성되었는가: 교육의 사법화를 중심으로」 조현기/손승중, 「교육사회학연구 제33권 제4호」 한국교육사회학회,
- 「학생 인권 보장을 위한 특별법안 발의안의 문제점」 윤미숙, 「학생 인권 보장을 위한 국회토론회」 김문수, 문정복 의원실, 2024,
- 「아동·청소년인권법안 [김상희의원 대표발의] 검토보고」, 여성가족위원회 수석전문위원 이용원, 2013.
- 「'교권보호4법'의 의미와 외국의 관련 사례」 이덕난, 「행복한교육 2023년 11월호」 교육부, 2023

- 「관계적권리에서 본 교권(敎權)의 재검토」, 하윤수, 『교육법학연구 제30권 2호』, 대한교육법학회, 2018,
- 「[팩트체크] 학생인권조례 때문에 교권침해가 늘어났다?」 연합뉴스, 2023.08.01.
- 「"2015년 위험신호 간과한 결과" 교육혁신가의 진단-교직 생활 40년' 서길원 선생님」 오마이뉴스,. 23.10.07
- 「교육의 사법화·범죄화, 이대로 둘 것인가(임재성)」, 한겨레, 2023.08.08.
- 「'학교폭력' 2017년부터 가파르게 늘고 있다?…사실은」 NBN뉴스, 2023.04.24.
- 「'학교폭력' 법정다툼 2년 만에 2배로…가해학생 소송이 압도적」 뉴스1, 2023.03.26.
- 「학교폭력 근절 종합대책(안)」 교육부, 2023.4.12
- 「교원 상대 아동학대 고소 늘지만… 실제 처벌 1.2%대」 세계일보, 2023.09.17
- 「교사 아동학대 신고 10건 중 7건…교육감 "정당한 생활지도" 반박」 뉴시스, 2024.7.17
- 「교권침해 신고 늘고 아동학대 기소 줄었지만…현장에선 "변화 없어"」 아시아투데이, 2024.07.17.
- 「"기대와 우려 동시에"... 총선공약으로 등장한 민주당 '학생인권법'」 오마이뉴스, 2024. 3. 17
- 「학생인권조례 때문에 교권침해?... 통계는 '관계 없음'」 오마이뉴스, 2023.07.22
- 「전국교직원노동조합, 최근 논의되는 '학생인권법'에 관한 입장 표명」 교육희망, 2024.7.10
- 「학생인권보장을 위한 특별법안 입법 토론회에 대한 교사노동조합연맹의 논평」 교사노동종합연맹, 2024.07.15.
- 「아동복지법 및 초·중등교육법 개정안에 대한 심각한 우려를 표명한다」 민주화를 위한 변호사모임 홈페이지, 2024.7.19.
- 「사회문화분과 정책제안_교육공동체 신뢰회복 방안」 국민통합위원회, 2024.07.09.
- 「정서적 아동학대 구성요건 명확화, 수업방해학생 분리, 폭력행사 학생 제지 입법 반드시 필요합니다!」 교사노동조합연맹홈페이지, 2024.07.22.
- 「서울교육감-더불어민주당 등의 학생인권법 제정 추진에 대한 입장」 한국교원단체총연합회, 2024.4.30
- 「학생인권법 발의 입법 중단 촉구」 교사노동조합연맹 홈페이지 주요활동, 2024.7.8
- 「학생인권보장을 위한 특별법안 입법 토론회에 대한 교사노동조합연맹의 논평」 교사노동조합연맹, 2024.7.15.
- 「신체학대 /인천 연수구 아동 학대 사건(장기결석아동, 취학의무)」 네이버블로거, 아동학대추적
- 국가법령정보센터 - 학교폭력예방법 - 연혁
- 국가법령정보센터 - 판례 - 2023두37858 판결
- 국회 의안정보시스템
- 국가통계포털(KOSIS) : 보건복지부, 「학대피해아동보호현황」

7. 2025년 유보통합 추진 전망 _ 박창현

- 교육부(2022. 8. 9). 교육부 학제개편 및 유보통합 내용 및 향후 추진방향(국무조정실 회의).
- 교육부(2023. 1. 5). 2023년 주요 업무 추진계획- 교육개혁, 대한민국 재도약의 시작.
- 교육부(2023.9.13). 유보통합 우선이행과제와 실천방안 발표.
- 교육부(2024. 6. 30). 세계 최고 영유아교육, 보육을 위한 유보통합 실행 계획(안).
- 김상봉(2024). 영성 없는 진보. 한국기독학생회출판부.
- 박창현(2024). [전문가 기고] 나는 저항한다. '세계 최고 영·유아교육'이란 것!. 교육언론 창.
- 아이행복연구자문단, 교육부(2023. 11). 유보통합 실현을 위한 통합 모델(안), 행안위 공청회 발표자료.
- 국회(2023.12.8.). 정부조직법 일부개정법률안(대안), 제410회 국회(정기회) 제14차 본회의 통과.
- 제20대 대통령실(2022). 윤석열 정부 120대 국정과제.

8. 2025년 '늘봄학교' 진단 _ 정성식

- 학교의 역할, 교직원의 임무를 분명히하자. 한국일보. 2020.6.5.
- 『같이 읽자, 교육법』. 정성식. 에듀니티. 2021
- 늘봄학교 추진방안(안). 교육부. 2023.1.9.
- 2024년 늘봄학교 추진방안. 교육부. 2024 2.7.
- 『2024년 늘봄학교 운영 가이드라인』. 교육부. 2024.2.28.
- [보도자료] 1학기 늘봄학교 실태조사 결과 발표. 전교조. 2024.3.12.
- 늘봄학교 전면시행 코앞…공간·인력 부족은 아직도 '숙제'. 2024.8.4.
- 방과 후 늘봄학교 확대…초등교사 천 명 더 뽑는다. YTN. 2024.8.7.

9. AI 디지털교과서란 선택, 교실을 혁명시킬 것인가? _ 김차명

- 『인공지능(AI) 디지털교과서 추진방안』. 교육부. 2023.6
- AI 디지털교과서의 법적 성격과 입법 과제. 국회입법조사처. 2024.8.20.
- 사회·정서적 성장 중심의 수업 혁신을 위한 『교실혁명 선도교사 양성 연수』 수행기관 공모 제안요청서. KERIS. 2024.5
- 교육부, AI 디지털교과서 '연구학교' 60곳 지정…학습 효과성 검증한다. MTN뉴스. 2024.7.18
- AI 활용 맞춤형 교육의 교수·학습 효과성 연구. 경기도교육연구원. 2023.
- AI 교과서 써본 교사들 "뭐가 새 기능인지 잘 모르겠다". 조선일보. 2024.8.8
- "AI교과서 유보" 국회청원 성사 '이변'… 교육위 회부. 교육언론 창. 2024.6.28
- 교사와 협력하는 AI 디지털교과서…질 높은 맞춤 교육 제공할 것. 대한민국정책브리핑. 2024.8.16

- AI 디지털교과서 이야기, 환상적이기만. 교육을바꾸는사람들. 2024.7.18
- "AI 디지털교과서로 종이·연필 대체하려는 건 위험한 발상"···신경과학자의 경고. 경향신문. 2024.7.21
- AI 디지털교과서 개발 가이드라인. KERIS. 2023
- The FTC's Proposed COPPA Overhaul: A New Era for Children's Online Privacy?. Finnegan. 2024.7.19
- 「AI 디지털교과서 시대, 디지털 기반 수업혁신 지원을 위한 초중등 디지털 인프라 개선계획(안)」교육부. 2024.5.14
- 특집 ⑤ 성공적인 AI 디지털교과서 도입을 위해 고려할 사항. 행복한교육 vol.500. 2023년 9월호
- 『언택트 교육의 미래』. 저스틴 라이시. 문예출판사. 2021.10
- 수천억 원 드는 AI 디지털 교과서, '혁명'인가. 시사인. 2024.4.4
- 2025년 AI 디지털교과서 전면 도입, 괜찮을까. 평화뉴스. 2024.7.18

10. 2025년 고교학점제 전면 도입, 무엇이 달라지는가? _ 이상수

- 교육부·한국교육과정평가원(2022). 최소성취수준 보장 지도 운영 매뉴얼
- 2022 개정 교육과정 총론 주요 사항 발표, 교육부, 보도자료, 2021.11.24.
- 지역과 함께하는 교육 혁신, 자율형 공립고 2.0 2차 공모에 45개 선정, 교육부 보도자료. 2024.7.23.
- "'탐색만 하다 사회 나갈 판'···고교학점제 이어 무전공 입학, 요즘 애들 '계획'이 없다.' 매일경제. 2024.07.14.
- 교육부(2021). 포용과 성장의 고교 교육 구현을 위한 고교학점제 종합 추진계획. 교육부(2021.2.16.)
- 교육부(2021). 2025년 고교학점제 전면 적용을 위한 단계적 이행 계획(안) (2022-2024).
- 교육부(2023). 공교육 경쟁력 제고 방안. 교육부
- 교육부(2023). 2028학년도 대입 개편방안 발표. (교육부 보도자료 2023.12.27.)
- 교육부 (2023). 2028 대학입학제도 개편 확정안. 교육부.
- 초중등학교 교육과정 총론(교육부 고시제 2022-3호). 교육부(2022)
- 서울통합 온라인학교 설립 기반 탐색 연구보고서(서울교육청, 2024; 17) 재구성
- 교육부(2021). 포용과 성장의 고교 교육 구현을 위한 고교학점제 종합 추진계획. 교육부(2021.2.16.)

11. 의대 정원 확대와 무전공 입학이 가져올 2025학년도 입시 변화 _ 장승진

- 「학생의 직업가치 변화: 의사와 법률전문가를 중심으로」 정지은, 한국직업능력연구원, 2023
- 「필수·지역의료 붕괴를 막기 위한 의사 인력 증원, 어떻게 할 것인가?:현안 브리핑」 김주경, 국회입법조사처, 2023
- 『윤석열 정부 120대 국정과제』 대한민국 정부, 2022

- 「고등학교 설립 별 학교 수」, 교육통계서비스, 2023
- '月 1,000만 원' 의대 준비반도…'특수' 누리는 대치동 학원가, 시사저널, 2024.3.26.
- "초5가 고2까지의 과정을 14배속으로?", 사교육걱정없는세상, 2024.7.1.
- 초등생 순유입 1위는 충청…"의대 증원으로 더 쏠릴 수", 동아일보, 2024.6.23.
- 의대 증원 … 지방 유학 현실화, 충청일보, 2024.06.23
- 교육부, 2024년 대학혁신지원사업 기본계획, 2024.1
- 무전공 중도탈락률, 일반 학과보다 최대 5배 높아, 대학저널, 2024.02.05
- 「대입제도, 신분제도인가? 교육제도인가?」, 서남수 배상훈, 성균관대학교출판부, 2022

12. 위기의 지방교육재정교부금, 사회적 조정이 필요한 때 _ 이혜진

- 교육부(2023.2.23.). 디지털 기반 교육혁신방안. 교육부 보도자료.
- 교육부(2023.4.28.). 글로컬대학 30 추진방안. 교육부 보도자료.
- 교육부(2023.9.12.). OECD 교육지표 2023 결과. 교육부 보도자료.
- 교육부(2023.12.21.). 교육부 2024년 예산 및 기금 95조 7,888억 원 확정. 교육부 보도자료.
- 교육부(2023.6.27.). 세계 최고 영유아보육교육을 위한 유보통합 실행계획. 교육부 보도자료.
- 교육부(2024.8.27.). 2025년 교육부 예산안 104.9조 원 편성. 교육부 보도자료.
- 국회 입법조사처(2024.8.19). 2024 국정감사 이슈분석-교육위원회·문화체육관광위원회. 국회입법조사처 보고서.
- 기획재정부(2024.8). 2024~2028년 국가재정운용계획 주요내용. 기획재정부 홈페이지.
- 김지하, 김용남, 이선호, 김민희, 오범호, 송기창(2016). 교육환경변화에 따른 지방교육재정제도 재구축 방안 연구. 한국교육개발원.
- 김용일(2024.6). 지방교육자치의 현안 진단과 향후 과제. 2024년 한국교육정치학회 하계학술대회 발제문, 3-19.
- 김진영(2022.7). 국가재정 측면에서 지방교육재정교부금의 개편방향. 지방세포럼, 63. 한국지방세연구원. 4-23.
- 김학수(2022). 지방교육재정교부금 산정방식의 개편 필요성과 장기 재정여력 개선효과. 예산정책연구, 11(3). 국회예산정책처, 1-41.
- 김희삼(2017). 사회자본에 대한 교육의 역할과 정책방향. 한국개발연구원 연구보고서, 2017-06.
- 김희삼(2021). 왜 지금 교육경제학인가. 서울: EBS BOOKS.
- 서영인, 김병주, 안종석, 김정훈, 하봉운(2020). 교육재정 종합 진단 및 대책 연구. 경제인문사회연구회 협동연구총서.
- 서울특별시시교육청(2024.8.28.). 세수 감소로 인한 지방교육재정의 어려움을 직시하고 진지한 해결책을 논의할 수 있기를 희망한다. 서울시교육청 입장문 보도자료.
- 송기창(2024.6.29.). 지방교육자치의 현안 진단과 향후 과제 토론문. 2024년 한국교육정치학회

하계학술대회 토론문, 20-22.
- 송기창 외(2021). 지방교육재정 수요 전망과 재원 확충 및 효율적 운용 방안 연구.
전국시도교육감협의회 정책연구보고서 2021-01.
- 송기창, 윤홍주(2022). 초·중등 교육재정의 전망과 과제. 교육재정경제연구, 31(1).
한국교육재정경제학회. 79-107.
- 엄문영(2024). OECD 주요국의 교육재정 투자 현황 및 효과가 한국교육에 주는 시사점. 한국교육개발원
현안보고
- 엄문영(2019). 학령인구 감소에 따른 OECD 주요국의 교육재정 투자 변화 분석. 한국교육개발원
이슈페이퍼.
- 윤홍주, 하봉운(2023). 미래 교육환경개선을 위한 지방교육재정 수요 전망. 강원대 교육재정중점연구소
교육&재정 웹진 Vol.19. 2023년 5월호.
- 이혜진(2023). 지방교육재정교부금을 둘러싼 논란과 평가, 『교육트렌드 2024』, 396-423. 서울: 에듀니티.
- 이혜진(2023.10.23.). 지방교육재정교부금 축소에 따른 재정위기 사태 전망과 대응전략. 국회
교육위원회 위원장·전국시도교육감협의회 주관 국회토론회 토론문, 18-25.
- 한국교육개발원 교육여론조사 2023.
- 지방교육재정교부금법 일부개정법률안(이태규의원 대표발의, 2022.9.5.)
- 지방교육재정교부금법 일부개정법률안(권은희의원 대표발의, 2022.12.27.)
- 지방교육재정교부금법 일부개정법률안(김진표의원 대표발의, 2023.9.1.)
- 지방교육재정교부금법 일부개정법률안(문정복의원 대표발의, 2024.7.17.)
- 지방교육재정교부금법 일부개정법률안(진선미의원 대표발의, 2024.8.30.)
- 지방교육재정알리미(2024년8월31일). https://eduinfo.go.kr
- 지방재정365 지방재정통합공개시스템(2024년8월31일). https://www.lofin365.go.kr

13. 교육자치제도와 교육감 선거는 어떻게 변화할 것인가? _ 김성천

- 김민희·김민조·김정현·박상완·박소영(2018). 한국의 지방교육자치. 학지사
- 김성천, 신범철, 홍섭근(2021). 교육자치 시대의 인사제도 혁신. 테크빌교육.
- 김성천, 강혜영, 고민순, 이현숙, 이형빈, 조미정, 홍섭근, 정영현(2021). 교육자치 30년의 성과 분석과
과제. 서울특별시교육청.
- 김성천(2022). 민선교육감 이후 교육전문직원 유형과 역할 변화 탐색. 한국교원연구, 39(4), 343-372.
- 김성천(2023). 교육감 직선제 폐지에 관한 쟁점과 대안, 교육비평, 51, 37-77.
- 김성천(2024.2.9.). 교육감의 정체성과 리더십 관찰 보고. 교육언론 창 기고문.
- 김재웅(2021). 교육정치학 탐구. 교육과학사.
- 나민주, 고전, 김병주, 김성기, 김용, 박수정, 송기창(2018). 한국지방교육자치론. 학지사.
- 우명숙(2020). 경기도 혁신학교 중학생의 교육적 성장. 학습자중심교과교육연구, 20(20), 641-663.

- 박성호, 길혜지, 임수진(2020). 혁신학교의 교육적 성과에 대한 연구: 충북 행복씨앗학교를 중심으로. 교육문화연구 제26권 제5호(2020), pp. 335~352
- 정지욱·정일화(2020). 헌법 제31조 제4항에 기반한 지방교육자치제 개선방안, 교육법학연구, 32(1), 137-164.
- 임석삼(2011). 지방교육자치제도의 변천요인 분석 - 교육감, 교육위원 선거제도를 중심으로-. 석사학위논문. 고려대학교.
- 이종근(2015). 헌법 원리에 비추어 본 교육감 직선제의 문제점과 제(諸)대안의 적실성 검토, 교육법학연구 27(3), 151-184.
- 이주원(2019). Kingdon의 정책흐름모형을 적용한 교육감 직선제로의 선출제도 변동 분석. 석사학위논문. 서울교대.
- 조성규(2016). 지방교육자치의 본질과 교육감의 지위, 행정법연구. 46, 217-231.
- 최영출(2016). 시·도교육감 선출제도 대안유형과 판단기준, 한국비교정부학보, 20권(2), 47-73.
- 한은정·정미경·이선영·유경훈·김성천·신철균(2019). 지방고육자치 역량강화방안연구, 한국교육개발원
- 동아일보(2022.12.15), 尹 "광역단체장+교육감 러닝메이트로 선출, 균형발전에 더 도움".
- 중앙일보(2022.6.20). 10번 발의, 다 묵살됐다 …'교육감 직선' 폐지 안하는 국회 속내.

14. 21대 국회 성찰과 22대 국회 교육 관련 과제 _ 강민정

- 대국민 교육현안 인식조사 주요 결과, 국가교육위원회·한국교육개발원·국가교육발전연구센터 공동주관, 2024.4
- 문재인 정부 국정운영 5개년 계획 및 100대 국정과제, 청와대, 2017.7.19.
- 2023년 초중고사교육비조사 결과, 통계청, 2024.3
- 『학교 시민교육과 민주주의』 함세웅. 민주화운동기념사업회. 2008
- 아무나 大學 못 세우게… 17년 만에 설립요건 강화, 조선일보, 2013.8.13.
- 새 정부 교육부 업무보고, 교육부, 2022.7
- 2023년 주요업무 추진계획, 교육부, 2023.1
- 「모두를 위한 맞춤 교육의 실현 디지털 기반 교육혁신 방안」 교육부, 2023.2
- 프랑스 13세 이하 스마트폰 금지 추진... 대만 2세 이하 '폰시청' 벌금 212만원[안녕, 스마트폰], 서울신문, 2024.7.23.
- 세계 최고 영유아 교육·보육을 위한 유보통합 실행 계획(안), 교육부, 2024.6
- 'AI 디지털교과서 관련 예산', 교육부, 2024.7
- 2025년 AI 디지털 교과서 도입? "AI 교사 아직 이르다", e4ds news, 2024.07.24.
- 178개국 교원조직, "교육재정, 사기업으로 가는 AI교육 우려", 교육언론 창, 2024.08.01.
- 기후변화: 세계기상기구, 극단적 이상기후가 이제 '새 표준', BBC 뉴스 코리아, 2021.11.1.
- 『함께 그려보는 우리의 미래 : 교육을 위한 새로운 사회계약』 UNESCO, 유네스코한국위원회, 2022

15. 특구 전성시대, 교육은 어떻게 될까? _ 김용

- 『울산 디스토피아, 제조업 강국의 불안한 미래: 쇠락하는 산업도시와 한국경제에 켜진 경고등』. 양승훈. 부키. 2024.
- 『윤석열 정부 120대 국정과제』. 대한민국정부. 2022. 7.
- 『지방교육자치제도의 현실과 '이상'』. 김용일. 문음사. 2000.
- 『教育の自治・分権と学校法制』. 結城忠. 東信堂. 2009.
- 『교육규제완화의 헌법적 통제』. 김용. 박사학위논문. 충북대학교. 2010.
- 「교육자유특구, 과연 특별할까?」. 김용. 『대한민국 교육트렌드 2024: 한국교육을 움직이는 20가지 키워드』. 교육트렌드 2024 집필팀. 에듀니티. 2023.
- 「교육자유특구: 지역맞춤형 공교육을 선도할까? 교육생태계를 교란할까?」. 김용. 교육비평. 51. 우리교육연구소. 2023.
- 「교육자치와 인사행정: 약체화한 민주주의와 지역 없는 교육자치 너머」. 김용. 『자본과 국가권력을 넘어 교육자치의 새 길을 찾다』. 강수돌 외. 학이시습. 2021.
- 「미군정기 「교육자치3법」의 초안자와 입법의도 및 추진 과정. 정태수. 교육법학연구. 3·4호. 1992.
- 「지방교육자치제도의 변천 과정에 대한 평가와 전망 -미국 교육자치 제도의 생성과 변천 과정에 비추어-』. 김용. 교육발전연구. 27(1). 경희대학교 교육문제연구소. 2011.
- 「'참여정부'의 「지방교육자치에관한법률」 개정안 분석」. 김용일. 교육행정학연구. 24(4). 한국교육행정학회. 2006.
- 「한국과 일본의 교육특구 비교 분석 - '특례'의 활용과 쟁점을 중심으로 -」. 김용. 교육행정학연구. 27(3). 한국교육행정학회. 2009.
- 과감하게 벽을 허무는 대학개혁을 선도할 2023년 글로컬대학 본지정 평가 결과 발표. 교육부(보도자료). 2023. 11. 13.
- 윤석열 정부 지방시대, 4대 특구로 닻 올리다. 지방시대위원회(보도자료). 2023. 9. 12.
- 윤석열 정부의 지역 주도 교육개혁 본격 시작 - 교육발전특구 시범지역 1차 지정 결과 발표. 교육부(보도자료). 2024. 2. 28.
- 2025년 지역혁신중심 대학지원체계(RISE) 도입 본격 시동 - 시범지역으로 경남, 경북, 대구, 부산, 전남, 전북, 충북 등 7개 시·도 선정-. 교육부(보도자료). 2023. 3. 8.
- 8개 시·도 '기회발전특구'로 ... 첨단산업·금융·문화 등 40조 5000억원 투자. 대한민국 정책브리핑. 2024. 6. 21.
- 간선, 직선 다 해봤다 ... 교육감 '러닝메이트제' 논의 수면 위로. 연합뉴스. 2023. 1. 8
- 도지사-교육감 러닝메이트 전국, 첫 법제화 탄력. 매일경제. 2024. 3. 6.

16 대학의 위기, 대학 체제는 어떻게 바뀌고 있는가? - 홍창남

- 「'글로컬대학 30' 사업 비판 성명서」. 공공적 고등교육정책을 요구하는 전국교수연대회의. 대학과 지역의 균형발전과 상생적 고등교육정책 수립을 위한 국회토론회 자료집. 2023
- 「2023년부터 고등·평생교육지원 특별회계가 신설·운영됩니다」. 교육부. 교육부 홈페이지 정책뉴스. 2022
- 「대학 규제완화 정책 진단」. 임희성. 대학교육연구소 현안보고 통권 27호. 2023
- 「별 볼 일없는 대학교육 성과, 어떻게 바꾸어야 할까?」. 박주용. 아시아 브리프, 3권 55호. 2023
- 「윤석열 정부 고등교육정책 진단과 해법」. 임희성. 더불어민주당 교육특별위원회 출범식 및 정책세미나 자료집. 2023
- 「윤석열 정부의 고등교육개혁정책 추진과정에 대한 분석」. 반상진. 교육정치학연구, 30(4). 2023
- 「정부 대학재정지원 분석」. 임희성. 대학교육연구소 현안보고 통권 22호. 2021
- 「지방자치단체로 이관되는 고등교육의 권한과 대학교육의 변화」. 홍창남. 윤석열 정부 1년, 교육정책 집중진단 세미나 자료집. 2023
- 「지자체-대학 협력기반 지역혁신사업 2024년 기본계획」. 교육부. 내부보고서. 2024
- 「지자체에 지역대학 떠넘기려는 RISE 계획」. 대학교육연구소. 대학교육연구소 홈페이지. 2023
- 『서울대 10개 만들기: 한국 교육의 근본을 바꾸다』. 김종영. 살림터. 2021

17. 국가교육위원회, 2년의 평가와 제언 - 류방란

- 국가교육위원회(2023). 2022-2023 국가교육위원회 백서. 국가교육위원회
- 국가교육위원회(2024. 1. 12.). 국가교육위원회 2024년 업무계획(안)
- 국가교육위원회 회의록(제1차~제24차) (국가교육위원회 누리집 탑재)
- 국가교육위원회(2023. 5. 16), 보도자료 "제1기 국민참여위원회 구성"
- 국가교육위원회(2024. 2. 16). 보도자료 "국가교육위원회 제26차 회의개최"
  - (2024. 3. 15). 보도자료 "국가교육위원회 제27차 회의개최"
  - (2024. 4. 12). 보도자료 "국가교육위원회 제28차 회의 개최"
  - (2024. 4. 23). 보도자료. "2024년 국민참여위원회 워크숍 개최"
  - (2024. 4. 26). 보도자료 "국가교육위원회 제29차 회의개최"
  - (2024. 5. 10). 보도자료 "국가교육위원회 제30차 회의개최"
  - (2024. 6. 14). 보도자료 "국가교육위원회 제31차 회의개최"
  - (2024. 7. 16). 보도자료 "국가교육위원회 제32차 회의개최"
- 국가교육회의(2022). 제4기 국가교육회의 백서. 국가교육회의.
- 국회 교육위원회(2023. 11). 2024년 교육위원회 소관 예산안 예비심사보고서
- 김용(2013). 국가교육위원회의 필요성과 설립 방안. 교육비평, 32, 142-151.

- 김주현, 박명준(2013). 사회의 질과 사회적 합의 지향성의 효용: 독일의 경제위기 극복사례. 국제.지역연구, 22(3), 89-120.
- 박남기(2017). 국가교육위원회 설치 필요성 논의에 비추어본 동 위원회 입법 방향, 교육법학연구, 29(1), 61-87.
- 신진욱(2013). 정당성 정치의 구조와 동학: 막스 베버 정치사회학의 관계론적, 행위론적 재구성. 한국사회학, 47(1), 35-69.
- 이종재, 곽재석, 김왕준, 양수석(2004). 프랑스 국민교육대토론회의 시사점. 한국교육개발원.
- 조정호(2022). 국가교육위원회의 이상과 현실: 교육이념을 중심으로. 인격교육, 16(4), 191-204.
- 최지선(2020). 프랑스의 교육분야 대국민 의견수렴 사례. 한국교육개발원 교육정책네트워크 해외교육동향(2020. 2. 26)
- 황준성, 박균열, 김규식(2017). 국가교육위원회 설치·운영에 관한 쟁점과 과제. 한국교육개발원.
- 강득구 의원실 국감보도자료. 2023. 10. 26.
- 김경희(2024. 4. 28). "40년만에 초1, 2 즐거운 생활서 체육분리…국교위 잡음" 경기일보.
- 김지연(2022. 9. 22). 백년대계 아닌 정쟁의 장 되나 … 국가교육위 정파성 논란 속 출범. 연합뉴스.
- 윤상진(2024. 4. 27). 초등 1, 2학년 '즐거운 생활'에서 체육과목 분리 … 스포츠 클럽 시간도 늘린다. 조선일보.
- 이혜인(2024. 4.28). 초등 1, 2학년 '체육' 과목 생긴다… 40년 만에 '즐거운 생활'서 분리. 한국경제.
- 장재훈(2024. 4. 27). 즐거운 생활 '체육' 분리 국교위 내부서도 "졸속" 비판. 에듀프레스.

18. 글로벌 환경 속 독일 교육: 도전과 혁신 방향 _ 송경오

- 유진영. (2017). 독일 자격체계 변화와 고등교육단계에서 직업교육 학위과정 최근동향. 교육의 이론과 실천, 22(1), 57-80.
- 조상식. (2010). 볼로냐 프로세스와 독일 고등교육개혁. 교육의 이론과 실천, 15(3), 193-215.
- Becker, R., & Mayer, K. U. (2019). Societal Change and Educational Trajectories of Women and Men Born between 1919 and 1986 in (West) Germany. European Sociological Review, 35(2), 147-168. https://doi.org/10.1093/esr/jcy052
- Erti, H. (2006). Educational standards and the changing discourse on education: The reception and consequences of the PISA study in Germany. Oxford Review of Education, 32(5), 619-634. https://doi.org/10.1080/03054980
- Hüther, O., & Krücken, G. (2018). Recent Reforms in the German Higher Education System. In Higher Education in Germany-Recent Developments in an International Perspective(pp. 9-37). Springer.
- Klieme, E., Avenarius, H., Blum, W., Döbrich, P., Gruber, H., Prenzel, M., Reiss, K., Riquarts, K., Rost, J., Tenorth, H.-E., & Vollmer, H. J. (2003). The development of national educational standards: An

expertise. Berlin: Federal Ministry of Education and Research (BMBF).

- Korntheuer, A., Pritchard, P., & Maehler, D. B. (2017). Structural Context of Refugee Integration in Canada and Germany.
- Ringarp, J. (2016). PISA lends legitimacy: A study of education policy changes in Germany and Sweden after 2000. European Educational Research Journal, 15(4), 447-461.
- Stromquist, P. N. (2007). Internationalization as a response to globalization: Radical shifts in university environments. Higher Education, 53, 81-105.
- Xu, G. (2023). The development of the dual system training model in German higher education and its exemplary significance. In J. Cai, H. Lackner, & Q. Wang (Eds.), Applied higher education yearbook 2019(pp. 1-20). Springer.

19. 인구 소멸 1호 국가, 저출산 정책과 교육의 미래 _ 이쌍철

- 『초저출산 및 초고령사회: 극단적인 인구구조의 원인, 영향, 대책』. 황인도 외. 한국은행. 2024
- 서울 집 사려면 25년… 뉴욕은 12년. 채널 A. 2024.06.21
- 사교육비, 소득 상위와 격차 모두 벌어졌다 "저소득층도 사교육비 부담". 경향신문. 2024.03.17.
- 30~34세 청년 중 56.3%는 미혼 상태이며, 이는 2000년(18.7%) 대비 약 3배가 늘어난 것이다. 「우리나라 청년의 모습은 어떻게 변했을까?」 통계청, KOSTAT 통계플러스 2024 여름호.
- 국가통계포털/합계출산율: https://kosis.kr(인출: 2024.06.26.)
- 『인구 미래 공존』. 조태영. 북스톤. 2021.
- 「지방소멸 2024: 광역 대도시로 확산하는 소멸위험」. 이상호. 지역산업과 고용 12호. 한국고용정보원·한국지역고용학회. 2024.
- 『저출생 추세 반전을 위한 대책』 저출산고령사회위원회·관계부처합동. 2024.06.19.
- 『2023 교육통계 분석자료집 - 유·초·중등교육통계편-』 교육부·한국교육개발원. 2023.
- 『2023 교육통계 분석자료집 - 유·초·중등교육통계편-』 교육부·한국교육개발원. 2023.
- 『학생 수 감소시대에 대응한 지방교육행정체제 정비 방향 탐색』 이쌍철 외. 한국교육개발원. 2023.
- 신입생 0명 초등학교 전국에 157곳, 조선일보, 2024.02.27.
- 「소규모 초등학교에서의 긍정적 학습경험 분석」 이미숙 외. 교육과정평가연구. 24(2). 2021.
- 비효율 극치 교육지원청, 176개 아닌 45개면 족하다. 교육플러스, 2022.05.12.
- 『경기도 농어촌 학교 실태와 발전방안』 김위정 외. 경기도교육연구원. 2019.
- 경북교육청, 외국인 고교유학생 유치로 지역소멸 극복 앞장. 한국일보. 2024.06.26.
- '학교는 소멸하는 중' … 학생보다 교직원 많은 초·중·고 254곳. 국민일보. 2023.10.15
- '인구 국가비상사태' 공식 선언 … 3대 분야 총력 대응. SBS 8시 뉴스. 2024.06.19.
- 기간제로 채우는 교단…정교사 채용감소 심각. 강원도민일보. 2024.04.19.
- 인천 공립 중등교사 '빈 자리 770석'… 공교육 '흔들'. 경인일보. 2024.06.20.

- 교육현장 만연한 '사치교사'-학교현장사례. 충남일보. 2024.07.12.
- 「적정규모 학교육성 정책 분석 및 향후 과제」. 엄문영. 교육재정경제연구. 2017.
- 『교육트랜드 2024: 지방교육재정교부금을 둘러싼 논란과 평가』. 이혜진. 2023. 에듀니티
- 늘봄학교 나비효과 …2~3년간 초등교사 신규채용 늘어날 듯. NEWSIS. 2024.07.07.
- '유보통합 여건조성 촉구' 입장문 발표. 전국시도교육감협의회. 2023.12.04
- 「Cooper 등의 다차원 정책분석 모형을 활용한 인구정책 분석」. 최석현·우주현. 청람포럼. 2024
- 與, 인구전략기획부 신설 정부조직법 개정안 당론 발의. 연합뉴스. 2024.07.11.
- 「교육발전특구 시범지역 지정 추진계획」. 교육부. 2023.12.06

20. 5·31 교육개혁 30년, 한국 교육을 어떻게 바꾸었는가? _김성근

- 나무위키 https://namu.wiki/w/전국교직원노동조합/역사
- 교육 '평야 지대에 사립학교가 많은 이유', 김진경, 청와대 브리핑(2005.12).
- 민주화운동 20년사<27> 불타오르는 사학민주화 투쟁(2). 교육희망
- '세계화.정보화 시대를 주도하는 신교육체제 수립을 위한 교육개혁 방안'(교육개혁위원회, 1995.5.31.)
- '5·31 교육개혁 그리고 20년', 안병영, 하연섭, 다산출판사, 2015
- 5·31 교육개혁, 행정안전부 국가기록원, 2024
- 연도별, 설립 별 전문대학/대학 학교 수, 교육과학기술부.한국교육개발원(각 연도) 교육통계연보.
- '세계화.정보화 시대를 주도하는 신교육체제 수립을 위한 교육개혁 방안'(교육개혁위원회, 1995.5.31.)
- 대한민국 교육트렌드 2022, 에듀니티, p33-34, '신자유주의 성격의 5·31 교육개혁안이 지닌 이중성', 김성근
- 5·31 교육개혁 그리고 20년, 안병영, 하연섭, 다산출판사, 2015, p270-271
- '2030 미래교육체제 수립을 위한 방향과 주요 의제, 김진경, OECD-교육부 국제포럼 기조발제, 2019.
- '세계화.정보화 시대를 주도하는 신교육체제 수립을 위한 교육개혁 방안'(교육개혁위원회, 1995.5.31.)
- '5·31 교육개혁안 10년, 한국교육의 오늘과 내일', 국회 최순영 의원 주관 포럼, 2005.5.30.
- '끊어진 길 되짚으며, 새 길을 내기 위하여'(참여정부 정책총서 사회정책편 '교육'), 김성근, 노무현재단, 2012
- "서울대학교 신입생 중 고소득층 자녀가 62.9%, 서울대 의대에서는 84.5%에 달한 것으로 나타났다." 뉴스1. 2020.10.
- 김성식 외(2019), "교육복지 마스터 플랜 수립 연구", 한국교육문제연구소
- "대학 사유화 안돼, 오욕의 역사 인정하길", 평화뉴스, 2024.08.06
- "지역 파고든 '초등 의대반'…'방지법'까지 등장", EBS 뉴스12, 2024.8
- "베이비붐 세대·취준생들, 세탁소·미용실 등 서비스 창업에 몰려…30%만 생존", 아주경제, 2017.1.3
- 대한민국 미래전망 연구, 국회미래연구원, 2022.12.
- 함께 그려보는 우리의 미래(교육을 위한 새로운 사회계약), 유네스코 국제미래교육위원회, 2022.
- 좋은사회로의 대전환(쏠림사회에서 개성사회로), 국회미래연구원, 2023.5

대한민국 교육트렌드 2022

대한민국 교육트렌드 **2023**

대한민국 교육트렌드 2024